Fidèle à sa volonté de maintenir vivant l'ensemble du catalogue et de continuer à rendre accessible à tous la richesse de son contenu, Les marques du groupe L'Harmattan proposent les ouvrages, même s'ils sont épuisés dans leur premier tirage, et les impriment à la demande.
Au vu de l'ancienneté de ce titre, un exemplaire original a été numérisé pour être réimprimé, ce qui pourrait altérer légèrement la qualité de certains passages.

L'HOMME TEL QU'EN LUI-MÊME

Droit et individualité

Logiques Juridiques

Collection dirigée par Gérard Marcou

Le droit n'est pas seulement un savoir, il est d'abord un ensemble de rapports et pratiques que l'on rencontre dans presque toutes les formes de sociétés. C'est pourquoi il a toujours donné lieu à la fois à une littérature de juristes professionnels, produisant le savoir juridique, et à une littérature sur le droit, produite par des philosophes, des sociologues ou des économistes notamment.

Parce que le domaine du droit s'étend sans cesse et rend de plus en plus souvent nécessaire le recours au savoir juridique spécialisé, même dans des matières où il n'avait jadis qu'une importance secondaire, les ouvrages juridiques à caractère professionnel ou pédagogique dominent l'édition, et ils tendent à réduire la recherche en droit à sa seule dimension positive. A l'inverse de cette tendance, la collection *Logiques juridiques* des Éditions L'Harmattan est ouverte à toutes les approches du droit. Tout en publiant aussi des ouvrages à vocation professionnelle ou pédagogique, elle se fixe avant tout pour but de contribuer à la publication et à la diffusion des recherches en droit, ainsi qu'au dialogue scientifique sur le droit. Comme son nom l'indique, elle se veut plurielle.

Déjà parus

Guy Jean Clément MEBIAMA, *Le régime politique de la République du Congo après le Constitution du 20 janvier 2002*, 2005.

J.-Cl. BEGUIN, P. CHARLOT, Y. LAIDIÉ (textes réunis par), *La solidarité en droit public*, 2005.

Grégory BERKOVICZ, *La place de la cour pénale internationale dans la société des Etats ;* 2005.

Catherine SAMET, *Naissance de l'escroquerie moderne*, 2005.

R. ROMI, *Thomas Patafume, juriste : une vie, une oeuvre*, 2005.

Y. BAZOUNI, *Le métier de diplomate*, 2005.

A. AOUIJ-MRAD, M. H. DOUCHEZ, B. FEUILLET, *Santé, argent et éthique : une indispensable conciliation ?*, 2005.

Emilie MARCOVICI, *La gauche et la VIe République*, 2005.

site : www.librairieharmattan.com
e.mail : harmattan1@wanadoo.fr

ISBN : 2-7475-9234-0
EAN : 9782747592345

Agnès RABAGNY

L'HOMME TEL QU'EN LUI-MÊME

Droit et individualité

L'Harmattan
5-7, rue de l'École-Polytechnique ; 75005 Paris
FRANCE

L'Harmattan Hongrie
Könyvesbolt
Kossuth L. u. 14-16
1053 Budapest

Espace L'Harmattan Kinshasa
Fac. des Sc. Sociales, Pol. et
Adm. ; BP243, KIN XI
Université de Kinshasa – RDC

L'Harmattan Italia
Via Degli Artisti, 15
10124 Torino
ITALIE

L'Harmattan Burkina Faso
1200 logements villa 96
12B2260
Ouagadougou 12

Ouvrages du même auteur

- Théorie générale de l'apparence en droit privé, thèse, 2001, sous la direction de Marie-Anne Frison-Roche.
- L'image juridique du monde, éditions Puf, collection Droit, éthique et société, 2003, Ouvrage couronné par l'Académie des sciences morales et politiques (Prix Lucien Dupont 2002).

Cogito ergo sum... est-ce si sûr ?

A mes parents, pour leur soutien inconditionnel.

A Emmanuel Raspilair, sans qui je n'aurai sans doute jamais retrouvé le chemin de l'écriture.

A Jean-Yves, pour sa confiance et ses précieux conseils.

A mon cousin Matthias, qui est toujours là quoi qu'il arrive.

A tous ceux qui ont le courage de résister pour être eux-mêmes.

Sans oublier Pierre, mes grands-parents Paul et Denise, Le Star, Régis, Marie-Anne Frison-Roche, David, et tous les autres qui sont ici ou ailleurs et que je n'oublie pas.

"Et Boule de suif pleurait toujours ; et parfois un sanglot qu'elle n'avait pu retenir passait, entre deux couplets, dans les ténèbres".

Guy de Maupassant, *Boule de suif*.

1. L'individu, l'*Homme tel qu'en lui-même*, ne correspond à aucun concept juridique, contrairement à la personne. L'article 1er de la Déclaration de 1789 reconnaît que les “hommes naissent libres et égaux en droit”. La personne est envisagée de manière générale et abstraite. Opposée à l'objet, la personne se caractérise par l'unité, la liberté et la responsabilité. Or, la notion d'individu s'oppose, dans la tradition occidentale, à la notion philosophique de personne. L'essence de la personne est abstraite et générale, partagée par tous les individus, alors que l'individualité est concrète et spéciale. La valeur reconnue à la personne résulte de son appartenance à l'humanité, mais la valeur des individus est inégale et donc variable. Tout être humain doué de conscience et de raison participe à la vie intellectuelle et morale de l'humanité. La personne est l'identité première de chacun. Tout être humain, au delà de ses différences et de ses appartenances, est avant tout membre de l'humanité et trouve donc en chaque autre son semblable. La personne constitue ainsi valeur. A l'inverse, l'individu est envisagé avec suspicion. Le langage courant fourmille d'expressions péjoratives à son encontre. Il est “suspect”, “patibulaire” et même “sans scrupule”. Sa réhabilitation est pourtant nécessaire. Même s'il reste inconnu de nombreux juristes, l'individu est au cœur de l'évolution sociale et sa reconnaissance par le droit, bien qu'elle soit encore implicite, ne fait aujourd'hui plus de doute.

2. Toutefois, la notion philosophique de personne a toujours oscillé entre deux exigences contradictoires. Déterminer les valeurs et les institutions qui caractérisent l'homme pour garantir à l'individu un minimum de respect dans les traitements qui lui sont infligés par la société, et prendre en considération la personnalité concrète pour sauver l'homme de l'impersonnel, pour ne pas en faire l'homme “unidimensionnel” dont parle Marcuse. Herbert Marcuse dénonce ainsi les manipulations engendrées par la culture de masse qui fait perdre à l'homme son esprit critique. La société devient un espace clos “unidimensionnel”. Tous les vecteurs de l'expression se ramènent à un seul discours, destiné à justifier la société capitaliste.

3. Opposé à la personne abstraite, l'individu est un être concret. Le latin *individuus* signifie “qui ne peut être divisé”. Quelle que soit la discipline, l'individu forme un tout unique qui ne peut être divisé sans être détruit. Il constitue une donnée ontologique première de la réalité. Ce caractère distinct implique l'idée d'une unité qui peut être différenciée des autres unités, par ses qualités propres. L'individu est unique. Il est donc, dans une large mesure, ignoré par le droit qui ne connaît que des personnes, des sujets de droit. Ainsi, le Code civil développe une conception “désincarnée et abstraite”[1] du sujet.

---

[1] Ph. Malaurie, *Les personnes. Les incapacités*, Defrénois, 2004, n° 2, p. 3.

La personne y est envisagée, non comme un être singulier, mais comme un titulaire de droits et d'obligations, appelé à exercer une activité juridique. Les juristes développent cependant leur propre conception du sujet de droit. La qualité de sujet de droit n'est pas une conséquence du caractère humain de la personne. Le droit reconnaît des sujets qui ne sont pas des hommes, telles les personnes morales, et, historiquement, tous les hommes n'ont pas été des sujets de droit[2]. La qualité de personne humaine ou sa personnalité ne sont pas synonymes de la personnalité juridique. La qualité de sujet de droit ne résulte pas nécessairement du caractère humain[3]. Elle constitue une catégorie juridique.

4. Le droit ne peut toutefois plus ignorer l'individu concret. L'individu occupe une place centrale dans l'Univers. Il est auteur de sa pensée et de ses actes. L'individu est devenu son propre maître, puisqu'il n'est soumis qu'à la loi qu'il se donne librement. L'individu rejoint ainsi la conception de l'homme développée par Locke, Hobbes et Kant, principaux théoriciens de l'individualisme possessif et volontariste. L'autonomie de la volonté, qui est au cœur de la philosophie kantienne, domine donc logiquement le droit des contrats.

5. L'individu désigne ainsi un être vivant, possédant une unité intérieure et fonctionnant comme un système doté d'une certaine autonomie par rapport à son environnement. Il existe à la fois par son propre mode d'être, mais également par l'espèce à laquelle il appartient et par le milieu dans lequel il évolue. Une fourmi est, dans ce sens, un individu. La notion se rapporte cependant plus précisément à l'être humain, dans sa dimension psychologique et sociale. Il se distingue donc des autres hommes et ne peut être réduit à la société, ni même au groupe auquel il appartient. Il peut, au contraire, s'opposer aux autres individus et à la société. L'individu désigne, au sens le plus large, l'être humain. La notion concerne donc toutes les sciences humaines. Opposé à la personne, l'individu se caractérise par sa personnalité, déterminée par l'interaction entre ses dispositions biologiques et son milieu physique et social. L'individu est objet de pensée concrète. La science envisage alors l'individu selon deux extrêmes. Il est tout à la fois infra-réalité et essence.

6. Connaître l'individu atomique et unique s'inscrit dans la recherche des réalités ultimes en physique, en biologie, en logique, en philosophie. En

---

[2] Esclavage, mort civile…

[3] Ch. Grzegorczyk, *Le sujet de droit : trois hypotases*, APD, *Le sujet de droit*, p. 9-24, spécialement p.12.

logique, c'est le terme singulier d'une série d'espèces et de genres subordonnés. Il ne désigne plus un concept général et ne peut se diviser logiquement. En biologie, c'est un être vivant indivisible, doté d'une unité intérieure et de coopération de ses parties. L'individu a une réalité singulière par rapport aux autres individus de son espèce qui possèdent les mêmes caractères. L'individu se distingue, en psychologie, de la personne, comme le biologique du réflexif. Ses particularités s'opposent à la façon dont les personnes participent ensemble des mêmes valeurs. Il est synonyme d'individualité, mais ce terme d'individualité insiste sur l'aspect extérieur de la personnalité. Des problèmes ontologiques fondamentaux se posent alors. Ainsi, les réalités élémentaires qui composent le réel sont individuelles chez Guillaume d'Occam, en interdépendance, telles les nomades de Leibniz, ou en relation avec des réalités transcendantales pour Platon. La connaissance de l'individu est-elle alors possible ? Si l'individu dépend, par son essence même, d'autres individus ou de réalités transcendantales, la connaissance de l'individu ne peut être ni première ni totale. La connaissance de l'individu soulève pareillement des difficultés s'il se caractérise par son autonomie. Dans les deux cas, seul le général peut être connu, non le particulier. Leibniz a donc eu recours à l'entendement divin pour penser l'essence même de l'individu[4]. Un nouveau problème en résulta et entraîna le développement de deux philosophies. D'une part, certains pensèrent l'individualité de l'individu, tels les systèmes de pensée de Leibniz ou Hegel, et d'autre part, celles qui trouvent dans l'individu et dans l'existence singulière une limite au système et au concept, à l'image notamment de Rousseau, Kierkegaard ou Nietzsche. Le concept d'individu est donc essentiel en philosophie, car il a pour enjeu la limite même de la philosophie.

7. La valeur et la dimension de l'individu ne sont donc pas seulement ontologiques. Elles sont aussi morales chez Kant ou existentielles pour Kierkegaard. Il est un être unique, qui jouit d'une liberté qui le singularise, l'individualise et le responsabilise. Il possède et symbolise la personnalité de l'Homme. Cette singularité est d'autant plus forte que l'individu se heurte aux autres et à la société. L'individu envisagé comme un être individualiste s'oppose donc à l'individu considéré comme une personne morale.

8. La personnalité est, dans un sens ordinaire, l'objet d'un jugement de valeur. Un individu a ou n'a pas une forte personnalité, ce qui désigne sa capacité à se distinguer de la moyenne par son énergie, son efficacité ou quelques autres qualités. Plus spécifiquement, en psychologie, tout homme a sa personnalité. Il s'agit d'un ensemble structuré et structurant de caractères

---

[4] Leibniz, *Discours de la métaphysique*, 1686.

qui le distingue des autres. La personnalité désigne les traits les plus marquants du caractère, les modalités de comportement, qui forment un ensemble relativement structuré et homogène. Elle se compose d'un ensemble de traits qui caractérisent la structure intellectuelle et affective de la personne et se manifeste dans ses comportements. Le caractère désigne l'ensemble des traits, habitudes, sentiments..., qui rendent stables et prévisibles les réactions d'un individu. Selon les interprétations, le caractère est envisagé comme une addition de traits dissociables ou comme un tout dont les éléments ne peuvent être isolés. En philosophie, le caractère appartient à l'être donné de l'individu, régi par les conditions biologiques, psychologiques et sociales. Défini comme être libre, l'individu peut se soumettre à son être donné pour se confondre avec lui ou, à l'inverse, le modifier, voire le dépasser. Kant distingue ainsi le caractère empirique, contingent, du caractère intelligible, issu de la libre volonté. Sartre estime que le caractère revendiqué ou attribué est le moyen que se donne le sujet de mauvaise foi pour se soustraire aux exigences de sa liberté.

9. La personnalité résulte d'une évolution dialectique, entre des dispositions innées et des acquis provenant des différents milieux traversés et des réactions à ces influences. Son développement repose donc sur l'interaction de l'hérédité et de l'environnement. Chaque enfant se distingue, dès son plus jeune âge, des autres, en raison de facteurs héréditaires ou de variables liées aux conditions de la grossesse ou de la naissance. Certains sont ainsi plus attentifs ou plus actifs que d'autres. La personnalité n'est toutefois pas exclusivement dictée par l'hérédité. L'être humain est marqué par les événements de son enfance. Des périodes critiques dans le développement de la personnalité ont été ainsi découvertes par la psychologie. Certaines sont, par exemple, marquées par les progrès du langage, d'autres par une opposition systématique. L'environnement familial joue en outre un rôle essentiel dans le développement de la personnalité, qui peut être définitivement marquée par le mode d'éducation donné à l'enfant. Les traditions sociales et culturelles doivent également être prises en compte. Enfin, alors que la psychologie considérait classiquement que les traits qui composent le caractère d'un individu étaient cohérents à travers le temps, certains psychologues estiment aujourd'hui que ces traits n'existent qu'aux yeux de l'intéressé, de sorte que sa personnalité varie en fonction des situations affrontées. De multiples théories ont été imaginées pour mettre en lumière les différents aspects de la personnalité. Elles développent des conceptions différentes des aspects de son organisation, de son développement et de ses manifestations dans le comportement. La théorie psychanalytique de Sigmund Freud a, notamment, joué un rôle déterminant. La place de l'homme dans l'univers avait déjà été remise en cause par deux découvertes majeures. Copernic a privé la Terre de sa position centrale et Charles Darwin a fait perdre à l'homme tout privilège dans le règne animal. Or, Freud est allé plus loin. L'homme n'est plus le centre du monde et n'est même plus le centre de lui-même. La psychanalyse refuse de voir la conscience comme le centre de nos comportements. Cette conscience n'est que l'une des instances de la vie psychique. Elle ne permet qu'une connaissance lacunaire, fragmentaire de nos actes. Réduire le psychisme à la conscience condamne à une connaissance incomplète, mystifiée et mystifiante de l'homme[5].

10. La réflexion philosophique sur l'identité porte alors sur une question simple : jusqu'à quel point peut-on changer tout en demeurant le même[6] ? Descartes s'était fictivement amputé de son corps pour arriver à la certitude de soi-même en tant que "chose qui pense"[7]. La philosophie multiplie les "expériences de pensée" pour déceler le critère de l'identité personnelle. Locke s'interroge ainsi sur ce qu'il adviendrait d'un prince s'il était projeté dans le corps d'un savetier[8]. Nagel s'interroge pareillement, trois siècles plus tard, sur la substance de la personne dont l'un des deux hémisphères cérébraux serait détruit[9]. Or, il ne s'agit pas de simples exercices théoriques. L'identité personnelle conditionne la possibilité même du droit. Locke voyait ainsi dans la personne "un terme de barreau qui approprie des actions, et le mérite ou le démérite de ces actions"[10]. Il fondait sur l'identité personnelle "tout le droit et toute la justice des peines et des récompenses"[11]. La responsabilité n'a, par exemple, de sens que si l'auteur de l'acte est le même que celui qui subit la sanction. Le droit envisage donc la personne comme un être statique, stable et continu. Or, ni le droit ni la philosophie ne définissent l'individu et sa personnalité. Etre le même est tout à la fois être soi-même et se ressembler, *ipse* et *idem*, pour reprendre les termes de Paul Ricœur[12]. Le droit veille donc à la stabilité de l'identité. La personnalité juridique est

---

[5] S. Freud, *Introduction à la psychanalyse*, 1916, Payot, 1965, p. 266.

[6] S. Ferret, *Le philosophe et son scalpel. Le problème de l'identité personnelle*, Editions de Minuit, 1997, p. 17.

[7] Descartes, *Méditations philosophiques*, in *Œuvres philosophiques*, éd. F. Alquié, Garnire, 1967, Tome 2, p. 412 et 420 : "Je me considérais moi-même comme n'ayant point de mains, point d'yeux, point de chair, point de sang, comme n'ayant aucun sens, mais croyant faussement avoir toutes ces choses".

[8] J. Locke, *Essai philosophique concernant l'entendement humain*, trad. P. Coste, Vrin, 1972, p. 269 et s.

[9] T. Nagel, *Questions mortelles*, Puf, 1983.

[10] J. Locke, *Essai philosophique concernant l'entendement humain*, p. 275.

[11] J. Locke, *Essai philosophique concernant l'entendement humain*, P. 271.

[12] P. Ricœur, *Individu et identité personnelle*, in *Sur l'individu*, Actes du Colloque de Royaumon, octobre 1985, éd. Seuil, 1987, p. 54 et s.

alorscontinue et identique, mais elle tend à évoluer sous l'influence de la médecine, particulièrement de la psychiatrie. Il accorde ainsi une place de plus en plus importante au bien-être de l'individu, l'identité devenant la capacité à rester soi-même. Le législateur et la jurisprudence n'ont cependant jamais défini la notion d'identité personnelle. En est retenu une conception qui rejoint "le sens banal du terme, qui fait devoir à chacun, le cas échéant, de justifier de son identité, par exemple, à l'aide d'un document officiel (la carte d'identité) qui garantit que cet individu est bien un tel ou un tel, en raison d'une certaine permanence d'être, physiquement et socialement reconnaissable"[13]. L'identité juridique se confond donc avec l'état civil et, plus généralement, avec ce qui permet de repérer socialement un individu. Ainsi, alors que la vie sociale de l'individu repose sur son identité, le droit ne retient paradoxalement de cette identité qu'un sens faible, sans lien avec la notion philosophique.

11. Ce paradoxe de la personnalité est déjà celui de l'individualité. Tout organisme vivant change sans cesse, car la vie est essentiellement changement, mais il demeure malgré tout le même. Il est constitué par une multitude d'organes et de fonctions, mais forme un tout indivisible. Les termes individu et personne ne sont donc pas synonymes. Le premier peut être péjoratif, alors que le second est emprunt de respect. La notion de personne dépasse la biologie. Elle ne se borne pas non plus au *moi* spontané et vécu. Elle se situe sur le plan des synthèses supérieures de la vie morale, voire de la morale. La personne est une valeur. Elle n'est donc pas une donnée première, mais résulte d'une conquête.

12. Or, l'homme moderne est confronté à une difficulté nouvelle, née d'un impératif social et juridique inédit, la transparence. La transparence est d'abord un phénomène physique. Le grand dictionnaire *Robert* la définit comme "la qualité d'un corps qui laisse passer la lumière et distinguer avec une certaine netteté ce qui est derrière lui". Le cristal ou l'eau profonde sont, par exemple, transparents. La transparence désigne, dans un sens figuré, " la qualité de ce qui laisse paraître la réalité toute entière, de ce qui exprime la vérité sans l'altérer". Elle semble alors réunir toutes les vertus, vérité, limpidité, clarté. La transparence s'oppose au mensonge, à l'illusion, au secret. La vérité est une vertu qui n'a cessé d'être exaltée par la morale. Ainsi, Jean-Jacques Rousseau estimait que "la transparence est la vertu des belles âmes" et entendait donc rendre "son âme transparente".

---

[13] S. Auroux (sous la direction de), *Les notions philosophiques. Dictionnaire*, I, v° *Identité*, Puf, 1990.

13. L'opinion publique exige davantage de transparence dans la gestion de la chose publique. Les actions de l'administration doivent être transparentes, mais également le financement des partis politiques ou bien encore le fonctionnement des marchés boursiers et financiers. L'économie, la vie politique et le fonctionnement de l'Administration doivent être "moralisés"[14]. La lutte contre la corruption et les pratiques occultes se généralise. Les actionnaires minoritaires protestent contre l'opacité des gouvernements d'entreprise, alors surtout que cette opacité n'est généralement pas justifiée par le secret des affaires. Les lois dites de transparence se sont multipliées. La transparence est omniprésente dans la société moderne : architecture, vêtements, habitat, alimentation...

14. De nombreuses confidences, traditionnellement protégées par le secret, peuvent aujourd'hui être révélées au nom de la recherche de la vérité et de la protection de l'ordre public. Le secret risque alors de disparaître en son nom, parce qu'il serait un frein à la démocratie. Le secret de l'instruction et le secret professionnel sont en recul permanent. Il en va de même des secrets publics. Le secret d'Etat, le secret défense sont désormais envisagés avec suspicion, parce qu'ils peuvent dissimuler l'action réelle de l'Etat, peut-être même ses exactions. Les dérivés du secret, tel le devoir de réserve, connaissent un recul comparable. Plusieurs causes peuvent alors être données à l'impératif de transparence. Le développement de l'image conduit ainsi à une confusion entre la vérité et ce qui se manifeste ostensiblement. L'image a un impact particulièrement fort, car la vue est le sens dominant chez l'individu. Elle apporte de multiples informations, globales, brutes, sans rapport avec l'écrit. Elle contient des informations excédentaires par rapport à la personne ou à la situation qu'elle illustre. L'individu sait en outre que l'image peut être manipulée, mais il reste sous sa puissance. Il est aisé de falsifier des images ou des sons, particulièrement lorsqu'ils ont été numérisés. Ces fichiers numériques peuvent ensuite être modifiés depuis n'importe quel ordinateur. La numérisation permet, par exemple, d'afficher sur un écran le visage d'un individu, sans l'altérer, mais en modifiant les paroles qu'il prononce, en les remplaçant par une autre voix ou par d'autres paroles[15]. Or, des logiciels de transformation des images sont aujourd'hui mis à la disposition du grand public, pour un coût très accessible. L'individu doit donc faire preuve de sens critique. Les progrès de la technique ont multiplié les risques de manipulation et de falsification, de sorte que l'image et le son doivent être protégés comme des informations personnelles. L'écrit, parce

---

[14] J.D. Bredin, *Secret, transparence et démocratie*, Revue Pouvoirs, 1997.

[15] CNIL, *Voix, images et protection des données personnelles*, La Documentation française, 1996, p. 48-49.

qu'il doit résister à l'image, se fait lui-même de plus en plus indiscret, notamment avec le développement de la presse dite à sensation. L'information devient un droit absolu, mais l'intérêt du public n'est pas le moteur de sa diffusion. Elle est devenue une source de profits, une valeur marchande.

15. La transparence s'oppose ainsi au secret. Le mot *secret* est apparu au 15ème siècle, à partir du latin *secretus*, participe passé du verbe *secerno*, qui signifiait mettre à part. *Secerno* a été formé à partir du verbe *cerno*, tamiser, et du préfixe *se*, indiquant une séparation. A. Lévy en déduit qu'"à l'origine du mot secret, il y a donc l'opération de tamisage du grain, dont le but est de séparer le comestible du non comestible, le bon du mauvais. L'élément séparateur est un trou, un orifice dont la fonction est de laisser passer ou de retenir en fonction de la conformité ou de la non-conformité de l'objet à l'orifice". Ce tamisage constituerait donc "une représentation métaphorique de la fonction anale"[16]. Le secret désignait un savoir caché à autrui. A. Lévy y décela trois sèmes directeurs, le savoir, la dissimulation de ce savoir et la relation à l'autre qui s'organise à partir de cette dissimulation. Il est un contenu qu'il faut garder. L'histoire du secret est, dans une large mesure, liée à celle de la torture. L'ignorance du secret est insupportable, mais le secret peut également être source de souffrances pour son détenteur. Un pouvoir en résulte néanmoins. Le secret absolu n'existe que dans la conscience de l'individu. Il n'est donc le plus souvent que relatif, parce qu'il est partagé par un groupe plus ou moins étendu. Le secret désigne donc tout à la fois un mode de communication entre initiés et un silence absolu[17]. Le secret est omniprésent, dans les familles, dans le for intérieur de chaque individu. Il constitue même le fondement du groupe, des relations interpersonnelles et de la stabilité sociale. Mais, le secret est également ce qui est caché. Il génère le doute, la suspicion face à ce qui est inconnu.

16. A l'opposé du secret, la transparence, la recherche de la vérité, ont été exaltées par la plupart de nos influences philosophiques ou religieuses. La pensée grecque, la pensée juive, le discours romain en ont fait une valeur essentielle. La Philosophie des Lumières, par son nom même, a lutté contre l'obscurantisme, la superstition, les préjugés. La Révolution a pareillement été animée par cette recherche de la vérité. Ainsi, dans son Discours du 8 thermidor, Robespierre, qui fut guillotiné peu après, promit "de laisser un testament terrible aux oppresseurs du peuple... Je leur lègue la terrible vérité, et la mort !". La transparence était, en revanche, ignorée par le droit. Les

---

[16] A. Lévy, *Evaluation étymologique et sémantique du mot "secret"*, Nouvelle revue de psychanalyse, 1976, n° 14, p. 93 et s.

[17] G. Vincent, *Une histoire du secret*, in P. Ariès et G. Duby, *Histoire de la vie privée*, Tome V, éd. Seuil, p. 181.

règles fondées sur la vérité étaient ponctuelles. Le mot "transparence" ne faisait même pas partie du vocabulaire juridique et la notion n'était pas usuelle. Elle n'entrait pas dans les préoccupations du droit[18]. La transparence ne se manifestait que très ponctuellement[19]. Ainsi, l'interprétation des vices du consentement était très réductrice. Le dol impliquait un mensonge positif. Le silence était un droit. La transparence était pareillement ignorée par le droit des affaires. Le mensonge était réprouvé, mais cette réprobation était dictée par la morale, non par la règle de droit. Les deux domaines devaient être strictement séparés. Or, les exigences morales, fréquemment désignées par le terme d'éthique, ont envahi le droit.

17. Dans ce contexte, que doit révéler l'individu et que peut-il garder secret, de sa personnalité, de son individualité ? Cette personnalité donne lieu à un sentiment particulier, le sentiment d'identité. Si l'identité personnelle semble indéfinissable, il n'en pas va de même du sentiment d'identité. Ainsi, Hume, qui déniait toute réalité à l'identité, mais qui reconnaissait l'existence du sentiment d'identité, a dépassé l'empirisme de John Locke en constatant que l'individu est convaincu de sa propre permanence. L'esprit a naturellement tendance à se représenter une identité, non une simple succession d'impressions successives reliées entre elles[20]. Cette illusion d'identité se développerait au moyen d'opérations intellectuelles complexes. Certes, Hume a probablement poussé à l'extrême la négation de l'identité personnelle. La démarche qu'il adopte est en outre contestable et l'on a pu relever qu'il y a un certain paradoxe dans la démarche de "*quelqu'un* qui pénètre en *lui-même*, cherche et déclare n'avoir rien trouvé"[21]. Paul Ricœur a donc tenté de redéfinir l'identité personnelle sans passer par le sentiment réducteur de "mêmeté"[22]. L'identité ne doit pas être réduite à l'*idem*, à la seule permanence. Elle doit au contraire être entendue comme dialectique entre soi, *ipse* et l'identique, *idem*. Paul Ricœur assigne donc à la notion "d'identité narrative" une fonction médiatrice, qui consiste à opérer la réalisation de cette

[18] J. Carbonnier, *La transparence*, Association droit et commerce, Colloque de Deauville, 19 et 20 juin 1993, *Propos introductifs*, RJCom. n° spécial, *La transparence*.

[19] Il est significatif de constater que le *Vocabulaire juridique* ne donne qu'une définition restrictive de la transparence, en ne se référant qu'à la transparence fiscale des sociétés de personnes et à la transparence des prix et des conditions de vente qui ont cours sur un marché.

[20] D. Hume, *Traité de la nature humaine. Essai pour introduire la méthode expérimentale dans les sujets moraux*, par A. Leroy, Aubier, 1973, Tome 1, p. 343.

[21] P. Ricœur, *Soi-même comme un autre*, Seuil, Collection *L'ordre philosophique*, 1990, p. 154.

[22] P. Ricœur, *Soi-même comme un autre*, p. 154.

dialectique par la nécessaire cohésion du récit[23]. L'analyse de Paul Ricœur n'est donc pas sans rappeler la conception humienne du sentiment d'identité, puisque tous deux refusent l'idée d'une identité de substance, qui serait inscrite dans l'être[24]. Paul Ricœur propose néanmoins une définition de l'identité en élargissant le concept pour y introduire une double dimension, l'*ipse* et l'*idem* et en utilisant le récit pour réaliser cette réconciliation. Une telle démarche n'est cependant pas à l'abri de toute critique, car ses fondements, le paradigme linguistique et la dimension constitutive du discours, peuvent être contestés. Elle met, en revanche, en lumière l'impossibilité de réduire le sentiment d'identité au sémantique qui apparaît également dans de nombreuses disciplines. La philosophie recherche ainsi dans l'homme une substance qui résiste aux contingences de temps et de lieux.

18. La morale elle-même a changé, non par son contenu, mais par les voies qui y mènent. Elle n'est plus statique et l'éthique ne répugne pas au mouvement. Il ne suffit plus d'obéir à des axiomes raides. Ainsi, Jürgen Habermas enseigne une morale de la discussion. La morale n'est plus axiomatique, mais résulte de l'échange d'arguments et s'accomplit par le dialogue. L'autre doit donc parler. Le bien vient de la communication, par la communication. Le mal vient, au contraire, d'un défaut de communication, d'un défaut de transparence. Le droit n'a pas été insensible à cette conception de la morale, puisque l'information est pratiquement devenue un droit absolu. La communication, quant à elle, ne supporte ni le secret ni le mystère. Ainsi, la vie sociale exalte aujourd'hui les relations de dialogue, de confiance, de spontanéité[25]. Le couple devrait tout se dire pour résister au quotidien. L'éducation de l'enfant devrait être fondée sur la parole, sur l'explication et l'apprentissage de la vérité.

19. La transparence est en outre confortée par l'omniprésence de l'image, fréquemment perçue comme l'expression même de la vérité, en dépit des manipulations dont elle peut faire l'objet. La transparence constitue alors un refuge dans un monde globalisé, dur et opaque. La transparence immédiate compenserait peut-être l'incertitude de l'avenir. "Etre vrai, dire vrai, parler vrai, vivre vrai, aimer vrai : voici les rêves de l'homme public, de l'homme privé aussi qui veut forcer l'estime et convenir à son temps"[26].

---

[23] P. Ricœur, *Temps et récits*, Tome 3, Seuil, Collection *L'ordre philosophique*, 1985.
[24] D. Gutmann, *Le sentiment d'identité*, préf. F. Terré, LGDJ, *Bibliothèque de droit privé*, Tome 327, 2000, *Introduction*.
[25] J.D. Bredin, *Secret, transparence et démocratie*, Revue Pouvoirs, 1997.
[26] J. D. Bredin, *Remarques sur la transparence*, Colloque de Deauville, 19 et 20 juin 1993, RJCom.1993, n° spécial, *La transparence*, p. 178.

20. Par ailleurs, pour Sartre, autrui "c'est l'autre, c'est moi qui n'est pas moi". Cette combinaison de distance et de proximité interdit de mettre autrui entre parenthèses au nom d'une autonomie individuelle, qui n'est qu'une pure fiction idéologique comme Marx l'a montrée. La qualité des rapports que l'homme noue avec autrui dépend non seulement de la sympathie qu'il investit, mais également de la connaissance réciproque des intéressés. Rien ne remplace alors les vertus du dialogue, comme le soulignent certains courants de la phénoménologie qui proposent des analyses permettant d'échapper à ce qu'il y a de potentiellement conflictuel dans la façon dont les consciences cherchent à faire réciproquement reconnaître leur liberté[27]. C'est en structurant le face-à-face, indépendamment de tout désir de fusion, et parce que autrui constitue originairement l'affirmation d'une altérité radicale, que Levinas s'écarte de toutes les analyses antérieures. Si autrui exige mon respect, qui n'est ni amour ni indifférence, c'est par la signification que porte son visage, équivalent à une sommation morale, dès lors que l'on parvient à le voir avant qu'il se confonde avec un groupe, une famille, une communauté. Le visage suggère la loi "tu ne tueras point" et autrui devient ainsi l'origine de l'exigence éthique. Par sa seule présence, autrui invite à inverser les relations entre la métaphysique et l'éthique, alors que la tradition philosophique considère la première comme fondatrice. C'est au contraire l'éthique qui garantit la possibilité de la vie en commun. L'individu doit donc se dévoiler, faire connaître ses singularités. Révéler ce qu'il est lui permet de construire et d'assumer sa personnalité. Cette révélation ne saurait toutefois être totale. Le secret doit en effet le protéger de l'indiscrétion des autres. Eriger la transparence en vertu absolue conduit au totalitarisme, car tout ce qui est secret risque d'apparaître aux yeux de tous et de jeter chacun sous le regard accusateur de son prochain. Or, les moyens d'accès à la vérité d'autrui ont été augmentés et de nombreux impératifs sociaux justifient la collecte et la conservation, parfois même la diffusion, des vérités individuelles. Le secret ne saurait être réduit à l'ennemi de la vérité. Il est porteur de valeurs qui conditionnent la vie en société, le respect de l'autre, la pudeur, la confiance légitime.

21. Le droit, parce qu'il est affaire de fabrication, transforme la réalité en sélectionnant les faits qu'il juge pertinents[28]. Alors que dans une conception classique, le droit n'était qu'une instance de jugement et non de vérité, il doit à présent s'interroger sur le statut philosophique et épistémologique de la

---

[27] Hegel, *La dialectique du maître et de l'esclave.*

[28] G. Vico, *Origine de la poésie et du droit. De constantia jurisdentis*, 1721, traduction C. Henri et A. Henry, 1983, Café Clima éditeur.

vérité. Sa normativité lui permet de distribuer la pertinence des faits, c'est-à-dire d'attacher un effet juridique à un fait. Le fait est alors juridiquement reconnu ou au contraire nié. Or, lorsque le droit refuse d'intégrer un fait dans sa propre définition du réel, tout se passe comme si ce fait n'existait pas. La réalité du monde n'est donc pas son unique source. Le droit est codifiant. La réalité des faits n'est pas son objectif premier car il la modèle, la transforme. La détermination des conditions d'application de la règle lui permet d'identifier la part de la réalité qu'il convient de retenir. Le juriste est dispensé d'examiner un pan de la réalité et, à le supposer connu, à en tenir compte[29]. Le droit prend donc le parti d'ignorer certains aspects du monde, car la réalité est toujours interprétée à la lumière des besoins de la société. La vérité juridique n'est en outre jamais une donnée commune, objective, que chacun pourrait s'approprier. La vie privée, le secret des affaires ou bien encore le secret de la confession sont protégés par leur caractère non apparent. Le réel devient ainsi ponctuellement réservé à certains. Les droits de la personnalité permettent à l'individu de vivre selon sa propre vérité. Les tiers sont ainsi rejetés en dehors de cette sphère d'intimité dans laquelle se développe la personnalité de l'individu. Le respect du secret s'oppose à l'immixtion des tiers et leur interdit de révéler les secrets de l'individu. De plus, ne pas aller au-delà des manifestations apparentes de la réalité constitue un gage de paix sociale et de sécurité. Des recherches longues et dérangeantes sont évitées. La vraisemblance est essentielle lorsqu'elle répond suffisamment aux besoins de la société. La réalité juridique et la réalité apparente coïncident fréquemment. L'accès au monde est facilité, éventuellement aux dépens de la réalité.

22. La transparence, au delà de ses inconvénients et de ses vertus morales, a, par ailleurs, un coût. Alors qu'elle devrait être invisible, puisqu'elle n'affecte pas ce qui existe de part et d'autre de la vitre, elle a néanmoins une substance et donc un prix. Ainsi, les anglo-saxons ont été très attentifs au coût économique de la transparence. Leurs sociologues ont travaillé sur la dimension pécuniaire du droit. Leurs recherches ont conduit à l'élaboration de formules mathématiques. Toute information a en effet une valeur. Un exemple tiré de la philosophie antique permet de le démontrer. Si, dans une ville où règne la famine, je dispose d'une cargaison de blé, j'aurai intérêt à le vendre tout de suite, au plus offrant, car je sais de source sûre que des navires vont bientôt arriver et que cela va provoquer une chute des cours. On peut y voir un délit d'initié, de l'agiotage. Cependant, l'information a un coût, car je dois rémunérer les agents qui sont chargés de m'informer dans les

---

[29] Ce qui n'est pas sans rappelé Nietzsche : "Il est bien des choses que je veux, une fois pour toutes, ne point savoir. La sagesse fixe des limites même à la connaissance", *Crépuscule des Idoles ou comment philosopher à coups de marteau*, 1888, traduit de l'allemand pas J.Cl. Hemery, éd. Gallimard, p. 14.

différents ports. On peut soutenir que le gain qui va être réalisé est sans commune mesure avec cette dépense, mais ce gain n'est pas pour autant gratuit. Celui qui reçoit l'information bénéficie d'une plus-value, même si celui qui l'a informé n'a subi aucune perte. L'information n'est jamais perdue, car elle est inépuisable. Elle résulte néanmoins de recherches, de vérifications qui représentent un travail. Or, si l'on ne permet pas à celui qui produit l'information de la faire payer, il cessera ses recherches et préférera l'ignorance. Telle est la solution malthusienne. Toutefois, la justice individuelle n'est pas l'efficacité macro-économique. Bernard Rudden n'hésite donc pas à plaider pour un devoir de non renseignement. Le coût de la transparence n'est pas uniquement financier. Il est également moral. Certes, certaines transparences sont naturelles et ne nécessitent aucun effort : servitudes apparentes dans les ventes d'immeubles, vices apparents dans les ventes de marchandises... Elles sont toutefois marginales. Le plus souvent, la transparence est imposée par le droit, c'est une transparence d'ordre public. Une loi, un règlement, détaille avec plus ou moins de minutie les informations qui doivent être communiquées à l'autre partie. Le droit de la consommation fournit de nombreux exemples. La transparence y apparaît comme une conséquence de l'interventionnisme, du dirigisme. Le juge complète fréquemment l'œuvre du législateur et tire une obligation de transparence de la notion de réticence ou de la théorie de la garantie. Un procès sera donc nécessaire. La transparence devient paradoxalement une source de contentieux. Elle peut, par ailleurs, engendrer le mensonge. Plus encore, on peut légitimement s'interroger sur les répercussions de la transparence sur l'individu. Le détenteur de l'information est tenu de la communiquer. Il est vu, alors qu'il préférerait souvent ne pas l'être. La transparence déclenche une réaction, une "irritabilité quasi-animale"[30]. Ainsi, l'une des maximes de La Rochefoucault est "On a raison de ne pas vouloir être éclairé de trop près". La vie sociale serait invivable si tous les êtres humains devenaient transparents les uns aux autres. Cacher est un instinct humain. Les juristes ont traduit ce besoin vital par un droit au secret. Tous les secrets n'ont cependant pas la même force. Ainsi, les secrets de famille sont particulièrement forts, parce qu'ils conditionnent la paix des familles. Ils risquent, par exemple, d'être menacés par des actions destinées à établir une filiation naturelle. La transparence parfaite n'a donc jamais été appliquée à la filiation. Des garde-fous ont été maintenus, allant parfois jusqu'à interdire toute recherche.

23. L'exigence de transparence a entraîné une réaction, presque instinctive, de défense de la vie privée. Attaquée de toute part, la vie privée n'a jamais été autant revendiquée et défendue. La transparence peut en effet

---

[30] J. Carbonnier, *Propos introductifs*, précité.

conduire à l'indiscrétion, à l'impudeur. Les tensions sont toutefois nombreuses. L'individu entend préserver sa vie privée, mais il revendique également un droit à la sécurité, qui justifie la mise en place de dispositifs de surveillance de plus en plus contraignants[31]. Il est alors fréquemment amené à revendiquer le secret pour lui-même, tout exigeant d'autrui qu'il devienne transparent. Un équilibre doit être constamment recherché entre les libertés individuelles et les intérêts collectifs. La transparence et le secret sont donc nécessairement liés. Chacun s'efforce de dissimuler et de préserver sa vie personnelle, mais la société s'efforce avec une même détermination à rendre l'individu transparent.

24. Le secret reste une valeur protégée. L'éducation porte notamment sur des rites, des manières, qui cultivent l'apparence, les faux-semblants. L'enfant apprend à paraître, à se comporter en société, voire "à sauver les apparences" lorsque les circonstances l'exigent. Historiquement, l'identité, juste avant l'époque moderne, est contenue dans le rôle social. L'étiquette à la cour en est le symbole. Chacun doit se tenir comme l'exige son rang et sa place. La sphère privée n'existe pas. L'individu n'a pas d'identité personnelle. Marie-Antoinette provoqua ainsi un scandale en se retirant dans ses "petits appartements" de Versailles pour y vivre en dehors de la Cour. Arthur Young, lors de sa visite au Château de Versailles, fut ainsi surpris par la promiscuité qui y régnait et par l'abondante compagnie qui entourait en permanence le roi, y compris dans les moments les plus intimes de son existence[32]. Une évolution se produit cependant à partir du 17ème siècle, époque durant laquelle Richard Sennett situe la séparation de la vie privée et de la vie publique. La vie publique désigne pour lui un type de sociabilité urbain. Sont publics tous les lieux où l'on est en représentation, soit à peu près tous les lieux dans lesquels les personnes présentes ne sont ni des parents ni des proches. Les relations professionnelles, les loisirs pratiqués en plein air..., relèvent donc pour Richard Sennett de la vie publique[33]. Plus encore, Jürgen Habermas situe l'apogée de la culture publique au 19ème siècle avec la bourgeoisie triomphante[34]. Comme Sennett, il dresse un constat de perte. La culture publique dont il est question diffère néanmoins de celle qui est étudiée par Sennett. J. Habermas déplore la disparition d'une culture de la délibération en

[31] P. Ducasset, *La protection de la vie privée. Un fragile équilibre*, in *Après-demain*, n° 376-377, septembre octobre 1995, p. 4.

[32] A. Young, *Voyages en France de 1787, 1788 et 1789*, trad. SEE, 1931, Tome 1, p. 199.

[33] R. Sennett, *La tyrannie des intimités*, Seuil, 1979, traduction de *Fall of the public man*, 1974.

[34] J. Habermas, *L'espace public. Archéologie de la publicité comme dimension constitutive de la société bourgeoise*, 1962, trad. Payot, 1978.

place publique des affaires de l'Etat. Face à un Etat absolu, qui agissait dans le secret, une opinion publique bourgeoise est apparue à partir du 18ème siècle. Celle-ci a été soutenue par l'essor de la presse qui a permis de rendre réellement "publiques" les affaires de l'Etat. Cette émergence de la vie publique n'est toutefois étudiée par Habermas que pour en montrer le caractère trompeur et partiel. Il considère ainsi que la bourgeoisie a très rapidement instrumentalisé cet espace public pour faire valoir ses intérêts particuliers. Cette illusion se poursuit, selon lui, sous une autre forme avec les médias de masse, qui incite les citoyens à l'apathie et à l'inaction. L'Etat aurait ainsi toute latitude nécessaire pour agir sans concertation ou plutôt avec des apparences de concertation. La délibération ne serait qu'une fiction. Habermas se livrait donc à une vive critique des médias, qui s'est banalisée depuis, mais qui était relativement nouvelle au début des années 1960.

25. A partir du milieu du 18ème, la famille s'isole du reste de la société, des voisins, des parents plus éloignés, du monde du travail. Elle se resserre autour du père, de la mère et des enfants. Les domestiques ne dorment plus dans le même logement. Au milieu du 18ème, cette situation commence à être remise en cause par une "première individualisation". Pour Benjamin Constant, la vie privée est un trait caractéristique de ce qu'il appelle la liberté des Modernes. Les Anciens étaient absorbés par la vie de la cité. La liberté des Modernes consiste à pouvoir s'en détacher, s'en désintéresser même, pour se consacrer à leurs affaires privées. La vie privée est la clé du bonheur de l'homme moderne, un refuge. Cette conception de la vie privée comme un refuge se retrouve chez Alexis de Tocqueville, mais il insiste avant tout sur les risques de désintérêt pour la vie civique. L'œuvre de Tocqueville tend alors précisément à rechercher un équilibre entre le bonheur privé et l'action publique. La vie privée est également très présente dans l'œuvre de Norbert Elias. Dans *La civilisation des mœurs*, la vie privée est analysée comme l'un des vecteurs du processus de civilisation[35]. Il met en évidence, par la lecture des traités de civilité depuis Erasme, un affinement des sensibilités correspondant à ce que l'on appelle "pudeur". De nombreux actes, se nourrir, faire l'amour, déféquer, initialement accomplis en public ont reflué dans la sphère privée. Ce processus est un processus de très longue durée, qui trouve ses origines à la Renaissance.

26. La famille se referme peu à peu sur elle-même, au sein d'un espace clos. La vie privée devient une vie séparée de la vie publique. Une nouvelle étape est franchie à la fin du 19ème siècle. La maison elle-même est réorganisée, avec l'apparition de la chambre conjugale, distincte de celle des

---

[35] N. Elias, *La civilisation des mœurs*.

enfants. Cette période, qui s'étend de la fin du 19ème à la seconde guerre mondiale, concerne principalement les hommes. Ils peuvent se déplacer dans l'espace public et sont financièrement indépendants. Ils ont donc une vie autonome et distincte de celle qu'ils mènent dans leur foyer. La différenciation des genres est encore très marquée. La femme, en revanche, lorsque la famille en a les moyens, reste à la maison. Elle est une "femme au foyer". Les femmes ont cependant peu à peu "territorialiser" leur conjoint. Elles se sont efforcées de couper les hommes de leur vie extérieure. Vivre en famille signifie alors tout faire ensemble. La vie en famille est envisagée sous le mode de la fusion. Chacun conserve néanmoins un rôle distinct, car il existe au sein du foyer des activités masculines et des activités féminines. La vie privée est alors conciliable avec la vie familiale, les deux allant fréquemment jusqu'à se confondre.

27. Une rupture se produit avec la "seconde individualisation", dans les années 1960. Elle résulte d'une scolarisation accrue des jeunes filles, du mouvement féministe et du développement du travail des femmes. Les femmes accèdent alors à l'individualité et revendique une vie autonome, indépendante de celle de leur conjoint. Cette demande a déjà été formulée par les femmes les plus diplômées, puis elle s'est généralisée. L'intimité familiale reste un idéal, mais elle doit coexister avec une intimité personnelle, masculine et féminine. Le processus de territorialisation en est affecté. De nombreuses femmes exigent alors de disposer de temps pour elle-même, qu'elles vivent séparément de leur conjoint. La vie personnelle se distingue peu à peu de la vie familiale. La vie privée ne se résume plus à la vie familiale. Chacun, homme et femme, acquiert une vie privée personnelle qui ne se confond avec aucune autre vie, même privée et familiale. L'appartenance à un groupe, y compris à une famille ou à un couple, n'est pas refusée, mais aucun de ces groupes ne peut totalement le définir. Tout enfermement est proscrit. L'individu s'affirme face à son groupe d'appartenance. Une distinction devient nécessaire entre territoire personnel et territoire conjugal. La transformation de l'habitat n'est pas sans incidence. L'augmentation de la taille des logements urbains a permis aux individus, au sein même de la famille, d'acquérir un espace propre[36]. La famille a toutefois elle-même été profondément transformée, car elle a subi un phénomène de "privatisation"[37]. Ses fonctions sont devenues exclusivement privées, ce qui l'a affaiblie en tant qu'institution. Toutefois, c'est également au sein de la famille que l'individu a pu développer une vie personnelle. Le logement

---

[36] A. Prost, *La famille et l'individu*, in P. Ariès et G. Duby, *Histoire de la vie privée*, Tome V, éd. Seuil, Collection *Univers historique*, 1987, p. 61 et s.

[37] A. Prost, *la famille et l'individu,* in P. Ariès et G. Duby, *Histoire de la vie privée*, Tome V, éd. Seuil, Collection *Univers historique*, 1987, p. 61.

individuel s'est généralisé et s'est doté d'espaces distincts. La maison n'a plus seulement protégé la famille contre l'intrusion des tiers. Son organisation a permis à chacun d'y mener sa propre vie personnelle.

28. La sociologie a montré que l'individu s'appuie sur des codes implicites de la vie en société pour faire respecter un espace de vie personnelle, un "territoire du moi", dans lequel toute intrusion est perçue avec déplaisir et provoque parfois même un retrait[38]. Chacun entend rester propriétaire de son corps, même après le mariage. Cette revendication marque la frontière entre soi et le couple. La vie commune n'est acceptée que si elle n'empiète pas de façon excessive sur la vie personnelle et la liberté individuelle. Le développement de l'union libre, à partir des années 1970, manifeste cette méfiance envers le couple. Ainsi, pendant la période de première modernité, les sphères s'étaient séparées. L'identité privée, familiale et personnelle, relevait de la sphère privée et l'identité publique se rattachait à la sphère publique. Au cours de la phase de la seconde modernité, la situation devient plus complexe. Les relations familiales et amicales permettent de se réaliser en tant que personne, mais on refuse à présent d'abandonner sa personnalité dans les autres domaines d'activités. Chacun entend rester lui-même à tous les moments de son existence. L'identité personnelle n'est plus cantonnée à la sphère privée. L'individu n'hésite plus à révéler certains éléments de sa dimension privée personnelle, car il peut ainsi affirmer qu'il ne se réduit pas au rôle qu'il est en train de jouer.

29. La coïncidence entre la sphère privée et l'identité privée personnelle, entre la vie privée familiale et la vie privée personnelle, est remise en cause. Dans les représentations les plus ordinaires, l'intimité évoque notamment les pratiques sexuelles et, plus généralement, tout ce qui doit rester caché. Or, on assiste à une dissociation de ce qui est toujours désigné sous le terme d'intimité et les manifestations les plus personnelles de chacun. Certaines pratiques deviennent incompréhensibles si on ne distingue pas secret et vie privée personnelle. Ainsi, des individus acceptent de se livrer à la télévision sur des aspects particulièrement intimes de leur vie. La sphère publique ne se distingue plus de la sphère privée. Cette confusion est en outre volontaire, car une telle expérience est vécue comme un moyen de se construire comme individu et de se faire reconnaître. Le succès de la "télé-réalité" et de l'autofiction en littérature manifeste cette évolution. Ainsi, dans la préface de la *Vie sexuelle de Catherine M.*, Catherine Millet précise que c'est "un texte destiné à établir une vérité, la vérité d'un être singulier. L'œuvre sur soi-

---

[38] E. Goffman, *La mise en scène de la vie quotidienne. Les relations en public*, éd. Minuit, collection *Sens commun*, trad. A. Kihm, 1973, p. 44.

même devient un moyen de se trouver. La quête de soi se joue donc également en public. Le soi privé personnel a des exigences qui ne se confondent pas avec la seule vie privée. Certaines limites demeurent cependant. Catherine Millet précise ainsi qu'elle et son mari n'utilisent pas le lit conjugal avec d'autres partenaires. Ils ont donc une vie privée conjugale distincte de la vie privée personnelle que chacun mène par ailleurs. C'est alors cette vie privée conjugale qui devient secrète. De plus, l'identité personnelle n'est pas cantonnée à la sphère privée, mais gagne également la sphère publique. Les individus veulent conserver leur identité propre dans tous les domaines, dans toutes leurs activités. Un équilibre doit alors être en permanence recherché entre cette affirmation de l'identité personnelle et les contraintes sociales qui en résultent. Chacun doit tout à la fois jouer le rôle qui lui revient, tout en démontrant, par petites touches, qu'il n'a pas renoncé à être lui-même. Le *soi personnel* et le *rôle* doivent être conciliés. Aucune loi générale n'existe cependant dans la recherche de cet équilibre. Un rôle trop marqué conduit à un excès de rigidité qui risque de décevoir le public, son partenaire, ses clients... A l'inverse, l'individu risque d'oublier ce qu'il doit faire en s'épanchant trop, en étant dans l'excès de moi.

30. Les institutions sont perturbées par cette intrusion du soi personnel. Un équilibre, nécessairement précaire, doit être recherché entre le rôle officiel que chacun doit jouer et le droit de rester soi-même. La seconde période d'individualisation trouble également la séparation entre les sphères privées et publiques en y introduisant du "continu". Elle rappelle en cela la période pré moderne. Une profonde différence doit cependant être relevée. La période pré moderne était dominée par la dimension publique. La dimension privée est prépondérante à l'heure actuelle. L'éthique de la discussion de Jürgen Habermas créait une stricte césure entre la sphère publique où les individus sont des citoyens qui doivent être gouvernés par la raison et la sphère privée où pouvaient librement s'exprimer les sentiments. Or, cette distinction est aujourd'hui refusée. L'individu veut agir et être reconnu, sans renoncer à ses sentiments et à ses intérêts personnels. Cette volonté nouvelle affecte le droit, qui accorde désormais une plus grande place au bien-être de l'individu, alors que les rédacteurs du Code civil s'étaient méfiés des individualités. L'évolution du droit conduit à un paradoxe. Le droit positif semble de moins en moins en mesure de poser des normes générales et impersonnelles. Il acquiert une fonction nouvelle, puisqu'il apparaît comme la dernière instance normative légitime. La psychologie individuelle y trouve sa place. L'épanouissement personnel devient la finalité de nombreux textes. Ainsi, le préambule de la Convention de New-York du 20 novembre 1989, relative aux droits de l'enfant affirme que "l'enfant, pour l'épanouissement de sa personnalité, doit grandir dans le milieu familial, dans un climat de bonheur et de compréhension". Plus encore, l'individu revendique à présent de multiples droits subjectifs. Il existerait ainsi un "droit à" l'éducation, au mariage, au logement, à la santé, à la vie privée, à l'information, au procès équitable... Ces droits ont été spécialement "conçus pour les individus"[39]. Ils ont donc une vocation toute à la fois universelle et égalitaire. Chaque individu en est en effet titulaire, ce qui traduit une démocratisation de la société. Chaque individu se voit reconnaître des prérogatives juridiques, dotées d'une réelle portée pratique et le nom même de ces droits assure leur compréhension par le plus grand nombre. Ces droits sont en outre actuels, et non de simples potentialités comme peuvent l'être le droit de propriété ou le droit de créance. Chaque individu a un droit au respect de sa vie privée, un droit à l'image, un droit à un procès équitable... Ces droits sont, en raison de leur objet même, reconnus à l'ensemble des membres de la société. Le droit à la santé et le droit à l'éducation n'auraient aucun sens s'ils n'étaient pas accordés à tous. Les termes mêmes de "droit à" sont significatifs, car il réserve leur structure particulière. Dans l'analyse classique, les droits subjectifs sont en effet définis par leur structure, leurs caractères et sont donc indépendants de leur objet. Or, les "droits à..." porte, en revanche, par définition, sur l'objet qui figure dans leur dénomination. Cet objet n'a donc aucune autonomie. Le droit devient ainsi l'objet du désir. Les multiples revendications qui s'en attachent exercent alors une fonction évocatoire et incite à leur reconnaître une réelle portée juridique[40].

31. De la même façon, Internet et les nouvelles technologies semblent faire triompher la transparence, puisque le réseau permet la diffusion mondiale et quasi immédiate de multiples données. L'interactivité favorise la communication entre les individus et crée de nouveaux liens sociaux. La transparence est inhérente aux techniques numériques, qui permettent d'accéder rapidement et aisément aux informations. Cette transparence peut toutefois se révéler dangereuse, lorsqu'elle porte sur des données personnelles ou intimes. Certes, les menaces qui pèsent sur l'individu sont anciennes. Chaque époque a développé ses propres techniques de contrôle, tel le "quadrillage spatial" mis en place au 18ème siècle par les autorités d'une ville pour lutter contre les épidémies[41] ou le Panopticon de Bentham. Ces menaces se sont néanmoins multipliées avec le développement des nouvelles technologies de l'information et de la communication. Ces nouveaux modes de communication ont facilité les capacités d'intrusion dans la vie de l'individu. La vie quotidienne est jalonnée de traces (vidéosurveillance, carte

[39] D. Cohen, *Le droit à...*, in *L'avenir du droit. Mélanges en hommages à F. Terré*, Dalloz, Puf, Ed. du Juris-classeur, 1999, 393 et s., spécialement page 397.
[40] D. Cohen, *Le droit à...*, page 400.
[41] M. Foucault, *Surveiller et punir. Naissance d'une prison*, Gallimard, 1981, p. 198.

à puce, *cookies*, écoutes téléphoniques....). Les informations ainsi obtenues sont alors généralement conservées et traitées à l'insu des intéressés. La connaissance des fichiers qui en résultent est alors des plus incertaine. La banalité des moyens techniques utilisés pour constituer ces bases de données et leur intégration dans la vie quotidienne de chaque individu, les rend particulièrement dangereuses, puisque l'individu oublie fréquemment leur existence et donc leur dangerosité potentielle. Ainsi, le commerce électronique repose sur l'exploitation systématique des données personnelles, collectées avec l'accord ou à l'insu des individus. Les nouvelles technologies de la communication et de l'information restreignent le champ de la vie privée, mais aussi la liberté individuelle. Le secret est menacé. Les nouvelles technologies facilitent les "procédés disciplinaires hérités de l'œuvre de Bentham"[42]. Si elles réalisent d'incontestables progrès, la menace qu'elles font peser sur l'individu ne saurait être ignorée. Comme dans le monde concret, la transparence gagne du terrain sur Internet, alors que le secret est de plus en plus fréquemment menacé. Les oppositions sont inévitables. L'individu entend préserver son anonymat, ce qui se manifeste notamment avec une libéralisation permanente du cryptage, mais les entreprises développent une énergie comparable pour le rendre transparent. Elles lui imposent, par exemple, des standards qui l'obligent à transmettre à son insu des données à caractère personnel de plus en plus détaillées. Microsoft et Intel, qui dominent l'informatique personnelle, avaient ainsi utilisé des identifiants enchâssés, à l'insu des utilisateurs, dans le système d'exploitation *Windows 98* ou dans les processeurs *Pentium III*[43]. La surveillance qui en résulte n'est pas la surveillance centralisée imaginée par Bentham, mais une surveillance réciproque généralisée. Plus les nouvelles technologies sont perçues comme des menaces pour l'individu, plus celui-ci utilise des moyens de défense préventifs. La recherche d'un équilibre entre les libertés individuelles et l'intérêt collectif se révèle de plus en plus aléatoire, alors surtout que les frontières des intrusions préventives sont encore floues. Le privé, avec les nouvelles technologies, tend à devenir le "principal agresseur du privé"[44]. La collecte d'informations n'est plus réservée aux pouvoirs publics et peut être mise en œuvre par toute entreprise privée disposant de moyens techniques suffisamment puissants. Les menaces qui pèsent sur

---

[42] M.C. Piatti, *Avant propos. Les libertés individuelles à l'épreuve des NTIC*, Presses universitaires de Lyon, 2001, p. 6.

[43] Chaque ordinateur équipé d'un processeur *Intel Pentium III* serait identifié par un PSN (*Processor serial number*), un numéro de série unique composé de 96 bits qui serait accessible à distance. *Windows 98* produirait pareillement un numéro d'identification, le Guid (Global unique identifer), à partir des données du système et qui serait récupéré lors de l'enregistrement en ligne du logiciel auprès de *Microsoft*.

[44] M.C. Piatti, *Avant propos. Les libertés individuelles à l'épreuve des NTIC*, p. 9.

l'individu ont donc été multipliées. L'utilisation des nouvelles technologies conduit en cela à un asservissement volontaire, mais fréquemment inconscient. Le contrôle social n'a jamais été aussi puissant. Le droit apparaît alors comme le dernier rempart contre l'anéantissement total du secret et de l'anonymat. La loi *Informatique et libertés*, du 6 janvier 1978, garantit par exemple la protection des données nominatives. L'efficacité de cette régulation publique se révèle toutefois fréquemment insuffisante. Internet est en effet un réseau mondial, de sorte qu'il est pratiquement impossible d'y imposer des règles communes. Ses acteurs sont donc appelés à jouer un rôle essentiel, en développant des mécanismes d'autorégulation.

32. Les technologies numériques modifient les rapports qu'entretiennent transparence et secret. Alors que le secret précède généralement la transparence la numérisation et la mise en ligne entraînent une diffusion immédiate et publique des informations. Le droit n'intervient que dans un second temps, pour limiter la transparence et garantir le secret. Internet précise les frontières de la transparence et du secret, puisque les utilisateurs sont amenés à préciser ce qui restera secret et ce qui pourra, au contraire, être révélé. La question de la confidentialité d'une information est systématiquement posée, puisqu'elle peut *a priori* être mondialement diffusée. Les modes de communications utilisés sur Internet, tels les forums de discussion, remettent en cause la distinction traditionnelle entre la communication publique et la correspondance privée. Les "pages personnelles" projettent ainsi fréquemment dans la sphère publique des données relevant de la sphère privée. De véritables stratégies de communication en résultent, chacun étant à même de décider ce qu'il convient de révéler de lui-même. La transparence, appliquée aux technologies numériques, se révèle donc paradoxalement relativement opaque, anonyme. Cette opacité résulte notamment des difficultés d'accès au réseau que rencontre encore une partie essentielle de la population mondiale. Ensuite, l'abondance de l'information la rend opaque, alors surtout que sa fiabilité est incertaine. L'origine, la fiabilité, l'authenticité d'un message ou d'un contenu sont très souvent inconnues. Internet favorise alors la désinformation, voire la propagande. Les rumeurs s'y multiplient. Chaque utilisateur est en mesure d'altérer, de manipuler, l'information, tout en préservant son anonymat. Une partie importante du réseau reste en outre inaccessible à la plupart des utilisateurs. Les mots de passe, les codes, les pseudonymes sont autant d'obstacle à la transparence. Le droit s'efforce d'imposer des mécanismes d'authentification et de sécurisation, mais il n'obtient que de médiocres résultats. Les pouvoirs publics et les acteurs du secteur numérique tentent donc de restaurer la transparence, par exemple en responsabilisant davantage les intermédiaires techniques. Internet, qui brise le secret, ne favorise donc pas nécessairement la transparence. Les utilisateurs d'Internet sont en outre placés sous la surveillance constante des sites qu'ils consultent. Les *cookies* constituent ainsi de véritables espions directement implantés dans l'ordinateur.

33. L'informatique permet, plus généralement, une surveillance constante et invisible de la vie privée. La mémoire devient totale et immédiate. De multiples informations personnelles sont collectées quotidiennement et ces données peuvent être aisément conservées. Le traitement informatisé de ces données facilite ensuite leur tri, et donc leur rapprochement. Rien n'échappe à l'ordinateur. La surveillance n'est plus seulement le fait des pouvoirs publics. Les entreprises, soucieuses de conquérir de nouveaux marchés, sont devenues les principaux "espions". Toute information personnelle permettra d'anticiper les attentes de l'individu et de lui proposer les produits ou les services susceptibles de l'intéresser. Les entreprises, mais aussi les Administrations, disposent de fichiers qu'il peut être tentant de rapprocher. Les télécommunications et les conversations deviennent elles aussi transparentes. Le numéro des correspondants, l'heure et la durée des appels sont connus. Les déplacements de l'individu sont eux-mêmes surveillés, notamment parce qu'il est possible de les reconstituer à partir de l'utilisation de ses moyens de paiements, particulièrement de sa carte bancaire. Ses achats, leur fréquence et leur importance, sont donc parfaitement connus. Les microphones et les téléobjectifs permettent, quant à eux, d'épier son prochain à distance. L'individu fait l'objet d'une surveillance constante. La technologie rend donc très aisément l'individu transparent.

34. Ainsi, la séparation de l'espace public et de l'espace privé est aujourd'hui remise en cause. Les territoires se chevauchent. L'indiscrétion publique peut frapper toutes les activités. Les médias relaient des confidences qui étaient jusqu'alors réservées aux ministres du culte ou aux médecins. L'intimité de la vie privée est exposée. Le phénomène touche aussi bien les anonymes que les personnages artistiques ou politiques.

35. R. Sennett a vu dans cette évolution, dans cet exhibitionnisme, un signe inquiétant de la destruction de l'espace public dévoré par les tyrannies du moi[45]. Toutefois, la frontière entre public et privé ne semble pas

---

[45] R. Sennett, *Les tyrannies de l'intimité*, Seuil, 1995. Il existe alors quatre types de témoignages, qui manifestent un rapport particulier entre la parole pour soi et la parole pour le public. Le message personnel est délivré par un témoin qui utilise les caméras pour rétablir une communication. Le *coming-out* télévisuel en est la meilleure illustration. Une personne vient faire état de son homosexualité à la télévision alors que son entourage le plus proche l'ignore. Le témoin a essayé de

disparaître, mais se recomposer. L'intimité ne disparaît pas, mais reçoit de nouvelles frontières. Elle ne se définit plus que par référence à un individu donné. Elle demeure une référence et une valeur, mais sa définition varie d'un individu à l'autre. Chacun lui donne sa propre signification. Certains considèrent qu'il est impensable de dévoiler en public ses sentiments, ses modes de vies, ses choix. D'autres n'hésitent pas à faire état de leurs difficultés conjugales, d'autres encore refusent toute révélation concernant leurs enfants... Chacun fixe les bornes de la pudeur en fonction de ses valeurs et de son histoire personnelle. La distinction entre la vie privée et la vie publique n'a pas disparu, mais elle est devenue subjective et individuelle.

36. Ainsi, dans ce nouvel espace public que constitue la télévision, la séparation entre le public et le privé demeure, mais les frontières sont devenues individuelles. Le contrôle social ne disparaît donc nullement. L'individu est exposé au pouvoir médiatique et subit ainsi la tyrannie de l'opinion publique. Or, ce pouvoir est particulièrement dangereux, parce qu'il n'est pas soumis aux exigences qui encadrent les intrusions de la police ou de la justice dans la vie personnelle des individus. La presse est, dans une très large mesure, seule juge de ce qu'elle publie.

---

parler dans la sphère privée, mais sans ne jamais y parvenir. Il fait donc appel à la télévision pour surmonter sa peur. La révélation publique devient un moyen d'informer ses proches lorsque l'on ne parvient pas à leur parler directement. L'anonymat du public et l'utilisation de procédés techniques impersonnels facilitent la parole. Le témoignage cathartique semble *a priori* le plus égocentré. Le témoin entend en effet se libérer d'un poids, d'une culpabilité. Il se livre au public dans l'espoir que celui-ci le rassurera sur son équilibre. Le témoin est ainsi dispensé d'un auto examen solitaire. Parler au public lui procure, au moins temporairement, un sentiment de libération. Or, cette démarche cathartique ne s'inscrit plus dans un ensemble de communications individuelles, avec un thérapeute notamment, mais se produit sur une scène publique. Le témoin ne se contente plus d'exprimer son propre malaise. Il devient un porte-parole pour tous ceux qui l'entendent et qui peuvent se comparer à lui et se sentir encouragé par sa parole. La parole identitaire constitue ensuite la forme la plus fréquente de témoignages privés répandus sur la place publique. Le témoin expose le mode de vie qu'il a choisi. Il expose les choix qu'il a opérés par rapport à sa famille, à son conjoint, à ses enfants... Il évoque sa conception de la sexualité, ses réactions face à la maladie, à la souffrance, au deuil... Il entend, par cet exposé public, autant faire légitimer ses choix que de les montrer en exemples pour ceux qui se cherchent encore. Enfin, le témoignage collectif dresse le portrait d'un groupe qui réunit des personnes vivant une situation semblable. Il est fréquemment délivré par des associations. Les propos tenus sont également des récits personnels, mais ils expriment surtout l'opinion qu'un groupe ou une association véhicule en dehors des écrans.

L'information du public est une nécessité démocratique, parce qu'elle garantit la transparence de la vie publique et lutte ainsi contre l'arbitraire. Elle justifie cependant de multiples intrusions dans la vie personnelle, y compris dans celle de parfaits inconnus involontairement mêlés à un "événement d'actualité". Les comportements ne résultent pas d'un choix spontané de l'individu, mais sont dictés par des relations d'interdépendances. Le corps illustre cette évolution. La "civilisation des mœurs" modifie les comportements à partir du 15ème siècle. Un mur se dresse ainsi peu à peu entre les individus, entre leurs corps. La contrainte collective conduit l'individu à se replier sur lui-même. Le public et le privé restent intimement liés. Un double mouvement de publicisation du privé et de privatisation du public peut être observé. Il ne s'agit pas simplement d'un phénomène médiatique. La télévision a simplement relayé et amplifié un phénomène qui est né en dehors d'elle. Elle l'a développé, amplifié, mais ne l'a pas créé. La propension à communiquer autour de choses intimes est née de la société elle-même. Chacun peut ainsi revendiquer le quart d'heure de célébrité promis par Andy Warhol. La montée de l'individualisme justifie le crédit accordé à l'expérience personnelle et au récit de la vie privée. Les normes ne sont plus imposées à l'individu, qui doit désormais opérer ses propres choix et construire une histoire qui lui est propre. Il est donc en permanence à la recherche de repères, qu'il n'hésite pas à découvrir à partir de l'expérience d'autrui. Il forme son identité à partir des multiples messages qu'il perçoit autour de lui.

37. La laïcisation de la société et le déclin de nombreuses idéologies politiques ou philosophiques font triompher la transparence. La société se désintéresse des idéaux traditionnels. La liberté semble acquise, la fraternité se révèle illusoire. La vérité apparaît, dans un tel contexte, comme une ultime vertu. La transparence serait donc le dernier refuge dans une société désabusée, qui a perdu ses rêves et ses croyances, l'idéal consistant à s'épanouir, en étant "vrai", dans un monde "vrai"[46]. La transparence menace pourtant l'individu. Certes, elle a rendu la vie publique moins opaque. Le fonctionnement de l'Etat, des Administrations ou des entreprises est aujourd'hui connu de tous. Le citoyen est mieux informé, plus méfiant peut être. Le processus de décision est satisfaisant dès lors qu'il est transparent, mais la qualité de ce qui a été décidé est relativement secondaire. Les fins et les moyens tendent à se confondre. Plus encore, la transparence engendre la

[46] J.D. Bredin, *Secret, transparence et démocratie*, Revue Pouvoirs, 1997.

méfiance, la suspicion. Elle ne tolère le secret que s'il ne la menace pas. L'individu, qui se sait observé, devient nécessairement prudent. La transparence paralyse son action ou, au contraire, le conduit à la démesure en l'incitant, par réaction, à braver les modèles que l'on tente de lui imposer. L'exercice d'une volonté libre et éclairée s'avère de plus en plus difficile. L'expression, parce qu'elle sera largement diffusée, ne sera donc pas à l'abri de l'autocensure. L'opportunité des décisions, publiques ou privées, devient accessoire, puisqu'il faut avant tout ne pas mécontenter autrui. La complaisance est alors inévitable. Le contrôle collectif et permanent que subit l'individu le conduit au conformisme. Il lui devient impossible d'être lui-même. L'originalité, l'individualité, deviennent autant de tares. L'individu modèle est alors celui que l'on ne remarque pas. Le respect de l'individu, de ce qui le caractérise et fait de lui un être unique, risque d'être mis à mal par cette recherche permanente de la vérité. L'individu perd son unicité pour se conformer aux modèles que la transparence véhicule. Son identité s'évalue en fonction des libertés qu'il prend par rapport aux normes qui organisent la société. Le modèle social risque donc de se révéler dictatorial. Tous ceux qui ne s'y conforment pas, par choix ou par impossibilité, sont stigmatisés, parfois même dénoncés. L'individu qui dévie, qui s'écarte des valeurs communes, travail, réussite, famille, argent..., dérange. Il finit donc par acquérir une identité sociale ou se voit définitivement exclu. La vérité, envisagée comme une vertu suprême, s'accompagne alors de dérives totalitaires. Etre soi-même, lorsque l'individu est soumis au regard permanent d'autrui, devient pratiquement impossible, car l'individualité conduit au rejet. Les droits de l'homme ou les droits de la personnalité, qui sont par ailleurs si souvent exaltés, sont autant d'obstacles à la recherche de la vérité. Certes, la transparence absolue n'existe pas encore, mais ces excès doivent être impérativement évités. Le danger est d'autant plus grand que la transparence serait un impératif démocratique. Les dérives totalitaires sont donc insidieuses, cachées, ignorées même. La démocratie dévie de ses objectifs dans la plus grande indifférence. La transparence peut conduire au despotisme, sans jamais révéler son potentiel dictatorial. Or, la démocratie doit également protéger la personnalité de chacun, ses particularités, son originalité. Elle ne saurait imposer un modèle unique, niant ainsi l'unicité de chaque individu. Plus grave encore, l'absence de transparence est devenue, par elle-même, fautive. La transparence n'est plus seulement un moyen, elle s'apparente à une fin. L'activité de l'Etat, comme celle des individus, doit être visible, pour être contrôlable et donc sanctionnable. Ce raisonnement conduit cependant à des absurdités, notamment lorsque l'on assimile la légalité à la transparence, en présumant que ce qui est caché est illicite. Le silence et la discrétion ne sauraient devenir des aveux de culpabilité. L'individu qui ne dit rien, qui ne montre rien, ne dissimule pas nécessairement. L'utilité de la transparence devrait, au contraire, constituer sa limite. Pourquoi rendre visible ce qui échappe, ou devrait échapper, au contrôle de la société ? Au contraire, faire de la transparence une fin en soi devient une menace, puisqu'elle est imposée sans justification précise, au nom de la démocratie. Or, la transparence absolue caractérise le totalitarisme, qui l'a pensée et qui a tenté de la mettre en œuvre. Elle permet même de le distinguer de la dictature pure et simple, qui ne cherche "qu'à" éliminer ses ennemis réels ou supposés. Le totalitarisme doit, au contraire, tout savoir pour tout contrôler. La transparence, appliquée à l'excès et de manière systématique, n'est donc pas un gage de démocratie. Elle en constitue l'opposé. Le système préventif qui en résulte n'est toutefois qu'un leurre, une facilité. Il constitue même le régime le plus restrictif de liberté. L'analyse de Rousseau conserve toute sa pertinence et son actualité : "Il n'y a point d'assujettissement si parfait que celui qui garde l'apparence de la liberté : on captive ainsi la volonté même". L'idée de bonheur tend, paradoxalement, à se modifier. Etre heureux ne consiste plus à être soi-même, mais à être "comme les autres". Dès lors, l'individu doit-il tout dire au nom de la transparence, érigée, en condition de la démocratie, ou peut-il cependant protéger sa vie privée, envisagée comme un rempart contre le totalitarisme ?

38. La société contemporaine est donc devenue une société individualiste. Après l'avoir longtemps ignoré au profit du sujet abstrait, le droit reconnaît aujourd'hui l'individu dans sa singularité. Confronté à l'impératif de transparence et aux progrès de la liberté, le sujet de droit n'est plus seulement un être abstrait juridiquement capable. Il revendique son unicité et affirme sa liberté de choix. Le monde moderne repose en cela sur l'affirmation de soi. Le développement de l'impératif de transparence est alors favorable à cet individu unique. L'individu, être unique, doit en effet se connaître lui-même pour s'affirmer et s'inscrire, par exemple, dans une histoire familiale. Ses revendications sont aujourd'hui, dans une large mesure, accueillies par le droit positif. Des limites subsistent cependant, car les conflits d'intérêts sont nombreux. Ainsi, si le droit de la filiation a été considérablement libéralisé, il n'est pas encore totalement transparent. En revanche, l'accès aux informations personnelles, détenues par l'Administration par exemple, est très largement admis. Le droit de se connaître est donc en plein essor. L'impératif de transparence gagne progressivement l'ensemble des branches du droit et permet à l'individu d'accéder aux informations qui le concernent et qui sont en possession de tiers. L'administration, les médecins, les hôpitaux, mais également de nombreuses entreprises collectent et conservent des données à caractère personnel que le législateur s'est efforcé de rendre accessibles et donc, transparentes.

39. Toutefois, l'affirmation de l'individualité ne repose pas uniquement sur la connaissance de soi. Les ambitions de l'individu sont en effet plus vastes. Il entend à présent se définir lui-même, s'auto- instituer. En effet, le droit ne lui impose plus systématiquement une norme de référence qui définit et structure son identité dans l'espace social. L'individu peut alors, dans une large mesure, se faire reconnaître et se définir lui-même en échappant aux contraintes juridiques et/ou sociales. Il peut ainsi devenir son propre maître et sa toute-puissance n'est limitée que par le respect de l'autre. L'individu entend faire reconnaître par le droit ce qu'il considère être sa personnalité réelle, en imposant une modification de son état. Le recul du principe de l'indisponibilité de l'état des personnes, qui ne constituait qu'une fiction, ne permet plus au droit de figer la situation juridique des sujets de droit. La modification de l'acte de naissance du transsexuel en est l'exemple le plus significatif. L'état des personnes devient ainsi un instrument de communication. Chacun revendique sa personnalité et son unicité, y compris lorsqu'il remplit un rôle social (première partie).

40. Les contradictions sont toutefois nombreuses, car l'individu peut non seulement se révéler et se faire reconnaître, mais est en droit inversement de ne pas se révéler. Sa vie personnelle est en effet protégée par le droit. Nul ne peut en principe s'y immiscer, révéler son état de santé, sa situation familiale ou bien encore son mode de vie... L'apparition de la notion de "vie personnelle" coïncide avec la montée de l'individualisme. Des lieux et des moments de vie privée ont été reconnus à l'ensemble de la population, et non plus uniquement aux classes les plus aisées. Parallèlement, la vie personnelle ne s'est plus limitée à l'espace domestique, mais a gagné des lieux publics. Or, cette vie personnelle est menacée par des tendances "naturelles" de l'homme, le commérage, la curiosité. Les moyens de porter atteinte à la vie personnelle n'ont jamais été aussi nombreux et aussi efficaces. La presse s'est transformée en même temps que son lectorat. De nombreux journalistes s'intéressent à présent à la vie des artistes, des sportifs, des hommes politiques... L'individu est révélé alors qu'il voudrait rester caché. Sa personnalité devient publique, souvent contre sa volonté. Le droit a donc organisé sa protection, en préservant sa vie personnelle. L'individu est donc fréquemment en droit de ne pas se révéler, parce que le secret est encore largement présent. L'individu lutte, par exemple, contre la curiosité des tiers, en leur opposant le "mur" de sa vie privée et contrôle la diffusion des informations personnelles qui le concernent. Le principe de pertinence complète sa protection dans ses relations contractuelles, en limitant l'obligation d'information aux seules informations pertinentes.

41. L'étude du droit positif révèle la complexité et l'ambiguïté de la notion de vie personnelle. Le secret couvre, par exemple, des événements qui sont connus d'un très grand nombre de personnes, y compris lorsqu'ils se déroulent dans un lieu public. Une intrusion de la vie privée dans le débat public peut être inversement observée. La vie privée n'est donc délimitée par aucune frontière précise. Les frontières entre le public et le privé sont de plus en plus floues. Le travail a quitté la sphère privée du domicile pour s'organiser dans les lieux publics, mais l'individu jouit aujourd'hui d'une vie privée sur son lieu de travail. Par ailleurs, chacun des membres de la famille dispose lui-même d'une vie personnelle autonome. L'espace social n'est donc pas organisé en deux sphères distinctes. La vie personnelle n'a que faire des circonstances d'espace ou de temps. Elle s'étend à l'espace public, mais le colonise également, parce qu'elle devient par exemple un argument électoral.

42. L'individu subit néanmoins les pressions de l'impératif de transparence. Sa vie personnelle est assaillie par de nombreuses menaces, notamment lorsqu'il est tenu d'apparaître aux tiers qui lui opposent leur droit à l'information. Le groupe peut ainsi stigmatiser celui qui ne respecte pas ses règles. La personnalité de l'individu devient publique, souvent contre sa volonté, parce qu'il est aujourd'hui fréquemment obligé d'être transparent. L'individu doit, de plus en plus souvent, montrer aux tiers ce qu'il est ou ce qu'il fait. Sa vie personnelle est alors influencée par les rôles privés que l'opinion tend à lui imposer en le rendant transparent. La situation de l'individu est donc paradoxale. Le droit protège sa vie personnelle, y compris dans ses relations contractuelles ou de travail, mais l'oblige fréquemment à accepter l'intrusion des tiers, au nom notamment de la liberté d'expression et du droit à l'information. Ses activités se déroulent alors au vu et su d'autrui. L'individu fait tout pour ne pas se faire remarquer, parce qu'il est obligé de montrer aux tiers ce qu'il est ou ce qu'il fait. Il perd cependant ses spécificités et accepte de se soumettre aux modèles sociaux véhiculés par la transparence, car sa vie personnelle est influencée par les rôles privés que l'opinion tend à lui imposer en le rendant transparent. L'information, envisagée comme un droit absolu, devient une source de profits, une valeur marchande. La publicité donnée à la vie d'autrui fournit ensuite un modèle, que chacun reprend en partie, par un réflexe mimétique. Ce mécanisme doit toutefois rester caché pour fonctionner. Le paradoxe de l'individualité entraîne une dérive totalitaire.

43. Les contradictions se multiplient. L'individu revendique sa personnalité et son unicité, y compris lorsqu'il remplit un rôle social, mais sa vie personnelle est influencée par les rôles privés que l'opinion tend à lui imposer en le rendant transparent. Le développement des nouvelles technologies ne fait que conforter cette pression. *Internet* repose en effet sur des communications planétaires instantanées. L'individu revendique sa singularité, oblige parfois le droit à la reconnaître, mais ses choix sont, dans une large mesure, dictés par des relations d'interdépendance. L'individu semble libre, puisque de nombreuses normes qui lui étaient imposées par la religion, par la morale ou la convenance ont aujourd'hui disparu. L'individu cherche cependant de nouveaux repères et imite alors l'expérience d'autrui. Son identité résulte donc, en réalité, des nombreux messages diffusés dans son environnement. L'introspection tend à se généraliser, mais elle conduit à des phénomènes de mimétisme. Les questions les plus intimes sont traitées sur la place publique. Chacun se sait observé et devient nécessairement prudent. Rendre l'individu transparent, faire reculer le secret, nuit donc à sa liberté et conduit à une uniformisation des comportements. L'expression, parce qu'elle sera largement diffusée, s'autocensure, par crainte de provoquer un rejet. L'individu transparent, soumis à un contrôle collectif permanent, devient le plus souvent conformiste, alors même que les progrès de l'individualité devraient lui permettre d'affirmer sa singularité. La transparence instaure ainsi une surveillance permanente (deuxième partie).

Première partie

Une affirmation contrôlée de l'individualité.

44. La société contemporaine est une société individualiste. L'individu apparaît comme un être unique, doté d'une personnalité qui lui est propre. Le droit l'a cependant longtemps ignoré, car il n'existait que des sujets de droit abstraits. Ainsi, le Code civil développe une conception "désincarnée et abstraite" de la personne [47]. Le droit ne peut toutefois plus totalement ignorer l'individu concret. Seul l'état des personnes prenait en compte sa personnalité, en fixant l'identité juridique. Il est en effet nécessaire de distinguer chaque sujet de droit des autres personnes juridiques. Chaque sujet de droit est en effet titulaire de droits et d'obligations. Il dispose donc de certaines prérogatives et peut, réciproquement, subir des contraintes. La vie juridique serait impossible sans l'individualisation de chaque sujet de droit. Le nom permet ainsi de reconnaître chaque sujet de droit. L'état est donc un révélateur de la personnalité, mais il ne porte que sur la situation des personnes à l'égard du droit. Cette image juridique de la personne est, traditionnellement, une image figée, imposée à l'individu. L'individu ne choisit ni ses liens de filiations ni même son nom et son prénom. Alors que l'individu peut librement disposer de son patrimoine, il lui était en revanche impossible de modifier son état. Certes, le principe de l'indisponibilité de l'état des personnes n'implique pas son immutabilité. La situation familiale, le domicile, de l'individu peuvent changer au cours de son existence. L'indisponibilité lui interdit, en revanche, de modifier volontairement son état. Certains éléments de sa personnalité, notamment son sexe, étaient considérés donc comme immuables. L'individu ne pouvait pas les modifier ou, du moins, faire reconnaître juridiquement les modifications affectant sa personnalité[48].

45. L'individu a toutefois bénéficié des progrès de la liberté. Le sujet de droit n'est plus seulement un être abstrait juridiquement capable. Il revendique sa singularité et affirme sa liberté de choix. Le monde moderne ne repose plus sur la reconnaissance mutuelle, mais sur l'affirmation de soi. Dans une conception extrême, la liberté consiste à n'avoir besoin de rien ni de personne. L'ermite est, en ce sens, le modèle de l'homme libre. Cette liberté absolue n'est cependant possible que dans la solitude. Aussi, l'individu

---

[47] Ph. Malaurie, *Les personnes. Les incapacités*, Defrénois, 2004, n° 2, p. 3.

[48]Ainsi, l'Assemblée plénière de la Cour de cassation avait, par un arrêt rendu le 31 mai 1991, en partie fondée sa condamnation des maternités de substitution sur le principe de l'indisponibilité des personnes. Un enfant ne saurait en effet avoir un état qui ne reflète pas le lien de filiation qui l'unit à la mère porteuse : Ass. Plénière, 31 mai 1991, Bull. civ. n° 4 ; D.1991.417, rapport Chartier, note Thouvenin ; JCP.1991.II.21752, conclusions H. Dontewille, note F. Terré ; RTDC.1991.517, obs. D. Huet-Weiller.

revendique-t-il une liberté relative, qui s'exprime dans son rapport aux autres, dans la société. Cette liberté ne se limite plus aux libertés publiques d'aller et venir ou de ne pas être arrêté arbitrairement. Elle ne peut pas davantage être réduite à la liberté de conscience, d'opinion et d'expression. La liberté se compose aujourd'hui de multiples prérogatives, souvent diffuses. L'individu aspire ainsi aux loisirs, au confort..., et entend bénéficier d'une certaine qualité de vie. Or, ses prétentions ont fréquemment été accueillies par le droit, grâce au développement permanent de la liberté individuelle. Un véritable droit à l'indépendance ou même à la différence lui est progressivement reconnu. Les droits de la personnalité, inhérents à l'individu, sont de plus en plus nombreux. Cette notion récente, apparue au début du 20ème siècle, n'a cessé de se développer. L'intérêt que le droit leur accorde aujourd'hui résulte du développement constant de l'individualisme, mais également de l'importance aujourd'hui reconnue aux "Droits de l'homme.

46. Par ses revendications, l'individu tend donc à supplanter la personne. Le développement de l'impératif de transparence lui est alors favorable, car il peut exiger d'autrui que lui soit communiqué tout ce qui le concerne. L'individu, être unique, entend donc se connaître, mais également faire reconnaître par autrui et par le droit ce qu'il est. Ses revendications sont aujourd'hui, dans une large mesure, accueillies par le droit positif. Des limites subsistent cependant, car les conflits d'intérêts sont nombreux. Ainsi, si le droit de la filiation a été considérablement libéralisé, il n'est pas encore totalement transparent. En revanche, l'accès aux informations personnelles, détenues par l'Administration par exemple, est très largement admis. Le droit de se connaître est donc en plein essor (chapitre 1). Le recul du principe de l'indisponibilité de l'état des personnes, qui ne constituait qu'une fiction, ne permet plus au droit de figer la situation juridique des sujets de droit. Ce principe n'est plus un obstacle à la vérité ou au pouvoir de l'homme. L'individu peut ainsi, dans une large mesure, s'auto instituer. Le droit ne lui impose plus systématiquement une norme de référence qui définit et structure son identité dans l'espace social (chapitre 2).

Chapitre 1 : L'essor du droit de se connaître.

47. La psychanalyse a mis en évidence le lien étroit qui unit la connaissance de ses origines et la formation de la personnalité[49]. La quête de ses origines est, dès l'enfance, une préoccupation majeure de l'individu. L'ignorance de ses origines peut engendrer de graves troubles de la personnalité, pouvant aller jusqu'à une véritable crise d'identité. L'individu qui ignore ses origines est privé de passé et donc de racines. Il n'a ni ascendance ni généalogie. La connaissance des origines fonde en cela la personnalité et conditionne l'épanouissement personnel[50]. Or, dès sa naissance, le nouveau-né est un être unique, à nul autre pareil. L'individu n'est toutefois jamais un être isolé, dont la personnalité se développerait en dehors de toute influence. Il se construit au contact d'autrui. L'enfant vient au monde avec les traits hérités des générations précédentes, mais sa personnalité sera influencée par de multiples facteurs : déroulement de la grossesse et de l'accouchement, éducation, relations avec les parents, milieu social.... Il se construit par imitation, mais également par réaction envers son milieu, sa famille.

48. Le développement psychologique et social de l'individu passe par sa confrontation à autrui. La connaissance de soi, de son histoire, de ses origines conditionne cette affirmation de la personnalité. L'individu doit, avant toute chose, se connaître lui-même pour prendre conscience de son unicité. Son passé est ce qui l'a amené ici et maintenant. Ce que l'individu a fait, vécu, ses expériences, aboutissent à faire de lui ce qu'il est dans le présent. La famille joue alors un rôle essentiel, car elle rattache l'individu à une histoire, à un passé. Elle lui fournit, le plus souvent, les éléments qui lui permettront de reconstruire sa propre histoire. L'individu ne peut se détacher que du passé, pourtant révolu et obsolète, que s'il parvient à le reconstituer, à percer les secrets de famille, à aller au-delà de ce qui lui a éventuellement été caché. Il ne se contente plus des informations qui lui sont fournies par l'état des personnes.

49. L'individu entend se connaître, accéder à sa filiation ou du moins à ses origines. Ce droit a progressé, mais l'accès aux origines personnelles reste encadré par le droit (section 1). L'individu peut alors consulter les diverses sources contenant des informations qui le concernent (section 2).

---

[49] P. Verdier et G. Delaisi de Perceval, *Enfant de personne*, O. Jacob, 1994.

[50] Notamment : Dr. Mathis, *L'enfant privé de famille. Sauvegarde de l'enfance*, 1967, p. 202.

Section 1 : Un accès encore limité aux origines personnelles.

50. L'état de l'enfant consiste dans le lien de filiation qui l'unit à ses parents. Il se subdivise en deux branches, maternelle et paternelle[51]. L'individu accède à une existence sensée par son insertion dans un groupe familial organisé. La connaissance des origines fonde la personnalité et conditionne l'épanouissement personnel[52]. La mémoire familiale est essentielle dans la construction de chacun, car elle le rattache à un passé[53]. La filiation est cependant une notion complexe, qui mêle des données génétiques, affectives et sociales. Elle intéresse la société toute entière. Les solutions retenues par le législateur et la jurisprudence ne sont toutefois pas uniformes. Le droit se réfère parfois à des données biologiques et retient alors une conception purement génétique de la filiation. A l'inverse, il lui préfère parfois une vérité sociologique, une situation factuelle ostensible, la possession d'état.

51. L'intérêt de la société et la volonté des intéressés sont également pris en compte. De nouveaux arbitrages sont donc nécessaires pour consacrer une vérité juridique. La disparité des éléments qui constituent la filiation révèle l'absence de vérité commune. Le législateur et le juge s'en remettent donc très fréquemment à d'autres instances, scientifiques notamment, mais également aux individus eux-mêmes, qui peuvent ainsi forger leur légitimité.

52. Le droit de la filiation est dominé par une libéralisation permanente, qui a permis à l'individu de mieux se connaître. Il est ainsi devenu plus transparent dans ses relations avec sa famille (§ 1). Cette transparence n'est cependant pas absolue, car le droit entend préserver certains secrets, pour préserver la paix des familles, voire pour protéger l'individu lui-même. La transparence parfaite n'a donc jamais été appliquée à la filiation. Des garde-fous ont été maintenus, allant parfois jusqu'à interdire toute recherche (§ 2).

§ 1 : Une libéralisation permanente du droit de la filiation.

53. La filiation est un élément fondamental de l'identité de la personne. Elle permet à chacun d'être rattaché à des parents, à une famille, et même à un Etat. Elle est créatrice de droits personnels et patrimoniaux. La dimension

---

[51] A. Bénabent, *La famille*, Litec, n° 396.
[52] Notamment : Dr. Mathis, *L'enfant privé de famille. Sauvegarde de l'enfance*, 1967, p. 202.
[53] A. Muxel, *L'individu et la mémoire familiale*, Nathan, 2ème éd., 2002.

psychologique de la filiation et ses effets juridiques étendus justifient l'importance de son établissement juridique. Les actions relatives à la filiation se sont multipliées (A). Leur efficacité est d'autant plus grande que la jurisprudence reconnaît à l'individu un "droit à l'expertise biologique" (B).

A) La multiplication des actions relatives à la filiation.

54. L'article 334 du Code civil pose un principe d'égalité des filiations. Toute filiation, même naturelle, à l'exception de la filiation incestueuse, peut être établie. Comme l'enfant naturel simple, l'enfant adultérin peut, depuis la loi du 3 janvier 1972, être reconnu par son auteur marié, ce qui constitua d'ailleurs l'une des principales innovations de la réforme. La transparence irrigue le droit de la filiation (a). La filiation biologique est, de plus en plus souvent, consacrée par le droit. Il en est ainsi en cas de supposition ou de substitution d'enfant (b). Plus encore, la vérité biologique peut à présent l'emporter sur la présomption de paternité légitime (c). Elle inspire en outre la jurisprudence, qui favorise l'établissement de la filiation naturelle, par une interprétation *a contrario* des articles 334-9 (d) et 322 (e) du Code civil.

a) L'objectif de transparence.

55. L'établissement de la filiation tend principalement à relier l'enfant à ses véritables parents, à ses parents biologiques. Ce principe ne figure dans aucun texte, mais il irrigue le droit de la filiation. La recherche de la vérité biologique apparaît comme un "postulat du droit français"[54]. Le droit de la filiation accorde donc aujourd'hui une place essentielle à la transparence, parce que le souci de faire coïncider la vérité juridique et la vérité biologique a été l'une des préoccupations majeures du législateur. L'individu et sa famille peuvent obtenir la consécration juridique de la réalité biologique, y compris lorsqu'elle risque de mettre à mal des secrets de famille, par exemple lorsque l'enfant est adultérin. Le contentieux de la filiation tend ainsi à rétablir judiciairement une vérité factuelle, biologique. De nombreux obstacles de fond et de procédure ont été supprimés pour permettre de rechercher plus largement la réalité de la filiation. Ainsi, concrètement, la loi du 3 janvier 1972, en réduisant le domaine de la présomption de paternité légitime et en autorisant la mère à contester la paternité de son premier mari en vue d'une légitimation facilite l'établissement volontaire de la filiation avec le véritable père de l'enfant. La loi du 8 janvier 1993 a pareillement supprimé les anciens cas d'ouverture ainsi que les fins de non-recevoir à

---

[54] G. Cornu, *Droit civil. La famille*, Montchrestien, *Précis Domat*, 7ème éd., n° 199, p. 317.

l'action en recherche de paternité naturelle, qui est désormais recevable dès lors qu'il existe des "présomptions et indices graves". La jurisprudence a renforcé cette tendance, en créant de nouvelles actions relatives à la filiation. L'interprétation *a contrario* de l'article 334-9 du Code civil lui a, par exemple, permis de valider la reconnaissance d'un enfant dont la légitimité ne résulte que de l'acte de naissance. Quelques exemples permettront d'illustrer cette libéralisation.

b) La supposition et la substitution d'enfant.

56. L'article 322 du Code civil rend en principe inattaquable la filiation légitime établie par un titre et une possession d'état conforme. Il préserve ainsi la "paix des familles" et protège l'enfant légitime d'actions intempestives. Cependant, la loi du 3 janvier 1972 a ajouté au Code civil un article 322-1 :

> "Toutefois, s'il est allégué qu'il y a eu supposition d'enfant, ou substitution, même involontaire, soit avant, soit après la rédaction de l'acte de naissance, la preuve en sera recevable et pourra se faire par tous moyens".

57. La supposition d'enfant consiste à simuler une grossesse, puis un accouchement. La femme déclare ensuite à l'état civil l'enfant né d'une autre femme. C'est une hypothèse de simulation. Il s'agit d'un comportement volontaire, généralement destiné à contourner les règles de l'adoption. La substitution se produit lorsque les enfants de deux femmes sont intervertis, volontairement ou par accident.

58. La supposition et la substitution d'enfant ont toujours été pénalement sanctionnées[55], mais elles entraînaient de graves difficultés en droit civil. Il était en effet impossible, jusqu'en 1972, de rétablir la vérité lorsque l'enfant victime de la supposition ou de la substitution avait une possession d'état d'enfant légitime conforme à son titre de naissance. L'établissement de sa filiation réelle se heurtait alors à la fin de non-recevoir édictée par l'article 322. Cette position rigoureuse avait été tempérée par la doctrine et par la jurisprudence. Une distinction avait été introduite. Le juge écartait l'article 322 lorsque les faits avaient été commis après la rédaction de l'acte de naissance. On considérait que la possession d'état et le titre ne concernaient pas, en réalité, le même enfant. Si les faits étaient antérieurs à la rédaction de

[55] L'article 227-13 du Code pénal incrimine l'atteinte à la filiation.

l'acte de naissance, l'article 322 s'appliquait, mais il jouait rarement, la possession d'état étant généralement peu caractérisée[56].

59. L'article 322-1 déroge désormais au principe énoncé à l'article 322. Il permet de démontrer que la filiation, corroborée par la possession d'état, est inexacte en raison d'une supposition ou d'une substitution d'enfant. Cette exception est générale. La date de rédaction de l'acte de naissance, comme le caractère volontaire ou involontaire de ces événements, sont indifférents. La preuve de la supposition ou de la substitution d'enfant peut être rapportée par tous moyens puis la filiation de l'enfant à l'égard de sa mère biologique devra être établie. L'article 322-1 ne prévoit aucune condition particulière d'application. Aussi, l'action peut-elle être exercée par toute personne justifiant d'un intérêt. Elle se prescrit par trente ans, conformément aux règles générales régissant les actions relatives à la filiation. Le juge n'a aucun pouvoir d'appréciation et ne doit prendre en compte que la réalité biologique.

60. Deux interprétations de l'article 322-1 sont néanmoins possibles. Elles dépendent de la définition de la "réalité de la filiation" que l'on retient. Si l'on considère que ce texte permet d'anéantir une filiation purement apparente, celle-ci est envisagée comme une filiation mensongère. L'article 322-1 permettrait alors de détruire cette apparence et d'accéder à la réalité cachée. Cependant, la filiation que l'on détruit n'est pas une filiation illusoire. Il existe, par hypothèse une possession d'état d'enfant légitime, c'est-à-dire une filiation affective et sociale vécue quotidiennement. Or, cette filiation réelle est détruite au profit d'une filiation biologique dépourvue de prolongement affectif. Toutefois, en pratique, la situation envisagée à l'article 322-1 relève davantage du mythe et de la littérature que du contentieux. La destruction de la filiation vécue n'a donc qu'une portée pratique limitée. Il n'en va pas de même avec l'article 318 du Code civil, qui permet de contester la paternité légitime en vue d'une légitimation.

c) La contestation de paternité légitime en vue de légitimation.

61. Jusqu'en 1972, seul le mari pouvait désavouer l'enfant de son épouse et percer le secret d'une paternité qui n'était pas la sienne. Ce monopole conduisait parfois à des situations regrettables, notamment lorsque la mère avait eu un enfant adultérin, avait divorcé puis s'était remariée avec le père naturel. Le premier mari pouvait alors "retenir" juridiquement l'enfant en refusant de le désavouer. Or, cette attitude s'expliquait rarement par le pardon

---

[56] C. Aubry et C. Rau, *Cours de droit civil français*, Tome X, § 544, bis, note 21 ; CA Paris 22 novembre 1922, S.1928.2.33 ; Civ. 22 juin 1926, DH.1926.501.

du mari bafoué et par la réconciliation des époux. Le mari s'abstenait généralement de désavouer l'enfant par ignorance ou par rancune envers son épouse. Il faisait ainsi échec à la légitimation que le remariage de la mère avec le véritable père aurait permis. La mère et son second mari n'avaient aucun moyen de rattacher l'enfant à leur couple. Aussi, par souci de réalisme, la loi du 3 janvier 1972 a-t-elle créé une nouvelle action, l'action en contestation de paternité légitime en vue de légitimation. Elle permet à la mère qui se remarie avec le véritable père de contester la paternité de son premier mari. L'article 318 du Code civil dispose :

> "Même en l'absence de désaveu, la mère pourra contester la paternité du mari, mais seulement aux fins de légitimation, quand elle se sera, après dissolution du mariage, remariée avec le véritable père".

62. Ce texte, qui a suscité de vives discussions, a été justifié par l'intérêt de l'enfant. Il illustre les progrès de la réalité biologique. La contestation de la paternité du premier mari n'est toutefois pas une fin en soi. L'article 318 tend à établir une nouvelle filiation légitime, conforme à la réalité biologique. De puissants liens affectifs peuvent néanmoins exister entre l'enfant adultérin et le premier mari. C'est pourquoi, le législateur a subordonné la contestation de la paternité du premier mari à de strictes conditions. Toutefois, le législateur n'avait pas précisé le rôle joué par la possession d'état. Deux questions se posaient donc : une possession d'état à l'égard du premier mari constituait-elle une fin de non-recevoir ? Une possession d'état à l'égard du second mari était-elle nécessaire à la légitimation ? Or, la première Chambre civile de la Cour de cassation, par deux arrêts rendus le 16 février 1977, a mis fin à ces incertitudes[57]. D'une part, elle affirma que l'action de l'article 318 "est ouverte même si l'enfant a une possession d'état d'enfant légitime" et d'autre part que "il résulte des articles 318-1 et 331-1 du Code civil que la possession d'état d'enfant commun n'est pas exigée à l'occasion d'une légitimation *post nuptias* liée à une action en contestation de paternité légitime". Ni l'existence d'une possession d'état avec le premier mari, ni l'absence de possession d'état envers le second ne faisaient obstacle à l'application de l'article 318[58]. Ces

---

[57] Civ. 1ère 16 février 1977, Bull. civ. I n° 92 et 93 ; D.1977.328, note D. Huet-Weiller ; JCP.1977.II.18663 ; Gaz.Pal.1977.2.368, note J. Massip ; H. Mazeaud, *Une dénaturation de la loi par la Cour de cassation*, JCP.1977.I.2859 ; RTDC.1977.317, obs. P. Raynaud ; *Les grands arrêts de la jurisprudence civile*, n° 39-40.

[58] L'interprétation jurisprudentielle de l'article 318 du Code civil doit être rapprochée de la jurisprudence relative à l'interprétation *a contrario* de l'article 334-9. Si l'on autorise un tiers à reconnaître un enfant dépourvu de possession d'état d'enfant légitime, puis à le légitimer, il faut admettre que l'action de l'article 318, soumise à de plus strictes conditions, permette de vaincre la possession d'état. En revanche, si

deux principes étaient nécessairement liés. Exiger une possession d'état d'enfant commun excluait toute possession d'état envers le premier mari. Au contraire, ne pas l'exiger permettait de contester la paternité du premier mari, même lorsque l'enfant avait une possession d'état d'enfant légitime envers lui. La Cour de cassation a donné une priorité absolue à la vérité biologique, allant ainsi probablement au-delà des intentions du législateur[59]. La jurisprudence postérieure a précisé la position de la Cour de cassation. Seule compte la vérité biologique de la filiation[60]. Ainsi, l'article 318 fait "obligation au juge de rechercher par tous moyens de preuve, et notamment par l'examen comparé des sangs, la filiation réelle de l'enfant"[61]. La paternité du second mari doit être positivement établie, mais il importe peu qu'il lui ait donné une possession d'état[62]. La vérité biologique est donc préférée à une filiation révélée par le comportement de l'enfant et de son "auteur" apparent. La jurisprudence de la Cour de cassation a été consacrée par la loi du 8 janvier 1993 qui modifia l'article 318-1 du Code civil. A présent, ce texte exige simplement que l'action exercée contre le premier mari soit accompagnée d'une "demande en légitimation formée devant le tribunal de grande instance", mais il ne se réfère plus à l'article 331-1.

63. L'article 318 ne tient compte que de la réalité des liens du sang. La possession d'état ne joue aucun rôle. Le juge fait ainsi abstraction des liens affectifs qui peuvent exister entre l'enfant et le premier mari de sa mère. Ces liens peuvent être brutalement rompus par le remariage avec le père

---

l'ouverture de l'action en contestation de paternité légitime avait été subordonnée à l'absence de possession d'état à l'égard du premier mari, l'interprétation *a contrario* des articles 334-9 et 322 aurait rendu l'action prévue par l'article 318 inutile. Les actions jurisprudentielles ne sont admissibles que si le titre d'enfant légitime n'est pas corroboré par la possession d'état. L'action de l'article 318 ne conserve un intérêt que s'il permet de faire échec à la concordance du titre et de la possession d'état à l'égard du premier mari.

[59] La volonté des rédacteurs de la loi du 3 janvier 1972 a été réaffirmée dans les travaux préparatoires des lois relatives à la bioéthique du 29 juillet 1994. Le législateur a réaffirmé en 1994 son refus d'une conception purement biologique de la filiation juridique. Par exemple, l'article 311-19 du Code civil, issu de la loi n° 94-653 du 29 juillet 1994, interdit, à l'occasion de la procréation médicalement assistée avec tiers donneur, l'établissement juridique d'un lien de filiation entre l'enfant et le donneur.

[60] CA Dijon 19 juin 1998, JCP.1998.IV.3145 ; RTDC.1999.72, obs. J. Hauser.

[61] Civ. 1ère 3 juillet 1979, D.1980.IR.63, obs. D. Huet-Weiller, RTDC.1981.384, obs. R. Nerson et J. Rubellin-Devichi ; Gaz.Pal.1980.1.224, note J.M ; Civ.1ère 6 décembre 1983, D.1984.337, note P. Raynaud et D.1984.IR.767, obs. D. Huet-Weiller ; Civ.1ère 24 février 1987, D.1987.Somm.313, obs. D. Huet-Weiller.

[62] Il doit en revanche intervenir à l'action exercée par l'épouse.

biologique. Il n'est pas certain, dans de telles hypothèses, que l'établissement de la filiation réelle soit toujours conforme à l'intérêt de l'enfant, alors surtout que l'action peut être exercée assez tardivement, jusqu'à ce que l'enfant ait atteint l'âge de sept ans[63]. C'est pourquoi, le législateur, tenant compte des liens affectifs, accorde parfois un droit de visite à parent non biologique évincé. La primauté de la filiation biologique justifie pareillement l'interprétation *a contrario* de l'article 334-9 du Code civil.

d) L'interprétation *a contrario* de l'article 334-9 du Code civil.

64. L'article 334-9 du Code civil interdit la reconnaissance ou la recherche d'une paternité naturelle en présence d'une filiation légitime établie par possession d'état. Inversement, la filiation naturelle peut donc être établie lorsque cette possession d'état fait défaut, puisque la Cour de cassation a consacré cette interprétation *a contrario*[64]. La reconnaissance n'est pas nulle et l'action en recherche n'est pas irrecevable si l'enfant n'a qu'un titre d'enfant légitime, qui n'est pas corroboré par la possession d'état. La paternité du mari est alors improbable. La transparence peut donc jouer sans danger, aucune réalité affective ne devant être détruite. La valeur probatoire de la possession d'état fonde l'interprétation *a contrario* de l'article 334-9. L'indication du nom du mari dans l'acte de naissance peut n'être que le résultat d'une erreur ou des hasards de l'état civil. Certes, la présomption de paternité légitime n'est pas écartée, mais la paternité du mari qui se désintéresse de l'enfant est suspecte. L'établissement de la filiation naturelle est donc possible, alors surtout que l'article 342-1 autorise expressément l'enfant d'une femme mariée à demander des subsides lorsque son acte de naissance n'est pas corroboré par la possession d'état. L'action fondée sur l'interprétation *a contrario* de l'article 334-9 a connu un vif succès. La jurisprudence a ainsi créé une nouvelle action en contestation de paternité légitime. Elle n'est soumise qu'à une condition unique, mais ses effets sont étendus.

65. L'établissement de la filiation naturelle n'est possible qu'à défaut de possession d'état corroborant l'acte de naissance. La jurisprudence est allée très loin dans la recherche de la filiation naturelle. D'une part, l'action est très largement ouverte. Elle peut notamment être exercée par l'auteur de la reconnaissance, par la mère, par l'enfant… L'action du mari est également

---

[63] Article 318-1 du Code civil. Il s'agit d'un délai préfix. En ce sens : CA Besançon 4 juin 1998, JCP.1999.IV.2109.

[64] Civ.1ère 9 juin 1976, D.1976.583, note P. Raynaud ; RTDC.1976.340, note R. Nerson ; Rép. Defrénois 1976 p.1124, obs. J. Massip et p.1416, obs. H. Souleau ; JCP.1976.II.18494 ; note G. Cornu.

recevable mais peu vraisemblable en raison de son désintérêt pour l'enfant. D'autre part, une reconnaissance prénatale est valable si elle ne se heurte pas à une possession d'état elle-même antérieure à la naissance[65]. C'est donc à la date de la reconnaissance qu'il faut rechercher s'il existe une possession d'état d'enfant légitime. Cette analyse, conforme à la lettre de l'article 334-9, favorise la filiation naturelle, la reconnaissance étant instantanée alors que la possession d'état est plus lente à apparaître. Inversement, une possession d'état d'enfant légitime, même postérieure à la naissance, ferait obstacle à l'établissement d'une filiation naturelle.

66. L'interprétation *a contrario* de l'article 334-9 permet dans un premier temps d'anéantir la filiation légitime de l'enfant. Sa filiation naturelle peut ensuite être établie. Une action en recherche de paternité naturelle est recevable dans les conditions de droit commun. Son succès suppose que la preuve positive de la paternité naturelle soit rapportée. La non paternité du mari est alors indirectement établie. A défaut, l'enfant conserve sa filiation légitime résultant de son acte de naissance. Il n'existe pas, dans cette première hypothèse, de conflit de paternités, l'enfant n'étant jamais rattaché à la fois à deux hommes. L'enfant peut également être volontairement reconnu par son père naturel. Une telle reconnaissance est valable en l'absence de possession d'état d'enfant légitime. La situation est plus complexe, puisque l'enfant est juridiquement rattaché au mari de sa mère et à l'auteur de la reconnaissance, laquelle ne fait pas tomber automatiquement la présomption de paternité. Une circulaire du 17 juillet 1972 précise en ce sens que l'application de l'article 334-9 lu *a contrario* crée un conflit de filiations qui devra être tranché par le Tribunal. Aussi longtemps que le tribunal n'est pas saisi, les instructions données par la Chancellerie aux officiers d'état civil assurent temporairement la prééminence de la paternité naturelle. La reconnaissance est mentionnée en marge de l'acte de naissance de l'enfant. Les extraits de cet acte doivent ensuite indiquer comme père l'auteur de la reconnaissance, et non le mari de la mère. L'enfant pourrait ainsi porter le nom de son père naturel et pourrait également être légitimé par le mariage de ses parents, ou même venir à la succession de l'auteur de la reconnaissance[66]. La situation organisée par la Chancellerie ne peut cependant être que provisoire. Le Tribunal est seul compétent pour régler définitivement le conflit de filiation. Il doit déjà établir l'absence de possession d'état, puis trancher le conflit de filiations. En

---

[65] Civ. 1ère 4 mai 1994, Bull. civ. I, n° 157 ; D.1995.601, note S. Mirabail ; D.1995.Somm.115, note F. Granet-Lambrechts ; D.1994.IR.147 ; RTDC.1994.577, note J. Hauser ; Rép. Defrénois 1994, p. 1441, obs. J. Massip

[66] J. Massip, *La réforme de la filiation et ses conséquences sur la pratique de l'état civil*, n° 35 *bis*, 49 et 65 ; J. Massip, G. Morin et J.C. Aubert, *La réforme de la filiation*, n° 98.

l'absence de texte spécifique, l'article 311-12 a vocation à s'appliquer. Le juge doit donc rechercher la filiation la plus vraisemblable, qui apparaîtra le plus souvent grâce à une expertise biologique.

67. Le mérite de l'interprétation *a contrario* de l'article 334-9 du Code civil est de réaliser une substitution de filiation. L'enfant n'est jamais dépourvu de filiation paternelle. La fonction de la possession d'état se dédouble. L'interprétation *a contrario* de l'article 334-9 du code civil présente toutefois aujourd'hui un intérêt plus limité, puisque l'interprétation *a contrario* de l'article 322 du Code civil a été étendue à la paternité du mari.

e) L'extension de l'interprétation *a contrario* de l'article 322 du Code civil à la paternité du mari.

68. La concordance de l'acte de naissance et de la possession d'état rend en principe incontestable la filiation de l'enfant légitime. L'article 322 du Code civil dispose en effet :

> " Nul ne peut réclamer un état contraire à celui que lui donnent son titre de naissance, et la possession d'état conforme à ce titre ;
> "Et réciproquement, nul ne peut contester l'état de celui qui a une possession conforme à son titre de naissance".

69. L'interprétation *a contrario* de l'article 322 a toujours été appliquée à la filiation maternelle[67]. Toutefois, son extension à la paternité légitime fut défendue par quelques auteurs[68], puis adoptée par quelques juridictions. La doctrine restait cependant divisée[69] et cette extension était refusée par de

---

[67] J. Hauser et D. Huet-Weiller, *Fondation et vie de la famille*, LGDJ, n° 593.
[68] J. Massip, *La contestation de la filiation légitime depuis la loi du 3 janvier 1972*, D.1977, Chron.237 et Rép. Defrénois 1977 p.897.
[69] En faveur de cette extension : M.C. Boutard-Labarde, *Réflexions sur la contestation de paternité légitime*, RTDC.1983.458 ; F. de, *La contestation de la paternité légitime, l'avenir de l'article 334-9 du Code civil*, Rev.dr.sanit.soc.1980.181. De façon plus nuancée J. Carbonnier, *La famille*, n° 293 ; G. Cornu, *La famille*, n° 232. *Contra* : P. Raynaud, *La présomption de paternité légitime devant la jurisprudence depuis la loi du 3 janvier 1972*, in *Mélanges offerts à P. Kayser*, Tome II, p.355 ; *L'inégalité des filiations légitime et naturelle quant à leur mode d'établissement. Où va la jurisprudence ?* , D.1980.Chron.1, n° 13 ; P. Vidal, *La place de la vérité biologique dans le droit de la filiation*, Mélanges offerts à G. Marty, 1978, p.1113, n° 22 ; *Observations sur le rôle et la notion de possession d'état dans le droit de la filiation*, in *Mélanges offerts à P. Hébraud*, 1979, p.887, n° 28.

nombreux juges du fond[70]. Rien ne laissait supposer, dans les travaux préparatoires de la loi de 1972, que ses auteurs aient entendu modifier la portée de l'article 322. On constatait, en revanche, qu'ils soumettaient à de strictes conditions les actions permettant de contester la paternité du mari. La Première chambre civile de la Cour de cassation mit alors fin à cette controverse, par deux arrêts rendus le 27 février 1985[71]. Elle y affirma que "l'article 322 alinéa 2 du Code civil se borne à poser le principe qu'en matière de filiation légitime nul ne peut contester l'état de celui qui a une possession d'état conforme à son acte de naissance ; qu'il s'inscrit dans le contexte de la loi du 3 janvier 1972 dont l'un des objectifs essentiels est d'attribuer à chacun son vrai rapport de filiation et qui, à cet effet, attache à la possession d'état comme à son défaut des conséquences juridiques plus nombreuses que par le passé, qu'en l'absence de possession d'état conforme au titre, la contestation de la paternité comme de la maternité légitime est recevable". La Cour de cassation combine ainsi la lettre et l'esprit de la loi du 3 janvier 1972. L'article 322 du Code civil ne distingue pas les filiations maternelle et paternelle. La référence au contexte de la loi permet de relever l'affaiblissement de la présomption de paternité légitime et les progrès de l'aspect biologique de la filiation. La lettre de l'article 322 n'a pas été modifiée, mais l'évolution de son contexte justifie une interprétation plus large. Cette jurisprudence permet d'anéantir une filiation légitime inexacte. L'action fondée sur l'interprétation *a contrario* de l'article 322 suppose que l'enfant dispose d'un titre d'enfant légitime sans jouir de la possession d'état correspondante. Elle reste donc irrecevable dans l'hypothèse inverse, lorsqu'il existe une possession d'état d'enfant légitime non soutenue par un titre. Une telle action se heurterait à l'article 334-9.

---

[70] TGI Paris 4 Février 1980, D.1983.196, note P. Raynaud ; 3 mars 1981, D.1981.238 et I.R 294 ; CA Fort-de-France 1er octobre 1981, D.1983.IR.325, 1ère espèce, obs. D. Huet-Weiller ; CA Angers 17 juillet 1982, inédit ; CA Rouen 23 décembre 1983, D.1984.191, note D. Huet-Weiller.

[71] Civ. 1ère 27 février 1985, JCP.1985.II.20460, note Fortis- Monjal et Paire ; *Les grands arrêts de la jurisprudence civile*, n° 41 et 42 ; D.1985.265, conclusions Sadon et note G. Cornu ; Rép. Defrénois 1985 p.1283, note M. Grimaldi et p. 701, note J. Massip ; RTDC.1985.355, obs. D. Huet-Weiller ; D. Huet-Weiller, *Requiem pour une présomption moribonde*, D.1985.Chron.123 ; P. Raynaud, *Le démantèlement de la présomption de paternité légitime,* D.1985.Chron.205 ; F. Granet, *Le triptyque de l'article 322 du Code civil*, JCP.1985.I.3219.

70. L'action est ouverte à toute personne justifiant d'un intérêt et se prescrit par trente ans[72]. Le demandeur doit rapporter une double preuve, l'absence de possession d'état d'enfant légitime et la non paternité du mari. La jurisprudence n'exige pas une absence totale de possession d'état. La contestation de la paternité légitime est admise dès lors que la possession d'état d'enfant légitime a pris fin. Ses effets sont alors ceux du désaveu. L'enfant n'est plus rattaché au mari de sa mère. A la différence de l'action fondée sur l'article 334-9 *a contrario*, une nouvelle filiation n'est toutefois pas obligatoirement établie. La facilité et l'efficacité de cette action rendent pratiquement inutiles les actions en contestation de paternité prévues par la loi, ainsi que l'interprétation *a contrario* de l'article 334-9. La Cour de cassation a donc cherché à la cantonner. Elle affirma, dès 1985, que cette action "ne prive pas de toute utilité les actions plus spécifiques en contestation directe de paternité légitime que la loi de 1972 a prévu par dérogation au principe posé par l'article 322, puisqu'il est possible d'y recourir lorsque les conditions en sont réunies, même dans le cas où il y a conjonction du titre et de la possession d'état". Les actions spéciales prévues par le Code civil sont donc seules recevables lorsque la filiation est établie par un titre corroboré par la possession d'état. Cependant, ces actions risquent d'être délaissées. Elles sont soumises à de stricts délais, alors que l'action fondée sur l'interprétation *a contrario* peut être exercée pendant trente ans. La distinction entre actions nommées et innommées s'estompe. L'interprétation *a contrario* de l'article 322 renforce l'importance du caractère continue de la possession d'état. Celle-ci ne protège que la filiation qui s'inscrit dans la durée. En revanche, la paternité du mari n'est plus protégée lorsqu'elle n'est plus rendue apparente par une possession d'état suffisamment actuelle pour l'inscrire dans le contexte économique et familial. La possession d'état touche au fond du droit, car elle détermine si la filiation légitime est ou non contestable. Son rôle est toutefois limité par la reconnaissance d'un "droit à l'expertise biologique".

B) <u>La reconnaissance d'un "droit à l'expertise biologique"</u>

71. L'objectif de transparence domine à présent l'ensemble du droit de la filiation. Le droit français a donc très largement recours à des techniques scientifiques permettant d'établir, avec une quasi-certitude, la réalité biologique de la filiation. L'évolution des sciences de la vie a été intégrée au système de preuve par la loi du 29 juillet 1994[73]. L'article 16-11 du Code civil

---

[72] CA Metz, 5 janvier 1988, D.1988.Somm.398, obs. D. Huet-Weiller ; TGI Paris, 4 mai 1995, RTDC.1995.611, obs. J. Hauser ; TGI Paris, 4 juin 1996, Bull.inf.C.cass, 1er octobre 1996, n° 960 ; CA Lyon, 2ème Ch., 9 juillet 1995, JCP.1997.IV.173.

[73] D. Salmon, *La preuve scientifique de la paternité : Etat de la science et déontologie*, in *Droit de la filiation et progrès scientifiques*, C. Labrusse et G. Cornu,

permet au juge d'ordonner une mesure d'instruction particulièrement fiable, l'examen comparatif des empreintes génétiques. La réalisation de cette mesure requiert cependant le consentement de l'intéressé, mais le juge peut tirer toutes conséquences d'un refus[74]. L'utilisation des techniques scientifiques s'est banalisée pour mettre fin au contentieux. La filiation, ou son absence sont établies au moyen d'une expertise. La preuve biologique est ainsi devenue une preuve judiciaire, tant en demande qu'en défense. Plus encore, la Cour de cassation a reconnu, le 28 mars 2000, un "droit à l'expertise biologique", en affirmant que "l'expertise biologique est de droit en matière de filiation sauf s'il existe un motif légitime de ne pas y procéder"[75].

72. Le droit à l'expertise biologique est une conséquence du développement de l'individualisme, qui accorde une valeur de plus en plus importante aux droits subjectifs, de l'enfant notamment. Face à l'instabilité qui frappe la famille, le recours aux preuves scientifiques est un gage de stabilité. Cette jurisprudence risque cependant de mettre en péril les règles qui reposent plus sur la vraisemblance que sur l'exactitude. La portée de cette jurisprudence est générale, ce qui renforce l'exigence de transparence dans l'ensemble du droit de la filiation. En ce sens, la Cour de cassation a reconnu un droit à l'expertise biologique dans toutes les actions relatives à la filiation :

1982, p. 27 et s. ; C. Labrusse-Riou, F. Bellevier et L. Brunet, *La filiation, la génétique et le juge, où est passée la loi ?*, RTDC.1999.529 ; S. Mirabail, *Les obstacles juridiques à la recherche de la vérité biologique en matière de filiation : discordances et anachronismes*, D.2000.Chron.146.

[74] La Cour de cassation a toutefois précisé que le seul refus de se soumettre à une expertise sanguine n'établit pas l'existence de relations intimes pendant la période légale de conception. Civ. 1ère, 17 septembre 2003, D.2004.659, 2ème espèce, note J. Massip ; RTDC.2004.73, obs. J. Hauser.

[75] Civ. 1ère, 28 mars 2000, Bull. civ. I, n° 103 ; D.2000.731, note (critique) T. Garé ; D.2001.Som.976, obs. F. Granet ; JCP.2000.II.10409, Conclusions Mme C. Petit, note M.C. Monsallier-Saint Mleux ; JCP.2000.I.253, n° 23 et s., obs. J. Byk ; JCP.2000.IV.1867 ; RTDC.2000.304, n° 17, obs. J. Hauser ; RJPF.2000, n° 5, p. 23, obs. J. Hauser ; Rép. Defrénois 2000, p. 769, obs. J. Massip ; PA. 5 septembre 2000, p. 8, note N. Nevejans-Bataille et 27 novembre 2000, p. 13, note C. Daburon ; Dr. de la famille 2000, n° 72, note P. Murat ; B. Geninet, *L'identification entre la filiation à établir et la vérité biologique*, PA. 11 avril 2001, n° 72, p. 4. Egalement en ce sens : Civ. 1ère 30 mai 2000, JCP.2000.II.10410, note T. Garé ; D.2001.Som.976, obs. F. Granet ; Dr. de la famille 2000, n° 108, note P. Murat ; CA Paris 22 février 2001, D.2001.IR.982 ; S. Le Gac-Pech, *De Louis XVII à Z...*, D.2001.Chron.380 ; 17 septembre 2003, D.2004.Somm.1419, obs. F. Granet-Lambrechts ; RTDC.2004.73, obs. J. Hauser.

action en contestation d'une reconnaissance[76], action en rétablissement de la présomption de paternité légitime[77], action à fin de subsides[78], action en recherche de paternité naturelle[79]. L'expertise biologique est devenue un droit. Il appartient désormais au défendeur d'établir un "motif légitime" de ne pas y recourir.

73. Le droit à l'expertise biologique ayant été consacré, il restait encore à préciser le contenu de l'exception. La doctrine avait proposé de refuser une expertise sollicitée à des fins dilatoires[80] ou par simple curiosité[81]. La jurisprudence a commencé à fournir des indications quant aux circonstances qui justifient le rejet de la demande. Elle ne limite toutefois pas ce motif à l'existence d'un obstacle légal à la recherche ou à la constatation de la filiation, ce qui priverait l'exception de toute portée. La mesure ordonnée doit être "utile", ce qui rappelle sa finalité probatoire. Le droit d'obtenir une expertise biologique n'est pas un droit autonome. Il constitue nécessairement l'accessoire d'une action relative à la filiation. Une expertise n'a donc pas à être ordonnée lorsque ses résultats ne sont pas déterminants pour la solution du litige, notamment si le juge dispose d'éléments suffisants pour statuer. La Cour de cassation, a déjà précisé que le juge n'avait pas à ordonner une seconde expertise lorsque la première suffisait à l'éclairer[82]. La preuve scientifique conduit en effet à une certitude presque absolue. Aussi, n'est-il pas nécessaire de multiplier les expertises. Un arrêt rendu le 5 février 2002 est cependant allé plus loin, en approuvant les juges du fond de ne pas avoir ordonné une expertise dans une espèce où la preuve scientifique n'avait pas été utilisée[83] :

> "Dès lors que les juges du fond considèrent que la preuve de la paternité résulte de tous les éléments de fait, non sérieusement

---

[76] Civ. 1ère, 28 mars 2000, D.2000.371, note T. Garé ; JCP.2000.II.10409, conclusions C. Petit et note C. Monsallier-Saint-Mleux ; RTDC.2000.304, obs. J. Hauser ; 30 mai 2000, D.2001.Som.976, obs. F. Granet.
[77] Civ. 1ère, 29 mai 2001, D.2002.1588, note D. Cocteau-Senn.
[78] CA Paris, 22 février 2001, RTDC.2001.574, obs. J. Hauser.
[79] Civ. 1ère, 8 janvier 2002, D.2002, Som.2023, obs. F. Granet.
[80] J. Massip, note sous Civ. 1ère, 12 janvier 1994, Rép. Defrénois, 1994, art. 35845, n° 53.
[81] J. Hauser, RTDC.2000.304.
[82] Civ. 1ère, 7 juin 1995, Bull. civ. I, n° 239 ; D.1996.Somm.156, obs. F. Granet ; 11 mars 1997, Rép. Defrénois, 1998, article 36272, n° 6 ; 28 mars 2000, Bull. civ. I, n° 169 ; D.2001.IR.2089 ; RTDC.2001.574, obs. J. Hauser ; 12 juin 2001, Dr. famille, 2002, n° 2, obs. P. Murat ; Rép. Defrénois, 2001, p. 1335, obs. J Massip ; RJPF.2001, n° 10, p. 35.
[83] Civ. 2ème, 5 février 2002, D.2002.Som.658, obs. D. santé

contredits, versés aux débats, sans qu'il soit nécessaire d'ordonner une mesure d'instruction, l'expertise biologique ne constitue pas un moyen de preuve déterminant dans le cas de l'espèce".

74. En l'espèce, l'action en recherche de paternité naturelle opposait la mère d'une fillette née le 21 janvier 1994 aux héritiers du père prétendu, décédé le 22 août 1993. La Cour d'appel de Nîmes avait accueilli la demande de la mère, en se fondant sur les nombreuses attestations versées aux débats et qui étaient confortées par une déclaration de concubinage faite en mairie, par le témoignage du médecin qui avait suivi la grossesse et par le faire-part du décès qui la présentait comme la compagne du défunt. La Cour d'appel avait estimé que l'ensemble de ces éléments permettait d'établir la paternité sans qu'il soit nécessaire d'ordonner une expertise biologique. Les héritiers formèrent un pourvoi en cassation, en invoquant la nouvelle jurisprudence de la Cour de cassation ainsi que le droit à un procès équitable garanti par l'article 6 de la Convention européenne. La Cour de cassation a cependant rejeté ce pourvoi. Elle ne remet pas en cause sa jurisprudence, mais elle précise que des éléments de preuve suffisants constituent un motif légitime de refus. Ce refus était en outre d'autant plus justifié que le père était décédé[84]. La solution est conforme à l'intérêt de l'enfant, car l'action des héritiers était probablement motivée par des considérations successorales. L'argument tiré de la violation de l'article 6 de la Convention européenne ne pouvait pas non plus être retenu. Le droit au procès équitable entraîne un droit à l'égalité des armes. Chacune des parties doit être en mesure de présenter sa cause, et donc ses preuves, dans des conditions qui ne la placent pas dans une situation de désavantage face à son adversaire. Le refus d'ordonner une expertise peut mettre l'une des parties dans une situation de faiblesse à l'égard de la preuve. Un arrêt rendu le 24 septembre 2002 a pareillement approuvé les juges du fond d'avoir rejeté la demande d'expertise au motif que "les présomptions et indices graves qu'ils avaient relevés étaient suffisants en eux-mêmes pour établir la paternité"[85]. Plus encore, la Cour d'appel de Nîmes a jugé, dans un arrêt du 22 novembre 2001, que "le souci de protéger la stabilité d'un lien de filiation établie par la possession d'état" constitue un motif légitime à ne pas procéder à une expertise biologique[86]. Cette analyse doit être approuvée et souhaitons qu'elle soit consacrée par la Cour de cassation.

---

[84] Les expertises *post mortem* ont été admises, mais elles sont contestées par la doctrine CA Aix-en-Provence, 8 février 1996, Dr. famille, 1996, n° 2, note P. Murat ; CA Paris, 6 novembre 1997, D.1998.122, note Ph. Malaurie.

[85] Civ. 1ère, 24 septembre 2002, D.2003.1793, note D. Cocteau-Senn ; JCP.2003.II.621, note T. Garé.

[86] CA Nîmes, 22 septembre 2001, inédit, Juris-data n° 2001-175063.

75. Le juge reste tenu d'ordonner une expertise biologique lorsque ses résultats seront déterminants pour l'issue du procès. En outre, l'article 340 du Code civil subordonne toujours l'action en recherche de paternité à l'existence de "présomptions et indices graves rendant vraisemblable la paternité du défendeur". L'expertise biologique ne peut donc être ordonnée que si cette condition de recevabilité est satisfaite. Rien ne permet d'affirmer, en l'état de la jurisprudence, que le juge soit tenu de l'ordonner si cette condition préalable n'est pas remplie. Toutefois, lorsque les présomptions et indices graves suffisent à établir la paternité, elles rendent l'action recevable, mais elles constituent également des preuves de fond. La preuve de la paternité naturelle peut être rapportée par tous moyens, y compris par les présomptions et indices graves eux-mêmes[87]. En revanche, s'il existe des indices sérieux, qui ne sont pas en eux-mêmes suffisants, le juge est tenu d'ordonner une expertise biologique, qui seule pourra déterminer l'issue du litige. L'exigence d'un adminicule préalable n'a donc pas perdu tout intérêt, même s'il est parfois utilisé comme preuve de fond. Cet adminicule reste plus que jamais un garde-fou, qui évite les actions fantaisistes et donc intempestives que pourrait générer le droit à l'expertise biologique.

76. Ainsi, la transparence constitue l'un des principaux objectifs du droit de la filiation. Toutefois, sa consécration n'est pas, et ne doit pas être, absolue. Certains interdits demeurent et préservent des secrets qui interdisent à l'individu de se connaître totalement. D'autres valeurs sont alors en jeu.

§ 2 : Le maintien de certains secrets.

77. Si la transparence irrigue le droit de la filiation, il serait néanmoins excessif de le réduire à la recherche de la vérité biologique. Elle est encore fréquemment écartée au profit du secret, qui est alors consacré par le droit pour préserver la paix des familles.

78. Alors que le gouvernement avait envisagé, lors de la préparation de la loi du 8 janvier 1993, de consacrer une transparence parfaite, en libéralisant totalement l'action en recherche de paternité naturelle et en privilégiant la recherche de la vérité biologique, le texte définitif préserve cependant le secret. Le Sénat a introduit des limites à la transparence, des garde-fous, en subordonnant la recevabilité de l'action en recherche de paternité légitime à des "présomptions et indices graves". Le secret et la transparence

---

[87] Civ. 1ère, 11 février 1997, D.1997.502, note J. Massip ; Dr. famille, 1997, n° 57, note P. Murat ; RTDC.1998.87, obs. J. Hauser ; 27 janvier 1998, D.1998Som.356, obs. F. Granet.

entretiennent néanmoins des relations tendues, puisque la jurisprudence a considérablement limité la portée de cet adminicule préalable, notamment en reconnaissant un "droit à l'expertise biologique". Toutes les possibilités offertes par la science ne sont cependant pas utilisées par le droit et nul ne songe, par exemple, à imposer une vérification systématique de la paternité du mari ou de l'auteur d'une reconnaissance. La preuve de la filiation reste, dans la plupart des cas, non contentieuse et échappe ainsi aux vérifications scientifiques[88]. Elle repose encore sur des indices, des présomptions, mais également sur des manifestations de volonté. L'enfant d'une femme mariée est ainsi réputé avoir pour père le mari de sa mère. Le droit se contente en outre d'une vérité relative, comme l'illustre l'article 311-12 du Code civil lorsqu'il invite le juge à trancher les conflits de filiations en recherchant "la plus vraisemblable". Enfin, la filiation, si elle constitue un fait juridique, n'est pas abandonnée à la liberté de la preuve. Elle obéit au contraire à un système de preuves légales.

79. Une réflexion préalable sur la notion même de filiation est nécessaire, car le droit refuse de consacrer une transparence absolue en la matière. Dans une première approche, la filiation est un rapport de parenté fondé sur la procréation. Toutefois, la filiation juridique et la filiation biologique sont de nature différente. La première est un rapport de droit, dont l'établissement et les effets varient en fonction du temps et du lieu. La filiation biologique est, en revanche, un rapport immuable fondé sur les liens du sang. Ce lien est un fait constant, de la conception au décès. Il est admis, depuis le droit romain, que la mère est désignée par la grossesse et par l'accouchement : *mater semper certa est*[89]. Au contraire, la paternité est restée longtemps mystérieuse. Ainsi, Planiol écrivait au début du siècle que "si l'enfant né d'une femme mariée était réduit à démontrer que sa conception a été l'œuvre du mari de sa mère, il n'y réussirait presque jamais"[90]. Les progrès scientifiques ont cependant mis fin aux mystères de la paternité et à la certitude de la maternité. Ainsi, la mère n'est plus toujours la femme qui met l'enfant au monde, si l'on songe à la pratique, désormais interdite, des "mères porteuses". La paternité peut à présent être établie avec quasi-certitude. Ces possibilités nouvelles ont entraîné d'importantes conséquences juridiques et sociales. Le droit a toutefois refusé de retenir une conception exclusivement biologique de la filiation. Certaines filiations ne peuvent donc jamais être établies (A). Plus encore, la réalité factuelle des origines est parfois couverte par le secret (B). Il

---

[88] G. Cornu, *Droit civil. La famille*, 7ème éd. Montchrestien, *Précis Domat*, 7ème éd., n° 200, p. 319.
[89] D. 2,4,5.
[90] M. Planiol, *Traité élémentaire de droit civil*, Tome I, 7ème éd., 1915, page 597.

n'existe en effet ni droit d'établir sa filiation, ni même de droit à connaître ses origines.

A) L'interdiction d'établir certaines filiations.

80. La recherche de la vérité biologique et la transparence ne sont pas les seuls objectifs poursuivis par le droit de la filiation. L'intérêt de l'enfant, l'ordre établi, la paix des familles, l'écoulement du temps... sont également pris en compte et peuvent interdire de percer les secrets de la filiation biologique. L'article 322 du Code civil pose ainsi une fin de non-recevoir contre toutes les actions qui seraient destinées à anéantir une filiation légitime établie par la conjonction de l'acte de naissance et de la possession d'état. De nombreuses actions sont également attitrées, réservées aux seules personnes énumérées par la loi. Le droit français s'efforce ainsi de maintenir un équilibre entre des intérêts divers. Il est alors interdit d'établir juridiquement la filiation. Techniquement, des limites sont apportées à la liberté de la preuve (a), mais également au droit d'agir (b). Il n'existe donc pas de "droit à la filiation" (c).

a) Les limites apportées à la liberté de la preuve.

81. La liberté de la preuve est limitée lorsque la recevabilité de l'action est subordonnée à la preuve préalable de présomptions et indices graves (1°). De plus, même si l'expertise biologique est devenue "de droit", elle ne peut être effectuée qu'avec le consentement du défendeur (b).

1°) L'obstacle des présomptions et indices graves.

82. La preuve de la filiation naturelle peut résulter d'une décision de justice et "se trouver légalement établie par l'effet d'un jugement"[91]. L'établissement de la filiation ne résulte pas d'une manifestation de volonté ou d'une possession d'état, mais d'une action, l'action en recherche de maternité ou de maternité naturelle. Or, si ces actions sont aujourd'hui plus largement ouvertes que par le passé, le législateur a préservé le secret, en subordonnant leur recevabilité à l'existence de "présomptions et indices graves".

83. L'article 340 du Code civil permet de rechercher, devant le juge, la paternité naturelle. La recherche de cette filiation est, dans son principe, admise. La paternité naturelle peut donc être prouvée, par tous moyens.

---

[91] Article 334-8 du Code civil.

L'ouverture de cette action a cependant connu de multiples bouleversements. La recherche de paternité naturelle était libre, dans l'Ancien droit, mais l'enfant naturel ne pouvait prétendre qu'à des aliments : *Qui fait l'enfant doit le nourrir*. Aucune puissance paternelle ne s'exerçait sur lui. Les enfants naturels étaient donc placés sous tutelle, comme les orphelins. Ils ne succédaient pas à leurs parents et ne pouvaient, en principe, recevoir de libéralités. La mère disposait uniquement d'une action en frais de gésine contre l'homme avec qui elle avait eu des relations intimes au cours de la période légale de conception. Cette action, largement ouverte, était soumise à des conditions de preuve peu rigoureuses, puisque la déclaration sous serment de la mère suffisait. Ensuite, l'enfant lui-même ou sa mère pendant sa minorité disposait d'une action en recherche de paternité, soumise à des conditions de preuve plus strictes. Cette action établissait officiellement la filiation et permettait à l'enfant de porter le nom de son père, lequel devait en outre participer aux frais d'entretien et d'éducation. Le Droit intermédiaire a inversé cette situation. La Constituante a supprimé la plupart des incapacités qui frappaient les enfants naturels, par souci d'égalité. La Convention est allée plus loin, en assimilant l'enfant naturel simple à l'enfant légitime[92]. Une vocation successorale lui a donc été reconnue. Les enfants adultérins ou incestueux n'avaient toutefois droit qu'à des aliments. De nouveaux droits ayant été reconnus aux enfants naturels, l'établissement judiciaire de leur filiation fut subordonné à de strictes conditions. Ainsi, la loi du 12 brumaire an II a supprimé purement et simplement l'action en recherche de paternité naturelle. Seule l'action en recherche de maternité naturelle avait été maintenue. L'enfant naturel ne pouvait donc bénéficier de son assimilation à l'enfant légitime que si son père acceptait de le reconnaître. Une solution de compromis fut donc retenue par le Code civil. Une vocation successorale réduite avait été reconnue à l'enfant naturel simple, mais l'action en recherche de paternité naturelle n'était admise qu'en cas de rapt de la mère, auquel la jurisprudence assimila le viol. Les Tribunaux tempérèrent cependant cette rigueur, en condamnant le "séducteur" à des dommages-intérêts lorsqu'il avait séduit la mère par des manœuvres dolosives. L'action en recherche de paternité naturelle fut ensuite plus largement ouverte par la loi du 16 novembre 1912. Elle pouvait être exercée en cas de rapt ou de viol de la mère, mais également de séduction dolosive, d'aveu écrit du père, de concubinage notoire ou de participation à l'entretien et à l'éducation de l'enfant par le père présumé. Celui-ci pouvait toutefois opposer à l'enfant ou à sa mère des fins de non-recevoir, qui rendaient l'action irrecevable, mais également mal fondée (inconduite notoire de la mère ou impossibilité de la paternité). La loi du 3 janvier 1972 avait maintenu ce système restrictif, en y apportant néanmoins

---

[92] Décret du 4 juin 1793 ; Loi du 12 brumaire An II.

quelques aménagements. Le législateur avait ouvert l'action aux enfants adultérins et avait, plus généralement, amélioré la situation des enfants naturels. La loi française repose en outre sur un système dualiste. L'enfant naturel dispose en effet, outre de l'action en recherche de paternité naturelle, d'une action à fin de subsides. La loi du 25 juin 1982 a toutefois facilité l'établissement de la filiation naturelle, en faisant de la possession d'état une preuve directe de cette filiation. L'action judiciaire perdit alors beaucoup de son intérêt. Le développement des preuves scientifiques avait en outre rendu le système mis en place en 1972 obsolète, puisqu'il devint possible de rapporter la preuve positive de la paternité.

84. La loi n° 93-22 du 8 janvier 1993 a abrogé, pour tenir compte des évolutions scientifiques, l'ancien article 340 du Code civil, qui énumérait les cinq cas d'ouverture de l'action en recherche de paternité naturelle. L'action a été plus largement ouverte, parce que la preuve est devenue pratiquement certaine. La vérité est devenue directement accessible. La loi du 8 janvier 1993 s'est également efforcée de rapprocher les actions en recherche de paternité et de maternité naturelle. L'enfant peut ainsi faire établir judiciairement ses deux filiations. Le législateur, et plus précisément le Sénat, n'a toutefois pas entièrement libéralisé l'action en recherche de paternité naturelle, contrairement à ce que prévoyait le projet du Gouvernement. L'article 340, alinéa 2, du Code civil dispose en effet que "la preuve ne peut en être rapportée que s'il existe des présomptions et indices graves". La preuve scientifique, qui permettrait une transparence parfaite, n'a pas triomphé, car elle ne peut être directement utilisée. L'action reste subordonnée à des conditions de recevabilité relativement strictes. L'action est, en premier lieu, attitrée. Elle n'appartient qu'à l'enfant, même si elle est exercée par sa mère au cours de sa minorité[93]. Cette action est dirigée contre le père prétendu ou, s'il est décédé contre ses héritiers, ou bien encore, en leur absence, contre l'Etat. Le caractère restrictif de l'action est ensuite renforcé par la brièveté des délais. L'action doit être exercée dans un délai de deux ans, à compter de la naissance ou de la majorité, et il s'agit là d'un délai préfix. Enfin, le débat au fond, portant sur la paternité du défendeur, n'est possible que s'il existe déjà des "présomptions ou indices graves". L'action en recherche de paternité naturelle n'est ouverte que si le demandeur fournit un adminicule. Ainsi, si l'expertise biologique est devenue de droit, elle ne peut pas être immédiatement ordonnée. Cette limitation, destinée à lutter contre des actions fantaisistes, peut cependant maintenir le secret et empêcher l'enfant d'accéder à sa filiation. Aussi, la Cour de cassation l'a-t-elle tempérée, en décidant que le succès préalable de l'action à fin de subsides ouvrait l'action en recherche

[93] Article 340-2 du Code civil.

de paternité naturelle, puisqu'elle établissait l'existence de relations intimes entre la mère et le père prétendu au cours de la période légale de conception[94].

85. L'action en recherche de maternité naturelle permet au juge de déclarer que la femme contre laquelle elle est exercée est la mère naturelle de l'enfant. La loi du 3 janvier 1993 a rapproché cette action de l'action en recherche de paternité naturelle, mais ces deux actions restent relativement éloignées. L'action en recherche de maternité naturelle est, en pratique, très rare. Elle ne présente d'intérêt que si l'enfant n'a pas été reconnu par sa mère et n'a pas de possession d'état à son égard. La filiation maternelle peut être établie par la possession d'état, seule ou en complément de l'indication du nom de la mère dans l'acte de naissance, y compris lorsque la mère a omis de reconnaître son enfant. Elle correspond donc à un contentieux de déclaration forcée ou, après son décès, à une situation de carence probatoire[95]. L'action en recherche de maternité naturelle est, comme l'action en recherche de paternité naturelle, une action attitrée, qui ne peut être exercée que par l'enfant. Elle n'est toutefois recevable que s'il existe des "présomptions et indices graves", dont la valeur est souverainement appréciée par les juges du fond[96]. L'action est ouverte, en revanche, pendant trente ans.

86. Ainsi, les actions en recherche de paternité et de maternité naturelles restent subordonnées à un adminicule de vraisemblance. La filiation restera donc secrète si l'enfant ne parvient pas à fournir ce commencement de preuve. L'adminicule peut constituer un obstacle insurmontable pour l'enfant. Sa portée pratique reste cependant incertaine, car tout est fonction des circonstances de chaque espèce. Cet aléa est d'autant plus grand que l'appréciation des éléments de fait est nécessairement subjective. Plus encore, la justification de cet adminicule, préserver la paix des familles, semble également désuète, puisque la filiation adultérine peut aujourd'hui être établie et que les restrictions de droit apportées aux droits des enfants adultérins ont été condamnées par la Cour européenne des droits de l'Homme. Enfin, l'action à fin de subsides permet fréquemment de contourner cet obstacle lors de l'action en recherche de paternité naturelle. La jurisprudence admet en effet que soit ordonnée *de plano* une expertise biologique pour établir l'existence de relations intimes[97]. Les résultats de cette expertise peuvent ensuite être utilisés lors de l'action en recherche de paternité naturelle, d'où une certaine incohérence du droit de la filiation.

---

[94] Civ. 1ère, 4 janvier 1995, D.1996.49, note J. Massip.
[95] G. Cornu, *La famille*, Précis Domat, Montchrestien, 7ème éd., 2001, n° 270.
[96] Article 341, alinéa 3, du Code civil.
[97] Civ. 1ère, 14 février 1995, D.1996.111, note J. Massip ; JCP.1996.II.22569, note F. Puigelier.

2°) Le nécessaire consentement du défendeur.

87. La Cour de cassation a consacré un "droit à l'expertise biologique" qui oblige le juge à ordonner cette mesure d'instruction lorsqu'elle est demandée par l'une des parties. Cette expertise porte cependant atteinte à l'intégrité physique et ne peut donc être réalisée qu'avec le consentement du défendeur. L'article 16-11 du Code civil interdit au juge de recourir à la coercition. L'enfant risque donc de se heurter à un refus, que la jurisprudence parvient toutefois à tempérer, puisqu'elle analyse généralement ce refus en un aveu ou une présomption.

b) Les atteintes au droit d'agir.

88. Le secret de la filiation est absolu lorsque l'enfant est privé par la loi du droit d'agir. Des obstacles tirés de l'ordre public de direction peuvent en effet justifier le secret (a). Le secret peut également être préservé par l'existence de stricts délais, qui encadrent l'exercice de l'action destinée à établir judiciairement la filiation (b). Enfin, la possession d'état préserve le secret, lorsque l'écoulement du temps a créé une filiation sociologique et affective (3°).

1°) Les obstacles tirés de l'ordre public de direction.

89. Des impératifs moraux, qui correspondent à l'ordre public de direction, sont encore aujourd'hui consacrés par le droit pour interdire l'établissement de certaines filiations. La filiation incestueuse et la filiation de l'enfant issu d'une maternité de substitution sont ainsi couvertes par le secret.

• La filiation incestueuse.

90. La filiation incestueuse ne peut pas être établie. Cet interdit était déjà connu de l'Ancien droit. Ainsi, la Juridiction de Lyon avait, le 10 mai 1773, déclaré inadmissible la preuve de l'inceste entre le père et la belle-fille[98]. L'interdit fut repris aux anciens articles 335 et 342 du Code civil, au nom de la "morale publique"[99], alors que les premiers projets de codification avaient pourtant autorisé la reconnaissance de l'enfant incestueux.

---

[98] M. Méjan, *Recueil des causes célèbres*, Tome XV, Paris, 1812, p. 122.

[99] Locré, *Esprit du Code Napoléon tiré de la discussion*, Tome V, Imprimerie impériale, 1807, p. 249 et s.

91. La loi du 3 janvier 1972 n'a pas étendu le principe d'égalité des filiations à l'enfant incestueux. Le législateur a maintenu l'interdiction d'établir la filiation incestueuse, mais en la limitant à l'inceste absolu. L'article 340-10 du Code civil dispose en effet que "s'il existe entre les père et mère de l'enfant naturel, un des empêchements à mariage prévus par les articles 161 et 162 pour cause de parenté, la filiation étant déjà établie à l'égard de l'un, il est interdit d'établir la filiation à l'égard de l'autre". La filiation incestueuse peut donc être établie envers les deux parents s'il n'existe qu'un empêchement à mariage tiré de l'alliance ou qu'un empêchement susceptible de dispense (oncle et nièce, tante et neveu). Lorsque les père et mère sont parents en ligne directe ou frère et sœur, la filiation ne peut, en revanche, être établie qu'à l'égard de l'un d'eux. La filiation naturelle reste ainsi soumise au principe de divisibilité. La loi interdit donc, non pas d'établir la filiation envers l'un des parents, mais de faire apparaître l'inceste par la confrontation des filiations paternelle et maternelle. L'interdit a donc principalement pour fonction de cacher l'inceste, même si le mot n'est jamais utilisé. Les termes "d'enfant incestueux" ont en effet disparu du Code civil avec la loi du 3 janvier 1972. Le législateur entendait assimiler ces enfants aux autres enfants, même si cette assimilation n'était que très partielle. L'effet produit est toutefois opposé. L'inceste n'est pas une infraction pour le droit pénal et le droit civil jette l'enfant qui en est issu dans le néant. Le secret imposé à cet enfant ne participe pas à son intégration, mais conduit à le marginaliser.

92. La prohibition de l'inceste a en effet une fonction sociale, qui correspond à l'obligation de donner développée par Lévi-Strauss[100], et une fonction individuelle de structuration. Elle permet une différentiation au sein de la même lignée. Le maintien de l'article 340-10 du Code civil s'explique alors par l'évolution des structures familiales. L'inceste est en effet insupportable dans la famille nucléaire, car l'exogamie et la stricte séparation matrimoniale des lignées conditionnent son existence[101]. L'article 7 de la Convention de New-York ne peut donc pas lui être appliqué. Certes, l'égalité des filiations devrait conduire à leur égale publicité. Toutefois, l'interdiction d'établir la double filiation est conforme à l'intérêt de l'enfant. L'inceste étant réprouvé par la société, mieux vaudrait protéger l'enfant en ne faisant pas publiquement apparaître le lien qui unit ses parents. Ainsi, le rapporteur de la Commission des lois avait affirmé que "faire apparaître le caractère incestueux de la filiation ne servirait point les intérêts de l'enfant, mais le

[100] C. Lévi-Strass, *Les structures élémentaires de la parenté*, Puf, 1949.
[101] E. Todd, *La troisième planète. Structures familiales et systèmes idéologiques*, Le Seuil, 1983.

marquerait publiquement d'une tare qu'il est préférable de lui épargner"[102] L'égalité des filiations ne serait donc pas en contradiction avec un accès inégal à la filiation. Le raisonnement suivi par le législateur n'est toutefois pas totalement satisfaisant. Fonder une solution législative sur deux impératifs hétérogènes, l'ordre public et l'intérêt de l'enfant, manque de cohérence. L'intérêt de l'enfant est en outre apprécié abstraitement. Or, certains enfants peuvent, par exemple, souhaiter venir à la succession de leur auteur, même si cela fait apparaître le caractère incestueux de leur filiation. La législation actuelle est donc avant tout motivée par la volonté de préserver la famille nucléaire[103]. Etablir la filiation d'un enfant né d'un inceste absolu est jugé socialement inadmissible et a donc été interdit. Il s'agit d'un choix de politique législative, qui pourrait être remis en cause. L'enfant, même issu de relations incestueuses, a en effet deux parents et nul ne peut nier cette réalité que le droit s'efforce de garder secrète.

- La filiation de l'enfant issu d'une maternité de substitution.

93. La maternité de substitution, interdite par la jurisprudence[104], puis par le législateur[105], ne peut conduire à l'adoption de l'enfant. La Cour de cassation a en effet rappelé, dans un arrêt rendu le 29 juin 1994, que l'adoption était "l'ultime phase d'un processus d'ensemble destiné à un couple l'accueil à son foyer d'un enfant, conçu en exécution d'un contrat tendant à l'abandon à sa naissance par sa mère, et que, portant atteinte aux principes d'indisponibilité du corps humain et de l'état des personnes, ce processus constituait un détournement de l'adoption"[106]. En l'espèce, une femme avait été inséminée artificiellement avec le sperme du mari d'une femme stérile. Elle avait reconnu l'enfant, immédiatement confié au couple, et avait consenti à son adoption plénière. Toutefois, par la suite, les époux avaient divorcé et la femme avait emmené l'enfant avec elle, bien qu'elle n'y ait aucun lien de filiation entre eux. Elle demandait donc à l'adopter en la forme simple, l'adoption plénière étant devenue impossible avec le refus de son ancien mari. Cette demande, qui préservait les liens entre l'enfant et sa mère biologique, tout en permettant de le relier à la femme qui l'élevait en fait, a néanmoins été rejetée. La jurisprudence de la Cour de cassation semble alors très sévère et conduit surtout à priver l'enfant de toute famille. L'enfant

---

[102] J. Foyer, Rapport p. 78.
[103] F. Dekeuwer-Defossez, *Modèles et normes en droit contemporain de la famille*, in *Mélanges C. Mouly*, Litec, 1998, Tome I, p. 281 et s., spécialement p. 290.
[104] Ass. Plénière, 31 mai 1991, D.1991.417 ; JCP.1991.II.21752 ; RTDC.1991.517.
[105] Article 16-7 du Code civil, issu de la loi du 25 juillet 1994.
[106] Civ. 1ère, 29 juin 1994, Bull. civ. I, n° 226 ; JCP.1995.II.22312, note J. Rubellin-Devichi ; RTDC.1994.842, obs. J. Hauser.

est rejeté par sa mère biologique et ne peut être rattaché à celle qui assure, dans les faits, son éducation. Seule la possession d'état permettrait, à terme, d'établir un lien avec l'épouse.

94. Exclure tout lien de filiation entre l'enfant et celle qui recourt à la maternité de substitution semble donc excessif. Si l'interdiction d'établir une filiation incestueuse est encore majoritairement acceptée, la maternité de substitution a entraîné de vifs débats et ne donne donc lieu à aucune unanimité, ni pour l'accepter ni pour la condamner. Il semble même que de nombreux couples n'hésitent plus à se rendre à l'étranger pour y recourir. Le principe de l'indisponibilité de l'état des personnes ne peut justifier l'interdiction d'adopter, alors surtout que ce principe a été considérablement affaibli. Le principe de l'indisponibilité du corps humain ne saurait justifier davantage cette jurisprudence, puisqu'il s'agit d'un principe de source douteuse. Si l'on veut sanctionner le détournement de l'adoption, la sanction doit frapper les adultes qui s'en rendent coupables, non l'enfant. Le droit pénal a donc vocation à s'appliquer, même si le législateur n'a pas incriminé directement la convention de mère porteuse. L'article 227-12 du Code pénal n'incrimine en effet que "le fait de provoquer, soit dans un but lucratif, soit par don, promesse, menace ou abus d'autorité, les parents ou l'un d'entre eux à abandonner son enfant né ou à naître". Le lien de filiation pourrait être établi, dans l'intérêt de l'enfant, indépendamment des sanctions pénales encourues par ceux qui ont recourt à cette pratique.

2°) Les délais.

95. Les actions relatives à la filiation sont, depuis la loi du 3 janvier 1972, prescriptibles. L'article 311-7 du Code civil dispose ainsi que "toutes les fois qu'elles ne sont pas enfermées par la loi dans des termes plus courts, les actions relatives à la filiation se prescrivent par trente ans à compter du jour où l'individu aurait été privé de l'état qu'il réclame ou a commencé à jouir de l'état qui lui est contesté". Les actions relatives à la filiation se prescrivent donc par trente ans, sous réserve de délais plus brefs. L'action en recherche de paternité naturelle doit être exercée dans les deux ans qui suivent la naissance de l'enfant ou sa majorité et l'auteur d'une reconnaissance ne peut plus la contester lorsqu'il existe une possession d'état décennale. Le mari ne peut pareillement contester sa paternité que dans un délai de six mois à compter de la naissance, ou s'il est absent, de son retour. Ces différences sont difficilement justifiables au regard du principe d'égalité des filiations, alors surtout que la reconnaissance est un acte volontaire. Ce dispositif semble donc anachronique, parce que la filiation légitime et la filiation naturelle sont régies par des règles différentes.

96. Les délais applicables aux actions relatives à la filiation naturelle manquent ensuite de cohérence. L'action en recherche de paternité naturelle ne peut être exercée que pendant un délai de deux ans, alors que l'action en recherche de maternité naturelle se prescrit par trente ans. La reconnaissance volontaire peut en outre être contestée par son auteur pendant dix ans, mais l'action des tiers est ouverte pendant trente ans. Enfin, s'agissant de la filiation légitime, le mari ne dispose que de six mois pour combattre la présomption de paternité légitime. La mère remariée avec le véritable père peut, au contraire, contester la paternité de son ancien mari dans les six mois qui suivent son remariage, tant que l'enfant n'a pas atteint l'âge de sept ans, y compris lorsqu'il dispose d'une possession d'état d'enfant légitime[107]. Cette action en contestation de paternité légitime en vue de légitimation accorde une place essentielle aux données biologiques, mais elle peut se révéler extrêmement néfaste pour l'enfant dont la filiation peut être tardivement modifiée.

3°) Le voile de la possession d'état.

97. L'établissement de la filiation réelle peut être mis en échec par l'existence d'une possession d'état. La filiation ne peut être réduite à un rapport biologique. Elle est un concept humain, par opposition à la procréation. Le lien de filiation correspond également à des comportements, à des sentiments, que l'on regroupe sous les termes de possession d'état. Or, cette dimension est aussi importante que le lien biologique. Ce lien peut ne pas avoir été voulu ou demeuré ignoré. Il est possible qu'il n'ait aucun prolongement affectif. Au contraire, un comportement régulier de parent, une éducation, expriment, révèlent, l'affection qui unit l'enfant à ses auteurs. La filiation apparaît alors comme une notion complexe, à la fois naturelle et culturelle. Dans l'idéal, l'établissement juridique de la filiation devrait être uniquement déclaratif. Ainsi, Monsieur le Professeur Gérard Cornu exprime parfaitement cette idée lorsqu'il écrit "Que la mère devant la nature soit la mère devant la loi. Que le père de fait soit le père de droit (...). Chez l'enfant, c'est un droit naturel, objectif, biologique d'avoir pour père légal son vrai père, pour mère aux yeux de la loi sa mère «naturelle». Puisque la filiation est d'abord un fait naturel, objectif, biologique, le principe est que l'établissement légal du lien juridique de la filiation s'opère par coïncidence

[107] Civ. 1ère, 16 février 1977, D.1977.328, note D. Huet-Weiller ; RTDC.1977.317, obs. P. Raynaud.

avec le lien de fait constaté".[108]. Néanmoins, la situation de l'enfant et de son entourage est parfois plus complexe. La filiation s'inscrit dans le mouvement vital, dont elle subit les aléas. La filiation n'est pas seulement la naissance, car elle se prolonge dans la vie quotidienne de l'enfant et de ses parents. Ainsi, la possession d'état extériorise un sentiment maternel, paternel ou filial. Selon les circonstances, elle correspond, ou ne correspond pas, à la réalité biologique. Les effets que la loi reconnaît à la possession d'état sont une sorte d'hommage aux sentiments éminemment respectables qui la font naître. La possession d'état n'est, de ce fait, jamais une situation trompeuse. Même lorsqu'elle n'est pas le reflet de la filiation biologique, elle est le signe apparent des sentiments qui unissent la famille affective. Aussi, peut-elle voiler certains secrets en dissimulant la filiation biologique.

98. La réforme opérée par la loi du 3 janvier 1972 n'a pas négligé la dimension affective de la filiation. Deux approches de la vérité de la filiation ont été retenues. Le biologique est complété, dans l'intérêt de l'enfant, par des réalités affectives. Un souci de réalisme a conduit le législateur à reconnaître des effets plus importants à la possession d'état, parce qu'elle traduit une réalité affective et sociale qui vient corriger, limiter ou même exclure la vérité biologique. La possession d'état est, en cela, une filiation vécue[109]. Son développement assure une plus grande sécurité des filiations. L'enfant, sa famille et la société ne doivent pas êtres perturbés par une recherche intempestive de la filiation biologique y compris lorsque celle-ci est douteuse ou contestée. Inversement, cette réalité affective peut venir au secours d'une réalité biologique incertaine[110]. La loi de 1972 apparaît donc comme un texte de compromis. La filiation juridique s'inscrit dans un contexte social, qui peut la transformer en fonction de ses valeurs et de ses connaissances scientifiques. La vérité biologique doit recevoir l'investiture de la société, donc de la loi, pour accéder au monde juridique. Lorsque les liens du sang coïncident avec les liens socio-affectifs, la filiation doit être socialement reconnue et protégée. En revanche, si ces liens sont dissociés, un autre fondement doit être trouvé au lien de filiation. C'est alors une question de politique législative. La loi de 1972 respecte la tradition volontariste du droit de la filiation. Elle tempère la vérité biologique par le "vécu".

---

[108] G. Cornu, *La filiation*, in *Les réformes du droit de la famille*, Archives de la philosophie du droit 1975, Tome XX, pages 29 et s., spécialement page 34 à 41, citation page 34.

[109] J. Carbonnier, *La famille*, n° 263, p. 388 : "La fait de vivre *comme si* le lien biologique existait crée un réseau de pratiques et de sentiments, une communauté psychologique qui peut être aussi forte que la communauté de sang".

[110] Civ. 1ère, 14 mars 1995, Bull. civ. I, n° 126 ; Gaz.Pal.1995.2.Pan.219 ; D.1995.Somm.222, obs. F. Granet-Lambrechts.

99. La possession d'état jette un voile sur la réalité biologique et constitue en cela un puissant rempart contre des recherches intempestives. Certes, l'absence de filiation préalable conditionne toujours l'établissement de la filiation naturelle. L'article 338 du Code civil, qui interdit d'établir une filiation naturelle qui contredirait une reconnaissance antérieure, a été étendu aux filiations déjà établies par possession d'état ou par jugement. Il n'interdit toutefois pas toute action relative à la filiation. Il reste possible de faire tomber le précédent lien de filiation, par exemple en contestant la reconnaissance ou en formant tierce opposition au jugement. Une reconnaissance mensongère peut être contestée pendant 30 ans, de sorte que le secret n'est pas garanti. La possession d'état, notamment lorsqu'elle conforte un titre, assure en revanche la stabilité de la filiation et constitue en cela un obstacle à la transparence. Marcel Pagnol en a donné une excellente illustration dans *Fanny*. Si pour Marius, le père est "celui qui donne la vie", César estime que "quand le petit est né, quatre kilos, quatre kilos des chairs de sa mère. Aujourd'hui, il pèse neuf kilos et tu sais ce que c'est, ces cinq kilos de plus, c'est cinq kilos d'amour". Il conclut alors que "le père, c'est celui qui aime"[111]. Cette référence littéraire, souvent citée par la doctrine, met en évidence la dimension affective de la filiation. L'intérêt de la société est de préserver les situations paisibles et vécues quotidiennement. Peu importe donc qu'elles dissimulent marginalement des "secrets de famille".

- Définition, caractères et preuve de la possession d'état.

100. La possession d'état couvre parfois les secrets de la filiation. Elle est une image qui extériorise le lien de filiation. Elle désigne le fait pour une personne de se comporter et d'être considérée comme ayant un état, que cet état corresponde ou non à la réalité biologique. Cependant, la possession d'état n'est jamais une image trompeuse, car elle révèle toujours une filiation affective et sociale. Or, en règle générale, l'enfant est élevé par ses parents biologiques. La possession d'état extériorise donc, le plus souvent, la filiation charnelle. Plus rarement, celui qui élève l'enfant n'en est pas l'auteur biologique, mais la possession d'état reflète alors l'aspect affectif de la filiation, et mérite à ce titre d'avoir une valeur propre.

101. L'article 311-1 alinéa 1er du Code civil définit plus précisément la possession d'état d'enfant. Il dispose qu'elle "s'établit par une réunion suffisante de faits qui indiquent le rapport de parenté et de filiation entre un individu et la famille à laquelle il dit appartenir". La possession d'état ne se

[111] M. Plagniol, *Fanny*, Acte III, scène 10.

limite pas aux rapports directs entre l'enfant et ses parents. Elle présente un caractère familial et social, ce qui justifie les effets étendus que le droit positif lui reconnaît. La création de la possession d'état n'est pas uniquement le fait des parents. Elle est imputable au groupe familial tout entier, et même à la société. Cette dimension collective apparaît à l'article 311-2 du Code civil, qui énumère les principaux faits composant la possession d'état. Ces faits sont traditionnellement décomposés en trois éléments, le *nomen*, le *tractatus* et la *fama*. La possession d'état apparaît ainsi comme une réunion de faits révélant la filiation. Elle constitue en outre une notion de droit.

- Les éléments constitutifs de la possession d'état.

102. La filiation s'extériorise par la possession d'état. Les tiers peuvent ainsi percevoir l'image de la parenté, à défaut de la connaître directement. L'article 311-2 donne une définition analytique de la possession d'état. Ainsi, aux termes de l'article 311-2, la possession d'état suppose principalement :

> "Que l'individu a toujours porté le nom de ceux dont on le dit issu ;
> "Que ceux-ci l'ont traité comme leur enfant, et qu'il les a traités comme ses père et mère ;
> "Qu'ils ont, en cette qualité, pourvu à son éducation, à son entretien et à son établissement ;
> "Qu'il est reconnu pour tel, dans la société et par la famille ;
> "Que l'autorité publique le considère comme tel".

103. On retrouve ici la trilogie *nomen, tractatus* et *fama,* développée par les Canonistes médiévaux. Les verbes utilisés à l'article 311-2 sont importants[112]. Ils caractérisent des attitudes ou des comportements saisis sur le vif de la vie des intéressés : porter, traiter, pourvoir. Ils reflètent également l'opinion des tiers, reconnaître, considérer.

104. Le nom est le premier élément de la possession d'état. Historiquement, le sens *nomen* connut une évolution[113]. Il désignait, dans la théorie canonique de la possession d'état, le surnom donné aux individus à une époque où la transmission par voie héréditaire du patronyme n'était qu'en voie de formation et correspondait à la *nominatio* Le *nomen* fut ensuite repris par le droit laïc, mais un changement s'opéra entre la fin du 12ème siècle et le 14ème lorsque la transmission du nom héréditaire du nom fut admise. A la fin

---

[112] G. Cornu, *Droit de la famille*, p. 284.

[113] A. Lefevre-Teillard, *Nomen, tractatus, fama, variation sous un même terme*, in *Etudes d'histoire du droit médiéval en souvenir de Josette Metman*, Editions universitaires de Dijon, 1988, p. 287 et s..

de l'Ancien régime, le fait de porter le nom du père était devenu le signe du lien de filiation. La filiation était établie par la preuve que l'enfant portait le nom de son père prétendu. On assista ainsi au glissement de l'ancienne *nominatio* vers le symbole de celle-ci, le nom de famille. Le nom devint un élément à part entière de la possession d'état. Les rédacteurs du Code civil reprirent la définition civiliste du *nomen*. Posséder un état consiste, en premier lieu, à porter le nom de son auteur. Le nom contribue à créer une apparence d'intégration dans la famille. En réalité, le *nomen* est aujourd'hui l'élément le moins pertinent de la possession d'état. D'une part, l'attribution du nom est une conséquence du lien de filiation et ne saurait donc logiquement en conditionner l'établissement. D'autre part, le *nomen* concerne principalement la possession d'état d'enfant légitime et n'a que peu de signification pour l'enfant naturel[114].Par exemple, il est évident qu'un enfant naturel qui porte le nom de sa mère l'ayant reconnu en premier peut avoir une possession d'état paternelle. L'article 334-6 du Code civil prend donc soin de préciser que "les règles d'attribution du nom ne préjudicient pas aux effets de la possession d'état". Plus encore, la loi du 8 janvier 1993 a limité le rôle du *nomen* en décidant que le changement de filiation n'a plus aucun effet sur le nom, sans l'accord de l'enfant devenu majeur. La possession d'état peut donc se développer en l'absence de *nomen*.

105. Le *tractatus* est le deuxième élément de la possession d'état envisagé à l'article 311-2. C'est la manière dont l'enfant est traité par ses prétendus parents et, réciproquement, celle dont l'enfant les a considérés. Il désigne le comportement réciproque apparent de l'enfant et ses parents. L'individu est traité comme un enfant et se comporte comme tel. L'article 311-2 utilise un verbe volontairement large, " traiter", qui désigne l'ensemble des manifestations parentales concevables : communauté de vie, garde, surveillance, échange de correspondances, vie commune... Si le *tractatus* doit être réciproque, cette réciprocité ne se manifeste toutefois pas immédiatement, car elle suppose que l'enfant ait atteint un âge suffisamment avancé. L'article 311-2 apporte une précision complémentaire. Le *tractatus* consiste également à pourvoir, en qualité de parents, à l'entretien de l'enfant. Ces actes ne révèlent cependant le lien de filiation que s'ils sont dénués d'ambiguïté quant à la qualité de leur auteur. La formule de l'article 311-2 convient essentiellement à l'enfant légitime. Ce texte vise à la fois les "père et mère" de l'enfant. Or, en présence d'une filiation naturelle, le *tractatus* est divisible. Il peut se limiter aux rapports unissant l'enfant à un seul de ses auteurs. Il constitue l'élément clé de la possession d'état, qui est

[114] TGI Lyon, 1ère Ch., 6 décembre 1996, Procédures 1997, n° 116, note S.T. ; CA Toulouse, 23 novembre 1999, RTDC.1999.307, n° 22, obs. J. Hauser.

essentiellement fondée sur le comportement de l'enfant et de ses parents. La *fama* évite néanmoins que les parents et l'enfant soient les seuls acteurs de la filiation.

106. La *fama* est l'image sociale de la filiation. Elle désigne la réputation de l'enfant, sa situation aux yeux de la famille, de la société et même de l'autorité publique. Alors que le *tractatus* constituait l'image interne de la filiation, la *fama* la reflète dans l'entourage de l'enfant. La famille joue un rôle primordial dans la constitution de la possession d'état. Ainsi, les grands-parents contribuent directement à sa formation, notamment lorsque l'un des parents est décédé et avait manifesté la volonté de traiter l'enfant comme le sien[115]. Parfois, ils interviennent pour soutenir l'action de leur propre enfant[116]. On tiendra compte également de l'attitude des autres membres de la famille, notamment des frères et sœurs. De simples ouï-dire ne sauraient, en revanche, caractériser la *fama*. La loi du 3 janvier 1972 a entendu moderniser et faciliter l'usage de la possession d'état. C'est pourquoi, le dernier alinéa de l'article 311-2 vise également l'autorité publique. L'attitude de l'administration et des pouvoirs publics à l'égard de l'enfant est désormais prise en compte. La *fama* se construit donc à partir de l'opinion de tous ceux qui ont été en contact avec l'enfant. Créée par les tiers, elle ne peut émaner des intéressés eux-mêmes, ce qui confère une dimension objective à la possession d'état. Elle peut toutefois se révéler, car le comportement des parents peut abuser les tiers.

107. L'importance respective du *nomen*, du *tractatus*, de la *fama* varie donc selon les espèces. Elle est influencée par le milieu familial, par la nature légitime ou naturelle de la filiation ou bien encore par l'âge de l'enfant. En outre, l'article 311-2 de Code civil se borne à énoncer les " principaux faits" constitutifs de la possession d'état. Il suffit de constater "un ensemble suffisant de faits qui indiquent le rapport de filiation et de parenté entre un individu et la famille à laquelle il dit appartenir".

- Une réunion suffisante de faits.

108. Les éléments plus divers peuvent donner naissance à la possession d'état. La réunion du *nomen*, du *tractatus et de la fama* ne conditionne pas son existence[117]. De nombreux indices ont en effet été retenus en

---

[115] CA Paris, 6 janvier 1976, JCP.1976.II.18289 ; TGI Nanterre, 8 juin 1988, D.1989.248.

[116] CA Paris, 15 mars 1978, Rép. Defrénois 1978, art.32176.

[117] M. Raymond-Gouillard, *La possession d'état d'enfant*, RTDC.1975.459 ; CA Paris, 1ère Ch. C, 12 mai 1998, D.1999.Som.195, obs. F. Granet.

jurisprudence pour caractériser la possession d'état : photographies, déclaration de l'enfant à l'état civil[118], conviction personnelle d'être père[119]... Toutefois, un élément isolé ne saurait caractériser la possession d'état[120]. L'appartenance à un état ne saurait résulter du hasard, d'un comportement involontaire ou d'une coïncidence[121]. Le juge doit au contraire retenir un "faisceau d'indices"[122]. Un ensemble d'éléments convergents d'indices favorables au lien de filiation doit pouvoir être relevé. La possession d'état ne suppose pas un consentement libre et éclairé. Elle peut être le fait d'un "parent" qui ignore tout de la "réalité" biologique. Elle manifeste alors les sentiments qui le rattachent à l'enfant. Elle n'est pas, comme la possession en droit des biens, une relation d'une personne et d'une chose mais une relation entre personnes. Un *animus* n'est donc pas requis.

- Une notion de droit.

109. La possession d'état est une présomption du fait de l'homme. Son appréciation est donc laissée "aux lumières et à la prudence" des juges du fond, conformément à l'article 1353 du Code civil. La Cour de cassation n'exerce qu'un contrôle limité, qui est toutefois essentiel, la possession d'état étant une notion-clé du droit de la filiation[123]. Il importe donc de la définir avec précision et d'éviter des interprétations trop laxistes ou trop rigides. La Cour de cassation limite ainsi le nombre croissant d'actions en contestation de filiation. Sa jurisprudence se montre toutefois de moins en moins rigoureuse, notamment lors des partages successoraux, à tel point que l'on a pu parler de "laxisme"[124]. Des effets de droit sont attribués à des possessions d'état peu caractérisées[125]. Dans ce contexte, le contrôle de la Cour de cassation est

[118] TGI Béthune, 24 avril 1974, D.1974. 635, note D. Huet-Weiller.

[119] TGI Angers, 21 mai 1974, D.1975.323, note H. Souleau ; CA Paris, 5 février 1976, D.1976.573, note J.J. Paire ; JCP.1976.II.18487, note J. Grolière ; Gaz.Pal.1976.1.235 note Viatte.

[120] Civ. 1ère, 2 décembre 1992, JCP.éd.N.1994.Doc.101, obs. S. Berginaud ; Rép. Defrénois 1993, article 35572, n° 48, obs. J. Massip.

[121] M. Raymond-Guilloud, *La possession d'état d'enfant*, RTDC.1975.459.

[122] Civ. 1ère, 16 avril 1996, D.1996.Somm.381, obs. F. Granet ; Rép. Defrénois 1997 p.1335, obs. J. Massip.

[123] Civ.1ère, 2 juin 1987, D.1988.405, note J. Massip ; 5 juillet 1988, D.1989.398, Conclusions Chardonnier ; Civ. 2ème 2 juin 1993, PA. 6 décembre 1993, n° 147, p. 20, note J. Massip...

[124] J. Hauser et D. Huet-Weiller, *Fondation et vie de la famille*, n° 496, page 260 ; Ph. Malaurie et L. Aynès, *La famille*, par Ph. Malaurie, n° 490 page 278 ; P. Raynaud, *L'inégalité des filiations légitime et naturelle quant à leur mode d'établissement*, D.1980 Chron.1 et s.

[125] TGI Nanterre, 8 juin 1988, D.1988 Somm.400, obs. D. Huet-Weiller.

essentiel, parce qu'il unifie la définition de la possession d'état et oblige les juges du fond à relever un minimum d'éléments pour constater son existence.

- Les caractères de la possession d'état.

110. La possession d'état constitue le reflet de la filiation. Or, plus ce reflet présentera certains caractères et plus il manifestera le lien de filiation. La possession d'état doit donc, en premier lieu, être continue[126]. Le lien de filiation est par essence durable et s'avère même intangible s'agissant de la filiation biologique. Il doit se manifester tout au long de la vie des intéressés. Cette condition est empruntée à la possession des biens. La continuité, appréciée concrètement par le juge, implique une certaine permanence. Des comportements épisodiques ou des faits isolés ne caractérisent donc pas une possession d'état.

111. La possession d'état doit, par essence, être durable. Le lien de filiation qu'elle manifeste a lui-même vocation à s'exprimer tout au long de la vie des intéressés. Le législateur prend parfois soin de préciser la durée que doit présenter la possession d'état pour produire des effets de droit. Ainsi, une possession d'état trentenaire est exigée par l'article 311-7 pour qu'il y ait prescription. De même, l'article 339, alinéa 3, impose une possession d'état décennale pour interdire à l'auteur d'une reconnaissance de la contester. Cependant, il ne s'agit que de règles particulières, qui ne sauraient donc être généralisées. A défaut de texte spécial, la durée de la possession d'état est une question de fait. La jurisprudence admet cependant qu'elle puisse se former en un temps très bref. Confronté à un conflit relatif à la filiation d'un jeune enfant, le juge est contraint de tenir compte d'une possession d'état très courte. Ainsi, une possession d'état prénatale est parfois jugée suffisamment continue pour produire des effets de droit. Cette position est cependant contestable, car le secret ne saurait être préservé au nom d'une possession d'état très brève, voir inconsistante. Par ailleurs, le lien de filiation unit l'enfant à son auteur depuis le jour même de sa conception. Logiquement, la possession d'état, qui en est l'expression, devrait au moins exister depuis la naissance de l'enfant. Cette affirmation doit néanmoins être nuancée. Certes, elle était adoptée par la doctrine classique, qui exigeait que la possession d'état existe depuis la naissance de l'enfant jusqu'au jour où elle était invoquée[127]. La lettre même de l'actuel article 311-2 semble confirmer cette analyse : “L'individu a toujours porté le nom de ceux dont on le dit issu” et

[126] Article 311-1, alinéa 2, du Code civil.

[127] C. Demolombe, *Cours de Code Napoléon*, tome V, n° 209 ; M. Planiol et G. Ripert, Tome II, *La famille*, par A. bases, n° 744 ; G. dépens et A. Wahl, *Traité théorique et pratique de droit civil*, Tome III, n° 464.

que “l’autorité publique le considère comme tel”. Cependant, s’agissant du *tractatus*, ce texte se contente de faits passés lorsqu’il envisage ceux “qui l’ont traité comme leur enfant, et qui les a traités comme ses père et mère”. Or, le législateur fixe parfois lui-même le point de départ de la possession d’état. Ainsi, la possession d’état envisagée par l’article 339, alinéa 3, n’a pas pour point de départ la naissance de l’enfant, mais le jour de la reconnaissance. L’article 313, alinéa 2, relatif au rétablissement de la présomption de paternité légitime, exige en revanche une possession d’état actuelle. Ainsi, les dispositions légales n’offrent pas de solution uniforme, pour déterminer si la possession d’état doit exister dès la naissance. L’intérêt de déterminer son point de départ apparaît néanmoins lorsque plusieurs états apparents se sont succédés ou ont existé simultanément. S’il est peu probable que deux femmes traitent un même enfant comme le leur, deux possessions d’état paternelles peuvent en revanche se développer. Deux types de conflits doivent alors être distingués, parce qu’ils peuvent opposer des possessions d’état simultanées ou des possessions d’état successives. Pour certains auteurs, la possession d’état doit toujours être initiale, c’est-à-dire exister depuis la naissance de l’enfant[128]. La possession d’état est alors particulièrement forte, mais cette exigence est excessive. La possession d’état peut ne se développer que plus tardivement, notamment lorsqu’il n’existe pas de communauté de vie entre l’enfant et son auteur. C’est pourquoi, la jurisprudence admet qu’une possession d’état actuelle soit qualifiée de continue, bien qu’elle ne soit pas contemporaine à la naissance. En réalité, il n’existe pas de solution uniforme. Lorsqu’elle est utilisée comme condition d’une légitimation, la possession d’état doit être actuelle. Elle conditionne la situation future de l’enfant. Peu importe donc qu’elle ne remonte pas à la naissance. En revanche, une possession d’état actuelle ne saurait être exigée pour établir une filiation. Sa disparition rend alors nécessaire l’établissement de la filiation. Exiger une possession d’état actuelle priverait de tout intérêt à ce mode d’établissement de la filiation.

112. La force de la possession d’état réside également dans le fait qu’elle ne dépend pas de la seule volonté des intéressés. La jurisprudence l’a placée hors d’atteinte de la volonté de ceux qui l’ont développée. Elle rend ainsi sans fondement la critique selon laquelle on laisserait la filiation à la merci de volontés individuelles. Par exemple, les effets de la possession d’état ne peuvent être anéantis par la seule décision du mari de la mère de cesser de

---

[128] Ph. Malaurie et L. Aynès, *La famille*, par Ph. Malaurie, n° 497, p. 282 ; M. Remond-Gouilloud, *La possession d’état d’enfant*, article précité, n° 17 ; P. accompagnées, *Le domaine de la présomption pater is est devant la jurisprudence depuis la loi du 3 janvier 1972*, RTDC.1976.233, n° 19.

traiter l'enfant comme le sien[129]. La jurisprudence lui reconnaît ainsi un caractère objectif[130]. La possession d'état est dominée par l'instinct et existe indépendamment de la volonté et de la société. Réciproquement, la mère de l'enfant ne peut mettre fin à la possession d'état qui existe entre l'enfant et son père[131]. De même, le refus du père d'exercer son droit de visite constitue une attitude frauduleuse dépourvue d'effet[132].

113. S'inspirant du droit des biens, la jurisprudence exige, en outre, que la possession d'état soit dépourvue de vice, bien qu'à la lettre, l'article 311-1, alinéa 2, du Code civil exige uniquement qu'elle présente un caractère "continu". La possession d'état ne peut cependant refléter le lien de filiation que si l'on exige d'elle certaines qualités supplémentaires. La possession d'état doit donc être paisible et dépourvue d'équivoque. Elle ne saurait ni résulter d'actes de violence ni être susceptible de plusieurs interprétations. En droit des biens, la possession est équivoque lorsqu'elle ne révèle pas clairement l'*animus*. Transposé à la possession d'état, ce vice est constitué s'il existe simultanément des possessions d'état concurrentes, notamment si l'enfant cohabite avec un tiers. La jurisprudence renforce le caractère objectif de l'apparence de l'état et répond aux craintes exprimées par une partie de la doctrine. La filiation est ainsi protégée des manœuvres frauduleuses ou violentes. Exiger une possession d'état non viciée tempère également la primauté reconnue à la possession d'état actuelle. La possession d'état d'enfant légitime présente, en outre, un caractère spécifique, car elle doit être indivisible. La filiation légitime suppose que l'enfant soit rattaché à la fois à ses père et mère, qui doivent eux-mêmes être unis par le mariage. La possession d'état d'enfant légitime doit donc exister simultanément à l'égard des deux époux. L'article 321 du Code civil consacre ce caractère lorsqu'il dispose qu'il "n'y a de possession d'état d'enfant légitime qu'autant qu'elle rattache l'enfant indivisiblement à ses père et mère".

---

[129] Civ.1ère, 15 juin 1993, Rép. Defrénois 1994 p. 328.

[130] J. Hauser, obs. sous CA Colmar, 30 avril 1998, RTDC.1999.371, n° 21.

[131] Civ. 1ère , 30 juin 1992, Bull. civ. I, n° 207 ; D.1993.Somm.161, obs. F. Granet-Lambrechts ; RTDC.1993.108, obs. J. Hauser ; CA Lyon, 2ème Ch., 9 juillet 1995, JCP.1997.IV.173 ; CA Versailles, 1ère Ch. A, 5 février 1998, D.1999.Somm.196, obs. F. Granet.

[132] CA Agen, 19 novembre 1998, *Juris-data* n° 046183 : N'a aucun effet sur la possession d'état d'enfant légitime, le fait pour la mère, au cours d'une procédure de divorce, d'inscrire l'enfant à l'école sous le nom de son concubin. Civ. 1ère, 16 février 1999, *Juris-data* n° 000822 ; 16 mars 1999, JCP.1999.I.160, n° 2, obs. J. Rubellin-Devichi.

- La preuve de la possession d'état.

114. Il peut sembler *a priori* étonnant, voire paradoxal, d'exiger que la possession d'état soit prouvée. Nous l'avons définie comme l'apparence d'un état, or l'apparence devrait simplement être constatée sans qu'il soit besoin de la prouver au sens technique du terme. La possession d'état semble ainsi s'imposer d'elle-même, à l'égard de tous. De plus, le rôle essentiel de la possession d'état est probatoire, or il s'agit ici de rapporter la preuve de la preuve. Pourtant, lorsqu'un litige survient, le juge doit déterminer si cette apparence existe réellement. Il est donc nécessaire que la possession d'état puisse être établie. La loi n'envisage que la preuve positive de la possession d'état, mais il est parfois nécessaire de prouver son absence, celle-ci produisant également des effets de droit.

115. La possession d'état étant constituée d'un ensemble de faits, sa preuve est donc libre, comme le prévoit l'article 311-3 du Code civil[133]. Témoignages de la famille et des proches de l'enfant, lettres, testament en faveur de l'enfant, documents administratifs, attestations... sont recevables. Cependant, ces différents éléments sont conçus pour rapporter la preuve contentieuse de la possession d'état. Or, la réforme du 3 janvier 1972 et la loi du 25 juin 1982 ont développé son rôle non contentieux. Elle est une preuve directe de la filiation, mais son usage est plus délicat que celui d'un titre. Le législateur a donc créé un instrument de preuve extra judiciaire spécifique, l'acte de notoriété, qui constitue "une triple preuve testimoniale préconstituée"[134]. L'article 311-3 permet à l'enfant ou à ses parents de demander au juge des tutelles un acte de notoriété, en dehors de tout procès. L'acte est délivré dans les conditions des articles 71 et 72 du Code civil. Cette faculté n'est enfermée dans aucun délai et ne constitue pas une obligation. La décision du juge, qu'il délivre ou refuse l'acte de notoriété, n'est pas susceptible de recours. L'acte de notoriété ne fait foi de la possession d'état que jusqu'à preuve contraire[135]. Sa valeur peut donc être contestée devant le Tribunal de grande instance, en application de l'article 311-3 alinéa 2, par une action, créée par la jurisprudence, ouverte à toute personne qui justifie d'un intérêt[136]. Le demandeur doit rapporter, par tous moyens, la preuve des faits constitutifs de la possession d'état. La loi n° 93-22 du 8 janvier 1993, en

---

[133] Civ. 1ère, 11 juillet 1988, D.1988.Somm.401, obs. D. Huet-Weiller ; 20 décembre 1993, D.1994.398, note J. Massip.

[134] G. Cornu, *Droit de la famille*, n° 206 ; *La preuve en droit de la famille* in *Entretien de Nanterre des 17 et 18 mars 1995*, Rapport général de A. Bénabent, JCP.éd. E, supplément 4/1995, p. 3.

[135] Civ. 1ère, 6 janvier 2004, D.2004.Somm.1423.

[136] CA Papeete, 26 octobre 1995, P.A 24 mars 1997, p.15, D.1996.605, note E. Job.

insérant un troisième alinéa à l'article 311-3, a renforcé la portée de l'acte de notoriété. Désormais, "le lien de filiation établi par la possession d'état constatée dans l'acte de notoriété est mentionné en marge de l'acte de naissance de l'enfant". Le juge, qui dresse cet acte, en informe le Procureur de la République, qui fait alors procéder à la mention du lien de filiation en marge de l'acte de naissance de l'enfant. Cette faculté procure un avantage administratif incontestable, car la filiation peut alors produire des effets de droit, notamment en matière sociale. Ses effets restent néanmoins limités, car les droits de l'enfant ne sont pas modifiés. Les tiers sont uniquement informés de l'existence de la possession d'état. La possession d'état peut alors pleinement garantir le secret.

• La protection du secret par la possession d'état.

116. La possession d'état n'est pas ici envisagée isolément, mais comme le complément d'une filiation légalement établie au moyen d'un titre[137]. La concordance du titre et de la possession d'état exerce alors deux fonctions. D'une part, elle renforce la filiation de l'enfant au point de la rendre incontestable. Ce principe, posé en 1804 pour la filiation légitime, a été étendu à l'enfant naturel par la loi du 3 janvier 1972. Il assure la stabilité de la filiation de l'enfant et interdit de la contester. D'autre part, elle complète parfois un titre, qui, à lui seul, serait impuissant à établir la filiation. La possession d'état consolide ainsi la filiation légitime, comme la filiation naturelle.

- Le rôle consolidateur de la possession d'état d'enfant légitime.

117. La concordance de l'acte de naissance et de la possession d'état rend la filiation de l'enfant légitime incontestable. Elle constitue une fin de non-recevoir aux actions relatives à sa filiation et entraîne la nullité de toute reconnaissance du père naturel. Cette concordance intervient également dans des situations conflictuelles plus marginales, en faisant obstacle au désaveu par simple dénégation ou en permettant le rétablissement de la présomption de paternité légitime. Ces différentes hypothèses ont en commun de préserver le secret de la filiation biologique.

α : La consolidation du titre d'enfant légitime.

118. Deux dispositions du Code civil assurent la stabilité de la filiation de l'enfant légitime, désigné comme tel par son acte de naissance et disposant

---

[137] Acte de naissance pour l'enfant légitime. Reconnaissance pour l'enfant naturel.

d'une possession d'état conforme. Cette concordance interdit de contester la filiation, qui peut alors dissimuler le secret de la vérité biologique. La possession d'état garantit la stabilité des filiations, dans l'intérêt de l'enfant et de la société toute entière. Elle interdit toute recherche de la filiation charnelle. Ainsi, l'article 322 assure la stabilité de la filiation légitime rendue apparente par la possession d'état lorsqu'il dispose que :

> "Nul ne peut réclamer un état contraire à celui qui lui donne son titre de naissance et la possession d'état conforme à ce titre.
> "Et réciproquement, nul ne peut réclamer l'état de celui qui a une possession d'état conforme à son titre de naissance".

119. L'article 322 envisage la situation de la plupart des enfants légitimes. Il rend leur filiation inattaquable. La concordance de l'acte de naissance et de la possession d'état reflète le plus souvent la filiation biologique, mais aussi l'insertion de l'enfant dans sa famille légitime. Même si exceptionnellement cette concordance ne reflète pas la réalité biologique, elle reflète la situation vécue par l'enfant. Il est donc raisonnable d'assurer la stabilité de cette filiation, en interdisant toute action en justice[138]. L'adultère est définitivement occulté, car l'enfant apparaît comme un membre de la famille légitime. Tous le traitent comme tel. Autoriser la recherche de la réalité biologique de la filiation constituerait une menace permanente pour la sécurité juridique alors que l'état des personnes doit être stable. La concordance du titre et de la possession d'état constitue donc une fin de non-recevoir aux actions en contestation et en réclamation d'état. Le juge déclarera une telle action irrecevable, sans même examiner son bien fondé[139].

120. La possession d'état d'enfant légitime constitue également un obstacle à l'établissement d'une filiation naturelle concurrente. L'article 334-9 du Code civil dispose en effet que "toute reconnaissance est nulle, toute demande en recherche est irrecevable, quand l'enfant a une filiation légitime déjà établie par la possession d'état". L'enfant ne peut ainsi réclamer un état contraire à sa possession d'état. Il ne peut être reconnu par un tiers. Le titre d'enfant légitime, l'acte de naissance, n'interdit à lui seul ni la reconnaissance, ni l'action en recherche d'une filiation naturelle. En revanche, la seule existence d'une possession d'état d'enfant légitime s'oppose à l'établissement de toute autre filiation. Elle constitue ainsi un obstacle beaucoup plus puissant à la contestation de la filiation légitime que l'acte de naissance. L'application de l'article 334-9 suppose, en premier lieu, que

---

[138] M. Planiol et G. Ripert, Tome II, *La famille*, par A. bases, 1952, n° 750.
[139] CA Amiens, 7 janvier 1998, JCP.1998.IV.3170 ; RTDC.1999.72, obs. J. Hauser.

l'enfant ait une possession d'état d'enfant légitime[140]. Il doit donc pouvoir être rattaché au mariage de ses parents. La filiation légitime doit, ensuite, être “déjà” établie par possession d'état. Si elle lui est postérieure, l'établissement de la filiation naturelle reste possible. Seule une possession d'état d'enfant légitime non équivoque entraîne la nullité de la reconnaissance[141]. La portée exacte de l'article 334-9 reste néanmoins discutée. Pour certains auteurs, ce texte ne ferait pas obstacle à l'établissement de la maternité naturelle[142]. Il contredirait l'article 322 du Code civil, qui permet de contester la maternité légitime qui n'est établie que par l'acte de naissance ou la possession d'état. Toutefois, si cette interprétation était exacte lorsque l'article 322 n'était appliqué qu'à la filiation maternelle, elle est aujourd'hui dépassée. La jurisprudence interprète ce texte *a contrario* et l'applique indistinctement aux filiations maternelle et paternelle. L'article 334-9 pose une fin de non-recevoir à l'action en recherche de paternité ou de maternité naturelle que le juge peut soulever d'office. La reconnaissance volontaire de l'enfant est frappée d'une nullité absolue, qui peut être évoquée par tout intéressé[143]. Cette nullité ne peut toutefois être prononcée qu'*a posteriori*. L'article 334-9 ne constitue pas un obstacle préventif à la reconnaissance de l'enfant par son auteur naturel. En revanche, il confère à la possession d'état un rôle consolidateur capital, non pas comme reflet de réalité biologique, mais comme vérité sociologique. Ce texte préserve l'apparence de la légitimité de l'enfant et consacre la réalité affective, qui se manifeste par le comportement des parents et des tiers.

β : Le voile de la paternité légitime.

121. La possession d'état permet d'établir la filiation paternelle ou la légitimité de l'enfant. Elle manifeste la réalité affective et sociale de la filiation lorsque les circonstances de la conception rendent *a priori* douteuse sa paternité. Trois mobiles peuvent en effet guider le mari qui traite l'enfant de son épouse comme le sien : il en réellement l'auteur, il ignore ne pas l'être ou il a décidé d'accepter l'enfant d'un tiers. Dans le premier cas, la possession d'état rend apparent le lien biologique de la filiation. Dans les deux autres, elle extériorise la filiation vécue. Ainsi, techniquement, la possession d'état d'enfant légitime permet de rétablir la présomption de paternité légitime ou d'interdire au mari de désavouer l'enfant par simple dénégation.

---

[140] Pour un exemple d'application de l'article 334-9 : CA Dijon, Ch. civ., 8 septembre 1993, D.1995.Somm.112, obs. F. Granet-Lambrechts.

[141] Civ. 1ère, 25 novembre 1980, Bull. civ. I, n° 304 ; JCP.1981.II.19661, note Paire ; D.1981.IR.296, obs. D. Huet-Weiller ; Rép. Defrénois 1981 p. 832, obs. J. Massip.

[142] P. accompagnées, *Propositions pour une interprétation nouvelle de l'article 334-9*, JCP.1976.I.2818 ; F. Granet-Lambrechts, p. 223.

[143] CA Toulouse, 12 octobre 1993, D.1993.Somm.323, obs. F. Granet-Lambrechts.

122. Pour que l'enfant soit légitime, il faut qu'il ait été conçu par le mari de sa mère. Or, la conception ne peut être directement prouvée. Le mariage permet donc de présumer que le mari est le père de l'enfant que sa femme a mis au monde. L'article 312 du Code civil reprend ainsi, dans son premier alinéa la maxime, *pater is est quem nuptiae demonstrant,* "l'enfant conçu pendant le mariage a pour père le mari". Or, pour conférer la qualité d'enfant légitime au plus grand nombre d'enfants possible, le Code civil, en 1804, reconnaissait à la présomption de paternité un très large domaine, y compris dans des hypothèses où le mari ne pouvait manifestement pas être le père de l'enfant. Par souci de réalisme, la loi du 3 janvier 1972 a limité le domaine de la présomption, pour éviter que des enfants soient artificiellement qualifiés d'enfants légitimes.

123. Les articles 313 et 313-1 écartent la présomption de paternité légitime lorsque l'enfant a été conçu pendant une période légale de séparation des époux et lorsque l'acte de naissance ne comporte pas l'indication du nom du mari et que l'enfant n'a de possession d'état qu'à l'égard de sa mère. Elle peut toutefois être rétablie si les circonstances rendent crédibles la paternité du mari. Ainsi, aux termes le l'article 313 alinéa 2 du Code civil "la présomption de paternité retrouve, néanmoins, de plein droit, sa force si l'enfant, à l'égard des époux, a la possession d'état d'enfant légitime". La possession d'état est utilisée comme règle de fond pour garantir la paix de la famille réconciliée et préserver le secret de l'adultère. Peu importe alors que les époux élèvent l'enfant d'un tiers. L'enfant profite d'une légitimité qui ne correspond pas à la réalité biologique, mais qui traduit une vérité sociologique et affective.

124. La possession d'état d'enfant légitime consolide également la présomption de paternité légitime, en interdisant au mari de désavouer l'enfant par simple dénégation. Le désaveu de paternité est une "action exercée par le mari en vue de faire écarter le rattachement normal de l'enfant issu de sa femme"[144]. Il tend à renverser la présomption de paternité légitime et suppose, aux termes de l'article 312, alinéa 2, que le mari "justifie de faits propres à démontrer qu'il ne peut pas être le père". Toutefois, bien que l'enfant né avant le cent quatre-vingtième jour du mariage est légitime, le mari peut, grâce à l'article 314, alinéa 3, le désavouer par simple dénégation. Il n'a pas à rapporter la preuve de sa non paternité, car il lui suffit de comparer la date du mariage à celle de l'accouchement. Le désaveu par dénégation se heurte cependant à une fin de non-recevoir si le mari, après la

[144] A. Bénabent, *La famille*, n° 444.

naissance, s'est comporté comme le père de l'enfant. Plus encore, l'article 314 n'exige pas une véritable possession d'état, puisqu'il suffit que le mari se soit comporté "comme le père", ce qui correspond à un *tractatus* unilatéral. Le mari conserve néanmoins la possibilité de désavouer l'enfant, dans les conditions de droit commun, en rapportant la preuve positive de sa non paternité.

125. La possession d'état d'enfant légitime exerce ainsi une fonction consolidatrice essentielle qui préserve le secret de l'adultère. La filiation devient incontestable lorsque l'acte de naissance est conforté par la possession d'état. Or, l'une des innovations les plus intéressantes de la loi du 3 janvier 1972 a été de reconnaître un rôle consolidateur comparable à la possession d'état d'enfant naturel.

- <u>Le rôle consolidateur de la possession d'état d'enfant naturel</u>.

126. Toute naissance fait l'objet d'une déclaration à l'état civil. Un acte de naissance est alors établi, conformément à l'article 55 du Code civil. Très souvent, bien que la loi ne l'impose pas, le nom de la mère, voire plus rarement celui du père, y est indiqué. Si l'acte de naissance constitue le titre de l'enfant légitime, sa portée est toutefois plus limitée à l'égard de l'enfant naturel. Il n'établit pas sa filiation, qui doit encore être établie par l'une des techniques envisagées à l'article 334-8 du Code civil : reconnaissance volontaire, possession d'état ou action judiciaire. Or, la possession d'état d'enfant naturel, parce qu'elle manifeste un lien de filiation qu'elle rend apparent, permet de consolider l'acte de naissance ou même la filiation de l'enfant naturel, en rendant incontestable une reconnaissance biologiquement mensongère.

α : <u>La possession d'état d'enfant naturel complète l'acte de naissance</u>.

127. La possession d'état complète l'acte de naissance de l'enfant naturel. L'article 336 du Code civil dispose en effet que "la reconnaissance du père, sans l'indication et l'aveu de la mère, n'a d'effet qu'à l'égard du père". Ce texte signifiait uniquement, pour les rédacteurs du Code civil, que le père pouvait reconnaître l'enfant sans l'autorisation de la mère. La jurisprudence l'a cependant interprété *a contrario*. Ainsi, la reconnaissance du père avec indication du nom de la mère produisait effet à l'égard de celle-ci. Elle devait être corroborée par l'aveu de la mère, que l'on déduisait de son comportement. La doctrine ramenait donc cet aveu à la possession d'état. Cette jurisprudence avait un intérêt pratique considérable pour les concubins, lorsque l'enfant n'était reconnu que par son père, car les parents jugeaient fréquemment inutile la reconnaissance maternelle. Si l'interprétation *a contrario* de l'article 336 méconnaissait la volonté des rédacteurs de Code civil, elle se révélait très favorable à l'enfant.

128. L'article 336 du Code civil n'a pas été modifié par la loi du 3 janvier 1972. Le législateur n'a pas souhaité remettre en cause son interprétation prétorienne[145]. Son interprétation *a contrario* présente toutefois beaucoup moins d'intérêt. D'une part, aux termes de l'article 337, issu de la loi du 3 janvier 1972, "l'acte de reconnaissance portant indication du nom de la mère vaut reconnaissance lorsqu'il est corroboré par la possession d'état". D'autre part, la possession d'état permet à elle seule d'établir la filiation naturelle. Par ailleurs, aux termes de l'article 337, la mention du nom de la mère dans l'acte de naissance corroborée par la possession d'état établit la filiation maternelle. Ce texte, jugé novateur en 1972, a toutefois perdu une grande partie de son utilité. Peu de mères célibataires ignorent encore la nécessité de reconnaître leur enfant naturel et, plus encore, la possession d'état est une preuve directe et autonome de la filiation naturelle. La conformité de l'article 337 au droit européen est, en outre, incertaine. La Belgique a été condamnée le 19 juin 1979 par la Cour européenne des Droits de l'homme, parce que sa loi exigeait une reconnaissance expresse ou un jugement pour que la filiation maternelle de l'enfant naturel soit établie[146]. Or, la France réforma peu après sa législation. La loi du 25 juin 1982 fit en effet de la possession d'état un mode autonome d'établissement de la filiation naturelle. Le Doyen Jean Carbonnier proposa alors une nouvelle lecture de l'article 337 du Code civil. L'acte de naissance aurait pu valoir reconnaissance, la possession d'état n'étant utilisée que pour établir l'identité du demandeur avec l'enfant visé par l'acte. Cette interprétation n'a cependant jamais été consacrée par la jurisprudence. Le rôle consolidateur de la possession d'état d'enfant naturel apparaît beaucoup plus nettement à l'article 339, alinéa 3, du Code civil, en limitant les possibilités de contester la reconnaissance.

β : <u>La consolidation de reconnaissance par la possession d'état</u>.

129. La reconnaissance constitue le mode d'établissement de la filiation naturelle le plus répandu. C'est un acte volontaire, par lequel un parent constate et établit le lien de filiation qui l'unit à son enfant naturel. Bien qu'irrévocable, elle peut être attaquée si la preuve de son caractère mensonger est rapportée. L'exactitude de la reconnaissance ne fait l'objet d'aucune

---

[145] J.O., Déb. Ass.nat , 6 octobre 1971, page 4319.
[146] CEDH 13 juin 1979, Cour plénière, série A, n° 31.

vérification préalable. Sa conformité à la réalité biologique est donc contrôlée *a posteriori*. La mère peut avoir trompé l'auteur de la reconnaissance sur sa paternité. Celui-ci peut également agir délibérément, par générosité pour l'enfant ou par faveur pour la mère. Il s'agit alors d'une reconnaissance de complaisance. Il est en effet assez fréquent qu'un homme reconnaisse l'enfant de sa future épouse pour l'intégrer au nouveau foyer. Il peut ensuite découvrir son erreur ou regretter son geste. Aussi, l'article 339 du Code civil permet-il de contester la reconnaissance. L'action est ouverte à toute personne intéressée, y compris à l'auteur de la reconnaissance. Toutefois, une possession d'état décennale interdit à son auteur de contester la reconnaissance. La filiation de l'enfant s'est alors inscrite dans la durée. Bien qu'elle ne reflète pas nécessairement la réalité biologique, la filiation affective et sociale existe réellement grâce à la possession d'état. Les possibilités de contester la reconnaissance doivent donc être limitées pour assurer la stabilité de la filiation. La loi du 3 janvier 1972 a donc entendu éviter les contestations abusives, en édictant une fin de non-recevoir. L'article 339, alinéa 3, du Code civil dispose en effet "quand il existe une possession d'état conforme à la reconnaissance et qui a duré dix ans au moins depuis celle-ci, aucune contestation n'est plus recevable, si ce n'est de la part de l'autre parent, de l'enfant lui-même ou de ceux qui se prétendent les parents véritables". Seule la possession d'état postérieure à la reconnaissance est prise en considération. Le temps écoulé entre la naissance de l'enfant et la reconnaissance, mais également la disparition actuelle de la possession d'état, sont indifférentes. Le parent apparent ne conteste, en pratique, la reconnaissance que s'il n'entretient plus, en pratique, de relation avec l'enfant.

130. Le comportement de parent de l'auteur de la reconnaissance a extériorisé le lien de filiation qui l'unit à l'enfant naturel. La stabilité des filiations interdit qu'il puisse alors contester la reconnaissance volontairement souscrite. La situation apparente ainsi créée renforce définitivement le titre. Des faits révélant le rapport de filiation doivent donc être relevés dans les dix années qui précèdent l'exercice de l'action[147]. L'auteur de la reconnaissance ne peut lui-même mettre fin à la possession d'état pour contester la reconnaissance[148]. Néanmoins, les juges du fond semblent parfois s'éloigner de la lettre de l'article 339, alinéa 3, du Code civil lorsqu'ils ordonnent, avant dire droit, un examen comparatif des sangs[149]. Cette analyse est néanmoins

---

[147] Civ. 1ère 5 novembre 1996, arrêt précité ; CA Paris 8 et 15 octobre 1996, D.1998.Som.28, obs. F. Granet.

[148] CA Grenoble, 16 septembre 1998, JCP.1999.IV.3536 ; RTDC.1999.371, n° 21, obs. J. Hauser.

[149] CA Colmar, 8 novembre 1989, *Juris-data* n° 051488 ; CA Nancy, 19 mars 1990, *Juris-data* n° 044344 ; CA <

erronée. Le juge n'a pas à rechercher si la reconnaissance est mensongère. L'article 339 édicte une fin de non-recevoir qui exclut tout débat au fond sur la paternité. Les juges qui constatent la possession d'état décennale doivent uniquement déclarer irrecevable son action[150].

131. L'article 339, alinéa 3, ne s'applique toutefois pas à toutes les demandes. Il ne permet d'écarter que l'action exercée par l'auteur même de la reconnaissance et rend également irrecevable l'action de ses héritiers, du Ministère public, des ascendants, des collatéraux ou des tiers justifiant d'un intérêt pécuniaire[151]. En présence d'une possession d'état décennale, la reconnaissance ne peut donc plus être contestée que par l'enfant, par l'autre parent ou par ceux qui se prétendent être ses parents véritables. Leur action est recevable jusqu'à l'acquisition de la prescription trentenaire prévue par l'article 311-7 du Code civil. Toutefois, cette distinction est difficilement justifiable. Si le temps consolide la filiation à l'égard de l'auteur de la reconnaissance, pourquoi ne produit-il pas cet effet à l'égard de tous ? Il est logique que l'enfant conserve la faculté de contester la reconnaissance. Il peut mettre fin au mensonge que constitue la reconnaissance de complaisance ou conserver sa filiation vécue, de sorte qu'il dispose d'une option. Ce choix déroge à l'indisponibilité de l'état des personnes et des actions relatives à la filiation. Il illustre cependant la double conception de la filiation retenue en 1972. L'enfant peut retenir l'aspect biologique ou l'aspect affectif de sa filiation. L'action des véritables parents de l'enfant se justifie également, car ils peuvent avoir été séparés de l'enfant. Le législateur marque, ponctuellement et à leur égard, sa préférence pour la filiation biologique. Néanmoins, la possibilité laissée à l'autre parent de contester la reconnaissance est beaucoup plus critiquable. Cet autre parent, en règle générale la mère, peut ainsi évincer son ancien compagnon, alors même qu'une possession d'état actuelle peut exister. Autoriser l'enfant à anéantir la reconnaissance de complaisance en dépit d'une possession décennale était concevable. Il s'agit d'un choix personnel. En revanche, ouvrir cette action à sa mère est condamnable. Cela revient à l'autoriser à priver l'enfant de son père affectif. L'état apparent de l'enfant devrait donc également constituer une fin de non-recevoir à l'égard de la mère. Des actions guidées, non par l'intérêt de l'enfant mais par la rancœur que la mère peut éprouver à l'encontre de son ancien compagnon ou mari, seraient ainsi évitées.

Poitiers, 15 février 1989, D.1989.Somm.366, obs. D. Huet-Weiller.

150 TGI Lyon, 1ère Ch., 6 décembre 1996, Procédures 1997, Comm. n° 116 ; Civ. 1ère 16 mars 1999, JCP.1999.IV.1890.

151 Civ. 1ère, 6 mars 1996, Bull. civ. I, n° 120 ; RTDC.1996.374, n° 20, obs. J. Hauser ; D.1996.Somm.383, obs. F. Granet ; D.1997.48, note J. Massip et Somm.276, obs. V. Morgand.

132. La fin de non-recevoir édictée par l'article 339, alinéa 3, doit être rapprochée de l'article 322 du Code civil. La possession d'état d'enfant naturel joue un rôle comparable à celui de la possession d'état d'enfant légitime. Il existe toutefois d'importantes différences[152]. Alors que l'effet consolidateur de la possession d'état est immédiat à l'égard de l'enfant légitime, la reconnaissance de l'enfant naturel ne devient incontestable qu'à l'expiration d'un délai de dix ans. En outre, l'article 322 interdit toute action contre la filiation légitime. En revanche, la fin de non-recevoir édictée par l'article 339 n'est pas opposable à tous. L'article 339, alinéa 3, reconnaît donc à la possession d'état un rôle consolidateur, non un rôle acquisitif[153]. La fréquence des reconnaissances mensongères justifie "que l'on soumette ainsi la possession d'état d'enfant naturel à l'épreuve du temps"[154]. L'écoulement du temps permet de s'assurer de liens affectifs suffisants. L'article 339, alinéa 3, édicte en cela une prescription extinctive, car il suppose que l'enfant ait eu une possession d'état conforme à sa reconnaissance pendant dix ans. Néanmoins, la possession d'état a également un rôle créateur. Elle conditionne l'acquisition d'un état nouveau. L'enfant naturel acquiert une filiation grâce à une possession d'état prolongée corroborant une reconnaissance de complaisance. Certes, cette filiation demeure contestable par l'enfant, par l'autre parent ou par ceux qui prétendent être ses parents. Toutefois, il n'est pas certain que la reconnaissance sera effectivement contestée. Ainsi, l'article 339 alinéa 3 édicte une règle juridique qui présente une double nature, une prescription extinctive et une prescription acquisitive. La conjonction de la reconnaissance de complaisance et de la possession décennale confère à l'enfant une filiation inattaquable par celui qui a adopté le comportement apparent de l'enfant.

133. Le législateur a donc refusé de réduire la filiation à un fait purement biologique. La filiation n'est pas totalement transparente, ce qui nous conduit à nous interroger sur l'existence d'un droit à la filiation.

c) <u>L'absence de droit à la filiation.</u>

134. Il faut à présent supposer que l'individu connaît l'identité factuelle de son auteur. Dispose-t-il alors d'un droit à la filiation ? Certes, la transparence irrigue désormais cette matière, mais le secret demeure présent.

---

[152] En ce sens : Obs. F. Granet sous CA Paris 1ère Ch. C, 12 mai 1998 et Civ. 1ère 16 mars 1999, D.1999.Som.195 et 196.

[153] Alors que l'article 311-7 du Code civil consacre une fonction réellement acquisitive de la possession d'état d'enfant naturel.

[154] F. Terré et D. Fenouillet, *Les personnes. La famille. Les incapacités*, n° 757.

En l'absence de texte consacrant l'existence d'un droit à la filiation, deux méthodes peuvent alors être utilisées[155]. La première consiste à raisonner par déduction à partir des textes en vigueur. Les origines constituent en effet une question de fait, alors que la filiation est une notion de droit. L'article 8 de la Convention européenne, qui garantit le droit au respect de la vie privée et familiale, doit être écarté. La vie familiale correspond à une situation factuelle, vécue par le groupe humain que constitue la famille. En revanche, la filiation désigne le lien de droit qui unit deux individus. Il n'est donc pas certain que le droit au respect de la vie familiale impose l'établissement juridique du lien de filiation. Toutefois, la Cour européenne, dans l'arrêt *Marcks c./ Belgique*, rendu le 13 juin 1974, a estimé que la loi belge qui obligeait la mère naturelle, dont le nom figurait dans l'acte de naissance, à reconnaître son enfant portait atteinte au droit au respect de la vie familiale. Cette atteinte réalisait en outre une discrimination, car elle ne frappait pas les enfants légitimes[156]. Elle a également jugé qu'un transsexuel qui avait accepté que sa compagne recourt au don de gamètes ne pouvait invoquer l'article 8 pour obtenir l'établissement d'une filiation avec l'enfant, car "l'article 8 ne saurait passer pour impliquer que l'Etat défendeur est dans l'obligation de reconnaître officiellement comme le père de l'enfant une personne qui n'en est pas le père biologique"[157]. L'établissement du lien de filiation est, pour la Cour européenne, un moyen d'intégration dans la famille et participe ainsi au respect de la vie familiale. La loi Irlandaise qui ne permettait pas au mari séparé de son épouse d'établir sa filiation naturelle envers l'enfant de sa concubine, a, par exemple, été jugée contraire à l'article 8 de la Convention[158]. Il en allait de même de la législation Néerlandaise qui ne permettait pas au père naturel de combattre la présomption de paternité légitime du mari de la mère[159]. Ainsi, lorsqu'il existe un lien familial de fait, révélé par une vie commune et un sentiment filial, le droit objectif doit permettre à celui qui se prétend parent biologique de faire établir la filiation. La Cour européenne reconnaît en effet au parent biologique vivant avec l'enfant le droit de disposer d'un moyen d'établir la filiation. L'article 8 de la Convention n'est cependant appliqué que si le lien de filiation consacre une intégration de fait dans la famille.

135. La Cour européenne reste, en revanche, plus réservée lorsque la filiation envisagée n'a aucune base biologique. Reconnaître un droit "à la filiation" supposerait que le droit au respect de la vie familiale soit interprété

---

[155] D. Gutmann, *Le sentiment d'identité*, n° 23 et s. p. 29 et s.
[156] CEDH, 13 juin 1979, *Marcks c./ Belgique*, série A, n° 31.
[157] CEDH, 22 avril 1997.
[158] CEDH, 18 décembre 1986, *Johnson c./ Irlande*, Série A, n° 112.
[159] CEDH, 27 octobre 1976, *Kroon c./ Pays-Bas*, Série A, n° 297-C.

comme le droit d'être juridiquement intégré dans la famille biologique, même s'il n'existe aucun lien de fait. Deux analyses sont à nouveau concevables. Si la vie familiale n'est protégée que si elle correspond à une réalité factuelle, l'action en établissement de la filiation doit être écartée s'il n'existe aucun lien affectif avec l'enfant. En revanche, si la vie familiale est liée à l'intégration juridique, indépendamment de tout lien affectif, l'action en établissement de la filiation doit être accueillie. L'intérêt de l'enfant doit alors être pris en compte. S'il passe par l'établissement de sa filiation, la seconde analyse doit être retenue, ce qui soulève néanmoins de nouvelles difficultés. Une vie familiale à deux vitesses risque d'en résulter. Il faudrait alors distinguer la vie familiale telle qu'elle est actuellement définie par la Cour européenne, qui se manifeste par des liens affectifs factuels, de la vie familiale conçue abstraitement pour les besoins de la filiation. Une telle distinction nuirait cependant à la cohérence de la jurisprudence. Le raisonnement par déduction ne permet donc pas de conclure avec certitude à l'existence d'un droit à la filiation.

136. La seconde méthode repose sur l'induction. Le Code civil ne consacre pas expressément un droit à l'établissement de la filiation, mais le droit n'a cessé d'évoluer dans le sens d'une libéralisation continue de l'accès à la réalité biologique, qui a en outre été favorisé par le développement des preuves scientifiques. Peut-on alors déduire de cette évolution l'existence d'un droit de la personnalité à l'établissement de cette filiation ? Une réponse négative semble toutefois s'imposer. La Cour de cassation aurait eu, à plusieurs reprises, la possibilité de consacrer ce droit. Ainsi, après avoir décidé l'inverse, elle considère aujourd'hui que les lois étrangères qui interdisent la recherche de la paternité naturelle heurtent la conception française de l'ordre public international lorsque l'enfant est de nationalité française ou réside habituellement en France[160]. La Cour de cassation s'est toutefois gardée de poser un principe général. Elle ne reconnaît qu'un droit à agir en vue d'établir la filiation qu'aux enfants qui ont un lien avec la France. En outre, le droit positif n'est pas univoque, ce qui condamne le raisonnement par induction. Si la filiation n'était que le prolongement de l'origine génétique, les actions en recherche de paternité et de maternité devraient être très largement ouvertes. Aucune condition de délai ne devrait être imposée et la liberté de la preuve devrait être totale. Or, le droit positif a conservé des "interdits", des limites qui s'opposent à la reconnaissance juridique de certaines filiations. L'individu ne dispose nullement d'un droit "à la filiation". Plus encore, ses origines factuelles peuvent être couvertes par le secret.

---

[160] Civ. 1ère, 10 février 1993, Bull. civ. I, n° 64 ; D.1994.66, note J. Massip ; Rev. Crit. DIP.1993.620, note J. Foyer.

B) Le secret des origines.

137. Il ne s'agit plus ici d'établir un lien de filiation en faisant reconnaître son existence par le droit. L'individu entend uniquement découvrir l'identité de son auteur biologique. Il risque cependant, dans plusieurs hypothèses, de se heurter à un secret organisé et protégé par le droit (a). Il n'existe en effet pas de droit à connaître ses origines (b).

a) L'organisation et la protection du secret des origines.

138. La question de connaître ses origines se pose principalement dans trois cas, lorsqu'un enfant qui a été confié au service d'aide sociale à l'enfance souhaite retrouver la trace de ses parents biologiques, lorsqu'un enfant est issu d'une procréation médicalement assistée avec donneur et, enfin, en cas d'adoption plénière. L'individu risque toutefois de se heurter au secret.

1°) L'accouchement sous X.

139. Près de 560 enfants sont nés sous X en l'an 2000, contre 10 000 par an il y a encore 20 ans. On estime à 400 000 le nombre de personnes qui ne connaissent pas leurs origines. Les droits des enfants nés sous X ont été améliorés par la loi du 22 janvier 2002. L'affaire *Odièvre* a cependant relancé le débat en soumettant la législation française à la Cour européenne des droits de l'homme.

• La consécration législative de l'accouchement sous X.

140. La loi du 8 janvier 1993 a consacré une pratique connue depuis le 16ème siècle, l'accouchement sous X[161]. Cette pratique est admise pour lutter contre l'avortement et les infanticides. Elle protège également la mère contre la réapparition brutale de son passé lorsqu'elle décide de ne pas assumer l'enfant. Le secret des origines constitue donc une marque de loyauté envers la femme qui remet à d'autres un enfant qu'elle ne s'estime pas en mesure d'assumer.

141. La loi du 8 janvier 1993 a consacré l'irrecevabilité de l'action en recherche de maternité naturelle lorsque la femme a accouché sous X.

---

[161] Un Edit d'Henri II avait réservé des asiles et des maternités à l'accouchement clandestin pour tourner l'obligation de déclaration de grossesse et d'accouchement.

L'article 341 du Code civil met fin aux hésitations antérieures et dispose que "la recherche de la maternité est admise, sous réserve de l'application de l'article 341-1". Ainsi, lors de son accouchement dans un établissement de santé, une femme qui souhaite garder l'anonymat peut demander le secret de son admission et de son identité. Aucun document d'identité ne peut alors lui être demandé et aucune enquête ne peut être menée. Le nouveau-né reçoit trois prénoms, le troisième faisant office de nom jusqu'à une éventuelle adoption. L'abandon initial de l'enfant demeure provisoire pendant deux mois, ce qui permet à la mère de revenir sur sa décision. Passé ce délai, l'enfant est admis comme pupille de l'Etat et devient adoptable. L'identité de sa mère biologique est alors définitivement occultée et soumise au secret.

142. De nombreuses critiques ont cependant été émises contre l'article 341-1. Il lui a tout d'abord été reproché de créer une inégalité entre le père et la mère. Le père ne peut en effet jamais se soustraire à sa paternité, alors que la mère peut accoucher sous X. Ensuite, l'article 341-1du Code civil figure dans un chapitre relatif à la filiation naturelle, de sorte que le secret ne protégerait pas la femme mariée qui recourt à l'accouchement sous X. Il a également été soutenu que le droit au secret de l'accouchement ne pouvait pas conduire à un droit d'échapper à l'établissement de la filiation[162]. Enfin, il a été reproché à l'accouchement sous X de rendre impossible l'établissement de la paternité, car le père ne peut jamais établir que l'enfant qu'il a reconnu est bien celui né sous X[163]. La mère dispose ainsi d'un pouvoir considérable, car elle peut non seulement garder secrète son identité, mais encore priver l'enfant de son père. Le fait matériel de l'accouchement ne se réduirait pas à un "droit à la mère", mais exercerait également une fonction d'identification, qui devrait échapper à la volonté de la mère. Celle-ci peut refuser les conséquences de sa maternité, mais elle ne saurait en dénier l'existence.

143. L'article 341 du Code civil offre malgré tout un certain équilibre et les critiques qui lui ont été adressées peuvent être réfutées. Le déséquilibre créé entre le père et la mère doit être tempéré. Certes, la femme peut se soustraire à la maternité, mais un homme peut pareillement échapper à sa paternité en ne laissant derrière lui aucune "présomption et indices graves", nécessaires à la recevabilité de l'action en recherche de paternité naturelle. En outre, bien que l'article 341 figure dans un chapitre consacré à la filiation naturelle, il pose un principe général, qui peut être transposé à la femme mariée. Le vide de la filiation pourrait alors être évité en permettant au mari

---

[162] F. Terré et D. Fenouillet, *La famille*, Précis Dalloz, n° 811.

[163] CA Riom, 16 décembre 1997, D.1998.Som.301 ; JCP.1998.II.10147, note T. Garé ; RTDC.1998.891, obs. J. Hauser.

d'établir séparément sa paternité, par exception au principe de l'indivisibilité de la filiation légitime. En outre, l'accouchement sous X n'est pas la seule situation où les droits du père risquent d'être mis en échec. Une femme mariée peut notamment utiliser frauduleusement l'article 313-1 du Code civil pour écarter la présomption de paternité légitime, en quittant le domicile conjugal sans révéler sa grossesse et en déclarant ensuite l'enfant sous son seul nom.

144. La loi n° 2002-93 du 22 janvier 2002 s'est toutefois efforcée de préserver les droits du père naturel, en insérant un article 62-1 dans le Code civil : "Si la transcription de la reconnaissance paternelle s'avère impossible du fait du secret de son identité opposé par la mère, le père peut en informer le procureur de la République. Celui-ci procède à la recherche des dates et lieu d'établissement de l'acte de naissance de l'enfant". Plus encore, certaines juridictions ont tenté de préserver les droits du père. Le Tribunal de grande instance de Nancy, dans un jugement rendu le 16 mai 2003, avait ordonné la restitution d'un enfant qui avait été reconnu par son père avant sa naissance[164]. Pour le Tribunal, l'enfant, qui avait été placé en vue de son adoption plénière, était bien déterminable, car la loi ne décide pas fictivement que la mère n'a pas accouché, mais uniquement que son identité est gardée secrète. La reconnaissance aurait donc été parfaitement valable, même si elle n'avait pu être transposée dans les registres d'état civil. Or, la Cour d'appel de Nancy a censuré ce raisonnement, le 23 février 2004, malgré l'exacte application des textes qu'avaient réalisée les premiers juges[165]. La reconnaissance prénatale souscrite par le père prétendu se serait trouvée privée d'effet du fait de la décision prise par la mère d'accoucher sous X et, pour la Cour d'appel, "admettre le contraire reviendrait à violer le droit à l'anonymat reconnu par la loi à la mère". Cet arrêt met en lumière les dysfonctionnements des services d'état civil et/ou du parquet et donc l'inefficacité de l'article 62-1 du Code civil, puisqu'une filiation préalablement et valablement établie est anéantie par l'adoption plénière prononcée par la Cour d'appel.

145. La restitution de l'enfant à son père naturel serait pourtant légitime, parce que l'adoption tend à donner une famille à un enfant qui n'en a pas et non à le priver de son père. Elle était d'autant plus justifiée que l'adoption n'avait pas encore été définitivement prononcée. Le lien de filiation entre l'enfant et son père avait été établi avant son placement en vue d'une adoption et seul ce placement avait empêché le demandeur d'élever son fils. Les droits du père pourrait alors être mieux préservés, par exemple en décidant *de lege*

---

[164] TGI Nancy, 16 mai 2003, D.2003.2910, note E. Poisson-Drocourt.

[165] CA Nancy, 23 février 2004, D.2004.IR.851 ; D.2004.Somm.1422, obs. F. Granet-Lambrechts ; D.2004.2249, note E. Poisson Drocourt.

feranda que le secret choisi par la femme ne lui est pas opposable ou en allongeant le délai, qui est actuellement de 2 mois, à l'issue duquel l'enfant abandonné est déclaré pupille de l'Etat, pour permettre au père d'identifier son enfant. La filiation naturelle est divisible et la décision de la mère ne devrait pas "anéantir" la paternité, établie par une reconnaissance prénatale parfaitement valable. Il serait souhaitable, dans une telle hypothèse, que le procureur de la République garantisse la publicité dans les registres d'état civil d'une telle reconnaissance, pour éviter un placement en vue d'adoption.

- Les droits des parents de naissance et de l'enfant.

146. L'article 341 du Code civil garantit le secret à la femme qui recourt à l'accouchement sous X. L'enfant ne peut donc pas connaître l'identité de sa mère biologique et ne peut, *a fortiori*, faire établir sa filiation. La détresse des enfants nés sous X a cependant conduit le législateur a amélioré leur situation, en leur permettant notamment d'accéder à des informations non identifiantes. Le secret n'a, en revanche, pas été abandonné par la loi n° 2002-93 du 22 janvier 2002 *relative à l'accès aux origines des personnes adoptées et pupilles de l'Etat* et demeure donc absolu si la femme le décide. Le législateur s'est uniquement efforcé d'améliorer la procédure de recherche des origines personnelles[166]. Aussi, le principal apport de la réforme résulte-t-il de la création du Conseil national d'accès aux origines personnelles. Cet organe central indépendant est chargé d'aider dans leurs démarches les personnes "nées sous X" et les mères ayant ainsi accouchées anonymement. Il reçoit les demandes d'accès à la connaissance des origines, les déclarations des mères ou des pères de naissance qui souhaitent renoncer au secret de leur identité et les déclarations d'identité formées par leurs ascendants, descendants et collatéraux privilégiés.

147. A l'issue de la réforme, la femme est informée, lors de son admission pour son accouchement, des conséquences de l'abandon de l'enfant et de l'importance pour celui-ci qu'ont les informations sur son histoire et son origine. Elle doit également être informée des aides publiques permettant aux parents d'élever les enfants, du régime des tutelles des pupilles de l'Etat et des délais et conditions sous lesquels l'enfant peut être repris par ses parents en cas de remise au service de l'Aide sociale à l'enfance. Le législateur entend ainsi inciter la femme à ne pas abandonner l'enfant. La mère est en outre "invitée" à laisser son identité sous pli fermé lors de la naissance, ainsi que

---

[166] Loi n° 2002-93 du 22 janvier 2002 relative à l'accès aux origines des personnes adoptées et pupilles de l'Etat, JO, 23 janvier 2003, p. 1519.

tout renseignement qu'elle souhaite transmettre à son enfant. La loi n'impose toutefois aucune obligation, ce qui aurait été impossible puisque l'article 341-1 du Code civil prive l'enfant "né sous X" de toute action en recherche de maternité naturelle. La mère peut également laisser des renseignements sur sa santé et celle du père, les origines de l'enfant et les circonstances de sa naissance. Des prénoms peuvent enfin être choisis. Ils sont indiqués à l'intérieur du pli, avec la mention du fait qu'ils ont été attribués par la mère. La mère est enfin informée qu'elle peut lever le secret de son identité à tout moment ou compléter les renseignements donnés lors de son admission. La loi a souhaité rendre le secret réversible. Ces formalités sont accomplies par les correspondants du Conseil national d'accès aux origines personnelles ou, à défaut, par les personnels de santé. Le pli fermé et les renseignements non identifiants sont ensuite conservés sous la responsabilité du président du Conseil général, qui peut les transmettre, à sa demande, au Centre national d'accès aux origines personnelles. L'enfant né sous X bénéficie alors d'un droit d'accès à ces informations. Lorsqu'il est majeur, il doit adresser une demande écrite au Président du Conseil général ou au Conseil national d'accès aux origines personnelles. L'enfant mineur peut, quant à lui, présenter sa demande avec l'accord de ses représentants légaux. Une demande peut également être formée en son nom par son représentant légal pendant sa minorité. La demande peut enfin émaner de ses descendants en ligne directe, s'il est décédé. Lorsque la mère a donné son identité sous pli fermé, l'enfant ne peut accéder à ce pli qu'après avoir obtenu le consentement préalable de sa mère, par l'intermédiaire du Conseil. Lorsque les parents n'ont pas levé le secret de leur identité, le Conseil dispose d'une compétence exclusive sur la communication des informations. L'étendue des informations obtenues sera donc fonction de la volonté de la mère, car elle peut maintenir un secret absolu. L'enfant ne pourra donc connaître que ce qu'elle a accepté de communiquer. L'accès aux origines est en outre une démarche volontaire. La personne née sous X qui ne cherche pas à connaître ses origines a la garantie du respect de sa volonté et de sa vie privée.

148. Parallèlement aux démarches de l'enfant, la loi du 22 janvier 2002 a autorisé la mère ou le père de naissance à déclarer auprès du Conseil national d'accès aux origines personnelles la levée du secret de leur propre identité. Le déclarant est informé que son identité ne sera communiquée à l'enfant que si celui-ci demande à accéder à ses origines. Il peut toutefois demander au Conseil si son enfant a formé une telle demande. Si le Conseil n'a pas eu de manifestation expresse de volonté de préserver l'identité de la mère ou du père, la communication à l'enfant de l'identité a lieu après vérification de l'existence de cette volonté. Le secret de l'identité pourra en outre être levé, en cas de décès du parent, si le parent décédé n'a pas exprimé de volonté contraire. Un membre du Conseil national d'accès aux origines personnelles prévient, dans cette hypothèse, la famille de naissance et doit lui proposer un accompagnement psychologique et social pour affronter le caractère inattendu d'une telle révélation. Enfin, les descendants, ascendants, frères et sœurs des parents de naissance peuvent directement déclarer leur identité au Conseil. Ils sont informés que cette déclaration sera communiquée à l'enfant si celui-ci demande à accéder à ses origines.

149. Le Conseil national d'accès aux origines personnelles centralise toutes les informations et reçoit dans ce but copie des éléments concernant l'identité de la femme ayant demandé le secret de son identité lors de son accouchement et de la personne qu'elle a alors désignée en qualité de père. Il reçoit également copie des éléments concernant le secret de leur identité au moment de l'accueil d'un enfant par un organisme d'adoption et des auteurs de l'enfant dont le nom ne figure pas dans l'acte de naissance. Le Conseil conserve également l'ensemble des éléments non identifiants communiqués par la femme (santé des père et mère, origine de l'enfant, circonstances de la naissance...). Il peut, en outre, saisir le Procureur de la République pour obtenir les informations figurant dans l'acte de naissance originaire d'un enfant adopté plénièrement. Les établissements de santé, le Procureur de la République, les services départementaux d'Aide sociale à l'enfance, les organismes d'adoption, l'Autorité centrale pour l'adoption et la mission de l'adoption internationale doivent pareillement communiquer au Conseil les informations en leur possession.

150. L'accès à ses origines lève le secret de la filiation, mais reste sans effet sur l'état civil et la filiation. Il ne fait naître ni droit ni obligation à la charge des intéressés. Il ne s'agit que d'une information factuelle, dépourvue d'effet juridique. Aucune action en responsabilité ne peut notamment être exercée contre les parents de naissance.

- <u>La conformité de la législation française à la Convention de New-York et à la Convention européenne des droits de l'homme</u>.

151. L'article 7 de la Déclaration des droits de l'enfant, signée à New-York, le 20 novembre 1989 s'oppose à toute limitation de l'accès aux origines. Certes, il énonce que l'enfant a “dans la mesure du possible, le droit de connaître ses parents”. Toutefois, cette notion du “possible” doit être entendue au sens matériel, non au sens juridique. L'article n'aurait, à défaut, aucun sens[167]. Le recours à l'article 7 n'a toutefois qu'une portée limitée, car le droit qu'il consacre ne s'exerce que "dans la mesure du possible". Il doit en effet être rapproché de la Convention de La Haye du 29 mai 1993, relative *à la protection des enfants et la coopération en matière d'adoption internationale*, qui s'efforce de protéger l'enfant contre le déracinement. Elle oblige les autorités de l'Etat d'origine de l'enfant adopté à conserver les informations qu'elles détiennent sur les origines de celui-ci. La Convention précise que ces autorités ne doivent assurer l'accès à ces informations que "dans la mesure permise par la loi de leur Etat". Or, le préambule de la Convention de La Haye affirme sa fidélité aux principes posés par la Convention de New-York. On peut donc en déduire que la "possibilité" prévue par l'article 7 est bien une possibilité juridique. En outre, même si cette jurisprudence a fait l'objet de vives critiques, la Cour de cassation a estimé que la Convention de New-York ne créait d'obligations qu'à la charge des Etats et ne s'imposait donc pas au juge français[168]. La position du Conseil d'Etat peut toutefois engendrer le doute, car il distingue les dispositions ne pouvant pas être invoquées par les particuliers et celles qui sont au contraire auto-exécutoires[169]. S'il considère que l'article 3-1, selon lequel "dans toutes les décisions qui concernent les enfants (...), l'intérêt supérieur de l'enfant doit être une considération primordiale", est immédiatement applicable, il doit en être *a fortiori* de même pour l'article 7. Il faudrait toutefois établir que, dans sa lettre et par son esprit, ce texte vise également l'enfant abandonné ou issu d'une procréation médicalement assistée avec donneur. Or, il ne peut s'appliquer ni au donneur de gamètes ni au géniteur qui confie l'enfant au service d'aide sociale à l'enfance, car ils ne sont pas des "parents" au sens juridique du terme. Plus encore, dans son esprit, le texte poursuit un double objectif. D'une part, l'adoption ne doit pas être envisagée comme une réponse aux difficultés matérielles des familles. D'autre part, elle ne doit pas conduire à des "trafics" d'enfants. L'application de l'article 7 à l'enfant abandonné ou issu de l'assistance médicale à la procréation avec donneur ne serait donc possible qu'au prix d'une déformation du texte.

152. Le débat sur l'accouchement sous X a cependant été relancé par l'affaire *Odièvre*. En l'espèce , Pascale Odièvre était née sous X en 1965. Sa mère avait souscrit aux services de l'assistante publique un acte d'abandon de

---

[167] F. renseignement, *L'accouchement sous X*, in *Mélanges à la mémoire de D. Huet-Weiller*, PUS-LGDJ, 1994, p. 99, spécialement p. 111.

[168] Civ. 1ère, arrêt *Lejeune*, 10 mars 1993, D.1993.361, note J. Massip , JCP.1993.I.3688, n° 4 ; RTDC.1993.341, obs. J. Hauser ; 15 juillet 1993, D.1993.IR.209.

[169] CE, 29 juillet 1994, AJDA, 1994, 841 ; 10 mars 1995, D.1995.617 ; RTDC.1996.140, obs. J. Hauser ; 23 avril 1997, D.1998.27.

son enfant. La requérante fut donc confiée aux services de la Direction de l'aide sociale à l'enfance et de la protection de la jeunesse et fut immatriculée au nombre des pupilles de l'Etat. Elle fut adoptée, sous la forme plénière, par les époux Odièvre, en 1969. Pascale Odièvre tenta, dès 1990, d'obtenir de l'Administration des éléments concernant son histoire personnelle, notamment l'identité de sa mère naturelle. Elle n'a cependant recueilli que des éléments non-identifiants, rédigés en outre de manière fort désagréable : "Mme Berthe (mère de naissance) paraît sans volonté (...), n'a jamais visité sa fille à la clinique, (...), et s'en dépare dans l'indifférence absolue (...). Signalement de la mère : a un genre équivoque ; moyens intellectuels très limités. Signalement du père : en bonne santé, sobre". Elle apprit également qu'elle avait trois frères de sang. L'Administration a, en revanche, toujours refusé de lui révéler l'identité de ses parents et de ses frères biologiques. Elle déposa donc, le 27 janvier 1998, une requête auprès du Tribunal de grande instance de Paris pour demander de "lever le secret de sa naissance en l'autorisant à se faire communiquer tous documents, pièces d'état civil et extraits d'actes de naissance complets". Le greffier du Tribunal renvoya le dossier à son avocat, le 2 février 1998, en précisant qu'il "apparaît que la requérante doive éventuellement saisir le Tribunal administratif pour contraindre si elle le peut l'Administration à lever le secret qui serait en tout état de cause contraire à la loi du 8 janvier 1993". A l'issue de ces démarches judiciaires, la requérante a saisi la Cour européenne des droits de l'Homme, le 12 mars 1998. Cette requête a été déclarée recevable, le 16 octobre 2001, par la Chambre de la troisième section et cette Chambre décida, le 24 juin 2002, de se dessaisir au profit de la Grande Chambre, conformément à l'article 30 de la Convention. Il existait en effet une "question grave relative à l'interprétation de la Convention".

153. Pascale Odièvre invoquait alors l'article 8 de la Convention européenne et dénonçait le lourd préjudice que lui causait l'impossibilité d'obtenir des informations sur sa famille naturelle, puisqu'elle ne pouvait pas réécrire son histoire personnelle. Elle soutenait, en outre, que le secret institué par la loi française méconnaissait l'article 14 de la Convention, en créant une discrimination fondée sur la naissance. La décision de la Cour européenne était donc très attendue, car la requérante était devenue involontairement le porte-parole des enfants "nés sous X".

154. La Cour européenne des droits de l'Homme a refusé, dans un arrêt rendu le 13 février 2003, de conférer à la requérante le droit d'obtenir l'identité de ses parents alors même que cette information figurait probablement dans son dossier administratif[170]. Elle rejette la requête de Pascale Odièvre, mais son rejet est embarrassé. La loi française ne viole pas les articles 8 et 14 de la Convention. La question du respect des origines se rattache à celle du droit au respect de la vie privée, mais présente un "caractère complexe et délicat". Elle met en présence "deux intérêts privés difficilement conciliables". L'intérêt de tiers doit également être pris en compte, ainsi que l'intérêt général, qui est de protéger la santé de la mère et de l'enfant à naître. La loi entend en effet éviter des accouchements et des abandons "sauvages". En outre, face à la diversité des systèmes et des traditions juridiques, il convient de laisser à l'Etat français une "certaine marge d'appréciation pour décider des mesures propres à assurer la reconnaissance des droits garantis par la Convention". La loi française "tente ainsi d'atteindre un équilibre et une proportionnalité suffisante entre les intérêts en cause", ce qui justifie le rejet de la requête. L'argumentation de la Cour européenne est donc abondante et diverse. Elle reconnaît l'applicabilité de l'article 8 de la Convention, mais elle refuse d'en déduire un droit au profit des personnes "nées sous X". Elle justifie notamment le rejet de la requête par la supériorité du droit à la vie. L'embarras de la Cour est manifeste et son analyse n'est pas toujours pleinement convaincante. La portée de cet arrêt est ambiguë, alors surtout qu'il a été rendu à une faible majorité, de 10 voix, dont celle du juge français, contre 7.

155. La requérante soutenait en premier lieu que la législation française violait l'article 8 de la Convention, la recherche de son "identité fondamentale" faisant partie de la vie privée et familiale. La Cour européenne écarte cependant l'argument tiré de la violation du droit au respect de la vie familiale, la requérante ayant été adoptée et ne souhaitant pas "remettre en cause l'existence de sa filiation adoptive"[171]. Cet argument risque de ne pas être convaincant si l'enfant n'a jamais été adopté et n'a donc aucune filiation. Pourrait-il alors invoquer l'article 8 en faisant valoir qu'il est privé de la possibilité, très hypothétique, d'avoir un jour une vie familiale normale avec ses ascendants ? Il était toutefois logique, en l'espèce, de ne pas donner raison à la requérante sur le fondement du droit au respect de sa vie familiale, puisqu'elle avait été adoptée à 3 ans et demi et qu'elle disposait donc d'une famille adoptive.

---

[170] CEDH, 13 février 2003, Odièvre c./ France ; B. Mallet-Bricourt, Droit d'accès aux origines personnelles : l'embarras de la Cour européenne des droits de l'Homme, D.2003.Chron.1240 ; RTDC.2003.375, obs. J.P. Marguenaud.

[171] Ce qui aurait été impossible puisque l'article 341-1 du Code civil prive l'enfant "né sous X" de toute action en recherche de maternité naturelle.

156. L'argument tiré de la violation de son droit au respect de sa vie privée était, en revanche, plus pertinent. La connaissance de son histoire personnelle est un élément essentiel dans la construction de la personnalité[172]. La Cour européenne l'a déjà expressément admis[173]. Elle le rappelle dans cette affaire et va même plus loin, puisqu'elle précise les liens existant entre connaissance des origines et vie privée : "Le droit à la connaissance de ses origines (...) trouve son fondement dans l'interprétation extensive du champ d'application de la notion de vie privée". Le droit de connaître ses origines relève donc du droit au respect de la vie privée. La Cour reconnaît son existence, mais elle n'en tire aucune conséquence juridique pour les enfants "nés sous X". Le même reproche peut au demeurant être adressé à la loi du 22 janvier 2002. La requérante doit se contenter de l'espoir, très aléatoire, de retrouver un jour sa famille biologique, car la Cour européenne refuse de sanctionner la loi française. Elle précise que la requête relève bien de l'article 8, mais elle estime que la requérante a déjà obtenu des "informations non identifiantes sur sa mère et sur sa famille biologique lui permettant d'établir quelques racines de son histoire".

157. On peut donc s'interroger sur la portée du droit de connaître ses origines. Faut-il déduire de cet arrêt que ce droit est satisfait dès lors que l'Administration a fourni quelques éléments ? La Cour européenne rencontre en effet des difficultés pour justifier son analyse sans se contredire. Sa prudence obscurcit le débat et n'apporte aucune précision sur le sens du terme "origines". Or, la question est centrale et la loi du 22 janvier 2002 n'apporte également aucun éclaircissement. Il semble que la Cour admette que la Convention garantit le droit pour toute personne de connaître le contexte de sa naissance pour lui permettre de vivre le plus sereinement possible. Elle insiste sur "l'intérêt vital de l'enfant à son épanouissement", mais elle n'affirme pas clairement que la Convention garantit le droit de connaître ses parents biologiques. L'embarras de la Cour était cependant inévitable, car le dossier ne précise fréquemment pas les raisons de l'abandon. Seuls les parents biologiques pourraient fournir des explications à l'enfant.

158. La Cour européenne préfère donc renforcer la motivation de sa décision en se référant à la "gestion nécessaire du conflit des intérêts" de l'enfant né sous X, des parents biologiques et des tiers (frères et sœurs de sang, parents adoptifs). Certes, l'intérêt de l'enfant né sous X est d'avoir accès

---

[172] C. droit, *Les enfants du secret*, éd. O. Jacob, 1992, p. 163 et s. ; F. Dolto, *Tout est langage*, éd. Livre de poche, 1987, p. 186 ; M. Berger, *L'enfant et la souffrance de la séparation*, éd. Dunod, 1997, p. 65.

[173] CEDH, 7 juillet 1989, *Gaskin c./ Royaume-Uni*, série 1, n° 160; 6 février 2001, *droit c./ Royaume-Uni*, arrêt n° 44599/98.

à toutes les informations le concernant, mais on ne peut négliger l'intérêt de la mère à accoucher en sécurité afin de préserver sa santé. On ne peut négliger non plus l'intérêt des membres de la famille biologique (père et frères en l'espèce) à préserver leur vie privée et familiale ni même l'intérêt des parents adoptifs qui jouissent du même droit. La Cour relève les "risques non négligeables" qu'il y aurait à lever systématiquement le secret. Cette révélation pourrait en effet se répercuter sur la vie familiale de la famille biologique. La Cour s'abstient toutefois d'aller plus loin dans l'examen de ces conflits d'intérêts et préfère se référer aux risques encourus par la famille adoptive. Cet argument n'était cependant pas pertinent en l'espèce, car les parents adoptifs de la requérante l'avaient toujours soutenue dans ses démarches. La Cour ne fait en outre aucune référence au respect dû à la vie privée de la mère biologique. Au contraire, cette question avait été très largement abordée lors des débats qui précédèrent d'adoption de la loi du 22 janvier 2002.

159. Deux arguments ont donc emporté la conviction de la Cour européenne, le droit à la vie et la diversité des solutions retenues au sein du Conseil de l'Europe. La Cour rappelle que la loi française "s'inscrit, depuis longtemps, dans le souci de protéger la santé de la mère et de l'enfant lors de la grossesse et de l'accouchement, et d'éviter des avortements, en particulier des avortements clandestins, ou des abandons « sauvages ». Le droit au respect de la vie, valeur supérieure garantie par la Convention, n'est ainsi pas étranger aux buts que recherche le système français". Cet argument se situe au cœur des débats qui ont animé la Cour européenne. Certains juges ont été jusqu'à déclarer que "l'individu qui cherche à lever le secret à tout prix (...) doit se poser la question de savoir si sa naissance aurait eu lieu sans le système de l'accouchement anonyme"[174]. Une question qui semblait régler depuis longtemps semble ainsi ressurgir. La loi du 17 janvier 1975, qui accorde à toute femme le droit d'interrompre sa grossesse, n'a jamais été sanctionnée par la Cour européenne. Il y a alors une contradiction à se fonder sur le droit à la vie pour interdire l'accès à ses origines, au motif que l'accouchement "sous X" éviterait des avortements et des abandons "sauvages", tout en se gardant de déclarer l'interruption volontaire de grossesse contraire à l'article 2 de la Convention. La Cour européenne ne semble nullement ennuyée par cette contradiction. Sa jurisprudence ne semble donc pas totalement fixée. Or, s'il peut être tentant de justifier l'accouchement "sous X" par le droit à la vie, pour faire céder, dans certaines circonstances, le droit d'accès aux origines, la pertinence de cette analyse reste toutefois incertaine. La requérante était bien un être vivant, dont la question de

[174] Opinion du juge Rees à laquelle s'est ralliée le juge Kuris.

l'existence ne se posait plus. La qualité de sa vie était, en revanche, en cause. Or, il n'a jamais été établi que l'accouchement "sous X" était la seule technique efficace pour lutter contre les avortements ou les abandons clandestins. Une position moins tranchée de la Cour européenne aurait permis de relancer le débat en France, pour rechercher un meilleur équilibre entre le droit de la mère à accoucher "sous X" et le droit de l'enfant de connaître ses origines. Or, la prudence de la Cour européenne incite le législateur français à ne pas bouleverser les principes traditionnels.

160. La Cour se fonde encore sur la "diversité des systèmes et des traditions juridiques et de des pratiques d'abandon" dans les Etats contractants pour accorder à l'Etat français une "marge d'appréciation pour décider des mesures propres à assurer la reconnaissance des droits garantis par la Convention". La législation française apparaît toutefois isolée. La France est en effet le seul Etat du Conseil de l'Europe à garantir un anonymat absolu. L'accouchement "sous X" existe également en Italie ou au Luxembourg, mais des droits plus étendus sont reconnus à l'enfant. Le juge italien peut ainsi autoriser la levée du secret et l'enfant né "sous X" au Luxembourg peut toujours exercer une action en recherche de maternité naturelle. De nombreux pays, tels l'Allemagne, la Norvège, les Pays-Bas, le Royaume-Uni, le Portugal, la Suisse ou le Danemark, exigent que tout enfant soit rattaché à sa mère biologique. Celle-ci est même parfois tenue de révéler le nom du père, en Allemagne notamment. La plupart des législations refusent donc de consacrer un secret absolu. Plus encore, le droit de connaître ses origines a été érigé en droit fondamental de la personnalité en Allemagne. Une solution comparable a été retenue aux Pays-Bas, en Autriche ou en Suisse. Certains Etats, tel le Royaume-Uni, semblent même admettre peu à peu une adoption "ouverte", impliquant la mère biologique de l'enfant.

161. Le contexte était peu favorable à l'accouchement "sous X". La plupart des Etats membres du Conseil de l'Europe s'efforcent de limiter l'anonymat. La Cour constate l'isolement de la France en matière d'accouchement sous X, car il n'existe pas de législation équivalente. Elle aurait donc dû en déduire l'existence d'un consensus en faveur de l'accès aux origines, ce qui aurait limité la liberté d'appréciation de l'Etat. Or, cette spécificité française a été analysée comme la marque de la diversité des systèmes et des traditions juridiques, qui justifie qu'une certaine marge d'appréciation soit laissée à la France. La démarche habituelle a été inversée. L'interprétation consensuelle semble alors dissimuler le pouvoir discrétionnaire de la Cour. On peut donc s'interroger sur la légitimité de la "marge d'appréciation" laissée à l'Etat français. La Cour observe, en outre, que la loi du 22 janvier 2002 "renforce la possibilité de lever le secret de l'identité", par la mise en place du Conseil national d'accès aux origines personnelles. Elle précise qu'il n'est donc pas exclu que cette réforme permettra à la requérante d'obtenir de plus amples informations sur ses origines. Ce constat manifeste une fois encore l'embarras de la Cour européenne.

162. L'enchevêtrement de la théorie des obligations positives et du mécanisme de l'effet horizontal est également surprenant. Certes, ces différents mécanismes sont parfois assez difficiles à distinguer. Il est toutefois admis que le principe de proportionnalité, généralement favorable au requérant individuel, s'inverse à ses dépens en matière d'obligations positives. Il permet en effet d'apprécier s'il ne serait pas démesuré de mettre une obligation positive à la charge de l'Etat. Le contrôle européen est alors plus souple. L'effet horizontal n'est pas systématiquement lié à l'existence d'une obligation positive. Un effet inter-individuel peut être sanctionné au titre d'une obligation négative imposée à l'Etat qui a donné à un particulier les moyens ou un encouragement de porter atteinte au droit garanti d'une autre personne. Le contrôle européen ne connaît alors aucun assouplissement. Or, la Cour rattache une obligation positive, ce qui limite son contrôle, à un effet horizontal de l'article 8, lié à une obligation négative. Le droit français admet l'accouchement sous X et donne ainsi à la mère biologique le moyen de porter atteinte au droit de son enfant de connaître ses origines. Le recours à la théorie des obligations positives a considérablement amplifié le rôle de l'intérêt général dans la détermination du juste équilibre à établir entre deux intérêts particuliers. L'application du principe de proportionnalité à une hypothèse de diffusion horizontale est ambiguë, car elle tend à autoriser une personne privée à limiter un droit fondamental d'un autre particulier, dans un but d'intérêt général. Ainsi, dans l'affaire *Mikulic c./ Croatie* du 7 février 2002, la Cour semblait déjà avoir clarifié les modalités de cette application atypique du principe de proportionnalité. Elle avait confronté l'intérêt particulier de l'enfant à connaître son identité à l'intérêt du père à ne pas être soumis à des examens médicaux. Dans l'affaire *Odièvre*, il ne s'agissait plus de confronter deux intérêts privés difficilement conciliables. Deux adultes étaient en cause. La Cour a donc fait appel, à côté de l'intérêt de la mère, à l'intérêt général et à l'intérêt des tiers. Elle ne porte aucun jugement sur la décision de la femme qui a accouché sous X, ce qui est logique, mais il est curieux de constater qu'elle entend également protéger le père et les éventuels frères et sœurs, mais également les parents adoptifs. Or, rien n'établit qu'ils seraient furieux de découvrir l'existence de l'enfant né sous X, alors surtout qu'en l'espèce les parents adoptifs accompagnaient la requérante dans ses démarches. Il est toutefois étrange que le droit à la vie ne soit pas pris en compte lorsqu'une femme décide d'avorter, mais qu'il devient essentiel lorsque l'enfant est né.

En outre, la CEDH ne fait aucune référence au risque d'inceste qui peut exister entre des frères et sœurs qui s'ignorent. La probabilité est faible, mais le hasard n'est pas exclu non plus. Le raisonnement de la Cour a donc faussé le jeu de l'effet horizontal, car l'intérêt de la requérante à connaître ses origines n'a pas été opposé à celui de la mère de conserver l'anonymat, mais à l'intérêt de la société toute entière à ce que les femmes puissent accoucher sous X. Dans ce conflit d'intérêts, la Cour affirme, péremptoirement, que l'intérêt de la femme rejoint l'intérêt général.

163. L'arrêt est également surprenant, car il ne fait pas état de la jurisprudence antérieure. Il ne fait aucune référence à l'arrêt *X, Y et Z c./ Royaume-Uni*, rendu le 22 avril 1997, dans lequel la Cour s'était gardée de prendre parti sur le point de savoir s'il était préférable, pour un enfant conçu par IAD, de protéger l'anonymat du donneur ou de donner à cet enfant le droit de connaître son identité[175]. La Cour avait en effet estimé que l'on se trouvait dans une période transitoire où il n'existait aucune unanimité entre les Etats membres du Conseil de l'Europe. Or, aucune unanimité n'existe autour de l'accouchement sous X. La Cour a toutefois admis que le droit à l'identité et à l'épanouissement personnel, le droit de nouer et de développer des relations avec ses semblables et le monde extérieur, la sauvegarde de la stabilité mentale, l'intérêt vital à obtenir des informations nécessaires à la découverte de la vérité concernant un aspect important de son identité personnelle, qui relèvent de l'article 8[176], ne peuvent conduire à l'obligation de divulguer des informations déjà collectées. La Cour, pour conforter sa décision, a comparé les données de fait de l'affaire *Odièvre* à celles de l'affaire *Gaskin c./ Royaume-Uni*[177]. Elle relève que la question de l'accès à ses origines n'est pas de même nature que celle de "l'accès au dossier personnel établi sur un enfant pris en charge". En l'espèce, une personne qui avait été adoptée était à la recherche de sa mère biologique, qui l'a abandonnée dès sa naissance en demandant expressément le secret. Dans l'affaire *Gaskin*, au contraire, le litige ne portait pas sur l'accès aux origines, qui étaient connues dès la naissance. La Cour précise également que les faits de l'espèce diffèrent de ceux de l'affaire *Mikulic c./ Croatie* du 7 février 2002, mais la différence ne porte pas sur le point qu'elle relève. Dans l'affaire *Mikulic*, le débat ne portait pas directement sur l'établissement de la filiation naturelle, mais sur l'intérêt vital, protégé par la Convention, d'obtenir des informations sur un élément important de l'identité personnelle. Dans l'affaire *Mikulic*, il s'agissait donc de protéger un père désinvolte qui entendait se soustraire à ses obligations

---

[175] CEDH, 22 avril 1997, *X, Y et Z c./ Royaume-Uni*, RTDC.1997.1011.

[176] CEDH, 6 février 2002, *droit c./ Royaume Uni*, JCP.2001.I.342, n° 6, obs. F. Sudre.

[177] CEDH, 7 juillet 1989, *Gaskin c./ Royaume-Uni*, *Les grands arrêts de la Cour européenne des droits de l'homme*, p. 324.

familiales. En revanche, dans l'affaire *Odièvre*, il s'agissait de protéger une femme qui avait fui ses responsabilités familiales contre un enfant qui cherchait à connaître ses origines. Or, cette différence n'a pas été relevée par la Cour.

164. Ainsi, l'arrêt rendu par la Cour européenne risque de ne pas améliorer la situation des nombreux enfants nés "sous X" dont le dossier est vide. Très souvent, le Comité national d'accès aux origines personnelles ne disposera d'aucun élément pour lancer une recherche. La loi du 22 janvier 2002 se contente en effet "d'inviter" la mère biologique à laisser son identité sous pli fermé, mais elle ne pose aucune obligation. La Cour européenne aurait pu inciter la France à reconnaître des droits plus étendus aux personnes nées "sous X", par exemple en l'incitant à reconnaître un pouvoir de décision au CNAOP ou en imposant au moins la réunion d'informations non identifiantes.

165. La Cour européenne a tenté de dissimuler ces contradictions en se référant à la loi du 22 janvier 2002. Elle a reconnu qu'il était peu probable que la requérante puisse obtenir des informations avec ce nouveau dispositif, mais elle relève que la loi nouvelle tente "d'atteindre un équilibre et une proportionnalité suffisants entre les intérêts en cause". La création d'un Conseil national de l'accès aux origines personnelles lui semble respecter les exigences posées dans l'arrêt *Gaskin*. Cette loi a probablement évité une condamnation de la France, ce qui montre que le législateur peut éviter une condamnation par une intervention opportune. En outre, la loi du 22 janvier 2002 a introduit dans le Code civil un article 62-1, destiné à faciliter les démarches du père biologique d'un enfant "né sous X". On peut alors se demander quelle serait la position de la Cour européenne si une requête était formée par un père biologique évincé, qui aurait clairement manifesté son intention de prendre en charge l'enfant à la naissance. Or, on ne peut aujourd'hui que constater un déséquilibre entre les droits du père et les droits de la mère. Le respect de la vie privée du père est écarté alors que la femme peut accoucher anonymement. L'impact de la grossesse sur la femme peut justifier le droit au secret. Il est en revanche plus difficile d'expliquer pourquoi la décision de la femme a pour effet de priver le père du droit de faire établir sa paternité. Les considérations tirées de la santé de la femme qui décide d'avorter expliquent que l'homme puisse être privé de tout espoir d'être père. Elles doivent toutefois être écartées pour l'accouchement sous X, car l'établissement de la paternité ne se heurte alors qu'à des difficultés juridiques.

166. Toutes les questions soulevées par l'accouchement "sous X" n'ont donc pas été réglées par l'arrêt *Odièvre c./ France*. Les personnes à la recherche de leurs origines peuvent encore espérer une évolution, car la Cour européenne semble avoir été particulièrement embarrassée. La Cour aurait toutefois donné plus de force à sa décision en abordant la question de l'accouchement sous X en termes de droits spécifiques de la femme, comme elle l'a fait pour l'avortement. Ainsi, dans l'affaire *Bosso*, la Cour n'a pas hésité à mettre au premier plan l'incidence de la grossesse sur la santé physique et mentale de la femme. Dans l'affaire *Odièvre*, cette question est abordée en quelques lignes. La Cour se contente en effet d'affirmer, dans le § 44, qu'"on ne saurait dénier l'intérêt de la femme à conserver l'anonymat pour sauvegarder sa santé en accouchant dans des conditions médicales appropriées" . La question de la santé ne se pose toutefois pas uniquement au moment de l'accouchement et n'a en outre aucun lien avec l'anonymat. La santé physique et psychique de la femme, avant, pendant et après l'accouchement est en cause et aurait dû être prise en compte globalement pour aborder l'accouchement sous X. Par ailleurs, l'intérêt individuel de l'enfant est sacrifié au nom de l'intérêt de la mère, de l'intérêt général et de celui des tiers. Dans l'arrêt *Bosso*, relatif à l'avortement, l'intérêt de l'enfant avait uniquement été opposé à la santé psychique et physique de la mère. Si cette démarche avait été appliquée à l'accouchement sous X, le secret aurait pu être préservé lors de l'accouchement. Toutefois, une évolution pourrait en résulter pour la réversibilité ultérieure du secret. Avec l'écoulement du temps, la possibilité d'un avortement s'éloigne et le lien entre le droit à la vie et l'accouchement sous X s'estompe. Il serait alors possible de comparer les intérêts individuels en présence pour autoriser la levée le secret. Il suffirait pour cela de reconnaître au Conseil national pour l'accès aux origines personnelles le pouvoir de lever le secret, en dépit du refus de la mère. Ainsi, les hésitations de la Cour sont peut-être la preuve que, contrairement à l'avortement, l'accouchement sous X n'a pas encore donné lieu à un débat suffisamment approfondi pour poser des solutions définitives. Il n'en demeure pas moins que l'individu risque toujours de se heurter au secret.

2°) L'enfant de moins d'un an abandonné avant le 24 janvier 2002.

167. L'ancien article 62, 4°, du Code de la famille et de l'aide sociale permettait expressément aux père et mère ou à la personne qui remet l'enfant au service d'Aide sociale à l'enfance aux fins de son admission en qualité de pupille de l'Etat de demander le secret de leur identité. Une loi du 5 juillet 1996 avait précisé que l'enfant devait avoir moins de 1 an. Au-delà, la vie commune qu'il avait momentanément entretenue avec ses parents interdisait de lui opposer le secret de ses origines. L'article 58, alinéa 3, du Code civil complétait ce dispositif en prévoyant la création d'un acte civil fictif, sur déclaration des services de l'Aide sociale à l'enfance, pour les enfants "pour lesquels le secret de la naissance a été réclamé".

168. La loi du 22 janvier 2002 a supprimé cette possibilité. Les parents de naissance ne peuvent plus solliciter le secret de leur identité lors de la remise de l'enfant à l'Aide sociale à l'enfance en vue de son admission en qualité de pupille de l'Etat. Les enfants de moins d'un an remis par leurs parents au service d'Aide sociale à l'enfance avant le 24 janvier 2002 peuvent éventuellement obtenir des informations auprès du Conseil national d'accès aux origines personnelles. Si l'accès aux origines n'a aucun effet sur la filiation de l'enfant né sous X, les enfants abandonnés qui ne sont pas nés sous X peuvent en revanche obtenir la reconnaissance juridique de leur filiation juridique.

3°) <u>L'assistance médicale à la procréation</u>.

169. Les lois n° 94-653 et 94-654 du 29 juillet 1994 ont strictement encadré l'assistance médicale à la procréation. L'identité du donneur de gamètes ou d'embryon extérieur au couple est secrète. L'article 16-8 du Code civil interdit la divulgation de toute information "permettant d'identifier, (...), celui qui fait don d'un élément ou d'un produit de son corps". Ce principe, d'ordre public, est repris par les articles L 665-14 et L 152-4 du Code de la santé publique. Le secret a plusieurs justifications. L'anonymat tend à protéger le donneur lui-même. Aucun lien de filiation ne peut être établi, mais il faut également le protéger de sollicitations abusives, car on considère encore fréquemment qu'il est le "vrai" parent de l'enfant. Identifier le donneur aurait en outre pu provoquer une raréfaction des dons. Ensuite, l'anonymat protège également l'enfant et le couple qui l'élève. Le recours à un tiers donneur entraîne une certaine ambivalence au sein du couple. L'origine génétique reste valorisée, ce qui oblige à réinterpréter les notions de paternité et de maternité. Seule une "nécessité thérapeutique" justifie donc la levée du secret[178]. Le secret ne peut jamais être levé pour "savoir".

170. L'article 311-19 du Code civil renforce ce secret en interdisant d'établir un lien de filiation entre l'enfant et l'auteur du don, en présence d'une insémination artificielle avec donneur. Le donneur n'ayant aucun projet parental, aucune filiation ne peut donc être logiquement établie. La Convention européenne des droits de l'homme ne semble pas pouvoir venir en

---

[178] Article 16-8, alinéa 2, du Code civil. Article L 152-5, alinéa 4, du Code de la santé publique.

aide aux enfants qui souhaiteraient connaître l'identité du donneur de gamètes. Ainsi, dans l'arrêt *Y et Z c./ Royaume-Uni*, rendu le 22 avril 1997[179], la Cour européenne reconnaît qu'il "n'existe pas d'assentiment général des Etats membres du Conseil de l'Europe quant à savoir s'il est préférable, du point de vue de l'enfant (...), de protéger l'anonymat du donneur de sperme ou de donner à l'enfant le droit de connaître l'identité de celui-ci". Elle en déduit que "les questions soulevées en l'espèce touchent à des domaines où il n'y a guère de communauté de vue entre les Etats membres du Conseil de l'Europe et où, de manière générale, le droit paraît traverser une phase de transition, il y a lieu d'accorder à l'Etat défendeur une large marge d'appréciation". La non condamnation de la France dans l'affaire *Odièvre* ne fait que confirmer cette analyse. Enfin, il semble difficile d'invoquer le droit au respect de la vie privée pour justifier une intrusion dans la vie du géniteur ou du donneur de gamètes.

4°) L'adoption plénière.

171. L'enfant adopté de façon plénière perd tout lien avec sa famille par le sang. Il change également son patronyme et n'a plus aucune vocation successorale ou alimentaire. Seuls les empêchements à mariage demeurent avec la famille par le sang, mais il est en pratique impossible d'en garantir le respect. Lorsque l'enfant est placé dans sa famille adoptive par les services sociaux, ce qui constitue l'hypothèse la plus fréquente, ces services s'opposent à la communication de tout renseignement sur l'identité des parents par le sang. L'enfant, lorsqu'il est adopté par un couple marié, est assimilé à un enfant légitime dans ses rapports avec sa famille adoptive (patronyme, obligation alimentaire, vocation successorale, autorité parentale). L'adoption plénière établit un lien entre l'enfant et l'adoptant, mais le fait plus fondamentalement entrer dans une nouvelle famille. L'adopté est désormais uni à l'ensemble des parents de l'adoptant, comme le serait un enfant légitime. Le secret des origines est alors absolu, car tout est fait pour que l'adoption n'apparaisse pas dans les actes officiels. L'acte de naissance est réécrit. Les extraits qui sont ensuite délivrés indiquent donc l'adoptant en qualité de parent et ne font référence ni à la filiation par le sang ni même à l'adoption. Tout est fait pour occulter l'adoption plénière et intégrer l'enfant dans sa famille adoptive. Un droit de visite a ainsi été reconnu aux grands-parents par le sang[180]. Le maintien de la pension d'orphelin a également été admis[181],

---

[179] CEDH, 22 avril 1997, *Y et Z c./ Royaume-Uni*, D.1997.583 ; JCP.1998.I.139, n° 11.

[180] Civ. 1ère, 7 mars 1989, D.1989.477, note J. Hauser.

[181] Soc. 21 juillet 1986, Rép. Defrénois, 1987, p. 320.

ainsi que la mention à l'état civil d'un lieu de naissance à l'étranger[182]. La disparition des liens du sang reçoit, en outre, une exception, lorsque l'enfant est adopté par l'époux de son parent, car l'article 356, alinéa 2, du Code civil permet ainsi de l'intégrer dans son nouveau foyer tout en préservant un lien juridique avec ses deux parents.

172. Le droit français garantit donc, dans plusieurs hypothèses, le secret absolu des origines. Aussi, n'existe-t-il pas de droit de connaître ses origines.

b) L'absence de droit de connaître ses origines.

173. L'étude du droit positif révèle que si la transparence irrigue le droit de la filiation, elle ne constitue pas une valeur absolue qui permettrait à chacun de connaître ses origines et, *a fortiori*, de les faire juridiquement reconnaître. Certes, la Cour européenne a estimé, dans l'arrêt *Gaskin*, rendu le 7 juillet 1989, que "le respect de la vie privée impose de permettre à chacun d'établir les détails de son identité d'être humain et qu'en principe interdire l'accès à de telles informations sans justification précise constitue une violation de l'article 8"[183]. Cet argument n'est toutefois pas totalement convainquant, car il n'est pas certain que l'on puisse déduire de l'article 8 un droit de connaître ses origines. La Cour européenne, dans l'arrêt *Gaskin*, analyse également la procédure de communication des dossiers et en déduit que l'article 8 n'a pas été méconnu. Elle refusa pareillement de condamner la législation française dans l'arrêt *Odièvre*. Il semble que la Cour admette que la Convention garantit le droit de connaître le contexte de sa naissance. Elle insiste sur "l'intérêt vital de l'enfant à son épanouissement", mais elle n'affirme pas clairement que la Convention garantit le droit de connaître ses parents biologiques[184]. Il ne semble donc pas possible de déduire de l'article 8 de la Convention européenne un principe de transparence absolue en matière de filiation.

174. Il peut ensuite être tentant de rattacher le droit de connaître ses origines aux droits de la personnalité. La psychanalyse a mis en évidence le lien étroit qui unit la connaissance de ses origines et la formation de la personnalité[185]. Ces raisons ne sont toutefois pas pleinement convaincantes pour les juristes. La méthode elle-même, découvrir l'existence latente d'un droit de la personnalité qui ne serait pas encore dévoilée, est contestable. Sur le fond, si l'on admet que le droit de connaître ses origines est un droit de la

---

[182] Civ. 1ère, 12 novembre 1986, Rép. Defrénois, 1987, p. 317.
[183] CEDH, 7 juillet 1989, *Gaskin*, série A, volume 160.
[184] CEDH, 13 février 2003, *Odièvre c./ France*, arrêt précité.
[185] P. Verdier et G. Delaisi de Perceval, *Enfant de personne*, Odile Jacob, 1994.

personnalité, il faut également reconnaître au parent biologique un droit de la personnalité, un droit au secret qui lui permet de poursuivre sa vie à l'abri de cet enfant. Le recours aux droits subjectifs n'est donc pas satisfaisant, car le droit de l'enfant s'oppose toujours au droit du parent. Connaître ses origines est un souhait tout aussi légitime que refuser un enfant dont la charge serait impossible à assumer. Le souci d'apaiser la souffrance provoquée par l'ignorance de ses origines ne peut justifier celle d'une autre personne. Faire de l'accès aux origines un droit de la personnalité ne serait en outre pas opportun. Ni le législateur ni le juge ne seraient en mesure d'apprécier la légitimité des mobiles qui animent le demandeur, même lorsque la recherche de ses origines devient une obsession pathologique. De plus, les circonstances de la naissance ou de l'abandon, participent à la personnalité elle-même, contrairement à l'identité et à la situation du géniteur. Cette difficulté est également présente pour les enfants issus de l'assistance médicale à la procréation, car le donneur de gamètes n'a aucun projet parental. Vouloir connaître son identité entraîne une recherche sur des données qui sont extérieures à l'intéressé. Interdire de telles recherches protège le couple, le donneur et l'enfant. Le donneur de gamètes ne remplit que des fonctions procréatrices et doit agir dans l'anonymat le plus complet. Le droit refuse de réduire la paternité et la maternité à de simples gènes et se montre ainsi profondément humaniste. La connaissance des origines aux droits subjectifs ne constitue donc pas un droit subjectif.

175. Le refus de l'enfant, en cas d'accouchement sous X, le don de gamètes et le don d'embryon interdisent, non seulement l'établissement d'une filiation, mais encore la connaissance des origines. La filiation est donc indissociable du projet parental, de l'intention parentale. La filiation ne peut se résumer à une donnée génétique. Elle est une relation entre l'enfant et ses parents. Ce lien est artificiel, purement social. Ramener la filiation à la biologie s'avère réducteur. La filiation se distingue en cela de l'origine qui relève du fait. Le droit de connaître ses origines participe à la connaissance de soi, car cette connaissance constitue une base stable. La filiation trouve, en revanche, sa source dans la volonté du parent, que cette volonté soit exprimée dans un acte, telle la reconnaissance, ou par des comportements, avec la possession d'état. La filiation appartient donc au domaine du symbolique. Ainsi, la transparence irrigue aujourd'hui le droit de la filiation, mais elle n'est pas absolue. Le secret conserve une place importante, lorsqu'il préserve l'intérêt général ou l'intérêt de tiers. L'individu ne peut donc pas nécessairement établir sa filiation, ni même accéder à une connaissance factuelle de ses origines. La connaissance qu'il peut avoir de lui-même est donc nécessairement limitée. Toutefois, les sources d'informations se sont multipliées et doivent aujourd'hui être transparentes. Chacun peut ainsi, dans une large mesure, accéder à de multiples informations personnelles.

Section 2 : L'accès aux informations personnelles.

176. La liberté de rechercher librement des informations ne figure pas dans la Convention européenne des Droits de l'homme. La jurisprudence de la Cour est, sur cette question, complexe. Certes, elle a estimé, dans un avis rendu le 23 octobre 1981, que le droit de rechercher des informations était tacitement consacré par l'article 10[186]. Elle a cependant précisé que le droit de recevoir des informations "interdit essentiellement à un gouvernement d'empêcher quelqu'un de recevoir des informations que d'autres aspirent ou peuvent consentir à lui fournir". Toutefois, "l'article 10 n'accorde pas à l'individu le droit d'accéder à un registre où figurent des renseignements sur sa propre situation", de même qu'il n'oblige pas un gouvernement à les lui communiquer[187]. La liberté d'expression "ne saurait se comprendre comme imposant à un Etat, dans des circonstances telles que celles de l'espèce, des obligations positives de collecte et de diffusion, *motu proprio*, des informations"[188]. L'espèce portait sur des données secrètes contenues dans un fichier de la police, utilisé notamment pour les emplois "sensibles" pour la Défense nationale. Le refus d'accès était donc justifié par un but légitime. La Cour européenne n'a jamais consacré un droit général d'accès aux informations, y compris lorsqu'elles présentent un caractère personnel. Elle interdit, en revanche, à l'Etat de s'opposer à ce que toute personne recherche et obtienne des informations auprès de toute personne susceptible de les fournir et prête à les donner[189]. La transparence est donc le principe, le secret n'étant admis qu'à titre d'exception. L'Etat ne doit jamais entraver l'accès aux sources d'informations. Les documents administratifs (§ 1), les informations médicales (§ 2) et les traitements automatisés de données (§ 3) doivent donc être transparents.

§ 1 : La transparence des documents administratifs.

177. Un droit nouveau est apparu dans les rapports entre l'administration et les administrés, le droit à la transparence administrative. Ce droit, qui appartient aux droits de la "troisième génération des Droits de l'homme", participe à la démocratie administrative[190]. L'expression apparaît

---

[186] F. Hondiux, *La liberté d'expression et d'information en droit européen*, Conseil de l'Europe, 1984, p. 5.

[187] CEDH, 26 mars 1987, *Leander c./ Suède*, § 74.

[188] CEDH, 19 février 1998, *Guerra c./ Italie*, D.1998.Som.370, obs. J.F. Renucci.

[189] G. Cohen-Jonathan, *Commentaire de l'article 10 de la Convention européenne*, in *La Convention européenne des droits de l'Homme*, sous la direction de L.E. Pettiti, E. Decaux et P.H. Imbert, éd. Economica, 1995, p. 451.

[190] N. Mallet-Poujol, *Le double langage du droit à l'information*, D.2002.Chron.2420.

dans certains textes, notamment dans la loi du 3 janvier 1991 relative à *la transparence et à la régularité des procédures de marchés*. D'autres reposent sur la transparence, sans toutefois utiliser l'expression, telles la loi du 12 juillet 1983 sur *la démocratisation des enquêtes publiques* ou la loi du 28 novembre 1993 sur *l'amélioration des relations entre les usagers et le public*. La loi du 17 juillet 1978 doit cependant retenir tout particulièrement notre attention. L'administration collecte et utilise en effet de multiples informations sur l'individu. S'il n'a longtemps bénéficié d'aucun accès à ces informations, le fonctionnement de l'administration n'est plus dominé par le secret. Les administrations, collectivités et entreprises publiques disposent aujourd'hui, comme toute autre entreprise ou institution, de services de presse et de communication. Elles diffusent ainsi régulièrement des informations qu'elles souhaitent rendre publiques. Nombres d'entre elles établissent également chaque année des rapports d'activités, qu'elles y soient ou non juridiquement tenues. Ces informations sont cependant choisies par l'administration elle-même et ne concernent pas un individu précis. Or, la préparation et l'exécution des actes de l'Administration donnent lieu à de multiples documents. L'activité administrative apparaît souvent opaque aux administrés et cette opacité est source de fréquents mécontentements. L'individu refuse à présent de subir les conséquences d'actes dont il ignore tout. La transparence ne peut plus être marginale. Le législateur s'est donc efforcé d'améliorer les relations entre l'Administration et les administrés pour tempérer les "secret de l'Administration"[191]. Il est essentiel que les administrés connaissent ce que veut l'administration et, plus généralement, ce qu'elle fait.

178. La publicité des actes administratifs est une exigence ancienne. Toute décision de l'administration doit faire l'objet d'une publicité appropriée pour être opposable aux administrés. Les actes réglementaires font l'objet d'une publication. Les actes individuels sont notifiés aux intéressés ou donnent lieu à un avertissement personnel. Les textes renforcent ces exigences générales. Les décrets doivent être publiés au Journal officiel, conformément au décret du 5 novembre 1870. Plus encore, la loi du 17 juillet 1978 a permis pour la première fois d'accéder à certains documents administratifs. Ce texte consacre le "droit des administrés à l'information" et garantit "la liberté

---

[191] R. Chaput, *Droit administratif général*, Tome 1, 14ème éd., *Domat*, Montchrestien, n° 645, p. 471 ; P. Delvolvé, *La transparence administrative*, Colloque de Deauville, 19 et 20 juin 1993, RJCom. 1993, n° spécial, *La transparence*, p. 23 et s. ; Y. Jegouzo, *Le droit à la transparence administrative*, Etudes et documents du Conseil d'Etat, n° 43, 1991-1992, p. 199 ; B. Lasserre, N. Lenoir et B. Stirn, *La transparence administrative*, 1987 ; J. Lemasurier, *Vers une démocratie administrative : du refus d'informer au droit d'être informé*, RDP.1980.1239.

d'accès aux documents administratifs". Son champ d'application a été étendu par la loi n° 2000-321 du 12 avril 2000, relative *aux droits des citoyens dans leurs relations avec les administrations*. Ce droit d'accès a marqué une véritable rupture avec la tradition administrative française, habituellement dominée par le secret de son action. Sa mise en œuvre a donc été, du moins dans un premier temps, relativement difficile. La publicité des documents administratifs est en effet plus étendue que celle des actes administratifs. Elle s'applique non seulement aux actes qui produisent des effets de droits sur l'ordonnancement juridique, mais encore à des dispositifs qui n'en ont pas.

179. Un droit d'accès direct est ainsi reconnu à chacun, pour compléter les obligations de notification et de publicité qui conditionnent parfois la validité ou l'opposabilité de certains actes administratifs. Cette communication, directe et individuelle, permet de prendre connaissance des informations détenues par l'administration. Elle tend à garantir un meilleur contrôle de l'activité administrative. L'individu oblige ainsi l'administration à lever le secret et à rendre son activité transparente, alors même que la Cour européenne a précisé, le 18 novembre 2003, qu'il "est difficile de déduire de la Convention un droit général d'accès aux données et documents à caractère administratif"[192]. Ce droit d'accès s'exerce par obtention de copies, effectuées aux frais du demandeur, ou par consultation directe, gratuite, dans les locaux où le document est conservé[193] ou dans les locaux de l'administration dont il émane[194]. Les administrés peuvent se faire assister d'un tiers dans leurs démarches, sous réserve d'un motif légitime de refus[195]. La communication des documents administratifs obéit cependant à un régime complexe.

180. La loi du 17 juillet 1978, modifiée par celle du 12 avril 2000, fixe le régime général de la liberté d'accès aux documents administratifs, placée sous la sauvegarde de la Commission d'accès aux documents administratifs, la CADA. Des dispositions législatives particulières s'y ajoutent. Les fichiers automatisés utilisés par l'administration relèvent ainsi de la loi *Informatique et libertés*, du 6 janvier 1978. La loi du 12 avril 2000, relative *aux droits des citoyens dans leurs relations avec les administrations*, coordonne en outre l'application de la loi du 17 juillet 1978 et de la loi du 3 janvier 1979, relative *aux archives*, en étendant le contrôle de la CADA aux archives publiques. La CADA contrôle la communication des procès-verbaux des conseils municipaux, des budgets et comptes de la commune, ainsi que des arrêtés

---

[192] CEDH, 18 novembre 2003, affaire n° 46809/99, *Loiseau c./ France*, D.2004.Somm.990, obs. C. Bîrsan.
[193] CE, 26 octobre 1988, *Lalande*, p. 380.
[194] CE, 14 février 1996, *Mirlit*, DA, 1996, n° 123.
[195] CE, 11 juillet 1988, *Coiffer*, AJ.1989.48 ; CJEG.19888, p. 79, conclusions S. Daël.

municipaux[196], sur la communication des listes électorales[197] et des statuts des associations déposés en Préfecture[198]. Elle ne contrôle, en revanche, ni la mise en œuvre du principe jurisprudentiel "de la libre communication des documents cadastraux, en vigueur depuis la loi du 7 messidor An II"[199] ni la communication du dossier médical[200]. La loi du 12 avril 2000 n'a toutefois pas mis fin à toutes les incertitudes, nées du conflit d'intérêts entre le droit à l'information et le droit au secret. Ce texte, très disparate, facilite l'accès aux règles de droit et favorise la transparence administrative. Il avait pour objectif d'harmoniser les lois *Accès aux documents administratifs*, *Archives* et *Informatiques et Libertés*. Leur articulation était en effet très difficile en raison de leur opacité. La loi a donc élargi le domaine d'accès à tous les documents résultant d'un traitement informatique, quel que soit leur contenu. Elle a également facilité les modalités pratiques de la communication, mais elle a restreint le périmètre des documents administratifs relevant de sa compétence[201].

181. L'article 3 de la loi de la loi du 17 juillet 1978 complète le droit d'accès aux documents administratifs par le droit pour toute personne "de connaître les informations contenues dans un document administratif dont les conclusions lui sont opposées" et par le droit d'exiger que ses observations soient annexées au document. Plus généralement, la jurisprudence a reconnu l'existence, au-delà des textes, d'un droit général à rectification en cas de divulgation de documents internes. Le Conseil d'Etat a ainsi décidé, dans un arrêt rendu le 12 février 1993, s'agissant de rapports provisoires de la Cour des comptes, que la divulgation de "documents d'ordre interne rend tout intéressé recevable à demander à connaître les mentions le mettant en cause, à en contester l'exactitude et à en demander, le cas échéant, la suppression"[202].

182. L'individu ne peut toutefois utiliser son droit d'accès que s'il a préalablement connaissance de l'existence des documents qui le concernent. La loi impose donc à l'Administration des obligations générales de

---

[196] Article L 2121-16 du Code général des collectivités territoriales.
[197] Article L 28 du Code électoral.
[198] Article 5 de la loi du 1er juillet 1901 ; CE, 3 juillet 1993, *Clément*, AJ.1994.679, Chron. L. Touvet et J.H. Stahl.
[199] CE, 12 juillet 1995, *Altimir*, DA.1995, n° 554 ; RFDA.1995.1067.
[200] CAA Paris, 7 octobre 1989, *Mme Hansel*, AJ.2000.353, conclusion V. Haïm ; DA.1999, n° 295, note V.H.
[201] CADA, *Rapport d'activité 1999-2000*, La Documentation française, 2001, p. 14 et 16.
[202] CE, Ass., 12 février 1993, *Mme Gaillard*, D.1991.121, note L. Weil ; AJ.1993.665, obs. M. Hecquard-Théron ; RFDA.1994.533, conclusion F. Lamy.

publication ou, du moins, de signification des documents administratifs. D'une part, l'article 9 de la loi précise que les "directives, instructions, notes et réponses ministérielles qui comportent une interprétation du droit positif ou une description des procédures administratives font l'objet d'une publication régulière". Ces documents doivent êtres intégralement publiés, de façon automatique et systématique. L'initiative de cette publication appartient à l'Administration, indépendamment de toute demande des administrés[203]. D'autre part, la loi énumère les documents qui doivent être librement accessibles au public, mais qui ne sont pas soumis à une publication obligatoire. Ils sont donc directement concernés par le droit d'accès. L'Administration ne supporte alors qu'une obligation de "signalisation", qui porte notamment sur les dossiers, les rapports, les études, les comptes rendus, les statistiques, les procès verbaux et les avis. L'article 5 du décret du 22 septembre 1979, pris en application de la loi du 17 juillet 1978, précise que cette signalisation contient "la référence des dits documents qui doit comporter leur titre, leur objet, leur date, leur origine ainsi que le lieu où ils peuvent être consultés ou communiqués". Les textes ne précisent pas, en revanche, le lieu et les modalités de cette signalisation. L'article 6 du décret se contente d'exiger qu'elle intervienne dans un délai de 4 mois suivant la date du document concerné. Le public peut être informé de l'existence de documents administratifs, ce qui lui permet ensuite d'en demander la communication. La transparence administrative n'est cependant pas absolue. Seuls certains documents peuvent être communiqués à l'administré (A). Il doit en outre agir par l'intermédiaire de la Commission d'accès aux documents administratifs (B). Il dispose enfin d'un recours devant la juridiction administrative (C).

A) Les documents communicables.

183. La loi du 17 juillet 1978, modifiée par la loi du 12 avril 2000, définit les documents communicables aux administrés. Le droit d'accès n'est pas général, certains documents échappant encore à la transparence. Les articles 1 et 2 de la loi du 17 juillet 1978 disposent que les "documents administratifs de caractère non nominatif" sont, par principe, "de plein droit communicables aux personnes qui en font la demande". Les documents contenant des données nominatives ne peuvent être communiqués qu'aux personnes concernées, afin de préserver la vie privée. Deux critères sont utilisés pour déterminer les

[203] Cette publication intervient au moins une fois par trimestre dans les bulletins officiels des administrations centrales, dans les recueils des actes administratifs du département ou dans les bulletins municipaux officiels.

documents qui peuvent être communiqués, la nature des organismes dont ils émanent (a) et la nature des documents eux-mêmes (b).

a) La nature des organismes.

184. L'article 2 de la loi du 17 juillet 1978 énumère les organismes dont peuvent émaner les documents communicables. Il s'agit des "Administrations de l'Etat", des "collectivités territoriales", des "établissements publics" et des "organismes, fussent-ils de droit privé, chargés de la gestion d'un service public". Ne sont plus uniquement concernés les documents qui "émanent" de l'Administration. Depuis la loi du 12 avril 2000, l'Administration doit communiquer non seulement les documents dont elle est l'auteur, mais aussi ceux dont elle est détentrice.

b) La nature des documents.

185. La nature même des documents est prise en compte. L'article 1er, alinéa 2, de la loi de 1978 dispose que "sont considérés comme documents administratifs, (...), tous dossiers, rapports, études, comptes rendus, procès-verbaux, statistiques, directives, instructions, circulaires, notes et réponses ministérielles qui comportent une interprétation du droit positif ou une description des procédures administratives, avis, à l'exception des avis du Conseil d'Etat et des Tribunaux administratifs, prévisions et décisions". Cette liste n'est pas limitative[204]. La forme et le support du document importent peu. La loi du 12 avril 2000 y ajoute les documents informatiques : "Ces documents peuvent revêtir la forme d'écrits, d'enregistrements sonores ou visuels, de documents existant sur support informatique ou pouvant être obtenus par un traitement automatisé d'usage courant".

186. Ainsi, les documents comportant des "données personnelles" comme ceux qui n'en comportent pas peuvent être communiqués aux administrés. L'accès aux premiers est cependant réservé aux personnes que ces documents "intéressent". Sont notamment concernés les documents portant sur un secret, sur des faits relevant de la vie privée, sur la santé. La loi du 12 avril 2000 y a ajouté les documents comportant une appréciation ou un jugement de valeur sur une personne physique nommément désignée ou aisément identifiable, ou faisant apparaître un comportement dont la divulgation serait susceptible de lui être préjudiciable[205]. Si le document n'est

---

[204] TA Lyon, 7 mai 1981, *SOS Défense*, Rec. P. 56 ; AJDA.1983.432.

[205] Y. Gounin et L. Laluquen *La réforme du droit d'accès aux documents administratifs*, AJ.2000.486.

qu'en partie couvert par le secret, l'autre partie reste communicable, si elle peut en être dissociée[206]. Lorsque le juge n'est pas en mesure d'apprécier la réalité d'un secret, il doit utiliser ses pouvoirs d'instruction et prescrire que le document lui soit communiqué[207]. La jurisprudence est cependant rigoureuse. Il ne suffit pas qu'un document mentionne un nom pour être personnel. Il doit encore contenir des renseignements ou des appréciations sur la ou les personnes désignées[208]. Il faut, en outre, que l'administré soit personnellement concerné par le document. Ainsi, n'est pas concernée la fille d'un notaire qui demande communication d'un dossier qui avait fondé le rejet de la demande d'honorariat de son père[209]décédé.

187. Les documents non personnels peuvent être communiqués beaucoup plus largement. L'article 1er de la loi du 17 juillet 1978 reconnaît à "toute personne" la liberté d'accès aux documents administratifs. L'article 2 ajoute que ces documents sont communicables "de plein droit" aux demandeurs. La transparence est en principe totale. La demande de communication n'a pas à être motivée. Le demandeur ne doit ni justifier d'un intérêt ni préciser l'utilisation qu'il compte faire des documents obtenus. La plupart des documents administratifs peuvent ainsi être communiqués à tous : décisions, dossiers, comptes-rendus, statistiques, circulaires, directives, réponses ministérielles, avis, procès-verbaux, descriptions des procédures administratives... La loi du 17 juillet 1978 ne s'applique toutefois qu'aux "documents administratifs". Les documents régis par le droit privé[210], les

---

[206] CE, 30 juin 1989, *Office HLM de Paris*, AJ.1989.603 ; CE, Sect., 30 mars 1990, *Mme Deborge Boëtte*, D.1991.133 ; AJ.1990.553 ; CJEG.1990.345, note P. Roman.
[207] CE, 8 octobre 1993, *Hudin*, JCP.1994.II.22266, note J. Frayssinet ; AJ.1994.683, Chron L. Touvet et J.H. Stahl.
[208] CE, 10 juillet 1992, *Touzan*, AJ.1992.766, note J.P. Théron ; RFDA.1994.328, conclusions H. Toutée ; AJ.1994.684, Chron. L. Touvet et J.H. Stahl. ; CJEG.1993.135, note V. Hétier.
[209] CE, 29 juillet 1994, *Chambre des notaires du Cher*, AJ.1994.684, Chron. L. Touvet et J.H. Stahl ; DA.1994, n° 570 ; RFDA.1995. 740, conclusions B. du Marais.
[210] Décisions des organismes de droit privé qui ne sont pas des actes d'exécution d'un service public : CE, 6 juin 1986, *Ordre des avocats au barreau de Pontoise*, (décision du bâtonnier dans un litige opposant l'Ordre à un conseil juridique) D.1986.504, note H. Amiel ; Rev. adm.1986.358, obs. P. Terneyre ; Gaz.Pal.1986.2.617, conclusions J. Massot et note A. Damien. Documents établis par une personne privée dans l'exercice de ses activités, même si des copies sont détenues par un organisme administratif : CE, Sect., 8 octobre 1993, *Hudin*, JCP.1994.II.22266n bote J. Frayssinet ; AJ.1993.873, conclusions S. Fratacci ; AJ.1994.683, Chron. L. Touvet et J.H. Stahl. Actes notariés et actes d'état civil : CE, 26 juillet 1983, *Bertin*, D.1984.68. Contrats de droit privé : CE, Sect., 26 juillet 1985, *Amadou*, D.1987.50, note L.V. Fernandez ;

documents qui relèvent d'une procédure judiciaire[211] ou les actes qui appartiennent à une procédure poursuivie devant la juridiction administrative[212] ne sont donc pas, pour la jurisprudence, des actes administratifs. Les pièces qui retracent les conditions d'exécution d'un service public ou qui se rattachent à cette exécution sont, en revanche, des documents administratifs au sens de la loi du 17 juillet 1978, "par leur nature et par leur objet"[213]. Il en va de même des copies d'examens et de concours, parce qu'elles ne peuvent être dissociées de la décision des jurys et qu'elles sont conservées par l'administration[214].

188. Enfin, la transparence administrative n'est pas absolue. Certains domaines, comme la monnaie ou la défense nationale, doivent rester secrets. La loi exclut donc certains documents du droit d'accès en dépit de leur caractère administratif :

> - Les avis du Conseil d'Etat, des Cours administratives d'appel et des Tribunaux administratifs, les avis, propositions, rapports, mesures d'instructions des Chambres régionales des comptes et de la Cour des comptes ne sont pas communicables aux administrés.
> - Les documents dont la communication porterait atteinte aux secrets les plus importants de l'administration ne peuvent être communiqués. Sont ainsi exclus les délibérations du gouvernement[215], les actes relevant de la défense nationale[216], de la

---

RFDA.1986.179, conclusions P.A. Jeanneney ; 24 janvier 1986, *Mme Le Borgne*, Dr. social, 1986.555, note X. Prétot ; Rev. dr. adm., 1986.141, note B. Pacteau.

[211] Ne sont donc pas des documents administratifs les pièces qui retracent la gestion d'une succession par l'administration des domaines, en application du Code civil et sous le contrôle du Tribunal de grande instance : CE, 16 janvier 1995, D.1995.IR.69.

[212] Documents ayant servi de base au prononcé d'une sanction par une juridiction disciplinaire administrative : CE, 30 novembre 1994, *SA Lebanese Arab Bank*, DA.1995, n° 61.

[213] CE, 23 novembre 1990, *Jonchère*, D.1991.182, conclusions B. Stirn ; 3 février 1992, *Ministre des Postes*, JCP.1992.IV.143 ; DA.1992, n° 116 ; 10 juin 1994, *Lacan*, p. 298.

[214] CE, Ass., 8 avril 1987, *Ullmo et Tête*, D.1988.397, note J. Laveissière ; RFDA.1987.818, note J. Morand-Devillier ; J. Laveissière, *Vers une plus grande "transparence" des examens et des concours ? La communication des notes et des copies aux candidats*, JCP.1982.I.3072.

[215] CE, 2 décembre 1987, *Melle Pokorny*, D.1988.180, note R. Letteron ; JCP.1988.I.3347, obs. J. Laveissière ; 12 octobre 1992, *Association SOS Défense*, D.1992.IR.257 ; 10 mai 1996, *Melle Boula*, JCP.1997.II.22784, note F. Mallol.

[216] CE, 30 octobre 1989, *Mme Dufour*, cité par R. Chaput, *Droit administratif général*, Tome 1, 14ème éd., *Domat*, Montchrestien, n° 647, p. 477.

politique extérieure[217], de la sûreté de l'Etat et de la sécurité publique[218]. Un document peut toutefois n'être qu'en partie couvert par le secret. Les administrés peuvent alors obtenir communication des informations qui peuvent en être dissociées[219].

- Afin de ne pas retarder le travail de l'administration, la jurisprudence, qui a été dans une large mesure consacrée par la loi du 12 avril 2000, exclut de la communication les documents inachevés et les "documents internes" d'organisation des services[220], les "documents préparatoires" ou "provisoires"[221] ainsi que les documents qui n'existent pas ou qui n'existent plus[222].
- Sont également exclus les documents déjà communiqués au demandeur ou qui ont été mis à disposition du public. Il ne suffit toutefois pas qu'il ait eu la possibilité de consulter le document[223].
- L'autorité administrative n'est pas tenue de donner suite aux demandes abusives, notamment lorsqu'elles sont répétitives ou *a fortiori* systématiques.

B) La Commission d'accès aux documents administratifs.

189. Une procédure spéciale, définie par le décret du 28 avril 1988, permet de garantir l'accès aux documents administratifs. La demande de consultation ou de délivrance de copies d'un document est, dans un premier temps, adressée à l'Administration concernée. Le refus de communication doit être notifié au demandeur sous forme d'une décision écrite et motivée[224]. Le silence de l'Administration vaut refus. Lorsqu'ils se heurtent à un refus, exprès ou tacite, les administrés disposent alors d'un délai de 2 mois pour déclencher une procédure devant un organe spécial, la Commission d'accès

---

[217] CE, 17 février 1997, *Association nationale d'assistance aux frontières des étrangers*, D.1997.IR.143.

[218] CE, 18 décembre 1987, *Manciaux*, AJ.1988.163 ; 10 avril 1991, *Chemouni*, D.1991.IR.145 ; 3 février 1992, *Société Securipost*, DA.1992, n° 116 ; JCP.1992.IV.143.

[219] CE, 23 décembre 1988, *Banque de France*, RFDA.1989.873, conclusions D. Daël ; 1er décembre 1989, *Blanc*, AJ.1990.174.

[220] CE, 27 juin 1986, *Association SOS Défense*, RFDA.1987.465, note J.B. Auby ; 26 avril 1993, *SARL Le Charles*, p. 137.

[221] CE, 16 juin 1989, *Banque de France*, AJ.1989.603 ; 15 avril 1992, *Association SOS Défense*, D.1993.369, note J.Y. Plouvain ; DA.1992, n° 218.

[222] CE, 11 mars 1994, *Bonbon* et 3 juin 1994, *Le Chaton*, RDP.1995.548-549.

[223] Document dont le demandeur n'a pas reçu la copie intégrale : CE 30 juin 1989, *Office HLM de Paris*, AJ.1989.603.

[224] Article 7, aliéna 1er, de la loi du 17 juillet 1978.

aux documents administratifs ou CADA[225]. Cette saisine est essentielle pour la suite de la procédure, car elle est le préalable obligatoire à la saisine ultérieure du juge administratif, qui ne peut donc pas être immédiatement saisi d'un recours en annulation. La saisine de la CADA reste obligatoire même lorsqu'elle a déjà été appelée à se prononcer, à la demande de l'Administration, sur la communicabilité du document[226]. Plus encore, cette saisine est également obligatoire lorsque la demande porte sur des pièces manquantes dans un dossier communiqué après une première intervention de la CADA[227] ou si l'intéressé, après une consultation sur place, souhaite obtenir la photocopie des pièces[228]. La Commission dispose d'un délai d'un mois pour adresser un avis à l'administration concernée sur le caractère communicable du document concerné. En pratique, l'activité de la CADA n'a cessé de se développer, en dépit des lourdeurs et de la durée de la procédure. Les demandes d'avis sont passées d'environ 430 en 1980 à près de 3000 par an[229]. Le taux de réussite est particulièrement élevé, 80 % des avis étant suivis par l'Administration.

C) Le recours devant la juridiction administrative.

190. L'Administration dispose d'un délai de 2 mois à compter de l'avis qui lui a été adressé par la CADA. Si elle persiste dans son refus, l'intéressé dispose d'un recours pour excès de pouvoir pour obtenir l'annulation de ce refus. Il peut, en outre, être indemnisé du préjudice résultant du maintien de ce refus[230]. Le juge doit rendre un non-lieu à statuer si les documents sont communiqués avant qu'il ne se soit prononcé[231].

191. La juridiction administrative est en principe compétente pour statuer sur le recours fondé sur la loi du 17 juillet 1978. Elle doit déjà se prononcer

[225] La CADA, qui est présidée par un membre du Conseil d'Etat, est composée de dix membres : un magistrat de la Cour de cassation, un magistrat de la Cour des comptes, un professeur de l'enseignement supérieur, le directeur général des Archives de France, un député, un sénateur, un représentant du premier Ministre, le directeur de la Documentation française, un membre d'un Conseil général ou d'un Conseil municipal.

[226] CE, 21 septembre 1990, *SARL Villerupt Auto-école*, D.1990.IR.223 ; DA.1990, n° 477.

[227] CE, 20 février 1985, *Audebert*, AJ.1985.233, note L. Richer.

[228] CE, 25 octobre 1985, *Leccia*, D.1996.IR.141, obs. F. Llorens ; RDP.1987.810.

[229] R. Chaput, *Droit administratif général*, Tome 1, 14ème éd., *Domat*, Montchrestien, n° 648, p. 479.

[230] CE, 10 juillet 1992, *Touzan*, AJ.1992.766, obs. J.P. Théron ; RFDA.1994.328, conclusions H. Toutée.

[231] CE, 22 novembre 1989, *Mme Tournier*, JCP.1990.II.21571, note J. Laveissière.

sur la communicabilité des documents litigieux, y compris lorsqu'ils sont détenus par un organisme privé chargé d'un service public[232] et même s'il apparaît que ces documents relèvent du droit privé. Dans cette hypothèse, le juge administratif doit les déclarer non communicables et rejeter sur le fond le recours de l'administré. La compétence de la juridiction administrative est exclusive[233]. Elle n'est toutefois pas illimitée, notamment lorsque la demande de communication est adressée à un organisme privé qui n'est pas chargé d'un service public[234].

192. Enfin, alors même que la Convention européenne des droits de l'Homme ne semble pas garantir un droit général d'accès aux documents administratifs, la Cour européenne a estimé que la procédure française devait respecter l'article 6 de la Convention[235]. En l'espèce, le requérant, qui avait été employé pendant une courte période comme surveillant dans un lycée, souhaitait "reconstituer" sa carrière pour ses droits à la Sécurité sociale. Or, il se heurta au refus de l'Administration, malgré un avis favorable de la CADA. Le Tribunal administratif de Bordeaux fit droit à sa demande, mais il n'obtint toujours pas les documents sollicités. Le Conseil d'Etat lui refusa alors la condamnation sous astreinte qu'il demandait contre ceux qui refusaient d'exécuter le jugement. Il invoqua donc devant la Cour européenne une violation de l'article 6 de la Convention, due à la non-exécution du jugement du Tribunal administratif et à la durée de la procédure. Le gouvernement français estima alors que ce texte n'était pas applicable à la procédure prévue par la loi du 17 juillet 1978, le droit d'accès aux documents administratifs n'étant pas, selon lui, un droit à caractère civil. La Cour européenne n'adopta toutefois pas ce raisonnement. Dans la mesure où la loi française consacre un droit d'accès individuel aux documents administratifs et permet aux administrés de saisir le juge administratif pour contester les refus de l'Administration, le requérant soulevait bien une "contestation réelle et sérieuse" par rapport à un "droit reconnu en droit interne". Or, ce droit présente une nature privée, car il s'agit d'un droit individuel dont le requérant est lui-même titulaire pour accéder à des documents qui se rapportent directement et exclusivement à sa situation personnelle. Le requérant entendait en outre "reconstituer sa carrière", ce qui conférait au litige "une

---

[232] CE, 26 septembre 1986, *Union des caisses centrales de mutualité agricole*, JCP.1987.IV.52.

[233] TC, 2 juillet 1984, *Vinçot et Mme Le Borgne*, AJ.1985.289 ; Dr. social, 1986.555, note X. Prétot.

[234] CE, 20 octobre 1995 (fédérations départementales de chasseurs), *Mugnier*, DA.1995, n° 656.

[235] CEDH, 18 novembre 2003, affaire n° 46809/99, *Loiseau c./ France*, D.2004.Somm.990, obs. C. Bîrsan.

certaine coloration patrimoniale". Cet enjeu patrimonial permit alors à la Cour d'en conclure que la situation personnelle du requérant était en jeu, de sorte que l'article 6 de la Convention était applicable. La transparence ne concerne toutefois pas uniquement les informations détenues par l'Administration. Elle a été étendue aux données médicales.

§ 2 : La transparence médicale.

193. L'individu a le droit de connaître son corps, son état de santé. Si le secret médical le protège de l'indiscrétion des tiers, il doit en revanche accéder à toutes les informations qui le concernent. La transparence est essentielle lorsque la santé est en cause, car elle permet au patient de donner un consentement libre et éclairé aux traitements qui lui sont proposés. Elle ne concerne donc pas uniquement le dossier médical (C), mais s'étend aux expérimentations (A) et aux soins (B).

A) La transparence des expérimentations.

194. L'expérimentation est nécessaire à la recherche scientifique et médicale. Ces recherches sont justifiées par l'intérêt général et tendent à satisfaire des intérêts collectifs, scientifiques et thérapeutiques. Elles ne sauraient cependant priver l'individu de son corps. Aussi, doivent-elles être transparentes.

195. La loi du 30 décembre 1988 modifiée, relative à *la protection des personnes qui se prêtent à des recherches biomédicales*, a encadré les recherches médicales sur l'être humain[236]. Les expérimentations à finalité thérapeutique directe sont réalisées sur des individus malades et tendent à les soigner. Elles ne peuvent être menées qu'après avoir obtenu, par écrit, le consentement libre et éclairé du patient. Trois exceptions ont cependant été apportées à ce principe. La première concerne les "situations d'urgence", dans lesquelles le consentement du patient, qui ne peut être obtenu, est remplacé par celui de ses proches. Ensuite, le consentement des mineurs et des majeurs sous tutelle est remplacé par celui du titulaire de l'autorité parentale ou du tuteur, lorsqu'ils sont inaptes à exprimer une volonté. Enfin, des expérimentations peuvent être réalisées "à titre exceptionnel, lorsque dans l'intérêt d'une personne malade le diagnostic n'a pu lui être révélé". Le médecin peut alors, "dans le respect de sa confiance, réserver certaines informations liées à ce diagnostic". L'information du patient n'est donc que partielle, ce qui confère un pouvoir particulièrement étendu au médecin.

---

[236] Codifiée aux articles L 209-1 et suivants du Code de la santé publique.

196. Au contraire, l'expérimentation sans finalité thérapeutique directe est réalisée sur des individus sains. Elle est fondée sur le volontariat, de sorte que chacun peut interdire à autrui de le connaître. L'individu doit en outre émettre, par écrit, un consentement libre et éclairé. L'information est cependant réduite par la fréquente nécessité de ne pas tout révéler pour garantir la fiabilité des expérimentations scientifiques. Cette faculté de demeurer secret risque en outre de disparaître lorsque l'individu privé de sa conscience ou de sa liberté n'est pas en mesure de consentir à ce qui va être fait de son corps, ce qui pose notamment la question des droits des malades mentaux et même, plus généralement, celle des conséquences tant individuelles que sociales des sciences du cerveau et de ses troubles. La loi interdit uniquement de pratiquer, même avec leur consentement, des expérimentations "sur des personnes privées de liberté par décision judiciaire ou administrative", sur les mineurs, les majeurs sous tutelle, les personnes hospitalisées et sur les malades "en situation d'urgence". Cette interdiction n'est d'ailleurs pas absolue, puisqu'elle est écartée lorsque l'expérimentation ne présente aucun "risque sérieux prévisible" pour leur santé. Enfin, aucune contrepartie financière ne peut être accordée au patient. La transparence des expérimentations médicales n'est donc pas totale, puisque le consentement est écarté lorsqu'il "gêne ou ne peut être donné"[237].

B) <u>La transparence des soins.</u>

197. Les soins et les traitements doivent être transparents. A l'occasion d'un traitement médical, le médecin doit informer son patient du diagnostic, des pronostics de guérison et des conséquences du traitement envisagé. Cette obligation déontologique est aujourd'hui juridiquement sanctionnée. Le médecin ne détient cependant que des informations relatives, qui ne peuvent jamais être certaines.

198. La jurisprudence obligeait initialement le médecin à porter à la connaissance de son patient les risques encourus, pour que celui-ci soit en mesure de se décider en connaissance de cause. Cette obligation prétorienne était générale et portait également sur les "risques exceptionnels"[238]. Le médecin devait fournir une "information loyale, claire et appropriés sur les

---

[237] C. Labrusse-Riou, *L'enjeu des qualifications : la survie juridique de la personne*, Droits, 1991, n° 13, p. 23.

[238] Civ. 1ère, 7 octobre 1998, Bull. civ. I, n° 287 ; D.1999.145, note S. Porchy ; JCP.1998.II.10179, conclusions J. Saint Rose et note P. Sargos ; RTDC.1999.111, obs. P. Jourdain ; 15 juillet 1999, D.1999.Somm.393 ; CE, 5 janvier 2000, D.2000.IR.28 ; JCP.2000.II.10271 ; PA., 25 février 2000.

risques graves afférents aux investigations et soins proposés et il n'était pas dispensé de cette obligation par le seul fait que ces risques ne se réalisent qu'exceptionnellement"[239]. Cette obligation était même renforcée en matière esthétique, puisqu'elle portait alors sur les risques graves, mais également sur tous les inconvénients pouvant résulter de l'intervention[240]. A défaut, le silence du médecin constituait une faute qui engage sa responsabilité civile. Plus encore, le médecin supportait la charge de la preuve[241], preuve qui pouvait être rapportée par tous moyens[242]. Le médecin n'était pas tenu, en revanche, de convaincre son patient du danger de l'acte médical envisagé[243] et le patient ne pouvait demander réparation du défaut d'information que s'il justifiait d'un préjudice[244]. L'urgence, l'impossibilité ou le refus d'être informé le dispensaient néanmoins de cette obligation[245]. L'exécution de l'obligation d'information ne rendait toutefois pas moins aléatoire le traitement et ne rompait donc pas le lien de causalité entre les soins et le dommage subi par le patient. Celui-ci pouvait simplement accepter les risques en connaissance de cause et cette acceptation des risques exonérait le médecin.

199. L'obligation d'information, d'origine jurisprudentielle, a été formellement consacrée par le législateur. L'article 16-3, alinéa 2, du Code civil issu de la loi du 29 juillet 1994, dispose ainsi que "le consentement de l'intéressé devra être recueilli préalablement, hors le cas où son état rend nécessaire une intervention thérapeutique à laquelle il n'est pas à même de consentir". Plus encore, le titre II de la loi du 4 mars 2002, relative aux *droits des malades et à la qualité du système de santé*, intitulé, *Démocratie sanitaire*, tend à faire du patient un véritable acteur du système de santé. Il

---

239 Civ. 1ère, 7 octobre 1998, arrêt précité.

240 Civ. 1ère, 17 février 1998, Bull. civ. I, n° 67 ; Rapport annuel de la Cour de cassation, 1998, p. 273 ; JCP.1998.I.144, n° 20 ; obs. G. Viney ; RTDC.1998.681, obs. P. Jourdain ;PA, 6 mai 1999.

241 Civ. 1ère, 25 février 1997, Bull. civ. I, n° 75 ; D.1997.Som.319 ; JCP.1997.I.4025, n° 7, obs. G. Viney ; RTDC.1997.434, obs. P. Jourdain ; RCA.1997, Chron. 8 ; Gaz.Pal.1997.1.274, rapport P. Sargos, note Guigue ; Cont. Conc. Consom., 1007, n° 5, note L. interprètes ; Rép. Defrénois, 1997.751, obs. J.L. Aubert ; 17 février 1998, Bull. civ. I, n° 67 ; JCP.1998.I.144, n° 20, obs. G. Viney ; RTDC.1998.681, obs. P. Jourdain ; 27 mai 1998, Bull. civ. I, n° 187 ; D.1998.530, note F. Laroche-Gisseraot.

242 Civ. 1ère, 14 octobre 1997, Bull. civ. I, n° 278 ; JCP.1997.II.22942, rapport P. Sargos ; RTDC.1998.100, obs. J. Mestre.

243 Civ. 1ère, 18 janvier 2000, Bull. civ. I, n° 13 ; D.2000.IR.44.

244 Civ. 1ère, 7 octobre 1998, Bull. civ. I, n° 277 ; JCP.1998.II.10179, conclusions J. Saint Rose, note P. Sargos/

245 Civ. 1ère, 11 octobre 1988, Bull. civ. I, n° 280 ; D.1989.Somm.317, note J. Penneau ; 7 octobre 1998, arrêt précité.

accentue la portée du devoir d'information et confirme la nécessité de recueillir la volonté du patient. Le texte réunit des principes épars, tout en les modernisant pour garantir une meilleure transparence dans la relation entre le médecin et son patient. L'article L 1111-2 du Code de la santé publique dispose que "toute personne a le droit d'être informée sur son état de santé. Cette information porte sur les différentes investigations, traitements ou actions de prévention qui sont proposés, leur utilité, leur urgence éventuelle, leurs conséquences, les risques fréquents ou graves normalement prévisibles qu'ils comportent ainsi que les autres solutions possibles et sur les conséquences prévisibles en cas de refus. Lorsque, postérieurement à l'exécution des investigations, traitements ou actions de prévention, des risques nouveaux sont identifiés, la personne concernée doit en être informée, sauf en cas d'impossibilité de la retrouver. Cette information incombe à tout professionnel de santé dans le cadre de ses compétences et dans le respect des règles professionnelles qui lui sont applicables. Seule l'urgence ou l'impossibilité d'informer peuvent l'en dispenser. Cette information est délivrée au cours d'un entretien individuel". L'information du patient fait toutefois l'objet de règles déontologiques. L'article 35 du Code de déontologie médicale autorise le médecin à décider, en conscience, de tenir son patient dans "l'ignorance d'un diagnostic ou d'un pronostic graves, sauf dans les cas où l'affection dont il est atteint expose les tiers à un risque de contamination". Il ajoute qu'un "diagnostic fatal ne doit être relevé qu'avec circonspection, mais les proches doivent en être prévenus, sauf exception ou si le malade a préalablement interdit cette révélation ou désigné les tiers auxquels elle doit être faite". Les dispositions du Code la santé publique doivent donc être articulées avec ces règles déontologiques".

200. La loi du 4 mars 2002 reconnaît un nouveau droit subjectif au patient, le droit à l'information, pour rééquilibrer la relation qu'il entretient avec son médecin. Elle entend en effet le responsabiliser. Or, le patient ne peut donner un consentement libre et éclairé qu'après avoir été informé. Le Code de la santé publique reconnaît à chaque individu le droit d'être informé sur son état de santé, sur les soins qui lui sont proposés, sur leurs conséquences et sur leurs risques, mais également sur d'éventuelles solutions alternatives ou sur les conséquences d'un refus. Le législateur entend faire primer ces dispositions sur les règles déontologiques[246]. L'article 35 du Code de déontologie médicale a donc été implicitement abrogé, puisque ce texte réglementaire ne respecte pas les nouvelles dispositions légales. L'article L

[246] J. Moret-Bailly, *Affirmation d'un droit subjectif et abandon de la régulation déontologique en matière d'information médicale : les conséquences de la loi du 4 mars 2002*, Gestions hospitalières, 2003.

1111-4 du Code de la santé publique dispose ensuite que "toute personne prend, avec le professionnel de santé et compte tenu des informations et des préconisations qu'il fournit, les décisions concernant sa santé". L'individu malade doit être efficacement informé pour exprimer, en toute liberté, sa volonté d'être soigné. La relation du patient et du médecin est donc désormais dominée par la transparence.

201. L'article L 1111-6 du Code de la santé publique crée, en outre, une notion nouvelle, la personne de confiance[247]. Ce texte consacre l'avis émis le 12 juin 1998 par le Comité national d'éthique, qui avait mis en lumière les difficultés parfois rencontrées pour obtenir un consentement éclairé du patient. Le Comité soulignait que ce consentement ne pouvait être éclairé que si le patient était en mesure de comprendre l'information donnée par le médecin puis, ensuite, de se déterminer. Certaines personnes sont en effet dans une situation de fragilité qui justifie une protection particulière, notamment les majeurs protégés. L'article 450 du Code civil oblige en principe le tuteur à "prendre soin de la personne de l'incapable", mais de nombreuses personnes protégées sont démunies dans le domaine des soins. En outre, certaines personnes qui ne bénéficient d'aucun régime de protection ne sont pas en mesure de consentir à des soins, par exemple en raison de leur grand âge. Cette situation est même relativement fréquente à la suite d'un accident, la personne blessée étant alors livrée à un certain "arbitraire" du corps médical, *a fortiori* en l'absence de famille ou de proche. L'avis du 12 juin 1998 du Comité national d'éthique proposait donc que soit étudiée la possibilité de désigner un mandataire chargé de représenter le patient auprès des médecins, s'il n'est plus en mesure d'exprimer ses choix. Il suggérait également de mettre en place une "aide au consentement" pour les personnes en perte d'autonomie ou qui ne sont pas à même d'exprimer un consentement certain. Cet avis a donc servi de base de travail au législateur, lors de la préparation de la loi du 4 mars 2002.

202. L'article L 1111-6 du Code de la santé publique permet désormais à toute personne majeure de désigner une "personne de confiance", qui peut être un parent, un proche ou le médecin traitant, "qui sera consultée au cas où elle-même serait hors d'état d'exprimer sa volonté et de recevoir l'information à cette fin". Cette désignation doit intervenir par écrit et peut être révoquée à tout moment. La loi ne fournit aucune indication sur ses formes. Il suffit que le patient exprime un choix dénué d'ambiguïté. La personne de confiance peut alors accompagner le malade dans ses démarches, assister aux entretiens médicaux et l'aider dans ses décisions. L'article L 1111-6 ajoute que la

---

[247] C. moderne, *La personne de confiance*, Gaz.Pal.2002.2.1723.

désignation d'une personne de confiance doit être proposée au patient lors de toute hospitalisation. Cette proposition n'est donc pas obligatoire pour la médecine libérale ou pour les consultations externes. Seules les hospitalisations sont concernées, mais cette démarche doit être respectée à chaque nouveau séjour à l'hôpital. La désignation de la personne de confiance vaut alors pour toute la durée de l'hospitalisation, sauf si le patient en décide autrement. Elle doit en outre être mentionnée dans le dossier du patient[248].

203. L'action du corps médical doit ensuite être transparente. L'article L 1111-4 du Code de la santé publique précise en effet qu'aucune intervention ou investigation ne peut être réalisée, lorsque la personne est hors d'état de manifester sa volonté, "sauf urgence ou impossibilité, sans que la personne de confiance (...) ou la famille, ou à défaut un de ses proches ait été consulté". L'intervention de la personne de confiance n'est toutefois pas réservée aux soins. L'article L 1122-1 du Code de la santé publique dispose en ce sens qu'"en cas de recherches biomédicales à mettre en œuvre dans des situations d'urgence qui ne permettent pas de recueillir le consentement préalable de la personne qui y sera soumise, le protocole présenté à l'avis du comité instauré par l'article 1123-1 peut prévoir que le consentement de cette personne ne sera pas recherché et que seul sera sollicité celui des membres de sa famille, s'ils sont présents, et à défaut, l'avis de la personne de confiance prévue à l'article L 1111-6, dans les conditions prévues ci-dessus. L'intéressé est informé dès que possible et son consentement lui est demandé pour la poursuite éventuelle de cette recherche".

204. La désignation d'une personne de confiance est réservée aux personnes majeures capables. Le dernier alinéa de l'article L 1111-6 l'exclut expressément en présence d'un régime de tutelle, car la personne protégée n'est pas en mesure de désigner ce tiers. Aucune exclusion ne doit en revanche être retenue en présence d'une curatelle ou d'une sauvegarde de justice. La personne de confiance est un parent, un proche ou le médecin traitant. La notion de parent est toutefois floue. Le patient étant libre de désigner la personne de son choix, il lui appartient d'apprécier la force du lien qui justifie la désignation. Il en va de même lorsque la personne de confiance est un proche (ami, voisin...). La désignation du médecin traitant peut soulever des difficultés, parce qu'il peut être amené à délivrer des soins, d'où un cumul de fonctions que le praticien devra résoudre selon sa conscience, les textes n'apportant aucune précision sur ce point.

---

[248] Article R 710-2-3 du Code de la santé publique.

205. L'étendue des pouvoirs de la personne de confiance est ensuite fonction de l'état de santé du patient. Il ne s'agit pas de la personne à prévenir en cas d'accident ou d'hospitalisation[249]. La loi du 4 mars 2002 opère une distinction. D'une part, s'agissant du diagnostic, des soins et du traitement, la personne de confiance accompagne le patient lorsque celui-ci dispose de sa lucidité. Elle n'exerce qu'une fonction d'assistance, le patient consentant lui-même aux soins. La présence de la personne de confiance, y compris lorsqu'il accède à son dossier médical, lui permet toutefois d'être efficacement éclairé sur son état de santé. En revanche, lorsque le patient n'est pas en mesure d'exprimer sa volonté, le médecin doit obligatoirement consulter la personne de confiance ou, à défaut, ses proches avant toute intervention ou investigation, sous réserve de l'impossibilité ou de l'urgence. Cette consultation ne se confond toutefois pas avec la prise de décision. La personne de confiance ne se substitue jamais au patient, même lorsqu'il n'est pas en état d'exprimer sa volonté. Son avis et ses observations doivent simplement guider le médecin, qui reste libre de son choix. Le médecin peut donc, *a priori*, passer outre le refus de soins exprimé par la personne de confiance. D'autre part, des recherches biomédicales sont parfois mises en œuvre dans des situations d'urgence. Si le patient n'est pas en mesure de donner son consentement, le protocole soumis à l'avis du CCPPRB peut prévoir que le consentement de la famille est recueilli, si elle est présente. A défaut, la personne de confiance est consultée pour avis, conformément à l'article L 1122-1 du Code de la santé publique.

206. En pratique, si la désignation d'une personne devrait favoriser un meilleur dialogue entre le patient et le médecin et rendre ainsi l'acte médical plus transparent, des difficultés risquent de surgir. Certaines maladresses de rédaction peuvent être relevées dans la loi du 4 mars 2002. Ainsi, la personne de confiance est placée avant la famille et les proches lorsque le patient n'est plus en mesure d'exprimer son consentement, mais elle est placée après elle pour la recherche clinique. Cependant, en dépit de ces imperfections, la désignation d'une personne de confiance est un moyen de responsabiliser davantage le patient et d'améliorer la relation de confiance qu'il doit entretenir avec le médecin. La relation médicale peut devenir transparente, parce que le patient est en mesure de comprendre et de consentir aux traitements qui lui sont proposés. Cette transparence est d'autant plus grande que la loi du 4 mars 2002 a libéralisé l'accès au dossier médical.

---

[249] Article R 710-2-3 du Code de la santé publique, issu du décret du 29 avril 2002.

C) La transparence du dossier médical.

207. Le dossier médical, longtemps tenu secret, tend aujourd'hui à devenir transparent. Sa communication obéit à des motivations diverses. Le patient peut ainsi demander son dossier médical avant de consulter un autre praticien, notamment pour obtenir un second avis ou se diriger vers une nouvelle équipe médicale. Le patient choisit librement son praticien. De nombreux médecins hospitaliers demandent à leur patient, lors de la première consultation, d'apporter leur dossier médical. Plus marginalement, l'accès au dossier médical peut s'inscrire dans un contexte conflictuel, lorsque le patient doute de la qualité des soins reçus et envisage d'exercer une action en responsabilité. La transparence du dossier médical est donc essentielle, car le patient peut ainsi maîtriser de sa santé et évaluer les soins qui lui ont été dispensés. Le titre II de la loi du 4 mars 2002 tend ainsi à faire du patient un véritable acteur du système de santé, en modifiant sur de nombreux points le droit antérieur. Le législateur était intervenu, dès 1970, à plusieurs reprises pour garantir l'accès au dossier médical. Le Conseil d'Etat a étendu cette obligation, par un arrêt rendu le 22 janvier 1982, en imposant la communication de ce dossier à la veuve d'un patient décédé[250]. La transparence restait cependant médiate, puisqu'elle était assurée par l'intermédiaire d'un médecin[251]. Le patient ne pouvait pas accéder directement à son dossier. Le corps médical estimait en effet qu'il pourrait être dangereux de lui ouvrir un dossier contenant des informations techniques, dont la révélation risquait d'être mal comprise. L'intervention d'un médecin permettait, au contraire, de le protéger, alors surtout que certains patients préfèrent ne pas être informés de la gravité exacte de leur état. Cette solution faisait toutefois l'objet d'une controverse. Certains revendiquaient un droit à la vérité pour accéder eux-mêmes à leur dossier médical. D'autres préféraient rester dans l'ignorance. En pratique, l'accès au dossier médical se heurtait à de nombreuses difficultés[252].

208. Il n'y a pas de véritable débat en présence d'un diagnostic mortel, car la vérité existe toujours pour qui veut la voir[253]. La situation est en revanche plus complexe pour les diagnostics génétiques ou les maladies évolutives. Les diagnostics à long terme reposent sur des probabilités et des statistiques. Certains membres du corps médical prônent alors la transparence. Ainsi, le Professeur Ruffié considère que ces informations doivent être

---

[250] CE, 22 janvier 1982, *Gestion hospitalière*,1982, n° 219, p. 800.

[251] Ancien article R 710-2-2 du Code de la santé publique.

[252] M. Dupont, *L'accès du patient aux documents médicaux personnels. Ses aspects pratiques à l'hôpital*, Gaz.Pal.2002.2.1717.

[253] N. droit, *Dire la mort*, in *La vérité*, Revue *Le genre humain*, n° 7/8, éd. Complexe.

communiquées au patient, pour lui permettre de gérer “son capital santé”[254]. Cette transparence permet en outre de développer une véritable médecine préventive. D'autres dénoncent, au contraire, cette emprise médicale, parce qu'elle pourrait générer des troubles psychiques d'angoisse. La communication de telles informations aux proches du patient, à son conjoint, à ses enfants, à sa famille, est en revanche globalement condamnée par le corps médical, car une telle divulgation heurterait le secret médical et ruinerait la confiance qui doit unir le médecin à son patient.

209. L'article L 1111-7 du Code de la santé publique, issu de la loi du 4 mars 2002, permet aujourd'hui au patient d'accéder “directement, ou par l'intermédiaire d'un médecin qu'il désigne”, à son dossier médical. Chacun peut ainsi consulter l'ensemble des informations concernant sa santé, détenues par les professionnels et les établissements de santé, ayant contribué à l'élaboration et au suivi du diagnostic et du traitement ou d'une action de prévention. Toutefois, l'article R 710-2-1, issu du décret n° 2002-627 du 29 avril 2002, réduit la portée de la faculté nouvelle. Dans les établissements publics de santé, les informations sont communiquées au patient “par le médecin responsable de la structure” médicale concernée ou par un membre du corps médical désigné par lui. La distinction entre l'accès direct et l'accès indirect est donc fort mince. Seul un médecin peut accéder au dossier médical, pour en remettre une copie au patient, soit en main propre soit par envoi postal, en l'accompagnant ou non d'explications. La communication directe du dossier médical détenu par un hôpital est donc exclue. L'article L 1112-1 du Code de la santé publique oblige cependant l'hôpital à proposer systématiquement au patient un accompagnement. Le patient peut également être accompagné dans ses démarches par une personne de confiance, désignée conformément à l'article L 1111-6 du Code de la santé publique. Enfin, en présence d'un litige ou si le dialogue est rompu, un “médecin conciliateur” de l'hôpital pourra intervenir pour assurer une mission de médiation.

210. La loi du 4 mars 2002 et son décret d'application n'ont donc pas bouleversé le droit antérieur. En pratique, dans les hôpitaux publics, l'article 1er du décret du 29 avril 2002 précise que la demande doit être effectuée auprès de l'hôpital. La communication doit être faite par le chef de service, dans un délai de 8 jours. Ce délai semble cependant difficile à respecter, alors surtout qu'il n'est assorti d'aucune sanction. L'obligation de faire appel à la direction hospitalière tend à protéger le patient, pour que la communication du dossier médical ne soit pas abandonnée à la discrétion d'un praticien ou d'un chef de service. En outre, la transparence a un coût. Certes, la consultation du

---

[254] J. Ruffié, *La médecine prédictive*, MURS, n° 4, 1985-1986.

dossier médical est gratuite lorsqu'elle intervient sur place, mais l'établissement hospitalier peut facturer les photocopies, ce qui devrait limiter les demandes abusives, même si cette mesure tend à dédommager l'établissement des frais qu'il engage et non d'ériger une nouvelle barrière à la communication du dossier médical.

211. Une évolution importante peut, en revanche, être relevée s'agissant des pièces du dossier médical pouvant être communiquées au patient. L'article R 710-2-2 du Code de la santé publique, issu du décret du 5 mars 2002, énumère en effet *a minima* les documents devant figurer dans le dossier remis au patient. Le contenu du dossier demeure donc variable et reste fonction de la nature du traitement et des particularités du séjour hospitalier. De nombreuses pièces peuvent désormais être communiquées au patient (évaluation clinique initiale, comptes-rendus d'hospitalisation, prescriptions, clichés d'imagerie médicale, comptes-rendus d'opérations....). Le dossier n'est toutefois pas nécessairement communicable dans son intégralité, ce qui constitue une innovation. Jusqu'en 2002, la Commission d'accès aux documents administratifs estimait également que tous les documents inclus physiquement dans le dossier médical devaient être communiqués au patient[255]. La jurisprudence se montrait très stricte lorsque le dossier communiqué n'était pas complet. Il avait notamment été jugé que la disparition d'un élément important de ce dossier obligeait l'hôpital à rapporter la preuve de l'absence de faute lors d'un traitement[256]. Or, étaient apparus des dossiers "doubles", destinés au seul corps médical. La transparence accrue du dossier médical devrait donc modifier les pratiques médicales. Les pièces qui composent le dossier médical, surtout au sein d'un hôpital, émanent toutefois le plus souvent de multiples intervenants. Ils sont fréquemment saturés d'informations, dont certaines sont rapidement périmées, tels les résultats d'examens. D'autres sont abondantes par leur nature même, s'agissant notamment des comptes-rendus des soins infirmiers. Les dossiers médicaux risquent de devenir extrêmement volumineux. Leur communication soulève alors deux difficultés. D'une part, les services hospitaliers risquent d'être confrontés à d'importantes difficultés matérielles pour communiquer des dossiers qui comportent parfois des centaines de pages, en présence par exemple de maladies chroniques. D'autre part, il n'est pas certain que le patient puisse être réellement informé sur son état de santé, tant les informations qui lui sont communiquées risquent d'être abondantes et techniques. Aussi, est-il souhaitable que de nouvelles pratiques hospitalières

---

[255] Lettre du Président de la CADA au Directeur général de l'AP-HP, 18 juillet 1999.

[256] Tb. administratif Clermont-Ferrand, 27 février 1990, *Chapat c./ CHG Le Puy*, n° 87740.

apparaissent, pour que le dossier soit ramené aux seules pièces susceptibles de justifier le diagnostic ou la qualité des soins. Un danger apparaît cependant immédiatement, car les médecins, sachant que le patient peut aujourd'hui aisément accéder à son dossier, risquent d'être tentés de ne plus rien y indiquer, notamment pour se prémunir d'éventuelles actions en responsabilité. L'objectif de transparence risquerait alors de jouer contre le patient. Le silence du dossier ne lui permettrait plus d'être réellement informé sur son état de santé et, plus encore, risquerait de nuire à la qualité des soins, si le dossier passe sous silence des informations importantes. Le décret du 29 avril 2002 s'est donc efforcé de réorganiser les dossiers médicaux tenus dans les hôpitaux.

212. Le dossier médical fait désormais l'objet d'un tri avant communication. Il doit être organisé en différents groupes d'informations, dont certaines ne sont pas communicables. L'article R 710-2-2 du Code de la santé publique prévoit en ce sens que "les informations mentionnant qu'elles ont été recueillies auprès de tiers n'intervenant pas dans la prise en charge thérapeutique ou concernant de tels tiers" doivent être classées à part et ne peuvent être communiquées au patient. Celui-ci ne peut donc pas accéder aux informations obtenues auprès de son entourage, notamment sur son mode de vie ou ses mœurs. Les informations concernant ses proches sont *a fortiori* couvertes par le secret. La mise en œuvre de ces principes risque cependant d'être malaisée, notamment en psychiatrie, parce que le dossier contient généralement des informations sur l'entourage du patient. En outre, seules les pièces "formalisées" sont communicables.

213. Le mineur ne peut pas accéder lui-même à son dossier médical. La demande de communication doit être formée par les titulaires de l'autorité parentale, mais des difficultés peuvent se présenter. Ainsi, l'article L 1111-5 du Code de la santé publique permet au mineur qui en fait la demande expresse de se faire soigner sans que ses parents en soient informés ou n'y consentent. Par exception, le mineur peut ensuite accéder seul à son dossier médical. En outre, l'article 6 du décret du 29 avril 2002 lui permet de s'opposer "à ce que le médecin qui a pratiqué (le) traitement ou l'intervention communique au titulaire de l'autorité parentale les informations qui ont été constituées à ce sujet". Le médecin doit alors mentionner, par écrit, cette opposition dans le dossier médical. L'hôpital doit donc, dans cette situation, obtenir l'accord du mineur avant d'accéder à la demande d'information formée par le ou les titulaires de l'autorité parentale. A défaut d'obtenir ce consentement, le secret doit être préservé aussi longtemps que le mineur maintient son opposition. La communication du dossier médical est également exclue lorsqu'il comporte des informations relatives à la vie intime du mineur.

La relation de confiance que le médecin établit avec son patient mineur, notamment lorsqu'il s'agit d'un adolescent, doit le conduire à ne pas révéler à ses parents ce qui lui a été confié. La protection du secret est nécessaire pour que le mineur puisse exprimer ce qu'il ne veut ou ne peut dire à ses parents. La confidentialité des données recueillies est en effet garantie par l'article 16 de la Convention de New-York.

214. Enfin, les ayants droit du patient peuvent également accéder au dossier médical, mais à des conditions plus rigoureuses. Leur demande doit être motivée par l'un des trois critères prévus par la loi : connaître les causes d'un décès, faire valoir leurs droits ou défendre la mémoire du défunt. Les demandes *post mortem* de documents médicaux sont en effet très fréquentes lorsque la famille doute de la qualité des soins pratiqués au défunt. La communication du dossier médical peut alors être le préalable d'une action en responsabilité. Les demandes abusives sont ainsi évitées. Le dossier médical ne peut en outre jamais leur être communiqué pour obtenir des informations sur les antécédents génétiques de leur auteur. Le respect de ce principe risque toutefois d'être malaisé, car les ayants droit peuvent être tentés d'invoquer frauduleusement l'un des motifs de communication prévus par la loi.

215. Par ailleurs, l'accès au dossier médical obéit à des règles particulières en psychiatrie. De nombreux praticiens ont en effet mis en garde contre les effets thérapeutiques néfastes pouvant résulter de la connaissance du diagnostic exact. Aussi, par exception au principe d'accès direct, le médecin hospitalier saisi d'une demande d'accès peut-il demander la présence d'un médecin, librement désigné par le patient. Cette possibilité ne peut cependant être utilisée qu'à "titre exceptionnel", s'il existe des "risques d'une gravité particulière". Elle ne concerne en outre que les patients soignés sous la contrainte, à la suite d'une hospitalisation d'office ou à la demande d'un tiers. L'exception a donc une portée limitée, car ces patients sont minoritaires au sein des unités psychiatriques. La plupart des patients traités pour des troubles psychiatriques conservent donc la possibilité d'accéder directement à leur dossier médical. En outre, la présence d'un médecin lors de la consultation ne peut être imposée qu'au cours de la période de contrainte. Le patient retrouve donc l'intégralité de son droit d'accès à l'issue de l'hospitalisation d'office ou à la demande d'un tiers.

216. En revanche, la loi silencieuse sur un point essentiel. Le médecin sollicité pour accéder au dossier peut-il refuser de révéler au patient un diagnostic ou un pronostic grave ? L'article 35 du Code de déontologie médicale permet au médecin de garder le silence "dans l'intérêt du patient et pour des raisons légitimes que le praticien apprécie en conscience". Or, l'article L 1111-2 du Code de la santé publique prévoit que l'information doit être délivrée au patient "dans le respect des règles professionnelles". Ces dispositions semblent donc en contradiction. Comment en effet distinguer l'information orale de l'information écrite, qui ont toutes deux vocation à être transparentes ? De nouvelles techniques d'informations devront donc être utilisées pour garantir l'accès direct au dossier médical, ce qui limite nécessairement la possibilité qu'aurait le médecin de garder secrètes certaines informations. De nombreux médecins pourraient alors être tentés de tout révéler au patient, même si cela ne semble pas opportun en conscience, ou au contraire de taire certaines informations importantes. La nouvelle rédaction annoncée du Code de déontologie devrait probablement résoudre cette difficulté.

217. L'activité médicale est donc devenue transparente. Le patient est informé avant toute expérimentation ou tout traitement, afin d'être en mesure d'émettre un consentement libre et éclairé. L'obligation d'information mise à la charge du médecin, d'origine jurisprudentielle, est aujourd'hui consacrée par la loi. Le patient peut ensuite accéder très largement à son dossier médical, le plus souvent directement. L'individu a ainsi acquis un rôle actif face à sa santé, puisque le corps médical ne peut plus lui opposer le secret. Il en va en outre de même en présence de fichiers automatisés.

§ 3 : La transparence des traitements automatisés de données.

218. L'informatique ouvre des perspectives immenses d'efficacité et de progrès, mais appliquée à diverses données, notamment sur les personnes, elle peut constituer une menace pour la société toute entière. L'informatique a permis de ficher, beaucoup plus facilement, mais aussi beaucoup plus efficacement, les individus. S'il est rare qu'un fichier soit créé pour leur nuire, il existe toujours un risque de détournement des données collectées. Plus encore, le commerce électronique repose, dans une large mesure, sur des offres de plus en plus ciblées faites au consommateur. Il peut donc, lui aussi, menacer le secret.

219. En l'absence de texte jusqu'en 1978, la jurisprudence s'était efforcée de protéger l'individu contre les fichiers nominatifs informatisés[257]. Les risques de dérive ont toutefois rapidement provoqué l'intervention du législateur. La directive 95/46/CE du 24 octobre 1975 a déjà organisé la protection des données personnelles. Le Conseil de l'Europe adopta ensuite, le

[257] CE, Ass. Plén., 18 février 1976, *Deberon*, JCP.1976.II.18383, conclusions Guillaume.

28 janvier 1981, la *Convention européenne pour la protection des personnes à l'égard du traitement automatisé des données à caractère personnel*. Ce texte reconnaît à toute personne le droit d'accéder aux données à caractère personnel qui la concernent et d'en obtenir la rectification en cas d'erreur. Il impose même leur effacement lorsqu'elles ont été traitées en violation du droit applicable. Un *Comité consultatif* a été spécialement institué pour formuler des avis et des propositions pour favoriser l'application de la Convention. La directive 95/46/CE du Parlement européen et du Conseil du 24 octobre 1995 relative à *la protection des personnes physiques à l'égard des traitements de données à caractère personnel et à la libre circulation de ces données* organise l'harmonisation des législations européennes[258].

220. Cette directive a finalement été transposée en droit interne par la loi n° 2004-801 du 6 août 2004[259]. Les modifications du droit antérieur ne sont toutefois pas substantielles, le droit français étant déjà particulièrement protecteur. Parfois violemment critiqué, le régime mis en place ne semble guère "liberticide", le texte ayant été approuvé, pour l'essentiel, par le Conseil constitutionnel[260].

221. Plus techniquement, l'individu ne peut contrôler les données à caractère personnel qui le concernent que s'il en a connaissance. Il dispose donc d'un droit à l'information préalable. Lors de la réunion des données nominatives, il doit être informé du caractère obligatoire ou facultatif de ses réponses, des conséquences d'un défaut de réponse, des destinataires des informations et de l'existence d'un droit d'accès et de rectification[261]. L'individu décide lui-même de l'utilisation de données le concernant et peut donc refuser de figurer dans un fichier ou refuser que des informations soient communiquées à des tiers[262]. Le droit d'opposition permet ainsi de ne pas répondre lors de la collecte d'informations non obligatoires. La loi du 6 août 2004 a même facilité son exercice, puisqu'il n'est plus subordonné à la justification d'une "raison légitime". Le droit d'opposition est devenu

---

[258] Directive 95/46/CE, 24 octobre 1995, relative à *la protection des personnes physiques à l'égard des traitements de données à caractère personnel et à la libre circulation de ces données*, Journal officiel des Communautés européennes, n° L 281, 23 novembre 1995, p. 31-50.

[259] Loi n° 2004-801, du 6 août 2004, relative à la protection des personnes physiques à l'égard des traitements de données à caractère personnel et modifiant la loi n° 78-17 du 6 janvier 1978, JO 7 août 2004, p. 14063.

[260] Décision n° 2004-499 DC, 29 juillet 2004.

[261] Article 27 de la loi du 6 janvier 1978.

[262] Article 26 de la loi du 6 janvier 1978.

discrétionnaire, sans frais, lorsque les données seront utilisées à des fins de prospection, notamment commerciales.

222. Le traitement de données sensibles doit être autorisé par écrit. Toute personne peut demander sa radiation des fichiers commerciaux ou de vente par correspondance. Elle peut s'opposer à la cession ou à la commercialisation des données. Le droit d'opposition reçoit toutefois deux limites, car il est écarté pour de nombreux traitements publics et son exercice est toujours subordonné à l'existence de motifs légitimes.

223. L'obligation d'information, qui pèse sur le responsable du traitement, peut être accomplie par tous moyens, sauf dans le cas de questionnaires, hypothèse dans laquelle l'information doit figurer sur le questionnaire lui-même. La CNIL tient également à la disposition du public la liste des traitements qui ont été déclarés, avec leurs principales caractéristiques. En outre, son rapport annuel rend compte de ses avis les plus significatifs. Un droit de curiosité s'y ajoute. Toute personne justifiant de son identité peut interroger les services ou organismes chargés de mettre en œuvre les traitements automatisés pour savoir si ces traitements contiennent des données nominatives la concernant. Elle peut alors en obtenir communication.

224. La loi du 6 août 2004 a étendu ce droit d'information, puisqu'elle le consacre même lorsque les données n'ont pas été collectées auprès de la personne. L'individu concerné devra être informé de l'identité du responsable du traitement et des finalités poursuivies, "dès l'enregistrement des données ou au plus tard lors de la première communication des données" à un tiers.

225. Le droit d'accès permet de contrôler l'exactitude des données stockées et, éventuellement, d'en demander l'effacement ou la rectification. La communication des données doit être fidèle au contenu des enregistrements et intervenir en langage clair. Une copie des enregistrements peut être obtenue. La transparence a cependant un coût, puisque la délivrance de cette copie peut être subordonnée au paiement d'une redevance. La CNIL peut être saisie en cas de difficultés. Certaines données ne sont toutefois pas directement accessibles, mais elles sont soumises à un contrôle indirect. Ainsi, l'accès aux traitements intéressant la sûreté de l'Etat, la défense nationale et la sécurité publique se fait par l'intermédiaire d'un commissaire de la CNIL, membre du Conseil d'Etat, de la Cour de cassation ou de la Cour des comptes. Ce commissaire effectue toutes les investigations utiles et fait procéder aux modifications nécessaires. Il notifie au requérant qu'il a effectué les vérifications. La loi du 6 août 2004 a cependant précisé que les fichiers relatifs à la sûreté de l'Etat, la défense et la sécurité publique et accessibles que par l'intermédiaire de la CNIL pourront être communiqués à la personne concernée si les intérêts publics ne sont pas mis en cause[263].

226. La loi n° 2003-239 du 18 mars 2003, relative *à la sécurité intérieure*, a cependant modifié l'article 39 de la loi *Informatique et libertés*[264]. Désormais, les données ne peuvent être communiquées au demandeur que si elles ne mettent pas en cause la finalité du traitement, la sûreté de l'Etat, la défense ou la sécurité publique. Un décret du 14 octobre 1991 autorise, sous certaines conditions, la communication du contenu des fiches détenues par les Renseignements généraux. Cette consultation est réalisée par un membre de la CNIL, qui est uniquement autorisé à indiquer au requérant qu'il est inconnu des Renseignements généraux.

227. Le droit d'accès est complété par un droit de rectification. Toute personne peut faire corriger les erreurs décelées lors de la communication des informations la concernant. Elle peut exiger que ces informations soient complétées, clarifiées, rectifiées, mises à jour ou effacées[265]. La loi du 6 août 2004 y a ajouté le verrouillage des données. Le requérant peut ainsi obtenir une copie sans frais de l'enregistrement modifié. La redevance doit en outre être remboursée en cas de rectification. L'article 38 de la loi du 6 janvier 1978 oblige en outre, indépendamment de toute demande, les détenteurs de fichiers à rectifier d'office dès qu'une inexactitude est détectée. Enfin, l'article 28 de la loi reconnaît un droit à l'oubli en limitant la durée de conservation des données nominatives. Ce droit est particulièrement important pour des personnes en situation précaire ou difficile[266].

228. La CNIL exerce, par ailleurs, une fonction régulatrice. L'article 22 de la loi du 6 janvier 1978 permet de s'adresser à elle pour vérifier si le responsable du traitement automatisé respecte ses engagements. Il est ensuite possible, sur le fondement de l'article 21 de la loi de 1978, d'adresser une plainte à la CNIL, qui peut alors utiliser les moyens d'investigations dont elle est investie par la loi. Elle peut ensuite adresser des avertissements publics et, en présence d'une infraction constatée, la dénoncer au Ministère public.

229. Les garanties offertes par la loi du 6 janvier 1978 ont été renforcées par la transposition de la directive 95/46/CE. La loi du 6 août 2004 consacre notamment le droit d'obtenir notification aux tiers auxquels les données ont

---

[263] Articles 41 et 42 de la loi du 6 janvier 1978.
[264] Loi n° 2003-239 du 18 mars 2003, relative *à la sécurité intérieure*, D.2003.L.870.
[265] Article 36 de la loi du 6 janvier 1978.
[266] Enfant, condamné ayant purgé sa peine, demandeur d'emploi…

été communiquées de toute rectification, effacement ou verrouillage, si cela est possible ou ne suppose pas un effort disproportionné. La directive précise également que toute personne a le droit de s'opposer, sur demande et gratuitement, au traitement des données la concernant à des fins de prospection ou d'être informé avant que ces données ne soient communiquées pour la première fois ou utilisées pour le compte de tiers à des fins de prospection. Elle peut ensuite s'opposer gratuitement à cette communication ou utilisation. Ces obligations, qui ne figuraient pas dans la loi de 1978, protègent efficacement la tranquillité des intéressés. Les fichiers automatisés échappent ainsi au secret. Chacun est en mesure de connaître l'existence des fichiers contenant des données nominatives, pour en contrôler non seulement l'exactitude, mais encore l'utilisation qui en est faite.

230. Ainsi, l'impératif de transparence gagne progressivement l'ensemble des branches du droit et bénéficie alors à l'individu, qui peut accéder aux multiples informations qui le concernent et qui sont en possession de tiers. Le secret n'a toutefois pas totalement disparu. Alors que la psychanalyse a mis en évidence l'importance de la connaissance de ses origines dans la construction de l'identité, la filiation n'est pas, en droit positif, transparente. De nombreux obstacles juridiques s'opposent encore à la recherche de la réalité biologique et, à la supposer connue, interdisent d'en tirer des conséquences. Plus encore, la simple connaissance factuelle de ses origines est parfois impossible, notamment après un accouchement sous X ou un don de gamètes. Ces obstacles mettent en lumière la complexité de la notion de filiation. Celle-ci ne se réduit pas, pour le droit, à un ensemble de données génétiques. La volonté, l'affection, la protection des secrets de famille ou bien encore l'intérêt général interviennent également dans sa définition. Si, le droit de la filiation subit l'influence des progrès scientifiques, qui se traduisent notamment par la reconnaissance, d'un droit à l'expertise biologique, il refuse de s'y soumettre totalement et s'oppose alors à une transparence absolue. Les gisements de données se sont, par ailleurs, multipliés. L'administration, les médecins, les hôpitaux, mais également de nombreuses entreprises collectent et conservent de multiples données à caractère personnel. Le législateur s'est donc efforcé de les rendre accessibles aux intéressés et donc, transparentes. Des pratiques anciennes ont été bouleversées par les progrès de la transparence. L'administration ne peut ainsi plus se retrancher derrière le secret. Ses actions, mais aussi leurs motivations, sont aujourd'hui accessibles aux administrés, qui peuvent ainsi les contrôler. Le corps médical a pareillement dû modifier ses pratiques, pour que chacun devienne un véritable acteur de sa santé. Les expérimentations et les soins doivent être transparents. L'individu reçoit à cette fin une information complète pour être en mesure d'y consentir en connaissance de cause. Il peut ensuite accéder directement à son dossier médical, pour solliciter de nouveaux avis ou pour contrôler la qualité des traitements qui lui ont été administrés. La constitution de fichiers secrets menace enfin l'individu, alors surtout que l'informatique démultiplie les utilisations qui peuvent en être faites. Aussi, les fichiers comportant des données nominatives ont-ils été placés sous le contrôle d'une autorité administrative indépendante, la Commission nationale informatique et libertés. L'individu peut donc aujourd'hui accéder à de multiples informations qui le concernent, même si la Cour européenne des Droits de l'homme a refusé de lui reconnaître formellement le droit de rechercher ces informations. Toutefois, l'affirmation de l'individualité ne repose pas uniquement sur la connaissance de soi. Les ambitions de l'individu sont en effet plus vastes. Il entend à présent se définir lui-même, s'auto instituer. En effet, le droit ne lui impose plus systématiquement une norme de référence qui définit et structure son identité dans l'espace social. L'individu peut alors, dans une large mesure, se faire reconnaître.

Chapitre 2 : L'émergence d'un droit de se faire reconnaître.

231. La société contemporaine, tout en sacralisant la vie personnelle, tend à exacerber l'exposition de l'individu. La télévision en est le meilleur exemple, avec la multiplication des programmes portant sur des sujets qui relevaient autrefois de la plus stricte intimité[267] : conflits familiaux, troubles sexuels, drames personnels, recherche de personnes disparues, déclarations amoureuses, querelles conjugales, disputes, difficultés psychologiques ou même sexuelles, secrets plus ou moins inavouables.... Les participants ne cachent ni leurs sentiments ni leurs larmes et dévoilent ainsi aux téléspectateurs des pans entiers de vie personnelle. Cette parole publique ne repose alors que sur le récit de témoins ordinaires. L'inconnu devient un invité privilégié. Les programmes dits de *real-TV*, dont *Le loft* fut le premier exemple français, apportent une nouvelle version à cette exposition médiatique de la vie privée. Présentés sous forme de jeux, ils proposent aux spectateurs d'"admirer" la vie quotidienne des participants. Le spectateur en vient à regarder un groupe qui regarde un film à la télévision... L'intimité exposée ne porte plus sur les tourments des participants, mais se déroule en direct. Malgré leurs différences, tous ces programmes ont en commun de faire entrer le téléspectateur dans des territoires qui étaient jusqu'alors considérés comme privés, intimes, fermés. L'introspection publique, l'aveu de ses sentiments, de ses mauvaises habitudes ou de ses déviances devient un spectacle. Ces programmes, au demeurant très lucratifs pour leurs producteurs, ne sont pas de simples divertissements qui spéculent sur la perversité et le voyeurisme du public, car ils expriment de nouvelles attentes sociales[268]. Ils proposent en effet une autre conception du débat et de la délibération publics. Les rapports des citoyens à l'univers des valeurs et des normes ont subi de profondes transformations. Ces spectacles sont une "maquette où se projettent des phénomènes de société qui orientent les modes de discussion, d'évaluation, de repérage et de construction des identités, modelant un espace public où le privé et le public se retrouvent étroitement imbriqués"[269]. Le témoin n'est plus invité pour défendre une idée ou proposer une réflexion, mais se contente de faire part de son expérience. Il n'est toutefois plus conçu comme un individu à part entière, mais comme un simple relais chargé d'exprimer un message qui dépasse sa situation particulière[270].

---

[267] D. Mehl, *Confessions sur petit écran*, Sciences humaines, juillet 2003, p. 32-35.
[268] D. Mehl, *Confessions sur petit écran*, article précité.
[269] D. Mehl, *Confessions sur petit écran*, article précité.
[270] D. Mehl, *La télévision de l'intimité*, Seuil, 1996.

232. Ce développement de la parole publique sur soi affecte le mode de délibération de la société avec elle-même. L'espace public est envahi par la parole privée. Il obéit donc à de nouveaux modes de régulation. Certes, les frontières entre la sphère publique et la sphère privée ont toujours fluctué. Des gestes qui étaient initialement accomplis en public peuvent refluer dans la sphère privée. Ainsi, le deuil était autrefois socialement institué par des rites précis, mais il s'est peu à peu replié sur un vécu strictement personnel. Toutefois, en dépit de ces fluctuations permanentes, la collectivité elle-même définissait la frontière entre le public et le privé. Des règles, développées et reconnues par la société, définissaient ce qui pouvait sortir des foyers et ce qui devait au contraire y rester secret. Ne pas respecter ces frontières méconnaissait ces règles sociales non écrites et provoquait donc la réprobation. Ainsi, même si leur contenu variait au cours des époques, la vie privée et la vie publique étaient des notions définies collectivement par la société. Or, chacun entend désormais fixer lui-même les frontières de sa vie personnelle, en maîtrisant la diffusion des informations qui le concernent. Plus encore, l'individu entend désormais se définir lui-même en échappant aux contraintes juridiques et/ou sociales. Il entend ainsi donner toute sa portée à l'article 4 de la Déclaration des Droits de l'homme, selon lequel "la liberté consiste à pouvoir faire tout ce qui ne nuit pas à autrui". Chaque individu peut ainsi devenir son propre maître et doit uniquement reconnaître ce pouvoir à autrui. Sa toute-puissance n'est limitée que par le respect de l'autre. L'individu est construit en *artefact*, de sorte que la société *simule* l'existence d'autrui[271]. Autrui n'est plus qu'un concept. La société n'est plus fondée sur la rencontre des libertés, mais sur la loi de l'offre et de la demande. Le désir peut être aisément satisfait, car l'individu se crée lui-même. L'avancée de la science et le libéralisme économique ont exacerbé l'individualisme, en permettant à chacun d'exprimer et de satisfaire ses attentes, ce qui s'est traduit juridiquement par une multiplication des droits subjectifs.

233. L'individu est donc fréquemment amené à révéler volontairement sa vie personnelle. Il entend affirmer publiquement ce qu'il est (section 1). Ses revendications sont parfois plus fortes, parce qu'il entend, non seulement informer les tiers de ce qu'il est, mais encore les obliger à le reconnaître. L'état des personnes traduit en effet juridiquement certains éléments de la personnalité, tels le nom, le prénom ou bien encore le sexe. L'individu entend donc faire reconnaître par le droit ce qu'il considère être sa personnalité réelle, en imposant une modification de son état. L'état des personnes devient ainsi un instrument de communication. Si de telles revendications étaient

---

[271] B. Edelman, *Sujet de droit et techno-sciences*, in APD, *Le sujet de droit*, p. 165-179, spécialement p. 170.

traditionnellement vouées à l'échec, parce qu'elles se heurtaient au principe de l'indisponibilité de l'état des personnes, elles sont aujourd'hui plus largement admises par le droit positif (section 2).

Section 1 : L'exploitation de la vie personnelle et de l'image

234. L'individu lui-même entend fréquemment faire état de sa vie personnelle, pour accroître sa notoriété, attirer la sympathie de ses électeurs, renforcer son image... Certes, le droit au respect de la vie privée est en principe un droit de la personnalité, de nature extrapatrimoniale. On assiste toutefois à sa patrimonialisation, car son exploitation est stimulée par les médias. L'information personnelle acquiert ainsi peu à peu une valeur marchande, parce que sa diffusion s'inscrit dans une stratégie de communication. Elle fait donc l'objet d'une véritable exploitation "commerciale" (§ 1), mais également politique (§ 2). Plus encore, le droit à l'image est aujourd'hui analysé en un monopole d'exploitation (§ 3).

§ 1 : L'exploitation commerciale des informations personnelles.

235. La presse ne s'intéresse plus exclusivement à la vie publique, à la vie officielle. De nombreuses personnalités n'hésitent plus à faire état de leur vie personnelle pour accroître leur notoriété. Les médias relaient volontiers leur désir, parce que cette exploitation d'informations personnelles est source de profits. Plus encore, la loi n'interdit nullement la divulgation de sa vie personnelle. Le droit au respect de la vie privée permet en effet de contrôler la divulgation des informations personnelles, ce qui tempère sa nature extrapatrimoniale. La théorie du contrôle est appliquée aux révélations faites par l'individu lui-même. Le droit au respect de la vie privée permet tout à la fois de retenir ou de révéler des informations personnelles. Ce droit de divulgation n'est que limité par l'ordre public et les bonnes mœurs. La révélation volontaire interdit bien évidemment à l'individu de demander ensuite au juge de sanctionner un droit auquel il a renoncé.

236. La vérité et la fiction entretiennent parfois des liens étroits. La fiction fut, dans un premier temps, clairement distinguée de la révélation de faits relevant de la vie personnelle. La Cour de cassation avait ainsi jugé que l'atteinte à la vie privée ne pouvait résulter "d'une œuvre de pure imagination qui ne divulgue pas un fait réel de la vie privée"[272]. Cette analyse n'est désormais plus retenue en droit positif. L'atteinte à la vie privée peut résulter de la supposition imaginaire de faits, de sentiments ou même d'inventions de l'auteur lorsque celui-ci entend les faire passer pour vrais[273]. L'autofiction est cependant devenue un genre littéraire à part entière. L'auteur s'inspire alors directement de la réalité. Il lui est bien évidemment loisible de révéler ses

---

[272] Civ. 1ère, 8 janvier 1980, D.1980.IR.258.

[273] Civ. 1ère, 13 février 1985, D.1985.488, note B. Edelman.

propres faits et gestes, ses propres sentiments. Toutefois, il est fréquemment appelé à révéler des faits qui relèvent de la vie privée de ses proches. Ainsi, Christine Angot, dans *L'inceste*, n'hésite pas à utiliser le véritable patronyme des personnes qui composent son entourage. De telles révélations peuvent, en théorie, être sanctionnées sur le terrain de l'article 9 du Code civil. Les actions demeurent cependant rares, car les personnes concernées hésitent à se médiatiser davantage. Christine Angot l'a parfaitement compris et explique dans *Quitter la ville* qu'aucun procès ne lui a été intenté après la publication de *L'inceste*, nul n'ayant osé agir en justice contre elle[274]. La jurisprudence veille cependant à ce que fiction et réalité ne se confondent pas. Ainsi, la Cour de cassation a estimé qu'un film qui retraçait la vie de Jacques Mesrine, en mêlant faits réels et imaginaires, portait atteinte à la vie privée de sa compagne[275]. Cette atteinte ne résultait pas de la divulgation de faits inconnus ou de la reprise de faits anciens, mais la Cour de cassation considère que "quand la fiction tend à se rapprocher de la réalité au point de se confondre avec elle, il faut la traiter comme telle"[276].

237. Chaque individu peut ainsi autoriser la divulgation d'événements relatifs à sa vie personnelle pour assurer sa propre publicité. L'autorisation n'est pas nécessairement expresse et peut n'être que tacite. Par le passé, l'autorisation de publier un événement personnel n'avait aucun effet pour l'avenir[277]. Cette jurisprudence avait toutefois entraîné des abus, l'atteinte à la vie privée étant devenue une rente de situation pour certaines célébrités. Désormais, la presse peut reprendre librement les faits qui ont été volontairement divulgués par l'intéressé, car ils sont alors devenus publics. L'auteur d'une biographie peut ainsi reprendre librement des "révélations faites par (l'intéressé) lui-même dans des récits autobiographiques sur certains aspects de sa vie intime"[278]. Plus encore, en droit pénal, l'article 226-1 du Code pénal précise que la sanction n'est applicable que si les actes incriminés ont été accomplis sans le consentement de l'intéressé. Le droit pénal ne sanctionne donc pas l'atteinte à la vie privée en elle-même, mais le fait d'effectuer des révélations sans le consentement de la victime. Or, ce phénomène ne concerne plus uniquement le monde du spectacle. Certains hommes politiques n'hésitent plus à utiliser leur vie privée à des fins électorales.

---

[274] C. Angot, *Quitter la ville*, Ed. Le Livre de poche, 2000, p. 33.
[275] Civ. 1ère, 13 février 1985, D.1985.488, note B. Edelman.
[276] Civ. 1ère, 13 février 1985, arrêt précité.
[277] Civ. 2ème, 6 janvier 1971, Bull. civ. II, n° 6 ; D.1971.263, note B. Edelman ; JCP.1971.II.16273.
[278] Cass. civ. 1ème, 10 octobre 1995, Bull. civ. I, n° 356 ; JCP.1997.II.22765, note J. Ravanas.

§ **2** : L'exploitation politique des informations personnelles.

238. L'utilisation intéressée des informations personnelles n'est plus réservée aux artistes en mal de notoriété et de publicité. Ainsi, certains hommes politiques utilisent aujourd'hui leur vie personnelle pour améliorer leur image auprès des électeurs et accroître leur popularité[279]. Ils ne se contentent plus d'intervenir dans la vie publique. Ils ouvrent leur vie privée pour servir leurs intérêts. La vie privée des hommes politiques tend à devenir un argument électoral à part entière, destiné à montrer aux électeurs que les hommes politiques sont des gens "normaux". Le message politique a totalement changé d'univers. Il n'est plus délivré au cours de réunions publiques, mais pénètre dans l'espace privé des citoyens, grâce à la radio et à la télévision. L'homme politique est donc appelé à séduire son auditoire, directement chez lui. Il n'hésite donc plus à exposer sa famille, son habitation, ses enfants... Les pratiques françaises tendent ainsi à se rapprocher des pratiques anglo-saxonnes. La tradition puritaine considère en effet que la vie privée garantit la qualité de la vie publique. Un bon homme politique doit déjà être un bon époux et un bon père de famille. Sa vie privée doit donc être connue des électeurs, parce qu'elle reflète sa vie publique à venir. L'homme politique américain doit ainsi accepter de nombreuses immixtions dans sa vie personnelle, au nom du droit à l'information et de l'intérêt général. La presse aurait même le devoir d'intervenir lorsqu'il tente de dissimuler sa personnalité réelle. Cette conception de la vie politique ne saurait toutefois être retenue en France. Une telle démarche, au-delà de la démagogie qu'elle implique, se révèle en effet dangereuse. Des hommes politiques, qui ne souhaitent pas révéler leur vie personnelle, peuvent être livrés à la curiosité des journalistes et du public, mais surtout le débat politique est vidé de son contenu. Exposer la vie personnelle des hommes politiques exploite l'émotivité des électeurs. La privatisation de l'espace public révèle la pauvreté du débat politique, pour ne pas dire son inexistence. Elle discrédite l'action publique et décrédibilise les hommes politiques. Le débat disparaît au profit de l'émotion. Il en va *a fortiori* ainsi lorsque l'image est exploitée à des fins commerciales ou politiques.

§ **3** : L'exploitation de l'image.

239. Le droit à l'image permet à l'individu de s'opposer à toute utilisation de son image. Il ne repose sur aucun texte, mais la première décision est ancienne, puisqu'elle remonterait à 1858[280]. Il ne s'est toutefois

---

[279] A. Duhamel, *La politique imaginaire*, Flammarion, 1995, p. 144-145.
[280] Tb. civ. Seine, 16 juin 1858, D.1858.2.52.

réellement développé qu'au cours des années 1970. Chacun est aujourd'hui titulaire de droits sur son image et est seul habilité à autoriser son utilisation. Il s'agit là d'un droit de la personnalité. La simple utilisation non autorisée de l'image est répréhensible, indépendamment de tout autre préjudice.

240. Alors que nul ne peut en principe disposer de son droit à l'image, la société moderne a fait néanmoins de l'image une marchandise. La jurisprudence, qui a consacré le "droit à l'image", lui confère une nature dualiste, extrapatrimoniale et patrimoniale. De nombreuses célébrités monnaient en effet l'exploitation commerciale de leur image. Chacun peut utiliser son image comme il l'entend, y compris contre de l'argent. Les termes même de "droit à l'image" ne sont toutefois pas satisfaisants. Il n'est guère logique d'employer un terme unique pour désigner deux droits distincts. S'il peut encore être accepté s'il désigne le droit moral, il est absurde de désigner ainsi une activité commerciale. Plus encore, il n'est pas un droit "à" quelque chose, s'agissant d'un droit subjectif. Dans son aspect commercial, le "droit à l'image" ne porte plus sur l'image de la personne, mais sur la commercialisation de sa notoriété. L'acteur ou le sportif ne se contente pas d'autoriser l'utilisation commerciale de son image, il monnaie sa notoriété.

241. Le droit à l'image ne constitue donc pas seulement un droit de la personnalité. Il est également un monopole d'exploitation commerciale. L'image des personnes connues, notamment des mannequins, des acteurs ou des sportifs, représente une valeur marchande considérable. Le droit à l'image leur permet de s'opposer à l'utilisation non autorisée, et donc gratuite, de leur image, même si elle ne porte pas atteinte à la vie personnelle[281]. Le bénéficiaire de l'autorisation peut en outre être sanctionné s'il ne respecte pas l'usage convenu[282].

242. Cette patrimonialisation du droit à l'image pourrait toutefois être remise en cause par une proposition de loi déposée le 16 juillet 2003 à l'Assemblée nationale, visant à "donner un cadre juridique au droit à l'image et à concilier ce dernier avec la liberté d'expression"[283]. Il est proposé d'insérer un article 9-2 dans le Code civil, qui disposerait que "chacun a droit à l'image sur sa personne. Le droit à l'image d'une personne est un droit que chacun possède sur la reproduction ou l'utilisation de sa propre image.

---

[281] CA Paris, 14 mai 1975, D.1976.291, note R. Lindon ; TGI Paris, 21 décembre 1983, Gaz.Pal.1984.2.Som.360.

[282] CA Nîmes, 7 janvier 1988, JCP.1988.II.21059 ; Civ. 1ère, 12 juin 1990, Bull. civ. I, n° 164 ; CA Versailles, 7 mai 1998, Bull. inf. C. Cass., 1er décembre 1998, n° 1329 ; CA Versailles, 4 novembre 1999, D.2000.347, note J. Ravanas.

[283] Proposition du 16 juillet 2002, AN, n° 1029.

L'image d'une personne peut toutefois être reproduite ou utilisée dès lors qu'il n'en résulte aucun préjudice réel et sérieux pour celle-ci". Cette proposition de loi entend réagir à la "judiciarisation, à la marchandisation et à l'américanisation du droit à l'image".

243. Le droit évolue ainsi vers une patrimonialisation des droits de la personnalité, qui les rapprochent du droit de propriété littéraire et artistique. Cette dualité, morale et patrimoniale, n'a toutefois jamais été appliquée au droit au respect de la vie privée. De nombreuses difficultés en résulteraient, car il faudrait alors distinguer les éléments extrapatrimoniaux de ce droit, intransmissibles aux héritiers, des droits patrimoniaux, alors que tous sont intimement liés[284]. Plus encore, les dommages-intérêts accordés par le juge constituent une source de revenus parfois considérables. La nature extrapatrimoniale du droit au respect de la vie privée est plus théorique que réelle. Il n'est même pas certain qu'elle soit souhaitable. Certes, protéger sa vie privée contre l'immixtion des tiers est un droit de la personnalité, dépourvu en lui-même de valeur patrimoniale. Ce droit engendre cependant des situations patrimoniales. Cette situation n'est pas marginale. L'auteur dispose ainsi, outre du droit moral, de droits patrimoniaux qui lui permettent d'exploiter économiquement son œuvre. L'individu pourrait ainsi se voir reconnaître un monopole, qui lui permettrait de contrôler la diffusion d'informations personnelles, mais aussi d'en exploiter l'utilisation. Cette évolution ne changerait guère les pratiques, car les dommages-intérêts accordés par le juge constituent une source substantielle de revenus. L'information, y compris lorsqu'elle porte sur l'individu, a en effet une valeur marchande. La société libérale en a fait un bien à part entière, certes immatériel, mais qui est susceptible d'appropriation. Celle-ci pourrait alors résulter de l'invention, qui permet d'acquérir la propriété de choses incorporelles. La divulgation volontaire d'informations personnelles ne remettrait pas en cause ce monopole, car l'information ne deviendrait pas pour autant une chose commune. L'individu devrait au contraire conserver la maîtrise des informations personnelles le concernant, son autorisation ne pouvant être que spéciale. Toute nouvelle utilisation de ces informations devrait être autorisée, l'individu restant ainsi maître de son passé. Sa vie privée ne "tomberait" entre les mains des historiens qu'à son décès. Reconnaître la valeur marchande de l'information personnelle serait en outre logique dans une société libérale, dominée par l'autonomie de l'individu dans l'interdépendance. L'hypocrisie des dommages-intérêts serait ainsi évitée, l'individu pouvant alors se présenter aux autres comme il entend être vu. Cette évolution serait d'autant plus logique que l'individu peut aujourd'hui

---

[284] Civ. 1ère, 19 décembre 1999, D.2000.372 ; JCP.2000.II.10241.

obliger la société à reconnaître la personnalité qu'il se crée, car l'état des personnes devient de plus en plus disponible.

Section 2 : La disponibilité accrue de l'état des personnes.

244. L'état désigne la situation juridique de la personne. Il se manifeste extérieurement et peut être constaté par tous. Il est le reflet de la personnalité réelle et du mode de vie des sujets de droit. Le droit reconnaît ainsi la particularité de chaque individu, pour le distinguer des autres personnes juridiques. La vie juridique ne peut exister sans l'individualisation de chaque sujet de droit. Chacun doit être reconnaissable. L'état d'une personne désigne donc sa situation juridique. Or, le nom reflète l'origine sociale et familiale et renvoie à des éléments qui relèvent de la vie privée. Le prénom est choisi par la famille, pour sa résonance affective, religieuse, historique... Le sexe juridique, lorsqu'il ne correspond pas à l'apparence, donne des informations intimes sur la personne. Les registres d'état civil ont ainsi été comparés au "grand livre de la vie privée"[285]. Or, l'état civil apparaît désormais comme un moyen de communication, un instrument au service d'une politique de l'image.

245. La loi fixe, en principe, l'état de chaque individu, à sa naissance. L'état est en lien direct avec la personne. Il forme donc traditionnellement un tout indivisible, un ensemble qui reflète la personnalité. L'individu, parce qu'il n'a qu'une personnalité, n'a qu'un état. Plus encore, l'individu ne peut, en principe, jamais changer d'état, pas plus qu'il ne pourrait changer de personnalité. L'état est en effet présenté comme indisponible. Ainsi, l'article 311-9 du Code civil permet d'annuler toute convention ayant pour objet la filiation. L'indisponibilité de l'état n'implique toutefois pas son immutabilité. L'état connaît en réalité de nombreuses mutations. La situation de famille, le domicile, mais également le nom ou la nationalité de l'individu peuvent changer au cours de sa vie. Plus encore, chacun peut aujourd'hui modifier unilatéralement son état. L'individu maîtrise, dans une large mesure, son identité civile. Le principe de l'indisponibilité de l'état est en recul. L'individu entend modifier son état pour obliger la société à reconnaître les fluctuations de sa personnalité. Son identification constitue en effet un élément de son état civil, parce qu'elle précise la place qu'il occupe au sein de sa famille et, plus généralement, de la société. Les fonctions de l'état civil en sont transformées. Il ne s'agit plus d'un simple registre administratif. L'état civil acquiert une fonction symbolique, parce qu'il permet un rattachement à une famille, à un lieu, à une histoire. Ainsi, la loi du 8 janvier 1993 a reconnu cette valeur symbolique, en permettant d'établir un acte d'enfant sans vie[286].

---

[285] J. Audier, *Vie privée et actes d'état civil*, in *Etudes offertes à Pierre Kayser*, Tome 1, PUAM, 1979, p. 2.
[286] Article 79-1 du Code civil.

L'article 1er de la loi du 18 juin 2003, relative à *la dévolution du nom de famille*, renforce pareillement cet aspect symbolique à l'état civil, en modifiant l'ordre des mentions figurant sur l'acte de naissance. Les prénoms précèdent désormais le nom, pour "apporter un peu de convivialité dans l'énoncé de notre état civil"[287]. Plus encore, la modification de l'acte de naissance du transsexuel (§ 1), l'identification par le nom (§ 2), la disponibilité accrue du prénom (§ 3) manifestent la fonction symbolique aujourd'hui reconnue à l'état civil. Le principe de l'indisponibilité de l'état des personnes en sort donc affaibli (§ 4).

§ 1 : Le transsexualisme.

246. L'état, alors qu'il désigne en principe la situation juridique de l'individu, n'est pas toujours juridiquement reconnu en dépit de ses manifestations apparentes. Ainsi, le transsexualisme consiste en une contradiction entre le sexe physique, déterminé génétiquement, et le sexe psychologique[288]. Il fut défini comme le "sentiment éprouvé par un individu normalement constitué d'appartenir au sexe opposé, avec le désir intense et obsédant de changer d'état sexuel"[289]. Le transsexuel a, généralement dès l'enfance, le sentiment profond d'appartenir au sexe opposé. Il éprouve le besoin irrésistible de conformer physiquement et socialement cette conviction. Le transsexualisme est à l'origine de graves états dépressifs, pouvant conduire à la dépression ou à l'automutilation. Les médecins ont donc utilisé des traitements hormonaux et chirurgicaux pour donner au transsexuel l'apparence du sexe qu'il estime être le sien[290]. De nombreux transsexuels ne se sont toutefois pas contentés de l'aide que pouvait leur fournir la médecine. Ils ont en effet demandé la rectification de leur acte de naissance pour que la société reconnaisse le sexe qu'ils considéraient comme réel. Cette modification de l'état civil était également jugée des plus souhaitables par les médecins. Elle constituerait l'aboutissement du long processus engagé par le

---

[287] Travaux préparatoires de la loi du 18 juin 2003, JOAN, 7 mai 2003, p. 3534.

[288] J. Massip, *Le transsexualisme. Etat de la question*, Rép. Defrénois 1992, article 35332, page 323.

[289] Alby, *Contribution à l'étude du transsexualisme*, Thèse de médecine, Paris, 1956.

[290] Les praticiens agissent alors par nécessité thérapeutique. L'Ordre des médecins a donc autorisé et encadré les traitements médicochirurgicaux destinés à venir en aide aux transsexuels. Le caractère véritable du transsexualisme doit être constaté par une commission d'experts. Une intervention chirurgicale ne peut être effectuée que si le patient a été suivi par des spécialistes pendant deux ans. Elle doit être autorisée par trois médecins. Tous ces traitements sont impérativement mis en œuvre dans des hôpitaux publics.

transsexuel. Il fut donc nécessaire d'adopter une position juridique sur le transsexualisme.

247. Une ambiguïté apparaît immédiatement. Doit-on considérer que le sexe génétique définit le sexe réel ? Le "nouveau" sexe obtenu après la conformation sexuelle ne serait alors qu'une apparence trompeuse, une illusion. Faut-il en revanche envisager le sexe génétique comme une erreur qu'il convient de dissiper ? La jurisprudence a donc été amenée à déterminer le sexe du transsexuel à partir de son apparence physique et de son comportement social. Elle a progressivement reconnu le transsexualisme en autorisant la modification de la mention du sexe portée dans l'acte de naissance (A). L'étude sommaire de ce syndrome permet de constater que ce "nouveau" sexe n'est pas une illusion L'apparence physique et le comportement social révèlent en effet l'identité du transsexuel (B). La rectification de l'acte de naissance reste toutefois subordonnée à de strictes conditions (C), mais elle fonde la vie familiale du transsexuel (D).

A) La reconnaissance juridique du transsexualisme.

248. La loi ne définit pas le sexe. Le droit se contente de le constater. La doctrine et la jurisprudence considéraient traditionnellement qu'il devait être uniquement déterminé par l'observation des organes génitaux externes, à la naissance de l'enfant[291]. Ce principe reposait sur l'idée que l'apparence correspond le plus souvent à la "réalité". La médecine et le droit entrèrent toutefois en opposition[292]. La première a pour objet de soigner. Elle souhaitait logiquement venir en aide au transsexuel. Néanmoins, l'intérêt de celui-ci n'était pas seul en cause. Le transsexuel pouvait être marié, avoir des enfants. Les intérêts de son conjoint, de ses descendants et plus, généralement, de la société méritaient d'être pris en compte. Les revendications des transsexuels se heurtaient ainsi à de nombreux obstacles juridiques. L'état des personnes est en principe indisponible et immuable. On ne peut en disposer à sa guise. En outre, l'état civil organise les rapports sociaux. Il définit clairement et durablement l'état et l'identité des personnes et ne saurait donc être modifié. Les transformations subies par le transsexuel étaient donc analysées comme le résultat d'un choix délibéré. Le respect de l'ordre public s'opposerait à la modification de son état civil. La jurisprudence était initialement hostile aux

---

[291] M.L. Rassat, *Sexe, médecine et droit*, in *Mélanges offerts à P. Raynaud*, 1985, éd. Dalloz, pages 651 à 675, spécialement pages 655 et 656 ; Civ., 6 avril 1903, DP.1904.1.395, Conclusions Baudouin ; S.1904.1.272, note A. Wahl.
[292] M.L. Rassat, *Sexe, médecine et droit*, article précité, spécialement pages 657 à 663.

revendications des transsexuels[293]. La Cour de cassation estima ainsi, par deux arrêts rendus le 16 décembre 1975, qu'on ne pouvait tenir compte des modifications provoquées par un traitement hormonal et chirurgical[294]. Elle laissait néanmoins entendre qu'une solution différente pourrait être retenue en présence d'un changement morphologique involontaire. Toute modification de l'acte de naissance du transsexuel fut toutefois exclue par la suite. La motivation de ce refus varia. L'indisponibilité de l'état des personnes avait été utilisée en 1975 et fut ensuite abandonnée. La Cour de cassation décida alors que la détermination du sexe devait être faite à partir des seuls éléments physiques. Ainsi, la première Chambre civile approuva, le 30 novembre 1983, le rejet d'une requête formée par un transsexuel qui disposait d'un rapport médical très favorable. Elle approuva la Cour d'appel d'avoir jugé "qu'en dépit des opérations auxquelles elle s'était soumise, Nadine V... n'était pas de sexe masculin"[295]. Néanmoins, la jurisprudence de la Cour de cassation était ambiguë. Elle censura notamment, le 3 mars 1987, l'arrêt d'une Cour d'appel qui admettait la modification de l'acte de naissance sans relever "l'existence d'une cause étrangère à la volonté de l'intéressé"[296]. La Cour de cassation rejeta pareillement, le 31 mars 1987, un pourvoi formé contre un arrêt qui rejetait la requête d'un transsexuel. Contrairement à ce que celui-ci soutenait, "son état actuel (n'était) pas le résultat d'éléments préexistants à l'opération et d'une intervention chirurgicale commandée par des nécessités thérapeutiques mais relevait d'une volonté délibérée du sujet". A la lettre, ces formules semblaient indiquer que des événements extérieurs à la volonté du requérant auraient pu justifier la rectification de son acte de naissance. La Cour de cassation semblait donc revenir à sa jurisprudence de 1975. Elle approuva également le refus opposé aux demandes de transsexuels[297]. Elle précisait que le transsexuel avait conservé les caractères génétiques et anatomiques de son sexe d'origine. Or, toute modification de l'acte de naissance n'était pas exclue, puisque la Cour soulignait que les considérations psychologiques et sociales invoquées par les transsexuels étaient insuffisantes.

---

[293] TGI Seine 18 janvier 1965, JCP.1968.II.14421, note Fabre ; Civ. 1ère, 1er décembre 1975, D.1975.397, 1ère espèce, note R. Lindon ; JCP.1976.II.18503, note J. Penneau.
[294] Civ. 1ère, 16 décembre 1975, Bull. civ. I, n° 374 et 376 ; D.1976.397, note Lindon ; JCP.1984.II.20222, Conclusions Sadon, note J. Penneau.
[295] Civ 1ère, 30 novembre 1983, Bull. civ. I, n° 284 ; D.1984.165, note B. Edelman.
[296] Civ. 1ère 3 mars 1987, Bull. civ. I, n° 79 ; 31 mars 1987, Bull.civ. I, n° 116 ; D.1987.445, note P. Jourdain.
[297] Civ. 1ère, 7 juin 1988, Bull. civ. I, n° 176 ; D.1988.IR.177 ; Gaz.Pal.1989.1.417, note X. Agostini ; 10 mai 1989, Bull.civ. I, n° 189 ; D.1989.IR.171 ; RTDC.1989.721, obs. J. Rubellin-Devichi.

249. Ces hésitations entraînèrent de vives controverses doctrinales. La Cour de cassation avait-t-elle abandonné aux juges du fond la détermination du sexe ? Considérait-elle, au contraire, que le sexe était défini à partir des seules données physiques ? Quel était en outre le sens de la référence à la cause étrangère ? Le transsexuel n'était pas responsable de sa situation[298]. Pouvait-on alors qualifier ses troubles d'identité de cause étrangère ? La Cour de cassation n'avait pareillement jamais précisé si l'insuffisance des considérations psychologiques et sociales justifiant son refus était propre aux données de l'espèce ou si elle excluait, par principe, toute modification de l'acte de naissance. La jurisprudence était cependant hostile au transsexualisme. Les requérants disposaient de dossiers médicaux très complets. Les traitements chirurgicaux de conformation sexuelle avaient été effectués en France et pris en charge par la Sécurité sociale. La rectification de l'acte de naissance était donc demandée dans des hypothèses avérées de transsexualisme. Il n'en demeurait pas moins que la rectification de l'acte de naissance n'était pas admise, mais elle n'était pas pour autant formellement exclue.

250. La Cour de cassation n'unifiait donc pas la jurisprudence. De nombreux arguments pouvaient lui être opposés. Certes, l'état des personnes est indisponible. Il ne peut être transformé par la seule volonté de particuliers. Toutefois, ce principe n'exige pas que l'état soit intangible[299]. L'état des personnes connaît en pratique de nombreuses modifications. La situation familiale ou matrimoniale, le domicile, ou la nationalité peuvent évoluer. La modification de l'état du transsexuel ne résulte toutefois pas d'un acte juridique préalable, tel le mariage ou l'adoption. Elle ne serait la conséquence que d'une situation de fait. Cette particularité n'est cependant pas assez forte pour condamner le “fait” que constitue le transsexualisme. La naissance ou le décès constituent pareillement des faits et sont appréhendés par le droit. Néanmoins, le transsexualisme touche à l'un des fondements de la personne, son identité sexuelle. Celle-ci constitue un élément essentiel de l'acte de naissance. Le Doyen Jean Carbonnier qualifie ainsi “la date, le lieu et le sexe de naissance” de “vérités historiques” qui ne devraient jamais être modifiées[300]. Le sexe serait comparable à l'âge des sujets de droits. Il serait intangible, inéluctable. Cette comparaison n'est toutefois pas exacte. Nul n'est tenu de subir des traitements pour apparaître plus jeune. En revanche, le transsexuel obéit à une pulsion irrésistible. Il est psychologiquement obligé de mettre en adéquation son apparence physique et sa conviction profonde. Son

---

[298] P. Jourdain, note D.1987.445.

[299] F. Terré et D. Fenouillet, *Droit civil. Les personnes. La famille. Les incapacités*, n° 129 et suivants ; H. L. et J. Mazeaud, *Les personnes*, par F. Laroche-Gisserot, n° 471.

[300] J. Carbonnier, *Les personnes*, n° 78.

sexe génétique ne lui a été que malencontreusement attribué. Ces données psychologiques sont essentielles puisqu'elles justifient l'atteinte portée à son intégrité physique. Or, celui qui cherche à dissimuler son âge lutte contre le processus naturel du vieillissement. Le transsexuel entend, au contraire, faire correspondre son apparence à son identité sexuelle réelle.

251. Les juges du fond, confrontés aux errements de la doctrine et de la Cour de cassation, restaient divisés. Toutefois, de nombreuses juridictions admirent la modification de l'acte de naissance du transsexuel[301]. Cette rectification était définitive, le Ministère public renonçant généralement à user des voies de recours. La Cour de cassation voulut mettre fin à ce mouvement jurisprudentiel, par quatre arrêts rendus le 21 mai 1990[302]. La première Chambre civile, réunie en formation plénière, y exprimait clairement son refus de tenir compte du transsexualisme. Sa volonté de poser un principe général était renforcée par l'effet de répétition du même attendu de principe :

> "Attendu que le transsexualisme, même lorsqu'il est médicalement reconnu, ne peut s'analyser en un véritable changement de sexe, le transsexuel, bien qu'ayant perdu certains caractères de son sexe d'origine, n'ayant pas pour autant acquis ceux du sexe opposé".

252. La Cour de cassation ne niait pas les multiples aspects de la notion de sexe, mais elle en privilégiait les éléments intangibles. Elle faisait abstraction du sexe psychologique et ne retenait que les données génétiques et chromosomiques. L'argument tiré de la violation de l'article 8 de la Convention européenne des droits de l'Homme était également écarté. La Cour de cassation déclara que ce texte "n'impose pas d'attribuer au transsexuel un sexe qui n'est pas en réalité le sien". Cette position était d'autant plus marquée que des experts médicaux avaient certifié que les plaideurs étaient d'authentiques transsexuels. Les juges du fond avaient notamment relevé l'excellente santé psychologique de deux demanderesses.

---

[301] Notamment : TGI Toulouse, 29 janvier 1976, D.1976.Somm.61 ; TGI Dijon, 2 mai 1977, Gaz.Pal.19772.577 ; TGI Saint-Étienne, 26 mars 1980, D.1980.271 (simple changement de prénom) ; TGI Paris, 24 novembre 1981, Gaz.Pal. 1982.2.508 ; TGI Niort, 5 janvier 1983, GazPal.1983.2.Somm264 ; CA Agen, 2 février 1983, TGI Nanterre, 21 avril 1983 et TGI paris 16 novembre 1982, Gaz.Pal.1983.2.603, note G. Sutton ; TGI Angoulême, 18 janvier 1984, Gaz.Pal.1984.2.Somm.427 ; TGI Montpellier, 6 mai 1985, Gaz.Pal.1985.2.Somm.392 ; TGI Thionville, 28 mai 10986, Gaz.Pal.1987.1.Somm.105 ; CA Paris, 21 octobre 1987, D.1987.IR.231.

[302] Civ. 1ère, 21 mai 1990, Bull.civ. I, n° 117 ; D.1991.169, rapport J. Massip ; JCP.1990.II.21588, rapport J. Massip et conclusions clé ; Gaz.Pal.1991.1.33 ; RTDC.1991.289, obs. J. Hauser.

L'une d'entre elles était médecin psychiatre, l'autre employée d'une police municipale. Ces éléments n'avaient toutefois convaincu ni les juges du fond ni la Cour de cassation. La clarté de cette position était telle que toute modification de l'acte de naissance du transsexuel semblait définitivement exclue. La doctrine, qu'elle l'approuvait[303] ou le regrettait[304], considérait que la question du transsexualisme avait été définitivement réglée. Toute référence à l'indisponibilité de l'état des personnes, à la volonté du transsexuel, à la cause étrangère ou à l'indisponibilité du corps humain était abandonnée. La Cour de cassation déniait tout pouvoir d'appréciation aux juges du fond et se contentait d'affirmer, qu'en l'état de la médecine, le transsexualisme n'entraînait pas un réel changement de sexe. Le fondement de cette exclusion était donc plus biologique que juridique. Elle niait ainsi toute identité au transsexuel. Celui-ci avait perdu certains caractères de son sexe d'origine sans acquérir ceux du sexe opposé. Le transsexuel n'était donc ni un homme ni une femme…

253. Or, la position de la Cour de cassation fut condamnée par la Cour européenne des droits de l'Homme[305]. La requérante soutenait que les autorités françaises, par leur refus de modifier la mention de son sexe dans son acte de naissance, dans les registres d'état civil et sur ses documents d'identité, l'obligeaient à révéler aux tiers des informations intimes et personnelles. Elle constatait également que les transsexuels étaient traités plus sévèrement en France qu'au Royaume-Uni. Elle ajoutait que la France méconnaissait l'article 8 en refusant de tenir compte de la réalité psychosociale des transsexuels. Ce dernier argument ne fut pas retenu par la Cour européenne. Néanmoins, elle compara la situation des transsexuels français et britanniques et constata d'importantes différences. Ces Etats refusaient tous deux la modification de l'acte de naissance. Le transsexuel français était cependant plus durement traité que son homologue britannique. Il ne pouvait librement changer de prénom et le sexe indiqué dans l'acte de naissance était repris dans de nombreux documents officiels, telle la carte d'identité. Le sexe de naissance figurait également, sous la forme d'un chiffre,

---

303 J. Carbonnier, *Les personnes*, n° 79 ; G. Cornu, *Droit civil. Introduction. Personnes. Biens*, n° 564, bis ; Ph. Malaurie et L. Aynès, *Les personnes. Les incapacités*, n° 5.

304 Ainsi, Madame le Professeur Michèle Gobert avait estimé que la Cour de cassation avait "parlé clair et pour longtemps", M. Gobert, *Le transsexualisme ou la difficulté d'exister*, JCP.1990.I.3475, n° 6 ; J. Hauser, obs. RTDC.1991.289, pour qui "la cause était entendue".

305 CEDH 25 mars 1992, JCP.1992.II.21955, note Th. Garé; D.1992.Somm325, obs. J.F. Renucci; D.1993.101, note J.P. Marguénaud ; Rép. Defrénois 1192, article 35334, page 1044; D.1992.IR.129; RTDC.1992.540, J. Hauser.

dans le numéro d'identification de l'INSEE fréquemment utilisé par la Sécurité sociale ou dans les bulletins de paie. La Cour européenne estimait que ces inconvénients étaient réels et suffisamment graves "pour entrer en ligne de compte aux fins de l'article 8". La Cour constatait simplement que la requérante était quotidiennement placée dans une situation globale incompatible avec le respect dû à sa vie privée. Une marge d'appréciation face au transsexualisme était reconnue aux Etats du Conseil de l'Europe, mais la France avait rompu le juste équilibre entre l'intérêt général et les intérêts individuels : "rien ne l'empêchait d'introduire, dans l'acte de naissance de B…., sous une forme ou sous une autre, une mention destinée, sinon à corriger, à proprement parler, une véritable erreur initiale, du moins à refléter la situation présente de l'intéressée". La Cour européenne concluait en estimant que la France disposait de plusieurs moyens pour mettre fin à cette situation, sans lui préciser le plus approprié. La Cour européenne des droits de l'homme a par la suite confirmé cette position, dans les arrêts *Goodwin*, rendus le 11 juillet 2002[306].

---

[306] CEDH, 11 juillet 2002, Goodwin c./ Royaume-Uni, 2 arrêts, D.2003.Som.525, obs. C. Birsan. Le Royaume-Uni a ainsi également été condamné pour avoir refusé de reconnaître la conversion sexuelle : "Aucun facteur important d'intérêt public n'entrant en concurrence avec l'intérêt des requérantes à obtenir la reconnaissance juridique de leur conversion sexuelle, la Cour conclut que la notion de juste équilibre, inhérente à la Convention, fait désormais résolument pencher la balance en leur faveur". Cette condamnation a été décidée à l'unanimité. La discordance entre le statut juridique du transsexuel et l'impossibilité de faire consacrer juridiquement sa conversion sexuelle cause une grave atteinte à la vie privée. Il s'agit d'un "conflit entre la réalité sociale et le droit qui place la personne transsexuelle dans une situation anormale lui inspirant des sentiments de vulnérabilité, d'humiliation et d'anxiété". La Cour constate que les traitements médicochirurgicaux ont été réalisés en toute légalité et remboursés par le service national de santé, ce qui imposait une cohérence des pratiques administratives et judiciaires. Pour la Cour, il est illogique qu'un Etat prenne en charge ces traitements tout en refusant d'en tirer toutes les conséquences juridiques. La Cour analyse ensuite les aspects médicaux et scientifiques de la matière et constate que la sophistication croissante des interventions chirurgicales ainsi que les traitements hormonaux font que le principal aspect de l'identité sexuelle qui reste inchangé est l'élément chromosomique, or elle considère qu'il n'est pas évident que cet élément doit constituer, à l'exclusion de tout autre, le critère déterminant pour attribuer juridiquement une identité sexuelle au transsexuel. Le Royaume-Uni n'avait pris aucune mesure pour reconnaître juridiquement les opérations de conversion sexuelle, en dépit d'une meilleure acceptation sociale du transsexualisme. La Cour européenne en déduit un manquement au respect du droit des intéressées à leur vie privée, en violation de l'article 8 de la Convention.

254. Le droit français devait donc évoluer après cette condamnation. Une intervention législative n'était souhaitée ni par les médecins ni par les pouvoirs publics[307]. Ces derniers craignaient une multiplication des demandes et souhaitaient éviter un débat parlementaire sur les difficultés juridiques qu'aurait entraîné la reconnaissance législative du transsexualisme, notamment en matière de mariage ou de filiation. L'évolution du droit fut donc prétorienne. Deux possibilités s'offraient à la Cour de cassation. La première, minimaliste, était préconisée par les opposants au transsexualisme[308]. La situation globale des transsexuels étant jugée incompatible avec le respect dû à leur vie privée, il aurait été possible de se contenter de supprimer la mention du sexe portée sur les différents documents officiels. Le transsexualisme aurait, en outre, constitué un motif légitime de changement de prénom[309]. La seconde possibilité offerte à la Cour de cassation consistait à définir le sexe à partir de données psychosociales, pour modifier leur acte de naissance. La Cour de cassation, suivant les conclusions de son avocat général, adopta une voie moyenne, produisant en réalité des effets très étendus. Le revirement de jurisprudence fut réalisé par un arrêt rendu le 11 décembre 1992 par l'Assemblée plénière[310]. En l'espèce, le

---

[307] Cette intervention législative avait été jugée peu souhaitable par l'étude *De l'éthique au droit* réalisée en 1988 par le Conseil d'Etat puis par l'avant-projet, rédigé en 1989, sur les sciences de la vie et les droits de l'Homme.

[308] J. Massip, *Le transsexualisme. Etat de la question*, Rép. Defrénois 1992, article 35332 ; C. incrimination, *La position française sur le transsexualisme devant la Cour européenne des droits de l'Homme*, D.1992.Chron.323, page 326. Une telle solution n'était toutefois pas admissible, car elle n'aurait donné qu'une satisfaction partielle aux transsexuels. Ils souhaitent une véritable reconnaissance sociale de leur état.

[309] La jurisprudence européenne fit l'objet de vives critiques, notamment de Monsieur le Professeur Claude incrimination Il avait affirmé que "de ce raisonnement, rien n'est acceptable, ni sa logique interne, ni les arguments sur lesquels il se fonde". Il estimait qu'il était préférable de réduire les hypothèses où le sexe d'un individu était officiellement constaté plutôt que de le modifier. L'ingérence des pouvoirs publics résultait de l'usage trop fréquent de la mention du sexe. Néanmoins, le respect de la vie privée du transsexuel n'imposerait pas que lui soit officiellement reconnu un sexe qui n'était pas génétiquement le sien. C. incrimination, *La position française sur le transsexualisme devant le Cour européenne des droits de l'Homme*, D.1992.Chron.323. Egalement : note J.P. Marguénaud, D.1993.101. La libéralisation des règles relatives au changement de prénom avait en ce sens été envisagée par la Cour de cassation : Civ. 1ère 21 mai 1990, 4ème espèce.

[310] Ass. Plén., 11 décembre 1992, 2 arrêts, JCP.1993.II .21991, Conclusions Jéol et note G. Mémeteau ; Gaz.Pal.19931.180 ; RTDC.1993.325, obs. J. Hauser. Egalement : Civ. 1ère, 18 octobre 1994, Rép. Defrénois 1995 p.721, obs. J. Massip ; RTDC.1995.568, obs. J. Hauser ; CA Versailles, 13 mai 1993, Gaz.Pal.1994.2.532, Conclusions Duplat.

demandeur avait été déclaré de sexe masculin à sa naissance mais s'était considéré, dès son plus jeune âge, comme une fille. Il commença à subir des traitements médicaux à l'âge de 20 ans, traitements qui se conclurent par une opération chirurgicale irréversible. Le requérant présentait donc une apparence et un comportement féminin. Il demanda alors la modification de son acte de naissance et le changement de son prénom. La Cour d'appel d'Aix-en-Provence rejeta ces demandes, le 15 novembre 1990, conformément à la jurisprudence jusqu'alors développée par la Cour de cassation : "la conviction intime de l'intéressé d'appartenir au sexe féminin et sa volonté de se comporter comme tel ne sauraient suffire pour faire reconnaître qu'il était devenu une femme". Elle ajoutait que "le principe de l'indisponibilité de l'état des personnes s'opposait à ce qu'il soit tenu compte des transformations obtenues à l'aide d'opérations volontairement provoquées". Le transsexuel forma un pourvoi contre cet arrêt. La Cour de cassation devait donc à nouveau prendre position sur le transsexualisme. Son avocat général, Monsieur Jéol, souhaita que la solution minimale ne soit pas retenue, et que la France "terre de Sciences et de Liberté fasse davantage" que ce qu'exigeait la Cour européenne. Ces conclusions furent suivies :

> "Attendu que lorsque, à la suite d'un traitement médico-chirurgical, subi dans un but thérapeutique, une personne présentant le syndrome du transsexualisme ne possède plus tous les caractères de son sexe d'origine et a pris une apparence physique la rapprochant de l'autre sexe, auquel correspond son comportement social, le principe du respect dû à la vie privée justifie que son état civil indique le sexe dont elle a l'apparence ; que le principe de l'indisponibilité de l'état des personnes ne fait pas obstacle à une telle modification".

255. La Cour de cassation constatait que la Cour d'appel avait relevé que la requérante "présentait tous les caractères du transsexualisme et que le traitement médico-chirurgical auquel il avait été soumis lui avait donné une apparence physique telle que son nouvel état se rapprochait davantage du sexe féminin que du sexe masculin". Les juges du fond n'avaient donc pas tiré toutes les conséquences légales de leurs propres constatations. L'Assemblée plénière prononça une cassation sans renvoi et ordonna que la requérante soit désormais désignée comme de sexe féminin.

256. Le radicalisme de la Cour de cassation fit l'objet de nombreuses critiques. Les conséquences pratiques de cette jurisprudence sont en effet considérables[311]. La situation passée du transsexuel risque d'être remise en cause. Les effets de la rectification de l'acte de naissance sont toutefois limités par le caractère constitutif de la décision[312]. Il avait été précisé en 1992 que l'acte de naissance devait "désormais" indiquer le sexe dont le transsexuel à l'apparence et ce principe n'a jamais n'a jamais été remis en cause[313]. La modification de l'acte de naissance du transsexuel résulte donc d'un jugement constitutif d'état. Ce principe protège les enfants nés avant la conformation sexuelle, car leur filiation n'est pas remise en cause. La sécurité juridique exige donc que la réassignation ne soit pas rétroactive. Elle produit des effets *ex nunc*. La Cour de cassation n'a pas précisé les conséquences du transsexualisme sur le mariage. La doctrine semble retenir la nullité pour erreur sur les qualités essentielles de la personne, dès lors que le transsexualisme était ignoré lors du mariage[314] ou la caducité[315]. Plusieurs juges du fond ont cependant prononcé, de manière très contestable, le divorce

---

[311] J.P. Branlard, *Le sexe et l'état des personnes*, thèse précité, n° 1936 et suivants ; M. Gobert, *Génétique, procréation et droit. Rapport introductif*, 1985, éd. Actes Sud, pages 161 et suivantes.

[312] L'arrêt rendu le 7 juin 2000 par la Cour d'appel de Nîmes est donc contestable. Il prononce en effet un divorce pour faute, aux tords exclusifs du "mari" transsexuel. Le changement de sexe fut analysé comme une faute, une insulte faite à l'épouse. Cette qualification est toutefois étrange parce que le transsexualisme échappe à la volonté de l'intéressé et ne saurait être fautif. Il aurait été plus satisfaisant de constater la caducité du mariage, devenu sans objet. Sur cet arrêt : CA Nîmes 7 juin 2000, PA. 2001, n° 73, p. 21, note J. Massip.

[313] TGI Paris 24 novembre 1981, JCP.1982.II.19792, note J. Penneau ; 16 novembre 1982, Gaz.Pal.1983.2.603, note G. Sutton ; CA Agen 2 février 1983, JCP.1984.II.20133 ; TGI Paris 9 juillet 1985, D.1986.IR.69 ; CA Paris, 2ème Ch. C. 2 juillet 1999, JCP.1999.II.10005, note T. Goré ; JCP.1999.I.149, *Droit des personnes. Chronique d'actualité*, n° 2, B. Teyssier. Dans ce dernier arrêt, la Cour d'appel de Paris réforma un jugement rendu le 2 juin 1997 par le Tribunal de grande instance qui refusait de modifier l'acte de naissance d'un transsexuel. Cette mesure aurait été préjudiciable à son fils puisque son acte de naissance aurait également dû être modifié. Il ne pouvait donc être déclaré à l'état civil comme né de deux femmes. La Cour d'appel prit déjà soin de relever que le transsexualisme du requérant avait été établi par des experts. Il avait également subi une opération définitive de conformation sexuelle. Les conditions posées par l'Assemblée plénière de la Cour de cassation étaient donc réunies. La Cour d'appel releva ensuite "que la présente décision rendue en matière d'état des personnes n'aura d'effets que pour l'avenir et que, contrairement à ce qu'a retenu le premier juge, elle ne remet pas en cause les énonciations de l'acte de naissance du fils de l'intéressé".

[314] A. Bourrat, *Droit de la famille*, Dalloz Action, n° 196.

[315] J.P. Branlard, *Le sexe et l'état des personnes*, thèse, LGDJ, 1993, *Bibliothèque de droit privé*, Tome 222, n° 2065 ; P. Courbe, *Droit de la famille*, A. Colin, 2001, 2ème éd., n° 156.

pour faute. Ainsi, la Cour d'appel de Nîmes estima, dans un arrêt rendu le 7 juin 2000, que la mutilation volontaire devait être analysée en une faute, qui ajoutée au comportement féminin du transsexuel, représentait une insulte pour son épouse et constituait "objectivement une violation grave des obligations et devoirs du mariage rendu impossible du fait de son apparence et de son état physique"[316]. Le juge créait ainsi de toute pièce une cause péremptoire de divorce... Le jugement rendu le 28 mai 2001 par le Tribunal de grande instance de Caen semble, à première lecture, plus nuancé, puisqu'il reconnaît que le transsexualisme n'est pas, en lui-même, fautif[317]. Il prononce cependant le divorce aux torts exclusifs du transsexuel, qui n'aurait pas pris en compte "les implications conjugales générées par le nouveau statut, (...), de même que son éloignement volontaire pendant plusieurs années". Cette motivation est surprenante, car il semble être reproché au transsexuel de ne pas avoir sollicité l'autorisation de son épouse. Or, seul l'intéressé est en droit de consentir à la réassignation. Pousser à l'extrême, ce raisonnement conduit à des conséquences absurdes. Le mariage implique en effet "nécessairement le respect des personnalités"[318]. L'épouse qui s'opposait à la réassignation pourrait alors se voir reprocher de ne pas respecter l'identité sexuelle de son mari. Le divorce pour faute n'est donc pas la cause de dissolution du mariage la plus adaptée, car elle suppose que l'on impute une faute au transsexuel. Or, le transsexualisme est aujourd'hui reconnu par le droit, de sorte que l'élément subjectif de la faute fait nécessairement défaut. Le transsexualisme doit au contraire rompre inévitablement et automatiquement le lien conjugal. Il suffirait alors de le déclarer caduc, ce qui éviterait sa disparition rétroactive et qui permettrait aux enfants de conserver leur filiation et leur légitimité. L'avocat général Jéol avait d'ailleurs suggéré cette sanction[319]. La caducité sanctionne en effet l'acte juridique, valable lors de sa conclusion, qui est ensuite privé d'un élément essentiel à sa validité en raison d'un événement extérieur indépendant de la volonté des parties. Aussi, devrait-on admettre que le mariage est caduc, même s'il a par ailleurs déjà produit des effets de droit. Il ne disparaîtrait alors que pour l'avenir. Ecarter la rétroactivité de la réassignation évite de nombreuses incertitudes, mais cette analyse n'est toutefois pas exacte au regard du syndrome transsexuel. Le jugement devrait être déclaratif, puisqu'il ne fait que constater le sexe préexistant de l'intéressé. La rectification de l'acte de naissance constitue le dernier acte d'un long processus permettant au transsexuel de faire disparaître les manifestations

---

[316] CA Nîmes, 7 juin 2000, Dr. famille, 2001, n° 4, note H. Lécuyer ; RTDC.2001.335, obs. J. Hauser.

[317] TGI Caen, 28 mai 2001, D.2002.124, note L. Mauger-Vielpeau ; PA., 29 avril 2002, note J. Massip.

[318] A. Batteur, *Droit des personnes et de la famille*, LGDJ, 1998, n° 356.

[319] Conclusions Jéol sous Ass.Plén.11 décembre 1992, 2 arrêts, JCP.1993.II .21991.

extérieures d'un sexe génétique erroné. L'intérêt du transsexuel passe toutefois au second plan dans l'intérêt de ses enfants.

B) Un état juridique conforme à l'identité réelle du transsexuel.

257. L'identité sexuelle se réduit juridiquement au sexe masculin et au sexe féminin. Le droit fait abstraction des situations marginales, où l'intéressé serait dans une situation intermédiaire, l'état civil ayant pour fonction d'informer les tiers. Il leur permet de connaître les principaux éléments de la personnalité juridique de leur interlocuteur. L'état civil informe également les pouvoirs publics pour que chacun soit soumis aux droits et obligations propres à son sexe. Or, cette information risque d'être faussée s'il existe une contradiction entre les actes de l'état civil et l'apparence psychosociale du transsexuel. La rectification de l'acte de naissance évite alors aux tiers d'être abusés sur l'identité de leur interlocuteur. La société n'entérine pas un mensonge, une apparence trompeuse. Elle rectifie son erreur initiale. La vie privée du transsexuel est en outre protégée, puisqu'il n'a pas à justifier le fait que son acte de naissance indique un sexe qui ne correspond pas à son identité réelle. Ainsi, l'embarras soulevé par le transsexualisme repose sur la difficulté de déterminer le sexe du transsexuel[320]. En quoi consiste l'apparence ? Si l'on envisage l'hypothèse la plus fréquente du transsexualisme homme/femme, une personne a été déclarée à la naissance de sexe masculin, mais elle a la conviction d'être une femme. Cette conviction conduit l'intéressé à subir des traitements médico-chirurgicaux qui lui donnent l'apparence physique d'une femme. Or, cette apparence est-elle trompeuse ou reflète-t-elle une réalité ? Cette question est essentielle, puisqu'elle conditionne la reconnaissance juridique du transsexualisme. Si le transsexuel se contente de créer une apparence trompeuse, contraire à son sexe réel, le refus de modifier son acte de naissance est légitime. En revanche, si les transformations subies ont pour but de faire correspondre l'apparence physique à la véritable identité du transsexuel, la rectification de l'acte de naissance constitue une nécessité. Or, la jurisprudence semble avoir opté pour cette seconde analyse. Les traitements médico-chirurgicaux subis par le transsexuel ne sont autorisés que si celui-ci à la conviction profonde d'appartenir au sexe opposé à son sexe génétique et anatomique. Ainsi, l'Ordre des médecins envisage la conformation sexuelle comme une nécessité thérapeutique. La modification corporelle du transsexuel n'est donc pas choisie, mais imposée par des nécessités médicales. Le transsexualisme n'est pas une fantaisie individuelle, mais un drame identitaire

---

[320] F. Gonsalvez, *La réalité du mensonge*, 1998, éd. Presses universitaires d'Aix Marseille, page 5.

qui ne peut être ignoré par le droit. La rectification de l'acte de naissance lui confère un état conforme à son identité réelle.

258. Le sexe génétique est envisagé comme une erreur. Le comportement psychosocial du transsexuel reflète sa véritable identité sexuelle. Il est impossible de modifier les données chromosomiques, mais elles ne sont plus considérées comme prépondérantes. L'apparence permet au juge de ne pas statuer sur le sexe de l'intéressé, lequel est à la fois réel et illusoire. La réalité immédiatement perceptible est utilisée pour déterminer la situation juridique du transsexuel. Son identité sexuelle est définie à partir de son physique et de son comportement. Ce raisonnement est comparable à celui qui est adopté en matière de possession d'état. Celle-ci peut être le reflet d'une filiation vécue qui ne correspond à aucune réalité biologique. La rectification de l'acte de naissance ne remet donc pas en cause le principe d'indisponibilité de l'état des personnes, car le transsexuel ne modifie pas volontairement son état. Il obéit à un impératif thérapeutique indépendant de sa volonté. Son acte de naissance n'est donc que "rectifié" et non "modifié". Plus généralement, la mention du sexe pouvait déjà être rectifiée si une erreur avait été commise lors de la déclaration de naissance[321]. Cette rectification intervient le plus souvent quelques jours, quelques semaines tout au plus, après la naissance. Elle n'est que différée dans le temps en présence d'un transsexuel. Néanmoins, cette analyse du transsexualisme n'a pas été totalement consacrée par la jurisprudence, car la rectification de l'acte de naissance résulte d'une décision constitutive[322]. Toutefois, la rectification de l'acte de naissance reste un acte grave, qui intéresse la société tout entière. Elle ne doit intervenir qu'à de strictes conditions, si le transsexualisme du requérant est avéré.

---

[321] L'acte de naissance, dressé dans un délai de trois jours, doit impérativement indiquer le sexe de l'enfant. Celui-ci doit être rattaché à l'un des deux sexes même s'il présente des anomalies organiques. La mention portée sur l'acte de naissance ne créé toutefois qu'une présomption simple de vérité, susceptible de preuve contraire : TGI Seine, 18 janvier 1965, JCP.1965.II.14421, Conclusions Fabre ; CA Paris, 8 décembre 1967, D.1968.289 ; RTDC.1968.536, obs. R. Nerson ; CA Paris, 18 janvier, D.1974.196, Conclusions Age ; TGI Saint-Étienne, 26 mars 1980, D.1981.IR.270, 2ème espèce. A rapprocher : Civ. 1ère, 26 janvier 1983, Bull.civ. I, n° 38.

[322] TGI Paris, 24 novembre 1981, JCP.1982.II.19792, note J. Penneau ; TGI Paris, 16 novembre 1982, Gaz.Pal.1983.2.603, note G. Sutton ; CA Agen, 2 février 1983, JCP.1984.II.20133 ; Gaz.Pal.1983.2.603, note G. Sutton ; TGI Paris, 9 juillet 1985, D.1986.IR.69 ; CA Paris, 2 juillet 1998, JCP.1999.II.100005, note T. Garé.

C) Le transsexualisme avéré du requérant.

259. La rectification de l'acte de naissance du transsexuel suppose, en premier lieu une intervention du juge[323]. La démarche médicale déjà suivie n'entraîne pas automatiquement la reconnaissance juridique de l'identité sexuelle réelle. L'identité sexuelle est l'une des composantes de l'état des personnes. L'état civil ne peut être modifié qu'avec l'autorisation, et sous le contrôle, du juge. La rectification de l'acte de naissance intervient donc au terme d'une procédure judiciaire *sui generis* et ne peut être analysée en une simple formalité administrative.

260. L'Assemblée plénière de la Cour de cassation a, ensuite, subordonné la rectification de l'acte de naissance à deux conditions. Le demandeur doit avoir subi un "traitement médico-chirurgical, subi dans un but thérapeutique" et le syndrome transsexuel doit être avéré. La jurisprudence reprend ainsi les conditions posées par l'Ordre des médecins. La rectification de l'acte de naissance est réservée à des hypothèses de transsexualisme avéré, médicalement constaté et traité. Ces conditions sont pareillement exigées à l'étranger[324] et par la Cour européenne des droits de l'Homme[325].

D) La vie familiale du transsexuel.

261. Les revendications des transsexuels ne se limitent pas à la seule modification de leur acte de naissance. Ils entendent également se marier, fonder une famille. Or, ils ne peuvent procréer. La fondation d'une famille suppose donc nécessairement le recours à l'adoption ou à l'assistance

---

[323] Réponse ministérielle n° 9097, 4 mai 1998, JCP.éd.N.1998.1505.

[324] F. Granet, *Transsexualisme, état civil, vie privée et familiale dans les Etats membres de la CIEC*, Droit de la famille, décembre 1998, page 4. Les législations allemande, autrichienne, italienne et néerlandaises subordonnent ainsi la modification de l'acte de naissance à la réalisation d'une opération chirurgicale ayant modifié les caractères sexuels primaires du transsexuel. Une loi italienne du 14 avril 1982 impose en outre une autorisation judiciaire préalable. Le changement de prénom est toutefois autorisé en Allemagne et en Autriche en l'absence d'intervention chirurgicale définitive. Le législateur n'est pas intervenu en matière de transsexualisme au Portugal, en Grèce, en Suisse ou au Luxembourg. Néanmoins, la jurisprudence de ces Etats admet la modification de l'acte de naissance des transsexuels qui ont subi une intervention chirurgicale.

[325] La Cour européenne avait ainsi relevé, lorsque la France fut condamnée le 25 mars 1992, que le requérant avait subi une intervention chirurgicale ayant entraîné l'abandon irréversible des marques extérieures du sexe d'origine. Elle ajoutait qu'il avait "témoigné d'une détermination assez importante pour entrer en ligne de compte, avec d'autres, sur le terrain de l'article 8".

médicale à la procréation. Le concubinage librement consenti est admis et la possibilité de fonder légalement une famille semble aujourd'hui admise. De nombreuses incertitudes demeurent.

262. Le transsexuel entend parfois se marier avec une personne génétiquement du même sexe. La Cour européenne des droits de l'Homme s'était initialement opposée au mariage des transsexuels dans l'affaire *Rees*[326], mais sa jurisprudence a évolué. La Cour européenne des droits de l'homme a expressément reconnu au transsexuel le droit de se marier, par deux arrêts rendus le 12 juillet 2002[327]. Elle constate que l'article 12 garantit un "droit fondamental pour un homme et une femme de se marier et de fonder une famille. Toutefois, le second aspect n'est pas une condition du premier. L'incapacité pour un couple de concevoir ou d'élever un enfant ne saurait, en soi, passer pour le priver du droit visé par la première branche du droit en cause. L'exercice du droit au mariage comporte des conséquences sociales, personnelles et juridiques, et obéit aux lois nationales des Etats contractants, mais les limitations en résultant ne doivent pas le restreindre ou réduire d'une manière ou à un degré qui l'atteindrait dans sa substance même". Ces arrêts marquent une évolution dans la jurisprudence de la Cour. Leur portée est d'autant plus grande qu'ils ont été rendus à l'unanimité. La situation de fait était identique. Les requérantes, à l'origine transsexuels opérés, menaient la vie sociale de femme et souhaitaient donc épouser leur compagnon respectif, ce qui leur était impossible, puisque la loi britannique les considérait comme des hommes. La Cour relève que l'article 12 vise expressément le droit pour un homme et une femme de se marier, mais elle déclare ne pas être convaincue que l'on puisse aujourd'hui continuer à admettre que ces termes impliquent que le sexe de la personne qui souhaite se marier soit déterminé à partir de critères seulement biologiques. La Cour relève que la conception du mariage a été profondément bouleversée depuis l'adoption de la Convention, par l'évolution de la société et par les progrès de la science. La Cour considère que la non concordance des facteurs biologiques ne peut plus constituer un motif suffisant pour justifier le refus de reconnaître juridiquement le changement de sexe. Or, le droit au respect de la vie privée, garanti par l'article 8 de la Convention, n'englobe pas toutes les questions qui se posent sur le terrain de l'article 12, qui énumère les conditions imposées

---

[326] CEDH,. Affaire *Rees* c. *Royaume-Uni*, 18 décembre 1986, série A, n° 106, n° 39 et s. : "Aux yeux de la Cour, en garantissant le droit de se marier, l'article 12 vise le mariage traditionnel entre deux personnes de sexe biologiquement différent. Son libellé le confirme : il en ressort que le but poursuivi consiste essentiellement à protéger le mariage en tant que fondement de la famille".

327 CEDH, 11 juillet 2002, Goodwin c./ Royaume-Uni, 2 arrêts, D.2003.Som.525, obs. C. Birsan.

par des lois nationales pour se marier. La Cour devait rechercher si le fait de retenir le sexe enregistré à la naissance constituait une limitation portant atteinte à la substance même du droit de se marier. Elle relève, dans la seconde espèce, que les requérantes menaient la vie sociale de femmes, qu'elles entretenaient des liaisons avec des hommes qu'elles souhaitaient épouser. Or, cela leur était impossible, puisqu'elles continuaient à figurer en tant qu'hommes dans les registres d'état civil. Les intéressées pouvaient donc invoquer une atteinte à la substance même de leur droit de se marier.

263. Le droit français ne s'oppose pas au mariage du transsexuel après rectification de son acte de naissance. Ce mariage intervient en effet entre des personnes socialement et psychologiquement de sexe différent. Il pourrait être célébré en considération du sexe que mentionne l'acte de naissance de l'intéressé[328]. Le droit français admet la rectification cet acte, il est donc logique de laisser au transsexuel une pleine liberté de se marier. Ce mariage ne pourrait s'apparenter en une reconnaissance des mariages homosexuels, car il ne remettrait pas en cause l'image sociale du couple marié. En outre, la jurisprudence, lorsqu'elle est confrontée aux incertitudes sur le sexe d'un époux, rejette toute action en nullité du mariage, "dans le but de prévenir les incertitudes, les difficultés et les scandales de la preuve"[329]. Si l'on s'en tient aux énonciations de l'acte de naissance pour statuer sur la validité du mariage, elles doivent logiquement être retenues pour apprécier la réunion des conditions nécessaires à sa célébration. Le mariage est donc valable dès lors que les époux sont, dans les actes d'état civil, de sexe différent[330]. La présentation de l'extrait de l'acte de naissance modifié permet donc au transsexuel d'obtenir la célébration d'un mariage valable[331].

264. La famille du transsexuel ne repose jamais sur une réalité biologique. Des liens affectifs peuvent néanmoins unir un couple dont l'un des membres présentait le syndrome du transsexualisme. Ces liens peuvent également exister entre le transsexuel et un enfant adopté ou conçu grâce à l'assistance médicale à la procréation. Aucun lien biologique n'existe entre les différents membres de cette famille. Elle constitue, si on la compare à la famille fondée sur la procréation, une apparence. Néanmoins, les liens affectifs sont réels. Leur méconnaissance par le droit pourrait conduire à des injustices. Pourquoi établir obligatoirement un lien de filiation entre un couple stérile et l'enfant né d'un tiers donneur et la refuser à l'égard du transsexuel ?

---

[328] D. Fenouillet, *Droit de la famille*, *Cours*, éd. Dalloz, n° 68, page 47 ; B. Teyssier, obs. JCP.1999.I.149, n° 2.
[329] Civ., 6 avril 1903, D.1904.1.395 ; S.19041.273, note A. Wahl.
[330] A. Bénévent, *La famille*, n° 62, page 66.
[331] *Contra* : M.L. Rassat, *Sexe, médecine et droit*, article précité, page 671.

Le mari ou le concubin n'est pas davantage le père de l'enfant que le transsexuel. Tous assument cependant ostensiblement le rôle de parent social d'enfant dont l'auteur biologique est inconnu. Ainsi, même si le couple ne peut procréer, aucun obstacle juridique ne s'oppose à ce qu'on lui reconnaisse la possibilité de recourir à l'adoption[332]. La jurisprudence est encore rare en droit interne. Elle semble toutefois hostile à l'établissement d'une filiation avec un transsexuel. La Cour d'appel d'Aix a ainsi annulé, dans un arrêt rendu le 12 mars 2002, une reconnaissance de paternité souscrite après conversion[333]. Il n'est toutefois pas certain que l'analyse de la Cour d'Aix soit conforme à la jurisprudence de la Cour européenne des droits de l'homme. En l'espèce, un couple d'homosexuelles avait eu recours, en 1991, à l'insémination artificielle avec donneur. La concubine de la mère, transsexuelle, avait ensuite obtenu la rectification de son acte de naissance. Alors, il reconnut l'enfant. Le concubinage prit toutefois fin et la mère de l'enfant forma une action en contestation de la reconnaissance. Or, le Tribunal de grande instance de Nice, puis la Cour d'appel d'Aix, ont accueilli cette demande. Les juges du second degré ont toutefois accordé au défendeur un droit de visite et d'hébergement, sur le fondement de l'article 371-4 du Code civil. Le litige ne pouvait trouver de solution ni dans le droit commun de la filiation, ni même dans la jurisprudence de la Cour de cassation. La motivation retenue par la Cour d'appel ne saurait toutefois être retenue. Elle affirme en premier lieu que le défendeur admettait lui-même ne pas être le père de l'enfant, ce qui "suffit à faire déclarer nulle la reconnaissance". Cette affirmation est surprenante, car le recours à l'insémination artificielle avec donneur rend en principe la reconnaissance incontestable. L'article 311-20 du Code civil, issu de la loi du 29 juillet 1994, n'était certes pas applicable en l'espèce, mais son esprit aurait pu être respecté, alors surtout que la jurisprudence antérieure interdisait déjà de contester la filiation de l'enfant[334]. La Cour écarte toutefois cet argument, en rappelant que l'interdiction de contester la filiation repose sur le consentement qui a été donné à l'assistance médicale à la procréation. Elle a donc interprété l'article 311-20 *a contrario*, pour constater que le défendeur "ne démontre pas avoir été associé à la décision de recourir à une assistance médicale à la procréation". Elle a également écarté l'argument tiré de la possession d'état, en estimant qu'elle ne pouvait exister "dans la mesure où celle-ci, fût-elle établie, ce qui n'est pas le cas en l'espèce, ne pourrait en tout état de cause établir la filiation paternelle dès lors que celle-ci est contredite par les conditions mêmes de la naissance de l'enfant et par l'impossibilité physiologique pour l'appelant

[332] C. Birsan, note précitée.

[333] CA Aix, 12 mars 2002, D.2003.1528, note E. Cadou.

[334] CA Paris, 29 mars 1991, D.1991.562, note M. Sériaux ; JCP.1992.II.21857 ; RTDC.1991.519, obs. D. Huet-Weiller.

compte tenu de son état, de procréer". Après avoir reconnu que la volonté individuelle pouvait interdire de contester une reconnaissance, la Cour d'appel lui dénie tout effet s'agissant de la possession d'état... Or, la réalité de la filiation naturelle n'a jamais été une condition de validité de la reconnaissance. Les reconnaissances de complaisance sont même fréquentes. De nombreux hommes, lorsqu'ils épousent une mère célibataire, n'hésitent pas reconnaître un enfant dont ils ne sont pas l'auteur. Le raisonnement de la Cour d'appel d'Aix est donc contestable, car il réduit la filiation à une réalité biologique. Or, cette suprématie n'a jamais été admise par le droit positif. Ainsi, la possession d'état constitue, depuis la loi du 25 juin 1982, un mode autonome d'établissement de la filiation naturelle. Elle aurait donc pu, contrairement à ce qu'affirment les juges Aixois, établir la filiation de l'enfant. Tout au plus, la possession d'état décennale ne pouvait être opposée à la mère de l'enfant. L'article 339, alinéa 3, du Code civil déclare en effet la contestation irrecevable dans cette hypothèse. Il était donc erroné d'affirmer, de façon générale, que la possession d'état n'était pas susceptible d'établir la filiation. Cet arrêt, fort contestable, illustre en réalité l'hostilité que les juges du fond manifestent fréquemment à l'égard du transsexualisme.

265. La position de la Cour de cassation se révèle insuffisante, car elle ne consacre pas le principe de l'identité sexuelle psychosociale. Elle ne reconnaît donc pas aux transsexuels l'ensemble des prérogatives attachées à leur acte de naissance modifié. Rien ne semble toutefois s'opposer au recours à l'assistance médicale à la procréation L'article L. 152-2 du Code de la santé publique dispose que la procréation artificielle "est destinée à répondre à la demande parentale d'un couple". Même si ce texte vise également "l'homme et la femme"[335], l'assistance médicale à la procréation a pour objectif de remédier à une infertilité médicalement constatée. Le transsexuel ne peut procréer. Or, le transsexualisme étant analysé comme une pathologie, l'infertilité qui en résulte doit être considérée comme l'étant également[336]. Le couple pourra alors consentir à l'assistance médicale à la procréation, dans les conditions prévues par l'article 311-20 du Code civil. Le rapport de filiation deviendra incontestable. L'arrêt rendu par la Cour d'appel d'Aix, contestable lorsqu'il annule la reconnaissance, permet d'écarter l'objection tirée de l'intérêt de l'enfant. Il accorde en effet un droit de visite et d'hébergement au

---

[335] *Contra* : R. Letteron, *Droit de la procréation*, 1ère éd., 1997, *Que sais-je ?*, page 62 : "Seuls peuvent bénéficier de l'assistance médicale à la procréation l'homme et la femme formant un couple parental (...). Le couple est donc nécessairement formé d'un homme et d'une femme, ce qui exclut des bénéficiaires les personnes seules, les homosexuelles assimilées à des personnes seules".

[336] F. Dekeuwer-Défossez, *Réflexion sur les mythes fondateurs du droit contemporain de la famille*, RTDC.1995.249, spécialement page 266.

transsexuel, sur la base d'un rapport psychiatrique attestant de "l'excellence des liens affectifs" avec l'enfant. Elle reconnaît ainsi qu'un transsexuel est parfaitement à même de fonder une famille et d'accueillir un enfant. La jurisprudence de la Cour européenne reste néanmoins prudente sur ce point. Elle affirma, dans une espèce comparable,"qu'il est de l'intérêt de la société dans son ensemble de préserver la cohérence d'un ensemble de règles de droit de la famille plaçant au premier plan l'intérêt de l'enfant" et "qu'étant donné que le transsexualisme soulève des questions complexes de nature scientifique, juridique, morale et sociale, ne faisant pas l'objet d'une approche généralement suivie dans les Etats contractants, la Cour estime que l'article 8 ne saurait passer pour impliquer que l'Etat défendeur est dans l'obligation de reconnaître officiellement comme le père de l'enfant une personne qui n'en est pas le père biologique"[337]. Toute évolution n'est cependant pas exclue. Il était essentiel de déterminer la marge d'appréciation laissée aux Etats en la matière pour connaître l'étendue du contrôle exercé par la Cour européenne. Cependant, une grande liberté d'appréciation limite le contrôle de la Cour européenne, mais ne le supprime pas. Le Royaume-Uni ne fut pas condamné en raison de la trop grande diversité des législations européennes en matière de transsexualisme. Cette jurisprudence est donc appelée à évoluer si les législations nationales évoluent dans un sens favorable aux transsexuels. Or, cette évolution peut d'ores et déjà être constatée. De nombreux Etats tiennent compte des revendications des transsexuels[338]. La Cour européenne relève le peu d'inconvénients pour l'enfant de ne pas reconnaître la "paternité" du compagnon transsexuel de sa mère. La législation britannique l'autorise à tester à son profit, à se comporter socialement comme un père, à lui donner son patronyme et à demander une ordonnance de garde conjointe. Le Royaume-Uni n'est donc pas condamné en raison de l'incertitude sur la meilleure façon de sauvegarder les intérêts de l'enfant. La Cour européenne ne condamne pas le principe d'un éventuel lien de filiation avec le transsexuel. Aussi, fait-elle entrer dans le droit au respect de la vie familiale la communauté de vie qui existe entre des personnes génétiquement du même sexe. Cette filiation reposerait sur des liens affectifs. Chaque Etat dispose alors d'une grande liberté d'appréciation pour mettre en œuvre ce principe. Plus encore, la reconnaissance d'un droit au mariage pourrait annoncer une évolution pour la filiation. L'intérêt de l'enfant est de consacrer juridiquement les liens de fait qui peuvent exister avec son parent transsexuel.

---

[337] CEDH, 22 avril 1997, *X...., Y... et Z... c./ Royaume-Uni*, D.1997.583 ; PA., 25 mai 1998, note J. Massip.

[338] Le transsexualisme est ainsi pris en compte par l'Allemagne, l'Autriche, l'Italie, les Pays-Bas, le Portugal, la Grèce, la Suisse, le Luxembourg... F. Granet, *Transsexualisme, état civil, vie privée et familiale dans les Etats membres de la CIEC*, article précité.

266. L'évolution générale de la jurisprudence, particulièrement au niveau européen, a permis au transsexuel d'obliger la société à reconnaître le sexe qui aurait dû être le sien. Elle ne consacre pas un "changement" de sexe, qui demeure impossible, mais permet de traduire juridiquement une réassignation hormono-chirurgicale. Cette évolution du droit reste très critiquée en doctrine. On lui a notamment reproché de ne pas tenir compte de l'intérêt des enfants du transsexuel. Ils se verraient privés d'une "vie familiale normale"[339]. Cet argument n'est toutefois pas convainquant, car il est hypocrite. L'enfant ne peut ignorer la situation, les difficultés psychologiques de son auteur et les lourds traitements subis. La condamnation juridique du transsexualisme ne modifierait pas la réalité : l'enfant a pour auteur un transsexuel. Cette situation est nécessairement douloureuse, mais nier la réalité ne la fait pas disparaître. L'enfant du transsexuel ne choisit pas davantage sa famille que tout un chacun. Les critiques tirées de la méconnaissance de l'intérêt général ne sont pas plus fondées. La Cour de cassation, en répondant aux attentes des transsexuels, aurait également cédé à la tentation de transformer "toute pulsion intensément vécue" en un "droit subjectif"[340]. L'intérêt général aurait été sacrifié au nom des intérêts individuels des transsexuels. Néanmoins, l'intolérance envers certaines situations de fait menace plus gravement les fondements de la société que leur reconnaissance par le droit. La société n'est pas uniforme. Plus encore, certains arguments avancés par la doctrine sont spécieux. La situation du transsexuel fut comparée à celle du traditionnel fou qui se prendrait pour Napoléon. On a ironisé en se demandant s'il "verrait son confort de vie personnelle sérieusement amélioré en lui permettant d'exercer les attributs de la dignité impériale"[341]. Ce raisonnement ne saurait être accueilli. Nul n'a jamais prétendu qu'il fallait modifier l'acte de naissance d'un schizophrène et le transsexuel n'est pas un malade mental. La rectification de son acte de naissance ne consacre donc une quelconque pathologie mentale. En pratique, la reconnaissance juridique du transsexualisme n'a pas entraîné une multiplication des demandes. Il n'y a pas eu l'effet d'entraînement redouté par la doctrine[342]. Ainsi, la jurisprudence relative au transsexualisme s'est raréfiée depuis 1992. Cette observation montre bien que le principe admis par la Cour de cassation répond aux attentes tant des transsexuels que de la société. La rectification de l'acte de naissance du transsexuel permet de lui conférer un état conforme à son identité réelle. Le sexe, qui fonde l'identité et l'état juridique de l'individu, échappe donc aujourd'hui au principe de l'immutabilité de l'état des

---

[339] Ph. Malaurie, *Les personnes. Les incapacités*, Defrénois, 2004, n° 8, p. 13-14.
[340] J. Carbonnier, *Les personnes*, n° 79.
[341] M.L. Rassat, *Sexe, médecine et droit*, page 674.
[342] M.L. Rassat, *Sexe, médecine et droit*, page 673.

personnes. Aussi, est-il logique que le nom soit lui-même devenu plus disponible.

§ **2 :** L'identification par le nom.

267. Le nom a de multiples fonctions. Il est une institution de police civile, car il permet d'individualiser chaque sujet de droit. L'individu se trouve derrière cette identification, avec sa personnalité unique, mais son nom le rattache également à une famille et, plus généralement, à un groupe social. Le nom constitue donc également un emblème familial. Il évoque l'histoire de la famille, mais suggère également l'origine territoriale de l'individu, son appartenance à une religion, à un Etat. Le nom est enraciné dans le tréfonds de l'individu, car il en est le signe, mais il est aussi la marque d'un rattachement familial. Cette dualité n'est pas contradictoire. La personnalité est, en partie, fonction de la famille et du groupe social. Le nom est donc logiquement attribué par la filiation et par le mariage, par la famille donc, bien qu'il soit lié à l'Etat en tant qu'institution de police. Des tensions sont alors inévitables, entre la volonté individuelle, l'autorité de l'Etat ou bien encore le poids de la famille.

268. L'identification est œuvre de langage. Elle présente donc une dimension ontologique. Ainsi, dans certaines sociétés africaines, le nom est attribué, non par arbitraire ou par convenance, mais après avoir recherché des signes pertinents de l'enfant. L'identification prend ainsi tout son sens, parce qu'elle reconnaît un être déjà spécifique[343]. De très nombreuses sociétés attribuent donc au nom une valeur magique. Il en va de même pour le prénom. Ainsi, dans certaines légendes scandinaves, le choix du prénom influence le destin et les qualités de l'enfant. Cet héritage symbolique n'est pas absent du droit français. Il a, par exemple, été comparé à un "mot au pouvoir magique, raccourci hallucinant de toute une personnalité"[344]. Il représente symboliquement l'individu et évoque la personnalité toute entière. Le nom n'est donc pas un simple instrument d'identification. Il possède une signification mystique et ne peut être neutre. Il marque l'enracinement de l'individu dans une histoire familiale, et peut être source de prestige, de vanité ou, au contraire, de préjudice s'il s'avère odieux ou ridicule. Le nom exerce une double fonction, dénotative et connotative. Il désigne l'individu et renvoie à une résonance affective, morale ou sociale[345]. Il est un "signe" culturel, un

---

[343] P. Erny, *L'enfant et son milieu en Afrique noire*, Payot, 1972, p. 32.
[344] M. Gobert, *Le nom ou la redécouverte d'un masque*, JCP.1980.I.2966, n° 3.
[345] D. Gutmann, *Le sentiment d'identité*, préf. F. Terré, LGDJ, *Bibliothèque de droit privé*, Tome 327, 2000.

phénomène de civilisation[346]. Il a donc été comparé à un "masque", qui dissimule et révèle l'individu[347]. Les règles qui régissent son attribution et son usage sont donc complexes, parce qu'elles doivent tenir compte de ses différentes fonctions. Elles mêlent liberté et obligation et s'efforcent de concilier la liberté de l'individu avec l'intérêt de la société. La société doit en effet identifier chaque individu avec précision et ne saurait donner libre cours à la volonté de l'intéressé. Ces règles sont aujourd'hui contestées, parfois remises en cause, car elles manifestent une tradition patriarcale, contraire au principe d'égalité de l'homme et de la femme. La portée des réformes reste cependant incertaine, car le nom obéit avant tout à l'usage, aux traditions.

269. L'identification ne peut donc être réduite à un acte d'autorité, qui serait subit passivement. L'individu doit au contraire contrôler, du moins en partie, la révélation des informations qui s'y attachent. Alors que le droit au nom était traditionnellement envisagé comme un droit de propriété[348], il est aujourd'hui fréquemment rattaché aux droits de la personnalité[349]. La Cour européenne le rattache ainsi à la vie privée. La Convention européenne ne fait en effet aucune référence au nom, mais la Cour européenne a appliqué à la dévolution du patronyme l'article 8, parce que le nom est un moyen d'identification personnelle et de rattachement à une famille. Le nom concerne alors la vie privée et familiale. L'état civil doit donc respecter la vie privée[350]. L'identité civile n'est donc pas uniquement le reflet d'une réalité sous-jacente. L'état civil n'échappe plus à la volonté individuelle. Il tend à désigner une réalité choisie par l'individu en fonction de ses objectifs personnels. Le nom permet à l'individu de se faire connaître, non seulement parce qu'il lui révèle sa situation familiale (A), mais encore parce qu'il lui permet de choisir ce qu'il entend révéler de lui (B).

---

346 Ph. Malaurie, *Les personnes. Les incapacités*, Defrénois, 2004, n° 108, p. 25.

347 M. Gobert, *Le nom ou la redécouverte d'un masque*, JCP.1980.I.2966.

348 R. Lindon, *Dictionnaire juridique. Les droits de la personnalité*, v° *Nom patronymique (nature du droit)*, n° 3, p. 191-192, Dalloz, 1983.

349 E. Agostini, *La protection du nom patronymique et la nature du droit au nom*, D.1973.Chron.313 ; E.H. Perreau, *Le droit au nom en matière civile*, 1910 ; R. Saleilles, *Le droit au nom individuel dans le nouveau Code civil allemand*, Rev. crit. de législation et de jurisprudence, 1900.94.

350 CEDH, 25 mars 1992, *B C./ France*, série A, n° 232-C ; D.1992.Som.325, obs. J.F. Renucci ; JCP.1992.II.21955, note T. Garé ; RTDC.1992.46 et 540, obs. J. Hauser ; D.1993.101, note Marguénaud.

A) Le nom, révélateur du rattachement familial.

270. Le nom est le principal élément d'identification des personnes et correspond à ce que l'on appelle, dans le langage courant, le "nom de famille". Historiquement, le nom est en effet un emblème familial. Il était initialement unique et individuel. Chaque individu avait son propre nom, le nom de la personne étant la personne elle-même[351]. Cette appellation personnelle a toutefois rapidement été complétée par le nom du père au génitif. L'individualisation reposait alors sur la révélation de la filiation directe. Il en était, par exemple, ainsi chez les Hébreux[352] ou les Musulmans[353]. La dévolution du nom obéissait, à Rome, à des règles plus complexes. Chaque individu se vit attribuer un nom complexe, qui l'identifiait parfaitement. Cicéron s'appelait ainsi *Marcus Tullius Marci filius Cicero*. L'individu était alors désigné par un *praenomen*, un *nomen gentilicum*, qui le rattachait à la *gens* à laquelle il appartenait, par le *praenomen* du *pater* au génitif qui indiquait sa filiation, par un *cognonomen*, qui était le nom des membres de la *domus*, de la famille au sens strict par opposition à la *gens*. Un *agnonem*, un sobriquet personnel, pouvait parfois s'y ajouter. Le nom indiquait à quelle *gens* et à quelle famille appartenait l'individu. Ce nom romain fut repris en Gaule, mais disparut avec les invasions franques. Les peuples germaniques utilisaient en effet un nom individuel, éventuellement complété par le nom du père précédé du suffixe *ing*, signifiant "fils de". Les grandes familles s'efforcèrent cependant de marquer leur origine. L'usage du patronyme n'est pas immédiatement apparu, mais l'individu rappelait le nom de ses ancêtres et utilisait parfois un titre nobiliaire ou le nom d'un fief. Cet usage constitua un véritable droit protégé. Il se généralisa progressivement au-delà des familles nobles. L'enfant recevait un nom de baptême et un surnom, qui rappelait une attitude, une profession, un trait physique... Ce surnom fut conservé dans chaque famille à partir du 12ème siècle et devint ainsi un nom patronymique, un *nom de famille*. Cette "révolution onomastique" a fixé la personnalité de l'individu dans ses deux racines, la famille et la terre[354]. Plus encore, la transmission héréditaire du surnom et sa transformation en patronyme ont contribué à l'épanouissement de la personnalité des serfs et donc à leur affranchissement.

271. Ces règles ancestrales sont aujourd'hui remises en cause au nom de l'égalité et de la liberté. On peut en effet s'interroger sur le maintien de la prééminence du père, de la masculinité, qui se manifeste dans le terme même

---

[351] J. Ph. Lévy et A. Castaldo, *Histoire du droit civil*, Dalloz, 2003, n° 48 et s.
[352] Josué fils de Nûm.
[353] Mohammed *ben* .... (Fils de ...).
[354] Ph. Malaurie, *Les personnes. Les incapacités*, Defrénois, 2004, n° 118, p. 30.

de "patronyme". Le nom occulte la filiation maternelle. La femme ne peut porter que le nom de son père ou de son mari. Dès lors, pourquoi ne pas imaginer un nom familial ? La liberté individuelle est en outre pratiquement absente des règles de dévolution du patronyme. Le nom est imposé à l'individu. Aussi, le législateur est-il intervenu pour assurer une plus grande égalité entre l'homme et la femme. La loi du 4 mars 2002, modifiée par la loi du 18 juin 2003, permettra donc, depuis le 1er janvier 2005, de choisir le nom qui sera transmis à l'enfant.

272. Le nom légal de l'enfant est mentionné sur l'acte de naissance. Il est attribué en fonction des règles propres à chaque filiation. En dépit des réformes récentes, le système français reste, dans une large mesure, dominé par la famille légitime, elle-même dominée par le mari, aussi bien à l'égard des enfants que de l'épouse. Le législateur entend cependant appliquer les principes d'égalité et de liberté à l'attribution du nom, égalité entre l'homme et la femme, égalité entre enfants légitimes et naturels. Traditionnellement transmis par le père, le nom ne révèle en effet qu'imparfaitement la filiation (a). Sa fonction dénotative présente en outre une certaine ambiguïté, car le nom peut également révéler un lien matrimonial (b).

a) Le nom, révélateur, imparfait de la filiation.

273. Le nom est un signe de la filiation. L'enfant reçoit, dès sa naissance, le nom de l'un de ses parents, le plus souvent le nom de son père. Le nom identifie l'individu et l'intègre dans une famille. Les règles régissant son attribution sont liées à la détermination de l'état et sont donc fonction de l'organisation de la famille.

274. La tradition voulait que l'enfant légitime prenne le nom de son père présumé. La règle semblait si évidente qu'elle n'a même pas été formulée par les rédacteurs du Code civil. Le législateur s'est ensuite efforcé d'attribuer à l'enfant naturel le plus souvent possible le nom de son père. En principe, aux termes de l'article 334-1 du Code civil, l'enfant acquiert le nom de celui à l'égard de qui sa filiation est établie en premier lieu. Si les deux parents l'ont reconnu simultanément, l'enfant porte le nom de son père. Lorsque l'enfant naturel porte le nom de sa mère, le législateur s'est efforcé de lui attribuer, par la suite, le nom de son père. Ainsi, l'article 334-2 du Code civil permet aux parents, pendant toute la minorité de l'enfant, de substituer le nom du père à celui de la mère, par une simple déclaration conjointe devant le juge aux affaires familiales. De plus, l'article 334-3 du Code civil prévoit que dans les autres cas, le changement de nom de l'enfant naturel peut-être demandé au juge pendant la minorité de l'enfant, mais également dans les deux ans qui suivent sa majorité ou encore en cas de changement d'état. Le juge statue en fonction de l'intérêt de l'enfant. Enfin, l'enfant adopté prend le nom de l'adoptant et le nom du mari lorsqu'il est adopté par un couple marié. L'adoption plénière intègre totalement l'enfant dans sa famille adoptive. Tous les liens avec la famille par le sang disparaissent. En outre, si une femme mariée adopte un enfant, sans que le mari soit co-adoptant, le tribunal peut décider avec le consentement du mari que l'enfant prendra le nom du mari. L'adoption simple entraîne la juxtaposition de deux liens de filiation, avec la famille par le sang et avec la famille adoptive. L'enfant porte donc en principe les deux patronymes. Toutefois, le jugement d'adoption peut préciser qu'il ne portera que le nom de l'adoptant.

275. Ainsi, le nom "donne la famille"[355]. Le nom est la "marque distinctive et extérieure de l'état, ou plus exactement encore, de cet élément de l'état qui réside dans la filiation, à l'un quelconque de ses degrés"[356]. Le nom ne permettait, cependant, de rattacher l'enfant qu'à sa famille paternelle. Le terme même de patronyme révélait une transmission unilinéaire du nom. Une discrimination sexuelle en résultait, car le nom ne révélait qu'une partie de la filiation. Le port du double nom parental était impossible. Certes, l'article 363 du Code civil énonce que l'adoption simple confère le nom de l'adoptant à l'adopté en l'ajoutant au nom de celui-ci. La jurisprudence refuse toutefois d'accorder, sur le fondement de l'article 334-3, le double nom à l'enfant naturel[357]. La loi n° 85-1373, du 23 décembre 1985, destinée à assurer l'égalité des époux dans les régimes matrimoniaux et dans l'exercice de l'autorité parentale, a tenté de corriger la prééminence masculine de l'attribution du nom. La question de savoir si l'on devait assurer l'égalité des époux dans la transmission du patronyme fut posée lors des travaux préparatoires, mais le législateur n'a pas alors modifié les règles de dévolution du nom. Selon l'article 43 de la loi du 23 décembre 1985, toute personne peut ajouter à son nom, à titre d'usage, celui de ses parents qui ne lui a pas transmis le sien. Les difficultés d'interprétation de ce texte ont donné lieu à deux circulaires, des 26 juin 1986 et 4 novembre 1987, qui n'ont toutefois pas clarifié toutes les incertitudes. La loi du 4 mars 2002, modifiée par la loi du 18 juin 2003, propose désormais une option aux parents. Le nom dépend de leur volonté et n'est plus automatiquement lié à l'acte d'état civil. La loi nouvelle entend supprimer toute différence entre la filiation légitime et la filiation naturelle, mais également entre les filiations paternelle et maternelle. Depuis

---

355 M. Grimaldi, *Patronyme et famille : l'attribution du nom*, Rép. Defrénois, 1987, p. 1425 et s., spécialement p. 1427.

356 A. Colin, note sous Paris, 21 janvier 1903, D.1904.2.1.

357 Civ. 1ère, 16 novembre 1982, D.1983.17, note D. Huet-Weiller ; JCP.1983.II.19954, note M. Gobert.

le 1er janvier 2005, tout enfant né après l'entrée en vigueur de la loi peut recevoir soit le nom de sa mère, soit le nom de son père, soit les deux noms accolés dans l'ordre choisi par les parents[358]. Les parents disposent donc d'une option et peuvent attribuer à l'enfant le nom du père, de la mère ou les deux. A défaut de choix, l'enfant porte le nom du père, de sorte qu'il n'est pas certain que la loi modifie réellement les pratiques[359]. Les parents d'un enfant naturel disposent également de cette option lorsque les deux filiations sont établies simultanément. A défaut de choix, l'enfant porte le nom du père. Si la filiation n'est pas établie simultanément envers les deux parents, l'enfant porte toujours le nom de celui qui a établi sa filiation en premier. La mère célibataire peut ainsi transmettre son nom en reconnaissant l'enfant à naître. L'option reconnue aux parents pourrait cependant se retourner contre les enfants naturels dont la filiation n'est établie qu'à l'égard d'un seul des parents. Les parents peuvent donc, durant la minorité de l'enfant, substituer au nom de l'enfant celui du parent à l'égard duquel la filiation a été établie en second ou d'accoler les deux noms, dans l'ordre de leur choix et dans la limite d'un nom de famille. Ce changement est effectué par simple déclaration devant l'officier d'état civil. Dans tous les cas, le choix du nom de famille ne peut "être exercé qu'une seule fois"[360]. Tous les membres de la fratrie porteront donc le même nom. L'option est enfin reconnue aux parents adoptifs, mais la loi du 18 juin 2003 limite à deux le nombre de noms transmis à l'adopté. Si l'enfant est adopté par une seule personne, si l'adoptant ou l'adopté porte un double nom, le nom de l'adopté est formé par l'adjonction du nom de l'adoptant à son propre nom, dans la limite de un nom pour chacun. Quand l'adoption simple est réalisée par 2 époux, le nom de l'adopté est choisi dans la limite de deux noms.

276. Le double nom ne révèle cependant l'ascendance que pour une durée limitée, puisque l'enfant ne devra, à son tour, choisir le nom qu'il transmet à ses propres descendants. La fonction dénotative du nom reste donc limitée. Le nom se révèle en réalité incapable des révéler définitivement la double parenté. Il deviendrait très rapidement inutilisable si tous les noms étaient transmis à l'enfant. Plus encore, la loi du 4 mars 2002 a été vivement critiquée par la doctrine, parce qu'elle contredirait "nos traditions, notre culture et notre psychologie sociale"[361]. Elle tenterait, en effet, d'imposer un double nom, pour exprimer la double filiation. Or, l'identité de la personne s'exprimerait traditionnellement par un nom simple. La liberté reconnue aux parents a également été contestée, parce qu'elle conduirait à une "privatisation

---

358 Article 321-21 du Code civil.
359 Article 311-21, alinéa 1er, dernière phrase, du Code civil.
360 Article 311-23 du Code civil.
361 Ph. Malaurie, *Les personnes. Les incapacités*, Defrénois, 2004, n° 131, p. 38.

du nom patronymique"[362]. Ces critiques semblent toutefois excessives. La famille a connu de profondes transformations, qui ne sauraient rester sans incidence sur l'attribution du nom. Le privilège de la masculinité, la primauté du mari, ont d'ores et déjà disparu. Les rapports des époux, tant personnels que patrimoniaux, sont dominés par un principe d'égalité. L'autorité parentale s'est substituée à l'autorité paternelle. L'égalité entre époux, l'égalité des filiations, souvent contestées lorsqu'elles ont été juridiquement reconnues, sont aujourd'hui communément admises. Or, la loi du 4 mars 2002 est avant tout symbolique. Le législateur entend renforcer la fonction dénotative du nom. En outre, il est vraisemblable que son intervention ne modifiera pas, à court terme, les pratiques actuelles. La loi du 4 mars 2002 permet cependant de renforcer l'égalité entre le père et la mère. L'enfant a deux parents et son nom doit traduire cette double filiation. Il est donc contestable que la loi du 18 juin 2003 ait supprimé, au nom de la sécurité juridique et du principe d'immutabilité du nom, la possibilité offerte, par la loi du 4 mars 2002, à toute personne d'adjoindre à son nom celui du parent qui ne lui avait pas transmis le sien, dans la limite d'un seul nom de famille[363].

b) Le nom de la femme mariée.

277. La femme mariée peut substituer à son nom le nom de son mari[364]. Il s'agit là d'une règle coutumière, qui ne figure dans aucun texte, hormis de façon très incidente dans la loi du 6 février 1893. Elle constitue une survivance de la prééminence du mari. Cette coutume s'est généralisée à partir du 14ème siècle, avec la réapparition du mari envisagé comme chef de famille. Il ne s'agissait toutefois pas d'un réel changement de nom. Pothier n'y vit qu'un effet civil du mariage. L'usage s'est peu à peu généralisé et son évidence explique le silence du Code civil. Seul le rétablissement du divorce permit d'aborder la question. Si la femme perdait son nom en se mariant, elle aurait dû conserver le nom de son mari en dépit du divorce. La question fut

---

[362] J. Massip, *Suggestions pour une modification des règles du Code civil relatives au nom et au prénom*, Rép. Defrénois, 2002, article 37588.

[363] JO Sénat, 11 avril 2003, p. 2630.

[364] Dans certaines régions, dans le Nord de la France notamment, une coutume parallèle permettait au mari d'ajouter à son nom celui de son épouse. Cette coutume a été reconnue par la loi du 6 février 1893 et reprise par la loi du 11 juillet 1975, aux articles 264 et 300 du Code civil. L'arrêté du 20 mars 1985, relatif au livret de famille, a d'ailleurs rappelé que le mariage n'avait aucune incidence sur le nom des époux, qui continuent d'avoir pour seul patronyme celui figurant dans leur acte de naissance. L'arrêté précise toutefois que chaque époux peut utiliser dans la vie courante le nom de son conjoint, "en l'ajoutant à son propre nom ou, même, pour la femme en le substituant au sien".

vivement discutée et la loi du 6 février 1893 ne reconnut donc à l'épouse qu'un droit d'usage, issu de la coutume et limité à la durée du mariage.

278. Le nom de la femme mariée demeure cependant incertain. Certes, l'usage du nom s'acquiert par le mariage. Toutefois, les époux ne perdent pas leurs noms et n'acquiert pas davantage le nom de leur conjoint. La femme mariée conserve son *nom de jeune fille* et peut donc obliger les tiers à la désigner par ce nom, et non par celui de son mari. Une femme mariée n'est pas tenue de porter le nom de son mari. L'article 300 du Code civil précise en effet que la femme séparée de corps conserve, sauf interdiction, l'usage du nom de son mari. Elle n'a plus à se faire autoriser à cesser de le porter, ce qui indique qu'elle n'y a jamais été tenu. Plus encore, la jurisprudence refuse de voir dans le refus de l'épouse un manquement aux obligations du mariage[365]. L'épouse acquiert néanmoins l'usage du nom de son mari. L'article 264 du Code civil, issu de la loi du 11 juillet 1975, confirme cette coutume. La femme peut s'en prévaloir contre son mari, conserver le nom de celui-ci en dépit de son veuvage et même de l'annulation de son mariage s'il a été déclaré putatif à son égard. Le mari ne dispose d'un recours que si son épouse fait un usage abusif de son nom, s'il existe un risque de confusion ou si l'épouse agit par malveillance. A l'égard des tiers, l'épouse peut exiger d'être désignée par le nom de son mari et dispose donc d'une action pour lutter contre d'éventuelles usurpations, notamment par une concubine adultère[366]. Le nom d'usage ne se substitue donc pas au nom légal de l'épouse, mais elle peut pareillement fréquemment le masquer, ce que confirme la pratique. De très nombreuses épouses utilisent en effet le nom de leur mari, hormis pour voter ou signer des actes authentiques.

279. L'épouse dispose ainsi d'une option qui lui permet de continuer à se faire appeler par son nom ou de choisir le nom de son mari. Elle peut également accoler les deux patronymes. L'épouse peut ainsi "naviguer entre les deux noms"[367]. Le droit positif manque cependant de clarté. La Cour de cassation a, en effet, rendu deux décisions contradictoires, en 2001, sur le droit de la femme mariée d'exiger d'être désignée sous son nom légal. Ainsi, la première Chambre civile, dans un arrêt rendu le 6 février 2001, a cassé un jugement qui déboutait une contribuable d'une action en nullité contre un avis à tiers détenteur qui avait été délivré sous les nom et prénom de son mari[368]. Au contraire, la troisième Chambre civile, dans un arrêt rendu le 24 janvier 2001, censura un jugement rendu par le Tribunal d'instance de Rouen qui

---

[365] CA Paris, 17 septembre 1941, DA.1941.364.
[366] TGI Briey, 30 juin 1966, JCP.1967.II.15130, note J. Carbonnier.
[367] Fl. Laroche-Gisserot, *Nom de la femme mariée : le désordre notable*, D.2003.633.
[368] Civ. 1ère, 6 février 2001, Bull. civ. I, n° 25 ; D.2001.IR.747.

annulait une assignation délivrée à Roger C... et Colette C..., la destinataire étant identifiable sous le nom de son mari[369]. La conciliation de ces décisions semble impossible. La Cour de cassation ne fait aucune référence à la volonté exprimée par la destinataire, à la notion d'acte de procédure ni même à la mention du prénom. La notion d'acte de procédure aurait permis de retenir la validité de l'assignation. L'acte irrégulier avait atteint son but, car son destinataire était identifiable, de sorte qu'il n'aurait pas dû être annulé. Cette approche était toutefois difficilement admissible. Les actes d'exécution forcée sont des actes judiciaires[370]. Les arrêts de la Cour de cassation révèlent en réalité que le nom de la femme mariée est des plus incertains. Certes, le mariage n'entraîne pas de changement de nom, mais en pratique, les tiers ne connaissent généralement que le nom de son mari. De nombreuses épouses ignorent en outre qu'elles ne sont pas tenues de "prendre" le nom de leur mari et beaucoup adoptent ce nom par crainte de passer pour de "mauvaises" épouses. L'identité de la femme mariée se révèle particulièrement floue, alors surtout que les textes sont pratiquement muets. La loi du 4 mars 2002 n'a toutefois pas clarifié cette situation, car elle n'a pas modifié les effets du mariage sur le nom.

280. Le double nom manifeste une double filiation ou l'alliance. Il perd donc toute signification. Les frontières sont d'autant plus floues que les termes "madame" et "mademoiselle" ne sont plus révélateurs[371]. Paradoxalement, la volonté de renforcer la signification de l'identification conduit à brouiller davantage la situation. Le seul moyen d'assurer une parfaite égalité des sexes serait d'obliger chacun des époux à conserver son nom, sans aucune exception, pour ne pas altérer le fonctionnement du mécanisme dénotatif. La volonté d'utiliser un double nom pour assurer une meilleure identification se révèle donc tout à la fois compréhensible et illusoire. Il est légitime de vouloir utiliser le double nom pour révéler la double filiation ou le mariage, mais le double nom ne peut prétendre à l'éternité. Il n'en constitue pas moins un révélateur de l'individu.

B) <u>Le nom, révélateur de l'individu.</u>

281. Le nom est soumis à un principe d'immutabilité. Sous l'Ancien droit, les progrès de l'administration ont été destinés, à partir du 16ème siècle, à individualiser les sujets par leur nom, leur état civil et leur domicile. Les

---

369 Civ. 3ème, 24 janvier 2001, Bull. civ. III, n° 9.

370 S. Guinchard, *Procédure civile*, Dalloz, *Précis*, 24ème éd., n° 637.

371 F. Pérochon, *Madame ou Mademoiselle ? Indiscrétion et discrimination*, in *Mélanges offerts à André Colomer*, examen, 1993, p. 351 et s., spécialement n° 29 à 31.

changements de nom demeuraient fréquents, notamment pour prendre celui de la terre ou du fief que l'on avait acheté. L'article 9 de l'Ordonnance d'Ambroise du 29 mars 1566 interdit donc de changer de nom et d'armes sans autorisation du roi. L'ordonnance de 1555 ne fut toutefois pas enregistrée par le Parlement de Paris, pas plus que le Code Michau de 1629 qui reprenait ces dispositions. La Royauté ne se soucia en réalité de l'immutabilité du nom que pour rechercher les usurpateurs de noblesse. Après la Révolution, la loi du 24 brumaire an II permit à chaque citoyen de changer de nom par simple déclaration. Chacun eut ainsi la possibilité de rompre avec son passé, son histoire, sa famille. La Convention abrogea toutefois très rapidement cette loi, pour des raisons de police. La loi du 6 fructidor an II revint alors au principe d'immutabilité, son article 1er affirmant que "aucun citoyen ne peut porter de nom ni de prénom autres que ceux exprimés par son acte de naissance". La volonté de l'individu n'avait plus aucune prise sur son nom. Or, ce principe est aujourd'hui, dans une large mesure, remis en cause.

282. Le changement de nom est admis et peut résulter d'une procédure administrative ou d'une procédure judiciaire. Le nom a, en effet, une double nature. Il relève de l'autorité administrative, puisqu'il est une institution de police, mais ses changements peuvent également être autorisés par le juge judiciaire, le nom étant un élément de l'état des personnes. L'individu peut, en premier lieu, échapper à un nom ridicule, odieux, qui lui cause un préjudice et qui nuit à ses relations sociales. La procédure de changement de nom a été réorganisée par la loi du 8 janvier 1993, qui a abrogé la loi du 11 germinal an XI. Le changement de nom, lorsqu'il n'est pas lié à la filiation, ne peut être autorisé que par l'autorité administrative, au moyen d'un décret. Le Ministre de la justice peut consulter pour avis le Conseil d'Etat. Le demandeur doit uniquement justifier d'un "intérêt légitime", notamment pour "éviter l'extinction du nom porté par un ascendant ou un collatéral jusqu'au quatrième degré". Dans cette hypothèse, l'individu entend réaffirmer son enracinement familial en reprenant le nom de l'un de ses ancêtres. Le Conseil d'Etat se montre toutefois assez strict et rejette les demandes inspirées par la vanité ou par des raisons professionnelles[372]. La demande n'est accueillie que dans quatre hypothèses, lorsque le nom est ridicule, grossier ou tristement célèbre, s'il a une consonance étrangère ou susceptible d'être gênante, lorsque le demandeur utilise déjà un pseudonyme ou, plus rarement, pour reprendre un nom illustre appelé à disparaître. Le décret qui autorise le changement de nom est ensuite publié au Journal officiel et produit effet si aucune opposition n'est formée pendant un délai de deux mois. Ce changement de nom produit

---

[372] D. Pépy, *Les changements de nom dans le droit français*, EDCE.1977.1978, 31 et s.

effet à l'égard du demandeur, mais également de sa famille, de son époux et de ses enfants mineurs. "Tout intéressé" peut toutefois former opposition, laquelle est accueillie par le Conseil d'Etat s'il existe un risque de confusion dommageable pour l'opposant.

283. Par ailleurs, le nom rattache l'individu à une communauté nationale. La diversité des noms manifeste la diversité des origines. La connotation renvoie à une résonance affective, morale ou sociale. Le nom traduit le rattachement de l'individu à des groupes. Le changement de nom s'inscrit donc désormais dans une stratégie d'image assez largement prise en compte par le droit. L'intérêt public incite alors à l'autoriser lorsqu'il tend à faciliter l'intégration de l'individu dans la communauté française. La francisation du nom n'est cependant jamais une obligation et ne saurait donc être imposée à l'individu naturalisé. Celui-ci ne saurait en effet être contraint de rompre avec ses origines. La francisation du nom a fait l'objet de nombreuses interventions du législateur. Elle a été successivement régie par l'article 34 de l'ordonnance du 2 novembre 1945, par loi n° 50-399 du 3 avril 1950, abrogée par la loi du 3 juillet 1965. La procédure est actuellement définie par la loi n° 72-964 du 25 octobre 1972, réformée par la loi du 8 janvier 1993. Elle permet de modifier l'orthographe du nom, mais également de lui "faire perdre toute consonance phonétique étrangère". Ce droit peut être exercé pour tous les modes de recouvrement ou d'acquisition de la nationalité française, au plus tard dans l'année qui suit cet événement. La francisation est accordée par décret. La loi du 25 octobre 1972 permet cependant aux titulaires actuels du nom de former une opposition si la francisation ou la traduction risque de leur causer un préjudice. La consultation du Conseil d'Etat est facultative et le gouvernement n'est jamais tenu de suivre son avis. Le dogme de l'immutabilité du nom en sort cependant affaibli, car le nom n'échappe plus aux stratégies individuelles. Certains émigrés ont donc tenté de reprendre le nom de leurs ancêtres pour manifester leurs racines. Ils se sont toutefois heurtés à la résistance du Conseil d'Etat et de la Chancellerie. La fonction connotative du nom est en effet généralement utilisée en sens inverse, pour faciliter l'intégration dans la communauté française.

284. Le nom exprime une personnalité et dépend, dans une certaine mesure, de la volonté individuelle. Le pseudonyme permet ainsi à chacun de se définir librement. Il est un nom volontairement choisi pour exercer une activité littéraire, artistique, religieuse... L'obligation de porter son nom concerne toutes les relations entre l'individu et l'autorité publique. La fonction sociale du nom limite la liberté d'utiliser un pseudonyme lorsque l'activité intéresse l'Etat. Il ne peut ainsi être utilisé dans l'exercice de certaines professions, telle la médecine[373]. En revanche, l'obligation de porter son nom ne s'applique pas aux rapports entre particuliers, pour les actes privés. L'individu dispose alors d'une très grande liberté. Il peut, dans le silence de la loi pénale, utiliser un pseudonyme, dont le choix et l'usage sont libres et licites. Toutefois, le pseudonyme ne figure jamais sur les documents officiels, nul ne pouvant se constituer son propre titre[374]. Les tiers peuvent en outre s'opposer à son usage lorsqu'il constitue également leur nom, car il s'agit alors d'une forme d'usurpation[375]. L'usage prolongé et notoire d'un pseudonyme justifie, en revanche, sa protection, car il est la propriété de son titulaire et la marque de sa personnalité. La Cour d'appel de Paris a, par exemple, estimé dans un arrêt rendu le 15 septembre 1999 que "le nom de fantaisie librement choisi pour masquer au public la personnalité véritable d'un individu dans l'exercice d'une activité particulière telle qu'artistique, littéraire ou même privée, est protégeable à l'égal du nom patronymique comme constituant une propriété lorsque, par un usage prolongé et notoire, il s'est incorporé à cet individu et est devenu pour le public le signe de sa personnalité"[376]. Le porteur d'un pseudonyme peut donc interdire aux tiers de révéler son véritable nom, car cette divulgation porterait atteinte à sa vie personnelle. Il n'en va toutefois pas de même lorsque l'individu exerce des fonctions publiques ou officielles. Il a en effet été jugé qu'un journal avait le droit de révéler le véritable nom d'un homme politique, car "dans une société démocratique, l'électeur (...) doit pouvoir connaître quels sont les véritables dirigeants à qui il confie son bulletin de vote"[377]. Si l'intérêt public n'est pas en cause, la révélation du nom est, *a contrario*, interdite. Le pseudonyme, contrairement au nom, ne se transmet toutefois pas aux héritiers, sauf avec l'accord de son titulaire.

§ 3 : Vers une disponibilité du prénom.

285. La fonction principale du prénom n'est pas juridique. Le choix du prénom est dicté par la connotation qui s'y attache. Les aspects psychologiques et sociologiques sont essentiels. Aujourd'hui, le choix du prénom n'est plus *a priori* limité. Le prénom est librement choisi par les parents, sous réserve d'un contrôle judiciaire *a posteriori* (A) Le dévoilement réalisé par le prénom échappe donc à celui qui le porte. Il dispose néanmions d'une certaine liberté (B).

---

[373] Article L 363 du Code de la santé publique.
[374] Le pseudonyme ne peut ainsi figurer sur des pièces militaires : CE, 24 octobre 1952, Rec. Lebon, p. 462, conclusions Letourneur.
[375] Civ. 1ère, 9 juillet 1961, JCP.1961.II.12298.
[376] CA Paris, 15 septembre 1999, D.2000.801, note Ph. Bonfils.
[377] CA Paris, 20 septembre 2001, D.2002.2300, note A. Lepage.

A) Le choix du prénom.

286. Le nom de baptême était, historiquement, l'un des principaux éléments d'identification de l'individu. Si son rôle a cependant décliné avec l'apparition et la généralisation du patronyme héréditaire, il reste cependant essentiel. Il permet en effet d'individualiser chaque membre d'une même famille. Il est un procédé d'identification, mais exerce également une fonction symbolique. Le choix du prénom n'est pas neutre. Il exprime la personnalité des parents, leurs convictions, leurs traditions… La loi du 11 germinal an XI avait toutefois limité leur liberté aux seuls "noms en usage dans les différents calendriers et ceux des personnages connus dans l'histoire ancienne". Elle a toutefois été abrogée par la loi du 8 janvier 1993. L'article 57, alinéa 2, du Code civil permet désormais aux parents d'attribuer à l'enfant le prénom de leur choix. L'officier d'état civil peut uniquement informer le Procureur de la République si le ou les prénoms choisis ou leur association avec les autres prénoms ou avec le nom semble contraire à l'intérêt de l'enfant. Le Procureur peut alors saisir le juge aux affaires familiales, qui peut ordonner la suppression du prénom sur les registres de l'état civil et même attribuer un autre prénom à l'enfant. La loi du 8 janvier 1993 a donc renversé le système qui avait été mis en place par la loi du 11 germinal an XI.

287. De plus, l'individu peut choisir d'utiliser le prénom de son choix parmi ceux qui figurent dans l'acte de naissance[378]. Cet usage s'impose tant aux tiers qu'aux autorités publiques. L'article 57, alinéa 2 du Code civil, issu de la loi du 8 janvier 1993 a consacré cette liberté : "tout prénom inscrit dans l'acte de naissance peut être choisi comme prénom usuel". Cette liberté est renforcée par le libéralisme du changement de prénom.

B) Le changement de prénom.

288. Le changement de prénom a été autorisé par la loi du 23 avril 1949 en cas d'adoption et, plus encore, par la loi du 12 novembre 1955. L'article 60 du Code civil, issu de la loi du 8 janvier 1993, autorise désormais le changement de prénom. Celui-ci est autorisé par le juge aux affaires familiales et doit être justifié par un "motif légitime". Le changement de prénom peut en outre prendre la forme d'une adjonction ou d'une suppression de prénom. La jurisprudence est assez libérale, surtout depuis 1993. L'intérêt légitime n'est pas un intérêt majeur[379]. Le changement de prénom peut être justifié par les

---

[378] Civ. 1ère, 4 avril 1991, Bull. civ. I, n° 117 ; RTDC.1991.498.
[379] Civ. 1ère, 20 octobre 1981, Bull. civ. I, n° 299.

choix personnels de l'individu, notamment par sa conversion religieuse[380] ou par son identité culturelle[381]. Il peut pareillement résulter de l'usage prolongé d'un prénom depuis l'enfance[382]. Il peut aussi être justifié par des motifs religieux, y compris lorsque le prénom rejeté est déjà issu d'une modification judiciaire[383]. Le prénom permet de manifester sa personnalité et donc de révéler une différence. Réciproquement, le changement de prénom peut intervenir pour faciliter l'intégration dans la communauté française[384]. La procédure de francisation du nom est donc également applicable à la francisation du prénom. Un prénom français peut notamment être substitué au prénom initial.

289. L'évolution du droit applicable au changement de nom et de prénom est significative. Ces signes distinctifs sont aujourd'hui utilisés pour dévoiler certaines informations personnelles. Ils perdent ainsi leurs fonctions administratives et familiales traditionnelles pour devenir des moyens de communication. La volonté individuelle est consacrée. Une réflexion plus générale sur le principe de l'indisponibilité de l'état est donc nécessaire.

§ 4 : Le déclin du principe de l'indisponibilité de l'état civil.

290. Le principe de l'indisponibilité de l'état a plusieurs justifications. Ainsi, les premières lettres patentes de commutation du nom prises à partir de la fin du 15ème siècle étaient destinées à lutter contre les usurpations de noblesse. Ce souci se retrouve à toutes les époques. Ainsi, au 19ème, les tribunaux se sont déchirés sur les pouvoirs du Ministère public d'agir d'office en rectification de l'état civil en raison de la loi de 1858 sur l'usurpation de noms "d'apparence nobiliaire". Cette vigilance du juge n'était pas uniquement inspirée par la volonté de lutter contre des abus. Elle manifestait également l'attachement des familles au nom. Le mensonge sur l'appartenance familiale était redouté. Or, ces motifs n'ont pas disparu. L'article 433-19 du code pénal punit toujours le fait de prendre un nom autre que celui assigné par l'état civil et de changer, altérer ou modifier le nom assigné par l'état civil. Le droit pénal vient ainsi renforcer le principe civil de l'indisponibilité de l'état. La

---

380 CA Paris, 26 septembre 1996, Rép. Defrénois, 1997, art. 36634, n° 95, note J. Massip.

381 Civ. 1ère, 2 mars 1999, Bull. civ. I, n° 76 ; JCP.1999.II.10089, note Th. Garé ; RTDC.1999.358, obs. J. Hauser ; Rép. Defrénois, 1999, art. 37031, n° 63, obs. J. Massip.

382 CA Paris, 21 novembre 1995, D.1995.355, note T. Garé ; RTDC.1996.356, obs. T. Hauser.

383 Civ. 1ère 6 mars 1990, Bull. civ. I, n° 62 ; D.1990.477, note J. Massip.

384 Versailles, 14 novembre 19921, D.1992.IR.16.

dimension familiale du nom s'est toutefois effritée. Le délai d'opposition des tiers au changement de nom n'a cessé d'être raccourci. L'action en usurpation de nom demeure, mais son succès est subordonné à de strictes conditions. La preuve d'un risque de confusion est exigée, ce qui suppose que le nom ait acquis une certaine notoriété. Le nom, envisagé comme un droit de la personnalité, concerne alors davantage l'individu que la famille. Permettre de changer d'état à sa guise présenterait cependant de nombreux inconvénients. Un décret du 24 brumaire an II avait autorisé le changement de nom par simple déclaration à la municipalité, mais la loi au 6 Fructidor an II posa le principe de l'immutabilité du nom, qui ne fut tempéré qu'avec la loi du 11 Germinal an XI. L'épisode révolutionnaire a toutefois considérablement marqué les esprits. Le changement de nom fut durablement envisagé comme un facteur de désordre. Le nom était une institution de police civile, placée sous le contrôle de l'Etat.

291. La crainte des désordres engendrés par des changements de nom s'est atténuée. L'immutabilité de l'état ne conditionne plus la force de l'autorité publique. Les techniques modernes d'identification permettent à l'Etat de suivre l'individu à la trace. Les dangers du changement de nom peuvent être limités. Ces changements restent quantitativement limités et s'accompagnent de formalités de publicité. Le rôle de l'Etat, la dimension familiale du nom et la crainte du désordre sont en recul. On peut cependant se demander si le principe de l'immutabilité de l'état n'est pas l'une des dernières barrières contre l'individualisme contemporain. Le lien social repose sur des interdits, alors surtout que certains de ces interdits confèrent à l'individu une place stable dans les rapports humains. Une distinction semble nécessaire. Le prénom est l'élément de l'état dont une plus grande disponibilité pourrait être aisément admise.

292. Le principe de l'immutabilité ne s'applique guère au prénom. Il n'a pas de fonction dénotative et ne révèle l'individu que par connotation. Il ne renvoie pas à une appartenance familiale. Il constitue un élément d'individualisation purement individuel. Les risques de fraude sont limités, car le nom reste le principal élément d'identification avec les tiers. Une partie de la doctrine est donc favorable à l'abandon, ou du moins à l'assouplissement, du contrôle judiciaire du changement de prénom. Les changements de prénom pour convenances personnelles se heurtent néanmoins au refus de la jurisprudence[385]. La logique du contrôle *a posteriori*, adoptée lors de l'attribution du prénom, pourrait cependant être généralisée à son changement. L'individu déciderait seul de ce changement, sous le

[385] Civ. 1ère, 22 février 1972, D.1972.317, note R. Lindon ; RTDC.1972.593.

contrôle du juge qui sanctionnerait les fraudes et les risques de confusion. Adopter ce mécanisme soulèverait néanmoins de nombreuses difficultés. Peut-on en effet reconnaître un droit subjectif à changer de prénom ? La question du changement de prénom apparaît étrangère aux enjeux réels du droit de l'état. Le prénom n'inscrit pas l'individu dans une histoire et une temporalité qui le dépassent. Il n'a pas vocation, contrairement au sexe, à participer à la différenciation qui fonde l'humanité. Il n'est qu'un instrument d'individualisation. Il n'existe donc pas de justification au contrôle préventif du changement de prénom, ce qui rend possible une libéralisation partielle du droit. Ainsi, on ne saurait autoriser des enfants mineurs à changer à leur initiative, de prénom. S'il est légitime que leurs parents ne puissent leur imposer un changement de prénom lorsqu'ils ont 13 ans, une différence importante peut cependant être relevée entre un changement accepté et un changement provoqué. Le choix du prénom reste une prérogative des parents, que l'enfant ne peut limiter qu'à partir de sa majorité, car l'autorité parentale n'est plus en jeu. Faciliter le changement de prénom des majeurs devrait en outre être accompagné d'un effort de justification. La protection de la vie privée n'est pas une justification évidente d'un tel changement. Le changement de prénom est fréquemment dicté par la volonté de ne pas révéler certaines informations personnelles ou par la volonté de paraître sous un jour plus favorable. Il peut cependant être motivé par de simples convenances personnelles relevant de l'esthétisme. Abandonner le prénom de Paul pour celui de Jacques ne manifeste aucune volonté de voiler ou de révéler une information particulière et ne peut donc être justifié par le respect de la vie privée. La liberté de changer de prénom ne peut donc pas être systématiquement analysée comme un moyen de protéger la vie privée. Elle ne serait qu'une liberté légalement consacrée.

293. Toutefois, si le principe de l'indisponibilité de l'état est affaibli, il n'a pas pour autant disparu. Les mutations affectant l'état civil ne peuvent échapper à tout contrôle, car il reste un moyen administratif d'identifier les individus. Le nom et le sexe ont une fonction dénotative. Pour la plupart des individus, le nom continue à refléter l'état réel de l'individu. Une solution de compromis doit donc être recherchée. S'il est excessif d'interdire tout changement de nom, il apparaît tout aussi excessif de l'autoriser sans limite. Le changement de nom d'un enfant mineur pourrait notamment être décidé par ses parents, sans intervention du juge. La règle posée par l'article 334-2 pourrait être bilatéralisée. Les changements voulus par un seul des parents ou qui feraient suite à un premier changement de nom devraient, en revanche, relever de l'appréciation du juge. Le sentiment temporel d'identité de l'enfant serait préservé, sans tenir compte des considérations obsolètes tenant à l'intérêt des tiers ou au caractère de principe de la dévolution patronymique. Ce raisonnement pourrait également être transposé à la famille légitime. Ainsi, lorsque le mari décède peu après la naissance de l'enfant, il semble anormal que la femme puisse reprendre son nom de jeune fille alors que le changement de nom de l'enfant doit être autorisé par décret. Cette pratique oblige d'ailleurs certaines femmes à conserver le nom de leur mari contre leur gré, pour porter le même nom que l'enfant. Cette situation peut se révéler particulièrement gênante lorsque la mère refait sa vie avec un concubin. Le juge pourrait alors se voir reconnaître le pouvoir d'apprécier si l'intérêt de l'enfant mineur est de conserver son nom ou s'il n'était pas souhaitable qu'il puisse en changer. En outre, l'enfant, devenu majeur, pourrait être autorisé à choisir librement l'un des deux noms parentaux. Il pourrait alors invoquer le droit au respect de sa vie privée, en appréciant lui-même les conséquences d'un changement. Ainsi, interdire à l'adopté simple de reprendre son nom d'origine apparaît peu justifié. La jurisprudence lui refuse actuellement de reprendre ce nom à titre de nom d'usage, au motif que la loi du 23 décembre 1985 ne permet que d'utiliser le nom du parent qui n'a pas été transmis[386]. Cette difficulté devrait, cependant, se raréfier. L'article 363 du Code civil, modifié par la loi du 8 janvier 1993, subordonne en effet la substitution du nom demandée par l'adoptant au consentement personnel de l'adopté de plus de 13 ans. Il serait toutefois souhaitable que la jurisprudence évolue ou que l'article 43 de la loi du 23 décembre 1985 soit modifié pour permettre à toute personne majeure d'utiliser comme nom d'usage le nom du parent qu'elle ne porte pas. La possibilité de reprendre un nom porté dans la famille devrait enfin être généralisée pour lutter contre la raréfaction des patronymes. La Cour de cassation semble s'être engagée dans cette voie en affirmant, dans un arrêt rendu le 15 mars 1988, que la possession loyale et prolongée d'un nom par un individu "ne fait pas obstacle à ce que celui-ci, renonçant à s'en prévaloir, revendique le nom de ses ancêtres, qu'il n'a pas perdu en raison de l'usage d'un autre nom par ses ascendants les plus proches"[387].

294. Les changements de nom qui abolissent le mécanisme de la dénotation doivent, en revanche, être envisagés avec prudence, car ils détachent le nom de la filiation. D'une part, le nom reste sociologiquement le signe de la filiation. Les changements de nom qui dérogent à cette dénotation constituent donc des exceptions, qui doivent être d'interprétation stricte. D'autre part, la filiation est immuable. Elle n'est pas fonction de la volonté de l'enfant. Aussi, toute exception au principe dénotatif doit-elle être justifiée par un motif légitime. Le législateur n'autorise ainsi ces changements de noms

---

[386] Civ. 1ère, 9 janvier 1996, Bull. civ. I, n° 24 ; D.1996.600, note J. Massip.
[387] Civ. 1ère, 15 mars 1988, Bull. civ. I, n° 78 ; D.1988.549, note J. Massip.

que pour assurer une meilleure intégration dans la famille. Les changements de noms peuvent également être justifiés par une meilleure intégration sociale, ce qui permet d'abandonner un nom ridicule ou grossier. Ils permettent enfin une meilleure intégration dans la communauté française. La généralisation de ces exceptions n'est pas souhaitable. La suppression du mécanisme de l'article 334-5 par la loi du 18 juin 2003 est donc satisfaisante. La loi doit protéger le sentiment temporel d'identité de l'enfant et préserver son histoire. Certains assouplissements pourraient, cependant, être apportés à la procédure de changement de nom. Ainsi, deux requêtes doivent être formées lorsque le demandeur entend changer de nom et de prénom, auprès du Garde des sceaux et auprès du juge aux affaires familiales. Or, l'état des personnes relève du juge judiciaire. Le changement de nom pourrait donc être autorisé par le Tribunal de grande instance, alors surtout que les impératifs de police sont aujourd'hui en recul.

295. Toute réforme plus étendue pose une question fondamentale. Le principe dénotatif doit-il être conservé ? Le nom a beaucoup perdu de sa force évocatrice. La fonction symbolique ne concerne que l'individu et sa famille et n'intéresse ni les tiers ni les pouvoirs publics. Le nom pourrait alors devenir un signe exclusivement personnel. Abandonner le principe dénotatif soulève toutefois des difficultés. Les aspirations de la société sont contradictoires. Les manœuvres d'enracinement sont fréquemment jugées artificielles, mais on assiste simultanément à un mouvement de valorisation des origines. L'intérêt pour la généalogie est ainsi de plus en plus marqué. La société contemporaine n'entend donc pas abandonner la dimension familiale du nom. Il n'est donc peut être pas opportun d'abandonner ce qui symbolise le rattachement de l'individu à une histoire qui le dépasse. L'individu, même s'il se construit par lui-même, est toujours issu d'une histoire familiale symbolisée par le nom. L'individualisme risque en effet de se tromper d'objet s'il cherche à nier la fonction symbolique de la réception du nom. Changer librement de nom peut être un signe de liberté, mais le nom ne peut être propre que s'il reste donné. Exclure la dévolution héréditaire du nom risque de conduire à refuser son ascendance, son histoire. Le respect qui serait dû à la famille n'est pas en cause, car l'individu risque en réalité de renoncer à ses fondements en revendiquant une plus grande liberté. Le changement de nom pourrait alors conduire à sa dissolution. De plus, le nom ne relève pas de la vie privée *stricto sensu* et son changement n'est pas nécessairement justifié par la volonté de révéler ou de cacher des informations personnelles. La convenance personnelle n'est pas exclue, de sorte que le respect de la vie privée n'est pas en cause. Libéraliser le changement de nom cesserait donc de faire du nom un signe. Il risquerait alors de perdre toute signification. La victoire du "nom pour soi" ruinerait le rattachement du nom à l'état civil, qui serait alors privé de tout intérêt s'il ne contenait plus que des informations anecdotiques. Le rôle de l'état civil pourrait néanmoins être redéfini. Doit-il en effet continuer à réunir des informations personnelles ou, au contraire, ne consigner que des données dépourvues de sens ? En outre, abandonner le principe dénotatif ferait disparaître l'Autre, qui n'aurait en effet plus aucun signe à percevoir et à décrypter.

296. L'étude du droit positif révèle de profondes évolutions. Le droit ne se contente plus d'un sujet abstrait et tend à reconnaître l'individu unique, doté d'une personnalité propre. Il intègre ainsi la montée de l'individualisme et de la volonté individuelle. Chacun entend aujourd'hui se connaître et accéder à toutes les informations qui le concernent, d'où un recul marqué du secret. La connaissance de soi constitue le fondement de la construction individuelle. Elle n'est cependant pas suffisante, car l'individu entend encore se définir lui-même, s'auto-instituer. Ses revendications sont aujourd'hui largement accueillies par le droit. Il peut ainsi, non seulement se faire connaître d'autrui en révélant sa vie personnelle, mais encore obliger la société à reconnaître sa personnalité propre. L'indisponibilité de l'état des personnes est alors remise en cause. L'état n'est plus imposé à l'individu, mais tend à être choisi. L'individu peut désormais définir son identité sexuelle et, dans une certaine mesure, choisir son nom et son prénom. L'individualité est juridiquement consacrée, mais elle n'échappe toutefois pas à tout contrôle. Le juge doit encore accueillir les revendications individuelles, pour en apprécier la réalité et le bien-fondé, mais également pour préserver l'intérêt des tiers et de la société. L'individu est toutefois placé dans une situation paradoxale. Il est en mesure de percer de nombreux secrets, pour se connaître et pour obliger les tiers à le reconnaître, mais il n'échappe pas à l'impératif de transparence, qui provoque une réaction quasi-instinctive de protection. L'individualité est donc toute à la fois cachée et exposée à la vue des tiers.

Deuxième partie

Le paradoxe de l'individualité.

297. Chacun revendique sa personnalité et son unicité, y compris lorsqu'il remplit un rôle social. Nous avons en effet constaté que le droit positif permet, dans une large mesure, à l'individu de s'affirmer comme un sujet unique qui peut imposer aux tiers de reconnaître sa personnalité et qui peut obliger le droit à la traduire juridiquement dans l'état des personnes. Cependant, cet individu est inversement aussi en droit de ne pas se révéler. Sa vie personnelle est en effet protégée par le droit. Nul ne peut en principe s'y immiscer, révéler son état de santé, sa situation familiale ou bien encore son mode de vie... Chacun est ainsi en droit de ne pas se révéler (chapitre 1).

298. Toutefois, l'individu doit, de plus en plus souvent, montrer aux tiers ce qu'il est ou ce qu'il fait. Sa vie personnelle est alors influencée par les rôles privés que l'opinion tend à lui imposer en le rendant transparent. La pression sociale est considérable. La vie personnelle subit l'influence permanente du regard d'autrui, alors surtout que le développement du droit à l'information tend à le rendre transparent. La situation de l'individu est donc fondamentalement paradoxale. Le droit protège sa vie personnelle, y compris dans ses relations contractuelles ou de travail, mais il l'oblige de plus en plus fréquemment à accepter l'intrusion des tiers, au nom notamment de la liberté d'expression et du droit à l'information. Ses activités se déroulent donc fréquemment au vu et su d'autrui. L'individu fait donc tout pour ne pas se faire remarquer. L'individu perd ses spécificités et accepte de se soumettre aux modèles sociaux véhiculés par la transparence. La dérive totalitaire est omniprésente et se révèle d'autant plus dangereuse qu'elle n'apparaît pas. La transparence serait un gage de démocratie et de liberté, mais elle instaure une surveillance qui fait dévier la démocratie de ses objectifs. La frontière entre la transparence et le secret devient de plus en plus subtile (chapitre 2).

Chapitre 1 : Le droit de ne pas se révéler.

299. L'apparition de la notion de "vie privée" coïncide avec la montée de l'individualisme. Elle correspond à la remarque de Sartre, *L'enfer, c'est les autres*. La vie privée n'est pas une donnée naturelle, mais une donnée historique. La vie privée n'est pas une entité dont les limites seraient définitivement fixées[388]. Originairement, elle n'a de sens que par opposition à la vie publique, même s'il n'est pas certain que cette distinction ait le même sens dans tous les milieux sociaux. Ainsi, pour la bourgeoisie du début du 20ème siècle, la vie privée s'oppose clairement à la vie publique, parce qu'elle correspond à la famille. La santé, la vie sentimentale, la situation de fortune..., étaient alors couvertes par le secret. Cette séparation, entre vie privée et vie publique, se manifeste même dans l'habitation, entre les pièces de réception et les autres. Elle ne se retrouvait toutefois pas dans les autres milieux sociaux. Les conditions de vie des paysans, des ouvriers, ne leur permettaient pas de dissimuler leur vie privée. Leur vie se déroulait le plus souvent dans une pièce commune, au vu et su de tous. La vie privée et la vie publique n'étaient donc pas différenciées. Or, la vie privée s'est peu à peu "démocratisée"[389]. Il s'agit cependant d'un mouvement complexe.

300. La vie privée, qui s'est généralisée au cours du 20ème siècle n'est pas la vie privée des classes aisées de l'époque précédente. La vie publique, qui se déroule parallèlement à cette vie privée, s'est elle-même transformée et obéit à des normes nouvelles. Le développement de la vie privée a modifié les notions mêmes de vie privée et de vie publique. Le "mur" de la vie privée entoura, dans un premier temps, l'univers domestique de la famille, du ménage. L'ensemble de la population a conquis, au cours du 20ème siècle, l'espace domestique nécessaire au développement de la vie privée, car les logements ont été profondément transformés à partir des années 1950, notamment grâce à l'intervention des pouvoirs publics[390]. L'individu a ensuite acquis, à l'intérieur de ce logement, une vie personnelle autonome. Sa vie privée a cessé de se confondre à la vie privée de la famille. Chacun, grâce au logement moderne composé de plusieurs pièces distinctes, a pu s'approprier un espace personnel. La généralisation des loisirs, les congés payés, la réduction du temps de travail ont permis de disposer de temps libre dans cet espace individualisé. L'existence de l'individu s'est alors décomposé entre sa

---

[388] A. Prost, *Frontières et espace du privé*, in P. Ariès et G. Duby, *Histoire de la vie privée*, Tome V, éd. Seuil, Collection *Univers historique*, 1987, p. 15.
[389] A. Prost, *Frontières et espace du privé*, p. 19.
[390] A. Prost, *La famille et l'individu*, in P. Ariès et G. Duby, *Histoire de la vie privée*, Tome V, éd. Seuil, Collection *Univers historique*, 1987, p. 62.

vie professionnelle, sa vie familiale et sa vie personnelle. La vie privée s'est donc diversifiée et élargie tout au long du 20ème siècle. Elle ne s'est plus limitée à l'espace domestique et a conquis les moyens d'en sortir, notamment avec le développement de l'automobile. Des lieux et des moments de vie privée ont été reconnus à l'ensemble de la population, et non plus uniquement aux classes les plus aisées. Parallèlement, la vie personnelle ne s'est plus limitée à l'espace domestique, mais a gagné des lieux publics.

301. L'idée que chaque individu a le droit de mener sa vie personnelle comme il l'entend est donc une idée nouvelle. Durant la première moitié du 20ème siècle, la vie privée était en effet contrôlée par la collectivité et par la famille. Le mari était un chef de famille, qui exerçait son autorité à l'égard de son épouse et de leurs enfants. Le partage des rôles confinait l'épouse dans l'espace domestique, alors que le mari était généralement seul en relation avec le monde extérieur. L'homme fut donc le premier à acquérir, en dehors du foyer, une vie personnelle autonome. La femme contesta alors le rôle qui lui était assigné, en s'émancipant de l'autorité de son mari, pour bénéficier, elle aussi, d'une vie personnelle en dehors du foyer. De la même façon, les enfants, avant 1950, ne disposaient d'aucune vie privée. Leur temps libre ne leur appartenait pas, car ils étaient soumis au contrôle permanent de leurs parents. Le pouvoir des parents était particulièrement étendu. Le mariage était notamment fréquemment envisagé comme une affaire de famille, surtout lorsque des patrimoines étaient en jeu. L'institution familiale s'est néanmoins progressivement assouplie. La scolarisation des enfants a joué un rôle essentiel, car une partie importante de l'éducation n'a plus été assurée par les parents, mais par l'école. Les contraintes économiques que subissait la famille se sont atténuées, notamment au cours des *Trente glorieuses*. L'autorité que le mari exerçait au sein de la famille a donc été remise en cause, parce qu'elle ne pouvait plus être justifiée par les nécessités économiques. La libéralisation de l'éducation familiale a cependant entraîné un transfert de l'apprentissage de la vie sociale de la famille vers l'école. L'enfant a même été appelé à quitter de plus en plus tôt l'espace familial, pour se rendre par exemple à l'école maternelle. Cette évolution traduit le repli de la famille sur la vie privée[391]. La famille, devenue exclusivement privée, s'est trouvée dans l'incapacité de donner à l'enfant une éducation à la vie publique. Ce transfert l'obligea donc à reconnaître peu à peu une vie privée à l'enfant, lequel put ainsi développer des activités et des échanges en dehors de la famille. Il fut peu à peu admis que l'intérêt de l'enfant était de fréquenter les enfants d'autres familles, parce qu'il s'agit alors d'un apprentissage de la vie en société. Le transfert de l'éducation de la famille vers l'école a donc créé de nouveaux espaces privés.

---

[391] A. Prost, *La famille et l'individu*, p. 83.

302. Chaque individu, dès son plus jeune âge, dispose donc aujourd'hui d'une vie personnelle, qui reste cependant menacée par une tendance "naturelle" de l'homme, le commérage. En effet, le ragot se pratiquerait sous deux formes, le commérage de pitié, qui s'émeut du malheur des autres, et le commérage de réprobation, qui stigmatise celui qui ne respecte pas les règles du groupe[392]. Le commérage est donc avant tout une activité d'exclusion. Il écarte celui qui ne respecte pas les normes, tout en lui reprochant de ne pas se mêler à la vie communautaire. Le commérage permet en outre d'aborder des sujets tabous et cette transgression ne fait que renforcer la règle. Le groupe en sort renforcé. La société contemporaine semble donc dominée par une contradiction entre solidarité et solitude. Les moyens de porter atteinte à la vie personnelle n'ont jamais été aussi nombreux et aussi efficaces. La presse n'est toutefois plus toujours un moyen intellectuel de communication. L'information, la polémique, y ont acquis une place prépondérante, mais elle n'est plus réservée à une élite lettrée. Les journalistes se sont adaptés à l'évolution de leur lectorat, en s'intéressant à la vie des artistes, des sportifs, des hommes politiques… Les attaques formées contre la presse dite à "scandales" ne sont alors peut être pas pleinement justifiées. Erwing Goffman considère ainsi que "les ragots sont la seule chose que les gens sont disposés à écouter"[393]. Il n'en demeure pas moins que le ragot, le commérage, réalise une intrusion dans la vie personnelle d'autrui. L'individu est révélé alors qu'il voudrait rester caché. Sa personnalité devient publique, souvent contre sa volonté. Le droit a donc organisé sa protection, en préservant sa vie personnelle (section 1) mais, aussi ses données personnelles (section 2), en lui garantissant un droit au secret (section 3), voire un droit à l'oubli (section 4).

---

[392] A. Bernard, *La protection de l'intimité par le droit privé. Eloge du ragot ou comment vices exposés engendrent vertu*, in *Le for intérieur*, Puf, 1995, p. 155 et s.
[393] E. Goffman, *Les cadres de l'expérience*, Editions de Minuit, 1989, n° 44, p. 547.

Section 1 : La protection de la vie personnelle et la pertinence négative.

303. Chacun saisit intuitivement ce que signifie la vie personnelle, mais il est beaucoup plus difficile de la définir. Les textes emploient les termes de "vie privée" sans définition ni référent, comme si leur sens était évident. Les dictionnaires ne sont guère plus précis. Le *Robert* définit ainsi le "privé" comme un lieu "où le public n'a pas accès". Intuitivement, la vie privée correspond à ce qui ne regarde pas les autres, une zone "protection contre la vue d'autrui"[394]. Royer-Collard y vit un "mur"[395] et la doctrine l'assimile le plus souvent à un espace ; elle est une "zone"[396], une "sphère"[397], un "secteur"[398], un "domaine réservé"[399]. Elle correspond à un espace physique, ce qui explique les liens qui unissent le respect de la vie privée et l'inviolabilité du domicile, liens qui ont été reconnus par le Conseil constitutionnel[400] et par plusieurs Conventions internationales[401]. Toutefois, la vie privée reste essentiellement envisagée comme un espace immatériel, comme en témoigne l'évolution de la répression pénale des atteintes qui peuvent lui être portées. L'ancien article 368 du Code pénal incriminait l'enregistrement de paroles ou la prise d'images d'individus se trouvant dans un "lieu privé". Or, le nouveau Code pénal a conservé la notion de lieu privé, mais son article 226-1 protège désormais les paroles prononcées à "titre confidentiel". L'espace du privé n'est donc pas un espace matériel. En outre, la séparation de l'espace public et de l'espace privé est aujourd'hui remise en cause. Les territoires se chevauchent. L'indiscrétion publique peut frapper toutes les activités. Les médias relaient des confidences qui étaient jusqu'alors réservées aux ministres du culte ou aux médecins. L'intimité de la vie privée est donc tout à la fois protégée et surexposée.

---

[394] J. Ravanas, *Jouissance des droits civils. Protection de la vie privée. Délimitation de la protection*, J. Cl. Civil, *article 9*, fasc. 1, 1989, n° 13.

[395] Royer-Collard, *Intervention du 27 avril 1819*, in *Archives parlementaires de 1787 à 1860*, 2ème série, Librairie administrative Paul Dupont, Paris, Tome 24, 1873, p. 71.

[396] J. Rivero, *Les libertés publiques*, Tome 2, *Le régime des principales libertés*, Puf, *Thémis*, 1989, p. 76.

[397] J. Ravanas, *Jouissance des droits civils. Protection de la vie privée. Délimitation de la protection*, J. Cl. Civil, *article 9*, fasc. 1, 1989, n° 6.

[398] R. Nerson, *La protection de l'intimité*, Journal (belge) des Tribunaux, 1959, 713.

[399] G. Cornu, *Introduction.. Les personnes. Les biens*, Précis Domat, Montchrestien, n° 513.

[400] Décision du 29 décembre 1983, n° 83-164.DC ; JO, 30 décembre 1983, p. 3873.

[401] Article 12 de la Déclaration universelle des Droits de l'Homme ; Article 17 du Pacte international relatif aux droits civils et politiques ; article 8 de la Convention européenne de sauvegarde des Droits de l'Homme et des libertés fondamentales.

304. La législation demeura longtemps muette sur la protection de la vie privée. La loi du 29 juillet 1881 ne réprimait que la diffamation et l'injure publique. Son esprit était de garantir la liberté de la presse. La notion de "vie privée" n'est donc apparue en droit français qu'à la fin du 19ème siècle. De nombreux auteurs considèrent que son origine est allemande, mais la notion est apparue simultanément dans la plupart des pays occidentaux[402]. La jurisprudence s'est donc efforcée de protéger la vie privée de l'individu. Les décisions judiciaires se sont multipliées à partir de 1965, notamment avec le développement de la presse dite "à sensation" ou "à scandales". La jurisprudence utilisa pour cela le droit de la responsabilité civile. Le juge fut ainsi amené à qualifier de "faute" l'immixtion dans la vie privée d'autrui, mais cette faute ne fut rapidement plus la justification essentielle de la condamnation. La jurisprudence consacra un véritable droit au respect de la vie privée[403]. Il suffisait d'établir l'atteinte à ce nouveau droit subjectif pour obtenir une condamnation. La jurisprudence fit même preuve d'audace, pour prévenir les atteintes à la vie privée, notamment en ordonnant la saisie des publications litigieuses. Cette démarche, louable dans son principe, n'était toutefois pas à l'abri de toute critique. Les mesures de saisie étaient en effet fondées sur le Code de procédure civile, sur un texte réglementaire, alors que la liberté de la presse est consacrée par la Déclaration de 1789. Aussi, la loi du 17 juillet 1970, votée par réaction à une campagne de presse dirigée contre le Président de la République, a-t-elle consacré, à l'article 9 du Code civil, le principe selon lequel "chacun a droit au respect de sa vie privée". Ce texte a ensuite été complété par l'article 226-1 du Code pénal et par l'article 9-1 du Code civil sanctionnant la violation de la présomption d'innocence. La protection de la vie privée a donc acquis une valeur légale.

305. Le Conseil constitutionnel a reconnu une valeur constitutionnelle au droit au respect de la vie privée[404]. Il rattache le respect de la vie privée à la

---

[402] En droit français, E.H. Perreau semble être le premier auteur à consacrer une étude d'ensemble à la protection des droits de la personnalité : E.H. Perreau, *Des droits de la personnalité*, RETC.1909.505. L'idée que ces droits ont une nature extrapatrimoniale a été développée par le Doyen Nerson : *Les droits extrapatrimoniaux*, Thèse, Lyon, 1939.

[403] CA Paris, 17 mars 1966, D.1966.749.

[404] Conseil constitutionnel, 18 janvier 1995, JCP.1995.II.22525, note F. Lafay ; 23 juillet 1999, décision n° 99-416, JO 28 juillet 1999, p. 11250 ; D.2000.Som.265, obs. L. Marino ; CCE.1999, n° 52, note R. Desgorces ; PA., 20 octobre 1999, n° 209, p. 26, obs. B. Mathieu ; AJDA.1999, p. 708, note J.E. Schoettl ; RTDC.1999.724, obs. N. Molfessis ; 9 novembre 1999, décision n° 99-419.DC ; JO, 16 novembre 1999 ; Droit de la famille, hors série *Pacs*, décembre 1999.

liberté individuelle et non aux "principes fondamentaux reconnus par les lois de la République". Ses décisions restent toutefois prudentes, puisque le Conseil admet que ce respect n'est pas absolu. Il doit en effet être concilié avec deux objectifs à valeur constitutionnelle, la sûreté publique et la liberté individuelle. L'individualisme est ainsi limité. La protection de la personnalité est également assurée par de nombreuses dispositions internationales. L'article 12 de la Déclaration universelle des droits de l'homme dispose ainsi que "nul ne sera l'objet d'immixtions arbitraires dans sa vie privée, sa famille, son domicile ou sa correspondance, ni d'atteintes à son honneur ou à sa réputation". L'article 8 de la Convention européenne des droits de l'homme énonce un principe identique : "toute personne a droit au respect de sa vie privée et familiale, de son domicile et de sa correspondance".

306. L'espace privé présente une dimension séparée et donc sacrée. Il trouve sa justification dans la valorisation de la vie intérieure, de l'esprit. Or, cette activité ne peut se développer qu'à l'abri d'autrui. On ne peut s'accomplir pleinement dans la transparence absolue. Il faut priver les autres de la "révélation ou de la manifestation de l'intégralité de ce que l'on est"[405]. Alors que l'Antiquité grecque avait fait de l'espace public le lieu de toutes les réalisations des facultés humaines, l'anonymat pour autrui est devenue la condition de la transparence à soi-même. Le "privé" dans l'Antiquité était synonyme de perte et de privation. Il est devenu un Droit de l'homme. L'espace privé est donc un espace isolé où l'homme peut se révéler à lui-même. Il est un espace qui doit demeurer opaque pour les tiers, un espace sacré. Le Doyen Jean Carbonnier considérait ainsi que "demeurer inconnu" est l'objectif poursuivi au nom de la vie privée[406]. Faire du droit au respect de la vie privée un droit subjectif lui confère une nature revendicative. Ce droit permet à chacun de "vivre sa vie", en opposant à la société toute entière son individualité. Le droit français se rapproche alors du droit américain, qui fonde la liberté individuelle sur la *privacy*. Ainsi, le droit au respect de la vie privée se dédouble. D'une part, il garantit le secret et autorise à ne pas révéler certaines informations personnelles (sous-section 1). Il permettrait, d'autre part, d'effectuer certains choix de vie. Il semble toutefois difficile d'y voir une liberté civile (sous-section 2).

[405] R. Polin, *Le sens du privé dans l'opposition du privé et du public*, in *Archivio filosofica. Il pubblico e il privato*, p. 174.
[406] J. Carbonnier, *Leçons de droit civil*, Tome I, n° 87, p. 136.

Sous-section 1 : Le contrôle des informations personnelles.

307. Le droit au respect de la vie privée, au sens strict, permet de s'opposer à la divulgation d'informations personnelles (§ 1). Il interdit plus généralement de rechercher, notamment lors de la conclusion d'un contrat, des informations qui ne sont pas pertinentes (§ 2). Enfin, le contrôle des informations personnelles est essentiel face au développement des nouvelles technologies de l'information et de la communication (§ 3).

§ 1 : Le droit au respect de la vie privée *stricto sensu.*

308. L'article 8 de la Convention européenne des Droits de l'homme dispose que "toute personne a droit au respect de sa vie privée et familiale, de son domicile et de sa correspondance". Il tire directement son inspiration de la Déclaration universelle des Droits de l'homme. Dans sa première version, l'article 8 reprenait en effet l'article 12 de la Déclaration de 1948 : "Nul ne sera l'objet d'immixtions arbitraires dans sa vie privée, sa famille, son domicile ou sa correspondance, ni d'atteintes à son honneur ou à sa réputation. Toute personne a droit à la protection de la loi contre de telles immixtions ou de telles atteintes". L'Assemblée consultative du Conseil de l'Europe demanda, dans la recommandation n° 38 adoptée le 8 septembre 1949, au Comité des ministres d'assurer dans la Convention, qui était alors en préparation, "l'immunité contre toutes immixtions arbitraires dans sa vie privée, sa famille, son domicile et sa correspondance conformément à l'article 12 de la Déclaration des Nations Unies"[407]. Les références aux atteintes à l'honneur et à la réputation, jugées trop imprécises, ont donc été abandonnées. L'article 8, finalement adopté par le Comité d'experts gouvernementaux chargés de rédiger la Convention, reprend, sous cette réserve, l'essentiel de l'article 12 de la Déclaration universelle : "Toute personne a droit au respect de sa vie privée et familiale, de son domicile et sa correspondance ". Des exceptions furent ensuite apportées à ce principe, dans le paragraphe 2 de l'article 8, à partir d'amendements britanniques. Ces exceptions réalisaient un progrès par rapport à la Déclaration universelle, puisque les ingérences légitimes de l'autorité publique ont été définies pour la première fois.

309. Dans une première approche, la vie privée s'oppose à la vie publique. Elle désigne, *a priori*, la vie cachée ou au moins la vie discrète. La vie publique est celle qui se déroule dans la rue ou dans un endroit accessible à tous ou à beaucoup. La mise en œuvre de cette distinction est néanmoins délicate. Ainsi, le mariage est un acte de la vie civile qui ne peut, en lui-

[407] Article 2, § 4, TP, volume III, p. 277.

même, être qualifié de public ou de privé. Tout est fonction de la volonté des intéressés. Il s'agit d'un acte public lorsqu'un homme politique ou un artiste se marie en grandes pompes. En revanche, se marier avec discrétion et dans la plus stricte intimité révèle une volonté d'inscrire ce mariage dans la vie privée. La distinction vie privée/ vie publique n'est donc pas entièrement satisfaisante, car le mariage, qu'il soit religieux ou civil, est par nature un acte public. Les bénéficiaires (A), l'étendue (B), le contenu (C) et les sanctions (D) du droit au respect de la vie privée seront successivement étudiés.

A) Les bénéficiaires du droit au respect de la vie privée.

310. Chacun a droit au respect de sa vie privée. Le principe posé par l'article 9 du Code civil est général et s'applique "quel que soit son rang, sa naissance, sa fortune, ses fonctions présentes ou à venir"[408]. La vie privée des inconnus est protégée au même titre que celle des personnes célèbres. Les atteintes à la vie privée concernent toutefois très rarement des inconnus, parce qu'ils n'intéressent ni le public ni les journalistes. Chacun peut cependant être soudainement projeté sous les feux de l'actualité, à l'occasion notamment d'une enquête judiciaire ou d'un événement d'actualité[409]. La victime peut alors, en principe, invoquer le droit au respect de sa vie privée[410].

311. Le droit d'agir pour le respect de la vie privée prend toutefois fin avec le décès. Le principe est ancien[411]. Seules les personnes vivantes ont une vie privée. Les morts n'ont plus de personnalité et n'ont donc plus de vie privée. L'arrêt rendu le 14 décembre 1999 par la Cour de cassation met cependant fin à certaines hésitations[412], car quelques décisions avaient autorisé les héritiers d'une personne décédée à agir au nom de la personnalité du défunt[413]. La Cour de cassation a donc clairement affirmé que le droit au

---

[408] Civ. 1ère, 23 octobre 1990, Bull. civ. I, n° 222.

[409] CA Paris, 8 juin 1970, Gaz.Pal.1970.2.293 ; Civ. 1ère, 3 décembre 1980 (Affaire du *Pull-over rouge*), D.1981.221, note B. Edelman ; JCP.1982.II.19742, 2ème espèce, note D. Becourt ; CA Paris, 11 juin 1986 (affaire *Villemin*), D.1987.107, note R. Lindon.

[410] L'information du public peut cependant justifier la révélation de faits relevant de la vie privée lorsqu'ils ont trait à un "événement d'actualité".

[411] E.H. Perreau, *Des droits de la personnalité*, RTDC.1909.526.

[412] Civ. 1ère, 14 décembre 1999, Bull. civ. I, n° 345 ; D.2000.372, note B. Beignier ; D.2000.Som.266, obs. C. Caron ; JCP.2000.II.10241, conclusions Petit.

[413] Crim., 21 octobre 1980, D.1981.72 ; Paris, 2 juillet 1997, D.1997.596, note B. Beignier ; TGI Aix-en-Provence, 24 novembre 1988, JCP.1989.II.21329 ; RTDC.1990.126, obs. J. Patarin ; CA paris, 10 septembre 1996, D.1998.Som.87 ; Crim., 20 octobre 1998, Bull. crim. n° 264 ; D.1999.106, note B. Beignier ; JCP.1999.II.10044, note Loiseau.

respect de la vie privée est intransmissible aux héritiers[414]. Seule une fiction permettrait de reconnaître une personnalité posthume au défunt, comme le fait par exemple l'article L 121-1 du Code de la propriété intellectuelle en déclarant "perpétuel" le droit moral de l'auteur. Etendre une telle fiction à la personnalité du défunt pourrait toutefois se révéler dangereux, car elle pourrait encourager des actions exercées de mauvaise foi, motivées par des considérations pécuniaires. De plus, les héritiers ne sont pas privés de toute défense, car ils peuvent établir que révéler des faits touchant la vie privée du défunt porte atteinte à leur propre vie privée[415]. Une action fondée sur l'article 1382 du Code civil est également envisageable. En outre, la publication de la photographie de la dépouille d'une personne décédée peut être illicite, car "attentatoire à la dignité de la personne humaine"[416].

312. La Cour européenne des Droits de l'homme a reconnu aux personnes morales le droit au respect de leur domicile, sur le fondement de l'article 8 de la Convention[417]. La Cour européenne a estimé qu'à l'occasion d'interventions d'enquêteurs de la DGCCRF, des personnes morales avaient été victimes d'une violation de leur domicile. Elles ont donc obtenu une indemnisation. La Cour avait déjà jugé qu'une perquisition réalisée au domicile d'une personne physique qui était simultanément le siège des bureaux d'une société qu'elle contrôlait, constituait une ingérence dans le droit au respect de son domicile[418]. La Cour va encore plus loin ici. Elle rappelle qu'au sens de sa jurisprudence le terme domicile "a une connotation plus large que le mot *home*". Elle admet "qu'il est temps de reconnaître, dans certaines conditions, que les droits garantis sous l'angle de l'article 8 de la Convention peuvent être interprétés comme incluant pour une société, le droit au respect de son siège social, de son agence ou de ses locaux professionnels". La diversité des lieux cités renforce la portée du principe. Une divergence de jurisprudence peut alors être relevée avec

---

[414] CA Paris, 6 mai 1997, D.1997.596, note B. Beignier ; RTDC.1998.71, obs. J. Hauser ; 27 mai 1997, D.1998.Som.85, obs. J. Massip.

[415] Affaire *Erignac* : CA Paris, 24 février 1998, D.1999.225, note B. Beignier ; D.1999.Som.123. Egalement en ce sens : CA Versailles, 17 juin 1999, D.2000.372, note B. Beignier ; apparent Com. élect., 20000, n° 15.

[416] Civ. 1ère, 20 décembre 2000, Bull. civ. I, n° 341 ; D.2001.885 ; JCP.2001.II.10488, conclusions J. Saint-Rose.

[417] CEHD, 16 avril 2002, *Colas est c./ France*, D.2003.Som.1541, obs. A. Lepage ; D.2003.Som.527, obs. C. Caron ; JCP.2002.I.153 ; JCP.éd.E.2003.77, note B. Espesson-Vergeat ; JCP.2003.503, note J. Raynaud.

[418] CEDH, 30 mars 1989, *Chappel c./ Royaume-Uni*, Série A, n° 152-A, p. 13.

la Cour de justice des Communautés européennes. Celle-ci refuse en effet d'étendre la protection de l'article 8 "aux locaux commerciaux" et exclut ainsi tout anthropomorphisme[419].

313. La position de la Cour européenne relance alors le débat théorique de la personnalité. Les personnes morales se voient en effet de plus en plus souvent reconnaître des droits de la personnalité. Elles peuvent ainsi défendre leur considération contre une diffamation[420]. Le respect du droit au respect privé soulève néanmoins de nombreuses difficultés s'il devait être appliqué aux personnes morales. La Cour européenne ne s'y réfère pas expressément, mais il existe un lien étroit entre le droit au respect de la vie privée et le droit au respect du domicile. L'article 8 de la Convention les envisage conjointement. En droit interne, l'article 226-4 du Code pénal, qui incrimine la violation de domicile, appartient à une section relative aux atteintes à la vie privée. Pour que ce lien puisse se concevoir à l'égard des personnes morales, il faut encore que leur soit reconnue une vie privée. Certains juges l'ont admis[421]. Toutefois, le Professeur Yves Guyon met en garde contre cette évolution, car "en accordant certains droits fondamentaux aux personnes morales, on a sans doute ouvert la boite de Pandore"[422]. La notion même de personne morale est en cause. Toutefois, même si certains droits fondamentaux sont reconnus aux personnes morales, l'étendue de la protection diffère de celle des personnes physiques. Ainsi, la Cour européenne a précisé dans un *obiter dictum* que "le droit à l'ingérence puisse aller plus loin dans les locaux commerciaux d'une personne morale" (§ 50)[423]. La protection des personnes morales est donc probablement moins forte que celle des personnes physiques.

B) L'étendue du droit au respect de la vie privée.

314. La loi ne définit pas ce que recouvre la vie privée. Le législateur n'a pas souhaité enfermer cette notion dans une définition rigide, ce qui fragilise cependant la protection du droit en cause. L'évolution des mœurs et le progrès technique risqueraient en effet de rendre très rapidement obsolète toute

---

[419] CJCE, 21 septembre 1989, *Hoeschst c./ Commission*, Rec. CJCE, 1989, p. 2859 ; D.1990.Som.112, obs. C. Gavalda et C. Lucas de Leyssac ; 17 octobre 1989, *Dow Benelux* et 17 octobre 1989, *Dow Chemical Iberica*, Rec. CJCE, p. 3157 et 3185 ; JCP.éd.E.1990.15776, note M.C. Boutard et L. Vogel.

[420] Civ. 1ère, 5 juillet 2000, Com. com. élec., 2001, n° 21, obs. A. Lepage.

[421] CA Aix-en-Provence, 10 mai 2001, D.2002.Som.2299, obs. A. Lepage.

[422] Y. Guyon, *Droits fondamentaux et personnes morales*, AJDA, 1998, n° spécial, p. 136 et s., spécialement p. 142.

[423] CEHD, 16 avril 2002, *Colas est c./ France*, arrêt précité.

tentative de définition légale. Deux approches sont alors classiquement utilisées par la doctrine pour déterminer l'étendue de la vie privée.

315. D'une part, dans une approche négative, la vie privée est opposée à la vie publique[424]. Par exemple, Robert Badinter a défini la vie publique comme la "participation à la vie de la cité sous ses trois aspects fondamentaux : ses travaux, ses jeux et ses institutions"[425]. Cette analyse est cependant contestable, car il existe de nombreux cas limites, où la frontière entre le public et le privé est obscure. Aucun critère de distinction, fiable et efficace, ne peut être trouvé. En outre, donner une définition positive de la vie publique oblige à la distinguer de la vie officielle et des fonctions publiques. Les difficultés d'une définition positive de la vie privée sont évitées, mais il n'en demeure pas moins que la difficulté réapparaît lorsqu'il s'agit de définir la vie publique. Affirmer que la vie privée est le négatif de la vie publique n'est donc qu'une tautologie. Cette approche négative ne permet pas de tracer une frontière fiable entre ce qui relève de la vie publique et ce qui relève de la vie privée. La vie publique n'est pas la vie que l'on accepte de révéler et la vie privée n'est pas ce qui reste lorsque la vie publique n'est plus en jeu[426]. Opposer la vie publique à la vie privée risque, en outre, d'entraîner des contradictions. Reproduire la photographie d'un gardien de prison alors qu'il accompagne un terroriste jusqu'à sa cellule ne porte pas atteinte à sa vie privée, car la jurisprudence y voit un acte qui relève de sa vie professionnelle[427]. Photographier un détenu derrière les barreaux est en revanche sanctionné, parce qu'un tel cliché porte atteinte à sa vie privée[428]. Dans le premier cas, cela revient donc à admettre que la photographie avait porté atteinte à la vie privée du terroriste, non à celle du gardien dont la sécurité risquait pourtant d'être affectée par la publication d'un tel cliché.

316. Une partie importante de la doctrine délimite, d'autre part, la vie privée selon une méthode empirique, en énumérant ses différentes composantes. Certains s'efforcent de décrire et d'ordonner la jurisprudence[429],

---

[424] G. Cornu, *Introduction. Les personnes. Les biens*, n° 516 ; R. Lindon, *La presse et la vie privée*, JCP.1965.I.1887, n° 1.
[425] R. Badinter, *Le droit au respect de la vie privée*, JCP.1968.I.2136, n° 14.
[426] B. Beignier, *Vie privée et vie publique*, in *Le public et le privé*, Archives de la philosophie du droit, Tome 41, 1997, p. 163-180, spécialement p. 164.
[427] CA Paris, 16 novembre 1986, D.1987.Som.com.141.
[428] CA Paris, 15 mars 1991, Juris-data, n° 020874.
[429] J. Ravanas, *Jouissance des droits civils. Protection de la vie privée. Délimitation de la protection*, J. Cl. Civil, *article 9*, fasc. 1, 1989, n° 18 à 59.

d'autres tentent de mettre en lumière les éléments-clés de la vie privée[430]. La notion de vie privée serait en effet précisée au fur et à mesure des décisions rendues. Cette méthode n'offre toutefois que peu d'intérêt sur le plan théorique. Toute tentative de synthèse est contingente et risque de se révéler très rapidement obsolète.

317. Une nouvelle définition de la vie privée doit donc être recherchée, en partant de l'article 9 du Code civil. Ce texte a été adopté par réaction à certains abus dont la presse s'était rendue coupable. Il tend à interdire la révélation non autorisée des informations concernant un individu. La vie privée peut alors être définie comme un ensemble d'informations personnelles. L'atteinte qui lui est portée résulte de la révélation de ces informations, indépendamment de toute action de l'intéressé. Toutefois, les informations relatives à un individu ne sont nécessairement pas des informations personnelles. Pour relever de la vie privée, l'information doit encore entretenir un lien étroit avec lui. La vie privée est donc une sphère, composée d'informations personnelles, dans laquelle nul ne peut s'immiscer sans y être convié : "Le respect de la vie privée se traduit essentiellement par un devoir d'abstention : il faut laisser l'individu tranquille"[431]. L'article 9 du Code civil protège l'individu contre l'ingérence d'autrui, en lui permettant de contrôler ses informations personnelles.

318. La notion d'information personnelle peut toutefois recevoir plusieurs définitions. Dans une approche objective, la notion de vie privée est définie à partir des mœurs, des pratiques, en vigueur dans la société. Le juge s'efforce alors de les découvrir pour décider si l'information litigieuse relève de la vie privée. La qualification "d'information personnelle" présente donc, dans cette approche objective, un caractère relatif. Cette relativité n'exclut toutefois pas la recherche d'une approche théorique de la notion d'information personnelle. Beaucoup d'informations ne révèlent rien de plus que leur contenu, s'agissant par exemple des particularités physiques de l'individu. Le caractère "personnel" de certaines informations est en outre incertain (informations sur la famille, la maison, la voiture, le chien…). L'extension du *soi* dans les choses est fonction de la culture et de l'époque. La jurisprudence relative à la révélation de la situation patrimoniale en est l'illustration. Le patrimoine est, depuis Aubry et Rau, une extension de la personne[432]. Or, la Cour de cassation a estimé que "le respect dû à la vie privée de chacun n'est pas atteint par la publication de renseignements d'ordre purement patrimonial

---

[430] J. Rivero, *Les libertés publiques*, Tome 2, *Le régime des principales libertés*, Puf, *Thémis*, 1989, p. 77.
[431] J. Carbonnier, *Les personnes*, Puf, n° 71.
[432] Aubry et Rau, *Cours de droit civil*, 4ème éd., volume 6, § 573, p. 229.

exclusifs de toute allusion à la personnalité de l'intéressé"[433]. En l'absence de révélations sur la personne elle-même, la description objective du patrimoine ne porte donc pas atteinte à sa vie privée. La vie privée acquiert ainsi une dimension spirituelle.

319. L'information personnelle peut également être définie comme une information sensible ou intime, que l'individu souhaite garder secrète. Le caractère personnel de l'information est alors apprécié *in abstracto*, par référence à ce que les membres de la société considèrent comme tel. La notion d'attente "raisonnable" est alors une notion statistique et n'est donc synonyme ni de rationnel ni de légitime[434]. L'attente supposée des individus devient un critère central, ce qui fait reposer la définition des informations personnelles sur un critère sociologique. Le juge ne peut donc pas apprécier l'opportunité de cette qualification. En outre, il ne saurait ignorer les attentes individuelles. Tel individu précis peut vouloir garder secrète une information que la plupart ne juge pas personnelle. La référence aux attentes des individus pour définir l'étendue de la vie privée n'exclut cependant pas tout principe d'évaluation. L'attente individuelle ne peut être ramenée aux seuls intérêts égoïstes de la personne. Un point de vue "impersonnel" intervient également[435]. Une attente personnelle résulte de la conjonction d'un point de vue intéressé et d'un point de vue désintéressé. La légitimité tirée de l'intérêt général ne se réduit pas à celle tirée de la somme des intérêts particuliers. Le droit au respect de la vie privée n'est pas, en pratique, le seul moyen de protéger les informations concernant un individu.

320. A l'inverse, dans une approche subjective, la vie privée serait constituée des informations que l'individu déciderait d'y inclure[436]. L'autonomie de la volonté permettrait ainsi à chacun de délimiter lui-même les frontières de sa vie privée. Cette définition ne saurait toutefois être retenue, car autoriser chaque individu à définir lui-même ce qu'est sa vie privée prive la notion de son caractère juridique. Le demandeur gagnerait, en outre, toujours son procès. L'affirmation du Tribunal de Grande instance de Paris, selon laquelle, "toute personne a droit, quelque soit sa notoriété, au respect de sa vie privée et est fondée à en obtenir la protection en fixant elle-

---

433 Civ. 1ère, 20 novembre 1989, Bull. civ. I, n° 257 ; 20 novembre 1990, Bull. civ. I, n° 256 ; JCP.1992.II.21908, note J. Ravanas ; 28 mai 1991, D.1992.213, note P. Kayser ; 20 octobre 1993, Bull . civ. I, n° 295 ; D.1994.594, note Y. Picod.
434 D. Gutmann, *Le sentiment d'identité*, n° 244 et s., p. 215 et s.
435 T. Nagel, *Egalité et parité*, Puf, Collection *Philosophie morale*, 1994.
436 Ph. Malaurie, *Droit civil*, Tome I, n° 326.

même les limites de ce qui peut être publié à ce sujet", est donc contestable et ne saurait être généralisée[437].

321. La jurisprudence des juges du fond ne semble pas s'attacher à la nature des informations divulguées, mais à la gravité de l'atteinte subie par la victime. Le préjudice subi ou pouvant être subi par la victime est alors pris en compte. La protection accordée varie selon les situations, non parce qu'il existerait un noyau dur plus protégé, mais parce que le préjudice causé par l'atteinte varie. La nature de l'acte qui porte atteinte à la vie privée est essentielle. La protection ne varie donc pas en fonction des degrés de la vie privée. Les variations de son contenu ne s'expliquent que par le droit au respect de la vie privée, dont le contenu doit alors être précisé.

C) Le contenu du droit au respect de la vie privée.

322. Le contenu du droit au respect est fluctuant. La qualité des personnes concernées n'est pas indifférente. La vie intime d'inconnus relève incontestablement de leur vie privée, mais elle peut accéder à des espaces publics lorsqu'elle concerne des personnes connues, voire des hommes politiques. L'étendue de la vie privée varie en outre au cours des époques. Les technologies actuelles ont multiplié les risques de lui porter atteinte. Plus encore, les convenances varient avec le temps et rejettent parfois dans la sphère privée des événements, tel le deuil, autrefois publics. La jurisprudence évite donc de définir abstraitement la vie privée et se contente d'affirmer que toute atteinte à la vie privée peut être sanctionnée, indépendamment du préjudice réellement subi par la victime. Le droit au respect de la vie privée est ainsi analysé en un droit subjectif[438]. Ce droit permet de contrôler la diffusion des informations personnelles. Cette analyse se retrouve tant en doctrine (a) qu'en droit positif (b).

a) Les théories du contrôle.

323. La doctrine s'est efforcée de rattacher le droit au respect de la vie privée aux catégories juridiques habituelles. Le droit au respect de la vie

---

[437] TGI Paris, 1er avril 1996, inédit, RG 7.909/95 ; cité par B. Beignier, *Vie privée, vie publique*, Archives de la philosophie du droit, Tome 141, *Le public et le privé*, 1997, p. 163-180, spécialement page 167.

[438] M/ Ferrier, *La protection de la vie privée*, thèse Toulouse, 1973, n° 6, p. 14 ; P. Kayser, *Les droits de la personnalité, aspects théoriques et pratiques*, p. 445 et s. ; J. Ravanas, *Jouissance des droits civils. Protection de la vie privée. Délimitation de la protection*, J. Cl. Civil, *article 9*, fasc. 1, 1989, n° 6.

privée a ainsi été assimilé au droit de propriété[439]. Il conférerait l'*usus* et le *fructus*, le droit de jouir de façon privative de sa vie privée et de l'utiliser pour en recueillir les fruits. Chacun pourrait alors en disposer librement. Cette approche doit néanmoins être écartée, car les informations personnelles ne peuvent être l'objet d'une propriété privée. Une telle assimilation serait en outre dangereuse, car l'individu deviendrait le maître absolu de sa vie privée. Seul son consentement pourrait justifier la révélation de faits le concernant. L'individu pourrait alors se murer totalement, décider discrétionnairement de ce qui ne doit pas être vu des tiers. Le droit à l'information serait systématiquement paralysé.

324. Le droit au respect de la vie privée a ensuite été rapproché du droit moral de l'auteur. L'auteur dispose d'un droit discrétionnaire pour révéler son œuvre. L'individu maîtriserait pareillement la divulgation d'informations personnelles[440]. Ce rapprochement doit, lui aussi, être écarté. La vie privée n'est pas une œuvre de l'esprit. De nombreuses informations personnelles, tel l'état de santé, échappent en effet à la volonté de l'individu.

325. Le droit comparé est riche d'enseignement en la matière. En effet, la *privacy* est assimilée à un droit de contrôle par une large partie de la doctrine américaine. La notion a été développée pour la première fois dans un article de Samuel D. Warren et Louis D. Brandeis, rédigé en 1890[441]. Le premier, célèbre avocat à Boston, entendait ainsi réagir contre un article désobligeant pour son épouse et pour sa fille. L'origine élitiste de la notion explique en partie la jurisprudence qui en est résultée, notamment lorsqu'elle a décidé que ce droit était incompatible avec l'argent. Faire des profits avec sa personne ne pouvait en effet être admis. Au contraire, le droit américain permet à chaque individu de déterminer quand et comment certaines informations le concernant peuvent être révélées[442]. La *Privacy* est analysée comme "le contrôle sur quand et par qui les diverses parties de nous-mêmes peuvent être appréhendées par les autres"[443]. Pour limiter les excès de cette définition particulièrement extensive, il a été toutefois proposé de définir la *privacy*

---

[439]M. Contamine-Raynaud, *Le secret de la vie privée*, in *L'information en droit privé*, sous la direction de Y. Loussouarn et P. Lagarde, Travaux de la conférence d'agrégation, LGDJ, 1978, n° 8, p. 412-413.

[440] R. Badinter, *Le droit au respect de la vie privée*, JCP.1968.I.2136, n° 38.

[441] Samuel D. Warren et Louis D. Brandeis, *The Right of privacy*, Harward L.R., 1890-4, 1993-220.

[442] A. Westin, *Privacy and Freedom*, exécutoires, New-York, 1967, p. 7 et 42 ; A. Miller, *The Assault of Privacy*, Ann Arbor, The University of Michigan Press, 1971, 25 ; C. Fried, *Privacy, The Yale Law Journal*, volume 77, 1968, p. 475 et s.

[443] R. Parker, *A definition of Privacy*, Rutgers Law Review, volume 27, 1974, p. 281.

comme "le contrôle sur la connaissance des affaires personnelles"[444]. Assimiler la *privacy* à un contrôle revient cependant à confondre l'étendue de la vie privée, la *privacy*, et le droit au respect de la vie privée, le *right of privacy*. Si la vie privée est en elle-même une forme de contrôle, toute atteinte au contrôle d'une information personnelle devrait être qualifiée d'atteinte à la vie privée. Or, le contrôle d'une information personnelle peut être perdu indépendamment de sa connaissance par les tiers. L'acte du tiers devrait donc être analysé comme une atteinte au droit au respect de la vie privée, non comme une atteinte à la vie privée elle-même. Ainsi, lorsqu'un individu décide de révéler certaines informations personnelles, la vie privée est affectée, mais le droit au respect de la vie privée demeure intact. Le droit au respect de la vie privée apparaît donc comme un droit de contrôle sur l'information personnelle.

b) Le droit positif.

326. En l'absence de définition légale, la jurisprudence a été amenée à préciser le contenu de la vie privée. Les juges du fond doivent motiver leur décision, car la Cour de cassation contrôle l'application de l'article 9 du Code civil, quant à l'existence d'une atteinte à l'intimité de la vie privée[445]. Les moyens utilisés pour porter atteinte à la vie privée d'autrui importe peu. L'atteinte à la vie privée peut notamment résulter de la publication ou de la diffusion d'informations personnelles dans les médias, mais aussi de leur seule collecte. Certaines techniques de recherche d'informations ont en effet été sanctionnées par la jurisprudence en raison de leur nature même. La Cour d'appel de Paris a, par exemple, sanctionné, dans un arrêt rendu le 5 juin 1979, "le recours abusif au procédé, (...), ayant consisté après avoir pris en chasse le bateau, à le suivre, mais à distance, tout en réussissant à en photographier les passagers grâce à l'utilisation d'un matériel spécial comme un téléobjectif permettant d'obtenir parfois un grossissement très supérieur à celui des jumelles les plus puissantes"[446]. Plus généralement, le simple fait d'importuner autrui, de le suivre, de le pourchasser ou de le surveiller porte atteinte à sa vie privée, même si les informations obtenues ne sont pas ensuite exploitées[447]. Réciproquement, l'atteinte à la vie privée peut être sanctionnée alors qu'aucune faute n'a été commise pour obtenir les informations

---

[444] H. Gross, *Privacy and Autonomy*, Nomos, XIII, "Privacy", 1971, p. 169.
[445] Civ. 2ème, 14 novembre 1975, D.1976.421, note B. Edelman ; 15 mars 1978, Bull. civ. II, n° 83 ; Civ. 1ère, 3 décembre 1980, D.1981.221, note B. Edelman ; JCP.1982.II.19742, 2ème espèce.
[446] CA Paris, 5 juin 1979, JCP.1980.II.19343, note E. paternité ; Civ. 2ème, 8 juillet 1981, Bull. civ. II, n° 1525 janvier 1983, Bull. civ. II, n° 4.
[447] Civ. 1ère, 25 janvier 2000, Bull. civ. I, n° 26.

personnelles. En pratique, la collecte d'informations personnelles n'est toutefois sanctionnée qu'à la suite de l'utilisation qui en est faite, notamment en présence d'une publication ou d'une diffusion.

327. La violation de la vie privée résulte d'une atteinte au contrôle que l'individu exerce sur la diffusion d'informations personnelles. L'arrêt rendu le 3 juin 2004 par la deuxième Chambre civile de la Cour de cassation doit alors être cité, parce qu'il affirme très clairement la généralité de l'article 9 du Code civil en précisant, dans un chapeau, qu'est "illicite toute immixtion arbitraire dans la vie privée d'autrui"[448]. L'article 9 protège donc l'individu contre la révélation de sa vie personnelle, mais également contre son investigation.

328. Certains secteurs relèvent incontestablement de la vie privée. La vie privée comprend en premier lieu toutes les informations qui concernent le corps : maternité[449], état de santé[450]... Rattacher le décès à la vie privée est toutefois surprenant. L'individu peut mourir dans la solitude, mais il ne meurt pas dans le secret. Le permis d'inhumer, le certificat médical, la mention dans les registres d'état civil en font un événement public. Les créanciers, les débiteurs et, plus encore, ses héritiers doivent être informés. Le secret ne couvre donc que la cause du décès[451] et s'oppose, en principe, à la diffusion de l'image de la dépouille mortelle[452]. Rejeter la mort dans la sphère privée est un moyen, parmi d'autres, de la fuir, de la nier, mais le décès, par essence, reste un événement public.

329. La vie privée se compose ensuite d'informations relatives à la vie familiale de l'individu, y compris à son identité en dépit du caractère public de l'état civil. Les naissances, les mariages ou bien encore les décès relèvent ainsi de la vie privée. Il faut également y rattacher ce qui touche au cœur, à la vie sentimentale[453], à la sexualité. Ainsi, révéler la mésentente conjugale

---

[448] Civ. 2ème, 3 juin 2004, p. 2069, note J. Ravanas.
[449] Civ. 2ème, 5 janvier 1983, Bull. civ. II, n° 4 ; CA Paris, 7 novembre 2001, D.2002.Som.2372, obs. L. Marino.
[450] CA Paris, 9 juillet 1980, D.1981.77, 2ème espèce, note R. Lindon ; Civ. 1ère, 6 juin 1987, Bull. civ. I, n° 91 ; TGI Paris, 6 juin 1988, Gaz.Pal.1989.1.30 ; CA Paris, réf., 13 mars 1996, D.1997.Chron.291, J. Massip ; JCP.1996.II.22632 ; RTDC.1997.499, obs. J. Normand ; TGI Paris, 23 octobre 1996, D.1998.Somm.85, obs. J. Massip ; JCP.1997.II.22844.
[451] M. Grimaldi, *Le suicide en droit privé*, in *Le suicide*, Puf, *Droit, éthique et société*, 1994, sous la direction de F. Terré, p. 134.
[452] TGI Paris, réf., 11 janvier 1977, D.1977.83, note R. Lindon.
[453] TGI Paris, 2 juin 1976, D.1977.364, 2ème espèce, note R. Lindon ; CA Paris, 26 mars 1987, JCP.1987.II.20904, note E. Agostini ; TGI Paris, réf., 24 janvier 1997,

d'une personne, son abandon du domicile familial et le placement de l'enfant d'un couple porte atteinte à sa vie privée[454]. La divulgation du projet de divorce de deux époux doit pareillement être sanctionnée[455]. Enfin, les opinions politiques, philosophiques ou religieuses sont couvertes par le secret et relèvent donc du for intérieur[456]. Couvrir du secret les convictions religieuses est, là encore, surprenant. Certes, la société est devenue laïque. Le lien social n'est plus religieux. Le fait religieux ne relève donc plus de la vie publique. Une privatisation totale est cependant impossible, notamment parce que les rites sont accomplis dans des lieux publics. Par exemple, les pèlerinages sont, par essence, des phénomènes de groupes, de foule. L'activité religieuse relève cependant, pour la jurisprudence, de la vie privée, en dépit de la publicité qui en est donnée par les fidèles eux-mêmes. Cette contradiction, déjà observée à propos du décès, est néanmoins inévitable. L'individualisme assure la promotion du *moi*, tout en le soumettant au contrôle permanent d'autrui. Le droit de contrôle reconnu à chaque individu est particulièrement étendu, puisqu'il s'applique, par exemple, aux objets qui ont été jetés par leur propriétaire. Un hebdomadaire a été condamné, pour atteinte au respect de la vie privée, pour avoir dressé l'inventaire des poubelles d'une personnalité au lendemain des fêtes de Noël et du jour de l'An[457]. Or, en droit civil, une poubelle se compose en principe de *res derelictae*, de choses abandonnées dont la propriété revient à celui qui s'en empare. Le journaliste était donc devenu propriétaire des objets, mais il n'était pas en droit de les exposer, alors même que la propriété est en principe un droit absolu.

330. Plus précisément, la jurisprudence protège, sur le fondement de l'article 9 du Code civil, le droit à l'image (1°). Elle étend la vie privée à l'activité professionnelle (2°) et aux activités développées tant au domicile que dans les lieux publics (3°). Elle refuse, en revanche, d'y rattacher la situation patrimoniale (4°).

PA. 26 mars 1997, note Y. Serna ; Civ. 1ère, 6 octobre 1998, Bull. civ. I, n° 274 ; D.1999.Somm.376, obs. J.J. Lemouland ; RTDC.1999.62, obs. J. hauser.

[454] Civ. 1ère, 16 octobre 1984, Bull. civ. I, n° 268. Egalement en ce ses : Civ. 1ère, 3 avril 1984, Bull. civ. I, n° 125 ; 13 février 1985, D.1985.488, 1ère espèce ; TGI Paris, 17 décembre 1986, Gaz.Pal.1987.1.238.

[455] CA Paris, 7 octobre 1981, D.1983.403, note R. Lindon.

[456] CA Paris, 11 février 1987, Gaz.Pal.1987.1.138 ; RTDC.1988.93, obs. J. Rubellin-Devichy ; CA Paris, 26 mai 1992, Juris-data, n°021552.

[457] CA Paris, 30 mars 1995, D.1995.IR.140.

1°) <u>Le droit à l'image.</u>

331. Le droit à l'image est le droit reconnu à toute personne de s'opposer à la reproduction et à la publication de son image. Ce droit avait été consacré par la jurisprudence avant la loi du 17 juillet 1970, mais il n'a pas été repris à l'article 9 du Code civil. Les articles L 226-1 et suivants du Code pénal sanctionnent, en revanche, tant l'atteinte portée tant au droit au respect de la vie privée qu'au droit à l'image. La question de savoir si le droit à l'image est un aspect du droit au respect de la vie privée ou s'il est un droit spécifique est une question classique. La réponse ne peut être que nuancée.

332. La diffusion non autorisée d'une image est généralement le moyen d'une atteinte à la vie privée[458]. Ainsi, la publication de photographies représentant deux acteurs constitue une "intrusion dans la vie privée du demandeur (qui) se double d'une atteinte au droit de celui-ci sur son image"[459]. C'est alors avant tout la tranquillité de l'existence de celui dont l'image est publiée qui est protégée. La publication d'une vidéo montrant un couple à l'issue de la cérémonie de leur mariage, sans leur consentement, constitue pareillement une atteinte au droit que les époux ont sur leur image, même si la séquence a été filmée dans un lieu public "par la révélation des circonstances intimes de leur union"[460]. Les époux ont donc obtenu une indemnisation du préjudice exclusivement moral causé par la divulgation, sans leur consentement, de l'image de leur mariage. La séquence filmée avait été diffusée sans commentaire désobligeant, car elle avait été insérée dans un film faisant la promotion de la Guadeloupe. La séquence avait été utilisée pour illustrer les aspects de la vie locale. La Cour d'appel de Paris considère cependant que l'image avait été un moyen de porter atteinte à la vie privée. Elle n'invoquait aucun dommage patrimonial, lié à la perte de la rémunération qui aurait été perçue si l'utilisation de son image avait été autorisée. Or, dans cette hypothèse, l'image n'est qu'un moyen de porter atteinte soit au droit au respect à la vie privée soit au droit à l'honneur. On peut cependant s'interroger sur la nature de cette atteinte. La Cour d'appel précise en effet que cette atteinte résultait de la "publication" de l'image du couple. L'image de leur mariage avait ainsi été rendue visible par tous. Elle avait été prise dans

---

[458] CA Paris, 25 octobre 1982, D.1983.362, obs. R. Lindon ; TGI Paris, 4 juillet 1984, D.1985.IR.16 ; Civ. 1ère, 13 avril 1988, JCP.1989.II.21320, note D. Putman ; CA Toulouse, 15 janvier 1991, D.,1991.600 ; Civ. 1ère, 24 février 1993, Bull. civ. I, n° 87 ; D.1993.614 ; JCP.1994.II.22319, 2ème espèce, note Fossier ; RTDC.1993.326, obs. J. Hauser ; Rép. Defrénois, 1993.1000, obs. J. Massip ; TGI Paris, 24 février 1997, PA, 26 mars 1997 ; Civ. 1ère, 16 juillet 1998 Bull. civ. I, n° 259 ; D.1999.541.

[459] TGI Paris, ord. réf., 15 janvier 1997, PA. 26 mars 1997, p. 22.

[460] CA Paris, 6 octobre 1999, D.2000.Som.268, obs. A. Lepage.

un lieu public, à la sortie de la mairie, mais les époux n'avaient pas donné leur consentement pour être filmés. Or, la première Chambre civile de la Cour de cassation, dans un arrêt rendu le 25 janvier 2000, a estimé qu'il n'y avait pas, dans des circonstances comparables, atteinte à la vie privée. Toutefois, deux différences peuvent être relevées. L'individu photographié, dans l'affaire soumise à la Cour de cassation, l'avait été dans le cadre de sa vie professionnelle et le cliché avait été publié pour illustrer un événement d'actualité. L'information du public justifiait alors la diffusion de cette image, même si le consentement des intéressés faisait défaut. En revanche, l'image litigieuse, devant la Cour d'appel de Paris, avait été prise dans un cadre familial ou amical et portait donc sur un événement qui relevait de la vie privée des intéressés. La présence dans un lieu public se distingue en effet de l'exercice d'une activité publique. De plus, l'information du public n'était pas en cause, l'image ayant été utilisée à des fins publicitaires. Toutefois, la reproduction non autorisée de l'image ne porte pas toujours atteinte à la vie privée de l'intéressé. Les règles de droit commun ont alors vocation à s'appliquer, pour mettre fin au trouble ou pour le réparer. De nombreux auteurs en déduisent que le droit à l'image est un droit autonome. Il entretient néanmoins des liens étroits avec le droit au respect de la vie privée, de sorte qu'on ne peut les étudier séparément. La distinction du droit au respect de la vie privée et du droit à l'image ne présente en outre plus de réel intérêt pratique, puisque la saisie d'une publication est devenue possible en l'absence d'une atteinte à la vie privée.

333. Plusieurs fondements peuvent alors être assignés au droit à l'image. Il s'agit parfois d'un aspect du droit au respect de la vie privée, lorsque l'image est prise dans un lieu privé ou lorsqu'elle représente un événement de la vie privée[461]. Ainsi, des journaux ont été condamnés pour avoir publié la photographie d'un acteur sur son lit de mort[462] ou d'un chanteur malade[463]. La protection ne se limite toutefois pas à la sphère de la vie privée, parce que le droit à l'image constitue également un droit de la personnalité autonome[464]. Des mannequins ont ainsi obtenu d'importants dommages-intérêts, parce que leur photographie, généralement dénudée, avait été mise en ligne sur Internet

---

[461] Civ. 1ère, 24 février 1993, Bull. civ. I, n° 87 ; D.1993.614, note Th. Verheyde ; JCP.1994.II.22319, 2ème espèce ; RTDC.1993.326, obs. J. Hauser ; Rép. Defrénois, 19993.1000, obs. J. Massip ; Civ. 2ème, 5 mars 1997, Bull. civ. I, n° 66 ; D.1998.474, note J. Ravanas.

[462] TGI Paris, 11 janvier 1977, D.1977.83, note R. Lindon.

[463] CA Paris, 9 juillet 1980, D.1981.72, note R. Lindon (2ème espèce) ; Civ. 2ème 8 juillet 1981, D.1982.65, note R. Lindon.

[464] Civ. 1ère, 16 juillet 1998, D.1999.541, note J. Ch. Saint Pau ; 12 décembre 2000, D.2001.2064, note J. Ravanas ; JCP.2002.II.10572.

sans leur autorisation[465]. Enfin, il est en outre un monopole d'exploitation commerciale, qui permet de s'opposer à l'utilisation non autorisée, et donc gratuite, de son image[466].

2°) Vie personnelle et vie professionnelle.

334. La vie professionnelle entretient des liens étroits avec la vie privée. Le travail a quitté, au cours du 20ème siècle, la sphère privée pour intégrer la sphère publique. De nombreux ouvriers travaillaient en effet chez eux. Les travailleurs à domicile et les travailleurs indépendants étaient extrêmement nombreux au début du 20ème siècle[467]. Le travail était alors intégré dans la sphère privée. Plus encore, il l'absorbait toute entière. La vie domestique et le travail se confondaient. La maison était donc un espace indifférencié. L'espace domestique était alors, dans une large mesure, ouvert sur le monde extérieur. L'employeur, les fournisseurs, les clients étaient appelés à s'y rendre régulièrement. L'ensemble de la famille était engagé dans une activité économique. L'entreprise familiale était une entreprise privée, dominée par la transparence. Chacun pouvait constater sa réussite ou ses échecs, en observant des signes ostensibles, tels l'importance du cheptel, le nombre d'ouvriers ou bien encore l'étendue des terres possédées. La réussite privée était donc une réussite publique, ce qui menaçait parfois l'entreprise elle-même. Celle-ci pouvait en effet être affectée par des événements strictement privés, comme un mariage ou un décès. Le travail à domicile s'est toutefois progressivement raréfié, notamment parce qu'il ne permettait pas de limiter le temps consacré aux activités professionnelles. Travailler au-dehors a permis d'être pleinement chez soi : "Le recul du travail à domicile répond à la revendication d'une vie privée"[468]. La famille en a été bouleversée. Elle n'a plus été réduite à une unité de production faisant participer tous ses membres. Le salariat a privé la famille de sa dimension économique. De nombreux ouvriers ont, en outre, souhaité accéder aux avantages sociaux accordés aux salariés. L'activité publique s'est ainsi peu à peu détachée de la vie privée, pour quitter l'espace domestique. La maison a cessé d'être un lieu indifférencié. L'activité professionnelle en a été rejetée. Le temps consacré au travail a donc été limité au temps passé dans le magasin, l'usine... Les commerçants, les personnes

---

[465] Affaire *Estelle Halliday* : TGI Paris, réf., 1998, RTD.Com.1998.859 ; CA Paris, 10 février 1999, D.1999.389 ; JCP éd. E, 1999, p. 953, n° 21 ; RTD.Com.1999.396 ; Com. com. élec., 1999, n° 34. Affaire *Linda Lacoste* : TGI Nanterre, 8 décembre 1999, Légipresse 2000, III, n° 169, p. 40.

[466] CA Paris, 14 mai 1975, D.1976.291, note R. Lindon ; TGI Paris, 21 décembre 1983, Gaz.Pal.1984.2.Som.360.

[467] A. Prost, *Frontières et espace du privé*, p. 22.

[468] A. Prost, *Frontières et espace du privé*, p. 25.

qui exercent une activité libérale, les artisans, ont, à leur tour, préservé leur vie privée en dissociant leur lieu de vie de leur lieu de travail. La vie privée et la vie professionnelle se sont donc nettement séparées. Le travail à domicile est devenu une situation marginale, qui tend cependant à réapparaître avec le développement des nouvelles technologies. Il constitue cependant une menace pour l'individu, parce qu'il remet en cause l'existence même de sa vie privée.

335. Le travail chez autrui faisait en effet perdre toute vie privée. Les domestiques, par exemple, vivaient chez leurs employeurs. Leurs fréquentations, leur courrier, étaient étroitement surveillés. Les mariages étaient rares et exposaient parfois au renvoi. Inversement, les domestiques étaient les témoins privilégiés de la vie privée de l'employeur, qui se présentait à eux sans les artifices de la vie publique. La famille et ses secrets étaient donc connus, mais couverts par la plus grande discrétion. Elle devait, en contrepartie, intégrer en son sein les domestiques. Le contrat de travail était alors d'ordre strictement privé[469]. Cette situation n'était toutefois pas spécifique aux domestiques. De nombreux ouvriers étaient en effet logés chez leur employeur. La relation de l'ouvrier avec son patron était, en outre, comparable à celle du domestique et de son employeur. Les patrons ne considèrent pas leur usine comme un espace public, mais comme un espace privé, leur espace privé. La "maison" désignait alors tout à la fois l'habitation et l'entreprise, ce qui était la marque d'un évident paternalisme. Ici encore, le contrat de travail constituait un acte privé. La vie privée du "patron" était également exposée à la vue de tous, car elle était, dans une large mesure, une vie de représentation. Réciproquement, la vie du salarié était un élément de son contrat de travail. Le mariage et la naissance d'un enfant donnaient ainsi fréquemment lieu au versement d'une prime spéciale. Le contrat de travail englobait donc l'ensemble de l'existence. La relation de travail était fondée sur une relation personnelle. L'entreprise était le prolongement de la famille. Les conflits du travail étaient donc vécus comme des conflits personnels. La grève était, par exemple, envisagée comme un conflit privé, dans lequel l'autorité publique ne devait pas intervenir. Cette conception du contrat de travail a cependant été progressivement remise en cause, au début de la première Guerre mondiale. Le contexte de guerre obligea en effet l'Etat à intervenir pour s'assurer d'une production régulière. L'intérêt national est alors entré dans le contrat de travail. Plus encore, l'emprise exercée par l'employeur a été jugée inacceptable, contraire à la dignité même de la personne. Une profonde évolution se produisit avec le Front populaire. L'entreprise a cessé d'être un lieu privé pour devenir un lieu public, où les ouvriers furent également "chez eux". Le contrat de travail est donc devenu

---

[469] A. Prost, *Frontières et espace du privé*, p. 46.

d'ordre public, négocié, non plus entre des individus déterminés, mais entre des syndicats d'ouvriers et d'employeurs. Il a en outre été complété par des conventions collectives. La relation de travail en a été bouleversée, puisqu'elle a cessé d'être une relation personnelle entre individus. Les salariés ont, à la même époque, obtenu une réduction de leur temps de travail, mais également des congés payés. Avec le Front populaire, les salariés ont donc acquis une véritable vie privée. L'usine, l'entreprise, est devenue un espace public, soumis à des règles impersonnelles. Ce mouvement n'a cessé, par la suite, de se renforcer. Les relations de travail ont été soumises à des règles impersonnelles. Les salariés ont en outre été autorisés à défendre leurs intérêts au sein de syndicats et à élire leurs représentants. Des arbitrages collectifs ont été mis en place pour résoudre les conflits.

336. L'idée que la vie de l'individu ne se résume pas à son travail est donc une idée moderne. La vie privée s'est soustraite aux exigences de la vie professionnelle. Les lieux de travail ont donc été eux-mêmes transformés. L'usine était initialement un lieu indifférencié. Les ouvriers y travaillaient et y vivaient. Le personnel était fréquemment logé sur place. L'espace industriel a donc été réorganisé au cours du 20ème siècle, notamment pour intégrer les nouvelles techniques de production et d'organisation du travail. Plus encore, l'espace a lui-même été réaménagé, puisque les usines ont généralement été implantées en dehors des centres-villes. Les zones industrielles, les zones d'activité, ont donc été séparées des zones résidentielles. La dissociation de la vie privée et de la vie professionnelle a rejailli sur le paysage urbain, sur la configuration des villes. L'individu a cessé de travailler dans son lieu de vie et, réciproquement, a cessé de vivre sur son lieu de travail. Cette séparation n'est toutefois pas totale. La vie privée n'a jamais totalement disparu de l'entreprise. De nombreux comités d'entreprises organisent, par exemple, des activités de loisirs. L'espace de travail abrite donc toujours des éléments privés. Si la séparation des espaces n'est pas totale, elle constitue cependant une norme qui s'est généralisée. Par ailleurs, alors que le travail des femmes a longtemps été la marque d'une extrême précarité, le travail ménager des femmes a été dénoncé dans la seconde moitié du 20ème siècle. Travailler à l'extérieur a donc été, pour de nombreuses femmes, la marque de leur émancipation. Cette émancipation est une conséquence de la différenciation des lieux de vie. Aussi longtemps que le travail se déroulait principalement au domicile, l'activité domestique de la femme était acceptée, puisque que le mari travaillait également au sein du foyer. Elle a donc été remise en cause lorsque le mari a quitté le foyer pour travailler à l'extérieur, ce qui affecta l'égalité conjugale.

337. Le travail salarié s'est généralisé, pour les hommes comme pour les femmes. Il a toutefois profondément affecté la notion même de vie privée. Le travail a progressivement quitté la sphère privée. Les nouvelles technologies pourraient toutefois à nouveau remettre en cause cette évolution, parce qu'elles affectent la notion même des rapports de travail et du lien de subordination. Ce lien est en effet au cœur du contrat de travail. Le salarié exécute un travail sous l'autorité de son employeur, "qui a le pouvoir de donner des ordres et des directives, d'en contrôler l'exécution et de sanctionner les manquements de son subordonné"[470]. Le travail au sein d'un service organisé peut alors constituer un indice de ce lien de subordination. Or, l'informatique et les divers moyens de communication actuels permettent à de nombreux salariés de ne plus être physiquement présents dans l'entreprise. Ils accomplissent leur mission depuis leur domicile, ou bien encore au cours de leurs déplacements, et n'appartiennent donc pas à un service organisé. Un lien de subordination subsiste néanmoins, parce qu'ils peuvent être contactés par l'employeur, qui contrôle en outre leurs résultats. La jurisprudence distingue alors le salarié du travailleur indépendant en tenant compte des conditions d'exercice de l'activité, notamment en recherchant si l'employeur conserve un pouvoir d'organisation. Les nouvelles technologies ne font donc pas disparaître le lien de subordination. Plus encore, elles le renforcent, puisqu'il devient pratiquement permanent. Le salarié, confronté à un travail de plus en plus informel et abstrait, risque alors d'être purement et simplement privé de toute vie privée[471].

338. Le travail salarié a cessé, en règle générale, d'être un travail pour quelqu'un d'autre. Il s'est transformé en un travail impersonnel, qui n'est plus le "domaine" de l'employeur. La vie privée n'y a toutefois pas totalement disparu. De nombreux salariés dénoncent le caractère impersonnel de leur vie professionnelle. Le monde du travail reste dans la sphère publique, mais les normes de comportement qui s'y appliquent sont particulières. Une question essentielle s'est alors posée. La vie privée, qui se déroule hors de l'entreprise, peut-elle affecter la relation de travail ? Aujourd'hui, l'employeur ne peut s'immiscer, sauf nécessité impérieuse, dans la vie privée du salarié. La vie personnelle doit être respectée pendant le travail. Son respect n'est toutefois pas absolu, car il doit être concilié avec les nécessités de l'entreprise.

---

[470] Soc. 23 avril 1997, RJS, 6/1997, n° 645.

[471] A. Lebaude, *Salariés étroitement surveillés*, in *Le Monde. Supplément. Le Monde des initiatives*, 10 juillet 1996, reproduit in *Nouvelles technologies de l'information et libertés individuelles*, N. Mallet-Poujol, Problèmes politiques et sociaux, n° 805, La Documentation française, p. 9.

339. L'individu qui exerce des fonctions publiques, un élu, un magistrat…, ne peut ainsi s'opposer à la publication d'informations relatives à ses activités professionnelles. La Cour de cassation a donc censuré pour violation de l'article 9 du Code civil, le 29 avril 2004, un arrêt qui condamnait une société de presse à verser des dommages-intérêts à un inspecteur de police poursuivi pour corruption passive dont elle avait révélé le nom, "alors qu'est légitime à condition d'être directement en relation avec l'événement qui en est la cause la révélation dans la presse du nom d'un fonctionnaire de police à propos des faits relatifs à son activité professionnelle". Aucune atteinte à sa vie privée ne pouvait dès lors être relevée[472].

340. Plus encore, la vie privée peut justifier la rupture du contrat de travail ou la destitution d'un fonctionnaire. Une évolution s'est toutefois produite. L'ancienne jurisprudence dite *des entreprises de tendance* décidait que le seul fait de ne pas respecter la morale enseignée par l'Eglise était un motif de licenciement dans les entreprises confessionnelles. Un enseignant de l'enseignement catholique pouvait, par exemple, être licencié s'il divorçait et se remariait. La Cour de cassation, dans un arrêt rendu le 17 avril 1991, a cependant décidé que le licenciement n'était justifié que "si le comportement du salarié, compte tenu de ses fonctions et de la finalité propre de l'entreprise a créé un trouble caractérisé au sein de cette dernière"[473]. Le contrat de travail peut donc être rompu pour une cause inhérente à la personne du salarié s'il existe des éléments objectifs. En revanche, le licenciement d'un sacristain ne peut être justifié par la seule révélation de son homosexualité, mais il pourrait l'être si sa vie privée affectait le bon fonctionnement de la paroisse. La vie privée du salarié peut donc ne pas être conforme aux valeurs de sa fonction professionnelle, dès lors qu'elle ne rejaillit pas sur l'entreprise. Un arrêt rendu le 20 novembre 1991 par la Chambre sociale de la Cour de cassation en illustre parfaitement ce principe :

> "Si, en principe, il ne peut être procédé au licenciement d'un salarié pour une cause tirée de sa vie privée, il en est autrement lorsque le comportement de l'intéressé compte tenu de ses fonctions et de la finalité propre de l'entreprise a créé un trouble caractérisé au sein de cette dernière"[474].

---

[472] Civ. 2ème, 29 avril 2004, D.2004.IR.1430.
[473] Soc. 17 avril 1991, Bull. civ. V, n° 201 ; JCP.1991.II.21724, note Sériaux. Egalement en ce sens : Soc., 22 janvier 1992, Bull. civ. V, n° 30 ; 30 juin 1992, Bull. civ. V, n° 429 ; 16 décembre 1997, Bull. civ. V, n° 441 ; JCP.1998.II.10101 ; Rép. Defrénois, 1998, 890 ; 16 décembre 1998, Bull. civ. V, n° 559 ; D.1999.IR.19.
[474] Soc. 20 novembre 1991, Bull. civ. V, n° 512.

341. L'arrestation d'un salarié par la police dans les locaux de l'entreprise à la suite d'une altercation entre deux concubins justifie, par exemple, son licenciement[475]. Des faits assimilables à une escroquerie ne relèvent pareillement pas de la vie personnelle d'un salarié qui a utilisé les services de la banque qui l'employait pour les commettre[476]. En revanche, si le fonctionnement de l'entreprise n'est pas en cause, l'employeur n'a aucun droit de regard sur la vie privée du salarié.

342. L'entrée et le maintien dans un ordre de profession libérale ne peuvent pareillement être refusés que si la vie privée de l'intéressé révèle son inaptitude à exercer la fonction envisagée. Il a ainsi été jugé qu'un notaire pouvait être déclaré inapte à exercer ses fonctions lorsque "la situation financière personnelle du notaire, révélant une insolvabilité durable, constitue un manquement à ses obligations professionnelles"[477]. Toute la difficulté est alors de déterminer l'étendue de l'emprise de la déontologie sur la vie privée, car elle ne doit pas "être mise au service d'une entreprise de prestige social"[478].

343. Un principe comparable est appliqué dans la fonction publique. Un fonctionnaire peut notamment faire l'objet d'une sanction disciplinaire lorsque sa vie privée porte atteinte à la réputation de l'administration. Une plus grande liberté lui est toutefois aujourd'hui reconnue. Le statut du 13 juillet 1983 a supprimé l'exigence d'une "bonne moralité" pour devenir fonctionnaire. Il suffit désormais de ne pas avoir une condamnation incompatible avec l'exercice de la fonction visée au "B2" du bulletin judiciaire. La loi organique du 2 février 1992 a pareillement modifié l'article 12-2 de l'ordonnance de 1958 portant statut de la magistrature. Le dossier d'un magistrat ne peut plus faire état "ni de ses opinions ou activités politiques, syndicales, religieuses ou philosophiques, ni d'éléments relevant strictement de sa vie privée". La vie privée des salariés, des professions libérales ou des fonctionnaires n'intervient donc plus dans leur vie professionnelle. Elle ne justifie la rupture de la relation de travail que dans des hypothèses marginales, où le comportement de l'intéressé affecte le bon fonctionnement de l'entreprise ou rejaillit sur la profession ou l'Administration.

---

[475] Soc. 9 juillet 2002, Dr. famille, février 2003, n° 22.
[476] Soc. 24 juin 1998, Bull. civ. V, n° 338.
[477] Civ. 1ère, 10 juillet 1982, D.2003.Som.1540, obs. A. Lepage.
[478] J. Hauser, RTDC.2003.57.

344. Plus encore, l'employeur doit respecter la vie privée du salarié. Il ne peut donc pas épier ses déplacements[479], écouter ses conversations, lire sa correspondance[480] ou le filmer ou l'écouter à son insu[481]. L'article L 120-2 du Code du travail ne permet en effet de limiter les libertés du salarié qu'en raison de la nature de la tâche à accomplir et exige que ces limites soient proportionnées au but recherché. Ainsi, l'arrêt *Nikon*, rendu le 2 octobre 2001, a reconnu au salarié une vie privée "même au temps et sur le lieu de travail"[482]. L'employeur qui entend mettre en place un système de surveillance doit en informer les représentants des salariés. A défaut, il se rend coupable du délit d'entrave, prévu par l'article L 483-1 du Code du travail et puni d'une peine d'un an d'emprisonnement et/ou d'une amende de 3811 €.

345. Une société ne saurait pareillement engager un détective privé pour suivre un ancien salarié qui avait été lié par une clause de non-concurrence, car il s'agit là d'"une immixtion illicite dans la vie privée de la victime, (...) alors qu'elle n'était plus liée par une clause de non-concurrence"[483]. Une interprétation *a contrario* aurait pu faire penser que la solution aurait été différente si la clause de non-concurrence s'appliquait encore. La généralité du principe ne fait toutefois aujourd'hui plus de doute. La Chambre sociale de la Cour de cassation a en effet affirmé, dans un arrêt rendu le 26 novembre 2002, au visa des articles 8 de la Convention européenne, 9 du Code civil, 9 du nouveau Code de procédure civile et L 121-8 du Code du travail, qu'il "résulte de ces textes qu'une filature organisée par l'employeur pour contrôler et surveiller l'activité d'un salarié constitue un moyen de preuve illicite dès lors qu'elle implique nécessairement une atteinte à la vie privée de ce dernier, qui n'est pas susceptible d'être justifiée, eu égard de son caractère disproportionné, par les intérêts légitimes de l'employeur"[484]. L'organisation d'une filature réalise donc une voie de fait. La portée du principe est d'autant plus grande que la cassation repose sur un moyen de pur droit, la violation de l'article 8 de la Convention européenne et de l'article 9 du Code civil. En l'espèce, une salariée chargée de démarcher des médecins pour le compte d'un laboratoire pharmaceutique avait été licenciée pour faute grave, pour avoir fait de fausses déclarations d'activité et de réunions d'informations

---

479 CA Bordeaux, 13 septembre 1993, Juris-data n° 045361.

480 Civ. 1ère, 14 janvier 1994, Gaz. Pal.1994.1.155, note Waquet.

481 CA Paris, 19 mars 2002, D.2003.1534, note L. Marino.

482 Soc. 2 octobre 2001, Bull. civ. V, n° 291 ; D.2001.2297, note A. Lepage et 3148, note P.Y. Gautier ; JCP.éd.E.2002.73, note M. Vivant et J.M. Brugière.

483 Civ. 1ère, 25 janvier 2000, D.2000.Som.267, obs. A. Lepage.

484 Soc., 26 novembre 2002, D.2003.1858, note J.M. Brugière ; J. Ravanas, *Protection de la vie privée : la preuve illicite d'une relation « défectueuse » de travail*, D.2003.Doct.1305.

médicales et de fausses déclarations de frais. Ces faits avaient été établis à la suite d'un contrôle effectué par un supérieur hiérarchique, qui s'était posté à proximité du domicile de la salariée pendant deux jours. La salariée avait saisi le Conseil de prud'homme et demanda le remboursement de frais, d'indemnités de préavis et de congés payés. Elle sollicita également une indemnité de licenciements ainsi qu'une indemnité pour licenciement sans cause réelle et sérieuse. Ces demandes furent rejetées par la Cour d'appel de Nancy, dans un arrêt en partie infirmatif, qui estimait que l'employeur était en droit de contrôler l'activité de ses délégués médicaux. La salariée forma alors un pourvoi en cassation, pour violation des articles L 121-8 du Code du travail et 9 du nouveau Code de procédure civile. Elle estimait que la faute qui avait justifié son licenciement avait été établie à l'issue d'une filature menée à son insu. Elle déclarait en outre irrecevables, car illicites, les attestations de médecins et le relevé de codes télématiques. Or, la Cour de cassation a accueilli ce pourvoi, en condamnant le principe même de la filature. L'atteinte portée à la vie privée de la salariée résultait des mesures de contrôle prises non au temps et sur le lieu de travail, mais également à proximité immédiate de son domicile, dans des conditions portant atteinte tant à sa liberté qu'à l'intimité de sa vie personnelle et familiale. La filature destinée à contrôler l'activité professionnelle d'un salarié empiète en effet nécessairement sur sa vie privée. Le rapport de contrôle précisait ainsi que la salariée avait été observée au cours de ses occupations personnelles et procédait notamment à des trajets scolaires avec son enfant. La filature exercée par un supérieur hiérarchique constitue un dispositif de surveillance dont le salarié doit être préalablement informé. L'existence d'obligations strictes quant à l'exécution du travail n'impliquait pas, en elle-même, la possibilité pour l'employeur de contrôler et de surveiller toutes ses activités.

346. La Cour de cassation condamne donc le principe même de la filature. Peu importe qu'elle soit réalisée par l'employeur lui-même ou à sa demande. La Chambre sociale ne se contente pas de constater que la filature porte atteinte à la vie privée. Elle ajoute qu'elle "est insusceptible d'être justifié, eu égard à son caractère disproportionné, par les intérêts légitimes de l'employeur". On retrouve ainsi le principe de proportionnalité de l'article L 120-2 du Code du travail. Ce principe est plus généralement utilisé pour concilier les libertés individuelles et collectives du salarié avec le droit reconnu à l'employeur d'y apporter des limites exceptionnelles. La filature est, par essence, un procédé déloyal, car son efficacité implique qu'elle soit mise en œuvre à l'insu de la personne surveillée. Il s'agit d'un procédé clandestin, qui est condamné dans son principe même. La disproportion tient également au fait que l'employeur n'a utilisé que ce seul procédé pour confirmer ses soupçons contre le salarié. Il disposait probablement d'autres moyens de contrôle, par exemple en effectuant des vérifications auprès des clients.

347. L'organisation d'un système d'astreinte n'est pas, en revanche, incompatible avec le droit au respect de la vie privée[485]. La loi *Fillon* du 17 janvier 2003 avait en effet ravivé le débat en proposant une nouvelle définition de l'astreinte. Le Ministre y a vu une technique "peu contraignante", compte tenu "des techniques modernes et des portables". La loi permet donc aujourd'hui à l'employeur de compter les périodes d'astreinte en temps de repos, à l'exclusion des périodes d'intervention effective. Les syndicats, hostiles à cette réforme, y ont vu "une marque de mépris du gouvernement à l'égard de la vie privée des salariés"[486]. La loi du 17 janvier 2003 condamne en effet une jurisprudence récente de la Cour de cassation[487]. Or, par essence, l'astreinte implique une obligation, car elle ne permet pas au salarié "de se soustraire aux sollicitations des tiers, définition de la vie privée"[488]. Les psychiatres retiennent une analyse semblable, relevant que "l'impact sur la vie privée et familiale est évident"[489]. Certes, l'article L 212-4 *bis* du Code du travail précise que le salarié doit pouvoir "vaquer à ses occupations", tout en restant à son domicile ou à proximité. L'astreinte résulte toutefois du contrat de travail ou d'une convention collective et ne peut être imposée au salarié. Il n'est donc pas possible de la condamner, ni en général, ni au cas par cas. L'article L 120-2 du Code du travail admet en effet des restrictions aux libertés du salarié dès lors qu'elles sont "justifiées". Or, l'astreinte est nécessaire dans de nombreux secteurs de l'économie.

3°) Le domicile et les lieux publics.

348. L'habitation a connu de profondes transformations au cours du 20ème siècle. Le travail a quitté le domicile et la réorganisation des logements individuels a permis à chaque membre de la famille d'acquérir une vie personnelle autonome. Cette spécialisation de l'espace et du temps a renforcé

485 CA Lyon, 21 mars 2002, D.2003.Som.1535, obs. L. Marino : "Le principe du droit du salarié à l'intimité de sa vie privée ne fait pas obstacle à l'organisation d'un système d'astreinte auquel le salarié est soumis pendant les périodes de repos journalier ou de repos hebdomadaire". Déjà en ce sens : Soc., 27 novembre 1991, D.1992.296, note Y. Picod.

486 *Les Echos*, 15 octobre 2002, p. 2.

487 Soc., 10 juillet 2002, D.2002.Som.3110, obs. T. Aubert-Monpeysen ; JCP.éd.E.2002.1583, note A. Viottolo.

488 J.E. Ray, *Les astreintes, un temps du troisième type*, Dr. social, 1999, 250, spécialement p. 253.

489 P. Légeron, *Le stress au travail*, éd. O. Jacob Poches, 2003, p. 117.

la distinction entre la sphère publique et la sphère privée, sans toutefois conduire à leur séparation radicale. Aller travailler implique le plus souvent de quitter le domicile et de “plonger” dans un espace public. Des lieux intermédiaires, des “espaces de convenances”, réalisent donc une transition entre le public et le privé[490].

349. Le domicile est un élément d'identification de l'individu qui permet de le localiser. Au-delà de sa fonction de police civile, le domicile constitue un élément de la personnalité. Il est le lieu où l'individu mène sa vie. La jurisprudence lui donne une définition large, en assimilant au domicile “non seulement le lieu où une personne a son principal établissement, mais encore le lieu où elle a le droit de se dire chez elle”[491]. L'inviolabilité du domicile est garantie par la loi pénale[492], la Constitution[493] et l'article 8 la Convention européenne des droits de l'homme[494]. Le respect du domicile relève donc, pour la Cour européenne des Droits de l'homme “de la sécurité et du bien-être personnel”[495]. Le domicile constitue ainsi un rempart de l'intimité. La Cour de cassation n'a cessé de renforcer cette protection. Très logiquement, le fait de pénétrer dans le domicile d'autrui sans son autorisation porte atteinte, à sa vie privée. Un bailleur ne peut pas effectuer une visite dans les locaux loués, sans autorisation du locataire actuel, avec de futurs éventuels preneurs[496].

350. Le droit au respect de la vie privée s'oppose également à la publication de l'image d'une propriété, accompagnée du nom de son propriétaire et de sa localisation[497]. Cette photographie portait atteinte au respect dû à la vie privée de son occupant. La Cour de cassation a ainsi réaffirmé son attachement au “droit d'être laissé tranquille”. L'arrêt rendu le 5 juin 2003 par la deuxième Chambre civile est particulièrement intéressant, car il précise en quoi consiste la protection de la vie personnelle[498]. L'atteinte résultait de l'association d'une image et d'un texte qui en précisait le contenu. En représentant une habitation, le journal attirait l'attention du public sur une

---

[490] L. Giard et P. Mayol, *Habiter. Cuisiner*, Union générale d'éditions, 1980.
[491] Crim., 26 février 1963, cité par P. Kayser, *Mélanges Raynaud*, 1985, p. 330.
[492] Article 226-4 du Code pénal.
[493] Cons. Const., 29 décembre 1983, *Perquisitions fiscales*, JCP.1984.II.20160 ; 16 juillet 1996, *Perquisitions antiterroristes*, D.1997.69, note B. Mercuzot ; D.1998.Som.154, obs. Th. Renoux.
[494] CEDH, 18 janvier 2000, *Chapman c./ Royaume-Uni*, JCP.2001.I.342, n° 20, obs. P. Sudre.
[495] CEDH, 24 novembre 1986, *Gillow*, série A, n° 109, § 55.
[496] Civ. 3ème, 25 février 2004, D.2004.Somm.1631, obs. C. Caron.
[497] Civ. 2ème, 5 juin 2003, D.2003.2461, note E. Dreyer.
[498] Civ. 2ème, 5 juin 2003, arrêt précité.

propriété privée et l'article précisait l'identité de son propriétaire, ce qui constituait une intrusion dans sa vie personnelle. La représentation d'une personne est donc susceptible de porter atteinte à sa vie privée dès lors que cette personne est identifiable, mais il n'en va pas de même pour l'image des biens lorsqu'elle dévoile l'identité de leur propriétaire. Il n'y a donc pas d'atteinte à la vie privée si l'image d'un bien est reproduite sans qu'il soit possible de le rattacher à un individu précis[499]. Ce lien doit être impérativement établi pour appliquer l'article 9 du Code civil, la paix de l'endroit et de ses occupants étant alors menacé. Peu importe donc que ce lieu soit visible depuis le domaine public. L'habitation n'est pas protégée en elle-même, mais à raison du lien qu'elle entretient avec une personne identifiée ou identifiable. La vie privée apparaît donc comme une notion particulièrement malléable, dont les limites sont fixées au regard des objectifs de sa protection. Elle tend en effet à garantir la tranquillité de chacun. Le domicile appartient donc au domaine de la vie privée. La révélation d'informations relatives à l'habitation d'une personne publique accompagnée de photographies prises par hélicoptère a donc été logiquement sanctionnée[500].

351. Révéler l'adresse d'autrui porte atteinte à sa vie privée[501]. La jurisprudence se montre même de plus en plus protectrice. La Cour de cassation avait en effet initialement jugé que la reproduction vue du ciel de la résidence secondaire d'une personne publique ne portait pas, en elle-même, atteinte à sa vie privée[502]. La photographie d'un bien ne pouvait être sanctionnée que si elle avait un lien avec la personne et sa vie privée. Or, l'arrêt rendu le 5 juin 2003 n'exige plus une atteinte effective à la vie privée et sanctionne la seule divulgation du nom du propriétaire et de l'adresse du bien reproduit[503]. Le simple risque d'une atteinte à la vie privée justifie l'intervention du juge. La personne est donc plus efficacement protégée contre l'immixtion des tiers.

352. Une question demeure néanmoins. Un événement relève-t-il toujours de la vie privée lorsqu'il se déroule dans un lieu public ? La présence

---

[499] CA Paris, 31 mars 2000, D.2001.770, note B. Edelman ; Légipresse, juillet 2000, n° 173-III, p. 115, note C. Alleaume ; Contrat com. élec., 2000, n° 52, note C. Caron.

[500] CA Paris, 27 mars 1987, D.1987.IR.238.

[501] CA Paris, 15 mai 1970, D.1970.466 ; TGI Paris, 2 juin 1976, D.1977.364, 3ème espèce, note R. Lindon ; Civ. 1ème, 6 novembre 1990, D.1991.353, note Prévault ; 6 mars 1996, D.1997.7, note Ravanas ; 23 mai 1995 (protection du domicile d'une personne morale), Bull. crim. n° 193 ; RTDC.1996.130, obs. J. Hauser ; CA Bordeaux, 9 janvier 2001, D.2002.Som.2371, obs. C. Caron.

[502] Civ. 2ème, 29 juin 1988, Bull. civ. II, n° 160.

[503] Civ. 2ème, 5 juin 2003, arrêt précité.

dans un lieu ouvert à tous pourrait *a priori* rendre l'individu transparent. La vie privée serait alors réduite à la vie domestique. Le domicile bénéficie en effet d'une protection particulièrement efficace, conformément à l'article 8 de la Convention européenne. Toute demeure, principale ou secondaire, mais également une chambre d'hôtel ou d'hôpital, un bateau, sont protégés contre l'immixtion des tiers. Chacun doit être laissé tranquille chez lui. La vie domestique n'échappe toutefois pas au contrôle social. La notion même de domicile est une notion récente. La demeure du Roi était ainsi un lieu public, pratiquement ouvert à tous. La maison, parce qu'elle était ouverte sur le monde extérieur, était soumise au contrôle permanent du groupe, de la société. La peur du commérage était tout aussi dissuasive, sinon plus, que la force publique. La bourgeoisie, devenue prospère, s'est toutefois progressivement émancipée de ce contrôle, en réorganisant la maison. Des pièces distinctes sont apparues, ce qui permit à l'individu de s'isoler. La maison n'est toutefois jamais devenue un sanctuaire, protégé contre toute immixtion des tiers. La maison est en outre reliée au reste du monde par le courrier, le téléphone, Internet. Elle n'est donc pas un lieu secret. Elle est même devenue le terrain d'élection de la société de consommation, car l'essentiel des achats y est consommé. En outre, le domicile protège l'individu, mais le représente également. L'acquisition d'un foyer devient un rêve accessible et constitue alors la preuve tangible de la réussite sociale.

353. La simplicité de cette approche est indéniable, mais elle ne correspond pas à l'état du droit positif. Certes, certaines décisions refusent de protéger l'individu qui se trouve dans un lieu public. Un journal peut ainsi publier la photographie d'une personne assise sur un banc public sans porter atteinte à sa vie privée[504]. La jurisprudence majoritaire retient cependant la solution inverse. La seule présence dans un lieu public ne caractérise pas une activité publique[505]. La vie privée ne se réduit pas à la vie domestique et se prolonge, au contraire, dans les lieux publics. La privatisation de l'espace public est en effet un phénomène ancien, qui a commencé au Moyen Age. L'individu s'est certes peu à peu soustrait à l'autorité du Prince, mais cette retraite lui a permis de devenir autonome. L'opinion publique s'est ainsi peu à peu développée, grâce à la communication entre des personnes privées libérées de l'autorité publique. Elle apparaît comme la "sphère des personnes

---

[504] TGI Grasse, 27 février 1971, JCP.1971.II.16734, note R. Lindon ; RTDC.1971.364, obs. R. Nerson.

[505] TGI Paris, 2 juin 1976, D.1977.364, 1ère espèce, note R. Lindon ; TGI Paris, 18 mai 1977, Gaz.Pal.1977.2.515 ; CA Paris, 27 février 1981, D.1981.457, note R. Lindon ; Civ. 2ème, 5 janvier 1983, Bull. civ. I, n° 4 ; CA Paris, 14 juin 1985, D.1986.IR.50, obs. R. Lindon ; Civ. 1ère, 13 avril 1988, D.1988.IR.120 ; TGI Paris, 27 septembre 1988, Gaz.Pal.1989.1.191.

privées rassemblées en un lieu public"[506]. Le repli permet, dans un premier temps, la constitution de l'individu qui peut ensuite, s'il le souhaite, revenir sur la scène publique, mais en qualité de personne privée. Les opinions politiques relèvent donc de la vie privée, au même titre que les convictions religieuses. Le secret du vote est, par exemple, garanti par l'article 3 de la Constitution de 1958. Plus encore, nul ne peut rechercher et, *a fortiori*, révéler les opinions politiques d'autrui[507]. La situation patrimoniale ne relève pas toujours, en revanche, de la vie privée.

4°) La révélation de la situation patrimoniale.

354. Les révélations portant sur le patrimoine, la fortune ou les ressources d'un individu ne sont pas toujours sanctionnées par la jurisprudence, dès lors qu'elles ne comportent aucune allusion relative à la personnalité ou à la vie privée de l'intéressé[508]. Ainsi, dans l'affaire *Calvet*, un document confié à l'Administration avait été volé par l'un de ses fonctionnaires. L'auteur de ce vol avait été identifié et encourait des sanctions pénales et disciplinaires. Le document litigieux n'était pas le "rôle" d'imposition, accessible à tous, mais la "déclaration de revenus". Or, ce document avait ensuite été publié par le *Canard enchaîné*. La Cour de cassation décida alors de faire strictement respecter le secret professionnel auquel sont tenus les agents du fisc[509]. Elle se référa en outre à la notion de "recel de secret de l'instruction", alors qu'à la lettre, le recel ne peut porter que sur une chose. La Cour de cassation estima toutefois que le recel ne pouvant porter sur l'information elle-même, il pouvait en revanche avoir pour objet la photocopie du document. Or, la Cour européenne des Droits de l'homme condamna la France à la suite de cet arrêt. Elle estima en effet que l'article 10 de la Convention "protège le droit des journalistes de communiquer des informations sur des questions d'intérêt général dès lors qu'ils s'expriment de bonne foi, sur la base de faits exacts et fournissent des

---

[506] A. Bernard, *La protection de l'intimité par le droit privé. Eloge du ragot ou comment vices exposés engendrent vertu*, in *Le for intérieur*, Puf, 1995, p. 155 et s., spécialement page 165.

[507] CA Toulouse, 26 février 1974, JCP.1975.II.17903, note R. Lindon.

[508] TGI Paris, réf., 12 et 13 janvier 1987, CA Paris, 15 janvier 1987, D.1987.231, note R. Lindon ; Civ. 1ère, 31 mai 1988, JCP.1988.IV.279 ; CA Paris, 23 janvier 1989, D.1989.471, note R. Lindon ; Civ. 1ère, 4 octobre 1989, JCP.1989.IV.388 ; 28 mai 1991, D.1992.213 ; 20 octobre 1993, D.1994.594, note Y. Picod ; 30 mai 2000, JCP.2001.II. 10525, note B. Montels.

[509] Civ. 1ère, 3 avril 1995, D.1995.Som.320, obs. J. Pradel ; JCP.1995.II.22429, note E. paternité

informations fiables et précises dans le respect de l'éthique journalistique"[510]. La nécessité d'informer le public justifiait la révélation de la situation patrimoniale. L'atteinte à la vie privée est en revanche consommée si la révélation ne porte pas uniquement sur la situation patrimoniale objective d'un individu. Une information patrimoniale peut ainsi relever de la vie privée si les informations portent "non seulement sur la situation de fortune, mais aussi sur le mode de vie et la personnalité" du demandeur[511]. La jurisprudence *Calvet* avait admis un principe inverse, mais la révélation de situation de fortune avait été justifiée par la nécessité d'informer le public[512]. La solution était donc justifiée par la qualité de grand chef d'entreprise de Monsieur Calvet. Elle ne fait aujourd'hui plus de doute. La Cour européenne des Droits de l'homme a jugé, dans un arrêt rendu le 21 janvier 1999 que les questions patrimoniales concernant une personne menant une vie publique, tel le dirigeant d'une grande entreprise, ne relèvent pas du domaine de la vie privée[513].

355. Cette jurisprudence ne saurait toutefois être systématiquement étendue aux simples particuliers, comme l'illustre l'arrêt rendu le 12 juin 2003 par la Cour d'appel de Paris[514]. Une société de crédit avait, en l'espèce, demandé à une cliente le remboursement des sommes prêtées. Celle-ci refusa de s'exécuter, estimant que son créancier avait commis de graves négligences en lui accordant ces crédits, manifestement excessifs au regard de sa situation financière. La Cour d'appel estima néanmoins que l'établissement financier n'avait pas commis de faute en ne vérifiant pas l'exactitude des informations que la débitrice avait certifiée sur l'honneur. Elle ajouta qu'il ne "pouvait se livrer à des investigations attentatoires au secret de la vie privée". La Cour d'appel admet ainsi implicitement que les ressources d'une personne relèvent de sa vie privée. La débitrice ne pouvait donc pas reprocher à l'établissement financier de ne pas avoir découvert les mensonges ayant conduit à son surendettement…

---

[510] CEDH, 21 janvier 1999, *Fressoz c./ France*, D.1999.Som.272, obs. N. Fricero ; JCP.1999.II.10120, note E. paternité : Gaz.Pal.1999.2.477 ; PA, 4 août 1999 ; RTDH.1999, n° 39, p. 672, note C. Bigot ; Légipresse, avril 1999, Chron. G. Cohen-Jonathan et Rezyer ; RTDC.1999.909, obs. J. Marguénaud.

[511] Civ. 1ère, 30 mai 2000, D.2001.Som.1989, obs. L. Marino.

[512] CEDH, 21 janvier 1999, arrêt précité.

[513] CEDH, 21 janvier 1999, *Fressoz c./ France*, D.1999.Somm.272, obs. Fricero ; JCP.1999.II.10120, note paternité ; RTDC.1999.909.

[514] CA Paris, 12 juin 2003, D.2004.Somm.1631, obs. A. Lepage.

D) Les sanctions du droit au respect de la vie privée.

356. Le droit civil (a) et le droit pénal (b) sanctionnent les atteintes portées à la vie privée d'un individu.

a) Les sanctions civiles.

357. La jurisprudence, qui appliquait alors les principes de la responsabilité civile délictuelle, exigeait initialement un préjudice résultant de l'atteinte à l'intimité de la vie privée ou au droit à l'image. Cette condition a ensuite été abandonnée, pour faire du droit au respect de la vie privée un droit autonome, consacré par la loi du 17 juillet 1970. Il suffit donc d'établir sa violation pour obtenir des dommages-intérêts, "la seule constatation de l'atteinte à la vie privée donne droit à réparation"[515]. La violation de la vie privée laisse présumer l'existence d'un préjudice réparable, indépendamment de son importance réelle. La protection résultant de l'article 9 du Code civil présente cependant un caractère individuel et ne vise que les atteintes subies personnellement par le titulaire de ce droit[516].

358. L'action en responsabilité civile obéit à des règles et conditions de procédure, qui sont différentes toutefois de celles prévues par la loi du 29 juillet 1881[517]. Elle se prescrit, conformément au droit commun, à l'expiration d'un délai de dix ans à compter de la réalisation du dommage[518]. Le juge territorialement compétent est fonction du domicile du défendeur, conformément à l'article 42 du nouveau Code de procédure civile. L'article 1384 du Code civil permet d'engager la responsabilité civile de l'éditeur ou du producteur. Le Tribunal du siège social de cette société devra donc être saisi. Le choix laissé au demandeur est cependant plus large[519]. L'article 46 du

---

[515] Civ. 1ère, 5 novembre 1996, Bull. civ. I, n° 378 ; D.1997.403, note S. Laulom ; D.1997.Som.289, obs. P. Jourdain ; JCP.1997.II.22805, note J. Ravanas ; RTDC.1997.632, obs. J. Hauser ; 25 février 1997, Bull. civ. I, n° 73 ; JCP.1997.II.22873, note J. Ravanas ; 25 février 2004, D.2004.Somm.1631, obs. C. Caron.

[516] TGI Paris, 1er février 1995, D.1995.569, note B. Edelman ; D.1997.Somm.89, obs. Th. Hassler ; CA Paris, 28 mai 1996, D.1996.617, note B. Edelman.

[517] Le juge a notamment la possibilité de requalifier les faits : Civ. 2ème, 11 février 1999, Bull. civ. II, n° 25 ; D.1999.IR.62 ; TGI Nanterre, 8 juin 1999, Légipresse, 1999, III, p. 172.

[518] La prescription abrégée de l'article 65 de la loi du 29 juillet 1881 doit donc être écartée : Civ. 2ème, 26 novembre 1975, D.1977.33, 1ère espèce, note R. Lindon ; 9 juillet 1980, Bull. civ. II, n° 179.

[519] Civ. 1ère, 13 avril 1988, JCP.1989.II.21320, note E. Putman.

nouveau Code procédure civile lui permet en effet de saisir la juridiction du lieu du fait dommageable ou celle dans le ressort duquel le dommage a été subi. Or, le dommage a été subi partout où la publication a été accessible. La victime dispose donc d'une large marge d'appréciation avant de saisir le juge. Lorsque la faute et le dommage ont eu lieu à l'étranger, le juge étranger peut, en outre, être saisi, en application de la loi nationale.

359. L'action en responsabilité civile doit être exercée par la personne mise en cause ou ses représentants, contre l'éditeur, le producteur, l'employeur... à l'origine du dommage. Celui-ci peut toutefois appeler en garantie celui qui lui a communiqué l'information ou l'image litigieuse[520]. Des limites sont cependant apportées à ce partage ou à ce transfert de responsabilités. L'auteur d'une publication doit en effet prendre un minimum de précautions avant de communiquer des informations au public.

360. Le demandeur doit toutefois justifier d'une atteinte personnelle[521]. En pratique, le montant des dommages-intérêts est d'autant plus élevé que le préjudice a été important. Le caractère perfide ou malveillant des propos est pris en compte, ce qui constitue une différence avec le droit commun de la responsabilité civile. L'indemnisation peut donc être symbolique, notamment lorsque l'atteinte à la vie privée apparaît douteuse en raison des nombreuses déclarations et conférences accordées par le demandeur sur sa vie sentimentale[522]. A l'inverse, lorsqu'ils sont importants, les dommages-intérêts s'apparentent à une amende privée[523]. Cette peine privée risque cependant de menacer les droits de la personnalité en leur conférant une nature de plus en plus commerciale. L'effet dissuasif de telles condamnations est en outre limité, car les révélations et les articles à scandales génèrent des profits considérables. Le montant des dommages-intérêts constitue donc une question controversée, car on peut se demander s'il est réellement possible de réparer, par une somme d'argent, un préjudice de nature essentiellement moral. Toutefois, les acteurs, les mannequins... vivent de l'exploitation de leur

---

[520] Des éditeurs ont ainsi appelé en garantie des agences qui leur avaient communiqué des photographies pour lesquelles elles n'avaient pas obtenu d'autorisation : Civ. 1ère, 15 décembre 1981, JCP.1983.II.20023.

[521] TGI Paris, 1er février 1997, D.1997.Som.89, note Th. Hassler.

[522] CA Paris, 28 février 1989, JCP.1989.II.21325, 2ème espèce, note E. Agostini. Egalement en ce sens : TGI Paris, 3 décembre 1997, JCP.1998.II.10067, note Y. Serna.

[523] Civ. 2ème, 5 novembre 1996, Bull. civ. I, n° 378 ; JCP.1997.II.22805, note J. Ravanas ; RCA, 1997, n° 1, 9. Egalement en ce sens : Civ. 1ère, 25 février 1997, JCP.1997.IV.886 ; TGI Nanterre, 8 décembre 1999, D.2000.Som.274, obs. C. Caron ; JCP.éd.E.2000.657 ; CCE.2000, n° 40, obs. A. Lepage.

image, de sorte que l'appréciation de leur préjudice est moins incertaine. Les dommages-intérêts restent fréquemment inférieurs aux profits réalisés par l'atteinte portée à la vie privée. Leur effet dissuasif est donc limité.

361. Outre des dommages-intérêts, la victime peut également solliciter la cessation des actes qui portent atteinte à sa vie privée. Avant 1970, la jurisprudence avait admis la saisie d'un journal ou d'un livre lorsque cette publication réalisait une atteinte "intolérable" à la vie privée du demandeur. L'article 9, alinéa 2, du Code civil autorise désormais le juge, même statuant en référé, "sans préjudice de la réparation du dommage subi, (de) prescrire toutes mesures, telles que séquestre, saisie et autres, propres à empêcher ou à faire cesser une atteinte à l'intimité de la vie privée". La référence à "l'intimité de la vie privée" pourrait signifier qu'il faut plus qu'une simple violation du droit au respect de la vie privée pour prescrire ces mesures. La jurisprudence n'opère cependant pas de réelle distinction entre la vie privée et son intimité. Certes, lors du vote de la loi du 17 juillet 1970, le Garde des Sceaux avait précisé que la loi se référait à "l'intimité de la vie privée pour limiter la portée de la formule vie privée", utilisée par l'alinéa 1er de l'article 9 du Code civil. La sanction est alors paradoxalement plus restreinte que le principe, s'agissant des mesures de prévention. La vie privée ne serait donc pas une notion uniforme. Cette distinction n'a cependant aucune portée réelle pour de nombreux auteurs[524]. Certains considèrent, en revanche, que l'intimité de la vie privée touche au corps de l'individu, mais la jurisprudence a retenu l'existence d'une atteinte à l'intimité de la vie privée alors que l'intégrité corporelle n'était pas en cause[525]. Le critère objectif de l'attitude individuelle permet alors de déterminer le caractère intime d'une information personnelle. La délimitation du privé et de l'intime apparaît cependant très délicate, car elle intervient à l'intérieur d'une catégorie dont les contours sont déjà incertains. La jurisprudence s'est heurtée à ces incertitudes et la distinction introduite par la loi du 17 juillet 1970 n'a pas réellement modifié les pratiques judiciaires, qui continuent d'exiger, notamment pour censurer une publication, une immixtion intolérable dans la vie privée[526]. La portée de l'article 9, alinéa 2, du Code civil est en outre assez limitée en pratique. L'article 809 du nouveau Code de procédure civile permet en effet au juge des référés d'ordonner toutes les mesures jugées utiles, sans constater une atteinte à

---

[524] F. Rigaux, *La protection de la vie privée et des autres biens de la personnalité*, Brylant-LGDJ, *Bibliothèque de la Faculté de Droit de l'Université catholique de Louvain*, 1990, n° 648, p. 724-725, n° 650, p. 726 et n° 686, p. 770.

[525] Douleur morale par exemple : CA Paris, 9 novembre 1979, D.1981.109.

[526] CA Paris, 14 mai 1975, D.1975.687, note R. Lindon ; TGI Paris, 11 janvier 1977, D.1977.83, note R. Lindon ; TGI Paris, 4 février 1986, D.1987.Som.40 ; Crim., 8 décembre 1983, Bull. crim., n° 333.

l'intimité de la vie privée[527]. La définition conceptuelle de "l'intimité de la vie privée" ne présente donc guère d'intérêt pratique. Le juge peut ordonner la suspension immédiate de la diffusion d'un livre en raison de la gravité des faits imputés au demandeur et de l'incapacité des défendeurs à apporter, lors d'une nouvelle audience, la preuve de leurs allégations[528]. La Cour européenne des droits de l'Homme admet la compatibilité de ces restrictions au droit à l'information avec l'article 10. Le deuxième alinéa de ce texte précise en effet que la liberté d'expression comporte pour ceux qui l'invoquent des devoirs et des responsabilités[529]. La communication à un éditeur d'un synopsis ne peut, en revanche, constituer une atteinte à la vie privée, car il ne s'agit que de l'ébauche d'un ouvrage devant constituer la biographie d'une personnalité connue[530]. La saisie est une mesure ultime, que le juge ne prononce qu'avec prudence, si l'atteinte portée à la vie privée est intolérable et cause un dommage que l'attribution postérieure de dommages-intérêts ne saurait compenser[531]. Il a donc été fait défense à un éditeur de poursuivre la diffusion du livre *Grand secret* écrit par l'ancien médecin du Président de la République[532]. Les faits relatés dans cet ouvrage avaient été diffusés en violation du secret médical. Le praticien, condamné de ce fait au pénal et radié de l'Ordre des médecins, avait trahi la confiance de son patient et de ses proches. Le secret médical l'emportait donc sur l'information du public. Peu importait que le patient soit décédé et qu'il fût Président de la République. La position de la Cour européenne des droits de l'Homme a cependant été plus mesurée dans cette affaire[533]. Certes, l'interdiction temporaire de l'ouvrage ordonnée en référé a été approuvée, puisqu'il méconnaissait le secret médical et portait une atteinte "particulièrement forte" à la mémoire du défunt, l'ouvrage ayant été publié dix jours après le décès du Président. La Cour estima également que la condamnation de l'éditeur au paiement de dommages-intérêts était fondée. En revanche, le maintien de

---

[527] TGI Paris, réf., 30 novembre et 13 décembre 1983, D.1984.111, note R. Lindon ; CA Paris, 11 juin 1986, D.1987.107 ; CA Paris, 19 juin 1987, JCP.1988.II.20957, 2ème espèce, note P. Auvret ; Civ. 1ère, 21 juillet 1987, Gaz.Pal.1987.577.

[528] TGI paris, réf., 13 octobre 1997, Gaz.Pal.1997.2.590, note J.G. M ; TGI Paris, réf., 28 octobre 1997, JCP.1997.II.22964, 2ème et 3ème espèces, note E. paternité

[529] Notamment : CEDH 26 octobre 1979, *Sunday Time c./ Royaume-Uni.*

[530] TGI Paris, 18 novembre 1998, D.1999.462, note Rebut.

[531] TGI Paris, ord. Référé, 21 février 1970, JCP.1970.II.16293 ; TGI Paris, ord. Réf., 25 octobre 2000, Légipresse, 2001, n° 178, III, p. 21.

[532] TGI Paris, ord. réf., 18 janvier 1996, Légipresse, 1996, n° 128, III, 15 ; CA Paris, 13 mars 1996, Légipresse 1996, n° 130, III, 33 ; Civ. 1ère, 16 juillet 1997, Légipresse, 1997, n° 136, III, 137.

[533] CEDH, 18 mai 2004, req. n° 58148/00, *Société Plon c./ France*, D.2004, dernière actualité, p. 1534 ; D.2004.IR.1643 ; D.2004.1838, note A. Guedji.

l'interdiction de diffuser l'ouvrage ne répondait plus, devant les juges du fond, à un "besoin social impérieux" et se révélait ainsi disproportionné aux buts poursuivis. Le Tribunal avait en effet été appelé à statuer plus de neuf mois après le décès du Président. Pour la Cour, le secret médical avait été enfreint et son auteur avait été condamné, de sorte que l'écoulement du temps devait être pris en considération pour apprécier la compatibilité avec la liberté d'expression de l'interdiction générale et absolue du livre. La sauvegarde du secret médical ne pouvait plus constituer un impératif prépondérant, puisque 40 000 exemplaires de l'ouvrage avaient déjà été vendus, qu'il avait été diffusé sur Internet et que son contenu avait été largement repris dans les médias. Pour la Cour européenne, "aucun besoin social impérieux" ne justifiait plus, lorsque le Tribunal de grande instance statuait, le maintien de l'interdiction du livre.

362. Le juge des référés dispose cependant de très larges pouvoirs. Il peut ainsi ordonner la publication d'un communiqué rectificatif[534], l'occultation de certains passages[535], la saisie d'une publication[536], interdire la diffusion d'une émission à la télévision[537] ou bien encore accorder une provision.

363. Le droit commun du référé permet à la victime d'obtenir la publication de la condamnation. Une Cour d'appel a donc ordonné, "à juste titre", la publication d'un communiqué faisant état de la condamnation d'un organe de presse, jugé responsable de cette atteinte. Cette pratique est issue de la procédure pénale, car le juge pénal ordonne généralement la publication de la condamnation en cas de diffamation. Une telle mesure constitue une restriction à la liberté de communication, mais elle répond aux exigences de l'article 10, § 2, de la Convention européenne. Elle repose en effet sur un fondement légal et se justifie par la nécessaire protection des droits d'autrui[538]. L'article 10 de la Convention garantit la liberté d'expression, mais son § 2 admet que des limites lui soient apportées lorsqu'elles sont "prévues par la loi" et "nécessaires dans une société démocratique" à la poursuite des finalités énumérées par le texte. Le juge compare donc les intérêts en présence, les nécessités de l'information, son actualité, son utilité pour l'intérêt général, les libertés individuelles. Cette méthode est également

---

[534] Civ. 1ère, 17 novembre 1987, Bull. civ. I, n° 301.
[535] TGI Paris, 11 juillet 1977, D.1977.700 ; TGI Paris, 14 mai 1985, D.1986.IR.52.
[536] TGI Paris, 28 juin 1974, D.1974.751 ; TGI Paris, réf., 18 janvier 1996, JCP.1996.II.22589.
[537] CA Paris, 24 octobre 1991, D.1992.244.
[538] Civ. 1ère, 30 mai 2000, D.2000.1571, note J. Ravanas ; 12 décembre 2000, D.2001.2434, note J. Ch. Saint-Pau ; Som.1987, obs. C. Caron ; TGI Paris, 10 mai 2001, D.2001.Som.1991, obs. L. Marino.

utilisée aux Etats-Unis sous le nom de *balancing of interests test* ainsi qu'en Allemagne. Les principes de "nécessité" et de "proportionnalité" déterminent l'étendue des droits d'autrui, mais s'appliquent également à la sanction civile du fait illicite. Les mesures qui limitent la liberté d'expression, qu'elles soient ordonnées par le juge du fond ou par le juge des référés, doivent être proportionnées à la gravité de l'atteinte portée à la vie privée[539]. L'article 9 du Code civil est issu de la loi du 17 juillet 1970. Plus généralement, la Cour de Strasbourg ne s'en tient pas à une définition formelle de la loi et a précisé les caractères de la norme servant de fondement à l'ingérence. Cette norme doit être suffisamment précise et accessible. Elle doit être prévisible, pour que tout citoyen soit en mesure de régler sa conduite, en faisant appel au besoin à des conseils éclairés. Il doit être en mesure d'appréhender les conséquences prévisibles de ses actes. L'article 9 du Code civil n'envisage pas la publication de la condamnation, mais il n'est pas nécessaire que les dispositions législatives soient prévisibles avec une certitude absolue[540]. Ce texte, dans son alinéa 2, permet au juge d'ordonner "toutes mesures (...) propres à empêcher ou faire cesser une atteinte à l'intimité de la vie privée". La publication de la condamnation est donc bien prévue par la loi, mais elle doit encore poursuivre un objectif légitime. Toute limitation apportée à la liberté d'expression doit en effet être justifiée par l'un des objectifs visés par l'article 10, § 2, de la Convention, la "protection des droits d'autrui" en l'occurrence. En l'espèce, la publication de la condamnation ne constituait pas une peine, mais une mesure destinée à réparer le préjudice causé par l'atteinte portée à la vie privée. Peu importe que la distinction entre les mesures destinées à mettre fin à l'illicite des mesures qui tendent à rétablir le droit violé soit malaisée, parce que l'article 9, alinéa 2, les vise toutes les deux. De plus, la jurisprudence décide que "la seule constatation de l'atteinte à la vie privée ouvre droit à réparation"[541]. L'atteinte portée à la liberté d'expression poursuivait donc un but légitime. La publication de la condamnation ne participe qu'indirectement à la réparation, en informant les lecteurs de l'atteinte portée à la vie privée par l'organe de presse. La Cour de cassation décide alors que cette mesure est "nécessaire dans une société démocratique". Une marge d'appréciation importante est reconnue aux Etats, sous le contrôle cependant de la Cour de Strasbourg. La mesure restrictive doit être "pertinente", "appropriée", "pondérée", "sans excès". La Cour de cassation est donc fréquemment appelée à s'intéresser, non seulement au droit, mais

---

[539] Civ. 1ère, 31 janvier 1999, Bull. civ. I, n° 47.

[540] G. Cohen-Jonathan, *Commentaire de l'article 10 de la Convention européenne*, in *La Convention européenne des droits de l'Homme*, sous la direction de L.E. Pettiti, E. Decaux et P.H. Imbert, éd. Economica, 1995, p. 365.

[541] Civ. 1ère, 5 novembre 1996, Bull. civ. I, n° 378 ; D.1997.408, note S. Laulom ; JCP.1997.II.22805, note J. Ravanas.

encore aux faits. Le principe de proportionnalité permet de vérifier la nécessité de la mesure et son adéquation au but poursuivi. L'atteinte portée à la liberté d'expression est appréciée au regard de l'ensemble des circonstances de l'espèce, en fonction notamment de la gravité de l'atteinte portée aux droits d'autrui. Le juge doit ordonner des mesures raisonnables. Or, la publication de la condamnation risque de ranimer le souvenir de l'atteinte portée à la vie privée. Elle peut donc aggraver le préjudice subi par la victime. Elle exerce une fonction satisfactoire essentielle s'agissant du préjudice moral.

b) Les sanctions pénales.

364. La loi du 17 juillet 1970 a renforcé la protection de la vie privée par des incriminations pénales. L'article L 226-1 du Code pénal sanctionne désormais d'un an d'emprisonnement et/ou d'une amende de 45 000 € : "le fait, au moyen d'un procédé quelconque, volontairement de porter atteinte à l'intimité de la vie privée d'autrui : 1°) en captant, enregistrant ou transmettant, sans le consentement de leur auteur, des paroles prononcées à titre privé ou confidentiel ; 2°) en fixant, enregistrant ou transmettant, sans le consentement de celle-ci, l'image d'une personne se trouvant dans un lieu privé". Le consentement est toutefois présumé lorsque ces actes sont "accomplis au vu et su des intéressés sans qu'ils s'y soient opposés". L'infraction ne concerne donc pas directement le droit de la presse. L'article L 226-2 a cependant vocation à s'appliquer lorsque les propos ou l'image ainsi obtenus font l'objet d'une exploitation par voie de presse écrite ou audiovisuelle, car il incrimine le "fait de conserver ou de porter à la connaissance du public ou d'un tiers ou d'utiliser de quelque manière que ce soit tout enregistrement ou document obtenu à l'aide des actes prévus par l'article L 226-1". Les deux infractions sont étroitement liées, car la seconde ne peut exister sans la première.

365. Les incriminations pénales ne correspondent pas exactement aux termes de l'article 9 du Code civil. L'obtention, la réalisation et la conservation de certains documents et éléments d'informations, mais aussi leur diffusion ou leur publication sont pénalement sanctionnées. L'infraction pénale n'est constituée qu'en présence d'une atteinte à "l'intimité" de la vie privée, mais la notion n'est pas définie par les textes. La jurisprudence joue alors un rôle essentiel, y compris en droit pénal. Comme en matière civile, elle ne semble toutefois pas réellement distinguer la "vie privée" de "l'intimité de la vie privée". Plus généralement, la loi pénale incrimine le fait de "fixer, enregistrer, transmettre" l'image de quelqu'un. La simple curiosité individuelle ne peut donc pas être sanctionnée[542].

366. L'incrimination pénale manque, cependant, de précision. Alors que dans sa version initiale la loi du 17 juillet 1970 se référait au fait de capter ou d'enregistrer des "paroles prononcées dans un lieu privé", l'article L 226-1 fait abstraction du lieu, dès lors que les paroles sont "prononcées à titre privé ou confidentiel". S'agissant des images, le seul fait de regarder ou de voir ne constitue pas une infraction pénale. Il faut encore que l'image soit fixée ou enregistrée. La vie privée est ainsi protégée contre l'intrusion malveillante des tiers. L'infraction pénale n'est pas constituée si l'intéressé a été vu ou entendu par d'autres, qui n'ont fait usage d'aucune technique, car il aurait dû être plus prudent. Elle doit, au contraire, être retenue dès qu'il y a fixation de paroles ou d'images. Le résultat et la qualité de cette fixation sont indifférents. L'infraction pénale est, par exemple, constituée même si l'enregistrement est inaudible[543]. Pour les images, l'imprécision se retrouve ensuite s'agissant du caractère privé du lieu dans lequel doit se trouver la personne épiée ou espionnée. La détermination du caractère public ou privé d'un lieu n'est pas, en pratique, évidente[544]. Certes, l'infraction est constituée lorsque l'espionnage visuel intervient dans un lieu privatif clos, notamment à l'intérieur d'un appartement[545]. La situation est, en revanche, plus complexe lorsque la victime se trouve dans un lieu public. Deux définitions du lieu privé sont en effet possibles. La première est objective et ne tient compte que de la nature propre du lieu. Une rue ou un bâtiment ouvert au public sont alors nécessairement des lieux publics, dans lesquels il serait librement possible de fixer ce qui s'y passe. Une définition subjective est toutefois également possible. La qualification de lieu privé est alors fonction de l'activité des personnes qui s'y trouvent. La jurisprudence a, dans un premier temps, retenu la définition objective[546]. Elle s'est ensuite livrée à de multiples distinctions, avant de décider qu'un cabinet médical, un local administratif d'entreprise ou bien encore un magasin étaient des lieux privés en raison de l'usage qui en était fait[547].

---

[542] Crim., 24 août 1994, Bull. crim. n° 291.
[543] Crim., 19 mai 1981, D.1981.544
[544] CA Besançon, 5 janvier 1978, D.1978.357, note R. Lindon ; Crim., 8 décembre 1983, Bull. crim. n° 333 ; 14 mars 1984, Bull. crim. n° 110 ; CA Paris, 17 mars 1986, Gaz.Pal.1986.2.429.
[545] Crim., 29 avril 1989, Bull. crim. n° 165.
[546] CA Aix-en-Provence, 16 octobre 1973, JCP.1974.II.17623, note R. Lindon.
[547] Crim., 8 décembre 1983, Bull. crim. n° 333 ; 14 mars 1984, Bull. crim. n° 110.

367. L'infraction n'est enfin constituée qu'en l'absence de consentement de la victime. Le prévenu peut donc rapporter la preuve de ce consentement, pour mettre fin aux poursuites engagées contre lui. Il est donc prudent, pour éviter toute contestation postérieure, d'obtenir le consentement écrit de la personne photographiée ou enregistrée. L'article L 226-1 précise néanmoins que ce consentement est présumé lorsque les actes sont "accomplis au vu et su des intéressés sans qu'ils s'y soient opposés". Cette présomption légale facilite le travail des journalistes, mais n'exclut pas d'éventuelles contestations. Elle ne s'applique qu'aux seuls actes de captation, d'enregistrement ou de transmission de la parole ou de l'image, par voie de presse, mais ne s'étend pas à toute utilisation et exploitation par voie de presse. La présomption autorise probablement la première utilisation publique, mais le principe de spécialité du consentement s'oppose à toute autre utilisation postérieure.

368. L'article L 226-1 incrimine, par ailleurs, le fait d'avoir "sciemment conservé, (...), tout document ou enregistrement" ainsi obtenu. Toute personne qui détient ce document peut être sanctionnée. Le recel d'informations ou de documents obtenus illégalement est constitutif de l'infraction d'atteinte à l'intimité de la vie privée, dès lors que le prévenu a conscience de l'irrégularité commise. L'article L 226-8 sanctionne également le "montage réalisé avec les paroles ou l'image d'une personne sans son consentement". Les manipulations sont ainsi pénalement sanctionnées[548]. Un attribut de la personne régulièrement obtenu ne peut ensuite être utilisé frauduleusement. Le montage doit exclusivement porter sur la parole ou sur l'image d'autrui et doit avoir été réalisé sans le consentement de l'intéressé. Une publication est également requise, par quelque moyen que cela soit. Enfin, conformément à l'article L 121-3 du Code pénal, l'auteur du montage doit obligatoirement avoir eu connaissance de son caractère délictueux. Le fait d'insérer l'image d'une personne dans un cadre dans lequel elle ne s'est jamais trouvée réalise, par exemple, l'infraction[549]. Deux faits justificatifs peuvent toutefois être invoqués, s'il apparaît "à l'évidence qu'il s'agit d'un montage" ou s'il en est fait mention.

369. La publication de documents ou d'informations obtenus par ces différents procédés constitue, en elle-même, l'infraction pénale d'atteinte à l'intimité de la vie privée. L'article L 226-2 du Code pénal incrimine le fait de "porter ou de laisser porter à la connaissance du public ou d'un tiers ou d'utiliser de quelque manière que ce soit tout enregistrement ou document

---

[548] CA Toulouse, 26 février 1974, D.1974.736.
[549] Crim. 30 janvier 1978, Bull. crim. n° 34.

obtenus à l'aide de l'un des actes prévus par l'article 226-1". Cette utilisation ou cette diffusion peut indifféremment être publique ou privée. La publication n'est pas un élément constitutif de l'infraction, hormis dans l'hypothèse du montage visée par l'article L 226-8.

370. Les infractions prévues aux articles L 226-1 et suivants du Code pénal sont poursuivies selon les règles du droit commun du Code de procédure pénale. Les particularités procédurales de la loi du 29 juillet 1881 sur la presse ne leur sont pas applicables. La prescription abrégée, les exigences d'identification et de qualification précises et définitives ne s'appliquent pas. Le principe de la "responsabilité en cascade", posé par l'article 42 de la loi de 1881, n'est toutefois pas écarté. Les articles L 226-2 et L 226-8 du Code pénal précisent en effet que lorsque le délit "est commis par la voie de la presse écrite ou audiovisuelle, les dispositions particulières des lois qui régissent ces matières sont applicables en ce qui concerne la détermination des personnes responsables". Ils renvoient donc à l'article 42 de la loi de 1881, si l'infraction est commise par voie de presse écrite, et à l'article 93-3 de la loi du 29 juillet 1982, lorsqu'elle est commise par voie de télécommunication audiovisuelle. L'article L 226-7 ajoute que "les personnes morales peuvent être déclarées responsables pénalement". Le délit défini par l'article 226-2 est une infraction continue, le délai de prescription ne commençant à courir qu'à compter du jour où il a cessé[550]. L'article L 226-6 précise enfin que "l'action publique ne peut être exercée que sur plainte de la victime, de son représentant légal ou de ses ayants droit". Seule la victime peut donc déclencher des poursuites pénales et décider s'il convient de donner une nouvelle publicité à l'atteinte portée à l'intimité de sa vie privée. La tentative et la complicité sont punissables. Les sanctions encourues en cas d'atteinte à l'intimité de la vie privée sont importantes, mais elles ne sont pratiquement jamais requises et *a fortiori* prononcées, ce qui limite leur intérêt.

371. La voie pénale est cependant assez peu utilisée, alors qu'elle pourrait protéger très efficacement la vie privée des salariés, probablement en raison des craintes que la victime peut avoir pour la suite de sa carrière. Les arrêts de la Cour de cassation sont néanmoins très rares. Un employeur a par exemple été sanctionné pour avoir dissimulé un magnétophone à déclenchement vocal dans le faux plafond du bureau de deux employés[551] ou bien encore pour avoir enregistré les propos d'un salarié à partir de

---

[550] Crim. 4 mars 1997, Bull. crim. n° 83.
[551] Crim., 24 janvier 1996, Dr. pénal, 1995, n° 118, obs. M. Véron.

branchements clandestins[552]. La Cour d'appel de Paris, dans un arrêt rendu le 19 mars 2002, a pareillement condamné un célèbre parfumeur pour avoir dissimulé un micro dans la plinthe du bureau d'une attachée de presse[553]. L'application de l'article 226-1 implique une appréciation factuelle précise. La Cour d'appel relève ainsi que le micro avait été "dissimulé" et que la salariée avait rencontré "des difficultés pour le découvrir". L'atteinte à la vie privée est un autre élément constitutif du délit. On peut toutefois se demander si cette atteinte doit être effective. Une réponse négative rendrait l'infraction formelle, caractérisée par le seul fait d'espionner autrui. En l'espèce, la Cour d'appel dépasse le simple constat de l'espionnage. Elle relève que "l'installation avait pour but et pour résultat de permettre (à l'employeur) d'entendre tout ce qui se disait dans le bureau de son attachée de presse, sans distinction des propos professionnels des propos privés". L'employeur avait ainsi surpris des propos privés. L'infraction était donc matérielle. La voie pénale permet d'obtenir de lourdes sanctions. La Cour d'appel confirme la condamnation de l'employeur à un peine d'emprisonnement de 4 mois avec sursis, à une amende de 100 000 francs et au paiement de 80 000 francs de dommages-intérêts, ainsi qu'à la publication de la condamnation dans deux journaux. Or, le droit du travail n'aurait pas permis de telles condamnations. La spécificité de l'espèce réside dans le fait qu'elle n'était pas liée à un licenciement. Lors de la rupture du contrat de travail, trois sanctions existent, mais se révèlent inefficaces. L'article L 121-8 du Code du travail précise qu'"aucune information concernant personnellement le salarié (...) ne peut être collectée par un dispositif qui n'a pas été préalablement porté à sa connaissance". Les articles L 432-3 et L 432-2-1 subordonnent l'installation de dispositifs de surveillance à une consultation préalable du comité d'entreprise. L'article L 120-2 consacre enfin le principe de proportionnalité : "nul ne peut apporter aux droits des personnes et aux libertés individuelles et collectives de restrictions qui ne seraient pas proportionnées au but recherché". Or, ces dispositions n'ont qu'une portée limitée, puisqu'elles n'entraînent que l'irrecevabilité des preuves obtenues irrégulièrement.

372. Le droit au respect de la vie privée permet donc de contrôler la diffusion d'informations personnelles. La vie privée n'est pas le simple négatif de la vie publique et son étendue n'est pas fixée par la volonté de chaque individu. La nature des informations divulguées est, en elle-même, indifférente, car la protection est fonction du préjudice subi par la victime. La nature de l'acte qui porte atteinte à la vie privée est essentielle. Le droit au

---

[552] Cornu 7 octobre 1997, D.1999.152, note C. Saint-Pau ; Dr. pénal, 1998, p. 47, obs. M. Véron.
[553] CA Paris, 19 mars 2002, D.2003.Som.1533, obs. L. Marino.

respect de la vie privée ne se réduit toutefois pas à un pouvoir de contrôle. Il se prolonge par le principe de pertinence, qui permet d'identifier les informations pouvant rester secrètes, notamment lors de la conclusion d'un contrat.

§ 2 : Le principe de pertinence négative.

373. Le contrat est très souvent dominé par l'anonymat. Il réalise un échange entre des individus interchangeables. Cependant, les contractants manifestent parfois de l'intérêt l'un pour l'autre, à tel point que le droit limite leur curiosité. Ainsi, de nombreux contrats à exécution successive comportent des risques importants que les parties cherchent à compenser en réunissant le plus d'informations possibles sur leur cocontractant. Limiter la connaissance permet alors de limiter le pouvoir que chacun exerce sur l'autre. Cet encadrement de la connaissance participe à l'équilibre contractuel. L'accès à la connaissance doit être proportionné à une finalité légitime, qui est fonction de la nature du contrat en cause. Le principe sera donc en premier lieu exposé (A). Seront ensuite étudiées ses sanctions (B). Nous constaterons alors que ce principe est autonome (C).

A) Exposé du principe.

374. Les informations qui n'ont aucun lien avec la prestation à exécuter ne doivent pas être connues du contractant potentiel. Le droit entend protéger l'anonymat. Les données non pertinentes, qui ne déterminent en rien le consentement du cocontractant, n'ont pas à être révélées.

375. Le principe de pertinence négative est apparu en droit de l'informatique L'article 31, alinéa 1er, de la loi du 6 janvier 1978 "interdit de mettre ou conserver en mémoire informatisée, sauf accord exprès de l'intéressé, des données nominatives qui, directement ou indirectement, font apparaître les origines raciales ou les opinions politiques, philosophiques ou religieuses ou les appartenances syndicales des personnes". L'article 6 de la Convention du Conseil de l'Europe édicte la même interdiction. Ces textes ont été adoptés pour éviter l'apparition de casiers judiciaires privés et tendent à lutter contre d'éventuelles dérives s'agissant des informations sensibles. La loi présume de manière irréfragable que certains faits ne sont pas pertinents et sont donc dépourvus d'intérêt.

376. Plus généralement, la discrimination est interdite pour garantir l'égalité d'accès au commerce juridique. Certaines qualités sont ainsi jugées non pertinentes, de sorte qu'elles n'ont jamais à être révélées. Ce principe a notamment été appliqué par la Commission nationale Informatique et Libertés, pour condamner certaines pratiques de *crédit-scoring*. Cette technique consiste en effet à attribuer automatiquement un certain nombre de points en fonction des réponses fournies par le candidat à un crédit à des questions portant sur sa profession, sa situation familiale, son adresse... Le crédit est ensuite accordé ou refusé en fonction du nombre de points obtenus. Or, certains établissements de crédits utilisaient cette technique pour écarter les emprunteurs de nationalité étrangère. La CNIL a donc adopté plusieurs recommandations, en 1985, 1988 et 1998, pour encadrer le *crédit-scoring*. Les paramètres de scores doivent désormais lui être adressés, pour qu'elle puisse contrôler leur pertinence et s'assurer que leur mise en œuvre ne conduise pas à des pratiques discriminatoires. Plus encore, elle a entrepris, en 1998, diverses vérifications auprès d'établissements de crédits et a recommandé de ne pas utiliser la nationalité comme critère discriminant. La nationalité d'un emprunteur ne saurait en effet déterminer sa solvabilité. Admettre ce critère supposerait qu'un lien soit établi entre la nationalité et le comportement du débiteur, sans tenir compte des conditions sociales, économiques ou familiales qui lui sont propres. L'individu ne saurait en outre être réduit à un profil statistique, ce qui serait contraire à l'article 2 de la loi du 6 janvier 1978.

377. Le principe de pertinence négative est également appliqué par le droit du travail. Un candidat à un emploi peut garder secrètes toutes les informations qui ne présentent pas un lien direct et nécessaire avec l'emploi[554]. Le principe de non-discrimination exprime en ce sens le principe de pertinence. Ainsi, certaines qualités ne peuvent jamais être prises en compte lors de la conclusion du contrat de travail, pour garantir une égalité d'accès à l'emploi. L'origine, le sexe, la situation de famille, l'état de santé, l'appartenance, réelle ou supposée, à un groupe quelconque, ne sont pas des critères d'embauche[555]. L'article L 412-2 du Code du travail interdit, par exemple, toute discrimination fondée sur l'appartenance ou l'activité syndicale. Le principe est posé par le Préambule de la Constitution de 1946 et il est pénalement sanctionné, par l'article 225-1 du Code pénal. L'article L 122-25 du Code du travail permet pareillement à une femme de ne pas révéler sa grossesse lors de son embauche et interdit à l'employeur de refuser de l'engager en raison de son état[556].

---

[554] F. Debord, *Nouvelles technologies de l'information et protection des libertés des salariés*, in *Les libertés individuelles à l'épreuve des NTIC*, Presses universitaires de Lyon, 2001, p. 61-74, spécialement p. 63.
[555] Article L 122-45 du Code du travail.
[556] Soc., 2 février 1994, RJS, 3/1994, n° 246.

378. La notion d'égalité reçoit toutefois des interprétations, qui remettent en cause le principe de pertinence. Des critères en principe non-pertinents peuvent être exceptionnellement pertinents. Le sexe du candidat peut ainsi être pris en compte en raison des spécificités de l'emploi[557]. Il en va de même pour l'état de santé. L'article 225-2 du Code pénal déclare ainsi l'article 225-1 inapplicable lorsque les discriminations fondées sur l'état de santé sont justifiées par la prévention et la couverture du risque de décès ou d'invalidité. Des exceptions au principe de pertinence négative sont également autorisées dans les entreprises dites *de tendance*, car le salarié est alors engagé pour accomplir une tâche impliquant qu'il soit en communion de pensée et de foi avec son employeur. Il ne s'agit toutefois pas d'exception au principe de non-discrimination. N'importe quelle qualité peut en réalité jouer un rôle lors de la formation du contrat. La couleur de peau peut ainsi devenir un critère pertinent de sélection lorsqu'il s'agit d'engager un comédien. Aucune qualité ne peut donc être systématiquement rejetée en dehors du champ contractuel. Toutes ont vocation à intéresser le droit.

379. La discrimination positive doit en outre être envisagée. Elle consiste à réserver un traitement plus favorable à certaines catégories minoritaires d'individus. Elle tend à compenser le désavantage lié à l'appartenance à une minorité, pour favoriser son intégration dans la société. On constate en effet qu'il existe, dans les faits, des inégalités en dépit du principe d'égalité. Elle entend ainsi parvenir à une égalité réelle, par la contrainte légale. La discrimination positive est utilisée en droit des contrats. Des éléments étrangers au contrat conduisent à traiter plus favorablement l'une des parties. Certains salariés bénéficient ainsi d'une priorité d'emploi ou de réembauchage. Les charges de famille sont pareillement prises en compte lors des licenciements économiques[558]. Le droit communautaire admet, de la même façon, qu'une règle nationale puisse favoriser les candidats féminins dans des secteurs d'activités du service public où les femmes sont moins nombreuses que les hommes[559]. La prise en compte de certaines qualités contredit le principe de pertinence. Se pose alors uniquement un choix de politique juridique, entre le principe d'égalité concrète et le principe de pertinence. La prise en compte des inégalités concrètes est parfois nécessaire, lorsque la négation des différences est tout aussi condamnable que leur prise en considération. La discrimination positive doit cependant être utilisée avec mesure, pour ne pas ruiner le principe de pertinence qui reste la meilleure protection de l'individu. Tout excès risquerait de conduire à une inégalité

---

[557] Article R 123-1 du Code du travail.
[558] Article L 321-1-1 du Code du travail.
[559] CJCE, 11 novembre 1997, arrêt *Marschall*, D.1998.Som.211, obs. Rideau.

renversée. Si des éléments tirés de la vie privée ne doivent pas conduire à des discriminations, il ne saurait pas être revendiqués pour obtenir tel ou tel avantage.

B) Les sanctions du principe de pertinence négative.

380. La connaissance excessive est doublement sanctionnée, par le contrat forcé et par des dommages-intérêts. La sanction la plus efficace du principe de pertinence dans la période précontractuelle est la conclusion forcée du contrat. Cette sanction ne peut être utilisée que dans les contrats dépourvus d'*intuitus personae*, telle la vente et se révèle fréquemment impossible. L'embauche forcée du salarié, qui avait été envisagée par le projet de la loi du 31 décembre 1992, n'a finalement pas été retenue. La victime ne dispose donc généralement que d'une action en responsabilité civile.

381. Un candidat à l'embauche qui serait en mesure d'établir une discrimination ou une recherche illégitime d'informations dispose d'une action en responsabilité, sur le fondement de l'article 1382 du Code civil. Il doit prouver, outre la faute, la perte d'une chance réelle et sérieuse d'accéder à l'emploi. Le principe peut être généralisé à tous les contrats. On peut se demander si une action pourrait également être fondée sur l'article 9 du Code civil. Le refus de contracter pourrait être analysé en une atteinte à la vie privée.

382. Les principes de pertinence et de droit au respect de la vie privée entretiennent des liens étroits, car ils déterminent le degré de transparence que chacun doit accepter dans ses rapports avec autrui. Tout ce qui ne serait pas pertinent pour la conclusion du contrat relèverait de la vie privée. Les deux principes accordent à l'individu un droit de contrôle soumis à une exigence de légitimité. Le principe de pertinence ne peut toutefois pas être ramené au droit au respect de la vie privée. Il perdrait ainsi sa spécificité et surtout on peut se demander si ce n'est pas le droit au respect de la vie privée qui en est dérivé.

C) L'autonomie du principe de pertinence négative.

383. La nature de l'information permet de distinguer le droit au respect de la vie privée du principe de pertinence négative. L'article 4 de la loi *Informatique et libertés*, du 6 janvier 1978, précise ainsi que les données nominatives sont celles "qui permettent, sous quelque forme, directement ou non, l'identification des personnes auxquelles elles s'appliquent". L'article 2, b, a) de la Convention du Conseil de l'Europe qualifie pareillement de "donnée à caractères personnelles" "toute information concernant la personne physique identifiée ou identifiable". L'adjectif "personnel" est donc beaucoup plus large que l'information relevant de la vie privée. Ce décalage apparaît particulièrement lorsqu'une donnée nominative n'est pas personnelle *stricto sensu*. Chacun peut retenir une information non pertinente pour la finalité du traitement automatisé ou pour le cocontractant. Le principe de pertinence légitime donc la rétention d'informations, mêmes publiques. La protection accordée par le droit de l'informatique ne se limite pas à la vie privée et justifie ainsi une plus grande opacité. Des opérations initialement isolées de traitement de données peuvent en effet être rapprochées pour créer un fichier central. L'information n'a, en elle-même, qu'une valeur isolée. La réunion de plusieurs informations anodines menace, en revanche, l'individu. Tout gisement de données peut donner lieu à des utilisations nouvelles et imprévues. Le raisonnement peut être généralisé au contrat. La personne est protégée au-delà de sa vie privée, car le cocontractant n'a pas à accéder à des informations sans lien avec la prestation attendue. Tout usage abusif de l'information est ainsi évité. La vie privée n'est donc pas le négatif de la sphère pertinente. Réciproquement, le contrat requiert parfois une connaissance approfondie du contractant, qui empiète sur sa vie privée. La sphère non pertinente ne peut donc pas être assimilée à la sphère privée. Les termes mêmes de vie privée pourraient être abandonnés pour ceux de "vie personnelle"[560]. L'article 9 du Code civil ne permet pas de sanctionner la violation du principe de pertinence. Si les principes sont distincts, ils entretiennent néanmoins des liens étroits.

384. La vie privée est une sphère objectivement déterminable par rapport à un standard sociologique et se compose des informations personnelles *stricto sensu*. Le principe de pertinence est en revanche dominé par la relativité. Son étendue varie d'un contrat à l'autre, chaque type de contrat nécessitant pour sa conclusion des informations variables, qui peuvent en outre fluctuer en fonction des circonstances. Le droit au respect de la vie privée permet de retenir des informations contre un public indéterminé. Il n'a pas de sens dans les relations contractuelles Dans le principe de pertinence, le droit de retenir certaines informations ne joue qu'à l'égard de personnes déterminées ou déterminables. Les deux principes diffèrent donc par les personnes auxquelles ils sont opposés, la société toute entière, ou des acteurs particuliers. Le caractère objectivement déterminable de la vie privée est essentiel, car il détermine le sens même de la notion. La protection de l'individu suppose en outre qu'il existe *a priori* une zone de protection dans ses rapports avec le public. Les deux principes sont très proches. Le droit au

---

[560] P. Waquet, *Vie personnelle et vie professionnelle du salarié*, Cah. Soc. Du Barreau de Paris, 1989.289.

respect de la vie privée apparaît comme un dérivé du principe de pertinence. Il en constitue une application dans les rapports entre l'individu et la société. Ce constat rejaillit sur la sanction du principe de pertinence. Le droit au respect de la vie privée est un droit de la personnalité. Le droit à réparation n'est donc pas fonction du préjudice effectivement subi, ce qui déroge à l'article 1382 du Code civil. Ce régime pourrait alors être transposé à la violation du principe de pertinence, dont la seule violation justifierait le droit à réparation, indépendamment du préjudice subi par le demandeur. Ce principe respecterait la nature véritable du principe de pertinence.

385. Le droit au respect de la vie privée et le principe de pertinence permettent de contrôler la diffusion des informations portant sur l'individu. Une évolution se fait toutefois jour, tant en doctrine qu'en jurisprudence. Le droit au respect de la vie privée autoriserait chacun à "vivre sa vie", en opposant à la société toute entière son individualité. Il permettrait alors d'effectuer certains choix de vie et pourrait donc être rapproché des libertés civiles.

Sous-section 2 : Le droit au respect de la vie privée, une liberté civile ?

386. Le droit au respect de la vie privée ne serait pas uniquement un droit de contrôle sur les informations personnelles. Certes, dans une approche classique, les Droits de l'homme sont envisagés comme des droits négatifs, car l'Etat doit s'abstenir de toute immixtion dans la vie privée des individus. Toutefois, la jurisprudence, particulièrement américaine et européenne, tend fréquemment à analyser le droit au respect de la vie privée en une liberté civile, qui mettrait à la charge de l'Etat des obligations positives. Cette analyse procède cependant d'une confusion entre le droit au respect de la vie privée et la liberté individuelle (§ 1). Or, cette confusion présente de graves inconvénients (§ 2).

§ 1 : Droit au respect de la vie privée et liberté individuelle.

387. La notion de vie privée et le rôle central de l'individu résultent de l'individualisme moderne. La société s'est auto instituée et ne repose plus que sur l'individu[561]. Or, Guillaume d'Occam fut ainsi l'un des premiers à envisager le droit comme une liberté, un pouvoir[562]. Le juriste construit le droit à partir de l'être humain particulier, sans partir d'un ordre social et naturel. L'homme est avant tout individu et dispose d'une très grande liberté. L'individu, qui est au cœur de la société, exige donc que la société lui délègue la capacité de fixer lui-même les valeurs et les fins de son action. Il se désintéresse alors de la vie publique, "de telle sorte que, après avoir créé une petite société pour son usage, il abandonne volontiers la grande société à elle-même"[563]. Cette analyse a influencé la jurisprudence.

388. Les juges américains ont établi un lien entre le droit au respect de la vie privée et la liberté individuelle, dans leur jurisprudence relative à la *privacy*. La vie privée est devenue un moyen de protéger la liberté individuelle, envisagée comme une condition d'épanouissement. La *privacy* a successivement été le droit d'être laissé seul, le droit à l'autodétermination puis un droit créance, le droit au bonheur. Ainsi, la Cour suprême considère que les garanties du *Bill of rights* "ont une pénombre, formée des émanations de ces garanties qui contribuent à leur conférer vie et substance" et c'est dans

---

[561] P. Rosanvallon, *Le capitalisme utopique. Critique de l'idéologie économique*, Tome II, Seuil, 1979, 11.
[562] M. Villey, *Les origines de la notion de droit subjectif*, in *Leçons d'histoire de la philosophie du droit*, Dalloz, 1962, p. 221.
[563] A. de Toqueville, *De la démocratie en Amérique*, Tome 2, Flamarion, 1981, p. 125.

cette pénombre que doit être recherchée l'existence implicite du *right of privacy*[564]. Son fondement exact reste néanmoins incertain, ce qui a permis d'y découvrir la liberté de tous les choix fondamentaux de la personne. L'individu doit être protégé de l'intrusion arbitraire de l'Etat. Le droit à la *privacy* est "un intérêt à l'indépendance dans la prise de certaines décisions importantes"[565]. La *privacy* est le droit d'être laissé seul, *the right to be alone*[566]. Chacun est protégé contre les regards indiscrets, mais est surtout seul compétent pour prendre les décisions essentielles de son existence. La *privacy* est un droit à l'autodétermination. Cette conception soulève cependant une importante difficulté théorique, car elle confond la *privacy* et la liberté individuelle, pour y introduire toutes les libertés fondamentales. La notion a donc perdu sa spécificité. Plus encore, le juge William Douglas estimait que la Constitution américaine reconnaissait trois droits fondamentaux à l'individu, son propre épanouissement, le droit à la différence et le respect de sa dignité dans ses rapports avec le gouvernement[567]. Or, le droit à l'épanouissement dans la non-conformité est la meilleure illustration du lien qui unit la *privacy* et le libéralisme romantique. La reconnaissance de l'originalité négative reste négative, puisqu'elle est garantie par une liberté, mais l'unicité du sujet est consacrée, avec son originalité propre.

389. La jurisprudence de la Cour européenne des Droits de l'homme justifie pareillement de nombreuses libertés par le droit au respect de la vie privée. La Cour a, en effet, précisé que l'article 8 de la Convention "a essentiellement pour objet de protéger l'individu contre les ingérences arbitraires des pouvoirs publics, dans sa vie privée ou familiale"[568]. L'adverbe "essentiellement" rend possible l'extension de son interprétation. La jurisprudence de la Cour utilise un "critère dynamique" pour étendre le domaine d'application de la Convention. Celle-ci ne porte pas seulement sur la "sauvegarde" des Droits de l'homme, mais tend également à assurer leur développement. La Cour a donc précisé que l'article 8 "ne se contente pas d'astreindre l'Etat à s'abstenir de pareilles ingérences : à cet engagement plutôt négatif peuvent s'ajouter des obligations positives inhérentes à un respect effectif de la vie privée et familiale"[569]. Ainsi, la Cour européenne

---

[564] Arrêt *Griswold c./ Connecticut*, 381, US.479 (1865).

[565] Arrêt *Whalen c./ Roe*, 429, US.589 (1977).

[566] Juge Cooley, *Cooley on torts*, 2ème éd., 1888, p. 29.

[567] *Note Toward a constitutional Theory of Individuality: The privacy Opinions of Justice Douglas*, in *Yale Law Journal*, vol. 87, 1978, p. 1586-1587.

[568] CEDH, 23 juillet 1968, *Régime linguistique de l'enseignement en Belgique*, A, n° 6.

[569] CEDH, 13 juin 1979, *Marckx c./ Belgique*, A, n° 31. Egalement en ce sens : CEDH, 9 octobre 1979, *Airey c./ Irlande*, A, n° 32 ; 26 mars 1985, *X. et Y. c./ Pays-*

rattache au droit au respect de la vie privée le nom et le prénom, car ils sont des éléments d'identification personnelle et garantissent le rattachement à une famille. La Cour européenne a cependant précisé que ces aspects de droit public devaient se concilier avec la vie privée[570]. Elle a donc affirmé, s'agissant des dispositions légales régissant l'attribution du nom de l'enfant légitime en Suisse, qu'"en tant que moyen d'identification personnelle et de rattachement à une famille, le nom d'une personne n'en concerne pas moins la vie privée et familiale de celle-ci. Que l'Etat et la société aient intérêt à en réglementer l'usage n'y met pas obstacle, car ces aspects de droit public se concilient avec la vie privée conçue comme englobant, dans une certaine mesure, le droit pour l'individu de nouer et de développer des relations avec ses semblables, y compris dans le domaine commercial ou professionnel"[571]. La Suisse a été condamnée, car "la différence de traitement litigieuse manque de justification objective et raisonnable et, partant, méconnaît l'article 14 combiné avec l'article 8". La Cour européenne des droits de l'Homme va donc plus loin que la Cour suprême américaine. Elle fait également entrer la liberté sexuelle dans le domaine d'application de l'article 8 de la Convention[572]. L'Etat doit faire preuve de tolérance à l'égard des comportements sexuels des individus, car l'intimité sexuelle est un élément essentiel de la vie privée. La Cour condamne donc, par exemple, la répression d'actes homosexuels pratiqués en privé par des adultes consentants[573]. L'exclusion des homosexuels de l'armée britannique a pareillement été jugée contraire à l'article 8[574]. Une société démocratique doit, au contraire, concilier les exigences d'ordre et de sécurité publique avec la tolérance. La Cour en déduit qu'aucun besoin social impérieux ne justifie l'incrimination d'actes homosexuels. Le droit au respect de la vie privée permet d'assurer à chaque individu une sphère dans laquelle il peut librement exprimer sa personnalité. Il doit donc être en mesure d'établir des relations, y compris sexuelles, avec

---

Bas, A, n° 91 ; 18 décembre 1986, *Johnston et autres c./ Irlande*, A, n° 112 ; 7 juillet 1989, *Gaskin c./ Royaume-Uni*, A, n° 160 ; 12 juin 2003, *Van Kück c./ Allemagne*, RTDC.2004.361, obs. J.P. Marguénaud.

[570] CEHH, 22 février 1994, *Burghartz c./ Suisse*, D.1995.5, note J.P. Marguenaud ; JCP.1995.I.3823, n°31, obs. F. Sudre.

[571] CEDH, 22 février 1994, *Burghartz c./ Suisse*, D.1995.5, note J.P. Marguenaud. Egalement en ce sens : CEDH 16 décembre 1992, *Nietmietz*, série A, n° 251-B, § 29 ; JDI.1993.755, note P.T.

[572] CEDH, 22 octobre 1981, *Dudgeon c. Royaume-Uni*, Série A, n° 45 ; JDI.1982.504 ; 26 octobre 1988, *Norris c./ Irlande*, série A, n° 142 ; JDI.1989.834, note P. Rolland ; 26 mars 1985, *X et Y c./ Irlande*, série A, n° 91 ; Rev. sc. crim. 1985.625.

[573] CEDH, 23 octobre 1981, *Dudgeon c./ Royaume-Uni*, A, n° 45 ; 26 octobre 1988, *Norris*, série A, n° 142.

[574] CEDH, 27 septembre 1999, *Lustig et Beckett c./ Royaume-Uni*.

d'autres personnes. Ce droit ne peut être limité que si son exercice se révèle incompatible avec l'ordre public ou d'autres intérêts protégés. La jurisprudence européenne est d'autant plus extensive qu'elle applique l'article 8 de la Convention dans les rapports inter-individuels. La Convention n'a été signée que par les Etats, mais ils ne sont pas les seuls sujets passifs des droits fondamentaux qu'elle garantit. Ainsi, dans l'arrêt *Marcks*, rendu le 13 juin 1979, la Cour développe une conception du droit au respect de la vie privée qui lui permet de sanctionner toute norme incompatible avec une "vie familiale normale", dans la famille légitime ou naturelle[575]. Des règles qui régissent les rapports personnels et patrimoniaux entre les membres de la famille naturelle peuvent donc être incompatibles avec l'article 8 de la Convention. Plus encore, la Cour précisa, dans l'arrêt *X. et Y. c./ Pays-bas*, que l'article 8 mettait à la charge des Etats des obligations positives, notamment en adoptant des mesures "visant au respect de la vie privée dans les relations des individus entre eux"[576], analyse qui a également été appliquée au transsexuel, par l'arrêt du 12 juin 2003[577]. L'Allemagne a ainsi été condamnée pour violation de l'article 8, parce qu'il était disproportionné d'obliger le transsexuel à établir la nécessité médicale de son traitement pour en obtenir le remboursement.

390. La Cour européenne ménage donc à l'individu une sphère d'intimité de plus en plus étendue, dans laquelle il peut mener librement son existence, en échappant à la curiosité d'autrui et au contrôle de la puissance publique. Le droit au respect de la vie privée revient alors au droit "de vivre à l'abri des regards étrangers". La vie privée est une sphère de liberté. Le droit au respect de la vie privée recouvre la santé, les convictions religieuses ou morales, la vie familiale et affective, les relations amicales et même la situation professionnelle. Son domaine est donc pratiquement illimité. La Cour a, par exemple, estimé que ""les atteintes graves à l'environnement peuvent affecter le bien-être de la personne et la priver de la jouissance de son domicile de manière à nuire à sa vie privée et familiale"[578]. L'article 8 peut donc être interprété de façon aussi extensive que la notion de *privacy*. Il n'est plus seulement utilisé pour protéger le secret de la vie privée, mais en garantit également la liberté.

391. Or, cette conception n'est pas totalement ignorée du droit français. Une partie de la doctrine assimile en effet la vie privée à un espace de

---

[575] CEDH, 13 juin 1979, *Marcks c./ Belgique*, A, n° 31.
[576] CEDH, 26 mars 1985, *X. et Y. c./ Pays-Bas*, A, n° 91.
[577] CEDH 12 juin 2003, *Van Kück c./ Allemagne*, RTDC.2004.361, obs. J.P. Marguénaud.
[578] CEDH, 9 décembre 1994, *Lopez-Ostra c./ Espagne*, série A, n° 303-C.

liberté[579]. Le droit à la vie privée devient de plus en plus un "droit à l'indépendance", voire un "droit à l'indifférence". Il n'est plus uniquement utilisé pour vivre caché, mais permet de vivre différemment. Le droit au respect de la vie privée devient le droit d'être soi-même et se rattache à la conscience. Le secret garantit l'épanouissement individuel. Le droit au respect de la vie privée est ainsi passé d'un "droit à l'autodétermination (droit liberté), pour parvenir à l'épanouissement personnel, c'est-à-dire au bonheur (droit créance)"[580]. Chacun dispose d'une sphère de liberté, dans laquelle il ne peut être importuné par les interventions de l'Etat. La Chambre sociale de la Cour de cassation a, par exemple, tendance à confondre vie privée et liberté. Un salarié employé par un constructeur automobile ne saurait ainsi être licencié pour avoir acheté une automobile d'un autre constructeur[581]. L'article 9 du Code civil, qui a fondé la cassation, n'avait pourtant pas à s'appliquer. Le choix d'une automobile ne relève pas de la vie privée, mais de la liberté. Cette évolution se manifeste également en droit public. Le Conseil d'Etat a ainsi autorisé le port du foulard par les élèves de confession musulmane, en affirmant que "le principe de la laïcité de l'enseignement public, (...), qui est un élément de la laïcité de l'Etat et de neutralité de l'ensemble des services publics, impose que l'enseignement soit dispensé dans le respect, d'une part, de cette neutralité par les programmes et par les enseignants et, d'autre part, de la liberté de conscience des élèves (...). La liberté ainsi reconnue aux élèves comporte le droit d'exprimer et de manifester leurs croyances religieuses à l'intérieur des établissements scolaires, dans le respect du pluralisme et de la liberté d'autrui, et sans qu'il soit porté atteinte aux activités d'enseignement, au contenu des programmes et à l'obligation d'assiduité"[582]. Le Conseil d'Etat réaffirme ainsi le principe de laïcité, tout en le condamnant immédiatement. La vie privée entre en conflit avec la vie publique, alors que la liberté de conscience est en principe déjà garantie par les principes de laïcité et de neutralité. Le Conseil d'Etat autorise cependant les élèves à exprimer et à manifester leurs croyances religieuses, pour respecter des désirs

---

[579] B. Beignier, *Vie privée, vie publique*, Archives de la philosophie du droit, Tome 141, *Le public et le privé*, 1997, p. 163-180, spécialement page 167 ; *La protection de la vie privée*, in *Droits et libertés fondamentaux*, sous la direction de R. Cabrillac, M.A. Frison-Roche et Rh Revet, Dalloz, 7ème éd., 2001, p. 163-197, spécialement n° 252, p. 182 ; F. Rigaux, *La vie privée. Une liberté parmi d'autres ?*, Travaux de l'Université d'Uppsala, reprise à Paris, 15 mai 1970, Tome 17, Bruxelles, Larcier, p. 471.

[580] M.T. Meulders-Klein, *Vie privée, vie familiale et droit de l'homme*, RDI.Comp.1992.767.

[581] Soc. 22 janvier 1992, Bull. civ. V, n° 30 ; D.1992.IR.60 ; Dr. sc. 1992.329, note J. Savatier.

[582] CE, 9 octobre 1996, D.1996.IR.247.

individuels. La notion même de laïcité est affectée par l'influence accrue de la liberté individuelle. La laïcité n'est plus un principe qui interdit toutes manifestations religieuses, mais elle les autorise toutes. Elle se rapproche ainsi de la liberté de conscience.

§ 2 : Les dangers d'une confusion entre droit au respect de la vie privée et liberté civile.

392. La jurisprudence américaine tend à protéger l'individu contre l'Etat. Le droit à la *privacy* se retourne cependant parfois contre ses bénéficiaires. De nombreuses associations féministes craignent, par exemple, que la *privacy* protège la sphère familiale contre toute intervention de l'Etat, même à des fins de protection individuelle[583]. Elle risquerait de devenir un moyen de rétablir l'autorité du *pater familias*. Or, ce danger n'est pas absent en France. Ainsi, il a été affirmé par Irène Théry que "les attitudes des Français à l'égard des droits individuels sont peut-être moins éloignées aujourd'hui qu'on ne croit de celles qui sont dominantes aux Etats-Unis"[584]. L'article 8 de la Convention européenne risque pareillement de conduire à une politique qui confond délibérément intimité et liberté, pour refuser l'intervention du droit dans la sphère familiale. La liberté individuelle, définie comme celle de disposer de soi-même, risque de conduire à un individualisme exacerbé, que le contrat social devait précisément éviter.

393. Le droit à l'indifférence s'affirme de plus en plus, ce qui nous éloigne du monde moderne fondé sur la reconnaissance réciproque tel que Hegel l'avait conçu. Parler de "droit" à la vie privée procède en outre d'une confusion entre les concepts de droits et de liberté. Une liberté, dans l'ordre constitutionnel, protège l'individu contre les atteintes portées à sa personnalité. Elle constitue un moyen de défense, offert à chaque citoyen, contre l'immixtion de l'Etat. Jean Riveo définit ainsi la liberté comme "un pouvoir d'autodétermination en vertu duquel l'homme choisit lui-même son comportement personnel"[585]. Elle est donc un pouvoir que l'homme exerce sur lui-même. Des obligations en résultent pour les tiers. Autrui doit s'abstenir de tout acte qui porte atteinte à la liberté de l'individu. La liberté, contrairement à d'autres formes de pouvoirs, impose une abstention à autrui,

---

[583] C. Mac Kinnon, *Reflections on sex equality under law*, in *The Yale Journal Press*, Cambridge, 1991, vol. 100, p. 1281 et s.

[584] I. Théry, *Le droit et les mœurs, un enjeu politique. La refonte du Code civil et le paradoxe de la situation française*, in *L'année sociologique*, 1993, n° 43, p. 85 et s., spécialement page 88.

[585] J. Rivero, *Les libertés publiques*, Tome 1, *Les droits de l'homme*, Puf, 6ème éd., 1991, p.20.

non un comportement actif. Son contenu est donc indéterminé, puisqu'elle ne prescrit rien. Les droits subjectifs permettent, au contraire, d'imposer un comportement actif. Ils doivent donc être définis et délimités avec précision, car le débiteur doit savoir avec précision ce qu'attend le créancier. Or, droit et liberté sont trop souvent confondus. Ainsi, parler de droit à l'avortement n'a aucun sens, car c'est en réalité une liberté qui est accordée à la femme qui ne souhaite pas conserver son enfant. Le droit au respect de la vie privée ne peut donc pas être analysé en une liberté. La notion même de "droit à la liberté" doit être écartée. L'individu jouit d'une liberté ou en est privé par le droit. La liberté individuelle, qui permet de s'autodéterminer, ne se confond donc pas avec le droit au respect de la vie privée, qui protège l'individu contre l'immixtion des tiers.

394. Faire de la vie privée une liberté repose, enfin, sur un postulat erroné. L'individu ne se construit pas seul. Si le *moi* prends conscience de son individualité au cours de l'enfance, il n'en demeure pas moins que les individus sont toujours interdépendants. La raison permet à l'individu de s'autocontrôler, mais elle ne se substitue pas à la contrainte extérieure. Elle s'y ajoute. La liberté individuelle est soumise au contrôle du groupe et dépend donc nécessairement d'autrui. Les choix de l'individu ne résultent jamais de décision échappant à toute contrainte externe. Le personnalisme, qui irrigue le droit, n'est cependant qu'une illusion. La vie privée n'est pas une production de l'individu qu'il conviendrait de protéger.

395. Ainsi, le droit au respect de la vie privée et le principe de pertinence permettent de contrôler la diffusion d'informations personnelles, y compris lors de la conclusion d'un contrat. L'individu dispose d'une sphère d'intimité dont tous les tiers sont exclus. Sa protection est alors renforcée par la protection des données personnelles.

Section 2 : La protection des données personnelles.

396. L'informatique ouvre des perspectives immenses d'efficacité et de progrès, mais appliquée à diverses données, notamment sur les personnes, elle peut constituer une menace pour la société toute entière. Elle permet de réunir et de conserver des quantités infinies d'informations, mais également de ficher les individus. S'il est rare qu'un fichier soit créé pour leur nuire, le risque de détournement des données collectées ne saurait être occulté. Plus encore, le commerce électronique repose dans une large mesure sur des offres ciblées faites au consommateur. Il peut donc également les rendre transparents et menacer le secret des informations personnelles.

397. Le traitement automatisé des données est régi par la loi n° 78-17 du 6 janvier 1978, dite loi *Informatique et libertés* (§ 1). Des mesures ont également été mises en œuvre pour protéger tout spécialement l'individu face au développement constant des nouvelles technologies de l'information et de la communication (§ 2).

§ 1 : La "nouvelle" loi *Informatique et libertés*

398. La loi du 6 janvier 1978 réglemente avec précision la constitution et l'utilisation de fichiers. Elle vient d'être réformée, pour transposer la directive 95/46/CE du 24 octobre 1995 relative à *la protection des personnes physiques à l'égard des traitements de données à caractère personnel et à la libre circulation de ces données*[586]. L'objet de cette directive était d'établir "une procédure équivalente de haut niveau dans tous les Etats membres de la Communauté afin d'éliminer les obstacles aux échanges de données nécessaires au fonctionnement du marché intérieur". Cette directive aurait dû être transposée en droit français depuis octobre 1998. La France restait le dernier pays de l'Union européenne à ne pas l'avoir fait. La réforme tend également à adapter la loi de 1978 "au développement du traitement automatisé de données à caractère personnel dans le secteur privé comme dans le secteur public et plus largement aux nombreuses évolutions technologiques de notre société de l'information".

---

[586] Directive 95/46/CE, 24 octobre 1995, relative à *la protection des personnes physiques à l'égard des traitements de données à caractère personnel et à la libre circulation de ces données*, Journal officiel des Communautés européennes, n° L 281, 23 novembre 1995, p. 31-50. Loi n° 2004-801, du 6 août 2004, relative à la protection des personnes physiques à l'égard des traitements de données à caractère personnel et modifiant la loi n° 78-17 du 6 janvier 1978, JO 7 août 2004, p. 14063.

399. L'article 1er de la loi précise que "l'informatique doit être au service de chaque citoyen. Son développement doit s'opérer dans le cadre de la coopération internationale. Elle ne doit porter atteinte ni à l'identité humaine, ni aux droits de l'homme, ni à la vie privée, ni aux libertés individuelles ou publiques". Il s'agit là d'une déclaration d'intention, car la coopération internationale est loin d'être organisée. Plus encore, de nombreux objectifs fixés en 1978 n'ont toujours pas été atteints.

400. La loi *Informatique et liberté* a créé une autorité administrative indépendante, la *Commission nationale informatique et liberté*, la *CNIL*, et lui a confié des missions de contrôle et d'information[587]. Ses membres "ne reçoivent d'instruction d'aucune autorité"[588]. Six missions principales lui ont été confiées. La loi du 6 août 2004 renforce ses pouvoirs :

- Elle assure l'information du public, en rédigeant un rapport annuel et en mettant à sa disposition la liste des fichiers automatisés.
- Elle est un organisme consultatif, qui adresse des conseils et des recommandations aux personnes qui créent ou gèrent des fichiers nominatifs informatisés et en proposant des réformes législatives ou réglementaires.
- Un pouvoir réglementaire, certes limité, lui a également été reconnu. La CNIL fixe en effet les *normes* que les fichiers doivent respecter et rédige des *règlements types* pour assurer la sécurité des systèmes.
- Elle peut autoriser, ou interdire, la création des fichiers les plus dangereux, lorsque son avis conforme est requis. Ce pouvoir est toutefois en recul. La loi du 6 août 2004 a, par exemple, précisé que l'enregistrement de "données sensibles" n'est plus soumis à un avis conforme de la CNIL.
- Elle exerce une mission générale de contrôle et veille à l'effectivité du "droit d'accès" dont chacun dispose. Elle lutte ainsi contre les fichiers clandestins. Des moyens très efficaces lui ont été confiés pour assurer cette mission. Elle peut donc, notamment, demander aux premiers présidents des Cours d'appel et aux présidents des Tribunaux administratifs de déléguer un magistrat de leur ressort pour effectuer des missions d'investigations sous sa direction.
- Elle dispose, enfin, d'un pouvoir de sanction.

---

[587] La Commission nationale informatique et libertés se compose de 17 personnes. Article 12 de la loi du 6 janvier 1978..

[588] Article 13 de la loi du 6 janvier 1978.

401. La loi du 6 août 2004 a reconnu à la CNIL de nouveaux pouvoirs d'investigations[589], d'intervention et de sanction, allant de l'avertissement et la mise en demeure au pouvoir de sanction pécuniaire, dans la limite de 150.000 euros ou de 300.000 euros en cas de récidive[590]. Ces sanctions pécuniaires n'étaient pas imposées par la directive et pourront faire l'objet d'un recours devant le Conseil d'Etat. La CNIL pourra également prendre des mesures provisoires, l'interruption de la mise en œuvre du traitement par exemple, pour faire cesser toute atteinte grave aux droits et libertés protégés par la loi et demander au juge des référés de prononcer des mesures de sécurité en vue de sauvegarder ces droits et libertés.

402. Lors de son adoption, la loi du 6 janvier 1978 était principalement destinée à encadrer l'informatisation de l'Etat et de l'Administration. Le législateur entendait alors protéger les citoyens et les administrés contre la toute puissance d'un Etat informatisé. Cette volonté initiale justifie les larges pouvoirs reconnus à la CNIL à l'égard du secteur public. Toutefois, en dépit de ses pouvoirs plus limités envers le secteur privé, la CNIL s'est également efforcée de contrôler la constitution des fichiers privés qui se sont très rapidement multipliés. Son rôle a été principalement incitatif, puisqu'elle est parvenue à imposer aux divers milieux professionnels une véritable culture informatique destinée à protéger l'individu[591]. Elle a notamment imposé divers codes de déontologie, par exemple en 1995 à l'égard des "méga bases" de données. Cette méthode de concertation avec le monde professionnel devrait même être renforcée, puisque la directive du 24 octobre 1995 encourage la rédaction de codes de conduite, au niveau national comme au niveau communautaire.

403. De nombreuses obligations ont été mises à la charge du responsable du traitement pour assurer la protection des données nominatives. Le nouvel article 2 de la loi du 6 janvier 1978 les définit, lorsqu'il dispose que "constitue une donnée à caractère personnel toute information relative à une personne physique identifiée ou qui peut être identifiée, directement ou indirectement, par référence à un numéro d'identification ou à un ou plusieurs éléments qui lui sont propres. Pour déterminer si une personne est identifiable, il convient

---

[589] Nouvel article 44 de la loi du 6 janvier 1978. Par exemple, en cas d'opposition du propriétaire des lieux, la CNIL pourra désormais, sur autorisation judiciaire, accéder à tout local professionnel et aux matériels qui permettent le traitement des données

[590] Nouvel article 47 de la loi du 6 janvier 1978.

[591] P. Leclercq, *La CNIL, garante de la finalité, de la loyauté et de la sécurité des données personnelles*, in *Les libertés individuelles à l'épreuve des NTIC*, Presses universitaires de Lyon, 2001, p. 111-124, spécialement p. 111.

de considérer l'ensemble des moyens en vue de permettre son identification dont dispose ou auxquels peut avoir accès le responsable du traitement ou toute autre personne". La loi abandonne ainsi l'ancienne notion de "données nominatives", pour la remplacer par celle, plus générale, de "données à caractère personnel". Ce terme vise toutes les données permettant l'identification d'une personne : nom, numéro d'identification, voix, image et empreintes digitales... L'alinéa 3 de l'article 2 définit ensuite le traitement automatisé, de manière très large. Il s'agit en effet de "toute opération ou tout ensemble d'opérations portant sur de telles données, quel que soit le procédé utilisé, et notamment la collecte, l'enregistrement, l'organisation, la conservation, l'adaptation ou la modification, l'extraction, la consultation, l'utilisation, la communication par transmission, diffusion ou toute autre forme de mise à disposition, le rapprochement ou l'interconnexion, ainsi que le verrouillage, l'effacement ou la destruction". Le fichier de données à caractère personnel est ensuite défini comme "tout ensemble structuré et stable de données à caractère personnel accessibles selon des critères déterminés". La loi du 6 août 2004 détaille donc de nombreuses notions : les données à caractère personnel, les traitements automatisés, les fichiers, la personne concernée par les traitements, le responsable des traitements. L'article 4, nouveau, précise que les copies temporaires faites dans le cadre d'activités techniques de transmission ou de fourniture d'accès à un réseau pour permettre le meilleur accès possible aux informations transmises ne sont pas concernées par la présente loi.

404. La mise en œuvre d'un traitement automatisé doit être préalablement autorisée par la CNIL ou, du moins, déclarée (A). La finalité du traitement automatisé doit être définie avec précision (B). Le responsable de ce traitement garantit alors la sécurité et la confidentialité des données (C). La loi du 6 janvier 1978 réglemente en outre avec précision l'aide à la décision (D), l'interconnexion des fichiers (E) et les flux transfrontaliers de données (F).

A) <u>La création d'un traitement automatisé</u>.

405. Tout traitement automatisé doit, avant d'être mis en œuvre, être déclaré à la CNIL. Ces formalités ont un triple objectif, responsabiliser les utilisateurs de données nominatives, permettre à la CNIL de contrôler et d'influencer les choix effectués et assurer, par des publicités, la transparence nécessaire à l'exercice des droits des personnes concernées par le traitement. La CNIL considère que les essais ou expériences de traitement informatique doivent également lui être déclarés, dès lors qu'ils portent sur des données nominatives non fictives, et doivent faire l'objet d'une déclaration[592]. La loi du 6 août 2004 abandonne toutefois l'ancienne distinction entre traitement public et traitement privé. La distinction porte à présent sur la nature des données et la finalité des traitements, l'accent étant mis sur le degré de l'atteinte à la vie privée ou aux libertés. Les formalités déclaratives à la CNIL deviennent le régime de droit commun. La transposition de la directive a donc entraîné un allégement du contrôle préalable, alors que ses compétences au titre du contrôle *a posteriori* se trouvent renforcées. La constitution de fichiers automatisés est en principe libre, tant pour les personnes privées que pour les personnes publiques. Une simple déclaration à la CNIL est, en principe, suffisante. Les formalités de déclaration incombent à la personne qui a le pouvoir de décider de la création du traitement, y compris lorsque l'exploitation de ce traitement est confiée à un tiers prestataire de services. De nombreux traitements illégaux existent donc probablement, puisque la CNIL ne dispose que d'environ 200 000 déclarations.

406. Plus encore, certains fichiers échappent à toute déclaration, comme par exemple les traitements constitués par une association ou tout autre organisme à but non lucratif et à caractère religieux, philosophique, politique ou syndical, sous réserve, notamment, "qu'ils ne concernent que les membres de cette association ou de cet organisme et, le cas échéant, les personnes qui entretiennent avec celui-ci des contacts réguliers dans le cadre de son activité". La loi du 6 août 2004 écarte également l'obligation de déclarer dans le cas où le responsable du traitement a désigné un "correspondant à la protection des données à caractère personnel", pour assurer le respect de la loi et tenir un registre accessible aux tiers[593]. La fonction du correspondant à la protection des données est d'assurer, "de manière indépendante", le respect des obligations imposées par la loi en matière de traitement des données à caractère personnel. Il ne pourra donc, par exemple, pas faire l'objet de sanctions du fait de l'accomplissement de sa mission.

407. Dans le cadre de l'exécution de ses fonctions, le correspondant à la protection des données devra notamment établir et tenir à jour la liste de l'ensemble des fichiers faisant l'objet d'un traitement au sein de l'entreprise. Toutes les entreprises sont concernées, en raison de la nouvelle définition des traitements de données personnelles posée par l'article 2 de la loi. Ce

---

[592] Délibération n° 82-028, du 16 mars 1982 portant *recommandation en matière d'essais et d'expériences.*

[593] Le Conseil constitutionnel a précisé, dans sa décision du 29 juillet 2004, que la désignation d'un correspondant dispense uniquement des déclarations, mais ne concernent pas les traitements soumis à autorisation ou les transferts de fichiers hors de l'Union européenne.

correspondant à la protection des données sera également l'interlocuteur de la CNIL, qu'il devra notamment saisir s'il rencontre des difficultés dans l'exécution de sa mission. Réciproquement, la CNIL pourra demander qu'il soit déchargé de ses fonctions s'il ne respecte pas ses obligations. Un décret d'application en Conseil d'Etat devra préciser les compétences requises. En outre, lors d'une enquête sur le terrain, si la CNIL constate des infractions à la législation applicable en matière de protection des données à caractère personnel, elle pourra, outre prononcer des sanctions, demander à ce que le correspondant à la protection des données non diligent soit déchargé de ses fonctions.

408. Toutefois, la création de certains fichiers, jugés particulièrement sensibles ou dangereux, reste soumise à autorisation. Ainsi, les fichiers ayant trait aux données génétiques, sauf s'ils sont mis en œuvre par des médecins ou des biologistes, comme ceux ayant trait aux données biométriques pour les nécessités du contrôle de l'identité des personnes, devront être autorisés par la CNIL. Il en va de même des fichiers de *listes noires*. Le nouvel article 25 énumère en effet les traitements devant faire l'objet d'une autorisation de la CNIL, parmi lesquels - "les traitements automatisés susceptibles, du fait de leur nature, de leur portée ou de leurs finalités, d'exclure des personnes du bénéfice d'un droit, d'une prestation ou d'un contrat en l'absence de toute disposition législative ou réglementaire", "les traitements automatisés de données comportant des appréciations sur les difficultés sociales des personnes", ainsi que "les traitements, automatisés ou non, portant sur des données relatives aux infractions, condamnations ou mesures de sûreté", sauf ceux mis en oeuvre par des auxiliaires de justice.

409. La loi du 6 août 2004 crée ensuite un nouveau chapitre 2 relatif aux "conditions de licéité des traitements de données à caractère personnel". Les données à caractère personnel doivent remplir plusieurs conditions, prévues à l'article 6 nouveau, pour être licites

- être collectées et traitées de manière loyale et licite,
- être collectées pour des finalités déterminées,
- être adéquates, pertinentes et non excessives face à leur finalité,
- être exactes, complètes et mises à jour,
- être conservées en respectant les délais de conservation.

410. La protection du consentement de la personne concernée par la collecte et le traitement de ses données à caractère personnel est en outre renforcée, au terme du nouvel article 7. Par ailleurs, les nouveaux articles 32 à 42 nouveaux sont consacrés à la responsabilité incombant aux responsables des traitements de données et aux droits des personnes concernées par ces traitements. Le responsable des traitements a l'obligation d'informer les personnes concernées, notamment lorsque les données les concernant ne sont pas recueillis directement auprès d'elles. L'obligation d'information est donc renforcée. De plus, le projet de loi précise que le responsable des traitements se doit de conserver les données et d'en préserver la sécurité sous peine de sanction.

411. Plus généralement, des règles particulières s'appliquent aux données sensibles. La collecte et le traitement d'informations portant sur la religion, la "race", les mœurs de la personne, les opinions politiques et l'appartenance syndicale sont interdits[594]. La loi du 6 août 2004 a étendu cette interdiction aux données "relatives à la santé ou à la vie sexuelle" de la personne. Il existe en outre des dérogations. Par exemple les syndicats et les partis politiques peuvent dresser la liste de leurs membres. Les intéressés peuvent également consentir à la collecte de données sensibles les concernant. Leur accord doit être exprès et doit être donné par écrit. Par ailleurs, seules les autorités publiques agissant dans le cadre de leurs attributions légales et sous réserve d'un avis conforme de la CNIL peuvent enregistrer les condamnations pénales et les mesures de sûreté. Le Conseil constitutionnel a néanmoins censuré une disposition de la loi du 6 août 2004 qui permettant à des personnes privées de faire des traitements d'infractions[595]. La création de tels fichiers par les organismes de gestion collective des droits de propriété intellectuelle a été autorisée pour lutter contre le piratage des oeuvres protégées a été validée. Ces dispositions ont été jugées "indispensables" pour lutter efficacement contre le partage de fichiers contrefaits. Sont ainsi concernées les sociétés civiles de perception et de répartition des droits d'auteur, les artistes interprètes, les producteurs de phonogrammes et de vidéogrammes, ainsi que les organismes de défense professionnelle, notamment, telles la Société des Auteurs, Compositeurs et Editeurs de Musique (SACEM) ou la Société Civile pour l'exercice des droits des Producteurs Phonographiques (SCPP). Ces personnes morales peuvent donc être autorisées par la CNIL à constituer des fichiers de données de connexion (adresses IP, date et heure de connexion...) des utilisateurs des réseaux d'échange *peer-to-peer* qui contrefont des œuvres protégées par le droit d'auteur et par des droits voisins. Ces sociétés de gestion des ayants droit ne pourront cependant pas constituer des fichiers nominatifs identifiant directement les contrefacteurs, et devront, comme par le passé, s'adresser au juge pour obtenir leur identité auprès des fournisseurs d'accès à Internet (FAI).

---

[594] Article 8 de la loi du 6 janvier 1978.
[595] Décision n° 2004-499 DC, 29 juillet 2004.

412. L'emploi du numéro d'identification des personnes physiques attribué par l'INSEE, utilisé notamment par la Sécurité sociale, n'est possible qu'avec une autorisation par décret en Conseil d'Etat, pris après avis de la CNIL[596]. Le législateur entend éviter la généralisation de cet identifiant unique, qui pourrait faciliter l'interconnexion ou le rapprochement des fichiers. Une administration ne peut donc disposer de ce numéro si elle n'a pas été autorisée à en faire usage pour ses propres fichiers. La loi *Informatique et libertés* avait en effet été adoptée après la vive émotion qu'avait provoquée, en 1974, le projet SAFARI qui proposait de généraliser l'utilisation de ce numéro à toute l'Administration. L'article 107 de la loi du 30 décembre 1998 a toutefois autorisé l'Administration fiscale à utiliser ce numéro pour éviter les erreurs d'identité et vérifier les adresses. Cette autorisation est d'autant plus troublante qu'elle est issue d'un amendement et n'a donc pas donné lieu à l'avis de la CNIL. Une distinction en a résulté. Le numéro d'identification des personnes physiques peut, en premier lieu, être utilisé comme un simple outil de vérification ou de messages intermédiaires, dans des hypothèses strictement définies, notamment pour la communication des déclarations à l'URSAFF, aux services fiscaux. Il n'est pas alors intégré dans un fichier. Il existe, ensuite, des identifiants de traitement incorporés comme attributs dans les fichiers, afin de traiter cet élément. L'utilisation du numéro d'identification des personnes physiques est alors nécessairement limitée, pour éviter tout rapprochement de données. Le numéro d'identification des personnes physiques est donc le plus souvent utilisé pour réaliser des vérifications ponctuelles, mais n'est pas intégré à un fichier automatisé.

413. Ainsi, quelque soit le degré de dangerosité des données, la création d'un fichier nominatif informatisé est placée sous le contrôle de la CNIL L'article 226-16 du Code pénal sanctionne le non accomplissement de ces formalités par 3 ans d'emprisonnement et/ou une amende de 45 000 euros[597].

---

[596] Article 18 de la loi du 6 janvier 1978.

[597] Outre ces sanctions pénales, l'absence de déclaration est également civilement sanctionnée. Ainsi, le licenciement d'un salarié n'est pas justifié lorsqu'il refuse de déférer à une exigence de son employeur impliquant la mise en œuvre d'un traitement automatisé n'ayant pas été déclaré à la CNIL (utilisation d'un badge géré par des moyens automatisés et permettant de contrôler les horaires de travail des salariés" : Soc. 6 avril 2004, D.2004.IR.1124.

B) La finalité du traitement automatisé.

414. Le traitement automatisé doit poursuivre un certain objectif, une finalité expressément déclarée qui permettra d'apprécier la pertinence des données collectées et d'identifier les personnes pouvant accéder au fichier. Ce principe a permis à la CNIL, par exemple, d'interdire aux Renseignements généraux de la Préfecture de police de Paris d'utiliser le fichier des assurés de la Caisse nationale d'assurance maladie pour y repérer des travailleurs étrangers qui auraient produit des titres de séjour falsifiés. Les finalités de ce fichier s'opposaient en effet à une telle utilisation. La CNIL s'est pareillement opposée, dans un avis rendu le 21 mars 2000, à la mise en place, dans un collège, à la collecte des empreintes digitales de l'ensemble des élèves et du personnel, même dans le seul but de faciliter leur accès à une cantine scolaire. Aucune disposition ne permettait en effet de garantir que cette finalité serait respectée.

415. Le contenu du fichier doit ensuite correspondre à cet objectif, car le fichier ne peut être utilisé à d'autres fins. Le choix des données enregistrées, la durée de leur conservation et les catégories des personnes pouvant y accéder sont donc déterminés en fonction de la finalité déclarée lors des formalités préalables. Le détournement des données est pénalement sanctionné.

C) La sécurité et la confidentialité des données.

416. Le responsable du traitement automatisé répond de la sécurité et de la confidentialité des données et doit prendre "toutes précautions utiles afin de préserver la sécurité des informations et notamment d'empêcher qu'elles ne soient déformées, endommagées ou communiquées à des tiers non autorisés"[598]. La CNIL a donc défini des normes techniques à respecter[599]. La violation de cette obligation de sécurité est pénalement sanctionnée[600].

D) L'aide à la décision.

417. La loi du 6 janvier 1978 tend à éviter tout automatisme dans la prise des décisions. L'appréciation des comportements humains doit être laissée à

---

[598] Article 29 de la loi du 6 janvier 1978.

[599] Délibération n° 81-094, du 21 juillet 1981, portant adoption d'une recommandation relative aux mesures générales de sécurité des systèmes d'informatiques, JO, 24-25 août 1981.

[600] Article 226-17 du Code pénal : 5 ans d'emprisonnement et 300 000 euros d'amende.

l'homme et ne saurait dépendre des seules conclusions de l'ordinateur. L'article 2 précise donc logiquement qu'aucune décision impliquant une appréciation d'un comportement humain ne peut avoir pour seul fondement un traitement automatisé d'informations donnant une définition du profil ou de la personnalité de l'intéressé.

418. La méthode des profils, qui consiste à classer des individus à partir de caractéristiques déterminées après des études statistiques, n'est toutefois pas interdite. Elle ne peut toutefois constituer qu'une aide à la décision, un élément d'information parmi d'autres. Par exemple, si l'article 2 de la loi de 1978 interdit à une juridiction de fonder sa décision sur les seuls résultats d'un traitement automatisé, il ne s'oppose pas, en revanche, à prendre en compte les résultats d'un tel traitement, parmi d'autres éléments, notamment pour apprécier un comportement professionnel[601]. De la même façon, la CNIL a été saisie le 11 décembre 1991 d'une réclamation contre une banque. Le plaignant, qui avait travaillé dans l'une de ses agences, avait constaté que de multiples données sur le comportement des clients étaient enregistrées[602]. Cette plainte a permis à la CNIL de se prononcer sur la segmentation comportementale. Certes, cette technique n'est pas formellement interdite par la loi du 6 janvier 1978. Une entreprise peut donc chercher à caractériser sa clientèle, en utilisant des variables pertinentes. Le segment n'est pas une information de base collectée auprès des individus. Il ne constitue qu'une donnée issue de traitements statistiques. Il devient toutefois une information nominative lorsqu'il est associé, dans un fichier automatisé, à un individu identifié ou identifiable. Les individus concernés par ces techniques sont en outre en mesure de connaître la logique qui sous-tend le traitement automatisé, du moins dans les cas de décisions automatisées.

E) L'interconnexion des fichiers.

419. La loi du 6 janvier 1978 n'a pas interdit l'interconnexion de fichiers, mais a mis en place des garanties. Le rapprochement de fichiers est soumis à l'avis de la CNIL, car l'article 5 de la loi l'apparente à un traitement automatisé à part entière. La CNIL vérifie, en premier lieu, si les interconnexions envisagées peuvent légalement être réalisées. Ainsi, si des informations sont couvertes par le secret, l'échange d'informations n'est possible que si le secret a été préalablement levé par la loi. La CNIL a, par exemple, demandé, après avoir été saisie de la généralisation d'une

---

[601] CE, 4 février 2004, D.2004.IR.1125.

[602] CNIL, *14ème rapport d'activité*, 1993, La documentation française, 1994, p. 59-61 : "Clients laxistes, modernistes, fortement consommateurs mais au-dessus de leurs moyens", "difficiles à convaincre, inquiets, méfiants"...

expérimentation tendant à rapprocher les fichiers de la redevance télévisée avec ceux de la taxe d'habitation pour relancer les personnes n'ayant pas déclaré la possession d'un téléviseur, que la loi soit spécialement modifiée pour autoriser cette utilisation par le service de la redevance de l'audiovisuel d'informations couvertes par le secret fiscal. La loi ayant été modifiée, la CNIL a pu autoriser ces rapprochements, dès lors que les intéressés étaient clairement informés dans les correspondances du service de la redevance de l'origine des informations utilisées, de sorte que l'interconnexion n'était pas réalisée à leur insu.

F) Les flux transfrontaliers de données.

420. Il doit être précisé, lors des formalités préalables auprès de la CNIL, si les traitements donneront lieu à des transmissions de données à caractère personnel entre la France et l'étranger, car les flux transfrontaliers d'informations doivent être préalablement autorisés. La CNIL vérifie en effet que les données bénéficient, sur le territoire qui les reçoit, d'une protection équivalente à celle qu'offre la loi française. Elle peut alors exiger des garanties particulières, limiter ou interdire le transfert d'informations vers un Etat qui ne protège pas les données personnelles ou qui n'a pas ratifié la Convention du Conseil de l'Europe.

421. La directive du 24 octobre 1995 s'efforce également d'encadrer les flux transfrontaliers de données, pour éviter de délocaliser les traitements automatisés vers des Etats dont la législation est moins protectrice. Son article 25 précise que le transfert de données personnelles en dehors de l'Union européenne n'est possible que si le pays tiers assure un niveau de protection adéquat. Ce principe est toutefois assorti de quelques dérogations. Le transfert de données est notamment possible avec le "consentement indubitable des intéressés". En revanche, la Commission européenne a précisé que les Etats-Unis ne garantissent pas un niveau de protection suffisant par rapport aux règles prévues par la directive. La légalité des nombreux transferts de données qui interviennent quotidiennement vers des sociétés américaines est ainsi des plus incertaines.

422. Alors que le législateur entendait principalement encadrer l'informatisation de l'Etat et de l'Administration, la CNIL est également parvenue à encadrer les fichiers privés. Les nombreuses obligations mises à la charge des responsables de traitements automatisés garantissent leur loyauté et assurent une protection efficace des données nominatives Cette protection doit toutefois être aménagée et renforcée face au développement des nouvelles technologies.

§ 2 : La protection de l'individu face au développement des nouvelles technologies de l'information et de la communication.

423. Les nouvelles technologies de l'information et de la communication multiplient les capacités d'intrusion dans la vie de l'individu. Des informations sont désormais aisément obtenues, conservées et traitées avec le consentement ou à l'insu des intéressés. La banalité des moyens techniques utilisés et leur intégration dans la vie quotidienne, les rendent particulièrement dangereuses, puisque l'individu oublie fréquemment leur existence. Le droit s'efforce donc de le protéger, pour éviter qu'il ne devienne totalement transparent, notamment sur Internet (A). La libéralisation permanente des procédés de cryptage devrait toutefois garantir plus efficacement la confidentialité des informations circulant sur le réseau (B). Il n'en demeure pas moins que les déplacements et les activités de l'individu peuvent aujourd'hui être aisément reconstitués, parce que ces gestes les plus quotidiens laissent des traces (C).

A) La protection de l'individu sur Internet.

424. Internet semble ignorer le terme même d'anonymat. L'utilisateur est fréquemment invité à décliner ses nom, prénom, adresse électronique, date de naissance, situation de famille... Plus encore, sa navigation sur le réseau laisse de multiples traces, dont il ignore fréquemment l'existence. Sa navigation est épiée, contrôlée, par des techniques de plus en plus performantes, utilisées par les fournisseurs d'accès, les producteurs de sites, les moteurs de recherches... Le traçage est omniprésent. Si les avantages des nouvelles technologies sont incontestables, elles menacent néanmoins l'individu, parce qu'elles le rendent transparent. Ses choix, ses centres d'intérêts, ses habitudes...., sont aisément connus. Certaines des techniques utilisées par le commerce électronique sont, en outre, particulièrement pernicieuses. Le *bargain* consiste, par exemple, à proposer à l'internaute la gratuité d'un service en échange de son autorisation d'être épié. Les informations obtenues sont ensuite utilisées et traitées pour constituer des "méga bases" de données, pouvant être cédées à des sociétés tierces. Or, s'il consent effectivement à se livrer, l'individu ne dispose généralement d'aucun moyen de contrôler l'usage qui sera fait de ces données. Certes, ces nouvelles techniques de marketing présentent d'incontestables avantages. Elles favorisent l'information du consommateur et le dispensent, par exemple, de certaines recherches. Leur dangerosité est toutefois certaine, car la collecte et le traitement des données personnelles interviennent fréquemment à l'insu des utilisateurs, alors même qu'elles portent généralement sur sa vie personnelle[603]. Ces opérations doivent en principe être réalisées conformément aux dispositions de la loi *Informatique et libertés*, du 6 janvier 1978, de l'article 9 du Code civil, mais également de la directive 95/46/CE du 24 octobre 1995, relative à *la protection des personnes physiques à l'égard des traitements de données à caractère personnel et à la libre circulation de ces données*, directive qui a été transposée en droit français par la loi n° 2004-801 du 6 août 2004.

425. La protection de l'individu risque cependant de se heurter aux intérêts des professionnels d'Internet, pour qui les données personnelles collectées ont une valeur marchande. Des entreprises, telle la société *Consodata*, se sont spécialisées dans la création et la commercialisation de bases de données d'un type nouveau. Le marketing de masse a été abandonné par de nombreuses entreprises au profit d'un marketing individualisé, le *one to one market*[604]. Les rapports entre l'individu et le professionnel ont été personnalisés[605]. Le vendeur ou le prestataire de services s'efforce d'anticiper les attentes de ses clients potentiels pour leur adresser des offres ciblées. L'utilisation incontrôlée des bases de données menace cependant la liberté individuelle "en raison du développement excessif du pouvoir informationnel et économique"[606]. Elle permet, en outre, de nouvelles formes de contrôle social, dont l'individu n'a généralement pas conscience. La CNIL s'efforce alors de faire respecter la loi du 6 janvier 1978. Elle a, par exemple, adressé un avertissement à la société *Consodata* et à refuser de délivrer un récépissé de déclaration d'un traitement automatisé comportant modification d'un traitement antérieurement déclaré pour la mise en œuvre de la base de données[607]. Le principe de loyauté n'avait pas été respecté lors de la collecte des données nominatives et, plus encore, la société *Consodata* ne permettait pas de mettre en œuvre le droit d'opposition reconnu aux individus concernés.

426. La loi du 6 janvier 1978 est intégralement applicable aux traitements automatisés de données nominatives réalisés sur Internet. Les procédures de déclarations des fichiers automatisés ont été simplifiées, en 1998, par la création d'un formulaire propre aux sites Internet diffusant ou collectant des informations personnelles, procédure qui est même entièrement dématérialisée

---

[603] CJCE, 6 novembre 2003, D.2004.Somm.1062, obs. L. Burgorgue-Larsen.
[604] J. Frayssinet, *Les bases de données comportementales sur les consommations face au Conseil d'Etat et à la CNIL*, JCP.1997.II.22950.
[605] J. Frayssinet, *Nouvelles technologies de l'information et de la communication et la protection des libertés des consommateurs*, in *Les libertés individuelles à l'épreuve des NTIC*, Presses universitaires de Lyon, 2001, p. 31-59, spécialement p. 37.
[606] J. Frayssinet, article précité.
[607] CNIL, délibérations n° 95-162 et n° 95-163, du 19 décembre 1995.

depuis janvier 1999. Les données personnelles doivent être collectées au vu et su des utilisateurs. Le nouvel article 32-II de la loi de 1978, issu de la loi du 6 août 2004, précise que l'utilisateur des "réseaux de communications électroniques doit être informé de manière claire et complète par le responsable du traitement ou son représentant de la finalité de toute action tendant à accéder, par voie de transmission électronique, à des informations stockées dans son équipement terminal de connexion, ou à inscrire, par la même voie, des informations dans son équipement terminal de connexion et des moyens dont elle dispose pour s'y opposer". Le nouvel article 6 de la loi de 1978 précise ensuite que la collecte des données personnelles doit intervenir de "manière loyale et licite", pour des "finalités déterminées, explicites et légitimes". Il ajoute qu'elles ne sauraient être traitées de manière incompatible avec ces finalités. Les données doivent donc être adéquates, pertinentes et non excessives, au regard des finalités de leur collecte. Ces règles protègent tout particulièrement les utilisateurs d'Internet, mais elles ne semblent pas toujours respectées. La pertinence des informations demandées n'est pas toujours certaine, notamment lorsqu'elles portent sur le mode de vie de l'utilisateur, sa situation familiale, ses goûts... L'article 7 de la directive devrait toutefois renforcer la protection des individus fichés. Il prévoit que le traitement ne peut être effectué que si l'intéressé a "indubitablement" donné son consentement ou si le traitement est nécessaire à l'exécution d'un contrat ou de mesures précontractuelles prises à sa demande ou est nécessaire à la réalisation d'un intérêt légitime poursuivi par le responsable du traitement ou par les tiers auxquels les données sont communiquées, à condition que ne prévalent pas l'intérêt ou les droits et libertés fondamentaux de l'intéressé. Exiger un consentement "indubitable" devrait alors limiter le développement des "méga-bases" de données.

427. L'obligation de sécuriser les traitements, prévue par l'article 29 de la loi du 6 janvier 1978 et par l'article 17 de la directive, est particulièrement importante sur Internet. La directive oblige en effet le responsable du traitement à "mettre en œuvre des mesures techniques et d'organisation appropriées pour protéger les données à caractère personnel contre la destruction accidentelle ou illicite, la perte accidentelle, l'altération, la diffusion ou l'accès non autorisé, notamment lorsque le traitement comporte des transmissions de données dans un réseau ainsi que tout autre forme de traitement illicite. Les mesures doivent assurer, compte tenu de l'état de l'art et des coûts liés à leur mise en œuvre, un niveau de sécurité approprié au regard des risques présentés par le traitement et de la nature des données à protéger". La directive n'impose donc qu'une obligation de moyens, mais établit pratiquement une forme de présomption de responsabilité[608]. Or, les intrusions illégales dans un système informatique et le "piratage" de données sont relativement fréquents sur Internet. Leur auteur s'expose, s'il est identifié, aux sanctions pénales des articles 323-1 et suivants du Code pénal qui incriminent les atteintes aux systèmes de traitements automatisés de données. Il arrive toutefois que les données ainsi détournées soient ensuite largement diffusées sur Internet. Certains dysfonctionnements de sites ont pareillement permis d'accéder aux données personnelles d'autres utilisateurs. Plus encore, un internaute anonyme avait, le 6 mars 2000, rendu public, sur un forum de discussion, une formule mathématique qui aurait permis de relier le numéro d'identification des cartes bancaires françaises aux codes secrets qui y sont associés. Le groupement d'intérêt économique *Carte Bancaire* s'était alors contenté d'affirmer que la menace était limitée, sans pour autant démentir l'information. Or, le responsable d'un traitement qui ne garantit pas une sécurité suffisante engage sa responsabilité pénale et peut en outre être condamné civilement à indemniser les individus qui en ont été victimes.

428. De nombreuses techniques permettent de collecter des données personnelles à l'insu des utilisateurs. Les menaces qui pèsent sur l'individu sont innombrables. Les contrôles Active X[609] et les aplets Java[610] permettent ainsi de le suivre à la trace et de reconstituer sa navigation sur *Internet*. Plus encore, les fournisseurs d'accès n'ignorent rien de cette navigation, notamment grâce aux fichiers Log[611]. Il leur est en outre possible de croiser le numéro IP de l'ordinateur avec les références personnelles de l'abonnement. Ils peuvent alors être tentés de céder leurs fichiers clients, particulièrement à des sites marchands. Plus encore, la légalité des *cookies* n'est pas toujours certaine[612]. Ces petits fichiers sont enregistrés sur le disque dur de l'utilisateur

---

[608] J. Frayssinet, *Nouvelles technologies de l'information et de la communication et la protection des libertés des consommateurs*, p. 53.

[609] Les contrôles Active X regroupent les technologies OEL et COM que l'on doit à *Microsoft* et qui permettent à différents logiciels de communiquer entre eux quelque soit la plate-forme sur laquelle ils tournent. Ils s'installent à demeure sur le disque dur de l'utilisateur et sont généralement difficiles à déceler.

[610] Les applets Java sont des programmes développés en langage Java que l'on trouve sur Internet et qui fonctionnent quelque soit la plate-forme qui les supporte. Ils permettent notamment d'afficher des pages *web*, après avoir vérifié si l'ordinateur a les capacités d'ouvrir un document à suivre.

[611] Les fichiers LOG contiennent des informations de connexion sur un serveur. Ils permettent en principe d'optimiser la navigation, mais ils peuvent également être utilisés pour dresser le profil des utilisateurs.

[612] Le *cookie* est un code qu'un serveur http enregistre, souvent temporairement, sur le disque dur pour identifier l'utilisateur sur un service, lors d'une prochaine connexion. Les navigateurs *Netscape et Internet explorer* permettent cependant de le refuser.

par le site qu'il visite et sont donc conservés après déconnexion. Un *cookie* présente d'incontestables avantages, notamment parce qu'il évite de réitérer à chaque connexion les procédures d'identification. Il enregistre toutefois de nombreuses données sur le matériel et les logiciels de l'utilisateur, notamment le numéro IP de l'ordinateur[613]. Il permet également de retracer la navigation de l'utilisateur et de connaître les achats en ligne qui ont été effectués, car ces données sont rapatriées vers le site qui a déposé le *cookie* lors de la connexion suivante. Il est alors aisé de dresser le profil de l'utilisateur. Certes, les navigateurs permettent en principe de refuser les *cookies*, mais ce refus ralentit considérablement la navigation et peut même empêcher l'accès à certains sites. On peut alors se demander si de telles pratiques ne constituent pas un refus de vente ou de prestation de services, voir une discrimination et une atteinte à la liberté de communication, pouvant éventuellement être sanctionnées par le droit de la consommation.

429. Le *cookie* n'est pas, en lui-même, illégal. Son activation par défaut pourrait cependant donner lieu au choix inverse, à une activation acceptée au cas par cas. Se pose en réalité le problème du choix entre l'*opt-in*, le choix consenti d'être fiché, et l'*opt-out*, qui conduit au fichage systématique dès lors que l'utilisateur ne s'y oppose pas formellement. L'article 26 de la loi du 6 janvier 1978 consacre en effet un droit d'opposition, qui permet de refuser la collecte de données personnelles. Il serait cependant possible d'objecter que le *cookie* ne collecte aucune donnée nominative et se contente d'enregistrer des informations relatives à l'ordinateur. L'individu qui utilise cet ordinateur reste anonyme. Le statut du *cookie* reste donc incertain, car il permet paradoxalement d'individualiser un utilisateur qui reste anonyme. Il est toutefois évident qu'il ne vise pas l'ordinateur lui-même, mais celui qui l'utilise. L'individu et sa machine ne font en réalité qu'un, de sorte que le *cookie* permet indirectement de l'identifier. Rendre l'ordinateur transparent rend donc son utilisateur lui-même transparent. Or, le droit positif n'appréhende pas ce passage de l'information anonyme à l'information personnelle. La protection des données nominatives sur Internet devrait alors être renforcée par la transposition en droit interne de la directive 2002/58/CE du 12 juillet 2002 relative au *traitement de données à caractère personnel et la protection de la vie privée dans le secteur des communications électroniques*[614]. Cette directive renforce la confidentialité des

---

[613] Chaque ordinateur dispose d'une adresse IP. Cette adresse est associée à un nom de domaine et désigne une adresse unique, composée d'une suite de quatre chiffres séparés par des points. Elle permet d'acheminer des données par le réseau Internet, vers l'ordinateur.
[614] Directive 2002/58/CE, 12 juillet 2002, JOCE, 31 juillet 2002, L 201/37.

communications et subordonne l'utilisation des *cookies* à l'information claire et complète sur la finalité du traitement.

430. La loi *Informatique et libertés* a été complétée par des recommandations de la CNIL, pour adapter le régime de protection des données personnelles aux nouvelles technologies. Ainsi, l'obligation de sécurité et de confidentialité doit être renforcée, notamment par le contrat d'hébergement et/ou de sous-traitance. Par ailleurs, les visiteurs du site doivent être informés, dès la page d'accueil, du nom de l'organisme responsable du site, de son adresse électronique et physique ainsi que des coordonnées de la personne auprès de qui s'exerce le droit d'accès. Les internautes doivent être informés, lors de la collecte de données personnelles, du caractère facultatif ou obligatoire des réponses, des destinataires des informations, de l'existence et des modalités d'exercice du droit d'accès. Cette information des utilisateurs est essentielle et la CNIL diffuse sur son propre site Internet la liste des organismes qui se sont engagés à respecter les droits des usagers.

431. Plus encore, des recommandations particulières ont été émises par la CNIL, le mars 2001, à l'égard des sites médicaux[615]. La Commission indique, à titre préalable, que la "mise en œuvre des sites Internet consacrés à la santé répond à un besoin légitime d'information du public". Aussi, reconnaît-elle l'acceptabilité de tels sites au regard de la loi du 6 janvier 1978. Leurs responsables doivent néanmoins protéger les données personnelles et informer les usagers de l'utilisation qui peut être faite de leurs données. Les données de santé collectées sur un site Internet ne peuvent donc "être utilisées que dans l'intérêt direct du patient et à des fins de santé publique, dans les conditions définies par la loi". La CNIL en déduit que "les données de santé revêtant un caractère directement ou indirectement nominatif, qu'elles aient été communiquées au site par l'internaute et/ou par un professionnel de santé, ne devraient pas pouvoir être exploitées à des fins commerciales ni transmises à quiconque à des fins commerciales ou de prospection commerciale". Elle invite également les responsables des sites à indiquer la raison sociale et le siège social du responsable du traitement et à créer une rubrique d'information sur le thème "Informatique et libertés, protection des données personnelles". Des mesures spécifiques, telle l'utilisation de moyens de chiffrement, doivent enfin être adoptées pour garantir la sécurité et la confidentialité des données médicales.

---

[615] Délibération n° 2001-011, 8 mars 2001, portant adoption d'une *recommandation sur les sites de santé destinés au public*, JO, N° 87, 12 avril 2001, p. 5657 et s.

432. La protection des données nominatives sur Internet devrait être renforcée par la transposition en droit interne de la directive 2002/58/CE du 12 juillet 2002 relative au *traitement de données à caractère personnel et la protection de la vie privée dans le secteur des communications électroniques*[616]. Cette directive se substitue à la directive 97/66/CE du 15 décembre 1997, rapidement dépassée par les évolutions technologiques et par le développement d'Internet. Elle devait être transposée avant le 31 octobre 2003. La directive s'efforce de garantir la sécurité du service de communication électronique par le fournisseur, mais également la confidentialité des communications. La directive interdit notamment le stockage des communications et des données relatives au trafic, qui doivent être effacées ou anonymisées. Ce principe d'interdiction reçoit toutefois trois exceptions, l'autorisation légale en matière de défense nationale, les pratiques de stockage visant à améliorer l'efficacité des transmissions ou *caching* et le stockage destiné à assurer la preuve de transactions et de communications commerciales. L'utilisation des *cookies* serait en outre subordonnée à une information claire et complète sur la finalité du traitement.

433. Ainsi, la CNIL s'efforce de protéger l'individu face au développement d'Internet, en limitant et en encadrant la collecte et le traitement des informations personnelles, particulièrement lorsqu'ils interviennent à son insu. La libéralisation permanente du cryptage devrait renforcer sa protection, puisqu'il garantit la confidentialité des informations mises en ligne.

B) Le cryptage.

434. Le cryptage garantit le secret en dissimulant des données, par des techniques de chiffrement. L'OCDE le définit comme "la discipline incluant les principes, moyens et méthodes de transformation des données dans le but de cacher leur contenu sémantique, d'établir leur authenticité, d'empêcher que leur modification passe inaperçue, de prévenir leur répudiation et d'empêcher leur utilisation non autorisée"[617]. Des clés de chiffrement sont utilisées pour crypter des données. Leur longueur est définie par un nombre de bits, des 0 et des 1. Plus elle est importante et plus la méthode de cryptage est efficace. Une clé de 40 bits donne lieu, par exemple, à un milliard de possibilités de chiffrement. Les techniques de cryptage sont en outre en plus en plus perfectionnées. Les premiers logiciels, dits "à clé secrète", impliquaient que

---

[616] Directive 2002/58/CE, 12 juillet 2002, JOCE, 31 juillet 2002, L 201/37.
[617] *La politique de cryptographie : les lignes directrices et les questions actuelles*, Paris, 25 mars 1997, OCDE/GD (97), 204.

les deux parties échangent les clés de chiffrement, de sorte qu'elles devaient obligatoirement se connaître. Des logiciels "à clé publique" ont ensuite été imaginés. Une clé publique, utilisée pour chiffrer les données, est révélée au public, mais le déchiffrement est réalisé au moyen d'une clé secrète, transmise au cas par cas. Ces diverses méthodes de chiffrement peuvent en outre être combinées, pour garantir une plus grande sécurité. Elles ont également été complétées par des logiciels de courrier électronique autodestructible. Chaque message est crypté avec une clé électronique envoyée au destinataire. La durée d'utilisation de cette clé, qui est fixée par l'expéditeur, est limitée dans le temps. La clé s'autodétruit ensuite automatiquement, ce qui rend le message illisible.

435. La fonction du cryptage est double, garantir la confidentialité des données et assurer leur intégrité. Il permet notamment de préserver la confidentialité de la correspondance électronique et de maintenir secrète l'activité en ligne de l'individu, en brouillant les traces qu'il peut laisser lorsqu'il navigue sur Internet. Son utilité est incontestable pour les entreprises, notamment parce que le cryptage protège leur patrimoine industriel et commercial. Plus encore, il garantit la confidentialité, l'intégrité et la sécurité des paiements électroniques, dans un domaine où de nombreux utilisateurs sont encore méfiants. Le réseau *Visa* a ainsi développé un logiciel de cryptage qui authentifie le vendeur et l'acheteur, le *Secure electronic transaction*[618]. Le cryptage préserve également le droit d'auteur[619]. Il permet au créateur d'une œuvre numérique ou à l'auteur qui diffuse son œuvre sur Internet d'établir un lien certain entre le document et son auteur. Il garantit l'intégrité de l'œuvre et rend possible la perception d'une redevance pour obtenir la clé de chiffrement permettant d'accéder à l'œuvre[620] . Enfin, ces techniques de chiffrement sont indispensables au développement de l'écrit et de la signature électronique. La signature électronique, est en effet aujourd'hui consacrée par l'article 1316-4 du Code civil, issu de la loi du 13 mars 2000, *portant adaptation du droit de la preuve aux technologies de l'information et relatif à la signature électronique*. Elle équivaut à une signature manuscrite lorsqu'elle permet d'authentifier son auteur sans risque d'erreur ou de fraude et que le document qui s'y rattache ne peut pas être modifié *a posteriori*. Le décret n° 2001-272, du 12 mars 2001, a précisé les conditions d'application de l'article 1316-4. Des tiers habilités ont été chargés

---

[618] *Le client ne risque rien*, in *Libération*, 5 mars 1999.

[619] I. Roujou de Boubée, *Cryptographie : ses nécessités, ses dérives*, in *Les libertés individuelles à l'épreuve des NTIC*, Presses universitaires de Lyon, 2001, p. 125-140, spécialement p. 131.

[620] O. Iteanu, *Internet et le droit*, Ed. moderne, 1996, p. 118.

de certifier que les clés publiques et les clés privées utilisées émanent bien d'une personne déterminée.

436. L'usage des outils de chiffrement a cependant été réservé aux militaires jusqu'en 1990. Les outils de cryptage étaient considérés comme des armes de guerre. Le développement d'Internet a toutefois mis en lumière son utilité dans le domaine civil, pour garantir la confidentialité des données transmises. Le législateur restait néanmoins hostile à son utilisation civile, craignant qu'il ne soit utilisé pour dissimuler des activités criminelles. Aussi, la loi du 29 décembre 1990, modifiée par une loi du 26 juillet 1996, a-t-elle autorisé le cryptage jusqu'à 40 bits. Les autorités policières pouvaient en effet décrypter les messages jusqu'à ce seuil. L'utilisation de clés de chiffrement plus longues était possible, mais ces clés devaient alors être déposées auprès de tiers de confiance. Cette limitation s'est toutefois révélée peu efficace, notamment parce que les délinquants utilisaient néanmoins des techniques de chiffrement très efficaces. Utiliser légitimement une clé de 40 bits présentait en outre peu d'intérêt, puisqu'elle pouvait être facilement brisée. Le système mis en place fit donc l'objet de nombreuses critiques, parce qu'il a généralement été jugé irréaliste[621].

437. Les utilisateurs d'Internet ont donc souhaité une libéralisation du cryptage. Une *Campagne internationale pour la liberté sur Internet* a ainsi été lancée en 1996 par des organisations non gouvernementales de défense des Droits de l'Homme et des libertés publiques pour défendre "le droit des utilisateurs d'Internet à encrypter leurs communications et informations sans restriction"[622]. Face à ces revendications de plus en plus pressantes, le Premier ministre français a annoncé, lors d'une conférence de presse organisée le 19 janvier 1999, que le cryptage allait être libéralisé, pour permettre aux particuliers et aux entreprises de protéger leurs données. Deux décrets ont donc été adoptés, le 17 mars 1999, pour autoriser le cryptage jusqu'à 128 bits. La déclaration préalable n'était plus exigée que pour les professionnels, au-delà de 40 bits et, pour les particuliers, au-delà de 128 bits.

438. La loi du 22 juin 2004 relative à la *confiance en l'économie numérique* va encore plus loin. L'article 30-I de la LCEN libéralise l'utilisation des moyens de cryptage, en précisant que "l'utilisation des moyens de cryptologie est libre". Seuls certains transferts de technologies en

---

[621] O. Debouzy et T. Samman, *Cryptographie, la transition française*, in *Expertises*, juin 1999, p. 179 ; P. Vidonne, *Pour une vraie liberté de crypter*, in *Le Monde*, 15 mai 1996.

[622] I. Roujou de Boubée, *Cryptographie : ses nécessités, ses dérives*, spécialement p. 136.

dehors de la Communauté européenne restent soumis à autorisation. L'utilisation du cryptage est totalement libre. Toute référence à la longueur de la clé de chiffrement, à la qualité de l'utilisateur ou aux finalités des techniques employées a été abandonnée. Le droit positif est considérablement simplifié, pour répondre aux besoins des utilisateurs[623]. La législation française s'est ainsi progressivement rapprochée de nombreuses législations étrangères qui autorisent l'utilisation des moyens de chiffrement. La loi du 15 novembre 2001, *relative à la sécurité quotidienne*, a toutefois renforcé les pouvoirs d'investigations de la police et de la justice, en mettant en place un dispositif de mise au clair de données chiffrées[624]. Indépendamment des dispositions relatives à l'expertise, s'il apparaît que des données saisies lors d'une enquête ou d'une instruction ont fait l'objet de transformation, pour empêcher d'accéder en clair aux informations, le Procureur de la République, le juge d'instruction ou le juge du fond peuvent désigner une personne physique ou morale qualifiée pour transcrire ces informations. Or, cette procédure vise formellement la cryptologie. L'article 230-1 du Code de procédure pénale permet désormais, si la peine encourue excède deux ans, aux magistrats de solliciter le recours aux moyens de l'Etat soumis au secret de la défense nationale. Ils adressent dans ce but une réquisition aux services de police judiciaire chargés de la lutte contre la criminalité liée aux technologies de l'information, avec le support physique, ou sa copie, contenant les données à mettre au clair. Ce service le transmet alors à l'organisme technique soumis au secret défense et habilité. Les données protégées ne peuvent être transmises qu'aux conditions prévues par la loi du 8 juillet 1998. A l'issue de ces opérations, les résultats sont transmis au service de la police, avec l'indication des techniques utilisées, sous réserve du secret défense. Une attestation certifie en outre la sincérité des résultats transmis. Les éléments obtenus sont enfin versés au dossier de la procédure.

439. La loi du 15 novembre 2001 s'efforce, par ailleurs, de faciliter la transcription en clair en obligeant les personnes fournissant des prestations de cryptologie pour assurer une fonction de confidentialité à remettre aux agents autorisés les conventions permettant le déchiffrement des données transformées au moyen des prestations fournies[625]. Les agents autorisés peuvent éventuellement demander l'exécution du procédé. Le refus de déférer

---

[623] En contrepartie, la LCEN a aggravé les sanctions pénales encourues lorsqu'un moyen de cryptologie est utilisé pour préparer ou commettre une infraction (nouvel article 132-78 du Code pénal).

[624] Loi du 15 novembre 2001, relative à la *sécurité quotidienne*, JO 16 novembre 2001, p. 18215.

[625] Article 11-1 de la loi n° 91-646 du 10 juillet 1991.

à cette réquisition est pénalement sanctionné[626]. Celui qui aurait connaissance d'une convention secrète ayant pu servir à la commission d'un crime ou d'un délit et qui refuserait de remettre la convention de chiffrement aux autorités judiciaires ou de la mettre en œuvre encourt en outre des sanctions pénales[627]. La peine encourue est même aggravée si le refus est opposé alors que la remise ou la mise en œuvre de la convention secrète aurait permis d'éviter la commission d'un crime ou d'un délit[628].

C) Le traçage quotidien de l'individu.

440. Les nouvelles technologies permettent de suivre l'individu à la trace. Ses déplacements peuvent être reconstitués, par exemple grâce à l'usage qu'il fait de son téléphone portable. Les traces laissées dans les autocommutateurs téléphoniques permettent en effet, non seulement de l'identifier, mais également de suivre ses relations personnelles. Le réseau d'espionnage *Echelon* permet aux Etats-Unis de capter toutes les communications mondiales et aucun texte ne semble pouvoir en contenir les excès. La vie personnelle de l'individu, ses habitudes de consommation et ses voyages deviennent transparents. La banalisation des cartes à puce individualisée menace, plus généralement, l'individu. Chacune de leur utilisation est enregistrée et conservée dans la mémoire d'ordinateurs qui ignorent l'oubli. L'utilisation d'une carte bancaire laisse donc de multiples traces, du commerçant au banquier. Ces diverses technologies constituent donc de véritables "mouchards". Des protections existent cependant.

441. Ainsi, si l'article 15 de la loi n° 95-73, du 21 janvier 1995, a autorisé l'installation de dispositif de sécurité ou de marquage, y compris par des techniques électroniques, le suivi électronique des véhicules n'est aujourd'hui possible que s'ils ont été déclarés volés[629]. La première loi du 29 juillet 1982, sur la liberté de communication audiovisuelle, garantissait pareillement l'anonymat des choix des programmes par les usagés. L'article 3 de la loi du 1er août 1986, modifié, dispose aujourd'hui que "le secret des choix faits par les personnes parmi les services de télécommunications et parmi les programmes offerts par ceux-ci ne peut être levé sans leur accord". Les garanties offertes par la loi du 6 janvier 1978 renforcent la protection des téléspectateurs. La CNIL s'est prononcée, dès 1994, sur les services de

---

626 2 ans d'emprisonnement et 30 000 euros d'amende.
627 Article 434-15-2 du Code pénal.
628 5 ans d'emprisonnement et 75 000 euros d'amende.
629 *Le traçage électronique*, in *Nouvelles technologies de l'information et libertés individuelles*, Problèmes politiques et sociaux, n° 805, La Documentation française, p. 27.

paiements d'émissions de télévision à la séance, sur les réseaux câblés : "le paiement à la séance marque la fin de l'anonymat, puisque sont enregistrés l'identité du téléspectateur et le programme choisi". Craignant que ces profils d'abonnés soient utilisés à des fins commerciales, la CNIL a précisé que ces informations ne devaient "jamais être utilisées à cette fin" et a exigé que leurs destinataires soient "strictement ceux indiqués dans la déclaration"[630]. Le paiement de la prestation permet en effet d'identifier l'utilisateur.

442. Les nouvelles technologies ont également multiplié les possibilités de surveiller les salariés au sein de l'entreprise. L'usage de badge électronique permet, par exemple, de délimiter les zones autorisées de déplacement. L'article L 122-35 du Code du travail encadre en principe le pouvoir réglementaire de l'employeur, puisqu'il dispose que "le règlement intérieur ne peut apporter aux droits des personnes et aux libertés individuelles des restrictions qui ne seraient ni justifiées ni proportionnées au but recherché". Les procédés de contrôle sont toutefois de plus en plus nombreux. L'employeur peut ainsi mettre en place, au nom de la sécurité de l'entreprise, un système de contrôle d'accès par carte magnétique. Une simple déclaration à la CNIL suffit. Il n'en demeure pas moins qu'une telle mesure affecte la liberté d'aller et venir. Certes, les salariés doivent être préalablement informés de sa mise en œuvre et du droit d'accès et de rectification que la loi du 6 janvier 1978 leur reconnaît sur ces informations. On peut toutefois s'interroger sur la proportionnalité et la justification de tels systèmes de contrôle au regard de la sécurité de l'entreprise. Les nouvelles technologies facilitent l'exercice du pouvoir disciplinaire de l'employeur. Les autocommutateurs téléphoniques permettent, pareillement, de contrôler l'utilisation qui est faite du téléphone, en déterminant le nombre d'appels, leur durée ou bien encore le numéro des correspondants. La CNIL impose alors diverses obligations à l'employeur[631]. Ces techniques peuvent toutefois s'avérer extrêmement dangereuses pour les salariés, puisque la Cour de cassation considère que l'usage excessif du téléphone à des fins personnelles constitue une faute grave justifiant un licenciement[632]. Le législateur s'est donc efforcé de renforcer la protection des salariés. Le titre V de la loi du 31 décembre 1992, dite *Loi Aubry*, a complété le Code du travail et le Code pénal pour protéger plus efficacement les libertés individuelles. La jurisprudence encadre, elle aussi, le pouvoir de contrôle de l'employeur. Les salariés et leurs représentants doivent, par exemple, être informés de la mise en place d'un

---

[630] CNIL, *15ème rapport d'activité*, La Documentation française, p. 62.
[631] Information préalable des salariés, respect des délais de conversation....
[632] Soc., 11 juillet 1995, cité par F. Debord, *Nouvelles technologies de l'information et protection des libertés des salariés*, in *Les libertés individuelles à l'épreuve des NTIC*, Presses universitaires de Lyon, 2001, p. 61-74, p. 66.

système de vidéosurveillance au sein de l'entreprise[633]. Ce contrôle doit en outre être justifié par la nature des tâches à accomplir et être proportionné à l'objectif poursuivi[634]. A défaut, les preuves obtenues par l'employeur sont déloyales et ne peuvent donc justifier un licenciement pour faute[635].

443. Ainsi, les nouvelles technologies peuvent fréquemment rendre l'individu transparent, parce qu'elles permettent de reconstituer ses activités et ses déplacements. L'utilisation d'Internet, d'un téléphone portable ou d'une carte bancaire laisse en effet de multiples traces. La protection de l'individu repose alors, dans une large mesure, sur la loi *Informatique et libertés*, du 6 janvier 1978.

---

[633] Article L 432-2-1 du Code du travail.

[634] Article L 120-2 du Code du travail.

[635] Soc., 20 novembre 1991, Bull. civ. V, n° 519 ; D.1992.73, conclusions Y. Chauvy ; 31 janvier 2001, Bull. civ.,, V, n° 28 ; D.2001.Som.2169, obs. J.F. Paulin ; 15 mai 2001, 2 arrêts, Bull. civ., V, n° 167 ; D.2002.2292, note J.C. Planque ; Soc. 11 décembre 2001, D.2002.IR.136.

Section 3 : Le droit au secret.

444. Le secret est omniprésent, dans les familles, dans le for intérieur de chaque individu. Il constitue même le fondement du groupe, des relations interpersonnelles et de la stabilité sociale. L'exigence de transparence a entraîné une réaction, presque instinctive, de défense du secret. La transparence peut en effet conduire à l'indiscrétion, à l'impudeur. Le secret reste une valeur protégée. Le droit préserve ainsi le secret des empreintes génétiques (§ 1) et garantit parfois l'anonymat (§ 2). Il protège alors les données biologiques fondamentales de l'individu contre l'intrusion des tiers. Il garantit également le secret professionnel (§ 3) et le secret des écrits et des correspondances (§ 4), pour préserver certaines relations de confiance. Son domaine d'application est de plus en plus étendu, puisqu'il bénéficie aujourd'hui au mineur (§ 5). Enfin, le procès est lui-même organisé pour protéger ceux qui y sont impliqués contre l'indiscrétion des tiers (§ 6).

§ 1 : Le secret des empreintes génétiques.

445. Chaque individu, hormis les vrais jumeaux, possède un génome dont les caractéristiques ne sont propres qu'à lui et qui permettent de l'identifier ou d'établir une filiation avec certitude[636]. Des recherches médicales sont également menées pour découvrir d'éventuelles prédispositions génétiques à certaines maladies ou trouble psychique. La généralisation de ces méthodes menace toutefois l'individu, notamment si elles étaient mises à disposition d'employeurs ou d'assureurs. Réciproquement, l'individu pourrait être tenté d'y recourir pour tirer profit, pour lui-même ou pour sa famille, de produits d'assurance s'il était informé d'un risque de maladie grave. Face à ces multiples dangers, la loi du 29 juillet 1994, modifiée le 6 août 2004, a limité les possibilités de connaître un individu par ses caractéristiques génétiques. L'article 16-1 du Code civil précise que "l'examen des caractéristiques génétiques d'une personne ne peut être entreprise qu'à des fins médicales ou de recherche scientifique. Le consentement de la personne doit être recueilli préalablement à la réalisation de l'étude". L'article 16-11 n'autorise cette identification que dans le cadre de mesure d'enquête ou d'instruction diligentées lors d'une procédure judiciaire ou à des fins de recherche scientifique. En matière civile, cette identification ne peut être recherchée qu'en exécution d'une mesure d'instruction ordonnée par le juge saisi d'une action tendant soit à l'établissement soit à la contestation d'un lien de

---

[636] La méthode des empreintes génétiques est apparue en 1985, de manière expérimentale, et commercialisée à partir de 1988 F. Sabat-Baroux, *Les lois de bioéthique,* Dalloz, service, 1998, p. 89 et s.

filiation, soit à l'obtention ou à la suppression de subsides. Le consentement de l'intéressé doit être préalablement et expressément recueilli". L'identification par empreintes génétiques est exclue dans tous les autres cas. La violation de ce principe est pénalement sanctionnée[637]. L'effectivité pratique du cadre juridique fixé en 1994 n'est toutefois pas certaine. De nombreux Etats voisins, tel le Royaume-Uni, ont adopté des législations plus libérales. Un test génétique, qui suppose un simple prélèvement sanguin, peut donc y être aisément pratiqué. Il n'en demeure pas moins que l'identification par les empreintes génétiques est, en principe, interdite par le droit français.

§ 2 : Le secret de l'identité.

446. L'individu est en principe désigné, et donc identifié, par son nom. Le droit lui permet toutefois, dans certaines circonstances, de ne pas révéler son identité réelle, parce qu'il garantit son anonymat (A) ou utilise le nom comme un masque (B).

A) L'anonymat.

447. Le principe de l'immutabilité du nom a pour conséquence indirecte l'obligation de porter son nom, particulièrement dans les rapports avec les autorités publiques. L'étendue de cette obligation est essentiellement fixée par la loi pénale. L'usage d'un faux nom est pénalement sanctionné lorsqu'il intervient dans un acte public ou authentique ou dans un document administratif destiné à l'autorité publique[638]. Il peut également constituer une forme d'escroquerie ou de faux en écriture privé. Toutefois, l'anonymat est parfois imposé par la loi elle-même, pour préserver le secret. Ainsi, les lois du 29 juillet 1994, dites de *bioéthiques*, garantissent l'anonymat dans un certain nombre de domaines. Plus précisément, la loi n° 94-654 relative *au don et à l'utilisation des éléments et produits du corps humain, à l'assistance médicale à la procréation et au diagnostic prénatal* fixe les règles concrètes régissant le prélèvement et l'utilisation des produits humains. Le don est dominé par quatre grands principes, le consentement, la gratuité, l'anonymat et l'interdiction de publicité. Le don d'organes suscite en effet des sentiments ambivalents, puisqu'il permet de repousser les limites de la vie, mais risque de conduire à un usage utilitaire de la mort. Le don reste donc un acte difficile, qui traverse une véritable crise. Ainsi, le nombre de greffes réalisées en France entre 1991 et 1996 a chuté de 26 %[639]. Plusieurs centaines de

---

[637] Articles 225-25 à 226-28 du Code pénal.
[638] Article 433-19 du Code pénal.
[639] www.frm.org

personnes décèdent donc chaque année, faute d'organes disponibles, alors que les transplantations sont de plus en plus efficaces. Dans la majorité des cas, les organes sont prélevés sur des personnes en état de mort cérébrale[640]. Tout individu en état de mort cérébral est un donneur potentiel. Son consentement est présumé dès lors qu'il ne s'est pas opposé au prélèvement de son vivant. Le médecin, lorsqu'il n'a pas connaissance de la volonté du défunt, doit "s'efforcer de recueillir le témoignage de la famille". Les prélèvements d'organes réalisés sur des personnes vivantes sont plus strictement encadrés. Ils ne peuvent porter que sur certains organes, tels le rein, le lobe du poumon ou le lobe du foie. Ils sont également admis pour certains tissus et cellules, comme les cellules souches hématopoïétiques, à l'origine des plaquettes du sang et des globules blancs et rouges, prélevés dans la moelle osseuse ou dans le placenta. Par ailleurs, les dons de gamètes ont également été autorisés, dans le cadre de l'assistance médicale à la procréation.

448. Anonymat et transparence ne sont contradictoires qu'en apparence. L'anonymat ne nie pas la transparence. Il faut y voir, au contraire, "une possibilité de modulation du secret"[641]. Le principe de l'anonymat des dons, conforté par les avis du Comité consultatif national d'éthique, a été consacré par le législateur. Son domaine est général, puisqu'il s'applique au don d'organes et à l'assistance médicale à la procréation. L'article 16-8 du Code civil dispose ainsi que "aucune information permettant d'identifier à la fois celui qui fait le don d'un élément ou produit de son corps et celui qui l'a reçu

---

[640] La mort encéphalique est définie comme la destruction du tronc cérébral, associée à celle des hémisphères du cerveau. Cet état est assez rare, car il ne concerne que 2000 décès environ sur les 500 000 décès qui se produisent chaque année en France. Le diagnostic doit être réalisé par deux médecins qualifiés, qui ne sont pas impliqués dans une activité de transplantation et indépendants des transplanteurs. La mort encéphalique est déclarée après examen clinique constatant l'absence de conscience, l'absence de réflexes du tronc cérébral et l'absence de ventilation spontanée. La destruction du cerveau doit ensuite être confortée par deux encéphalogrammes ou une artériographie cérébrale. Les prélèvements sont donc exclusivement réalisés au sein des services de réanimation. L'activité cardiaque et la respiration peuvent être maintenus artificiellement pendant quelques heures, dans l'attente du prélèvement. Les prélèvements sont réalisés par des établissements autorisés. Des tests de dépistages sont imposés par la loi (hépatites, VIH, toxoplasmose...). Les équipes médicales sont tenues de mettre en place des éléments de tracabilité, notamment en recherchant les antécédents cliniques du donneur. L'attribution des greffons est enfin soumise à des règles précises. Certains patients sont prioritaires, notamment les enfants de moins de 16 ans ou les patients dont la vie est menacée à court terme. Plusieurs échelons de répartition, local, interrégional, national et international sont mis en œuvre successivement.

[641] M.H. Mouneyrat, *Ethique du secret et secret médical*, Revue Pouvoirs, 1997.

ne peut être divulguée. Le donneur ne peut connaître l'identité du receveur, ni le receveur l'identité du donneur". Ce principe évite une relation délicate entre la famille du donneur et le receveur. Il tend également à faciliter le deuil de la famille du donneur, ainsi que la convalescence du receveur. La famille du donneur peut cependant être informée des résultats des greffes réalisées. Plus spécifiquement, les articles L 617-7 à L 617-11 du Code de la santé publique, qui organisent les prélèvements à des fins thérapeutiques ou scientifiques d'organes de personnes décédées, se réfèrent implicitement à l'anonymat, en imposant l'intervention de l'Etablissement français des greffes. Des prélèvements peuvent cependant être réalisés sur des personnes vivantes, ce qui contredit alors le principe d'anonymat, puisque l'article L 671-13 précise que le receveur doit avoir la qualité de père, de mère, de fils, de fille, de frère ou de sœur du donneur. Le donneur peut également être le conjoint lorsqu'il y a urgence[642]. Le don entre parents ou alliés est donc possible et il est régulièrement question d'élargir la catégorie des donneurs apparentés pour faire face à la pénurie d'organes. Ainsi, dans son rapport du 27 mars 1998, le Comité consultatif national d'éthique suggère d'étendre les possibilités de dons au sein de la famille et même entre tiers, dès lors qu'un lien affectif serait établi, après avoir vérifié la sincérité et l'authenticité du désir de don, l'absence de commercialisation ou de pressions abusives sur le donneur. L'anonymat risque en outre d'être remis en cause par les progrès de la médecine, notamment par les greffes en domino. Un même organe peut en effet être utilisé pour plusieurs receveurs, qui sont alors appelés à se connaître s'ils sont traités dans un même lieu. Le principe d'anonymat ne saurait toutefois être totalement abandonné, puisqu'il protège tant le donneur que le receveur d'éventuelles pressions.

449. L'anonymat est, en revanche, mieux garanti pour les dons de gamètes. La loi n'a pas pour objectif de dissimuler l'assistance médicale à la procréation, mais tend uniquement à ne pas révéler l'identité du donneur. L'anonymat du donneur de gamètes génère le secret, plus précisément un secret de famille relatif à l'établissement d'une filiation. Les secrets sont en réalité multiples et portent sur la sexualité du couple, sur la stérilité de l'un de ses membres et, plus encore, sur l'identité du donneur. Le principe est déjà ancien, puisqu'il figurait déjà dans la Chartre rédigée en 1973 par les Centres d'études et de conservation des oeufs et du sperme. Il figurait également dans l'avis n° 18, de 1990, du Comité consultatif national d'éthique[643] et dans un rapport rédigé en 1998 par le Conseil d'Etat[644]. Les praticiens, en l'absence de

---

642 Ces exigences sont toutefois écartées pour le don de moelle osseuse.
643 *Etudes conduites par le Comité concernant les dons de gamètes et d'embryon.*
644 *Sciences de la vie : de l'éthique au droit.*

texte, avaient imposé un secret absolu autour de l'identité du donneur. Ce principe déontologique a été consacré par les lois du 29 juillet 1994, dans trois Codes différents. En premier lieu, l'article 16-8 du Code civil pose un principe général d'anonymat. Ses dispositions sont ensuite reprises par l'article L 665-14 du Code de la santé publique, pour le don et l'utilisation des produits du corps humain. L'article 511-10 du Code pénal incrimine enfin le fait "de divulguer une information permettant à la fois d'identifier une personne ou un couple qui a fait un don de gamètes, et le couple qui les a reçus". L'article 673-6 précise, en outre, que "les organismes et les établissements fournissent aux autorités sanitaires les informations utiles relatives aux donneurs. Un médecin peut accéder aux informations médicales non identifiantes en cas de nécessité thérapeutique concernant un enfant conçu par assistance médicale à la procréation avec tiers donneur".

450. Plusieurs arguments militent néanmoins en faveur de l'abandon du principe d'anonymat. Ce principe est, tout d'abord, inconnu de nombreuses législations étrangères. Les lois espagnole ou anglaise permettent ainsi à l'enfant, à sa majorité, d'obtenir des informations sur le donneur (taille, poids, profession...) et même de révéler son identité lorsque la santé de l'enfant est en jeu. L'enfant peut pareillement, en Suisse, obtenir des informations relatives à l'identité du donneur et à son aspect physique. La législation suédoise précise que l'identité du donneur doit être mentionnée sur des documents administratifs que l'enfant peut consulter à partir de sa majorité. La Convention de New-York du 26 janvier 1990, relative aux droits de l'enfant, consacre ensuite "le droit pour l'enfant, dans la mesure du possible, de connaître ses parents et d'être élevé par eux". Elle contient donc une réserve très importante. Le contexte de cette convention doit également être pris en compte, puisqu'elle entendait protéger des enfants arrachés de leur milieu familial, notamment en vue de leur adoption dans des pays occidentaux. De nombreux psychiatres condamnent en outre toute forme de secret relative à la filiation. Le Comité consultatif national d'éthique a toutefois estimé qu'aucun élément nouveau ne pouvait justifier l'abandon du principe d'anonymat.

B) Le "masque du nom".

451. Le nom est un "masque" qui permet, dans certains cas, à l'individu de se dissimuler et de ne pas révéler aux tiers certaines informations personnelles[645]. Le nom permet, en règle générale, de révéler l'individu, ses origines, son enracinement familial. Le nom exerce ainsi une double fonction,

---

[645] M. Gobert, *Le nom ou la redécouverte d'un masque*, JCP.1980.I.2966.

dénotative et connotative. Il désigne l'individu et renvoie à une résonance affective, morale ou sociale[646]. Il permet toutefois de mentir de façon permanente. Le mensonge est alors un moyen de préserver l'intimité en ne révélant pas certains aspects de la personnalité. Ce mécanisme tend néanmoins à se raréfier.

452. L'article 334-5 du Code civil permettait ainsi de détourner le mécanisme dénotatif du nom. En l'absence de filiation paternelle établie, le mari de la mère pouvait conférer son propre nom à l'enfant par une déclaration faite conjointement avec la mère devant le juge aux affaires familiales. Ce texte, issu de la loi du 3 janvier 1972, entendait lutter contre les reconnaissances de complaisance. La dation de nom, empruntée aux droits allemand et suisse, assurait l'intégration de l'enfant dans le foyer recomposé de la mère. L'enfant obtenait ainsi une apparence de légitimité, destinée à faciliter ses relations avec les tiers. Une simple manifestation de volonté dissimulait l'absence de filiation paternelle. La loi du 18 juin 2003, relative à *la dévolution du nom de famille*, a abrogé toutefois l'article 334-5 du Code civil. Ce mécanisme était en effet très peu utilisé et risquait d'imposer à l'enfant le nom d'un homme avec lequel il n'avait plus aucun lien, notamment après le divorce de sa mère.

453. Le nom peut, en revanche, toujours dissimuler un divorce. Certes, l'épouse perd théoriquement l'usage du nom de son mari, puisque le divorce met fin au mariage[647]. Ce principe évite notamment que deux femmes portent le même nom si le mari se remarie par la suite. Obliger l'ancienne épouse à changer brusquement de nom peut cependant être source de difficultés, notamment lorsqu'elle exerce une activité professionnelle. L'obliger à renoncer au nom qui a fait sa réputation lui serait alors préjudiciable. La loi du 11 juillet 1975 a donc permis à l'épouse divorcée de conserver, dans certains cas, le nom de son ancien mari, pour ne pas l'obliger à révéler aux tiers l'évolution de sa situation matrimoniale. Ainsi, la femme peut être autorisée à conserver le nom de son ancien mari. Cette autorisation peut lui être donnée par le mari lui-même, mais elle n'est pas définitive. Elle n'est toutefois plus révocable *ad nutum* et doit donc être justifiée. L'autorisation peut également émaner du juge, si l'ancienne épouse justifie d'un intérêt suffisant. Le juge dispose alors d'un très large pouvoir d'appréciation. L'autorisation peut ainsi être délivrée si la femme justifie d'un intérêt pour sa vie professionnelle, sans qu'il soit nécessaire qu'elle ait acquis une certaine renommée[648]. L'ancienne

---

[646] D. Gutmann, *Le sentiment d'identité*, préf. F. Terré, LGDJ, *Bibliothèque de droit privé*, Tome 327, 2000.
[647] Article 264 du Code civil.
[648] Civ. 2ème, 16 juillet 1982, Bull. civ. II, n° 106.

épouse peut également être autorisée à conserver l'usage du nom de son mari en présence d'enfants mineurs. L'autorisation n'est toutefois jamais définitive et le juge peut être amené à reconsidérer sa décision en raison d'un changement de circonstances. Enfin, la femme perd définitivement le bénéfice de l'autorisation lorsqu'elle se remarie.

454. Le nom permet ainsi, dans quelques cas, de dissimuler aux tiers la situation réelle de l'individu. S'il ne peut plus cacher l'absence de filiation depuis la loi du 18 juin 2003, il peut toutefois dissimuler aux tiers le divorce des époux. Ce masque tend cependant à se raréfier.

§ 3 : Le secret professionnel.

455. Le secret professionnel est principalement évoqué par la loi pénale, par des textes qui obligent le professionnel à garder le silence ou, au contraire, à parler. Ainsi, l'article 226-13 du Code pénal impose de se taire, lorsqu'il dispose que "la révélation d'une information à caractère secret par une personne qui en est le dépositaire soit par état ou par profession, soit en raison d'une fonction ou d'une mission temporaire, est punie d'un an d'emprisonnement et de 15 000 euros d'amende". De nombreuses incertitudes entourent cependant le secret professionnel, qui a été comparé à "une espèce de monstre tentaculaire, hirsute, une gorgone tentaculaire"[649]. Son objectif ne fait toutefois aucun doute. Le secret professionnel tend à protéger la confiance légitime (A). Il connaît cependant un recul permanent, parce qu'il est remis en cause par l'impératif de transparence. Ainsi, le projet de loi portant *adaptation de la justice aux évolutions de la criminalité* écarte la règle du secret professionnel pour faciliter notamment la répression du terrorisme, du blanchiment d'argent et de la pédophilie, sauf pour les journalistes, les avocats et les notaires. Une grave menace pour les libertés fondamentales en résulterait. Déjà, en droit positif, de nombreuses confidences, traditionnellement protégées par le secret, peuvent aujourd'hui être révélées au nom de la recherche de la vérité et de la protection de l'ordre public. Le secret professionnel est alors limité par des dénonciations obligatoires (B).

A) La protection de la confiance légitime.

456. Tous les "confidents nécessaires", tels les médecins, les ministres du culte ou les avocats, sont soumis au secret professionnel. La loi du 13 juillet 1983 sur les droits et obligations des fonctionnaires leur impose pareillement,

---

[649] R. Floriot et R. Combaldieu, *Le secret professionnel*, préf. Aydalot, Flammarion, 1973.

dans son article 27, de “satisfaire aux demandes d’information du public”, mais ils doivent agir “dans le respect des règles mentionnées à l’article 26”. Ils sont donc tenus de respecter le secret professionnel et de “faire preuve de discrétion professionnelle pour tous les faits, informations ou documents dont ils ont connaissance dans l’exercice ou à l’occasion de l’exercice de leurs fonctions”.

457. La violation du secret professionnel est pénalement sanctionnée. L’ancien article 378 était cependant une disposition imparfaite, qui rendait l’infraction particulièrement complexe. Il ne citait pas les professionnels de santé et la jurisprudence, fluctuante et incertaine, avait été amenée à compléter la liste des personnes soumises au secret. Plus encore, le fondement de l’infraction restait flou. Le secret protège en effet tout à la fois l’intérêt général et des intérêts privés Il garantit la confiance que le public doit avoir envers certaines professions, ce qui confère une place essentielle à l’ordre public. Le secret est cependant également justifié par des intérêts privés, puisqu’il protège aussi les intérêts d’un client ou d’un patient déterminé envers un professionnel déterminé. Le nouveau Code pénal n’a pas réellement apporté de réponse satisfaisante à ces différents problèmes, car le législateur s’est abstenu de préciser le fondement de l’obligation au secret.

458. Le secret interdit de révéler un fait appris dans le cadre d’une activité professionnelle[650]. L’ancien article 378 du Code pénal utilisait deux critères pour déterminer les personnes tenues au secret professionnel. Il énumérait une série de fonctions et comportait une clause de style, que la jurisprudence avait ensuite interprétée. Désormais, l’article 226-13 impose le secret à toute personne qui en est dépositaire par état, par profession ou en raison d’une fonction ou d’une mission temporaire[651]. Sont ainsi soumis au secret professionnel tous ceux dont la fonction ou la profession exige la confiance du public : les ministres du culte[652], les avocats[653], les notaires[654], les magistrats[655] ou bien encore les experts comptables[656], contrairement aux

---

[650] *Secrets professionnels*, sous la direction de M.A. Frison-Roche, éd. Autrement, 1999.

[651] Le secret professionnel se distingue cependant de l’obligation de discrétion ou de réserve dont la violation peut justifier des sanctions disciplinaires, notamment à l’égard de nombreux fonctionnaires ou membres de professions libérales.

[652] Crim. 11 mai 1959, D.1952.312 ; TGI Bordeaux, 27 avril 1977, D.1982.Chron.221.

[653] Crim. 18 juin 1835,S.1835.1.920 ; 24 mai 1862, S.1892.1.995.

[654] Crim. 5 avril 1870, D.1870.1.185.

[655] Crim. 9 juillet 1886, D.1886.1.487.

salariés[657] ou aux courtiers d'assurance[658]. Les médecins sont tout particulièrement soumis au secret professionnel. Le secret médical constitue un principe ancien, puisqu'il apparaît déjà dans le serment d'Hippocrate[659]. Il a été par la suite repris, sous la forme d'une maxime, par les Parlements : "Que personne ne divulgue les secrets des malades, ni ce qu'il a vu, entendu et compris". L'article 4 Code de déontologie médicale, adopté le 18 septembre 1995, par le Conseil national de l'Ordre des médecins, prévoit aujourd'hui que "le secret est institué dans l'intérêt des malades et s'impose à tout médecin dans les conditions établies par la loi". Le secret est au cœur de la déontologie médicale, car il fonde la relation de confiance entre le médecin et son patient. Initialement simple obligation morale pour les médecins, le secret a été juridiquement sanctionné à partir du 19ème siècle, sur le plan pénal, comme sur le plan civil. Le banquier est pareillement un "confident nécessaire". L'article 52 de la loi bancaire de 1984 a soumis au secret professionnel les membres du conseil d'administration ou du conseil de surveillance d'un établissement de crédit ainsi que toute personne participant à un titre quelconque à la direction ou à la gestion de l'établissement ou qui est employée par lui. Le secret est général et s'impose quelque soit le statut des établissements de crédit. Le banquier doit donc garder confidentiels tous les faits non publics qui lui ont été confiés par un client ou par un tiers ou qu'il a connus dans l'exercice ou à l'occasion de sa profession.

459. L'ancien article 378 imposait aux professionnels de conserver les "secrets qu'on leur confie". A la lettre, les faits à ne pas révéler auraient été secrets et auraient dû avoir été confiés. La jurisprudence avait cependant écarté ces deux conditions, pour en poser de nouvelles. Le secret n'était pas défini dans un sens littéral. La condamnation pour violation du secret professionnel était encourue même si les faits n'étaient pas véritablement secrets, c'est-à-dire inconnus jusqu'à là[660]. Le simple fait de donner des détails complémentaires sur une situation déjà connue réalisait l'infraction[661]. La confidence n'était, en outre, pas exigée. Le secret s'étendait, non seulement à ce qui avait été confié, mais aussi à tout ce que son activité lui

---

656 Crim. 24 janvier 1957.D.1957.298 ; CA Paris, 29 mars 1990, Gaz.Pal.1990.2.511, note Marchi.
657 Cornu 5 février 1970, Bull. crim. n° 56 ; 19 novembre 1985, Bull. crim. n° 364.
658 CA Nancy, 9 mars 1939, Gaz.Pal.1939.2.18.
659 *Les choses que je verrai ou entendrai dire dans l'exercice de mon art, ou lors de mes fonctions dans le commerce des hommes, et qui ne devront pas être divulguées, je les tairai, les regardant comme des secrets inviolables*
660 Crim. 24 janvier 1957, D.1957.298.
661 Crim. 7 mars 1989, Bull. crim. n° 109 ; Bull. sc. crim., 1990.73, obs. G. Levasseur.

avait permis d'apprendre[662]. Seules les informations destinées à être communiquées au public échappaient au secret[663]. La jurisprudence avait ajouté deux autres conditions à celles qui étaient prévues par la loi. D'une part, les faits devaient avoir été appris dans l'exercice de la profession ou de la fonction. Un ministre du culte n'était donc pas soumis au secret lorsque les faits lui avaient été confiés, en dehors de son ministère, en qualité d'ami ou de proche[664]. Cette jurisprudence était cependant contestable, car la qualité de prêtre d'un ami n'est probablement pas indifférente pour celui qui se confie. Plus encore, la jurisprudence distinguait, à l'intérieur de l'activité professionnelle, les actes qui impliquaient le secret des actes qui pouvaient être révélés. L'avocat était ainsi soumis au secret lorsque les droits de la défense étaient en jeu, non pour ses activités de négociation ou de rédaction d'actes[665]. Or, aucune justification ne pouvait être donnée à une telle distinction. D'autre part, la jurisprudence ne tenait pas compte de la neutralité de l'information révélée. L'infraction était donc constituée même si le professionnel avait l'intention de venir en aide à son client. Désormais, l'article L 226-13 du Code pénal ne vise que la révélation d'une "information à caractère secret". La loi semble donc exiger un secret au sens littéral du terme. La jurisprudence antérieure qui étendait le secret à toutes les informations dont le professionnel avait connaissance dans l'exercice de son activité semble donc condamnée, ce qui limite le domaine de l'infraction. La loi est en outre muette sur le point de savoir si l'information secrète doit avoir ou non été révélée. Elle est pareillement silencieuse sur le caractère nuisible de la révélation.

460. Le secret religieux soulève par ailleurs de nombreuses incertitudes. Historiquement le régime de la confession illustre la place de l'individu dans la société. La confession, était initialement publique, de sorte que la question du secret ne se posait pas. Le secret ne s'est imposé qu'au 13ème siècle, essentiellement pour protéger la pudeur féminine. Les intentions du pécheur ont primé sur ses actes, la contrition étant alors préférée à la pénitence. L'Eglise a donc pu contrôler l'âme et la conscience des fidèles, tout en promouvant la subjectivité personnelle. L'intentionnalité et la responsabilité n'ont donc cessé de se développer à partir du 12ème siècle. La contrainte

---

662 Crim. 18 décembre 1885, S.1886.1.86, rapport Tanon ; 17 mai 1973, D.1973.582, note P.J. Doll ; JCP.1974.II.17712 ; Rev. sc. crim., 1974.369, note G. Levasseur ; 18 octobre 1977, D.1978.94 ; 22 novembre 1994, Dr. pénal, 1995, n° 64.

663 Crim. 13 mars 1956, JCP.1956.II.9364.

664 Crim. 11 mai 1959, Bull. crim. n° 253.

665 Crim. 20 septembre 1992, Bull. crim. n° 236 ; D.1992.323, note Ch. Gavalda ; JCP.1992.II.21858, note Martin ; Rev. sc. crim., 1992.756, note G. Levasseur ; 7 mars 1994, JCP.1994.II.22251, note Martin.

institutionnelle se fit toutefois de plus en plus pressante, au dépend du libre arbitre individuel. Le IVème Concile de Latran, en 1215, obligea ainsi tous les chrétiens à se confesser au moins une fois par an, mais il prit soin de préciser que le prêtre "prenne garde de trahir le pécheur par un signe ou de quelque autre façon". Des manuels ont alors été rédigés pour guider le confesseur, en lui fournissant de véritables "barèmes" des pêchés et des vertus.

461. La confession présente cependant une certaine ambiguïté, car elle mêle transparence et secret. Le pécheur doit se dévoiler, alors que le confesseur est tenu au secret. L'aveu et le secret y sont intimement liés, de sorte que la confession ne serait pas totalement éloignée, sur ce point, de la psychanalyse. Toutes deux réalisent une "synthèse entre mise à nue et occultation de soi-même"[666]. L'intime ne requiert pas l'isolement, la solitude, car l'introspection est impossible sans la présence d'autrui. Le dialogue avec soi-même nécessite souvent un médiateur, mais il n'est possible que si ce médiateur est tenu au secret le plus absolu. Le secret religieux soulève cependant de nombreuses difficultés, parce qu'il doit être concilié avec la définition laïque du secret professionnel. Les ministres du culte sont amenés, de part leurs fonctions, à détenir des informations confidentielles. Ce principe est général et s'applique à tous les ministres du culte, de toutes les religions. Toutes les confessions sont secrètes, qu'elles soient adressées à un prêtre catholique[667], à un pasteur protestant[668], à un rabbin ou à un imam[669]. La qualité de ministre du culte ne suffit toutefois pas pour refuser de révéler une information. Cette information doit encore présenter un caractère secret au sens de l'article 226-13 du Code pénal. Or, la détermination des faits couverts par le secret soulève de nombreuses difficultés. Tous les faits connus d'un ministre du culte ne sont pas secrets. Le secret religieux n'est pas nécessairement religieux en lui-même et peut donc porter sur des "événements ordinaires de la vie humaine connus par un ministre du culte à l'occasion ou à

---

[666] A. Hahn, *Contribution à la sociologie de la confession et autres formes institutionnalisées d'aveu : autothématisation et processus de civilisation*, ARSS, n° 62-63, 56.

[667] CA Angers, 31 mars 1841, S.1841.2.225, note Villeneuve ; Crim. 11 mai 1959, D.1952.312 ; TGI Bordeaux, 27 avril 1977, D.1982.Chron.221.

[668] Tb. corr. Bordeaux, 27 avril 1977, Gaz.Pal.1977.2.506, note M. Gleizes ; Rev. sc. crim., 1978.104, obs. G. Levasseur. Aujourd'hui, le principe est posé par l'article XXI de la Discipline de l'Eglise réformée de France : "Le pasteur est lié par le secret professionnel, sur ce dont il aura pu avoir connaissance du fait de son ministère".

[669] Le Coran ne traite pas directement du secret, mais il évoque l'obligation de témoigner. L'imam est cependant tenu au secret si la personne qui se confie à lui regrette sincèrement son geste.

raison de sa fonction"[670].Tout est alors fonction des conditions dans lesquelles ces informations ont été confiées. Le secret de la confession sacramentelle, réalisée auprès d'un prêtre catholique, ne fait aucun doute. Il est en effet expressément consacré par les canons 983 et 984 du Code de droit canonique de 1983. L'Eglise protège le secret de la confession et sanctionne sa violation par de lourdes peines allant jusqu'à l'excommunication[671]. Les péchés, mortels ou véniels, confiés par un chrétien baptisé à un prêtre muni de la juridiction nécessaire en vue d'en obtenir l'absolution ne peuvent jamais être révélés. Le droit canon pose trois conditions pour qu'il y ait confession et donc secret sacramentel : des aveux faits à un prêtre approuvé, la manifestation d'un péché et l'intention, même implicite, d'obtenir un conseil ou des encouragements. La confession se distingue de la simple confidence, car elle apporte au pécheur la grâce dont il a besoin. Elle est fondée sur le pouvoir des clés reconnu à Saint-Pierre : "Je te donne les clés du royaume des cieux. Ce que tu lieras sur terre sera lié dans les cieux, et ce que tu délieras sur la terre sera délié dans les cieux"[672]. La confession est donc un moyen qu'offre l'Eglise à chaque pécheur d'être réintroduit dans la communion, moyennant l'aveu de ses fautes et l'acceptation d'une juste réparation. Dieu "efface" alors les péchés par le sacrement de pénitence et les secrets ainsi avoués ne peuvent être révélés. Le secret de la confession est de l'essence même du sacrement pour Saint Thomas, la confession étant précisément destinée à cacher les péchés "sous le voile de l'oubli et du pardon". Les péchés, après la confession, sont censés ne jamais avoir été commis. Nul ne saurait donc révéler aux hommes ce que Dieu lui-même cache sous un sceau inviolable. Le secret de la confession est d'institution divine. Or, en droit laïc, la jurisprudence permet pareillement au prêtre de refuser de témoigner ou de dénoncer des faits connus dans le cadre d'une confession[673]. La confession est toutefois de moins en moins pratiquée. Les prêtres vont généralement eux-mêmes au devant des fidèles, de sorte que de nombreux faits ne sont connus qu'en dehors de ce sacrement. On parle alors de secret sacerdotal, naturel ou pastoral. Le secret couvre en effet, en droit canonique, tant les confidences faites à l'occasion des fonctions sacerdotales que les faits connus à l'occasion de ces fonctions. Il ne s'agit toutefois pas d'un secret d'ordre divin. L'Eglise en impose le respect au nom de la loi naturelle. Toute idée d'inviolabilité absolue est écartée[674]. Le secret d'ordre naturel se subdivise en trois

---

670 M.E. Cartier, *Le secret religieux*, Rev. sc. crim., 2003, p. 485-500, spécialement p. 489.

671 Canon 1388 du Code canonique.

672 *Evangile de Saint Mathieu*, 16,19.

673 Crim. 30 novembre 1810, S.1811.1.49.

674 H. Moutouh, *Secret professionnel et liberté de conscience : l'exemple des ministres du culte*, D.2003.Chron.331.

catégories. En premier lieu, le secret naturel *stricto sensu* porte le plus souvent sur des informations dont la révélation serait susceptible de nuire aux intéressés, dans leur renommée ou dans leurs biens. L'homme d'Eglise doit respecter le secret, car tout chrétien a l'obligation de ne pas nuire à son prochain. Le secret promis désigne ensuite une information que l'on s'est engagé à ne pas révéler. La promesse de confidentialité peut être provoquée ou spontanée. Le secret promis doit être gardé de manière plus stricte, pour ne pas manquer à sa parole. Enfin, le secret confié est un secret confié à la condition expresse ou tacite de le garder comme tel. Il a été reçu pour obtenir un conseil ou un concours. Les père et mère, les frères et sœurs sont ainsi soumis à cette forme de secret en raison de la parenté qui les unie au confident. Le secret confié devient même quasi-sacramentel lorsqu'il résulte des relations spirituelles qui existent entre un religieux et son supérieur, entre un fidèle et son directeur de conscience, lors d'une demande de conseil, mais en dehors de la confession. Les relations qui unissent un prêtre à son évêque s'inscrivent ainsi dans ce contexte particulier du secret quasi-sacramentel. L'évêque a en effet autorité sur son diocèse. Il est donc soumis à une obligation renforcée de confidentialité. Le canon 1755, § 2, l'autorise ainsi à ne pas répondre aux juges lorsqu'il risquerait de dévoiler des renseignements qu'il possède en vertu de son ministère, y compris "en dehors du ministère de la confession". Le secret quasi-sacramentel ne bénéficie toutefois pas d'une confidentialité absolue. Il peut être divulgué, lorsque certaines conditions sont réunies. L'Eglise permet au détenteur de révéler de tels faits, mais le supérieur ou le directeur de conscience doit préalablement se livrer à un examen de conscience approfondi. Ainsi, si des faits criminels ont été confiés à un évêque en dehors de la confession, il doit évaluer en son for intérieur s'il doit les révéler, en comparant les conséquences de son silence à celle d'une révélation. Il devra tenir compte des impératifs de la communauté civile et ecclésiastique, du bien de celui qui lui a livré le secret, du bien des tiers innocents et de son intérêt propre. L'Eglise laisse donc l'évêque libre de son action lorsque les faits lui ont été confiés en dehors de la confession. La jurisprudence laïque voit toutefois dans le secret sacerdotal un secret professionnel, qui s'étend à tous les faits appris par le ministre du culte dans le cadre ou à l'occasion de ses fonctions. Le droit positif est donc plus rigoureux que le droit canon, qui ne garantit le secret absolu que pour les faits révélés dans le cadre de la confession[675]. Cette jurisprudence est d'autant plus logique que la confession n'existe pas dans les autres religions. Limiter le secret religieux au secret sacramentel limiterait arbitrairement la portée du

[675] Crim. 30 novembre 1810, arrêt précité ; CA Angers, 31 mars 1891, arrêt précité ; Civ., 4 décembre 1891, S.1892.1.473, note E. Villey ; Tb. corec. Seine, 19 mai 1900, D.1901.2.81.

secret religieux. Un pasteur a, par exemple, été condamné pour violation du secret professionnel pour avoir révélé des informations apprises lors d'entretiens en vue d'un mariage[676]. Seuls les faits connus dans un cadre laïc ou familial ne sont donc pas couverts par le secret, par exemple lorsqu'une information a été révélée à un prêtre qui était intervenu dans un conflit en qualité de médiateur[677]. L'article 226-13 du Code pénal exige en effet que le secret "soit en relation" avec la profession. Lorsque ces conditions sont réunies, le ministre du culte qui viole le secret professionnel s'expose donc, non seulement à des sanctions canoniques, mais aussi à une condamnation pénale. Il "ne peut être contraint de déposer ni même interrogé sur les révélations qu'il a reçues"[678].

462. Quelque soit son détenteur, l'élément matériel de l'infraction consiste enfin dans la révélation du secret. La tentative n'étant pas incriminée, la révélation doit être consommée. Elle n'est toutefois punissable que si quelque chose a été révélé, même partiellement. Les modalités de la révélation importent peu. La violation du secret peut donc être réalisée oralement ou par écrit, par une personne isolée ou par un groupe. La qualité du destinataire de la révélation est indifférente. Peu importe donc qu'il soit lui-même soumis au secret[679]. La violation du secret professionnel est ensuite une infraction intentionnelle. Une imprudence, même lorsqu'elle est grave, est donc insuffisante. La volonté de nuire n'est pas requise. Seule importe le caractère intentionnel de la révélation. La violation du secret professionnel est un délit puni d'un an d'emprisonnement et/ou d'une amende. La tentative n'est toutefois pas punissable. L'impératif de transparence provoque cependant un recul du secret professionnel, parce qu'il est écarté par la loi elle-même, lorsqu'elle organise des dénonciations obligatoires.

B) Le partage du secret et les dénonciations obligatoires.

463. Le secret professionnel n'est plus aujourd'hui un secret absolu. De multiples exceptions ont ainsi été apportées au secret bancaire, qui n'est ainsi opposable ni aux autorités judiciaires, ni à la Banque de France, ni aux services fiscaux.

464. Plus encore, plusieurs dispositions du Code pénal imposent de dénoncer un crime[680], de révéler les privations, mauvais traitements ou

[676] Tb. corr. Bordeaux, 27 avril 1977, jugement précité.
[677] CA Basse-Terre, 14 décembre 1986, Gaz.Pal.1986.1.12.
[678] Crim., 30 novembre 1810, arrêt précité.
[679] Crim. 21 novembre 1874, S.1875.1.89.
[680] Article 434-1 du Code pénal.

atteintes sexuelles sur mineur de 15 ans ou sur personne vulnérable[681] ou bien encore de témoigner en faveur d'un innocent[682]. L'article 226-14 du Code pénal précise alors que le secret professionnel "n'est pas applicable" à "celui qui informe les autorités judiciaires, médicales ou administratives, de privations, de sévices, y compris lorsqu'il s'agit d'atteintes sexuelles dont il a eu connaissance et qui ont été infligées à un mineur de quinze ans ou à une personne qui n'est pas en mesure de se protéger en raisin de son âge ou de son état de santé physique ou psychique". Le médecin est également dégagé du secret si "avec l'accord de la victime", il "porte à la connaissance du procureur de la République les sévices qu'il a constatés dans l'exercice de sa profession et qui lui permettent de présumer que des violences sexuelles de toute nature ont été commises". Le dépositaire d'un secret professionnel dispose alors d'une option de conscience[683]. Le professionnel est libre de révéler ou de taire le secret qu'il détient. Seule sa conscience dicte sa décision. Les exceptions apportées par la loi au secret professionnel constituent des causes d'irresponsabilité pénale, au sens de l'article 124-4 du Code pénal. La loi autorise la révélation d'informations secrètes. Plus encore, elle oblige parfois le détenteur d'un secret à le révéler. Les commissaires aux comptes doivent, par exemple, révéler les faits délictueux dont ils ont connaissance dans l'exercice de leurs fonctions. La loi se contente cependant le plus souvent d'autoriser la révélation du secret, sans la rendre obligatoire. L'article 226-14, 1°, du Code pénal déclare ainsi l'article 226-13 inapplicable "à celui qui informe les autorités judiciaires, médicales ou administratives de privations ou de sévices, y compris lorsqu'il s'agit d'atteintes sexuelles dont il a eu connaissance et qui ont été infligées à un mineur de quinze ans ou à une personne qui n'est pas en mesure de se protéger en raison de son âge, de son état physique ou psychique". Le réceptionnaire du secret n'est donc pas tenu de le révéler. La loi autorise cette révélation, mais ne l'impose pas. Aucune sanction ne peut donc être prise contre le professionnel, qu'il garde le secret ou qu'il le révèle. Certaines informations doivent cependant être révélées quelle que soit la qualité de leur détenteur. Le principe est ancien, puisqu'une Déclaration de 1477 imposait déjà de révéler tout projet ou toute conspiration contre le souverain ou l'Etat. La non-dénonciation de crimes ou de projet de crimes contre des personnes a été incriminée, à l'époque moderne, par une loi du 25 octobre 1941. Ce texte fut ensuite remplacé par l'ordonnance du 25 juin 1945, lors du rétablissement de la légalité républicaine. L'ancien article 62 du Code pénal incrimina alors le fait de ne pas avertir les autorités judiciaires ou administratives d'un crime. Il fut complété par une loi du 2 février 1981, pour

---

[681] Article 434-3 du Code pénal.
[682] Article 434-11 du Code pénal.
[683] F. Alt-Maes, *Un exemple de dépénalisation : la liberté de conscience accordée aux personnes tenues au secret professionnel*, Rev. sc. crim. 1998, p. 301 et s.

les sévices ou privations sur mineur de quinze ans. Un conflit d'incriminations en résulta cependant. Le droit pénal obligeait en effet tout individu ayant connaissance d'un crime ou de sévices sur mineur de quinze ans de les dénoncer, mais il condamnait toujours la violation du secret professionnel. Le nouveau Code pénal a donc mis fin à cette contradiction. L'article 434-1 précise que l'obligation de dénonciation s'applique également aux personnes soumises au secret professionnel. Un professionnel ne peut donc plus être toute à la fois tenu de dénoncer un crime et de le garder secret. En revanche, la non-dénonciation d'agressions sexuelles sur mineur de quinze ans ou sur personne vulnérable soulève encore des difficultés. L'article 434-3, modifié par la loi n° 98-468 du 17 juin 1998, incrimine "le fait pour quiconque ayant eu connaissance de privations, de mauvais traitements ou d'atteintes sexuelles infligées à un mineur de quinze ans, (...), de ne pas en informer les autorités judiciaires ou administratives". Le second alinéa de ce texte précise cependant "sauf quand la loi en dispose autrement, sont exceptées les dispositions qui précèdent, les personnes astreintes au secret dans les conditions prévues par l'article 226-13". Les professionnels soumis au secret ne sont donc pas tenus de dénoncer ces mauvais traitements ou ces atteintes sexuelles, "sauf quand la loi en dispose autrement". Le Code pénal pose donc un principe, l'obligation de dénoncer, mais lui apporte une exception en faveur des personnes tenues au secret professionnel, tout en admettant que cette exception est elle-même écartée par la loi... Aucun texte ne prévoit toutefois que toute personne qui a connaissance de mauvais traitements ou d'atteintes sexuelles sur mineur de quinze ans a l'obligation de les dénoncer. Seuls des textes catégoriels, visant notamment les assistants de service social ou les personnes travaillant au sein de l'aide sociale à l'enfance, peuvent être relevées du secret. Plus encore, la circulaire du 14 mai 1993 a précisé que le législateur entendait exclure de l'article 434-3 les personnes soumises au secret professionnel. La dénonciation relève donc de leur seule conscience. Cette liberté semble toutefois menacée par la jurisprudence. Un évêque a, par exemple, été poursuivi pour ne pas avoir dénoncé des atteintes sexuelles sur mineur de 15 ans commises par un prêtre de son diocèse[684]. L'obligation de dénoncer des mauvais traitements ou des atteintes sexuelles l'emporterait sur le secret professionnel. La Chambre criminelle de la Cour de cassation a pareillement censuré un arrêt de la Chambre d'accusation de la Cour d'appel de Versailles, qui avait annulé une perquisition et des saisies de documents relatifs à une procédure canonique, au motif que "l'obligation imposée aux ministres du culte de garder le secret des faits dont ils ont connaissance dans l'exercice de leur ministère ne fait pas obstacle à ce que le

---

684 TGI Caen, 4 septembre 2001, D.2001.IR.2721 ; D.2002.Somm.1803, obs. Roujou de Boubée ; Dr. pénal, 2001, n° 46, note L. Leturmy.

juge d'instruction procède à la saisie de tous documents pouvant être utiles à la manifestation de la vérité"[685]. La recherche de la vérité ne doit donc pas se heurter au secret. La gravité des faits pouvait alors justifier une coopération entre les autorités religieuses et judiciaires, car l'éventuelle absolution de ces faits par l'Eglise ne saurait les soustraire à la loi pénale.

465. S'agissant des témoignages en justice, la doctrine distinguait, dans le silence des textes, entre l'obligation de témoigner en faveur d'une personne poursuivie que le professionnel savait innocente et les autres formes de témoignages. Seule l'obligation de révéler l'innocence de la personne poursuivie l'emportait sur le secret professionnel. Dans les autres hypothèses, la jurisprudence introduisait une nouvelle distinction. Certaines personnes, pourtant soumises au secret professionnel, ne pouvaient l'invoquer pour refuser de témoigner en justice. Seuls certains professionnels pouvaient donc opposer au juge le secret. Seuls les médecins[686], les ministres du culte ou les avocats[687] étaient soumis à un secret absolu. Certains textes organisant des professions spécifiques, d'expert comptable par exemple, soumettent en effet leurs membres au secret professionnel, tout en les obligeant à témoigner. Désormais, l'article 434-11 du Code pénal exempte du secret le professionnel lorsqu'il s'agit de témoigner en faveur d'une personne innocente. Le professionnel n'est donc plus obligé de témoigner, mais il n'est même plus en mesure de le faire, puisqu'il n'est pas concerné par ce texte. L'article 109 du Code de procédure pénale se borne à renvoyer aux textes de base pour le témoin ordinaire et ne traite donc pas de la question.

466. La question de la révélation dans l'intérêt du déposant n'a pas de véritable portée pratique lorsqu'il l'autorise, du moins lorsqu'il est vivant et en mesure de manifester sa volonté. Le secret professionnel n'est pas, en effet, opposable au déposant, qui peut toujours accéder aux documents qui le concernent[688], sous réserve de respecter les procédures administratives éventuellement applicables. Le déposant peut donc obtenir du professionnel une attestation. Réciproquement, le professionnel est tenu au secret le plus absolu lorsque son client ou son patient s'est opposé à toute révélation. La situation devient, en revanche, plus complexe lorsque le professionnel souhaite révéler quelque chose, parce qu'il considère que cette révélation sert les intérêts de son client. La jurisprudence est incertaine. Un médecin a ainsi

---

685 Cornu 17 décembre 2002, JCP.2003.II.10036, note M.L. Rassat.

686 Cornu 8 mai 1947, D.1948.109 ; JCP.1948.II.4141 ; 22 décembre 1966, D.1967.122 ; JCP.1967.II.16126 ; Rev. sc. crim. 1967.453, obs. G. Levasseur.

687 CA Paris, 13 juillet 1973, D.1974.16.

688 CE., 12 avril 1957, D.1957.336 ; Crim. 28 janvier 1966, D.1967.447, note Savatier ; Soc. 1er mars 1972, D.1972.426.

été condamné pour avoir révélé les causes d'un décès pour mettre fin à une rumeur malveillante[689]. Au contraire, un avocat n'a pas été sanctionné alors qu'il avait révélé certaines confidences de son client, parce qu'il assurait ainsi plus efficacement sa défense[690]. La question est encore plus complexe à l'égard des héritiers, notamment lorsqu'ils sollicitent un certificat médical dans le cadre de contestations familiales ou sociales. Certains arrêts se sont montrés hostiles à leur délivrance[691]. D'autres les ont admis, lorsqu'ils servaient leurs intérêts et ne portaient pas atteinte à la mémoire du défunt[692]. Cette seconde jurisprudence, approuvée par de nombreux auteurs, est cependant contestable. Elle confère un large pouvoir d'appréciation au professionnel, ce qui n'est pas son rôle. Elle l'oblige en outre à intervenir dans un conflit familial dont il ignore parfois tout. Enfin, certains conflits d'intérêts ne devraient être tranchés que par un juge, surtout lorsque la volonté du défunt est inconnue. La situation est néanmoins différente lorsque des intérêts uniquement matériels sont en jeu, notamment la validité d'un testament se pose[693]. La Cour de cassation a alors estimé que l'article 901 du Code civil valait autorisation au sens de l'ancien article 378 du Code pénal, alors applicable. Le médecin traitant de la défunte pouvait donc communiquer un certificat aux experts, dès lors que ce témoignage était un moyen d'établir l'insanité d'esprit de la défunte lors de la rédaction des testaments litigieux[694].

467. Le professionnel ne peut jamais révéler un secret dont il est dépositaire pour défendre ses propres intérêts, notamment pour se soustraire à des contrôles administratifs ou fiscaux. Les droits de la défense peuvent toutefois constituer un fait justificatif lorsque le professionnel est poursuivi judiciairement[695]. Le Code pénal admet une justification par ordre de la loi. Enfin, l'état de nécessité peut exceptionnellement justifier la violation du secret professionnel. La révélation est donc admise lorsqu'elle est nécessaire à l'accomplissement de la mission confiée au professionnel. Celui-ci peut donc communiquer des informations à un confrère ou même à un expert d'une autre spécialité. Des difficultés demeurent cependant et la question reste discutée. Il serait souhaitable que le professionnel soit tenu de révéler certains faits

---

[689] Crim., 19 décembre 1885, S.1886.1.86.

[690] Crim. 26 février 1959, Bull. crim. n° 134.

[691] Civ. 1ère, 22 janvier 1957, D.1957.445, note Savatier ; 13 octobre 1970, D.1970.765, conclusions R. Lindon.

[692] Crim., 13 juillet 1936, DH.1936.588 ; Civ. 1ère, 12 juin 1958, JCP.1959.II.10940 ; 26 mai 1964, D.1965.199, note Le Bris ; JCP.1964.II.13751, note R. Lindon

[693] TGI Paris, 10 juillet 1991, D.1993.Som.com.55 ;

[694] CIv. 1ère, 2 mars 2004, D.2004.IR.1125.

[695] Crim., 20 février 1940, JCP.1940.II.1582 ; 20 décembre 1967, D.1969.309 ; Rev. sc. crim., 1968.343, note G. Levasseur ; 29 mai 1989, Bull. crim. n° 218.

couverts par le secret lorsque la vie ou l'intégrité corporelle d'autrui sont en jeu.

468. Le droit au secret apparaît donc comme essentiel dans une société démocratique, parce qu'il fonde la relation de confiance qui unit certains professionnels à leurs clients ou à leurs patients. Il n'est toutefois pas absolu, puisqu'il peut être écarté pour protéger les droits des tiers ou, plus encore, pour servir l'intérêt général. Le droit au secret n'est toutefois pas réservé aux relations avec certains professionnels. Il s'étend également aux écrits et aux correspondances.

§ 4 : Le secret des écrits et des correspondances.

469. Le secret des écrits et des correspondances, leur inviolabilité, est une conséquence de la liberté de penser et de la liberté d'expression. La révélation d'une œuvre de l'esprit est une prérogative qui résulte du droit moral, qui ne peut être exercée que par l'auteur (A). Le secret est en principe absolu et général et s'étend à toutes les formes de correspondances (B).

A) La divulgation d'une œuvre de l'esprit.

470. L'auteur a, aux termes de l'article L 121-2 du Code de la propriété intellectuelle, "seul le droit de divulguer son œuvre". Il s'agit là d'un droit de la personnalité. L'auteur ne livre son œuvre au public que lorsqu'il s'estime satisfait et considère que l'œuvre est digne d'échapper au secret. La liberté individuelle du créateur implique que nul ne puisse l'obliger à divulguer son œuvre. Peu importe que l'œuvre soit achevée dès lors que son auteur ne la juge pas satisfaisante. Peu importe également que l'auteur soit lié par un contrat et tenu, par exemple, de livrer un manuscrit. La jurisprudence refuse toute divulgation forcée[696]. L'auteur devra uniquement verser une compensation pécuniaire à son éditeur Le droit de divulgation est un droit discrétionnaire. L'auteur est seul juge de l'achèvement de son travail et peut donc décider de ne jamais le porter à la connaissance du public. Le droit de la propriété intellectuelle repose sur un postulat personnalisant. L'œuvre est crée par l'artiste. Le droit ne tient donc compte ni du "cercle des croyances"[697] ni des institutions dévouées à l'artiste et à la consécration de son œuvre. Quiconque possède le support matériel d'une œuvre ne peut la révéler qu'avec

[696] Civ., 4 mars 1900, S.1900.1.489.
[697] P. Bourdieu, *Le cercle des croyances*, ARSS, n° 13, p. 6.

le consentement de son auteur et peut donc se voir interdire de la rendre publique[698].

471. L'exercice du droit de divulgation conditionne la naissance du droit patrimonial. L'œuvre n'est investie des droits patrimoniaux qu'après avoir été livrée au public. Avant cette divulgation, l'œuvre fait partie intégrante de l'individu. Elle ne devient qu'ensuite un bien patrimonial. L'article L 111-2 du Code de la propriété intellectuelle pourrait toutefois faire douter du bien-fondé de cette analyse, puisqu'il précise que l'œuvre est réputée créée, indépendamment de toute divulgation, du seul fait de sa réalisation, même inachevée. Il serait alors tentant d'en déduire que les droits patrimoniaux préexistent à la divulgation. L'article 111-2 signifie cependant que les œuvres sont protégées par la loi avant même d'être divulguées. Il complète donc l'article L 121-2, en protégeant l'auteur contre toute divulgation qu'il n'aurait pas autorisée. L'auteur détermine seul les procédés de divulgation et en fixe les modalités. L'article L 122-7 du Code de la propriété intellectuelle lui permet notamment de ne consentir qu'à des divulgations limitées. L'auteur peut ainsi décider que sa pièce ne sera pas publiée, mais uniquement jouée.

472. Le droit de divulgation limite même le droit de propriété. L'article L 111-3, alinéa 1er, du Code de la propriété intellectuelle précise que la propriété incorporelle de l'auteur sur son œuvre est indépendante de la propriété de l'objet matériel. L'alinéa 2 de ce texte en déduit que l'acquéreur de l'objet n'est pas investi des droits d'auteur. L'acheteur d'un tableau peut ainsi se voir interdire par l'auteur de reproduire l'œuvre. L'alinéa 3 limite dans cette hypothèse l'exercice du droit de reproduction par l'auteur lui-même, car il ne peut exiger la mise à disposition de l'objet matériel. La notion d'abus de droit a néanmoins vocation à protéger le créateur. Le propriétaire de l'objet matériel devra, en cas d'abus notoire, justifier devant le juge des raisons qui le conduisent à s'opposer à l'exercice du droit de divulgation. Le caractère absolu de la propriété est donc limité, par le droit de divulgation conditionnant l'exercice du droit de reproduction.

B) Le secret des correspondances.

473. Le Doyen Gény a montré que le secret des correspondances implique la reconnaissance du droit au secret[699]. Le secret des correspondances est donc protégé par le droit. La Cour européenne des droits

---

698 Civ. 1ère, 15 janvier 1969, D.1969.476.

699 F. Gény, *Des droits sur les lettres missives*, Sirey, 1911, tome 1, p. 146, 159 et 179.

de l'Homme assure sa protection sur le fondement de l'article 8 de la Convention et protège particulièrement les personnes vulnérables aux ingérences des autorités publiques, tels les détenus. L'interdiction faite à une personne incarcérée de correspondre avec d'autres personnes que ses parents ou amis[700], la saisie des correspondances[701], le contrôle des correspondances échangées avec un avocat[702] constituent donc des ingérences illégitimes de l'Etat, en dépit du but légitime poursuivi, parce que ces mesures sont disproportionnées et donc non nécessaires. Le secret des correspondances est donc général et s'étend aux lettres missives (a), aux conversations téléphoniques (b) et aux correspondances électroniques (c).

a) Les lettres missives.

474. Le secret des correspondances s'attache aux lettres missives, aux lettres confidentielles dont la divulgation, notamment la production en justice, requiert en principe l'autorisation de l'auteur et du destinataire. Le principe est ancien, puisqu'un arrêté du 5 décembre 1789 proclama pour la première fois, par réaction aux indiscrétions de l'Ancien Régime, que "le secret des lettres doit être constamment respecté". Il fut définitivement consacré par l'article 187 du Code pénal de 1810. Les articles 226-15 et 432-9 du Code pénal garantissent aujourd'hui le secret des correspondances. Le premier incrimine "le fait, commis de mauvaise foi, d'ouvrir, de supprimer, de retarder ou de détourner des correspondances arrivées ou non à destination et adressées à des tiers, ou d'en prendre frauduleusement connaissance". Le second punit ces faits lorsqu'ils sont commis par une personne dépositaire de l'autorité publique ou chargée d'une mission de service public, agissant dans l'exercice de ses fonctions. La jurisprudence applique ces dispositions avec rigueur. Le droit sur les lettres missives a, en outre, une valeur patrimoniale. L'auteur de la lettre, et non son destinataire, dispose d'un droit de propriété littéraire et peut donc la publier[703]. Les lettres présentant un caractère confidentiel ne peuvent cependant être publiées qu'avec l'autorisation de leur destinataire[704].

475. Les correspondances échangées entre avocats sont couvertes par un secret absolu. L'article 66-5 de la loi du 31 décembre 1971, modifiée par la loi du 7 avril 1997, couvre du secret professionnel la correspondance échangée

---

[700] CEDH, 28 juin 1984, *Campbell et affe*ctifs
[701] CEDH, 25 mars 1983, *Silver*, A, n° 61.
[702] CEDH, 23 mars 1992, *Campbell.*
[703] A propos de la correspondance entre Georges Sand et Alfred de Musset : Tb. civ. Seine, 11 mars 1897, DP.1898.2.358.
[704] Civ. 1ère, 26 octobre 1965, Bull. civ. I, n° 570 ; D.1966.356.

entre un avocat et son confrère. Les exceptions posées par le Conseil national des barreaux, dans son règlement harmonisé, pour les lettres de procédure, les lettres portant la mention officielle ou les conventions entre avocats portant la mention officielle, ont été jugées illégales par la première Chambre civile de la Cour de cassation, dans un arrêt rendu le 4 février 2003[705]. La preuve d'un acquiescement à une décision de justice ne pouvait donc pas résulter d'une correspondance échangée entre les avocats des parties. L'article 66-5 de la loi du 31 décembre 1971, modifiée en dernier lieu par la loi du 7 avril 1997, couvre par le secret professionnel "en toutes matières, que ce soit dans le domaine du conseil ou dans celui de la défense, les consultations adressées par un avocat à son client ou destinées à celui-ci, les correspondances échangées entre le client et son avocat, entre l'avocat et ses confrères, les notes d'entretien et, plus généralement, toutes les pièces du dossier". La portée du texte, qui consacrait en partie un principe jurisprudentiel, était toutefois controversée, car la nature du secret, absolu ou relatif, n'avait pas été précisée par le législateur. Le "règlement intérieur harmonisé des barreaux de France", adopté par le Conseil national des barreaux, avait exclu du secret les correspondances "ayant pour unique objet de se substituer à un acte de procédure" et les correspondances et conventions entre avocats portant la mention "officielle"[706]. Une partie de la jurisprudence avait alors repris ces exceptions, notamment lorsque les correspondances contenaient des informations destinées à être révélées aux adversaires ou aux juridictions[707]. La Chambre criminelle de la Cour de cassation avait également estimé que l'article 66-5 ne faisait pas obstacle aux pouvoirs d'investigation et de saisie du juge d'instruction, allant ainsi à l'encontre de l'article 3-1 du règlement intérieur harmonisé des barreaux de France qui déclarait insaisissables toutes les correspondances entre avocats. Certains juges du fond donnèrent cependant à l'article 66-5 une portée absolue, estimant qu'aucune exception ne pouvait lui être apportée par des usages professionnels[708]. Une partie de la doctrine approuva[709] et la Cour de cassation consacra cette interprétation littérale de l'article 66-5, en cassant pour violation de la loi l'arrêt rendu par la Cour d'appel de Montpellier qui écartait le secret pour les correspondances

---

705 Civ. 1ère, 4 février 2003, JCP.2003.II.10035, conclusions J. Saint-Rose ; JCP.2003.I.140, n ° 9, obs. R. Martin ; PA., 21 août 2003, note B. Pons.

706 Décisions du Conseil national des barreaux, 13 septembre 1997, 26 et 27 mars 1999.

707 CA Douai, 9 décembre 1999, Bull. inf. C. Cass., 15 juin 2000, p. 39, n° 787 ; CA Versailles, 30 juin 2000, Gaz.Pal.2001.Somm.294.

708 Notamment : CA Pau, 24 septembre 1998, Gaz.Pal.1998.2.Somm.612.

709 R. Martin, *Déontologie de l'avocat*, Litec, 7ème éd., 2002, n° 481 ; J. de et M.L. paternité, *Profession avocat*, Dalloz, 2001, p. 280 ; V. Peltier, *Le secret des correspondances*, PUAM, 1999, n° 803.

officielles ou qui se substituent aux actes de procédure. L'article 66-5 "ne comporte aucune exception", de sorte que "toutes les correspondances entre avocats sont couvertes par le secret professionnel". Cette analyse était, à première vue, séduisante et semblait offrir des garanties plus étendues à l'individu. Ses conséquences pratiques risquaient néanmoins de s'avérer néfastes, car l'article 66-5 étendait le secret à "toutes les pièces du dossier". L'avocat était dès lors dans l'impossibilité d'exercer son activité et le dossier civil devenait en outre inaccessible au juge. L'interprétation littérale de l'article 66-5 était donc absurde lorsqu'elle est appliquée aux correspondances relevant de la procédure. L'avocat qui souhaitait conserver la possibilité de faire état d'un écrit devant le juge devait donc faire en sorte qu'il ne soit pas adressé à un confrère ou qu'il ne constitue pas une correspondance. Ecrire directement à la partie adverse, sans passer par l'intermédiaire de son avocat, ne semblait toutefois pas concevable, car cette démarche heurtait les règles déontologiques. L'avocat s'abstient en effet traditionnellement de tout contact direct. L'avocat qui entend adresser une communication "officielle" à un confrère devait donc utiliser un acte de palais ou une citation directe, comme le prévoit l'article 671 du nouveau Code de procédure civile, pour toute communication de pièces, acquiescement, désistement, offre ou acceptation... Le formalisme était donc considérablement alourdi.

476. Ainsi, la jurisprudence, en reconnaissant une portée absolue au secret des correspondances entre avocats, entendait donc probablement provoquer une nouvelle intervention du législateur, comme le souhaitait par ailleurs la profession d'avocat. Or, l'article 34 de la loi n° 2004-130 du 11 février 2004 a répondu à ces attendes, en modifiant l'article 66-5 de la loi du 31 décembre 1971[710]. Désormais, le secret des correspondances échangées entre l'avocat et ses confrères demeure, "à l'exception pour ces dernières de celles portant la mention officielle". La jurisprudence de la Cour de cassation est donc condamnée. Le secret des correspondances entre avocats n'est plus absolu. Il peut au contraire être écarté par l'avocat lui-même, lorsqu'il décide d'y faire figurer la mention "officielle".

b) Les conversations téléphoniques.

477. Le secret s'applique aux correspondances téléphoniques. Les écoutes sont donc en principe interdites. La Cour de cassation y veille scrupuleusement. Ainsi, dans une affaire où un électricien, requis par un

---

[710] Loi n° 2004-130, 11 février 2004, *réformant le statut de certaines professions judiciaires ou juridiques,des experts judiciaires, des conseils en propriétés industrielle et des experts en ventes aux enchères publiques*, JO 12 février 2004, p. 2847.

commissaire de police qui avait lui-même agi sur mandat d'un juge d'instruction, avait effectué un branchement destiné à enregistrer des conversations téléphoniques privées, la Chambre civile annula le mandat délivré par le juge d'instruction et la réquisition du commissaire de police et engagea la responsabilité civile de l'électricien. Elle écarta expressément l'argument tiré de la contrainte et estima que ces écoutes avaient été réalisées hors des règles de la procédure pénale, en violation des droits de la défense. L'électricien n'avait donc pas pu se méprendre sur le caractère déloyal du branchement qu'il réalisait[711]. Toute écoute réalisée par un particulier est donc illégale. La loi du 17 juillet 1970, *tendant à renforcer la garantie des droits individuels des citoyens*, avait subordonné à une autorisation ministérielle, sous peine de sanctions pénales, la fabrication, l'importation, l'offre ou la vente d'appareils conçus pour écouter, enregistrer ou transmettre des paroles prononcées dans un lieu privé. Ces dispositions n'avaient toutefois jamais été appliquées, en l'absence du décret prévu pour énumérer les appareils visés.

478. La loi du 10 juillet 1991, relative au secret des correspondances émises par voie de télécommunications, garantit aujourd'hui le secret des correspondances téléphoniques, mais également émises par minitel ou par informatique, puisqu'elle vise tous les modes de télécommunications. L'article 226-1 du Code pénal réprime aujourd'hui l'enregistrement de conversations lorsque les paroles prononcées présentent un caractère privé ou confidentiel. Il n'est plus nécessaire que ces paroles aient été tenues dans un lieu privé, mais l'atteinte à l'intimité de la vie privée reste nécessaire.

c) Les correspondances électroniques.

479. Les correspondances électroniques sont protégées au même titre que les autres correspondances. La dématérialisation des correspondances importe peu. L'article 1er de la loi n° 91-646 du 10 juillet 1991 dispose en effet que "le secret des correspondances émises par voie de télécommunications est garanti par la loi". L'article L 32-3 du Code des postes et des télécommunications soumet donc logiquement à ce secret les fournisseurs d'accès, puisqu'ils fournissent un service de télécommunications. L'article 226-15, alinéa 2, du Code pénal permet d'en sanctionner la violation, puisqu'il incrimine "le fait, commis de mauvaise foi, d'intercepter, de détourner, d'utiliser ou de divulguer des correspondances émises, transmises ou reçues par la voie des télécommunications ou de procéder à l'installation d'appareils conçus pour

---

[711] Civ. 2ème, 18 mars 1955, Gaz.Pal.1955.1.249.

réaliser de telles interceptions"[712]. Les termes de l'article 226-15 sont généraux et visent toute atteinte au secret de la correspondance, quelle que soit la forme de celle-ci[713]. Par exemple, le Tribunal correctionnel de Paris a estimé que "l'envoi de message électronique de personne à personne constitue de la correspondance privée"[714]. Il en déduisait que cette relation était donc protégée par la loi, "dès lors que le contenu qu'elle véhicule est exclusivement destiné par une personne dénommée à une autre personne également individualisée, à la différence de messages émis à la disposition du public". Cette jurisprudence est fort logique. Internet n'est pas ici utilisé comme un réseau global de communication, mais comme un service de communication privée[715]. La solution retenue par le Tribunal correctionnel de Paris n'était toutefois pas acquise compte tenu des circonstances de l'espèce. Un étudiant de l'Ecole supérieure de physique et de chimie industrielle de Paris (ESPCI) avait été surveillé, à la demande de la direction de l'Ecole, parce qu'il était soupçonné de piratage, en raison notamment de l'usage intensif qu'il faisait de sa messagerie électronique. L'accès de sa boîte à lettre était défendu par un code secret, mais plusieurs messages avaient été ouverts. Il s'était avéré que 90% de ces messages étaient d'ordre privé, certains présentant un caractère diffamatoire pour l'Ecole. L'étudiant s'était donc vu interdire de se réinscrire en thèse l'année suivante. Il avait alors porté plainte pour violation du secret des correspondances et s'était porté partie civile. Les prévenus, trois cadres de l'Ecole, estimaient que les messages électroniques ne bénéficiaient pas du secret des correspondances. Ils soutenaient que ces courriers non cryptés étaient confiés à des serveurs intermédiaires qui les véhiculaient à découvert et les acheminaient à leurs destinataires. Ils avançaient en outre des raisons de sécurité pour justifier la surveillance des correspondances par une crainte des virus informatiques. Les prévenus tentaient d'écarter l'application de la loi n° 91-646 du 10 juillet 1991, mais leurs arguments techniques étaient spécieux. La notion de correspondance est en effet très générale. Déjà réservée au courrier, elle a ensuite été étendue aux conversations téléphoniques. Or, la nature des messages électroniques n'est pas différente. Le Tribunal correctionnel affirme donc très logiquement que "le terme de correspondance désigne toute relation par écrit existant entre des personnes identifiables, qu'il s'agisse de lettres, de messages, de plis fermés ou ouverts". Toutes les correspondances privées sont protégées. Deux éléments sont donc pris en

---

[712] La violation du secret des correspondances est punie d'une peine d'emprisonnement d'un an et/ou d'une amende de 45 735 €.

[713] J. Pradel et M. Danti-Juan, *Droit pénal*, Tome 3, *Droit pénal spécial*, éd. Cujas, 1996, n° 205 ; J.F. Chassaing, *L'Internet et le droit pénal*, éd. Dalloz, 1996, p. 329.

[714] Tb. correc. Paris, 17ème Ch., 2 novembre 2000, D.2000.IR.286 ; *Secret des correspondances et courriers électroniques*, L. Rapp, D.2000, n° 41, Point de vue.

[715] B. Rapp, *Le courrier électronique*, éd. Puf., *Que sais-je ?*, n° 3409, p. 89 et s.

compte pour définir une correspondance privée, la volonté des intéressés de ne pas communiquer leur message au public et les caractères propres du message considéré. Le secret des correspondances s'impose alors aux agents et au personnel des opérateurs de télécommunication. Leur statut et leur secteur d'activités importent peu. Le contenu d'un message électronique est destiné à une personne déterminée et ne saurait être diffusé au public, car il présente les mêmes caractéristiques qu'un courrier papier.

480. La protection de la confidentialité des correspondances électroniques se manifeste notamment au sein des entreprises. Certains employeurs ont été tentés d'utiliser des logiciels de filtrage pour contrôler le courrier électronique de leurs salariés. Ils estimaient ainsi utiliser leur pouvoir de direction et de contrôle. Ce conflit d'intérêts n'était pas inédit, car il s'était déjà posé à propos de la correspondance téléphonique des salariés. Or, la jurisprudence interdit à l'employeur de contrôler l'utilisation de la messagerie et l'accès aux sites Internet, car le salarié a droit, même au temps et au lieu de travail, au respect de l'intimité de sa vie privée, qui implique notamment le secret des correspondances. La Cour de cassation en a déduit que "l'employeur ne peut, dès lors, sans violation de cette liberté fondamentale, prendre connaissance des messages personnels émis par le salarié et reçu par lui grâce à un outil informatique mis à sa disposition pour son travail et ceci même où l'employeur aurait interdit une utilisation non professionnelle de l'ordinateur"[716].

481. L'arrêt rendu le 4 juillet 2003 par la Cour d'appel de Bordeaux s'inscrit dans ce courant jurisprudentiel. Il précise en effet la notion de "message personnel". Pour la Cour d'appel, les messages envoyés et reçus par un salarié sur une adresse électronique générique de l'entreprise dans le cadre de son travail, consultables sur son seul poste, ont le caractère de messages personnels soumis au secret des correspondances. Dès lors, l'employeur ne peut pas en prendre connaissance, quand bien même il aurait interdit l'utilisation personnelle de l'ordinateur. Depuis l'arrêt *Nikon* du 2 octobre 2001, il est admis que "l'employeur ne peut dès lors sans violation de cette liberté fondamentale prendre connaissance des messages personnels émis par le salarié et reçus par lui grâce à un outil informatique mis à sa disposition pour son travail"[717]. Or, la Cour de cassation n'avait pas pris la peine

---

[716] Soc. 2 novembre 2001, D.2002.Som.2296, obs. C. Caron ; D.2001.3148, note P.Y. Gautier ; CCE, novembre 2001, n° 120, obs. A. Lepage ; JCP.éd.E.2001.1918, note C. Puigelier ; Dr et patrimoine, 2002, n° 101, p. 112, note G. Loiseau ; PA, 19 mars 2002, n° 56, p.13, note F. Petit.

[717] Soc. 2 octobre 2001, Bull. civ. V, n° 291 ; D.2001.2297, note A. Lepage et 3148, note P.Y. Gautier ; JCP.éd.E.2002.73, note M. Vivant et J.M. Brugière.

d'indiquer quels étaient les messages qui pouvaient être qualifiés de personnels. Le Forum des droits sur l'Internet avait considéré, dans son rapport *Relations du travail et Internet* du 17 septembre 2002, qu'"en l'absence de toute indication, le message électronique doit être considéré comme un message professionnel et non comme un message personnel. L'entreprise doit donc avoir accès à ces courriers, ne serait-ce que pour répondre aux mails reçus pendant l'absence du salarié. En conséquence, le salarié doit veiller à bien distinguer les mails personnels des mails professionnels. Cette distinction peut être assurée de deux manières. D'une part, le salarié peut décider d'envoyer et de recevoir ses courriers personnels par une boîte personnelle hébergée sur un serveur externe de messagerie. L'employeur aura alors accès en principe à l'intégralité des messages présents sur la boîte professionnelle. D'autre part, le salarié peut indiquer la mention "*personnel*" dans l'objet de son message. Il marque ainsi sa volonté que ce message soit considéré comme une correspondance personnelle, protégée par le secret des correspondances, ce qui suppose que son employeur ne pourra alors prendre connaissance de son contenu. Néanmoins, si un message est adressé au salarié sans que figure la mention "personnel" en objet et que le contenu de celui-ci est en fait personnel et donc protégé par le secret des correspondances, il appartiendra à l'administrateur réseau qui serait amené à en prendre connaissance de le requalifier en message personnel. Le Forum s'était donc appuyé sur une décision du 16 janvier 1992 de la Chambre criminelle de la Cour de cassation qui avait décidé que lorsqu'une correspondance est adressée à un membre d'une organisation avec son nom et son appartenance à cette organisation, sans l'indication sur les enveloppes du caractère personnel de la correspondance, et que le contenu de ces correspondances a été adressé à l'individu en sa qualité de membre de l'organisme, ce dernier étant le véritable destinataire, il n'y pas d'atteinte au secret des correspondances. La Cour d'appel de Bordeaux n'a retenu aucune de ces distinctions. Le caractère de messages personnels les messages envoyés et reçus par un salarié sur une adresse électronique générique de l'entreprise dans le cadre de son travail, consultables sur son seul poste. La Cour relève ainsi "si la salariée a utilisé pour l'envoi et la réception de ses courriers électroniques l'adresse générique de l'entreprise il ne s'en suit pas pour autant que les messages envoyés et les messages reçus en réponse étaient diffusés sur l'ensemble des postes informatiques de l'entreprise". Les messages étaient individualisés et n'étaient émis et reçus que depuis le poste informatique utilisé" par la salariée.

482. L'employeur ne peut donc pas prendre connaissance du courrier électronique du salarié. Peu importe qu'il ait préalablement interdit l'usage personnel du matériel mis à sa disposition. L'employeur ne peut ni consulter ni utiliser les messages électroniques envoyés ou reçus par le salarié. En pratique, il peut toutefois être difficile de déterminer si des données sont ou non privées, car la qualification suppose qu'elles puissent être préalablement consultées. Or, si les données sont personnelles, leur consultation constitue une infraction pénale. Il s'agit donc d'un cercle vicieux, qui interdit tout contrôle des correspondances. Dix recommandations ont donc été publiées par la CNIL, le 11 février 2002, pour aider les employeurs et les salariés. En définitive, il appartiendra toujours au juge de déterminer, au cas par cas, si une donnée est ou non protégée par le secret.

483. L'article 226-15 du Code pénal pourrait également être appliqué aux systèmes de listes. Il s'agit aussi de correspondance privée, même s'il y a plusieurs destinataires. Les *news groups* ou forums de discussion posent davantage de difficultés. Ils présentent en effet un caractère public qui ne permet pas de qualifier les messages qui y sont échangés de correspondance privée. Une ordonnance de référé, rendue le 5 juillet 2002 par le Tribunal de grande instance de Paris, a ainsi estimé qu'un forum de discussion présentait un caractère public, parce que les utilisateurs étaient sélectionnés par un simple procédé de "filtrage"[718]. En l'espèce, un commissaire à la direction générale des renseignements généraux avait participé à un forum de discussion sur le site *dgse.com* et y avait déposé plusieurs contributions. Il découvrit, en 2002, que certains de ces messages, ainsi que son adresse électronique, avaient été reproduits dans *L'effroyable mensonge*. J. Guisnel et G. Dasquier s'étaient livrés dans cet ouvrage à une contre-enquête pour dénoncer les thèses présentées par T. Meyssan dans *L'effroyable vérité*, à propos des attentats du 11 septembre 2002. Or, selon J. Guisnel et G. Dasquier, le commissaire à la direction générale des renseignements généraux était en partie responsable de ces thèses. Celui-ci expliqua qu'il s'était exprimé dans un forum spécialisé, espace fermé de discussion, et invoquait devant le juge des référés une atteinte à sa vie privée. Sa demande a néanmoins été rejetée, "le prétendu caractère privé ou non public, apparaît, pour le moins, sérieusement contestable". Le forum de discussion rappelle en cela le forum romain où l'on débattait des questions publiques. L'internaute y participe en accédant au site qui l'héberge. Il peut y poster ses contributions et lire celles des autres participants. Deux situations doivent alors être distinguées. Si le forum est un espace public, il doit être soumis au droit de la communication publique, notamment au droit de la presse. En revanche, si le forum est un espace fermé, il sera régi par le droit des correspondances

---

[718] TGI Paris, réf., 5 juillet 2002, D.2003.Somm.1536, obs. L. Marino.

privées[719]. Il faut alors déterminer la frontière entre ces différents espaces. En principe, le site fermé sélectionne les utilisateurs. Le juge des référés précise que cette sélection "doit être fondée sur un choix positif des usagers, qui permet d'assurer leur nombre restreint et leur communauté d'intérêt, et non, comme en l'espèce, sur un simple « filtrage » qui, quelles que soient les mises en garde diffusées sur le site, dépend des seules déclarations des internautes". Ce filtrage "n'offre aucune garantie sérieuse quant à l'accès limité du site et demeure donc, en principe accessible à tous", ce qui pose le problème de l'identification de l'internaute. Le forum est, en revanche, privé lorsque son accès est réservé à un nombre limité de personnes, unies par une communauté d'intérêts. Le juge des référés reprend ainsi une notion déjà utilisée par le droit de la presse pour déterminer si un groupe de personnes constitue un public au sens de l'article 23 de la loi du 29 juillet 1881. Le critère de la communauté d'intérêts avait d'ailleurs déjà été appliqué aux forums de discussion. Le Tribunal de grande instance de Paris, dans un jugement rendu le 25 octobre 1999, avait en effet jugé non publique une liste de discussion sur la psychanalyse, dès lors que certaines conditions d'admission avaient été posées : qualité de membres de certaines associations, parrainage par un membre de ces associations, tout cela vérifié par un modérateur[720]. L'appréciation risque donc de devenir très casuelle. A l'inverse, le Tribunal d'instance de Puteaux a qualifié de public un site "accessible à des personnes inconnues et imprévisibles", sans condition d'accès[721]. Il n'est toutefois pas certain que l'alternative se résume au site ouvert ou fermé. Ainsi, même si le site est jugé public, tout espace privé n'est pas exclu. Il a notamment été jugé qu'un site hébergeant un forum était "un lieu privé ouvert au public"[722]. Cette référence renvoie aux règles applicables dans les lieux physiques dont l'accès est réservé aux membres d'un club ou à une certaine catégorie de personnes. Les règles du droit de la presse sont alors applicables, mais des dispositions liées au caractère privé du lieu ont également vocation à être appliquées, telles, les règles d'accès et de fonctionnement du site, acceptées par l'utilisateur. Or, dans l'espèce du 5 juillet 2002, il était précisé qu'"afin de promouvoir les échanges d'idées, le débat, tous les messages de la liste dgse.org sont considérés comme du courrier privé. Les membres sont priés de ne pas adresser un message de la liste à une personne extérieure sans

[719] A. Lepage, *Libertés et droits fondamentaux à l'épreuve de l'Internet*, éd. Litec, 2002, p. 81 et s., n° 101.
[720] TGI Paris, 17ème Ch., 25 octobre 1999, Légipresse, septembre 2000, I , p. 105.
[721] TI Puteaux, 28 septembre 1999, Légipresse, janvier février, 1999, III, p. 19, note C. Bigot ; Com. com. élec., février 2000, n° 26, note A. Lepage. Egalement en ce sens : CA Paris, 23 juin 2000, Légipresse, novembre 2000, III, p. 182, note C. Rojinski.
[722] TGI Paris, 12 décembre 2001, D.2002.3103, note G. Jeannot-Lagès.

l'autorisation de l'auteur du message". On peut alors se demander comment les auteurs du livre ont eu accès aux messages litigieux. Une réflexion sur la notion de "correspondance privée" permettrait également de dépasser le clivage privé/public. Elle "est pour les personnes éloignées l'une de l'autre ce qu'est la conversation entre personnes présentes" et son secret doit "être respecté, même lorsqu'elle n'a pas pour objet la vie privée"[723]. Une circulaire du 17 février 1988, relative à la communication audiovisuelle" la restreint lorsque "le message est exclusivement destiné à une (ou plusieurs) personnes, physique ou morale, déterminée ou individualisée"[724]. Toutefois, les listes et les forums de discussion n'existaient pas encore. Pourquoi alors exclure des correspondances privées l'échange avec une personne inconnue, dans un espace virtuel de discussion ?

§ 5 : Le droit au secret de l'enfant mineur.

484. Les enfants, avant 1950, ne disposait d'aucune vie privée, tant sociologiquement que juridiquement. Leur temps libre ne leur appartenait pas, car ils étaient soumis au contrôle permanent de leurs parents. Le pouvoir des parents était alors particulièrement étendu puisqu'ils affectaient également la vie privée des enfants. Le mariage était notamment fréquemment envisagé comme une affaire de famille, surtout lorsque des patrimoines étaient en jeu. L'institution familiale s'est néanmoins progressivement assouplie. La scolarisation des enfants a joué un rôle essentiel. Une partie importante de l'éducation n'a plus été assurée par les parents, mais par l'école. Les contraintes économiques que subissait la famille se sont atténuées, notamment au cours des *Trente glorieuses*. L'autorité que le mari exerçait au sein de la famille a donc été remise en cause, parce qu'elle ne pouvait plus être justifiée par le contexte économique. La libération de l'éducation familiale a cependant entraîné un transfert de la famille vers l'école de l'apprentissage de la vie sociale. L'enfant a même été appelé à quitter de plus en plus tôt l'espace familial, pour se rendre par exemple à l'école maternelle. Cette évolution traduit le repli de la famille sur la vie privée[725]. La famille, devenue exclusivement privée, s'est trouvée dans l'incapacité de donner à l'enfant une éducation à la vie publique. Ce transfert l'obligea donc à reconnaître peu à peu une vie privée à l'enfant, lequel put ainsi développer des activités et des échanges en dehors de la famille. Il fut peu à peu admis que l'intérêt de l'enfant était de fréquenter les enfants d'autres familles, parce qu'il s'agit alors d'un apprentissage de la vie en société. Le transfert de l'éducation de la

---

[723] P. Kaiser, *La protection de la vie privée*, éd. Puam-Economica, 2ème éd., 2000, n° 152.
[724] Circulaire du 17 février 1988, JO 9 mars 1988.
[725] A. Prost, *La famille et l'individu*, p. 83.

famille vers l'école a donc créé de nouveaux espaces privés. La famille a en outre perdu un pouvoir important, celui de décider de l'avenir des enfants. Seuls les bons élèves choisissent en effet leur voie, les autres doivent au contraire accepter l'orientation qui leur est proposée. L'éducation des enfants, au-delà de l'école, est en outre passée, dans une large mesure, sous le contrôle des autorités publiques et des services sociaux ou de santé. Cette évolution s'est traduite, juridiquement, par la reconnaissance d'un droit au secret, puisque le mineur s'est socialement émancipé de l'autorité familiale. Certes, il reste en principe soumis à l'autorité de ses représentants légaux, en règle générale de ses parents. Il dispose néanmoins d'une vie personnelle et la loi lui reconnaît le pouvoir de prendre seul certaines décisions, parfois lourdes de conséquences, et de les garder secrètes. Le mineur n'est donc pas transparent envers ses parents, s'agissant notamment de sa sexualité ou de sa santé. L'article 16 de la Convention de New-York protège en effet l'enfant contre toute atteinte à sa vie privée et familiale. Ainsi, la loi du 4 décembre 1974 a autorisé le mineur à user de moyens contraceptifs sans l'autorisation de ses représentants légaux. Un mineur peut également reconnaître seul un enfant naturel ou décider d'accoucher sous X sans l'assistance de ses parents[726]. Plus encore, l'article L 1111-5 du Code de la santé publique permet au mineur qui en fait la demande expresse de se faire soigner sans que ses parents en soient informés ou n'y consentent. Il lui reconnaît un véritable droit au secret, qui lui permet de s'opposer à la délivrance d'informations aux titulaires de l'autorité parentale : "Le médecin peut se dispenser d'obtenir le consentement du ou des titulaires de l'autorité parentale sur les décisions médicales à prendre lorsque le traitement ou l'intervention s'impose pour sauvegarder la santé d'une personne mineure, dans le cas où cette dernière s'oppose expressément à la consultation du ou des titulaires de l'autorité parentale afin de garder secret son état de santé". Le mineur doit alors être accompagné de la personne majeure de son choix. Il n'est plus nécessaire, comme par le passé, de saisir le Procureur de la République aux fins de mesures d'assistance éducative. Par execption, le mineur peut ensuite accéder seul à son dossier médical. L'article 6 du décret du 29 avril 2002 lui permet de s'opposer "à ce que le médecin qui a pratiqué (le) traitement ou (l')intervention communique au titulaire de l'autorité parentale les informations qui ont été constituées à ce sujet". Le médecin doit mentionner, par écrit, cette opposition dans le dossier médical. L'hôpital doit donc dans cette situation obtenir l'accord du mineur avant d'accéder à la demande d'information formée par le ou les titulaires de l'autorité parentale. A défaut d'obtenir ce consentement, le secret doit être préservé.

[726] Civ. 1ère, 25 novembre 1996, JCP.1996.I.2846, n° 8 ; Dr. famille, 1996, n° 5.

§ 6 : Le secret et le procès.

485. Le procès permet de percer de nombreux secrets, car il tend précisément à découvrir la vérité. Il risque donc de mettre à mal la vie privée des personnes qui y sont impliquées. Des investigations peuvent y être menées pour rendre l'individu transparent. L'ouverture d'une enquête ou d'une procédure d'instruction limite en effet les droits garantis par l'article 8 de la Convention européenne. Ces ingérences sont toutefois admises par l'article 8, § 2, de la Convention, puisqu'elles sont justifiées par la nécessité de la prévention des infractions pénales et de la recherche de leurs auteurs. L'enquête et l'instruction empiètent donc légitimement sur la vie privée lorsqu'elles tendent à réunir des informations à soumettre au Tribunal[727], y compris si les éléments de la vie privée de l'accusé n'ont pas, en eux-mêmes, de lien avec l'infraction[728]. Toutefois, même si le procès tend à découvrir la vérité, le secret n'y est pas absent, même s'il n'est le plus souvent que relatif. Il entretient tout d'abord des liens étroits avec la preuve. Des preuves obtenues en violation d'un secret protégé sont en effet déloyales et donc irrecevables devant le juge (A). Le secret peut ensuite faire échec à la recherche de la vérité. Les sources des journalistes sont ainsi protégées par le droit (B). Enfin, le secret de l'instruction et la présomption d'innocence dominent la procédure pénale (C).

A) La loyauté de la preuve.

486. Tous les coups ne sont pas permis lors du procès. La recherche de la preuve obéit à des règles précises. Le principe de loyauté, qui irrigue par ailleurs, le droit des obligations et anime déjà certains principes directeurs du procès. Il peut être fondé sur l'article 9 du nouveau Code de procédure civile, selon lequel les parties ne peuvent prouver leurs allégations que "conformément à la loi". Ce texte oblige pareillement le juge d'instruction d'accomplir "conformément à la loi" les actes d'instruction nécessaires à la manifestation de la vérité. Une preuve obtenue en violation de la vie privée, du domicile ou du secret n'est donc pas recevable devant le juge. Ce principe n'est toutefois pas absolu (a) et le sort de la preuve illicite reste incertain en droit positif (b).

---

[727] Req. n° 817078/78, DR 16, p. 160-161.
[728] Req. n° 8334/78, DR 24, p. 109.

a) Enoncé du principe et ses limites.

487. L'exigence de loyauté interdit de tendre un piège à son adversaire. Le droit de la preuve a donc notamment été aménagé pour préserver la vie privée : régime des constats d'adultère, des lettres missives... Le principe de loyauté de la preuve reçoit également de nombreuses applications en droit du travail. Une jurisprudence abondante s'est en effet développée autour de la preuve de la faute, cause de licenciements. L'employeur ne peut ainsi établir un vol d'argent et la tenue de propos désobligeants en produisant des enregistrements réalisés par une caméra dissimulée à proximité de sa caisse[729]. La Chambre sociale a ensuite étendu ce principe à tous les moyens de surveillance ou d'enregistrement mis en place clandestinement par l'employeur[730]. Le problème de droit substantiel, que constitue la surveillance des salariés, doit toutefois être distingué du problème de la recevabilité des preuves ainsi réunies. Le salarié doit être informé de la mise en place d'un procédé de surveillance et se pose, ensuite, le problème de l'admission de la preuve. Or, la Cour de cassation ne respecte pas toujours cette distinction. Elle affirme ainsi, dans un arrêt rendu le 26 novembre 2002, que la "filature organisée par l'employeur pour contrôler et surveiller l'activité d'un salarié constitue un moyen de preuve illicite"[731]. La filature n'est cependant pas un mode de preuve[732]. C'est un procédé de surveillance et/ou de contrôle, qui peut conduire à un rapport qui sera produit à l'appui d'une demande. Le raccourci de la jurisprudence est toutefois compréhensible. La filature est un procédé de surveillance ponctuel et l'employeur ne l'utilise que dans le but d'établir la faute du salarié. Les questions de fond et de preuve sont donc très liées. Il serait toutefois possible de rechercher si l'on est en présence d'un procédé de surveillance, avant de s'interroger sur sa dangerosité. Un procédé qui menacerait systématiquement la liberté des salariés devrait être condamné et conduirait automatiquement à une preuve illicite. Dans le cas contraire, l'employeur pourrait l'utiliser après en avoir informé les salariés, faute de quoi les preuves obtenues à leur insu seraient illicites.

---

[729] Soc., 20 novembre 1991, Bull. civ. V, n° 519 ; D.1992.73, conclusions Y. Chauvy.

[730] Soc., 31 janvier 2001, Bull. civ.,, V, n° 28 ; D.2001.Som.2169, obs. J.F. Paulin ; 15 mai 2001, 2 arrêts, Bull. civ., V, n° 167 ; D.2002.2292, note J.C. Planque ; Soc. 11 décembre 2001, D.2002.IR.136.

[731] Soc., 26 novembre 2002, D.2003.1858, note J.M. Brugière ; J. Ravanas, *Protection de la vie privée : la preuve illicite d'une relation « défectueuse » de travail*, D.2003.Doct.1305.

[732] Soc., 22 mai 1995, Bull. civ. V, n° 164 ; D.1995.IR.150 ; 4 février 1998, Bull. civ. V, n° 64.

488. Le plaideur qui entend faire surveiller son adversaire n'est en outre pas dépourvu de toute action. Il lui est possible de saisir le juge sur le fondement des articles 145 ou 493 du nouveau Code de procédure civile, pour solliciter, en référé ou sur requête, des mesures d'instruction. Ce système est notamment utilisé pour les écoutes téléphoniques ou les constats d'adultère et pourrait donc être généralisé.

489. La loyauté de preuve interdit donc, en principe, de produire des preuves obtenues en violation du secret ou de la vie privée. Ainsi, la preuve de la faute, lors du divorce, peut être rapportée par tous moyens, mais le législateur s'est efforcé d'en garantir la loyauté, en préservant l'intimité du conflit conjugal et en tentant de apaiser le conflit. La liberté de la preuve n'autorise pas donc tous les moyens pour l'obtenir. Certains procédés ne sont pas admis et leur usage rend illicites les éléments de preuve qu'ils ont permis de réunir, de sorte qu'ils doivent être écartés des débats. D'une part, l'article 259-1 du Code civil interdit donc de produire en justice les lettres échangées entre son conjoint et un tiers, lorsqu'elles ont été obtenues par violence ou par fraude. Ce texte est surprenant, parce que l'on peut se demander comment un époux peut loyalement accéder au courrier de son conjoint... La jurisprudence a en outre limité la portée de cette interdiction, en faisant supporter la charge de la preuve à l'époux qui entend contester la production de lettres[733]. Le juge ne donne donc pas de base légale à sa décision s'il écarte une lettre sans rechercher les circonstances qui ont permis d'obtenir cette pièce[734]. Il lui est donc pareillement interdit d'écarter une lettre sans constater la fraude ou la violence[735]. L'article 249-2 du Code civil assure, d'autre part, la loyauté de la preuve en excluant des débats les constats dressés par une violation d'un domicile ou une atteinte à l'intimité de la vie privée.

490. Par ailleurs, la loi veille à l'intérêt commun des époux et de leurs enfants en refermant l'instance sur eux. L'instance, même non contentieuse, porte en effet sur leur vie conjugale, sur l'intimité personnelle des époux. Les tiers et les autres membres de la famille en sont donc tenus à l'écart. Le divorce ne concerne que les époux. La loi s'efforce alors de concilier la recherche de la vérité et celle de l'apaisement, en limitant l'immixtion des tiers. Toute intervention des descendants est exclue, pour défendre et protéger les intérêts moraux de la famille. La loi entend ainsi éviter qu'un enfant soit amené à prendre parti dans le divorce de ses parents. L'article 290-3 du Code

---

[733] Civ. 2ème, 16 février 1983, Bull. civ. II, n° 38.
[734] Civ. 2ème, 2 décembre 1998, JCP.1999.IV.1126.
[735] Cette limite générale, qui concerne essentiellement la preuve de l'adultère, n'exclut toutefois pas que des constats soient dressés avec l'autorisation du juge : Civ. 2ème, 29 janvier 1997, D.1997.296, note A. Bénabent.

civil permet uniquement au juge de l'entendre avant de statuer sur les modalités d'exercice de l'autorité parentale. L'article 205, alinéa 2, du nouveau Code de procédure civile, interdit en revanche au juge d'entendre les descendants sur les griefs invoqués par les époux à l'appui d'une demande en divorce ou en séparation de corps. Cette interdiction générale vise toutes les déclarations des descendants, y compris les lettres missives, les auditions ou les attestations. Elle s'applique non seulement aux enfants communs, mais encore aux enfants de l'un des époux[736]. Elle est en outre étendue à leurs conjoints, gendres ou belles filles[737]. La protection des mineurs n'est pas seulement en cause, car l'article 205, alinéa 2, s'applique également aux enfants majeurs des époux. Ce texte n'interdit pas, en revanche, de verser aux débats des lettres missives qu'un époux aurait envoyé à un enfant, si elles ont été obtenues sans fraude ni violence[738]. Les autres membres de la famille disposent d'une liberté de choix, qui leur permet d'intervenir dans l'instance en divorce ou d'y rester étrangers. Ainsi, les parents ou alliés en ligne directe de l'un des époux peuvent refuser, sans avoir à justifier d'un motif légitime, de témoigner oralement ou par écrit. L'article 206 du nouveau Code de procédure civile leur reconnaît en cela une faculté discrétionnaire d'abstention. L'article 287 du Code civil leur accorde, en revanche, une faculté d'intervention lorsque les modalités d'exercice de l'autorité parentale sont en jeu. Ils peuvent personnellement intervenir dans les débats et l'article 1115 du nouveau Code de procédure civile leur donne qualité pour faire valoir leur point de vue sur l'intérêt de l'enfant, notamment lorsqu'ils demandent que l'enfant leur soit confié. Aucune disposition du Code civil n'autorise pareillement le juge aux affaires familiales à contraindre les époux à se soumettre à une analyse psychologique ou médico-psychologique, car ces investigations constituent une immixtion dans la vie privée des époux, contraire à l'article 9 du Code civil[739]. L'époux qui se soumet à cette mesure accepte cependant cette atteinte et ne peut plus ensuite s'en plaindre, dès lors qu'il n'ignorait pas la nature des examens et qu'il s'y est prêté sans opposition[740].

491. Le législateur s'est donc efforcé de préserver le secret et la vie privée lors du divorce. Or, la Cour de cassation méconnaissait cette volonté, lorsqu'elle permettait à un époux de produire le journal intime de son conjoint

---

[736] Civ. 2ème, 24 février 1983, Gaz.Pal.1984.1.Pan.185, obs. M. Grimaldi.

[737] Civ. 2ème, 6 janvier 1983, Gaz.Pal.1983.1.Pan.127 ; 18 novembre 1987, Bull. civ. II, n° 230 ; 30 septembre 1998, Dr. famille, 1999, n° 6, note H.L.

[738] Civ. 2ème, 19 janvier 1983, Bull. civ. II, n° 12.

[739] CA Paris, 3 mai 1979, D.1979.504, note J. Massip.

[740] Civ. 1ère, 5 mai 1987, D.1988.77, note J. Massip.

pour établir la preuve d'une faute, cause de divorce, dès lors qu'il a été obtenu "sans fraude ou violence"[741] :

> "En tirant de la lecture du journal intime de l'épouse, qui se bornait à alléguer que son conjoint lui avait substitué, la conviction de la réalité des relations adultères nouées avec un autre homme, la Cour d'appel, qui n'a pas énoncé que ce journal contenait un aveu, n'a fait, (...), qu'user de son pouvoir souverain d'appréciation de la valeur et de la portée de cet unique élément de preuve du caractère fautif au sens de l'article 242 du Code civil, du grief allégué par le mari".

492. Il appartenait donc à l'époux qui invoquait la violence ou la fraude d'en rapporter la preuve[742]. Cette jurisprudence était donc des plus contestables. Certes, il était déjà admis que des lettres missives peuvent être utilisées lors des débats, y compris lorsqu'elles présentent un caractère confidentiel et intime, en dépit de l'opposition de leur auteur[743]. La Cour de cassation bafouait néanmoins le droit au secret en matière de divorce, ce qui était d'autant plus grave que sa jurisprudence était constante[744], en dépit de la résistance de certains juges du fond[745]. L'époux qui divorce perdait sa vie privée. Son journal intime, pourtant secret par nature, pouvait être utilisé contre lui pour établir sa faute au sens de l'article 242 du Code civil. Cette jurisprudence encourageait l'effraction dans le plus intime de la vie privée et semblait ne tenir compte ni de l'article 9 du Code civil ni de l'article 8 de la Convention européenne des droits de l'Homme. Elle choquait également au regard du droit des régimes matrimoniaux, car le journal intime est un bien propre par nature, qui n'appartient qu'à l'époux qui en est l'auteur. Il constitue également une œuvre de l'esprit au sens de la propriété littéraire et

---

741 Civ. 2ème, 29 janvier 1997, D.1997.296, note A. Bénabent ; JCP.1997.II.774 ; Dr. famille, 1995, n° 85, note H. Lécuyer ; 6 mai 1999, Bull. civ. II, n° 85 ; D.2000.557, note C. Caron ; JCP.1999.II.10021, note T. Garé ; Dr. famille, 1999, n° 79, note H. Lécuyer ; RTDC.1999.608, obs. J. Hauser : "En tirant de la lecture du journal intime de l'épouse, qui se bornait à alléguer que son conjoint lui avait substitué, la conviction de la réalité des relations adultères nouées avec un autre homme, la cour d'appel, qui n'a pas énoncé que ce journal contenait un aveu, n'a fait, (...), qu'user de son pouvoir souverain d'appréciation de la valeur et de la portée de cet unique élément de preuve du caractère fautif au sens de l'article 242 du Code civil, du grief allégué par le mari".

742 Civ. 2ème, 16 février 1983, Bull. civ. II, n° 38.

743 TGI Nanterre, 4 décembre 1975, Gaz.Pal.1976.1.81.

744 Civ. 2ème, 29 janvier 1997, D.1997.296, note A. Bénabent ; RTDC.1997.640, obs. J. Hauser.

745 CA Paris, 9 septembre 1999, Dr. famille 1999, n° 24 ; CA Riom, 9 novembre 1999, Dr. famille, 1999, n° 39, obs. H. Lécuyer.

artistique. Son auteur dispose donc d'un droit moral, qui lui permet de s'opposer à toute divulgation, y compris devant le juge[746]. La jurisprudence de la Cour de cassation était d'autant plus choquante que rien ne prouve que les faits relatés dans le journal intime soient réels. Le romanesque n'est jamais exclu. Fort heureusement, la loi du 26 mai 2004, réformant le divorce, a généralisé la rédaction de l'article 259-1 du Code civil, qui ne vise plus uniquement les "lettres", mais également "un élément de preuve qu'il aurait obtenu par violence ou fraude". La jurisprudence de la Cour de cassation est ainsi formellement condamnée, de sorte qu'un journal intime ne pourra plus être produit lors du divorce.

493. Le droit pénal s'écarte pareillement du principe de la loyauté de la preuve. La Chambre criminelle de la Cour de cassation a ainsi affirmé à plusieurs reprises qu'"aucune disposition légale ne permet aux juges répressifs d'écarter les moyens de preuve produits par les parties au seul motif qu'ils auraient été obtenus de façon illicite ou déloyale"[747]. Des enregistrements obtenus par une infraction pénale peuvent même être communiqués au juge d'instruction[748], dès lors que le contradictoire a été respecté[749]. Certes, il est particulièrement important, dans un procès pénal, de rechercher la vérité. Cet impératif ne saurait toutefois justifier le recours à tous les procédés déloyaux. La jurisprudence, tant de la deuxième Chambre civile que de la Chambre criminelle, ne saurait donc être admise, parce qu'elle méconnaît le secret. Aussi, doit-on s'interroger sur le sort de la preuve illicite.

b) Le sort de la preuve illicite.

494. Le principe général de loyauté de la preuve devrait être appliqué par toutes les juridictions. Le droit à la preuve et la recherche de la vérité doivent être conciliés avec les exigences de confiance qui dominent toute relation humaine. Admettre des preuves obtenues illicitement crée un climat de suspicion. Toute autre solution encourage des recherches intempestives au moindre soupçon.

495. La jurisprudence de la deuxième Chambre civile et de la Chambre criminelle, fondée sur le principe de liberté de la preuve, ne saurait donc être admise, car rien ne devrait justifier le maintien de la preuve illégale. Certes, les faits peuvent être librement prouvés, par tous moyens, mais cette liberté

---

[746] Article L 121-2 du Code de la propriété intellectuelle.
[747] Crim., 15 juin 1993, D.1994.614, note C. Mascala ; 6 avril 1994, D.1994.IR.155 ; Gaz.Pal.1994.2.489, note J.P. Doucet.
[748] Crim., 6 avril 1993, JCP.1993.II.22144, note J.P. Doucet.
[749] Crim., 30 mars 1999, D.2000.391, note T. Garé.

n'autorise nullement de recourir à des procédés qui méconnaissent, par essence, le secret. Découvrir la vérité est essentielle, mais la fin ne justifie pas tous les moyens. Nul ne songe ainsi à utiliser la torture en matière pénale pour obtenir la vérité. Il serait donc logique d'écarter des preuves obtenues au moyen d'une infraction. L'article 259-1 du Code civil limite pareillement le droit à la preuve lors du divorce. Or, rien n'oblige le juge civil à retenir une interprétation stricte de ce texte, alors surtout qu'il protège déjà la vie privée en matière de constat d'adultère. Enfin, la loyauté de la preuve ne peut être réduite à la contradiction[750], même si la Cour européenne des Droits de l'homme semble parfois l'admettre[751]. La recevabilité de la preuve relève en effet essentiellement du droit interne. Le contradictoire n'a pas pour fonction de régulariser des preuves obtenues de manière illicite. Plus encore, l'article 6, § 1er, de la Convention européenne permettrait de considérer que des preuves obtenues illicitement sont contraires au procès équitable.

B) Le droit au secret reconnu aux journalistes.

496. Reconnaître un droit au secret au journaliste peut sembler surprenant, car ils ont pour mission de rendre publics les faits et événements dont ils ont connaissance. Le secret professionnel a donc une signification particulière à leur égard. Les journalistes décident librement de ce qu'ils révèlent au public, des modalités, mais aussi du moment de cette révélation. Ils revendiquent toutefois un droit au secret de l'enquête, pour ne pas être contraints de divulguer l'origine de leurs informations, pour préserver leurs sources et garantir l'anonymat de leurs informateurs. Révéler leurs sources priverait en effet les journalistes de leurs informateurs. Le secret est donc au cœur de leur déontologie, car il permet paradoxalement au public d'accéder à l'information. Les informations obtenues par la presse n'ont pas vocation à demeurer secrètes. La liberté de recevoir et de communiquer des informations, consacrée par l'article 10 de la Convention européenne comprend celle de les rechercher. Les journalistes peuvent mener librement leurs investigations, sous réserve des limites fixées par la loi ou par leur déontologie. Or, le libre accès aux informations "suppose (...) qu'une certaine protection de ces sources soit assurée par la reconnaissance du droit au secret professionnel"[752]. Le secret reconnu aux journalistes garantit donc l'information du public et impliquerait qu'ils puissent refuser de participer à la manifestation de la vérité. Il semble alors difficile d'établir une hiérarchie entre ces deux impératifs. La liberté de communication, qui repose notamment sur l'article

---

[750] P.Y. Gautier, note sous Soc. 20 novembre 1991, RTDC.1992.418.

[751] CEDH, 12 juillet 1988, *Schenck*, série A, n° 140.

[752] G. Cohen-Jonathan, *La Convention européenne des droits de l'Homme*, Economica, 451.

11 de la Déclaration de 1789, est de valeur constitutionnelle. Il appartient donc au législateur de concilier son exercice avec d'autres principes de valeur constitutionnelle, comme la sauvegarde de l'ordre public[753]. Le journalisme est en outre une source d'informations pour la police et la justice. La presse, par ses révélations, est fréquemment à l'origine du déclenchement de poursuites pénales. Obliger les journalistes à révéler leurs sources risquerait donc de nuire au bon déroulement des enquêtes. L'article 10, § 2, de la Convention européenne des droits de l'Homme permet cependant de limiter la liberté d'expression, notamment pour empêcher la divulgation d'informations confidentielles ou pour protéger la réputation des personnes poursuivies. Les intérêts de la justice peuvent donc parfois l'emporter et obliger les journalistes à révéler leurs sources. Le secret reconnu aux journalistes ne saurait donc être absolu, alors surtout que les confidences faites à la presse sont destinées à être révélées. Plus encore, les textes qui régissent leur profession n'ont qu'une portée juridique limitée[754]. Les journalistes ne sont donc pas tenus par un devoir de garder le silence, de sorte qu'ils peuvent, s'ils le souhaitent, collaborer avec la police ou la justice.

497. Jusqu'à la loi du 4 janvier 1993, la loi française ne reconnaissait pas un droit au secret aux journalistes[755]. La jurisprudence leur était cependant plutôt favorable. Les journalistes bénéficient aujourd'hui d'un droit au secret qui leur permet de s'opposer à la recherche de la vérité, car il s'agit d'une "pierre angulaire de la liberté de la presse"[756]. La loi du 4 janvier 1993 n'a pas consacré un droit au secret général et absolu, mais elle protège les journalistes et leurs sources, "au nom de la liberté de l'information", contre certaines perquisitions et les dispensent parfois de l'obligation de témoigner. Le législateur s'est efforcé d'organiser la transparence, tout en renforçant la présomption d'innocence et en assurant la confidentialité des sources d'informations. La protection des journalistes n'existe toutefois que sur le terrain de la procédure et ne conduit nullement à une immunité pénale. Une telle immunité rendrait en effet l'information incontrôlable. Le journaliste ne peut être seul juge de ses droits et de ses devoirs, alors même que le bon fonctionnement de la justice est en cause.

---

[753] Cons. Const., 27 juillet 1982, décision n° 82-141 DC, JO 29 juillet 1982 ; 18 septembre 1986, n° 86-217 DC, D.1987.Som.381, obs. H. Maisl.
[754] *Déclaration des droits et des devoirs des journalistes*, Munich, 1970 : "Les devoirs essentiels du journaliste dans la recherche, la rédaction et le commentaire des événements sont (...) garder le secret professionnel et ne pas divulguer la source des informations obtenues confidentiellement".
[755] J. Francillon, *Le secret professionnel des journalistes*, in *Mélanges en l'honneur du Professeur Jean Larguier*, Presses universitaires de Grenoble, 1993, p. 127-147.
[756] CEDH, 27 mars 1997, arrêt *Goodwin c./ Royaume Uni.*

498. La loi du 4 janvier 1993 a donc reconnu aux journalistes un droit au secret, mais elle lui a donné un cadre juridique précis. Elle ne protège pas les journalistes eux-mêmes, mais leurs sources d'informations et leur confidentialité, en réglementant les perquisitions et en leur reconnaissant une dispense de témoigner. L'article 56-2 du Code de procédure pénale dispose que "les perquisitions dans les locaux d'une entreprise de presse ou de communication audiovisuelle ne peuvent être effectuées que par un magistrat qui veille à ce que les investigations conduites ne portent pas atteinte au libre exercice de la profession de journalistes et ne constituent pas un obstacle ou n'entraînent pas un retard injustifié à la diffusion de l'information". Les perquisitions doivent être réalisées par un magistrat et ne sauraient porter atteinte au libre exercice de la profession de journaliste. Les investigations ne sauraient en outre entraîner un retard "injustifié" à la diffusion de l'information. Les journalistes ne sauraient donc être privés de leurs notes ou de leurs rushs. Seules des copies peuvent être saisies. Le législateur entend préserver l'indépendance des journalistes et faciliter la diffusion de l'information. Les journalistes ne peuvent toutefois pas s'opposer aux mesures d'investigation dirigées contre eux. Des perquisitions peuvent donc être organisées à leur domicile, dans les conditions de droit commun. Enfin, la violation des garanties accordées par l'article 56-2 n'est pas sanctionnée par la nullité. La protection légale des sources d'information des journalistes se révèle alors relativement limitée. La recherche de la vérité semble ainsi l'emporter sur la liberté de la presse.

499. Les journalistes disposent ensuite d'un droit à ne pas être contraints de témoigner en justice. L'article 109, alinéa 2, du Code de procédure pénale, issu de la loi du 4 janvier 1993, précise que "tout journaliste entendu comme témoin sur des informations recueillies dans l'exercice de son activité, est libre de ne pas en révéler l'origine". Le secret ainsi consacré est en principe général. Il peut être opposé au juge lors de l'instruction et du jugement. Les journalistes ont en effet été autorisés à ne pas déposer en justice et donc à taire des éléments utiles à la manifestation de la vérité. Leur silence ne les expose pas à l'amende prévue par les troisième et quatrième alinéas de l'article 109, ni même aux peines de l'article 111[757]. La loi leur reconnaît une option, dévoiler leurs sources ou garder le silence. La situation des journalistes est donc privilégiée, non seulement par rapport aux témoins ordinaires, mais

---

[757] L'article 111 du Code de procédure pénale vise toute personne qui déclare publiquement connaître l'auteur d'un crime ou d'un délit et qui refuse de répondre aux questions posées par le juge d'instruction.

encore à l'égard du juge, qui n'est pas en mesure d'apprécier la nécessité d'une révélation.

500. La dispense de témoigner est toutefois strictement réglementée. Cette protection est réservée aux "journalistes" et ne bénéficie pas aux personnels administratifs et techniques employés par un organe de presse. Elle ne concerne que les informations obtenues dans le cadre de l'activité professionnelle du journaliste. Le secret ne bénéficie qu'au journaliste "entendu comme témoin". Hormis ce cas, le juge retrouve sa liberté d'appréciation. Les journalistes ne disposent pas d'une immunité complète. L'article 109, alinéa 2, du Code de procédure pénale n'a pas une portée générale et laisse donc subsister l'essentiel des obligations légales. Des poursuites pour refus d'assistance ou pour non-dénonciation de crimes peuvent être engagées contre un journaliste, sur le fondement des articles 62 et 63 du Code pénal. Des condamnations pour publication de fausses nouvelles ou pour diffamation sont également possibles. Le journaliste, en gardant le silence sur ses sources, est en effet dans l'impossibilité d'établir la vérité des faits qu'il révèle. La loi du 29 juillet 1881 lui permet de se disculper, mais sa déontologie professionnelle le lui interdit. Plus encore, le Tribunal pénal international et la Cour européenne des Droits de l'homme ont admis qu'une injonction de comparaître pouvait être délivrée contre un journaliste lorsque deux conditions sont réunies[758]. D'une part, le témoignage demandé doit présenter un intérêt direct et d'une particulière importance pour une question fondamentale. Il ne peut, d'autre part, être raisonnablement obtenu par une autre voie. Un journaliste peut donc être contraint de révéler l'identité de son informateur s'il existe un "intérêt prépondérant d'ordre public".

501. Le secret reconnu aux journalistes est donc un secret relatif, strictement encadré par la loi. L'article 10, § 2, de la Convention européenne des Droits de l'homme permet en effet de limiter la liberté d'expression lorsque l'ordre public est en jeu. L'intérêt de la justice est donc fréquemment appelé à l'emporter pour obliger les journalistes à révéler leurs sources. Or, l'étude du secret de l'instruction et de la présomption d'innocence montre pareillement qu'il ne s'agit que de secrets relatifs.

---

[758] CEDH, 27 mars 1996, *Goodwin c. Royaume-Uni*, arrêt précité ; TPI, Ch. appel, 11 décembre 2002, JCP.2003.II.10042, note W. Jeandidier.

C) Le secret de l'instruction et la présomption d'innocence.

502. L'instruction permet au juge, lorsqu'une infraction pénale a été commise, de rechercher s'il existe contre la personne poursuivie des charges sérieuses justifiant son renvoi devant une juridiction de jugement. Elle permet ainsi de mettre l'affaire en état. Or, cette phase préparatoire est inquisitoire. Elle est donc écrite, secrète et non contradictoire.

503. La procédure d'enquête et d'instruction devait traditionnellement rester totalement ignorée du public jusqu'à la saisie de la juridiction de jugement. La règle du secret semblait tellement évidente qu'elle n'avait même pas été consacrée par le Code d'instruction criminelle de 1808. Elle figure aujourd'hui à l'article 11 du Code de procédure pénale : "sauf dans les cas où la loi en dispose autrement et sans préjudice des droits de la défense, la procédure au cours de l'enquête et de l'instruction est secrète. Toute personne qui concourt à cette procédure est tenue au secret professionnel dans les conditions et sous les peines des articles 226-13 et 226-14 du Code pénal". Le secret a toutefois été atténué. L'instruction ne se déroule plus à l'insu de la personne poursuivie et de la victime, car les parties ont désormais accès au dossier. Le juge d'instruction doit leur notifier les charges et les tenir informées de ses investigations. La procédure n'est donc secrète qu'à l'égard des tiers.

504. Le secret tend à éviter la diffusion prématurée d'informations qui pourraient nuire à l'action de la police et de la justice dans la recherche des délinquants, des preuves ou des témoins. Il protège, en outre, les personnes soupçonnées d'accusation sans fondement, tout en évitant que la décision à venir ne soit influencée. Il garantit ainsi le respect de la présomption d'innocence. Le secret de l'instruction, en dépit des termes généraux de l'article 11 du Code de procédure pénale, est en effet conçu strictement. Il ne concerne que les personnes qui "concourent" à la procédure et sa violation ne constitue pas une infraction autonome. Seule la violation du secret professionnel par les personnes qui "concourent" à l'instruction peut être sanctionnée. L'utilité pratique de l'article 11 du Code de procédure pénale est donc très limitée.

505. Les magistrats, du siège comme du Ministère public[759], les greffiers, les officiers et agents de police judiciaire, les personnes requises, les experts, "concourent" à la procédure et doivent en préserver le secret. Le secret ne

---

[759] Crim., 6 décembre 1977, Bull. crim. n° 385.

s'impose pas, en revanche, ni à la personne mise en examen[760] ni aux parties civiles[761]. L'article 11, alinéa 1er, écarte en effet le secret lorsque “les droits de la défense” sont en jeu. Cette liberté ne devrait toutefois logiquement pas être accordée aux témoins, qui concourent à la procédure, mais la jurisprudence les autorise cependant à parler[762]. Les journalistes, qui ne sont pas non plus tenus au secret, peuvent donc librement reproduire les déclarations des témoins ou des parties, mais également les fréquentes indiscrétions des personnes participant à la procédure. Des journalistes ont toutefois été condamnés pour recel de violation du secret de l'instruction ou pour complicité[763]. Ces poursuites restent néanmoins exceptionnelles, car la preuve de l'imputabilité de la révélation est difficile à rapporter. Les avocats occupent une place particulière. Ils ne “concourent” pas à la procédure et ne sont donc pas concernés par l'article 11 du Code de procédure pénale. Ils sont cependant soumis au secret professionnel envers leurs clients. L'article 160, alinéa 2, du décret du 27 novembre 1991 organisant la profession d'avocat, les oblige à “s'abstenir de communiquer des renseignements extraits du dossier ou de publier des documents, pièces ou lettres intéressant une information en cours”. Certains avocats ont donc été condamnés pour violation du secret professionnel après avoir communiqué à des tiers des éléments de la procédure. La liberté de la défense ne saurait les autoriser à diffuser des copies d'actes ou de procédures[764].

506. De nombreuses limites ont été apportées au secret de l'instruction. La sanction de ce secret est, en premier lieu, exclusivement pénale, les peines étant prévues par l'article 226-13 du Code pénal. La procédure n'est pas annulée[765], sauf lorsque la révélation a porté atteinte aux intérêts de la personne concernée[766]. Celle-ci devra supporter la preuve du grief porté à ses intérêts[767]. Le secret ne couvre ensuite que la “procédure”, c'est-à-dire les

---

760 CA Paris, 11 juin 1986, RSC.1986.856, note G. Levasseur. D. Baudis a ainsi informé la presse qu'il était mis en cause dans le cadre de l'*affaire Alègre*.

761 Crim., 9 octobre 1978, Bull. crim. n° 263 ; D.1979.185, note P. Chambon ; RSC.1979.560.

762 Crim., 8 octobre 1978, arrêt précité.

763 Crim., 13 mai 1991, Bull. crim., n° 200 ; Rev. sc. crim., 1992, 312, obs. Francillon ; 19 juin 2001, Juris-data, n° 010499.

764 Crim., 18 septembre 2001, Juris-data n° 011119.

765 Crim. 22 décembre 1948, Bull. crim. n° 295 ; 24 avril 1984, D.1986.124, note P. Chambon.

766 Crim. 19 juin 1995, Dr. pénal, 1995, n° 239, note A. Maron ; 25 janvier 1996, Bull. crim. n° 51 ; D.1996.Somm.258, obs. J. Pradel ; Dr. pénal, 1996, n° 200, note A. Maron.

767 Crim. 25 janvier 1996, Bull. crim. n° 51 ; D.1996.Som.258, obs. Pradel ; Dr. pénal, 1996, Chron. n° 39 et n° 2000, obs. A. Maron ; 27 avril 2000, JCP.2000.IV.2651.

actes contenus dans le dossier. Il ne porte donc pas sur ce qui peut être observé par chacun, par exemple sur le transfèrement de la maison d'arrêt au Palais de justice. La recherche de la vérité justifie que le secret soit parfois écarté. Le juge d'instruction peut ainsi être amené à révéler à un témoin certains éléments du dossier pour les besoins de l'information. Or, ce témoin ne "concourt" pas à l'instruction et peut donc faire état de ces éléments à la presse. Enfin, la liberté d'information fonde certaines atteintes au secret. Le Procureur de la République est, par exemple, en droit de fournir un communiqué à la presse.

507. Le secret de l'instruction est donc fréquemment comparé à un "secret de polichinelle". Son bien-fondé est aujourd'hui débattu. La presse n'est plus un allié systématique des personnes poursuivies et de leurs avocats. Elle n'hésite plus à rendre compte des affaires en cours, certes pour informer le public, mais surtout parce qu'il s'agit là d'un argument de vente. La délation tend parfois à se substituer à l'investigation. Les journalistes sont informés, souvent en temps réel, du déroulement de la procédure, notamment parce qu'ils bénéficient des indiscrétions de certains magistrats ou policiers[768]. La pression médiatique est en outre de plus en plus forte. C'est donc le plus souvent dès l'ouverture d'une enquête policière ou d'une procédure d'instruction que les organes de presse interviennent. Les relations qu'entretiennent la police, la justice et les journalistes sont complexes, car tous revendiquent leur rôle dans la recherche de la vérité. Les premières mettent en avant les principes de liberté de la preuve, de secret de l'instruction, de présomption d'innocence. Elles considèrent que les informations nécessaires aux enquêtes doivent leur être communiquées, sans pour autant être prématurément divulguées. Les journalistes estiment, au contraire, que toutes leurs informations doivent être connues du public sans délai. Certains n'hésitent plus à mener des enquêtes parallèles. Il n'est pas rare que des pièces du dossier soient reproduites dans la presse. Les personnes poursuivies sont alors pratiquement présumées coupables avant même de se présenter devant un Tribunal. La liberté d'expression et le droit à l'information du public permettent, certes, d'éviter l'étouffement de certaines affaires, impliquant notamment des personnes publiques, mais ils ne sauraient justifier toutes les indiscrétions et la curiosité parfois malsaine du public. A l'inverse, la publicité donnée à certaines procédures peut être un moyen de mettre fin aux rumeurs générées par le secret et participe ainsi à la protection de l'individu. Il est donc régulièrement proposé d'abandonner le principe du secret de l'instruction, parce que la publicité serait une garantie pour

---

[768] Danet, *Le respect de la présomption d'innocence et le secret de l'enquête et de l'instruction*, Rapport du Sénat, 1993-1994, 44.

l'individu. L'action de la police et de la justice pourrait alors être soumise au contrôle permanent de la presse et de l'opinion publique. Il s'agirait d'un gage de démocratie, permettant dans les cas les plus extrêmes de lutter contre les arrestations arbitraires ou les détentions injustifiées. La publicité de l'instruction méconnaîtrait cependant la présomption d'innocence, car l'individu risquerait d'être présenté comme coupable, alors même qu'aucune décision n'a encore été rendue. Or, la transparence ne devrait avoir de sens qu'à partir du moment où les charges sont suffisamment établies. La protection des personnes mises en cause semble cependant relativement limitée. L'attachement de la Cour européenne des droits de l'homme à la liberté d'expression l'a conduite à ne sanctionner que très rarement des atteintes à la présomption d'innocence. Elle a, par exemple, rejeté la requête d'un journaliste condamné pour un article susceptible d'influencer l'issue d'une procédure pénale ouverte contre un ancien Ministre des finances poursuivi pour fraude fiscale. Il avait en effet écrit que "s'agissant des sommes qui transitent sur les sept comptes occultes, la seule hypothèse possible est celle d'une fraude fiscale". La Cour européenne estima alors que l'ingérence de l'Etat dans la liberté d'expression de ce journaliste était légitime et nécessaire dans une société démocratique, car "les personnes connues sont, comme tout un chacun, en droit de bénéficier d'un procès équitable". Or, "le requérant a clairement donné son avis sur la culpabilité de l'accusé"[769].

508. L'article 9 de la Déclaration des droits de l'homme et du citoyen pose néanmoins le principe de la présomption d'innocence : "Tout homme étant présumé innocent jusqu'à ce qu'il ait été déclaré coupable, s'il est jugé indispensable de l'arrêter, toute rigueur, qui ne serait pas nécessaire pour s'assurer de sa personne, doit être sévèrement réprimée par la loi". L'individu poursuivi ou suspecté n'a pas à rapporter la preuve de son innocence. Le Ministère public doit, au contraire, établir sa culpabilité. A défaut, ou si le doute subsiste, il doit être relaxé ou acquitté. Le principe a une portée générale, même si sa formulation semble le cantonner aux relations du justiciable avec l'autorité judiciaire. La présomption d'innocence régit, outre la procédure et les poursuites, les activités d'information et les comptes-rendus des affaires judiciaires.

509. L'article 9-1 du Code civil, issu de la loi du 4 janvier 1993 modifié par la loi du 24 août 1993, pose donc logiquement un principe général, "chacun a droit au respect de la présomption d'innocence". L'alinéa 2 précise

[769] CEDH, 29 août 1997, *Worm c./ Autriche*, série A, n° 467 ; JDI.1998.214, note S. Barbier.

qu'il y a atteinte à cette présomption "lorsqu'une personne placée en garde à vue, mise en examen ou faisant l'objet d'une citation à comparaître en justice, d'un réquisitoire du procureur de la République ou d'une plainte avec constitution de partie civile, est, avant toute condamnation, présentée comme étant coupable de faits faisant l'objet de l'enquête ou de l'instruction judiciaire". La loi du 4 janvier 1993 entendait ainsi renforcer la protection des individus projetés sous les feux de l'actualité judiciaire, en faisant de la présomption d'innocence un véritable droit extrapatrimonial. Les atteintes à la présomption d'innocence ne peuvent donc plus être réparées que sur le fondement de l'article 9-1 du Code civil, ce qui exclut l'application du droit commun de la responsabilité civile[770]. Toutefois, alors que le législateur a voulu faire de la présomption d'innocence un droit de la personnalité, la jurisprudence a limité cet objectif. La présomption d'innocence n'offre, en pratique, qu'une protection limitée. Ainsi, l'article 9-1 du Code civil n'interdit pas de divulguer le nom d'une personne majeure mise en examen[771]. Les journalistes peuvent donc rendre compte des affaires judiciaires en cours d'instruction. Ils peuvent librement informer le public aussi longtemps qu'ils ne portent aucun jugement sur la culpabilité de la personne poursuivie[772]. La jurisprudence limite donc le moins possible la liberté de la presse et ne condamne que l'affirmation certaine de la culpabilité d'une personne qui n'a pas encore été jugée. La première Chambre civile de la Cour de cassation a ainsi précisé, dans un arrêt rendu le 21 juillet 2001, que "l'atteinte à la présomption d'innocence suppose que l'écrit litigieux contienne des conclusions définitives manifestant un préjugé tenant pour acquise la culpabilité de la personne visée"[773]. Les journalistes doivent donc s'abstenir de tout préjugé sur la culpabilité de l'intéressé. Ils ne peuvent ainsi présenter une personne simplement suspectée comme un "tortionnaire"[774] ou comme le "violeur de la femme policier"[775]. De simples précautions oratoires permettent aux journalistes d'échapper à toute condamnation. Il leur suffit de laisser planer un doute sur la culpabilité de l'intéressé, par exemple en précisant qu'il "aurait" participé à une vaste escroquerie[776] ou qu'il était "probablement un

---

[770] Civ. 2ème, 8 mars 2001, JCP.2002.I.122, n° 3, obs. G. Viney.

[771] Civ. 2ème, 20 juin 2002, Bull. civ. II, n° 142 ; JCP.2003.I.126, n° 12, obs. B. exécutoires ; JCP.2003.II.10101, note E. Garaud.

[772] Civ ; 2ème, 19 octobre 1999, Bull. civ. II, n° 286 ; D.2000.737.

[773] Civ. 1ère, 21 juillet 2001, Bull. civ. I, n° 222 ; D.2002.1380, note C. Bigot ; JCP.2002.II.10152, note J. Ravanas ; RTDC.2001.852, obs. J. Hauser. Egalement en ce sens : Civ. 2ème, 20 juin 2002, arrêt précité.

[774] CA Aix-en-Provence, 6 avril 2000, Légipresse, avril 2001, n° 180, I, p. 42.

[775] TGI Paris, 15 octobre 1997, Légipresse, janvier février 1998, n° 148, I, p. 6.

[776] Civ. 2ème, 20 juin 2002, arrêt précité.

tueur sanguinaire"[777]. Cette jurisprudence civile est d'autant plus surprenante que le juge pénal fait preuve, au contraire, de sévérité en matière de diffamation. L'article 29 de la loi du 29 juillet 1881 est lui-même plus rigoureux, puisqu'il précise que l'allégation d'un fait qui porte atteinte à l'honneur ou à la considération d'une personne est en effet punissable, "même si elle est faite sous forme dubitative". La jurisprudence assimile les allusions pernicieuses aux attaques directes[778]. Il n'est donc guère logique de ne pas interpréter l'article 9-1 du Code civil moins sévèrement. La Cour de cassation semble toutefois transposer, dans l'arrêt rendu le 20 juin 2002, à la presse les principes d'égalité des armes et d'impartialité[779]. Un journaliste peut exposer les griefs de la victime dès lors qu'il permet à la personne suspectée de s'exprimer à son tour. Il peut ainsi donner la parole aux victimes d'une escroquerie prétendue, en s'abstenant de se prononcer sur le bien-fondé de leurs accusations. Peu importait que ces victimes multiplient les déclarations hostiles, même si l'on aurait pu penser qu'elles devaient également respecter la présomption d'innocence. La Cour de cassation a toutefois voulu éviter toute forme de censure, alors surtout que la parole avait également été donnée à l'avocat de la personne poursuivie. Le principe de la contradiction avait donc été respecté, la personne mise en cause ayant eu la possibilité de répondre aux accusations portées par les victimes. La présomption d'innocence ne protège, en revanche, que les personnes déjà mises en examen, contre lesquelles il existe des charges graves et concordantes. Les personnes simplement mises en cause par une enquête ne sont pas protégées, car ce statut n'existe pas en procédure pénale. Seule une plainte pour dénonciation calomnieuse ou pour faux témoignage serait alors possible.

510. La présomption d'innocence diffère profondément du droit au respect de la vie privée, en dépit de la place de l'article 9-1 dans le Code civil. L'individu est, dans une large mesure, maître de sa vie privée, mais il ne saurait contrôler les poursuites judiciaires dont il est l'objet. S'il peut s'opposer à la curiosité des journalistes, il lui est, en revanche, interdit de faire échec aux recherches du juge d'instruction. Plus encore, une personne ne peut être mise en examen que s'il existe des motifs graves et concordants qui laissent penser qu'elle est coupable d'une infraction. La présomption d'innocence ne constitue ainsi qu'une règle de procédure obligeant le juge à rapporter la preuve de la culpabilité. L'article 9-1 du Code civil n'est donc pas le prolongement de l'article 9. La loi n° 2000-516 du 15 juin 2000 a toutefois renforcé la protection de la présomption d'innocence et des droits des

[777] TGI Nanterre, 21 janvier 2002, Légipresse, avril 2002, n° 190, I, p. 40.
[778] Crim. 19 décembre 2000, Dr. pénal, 2001, n° 56, obs. M. Véron.
[779] Civ. 2ème, 20 juin 2002, arrêt précité.

victimes. Elle instaure deux nouvelles infractions pénales, au sein de la loi du 29 juillet 1881, pour assurer une meilleure protection des personnes mises en cause à l'occasion de poursuites pénales. Parallèlement à l'article 9-1 du Code civil, l'article 35, *ter*, I de la loi de 1881 incrimine, "lorsqu'elle est réalisée, sans l'accord de l'intéressé, la diffusion par quelque moyen que ce soit et quel qu'en soit le support, de l'image d'une personne identifiée ou identifiable, mise en cause à l'occasion d'une procédure pénale mais n'ayant pas fait l'objet d'un jugement de condamnation et faisant apparaître, soit que cette personne porte des menottes ou entraves, soit qu'elle est placée en détention provisoire". L'atteinte à la présomption d'innocence consiste à présenter publiquement comme coupable, avant condamnation, une personne poursuivie pénalement[780]. Elle est un délit de presse, puni d'une amende[781]. Ensuite, l'article 35, *ter*, II de la loi de 1881 réprime le fait "soit de réaliser, de publier ou de commenter un sondage d'opinion, ou toute autre consultation, portant sur la culpabilité d'une personne mise en cause, à l'occasion d'une procédure pénale ou sur la peine susceptible d'être prononcée à son encontre ; soit de publier des indications permettant d'avoir accès à des sondages ou consultations visés à l'alinéa précédent". L'infraction prévue par l'article 35, *ter*, I de la loi de 1881 requiert la réunion de six éléments constitutifs. L'article 803 du Code de procédure pénale renforce la protection de l'intéressé en précisant que "toutes mesures utiles doivent être prises, dans les conditions compatibles avec les exigences de sécurité, pour éviter qu'une personne menottée ou entravée soit photographiée ou fasse l'objet d'un enregistrement audiovisuel". La seconde infraction, prévue par l'article 35, *ter*, II de la loi de 1881, exige la réalisation, la publication ou le commentaire d'un sondage ou de toute autre consultation assimilée ou la publication d'informations permettant d'accéder à ces documents. Le contenu du sondage doit porter sur la culpabilité ou sur la peine. L'intéressé doit enfin être mis en cause dans une procédure pénale. L'article 48, 7°, de la loi de 1881, issu de la loi du 15 juin 2000, subordonne les poursuites à la plainte de la victime. Le texte précise cependant, *in fine*, que la poursuite peut également "être exercée à la requête de la partie lésée". Il est cependant muet lorsque la personne mise en cause a été placée en détention provisoire. Sa plainte semble alors logiquement requise.

511. Par ailleurs, l'article 13, alinéa 12, de la loi du 29 juillet 1881 accorde un droit de réponse à la personne mise en cause. En cas de refus, elle peut exercer une action en insertion forcée qui se prescrit par trois mois à

[780] Civ. 1ère, 6 mars 1996, Bull. civ. I, n° 123 ; D.1997.Somm.73 ; Civ. 2èle, 29 avril 1998, Bull. civ. I, n° 141.
[781] Civ. 1ère, 12 novembre 1998, Bull. civ. I, n° 313 ; D.1999.Somm.165 ; RTDC.1999.62, obs. J. Hauser.

compter de la décision de non-lieu, de relaxe ou d'acquittement. Un droit de réponse est pareillement reconnu, sous certaines conditions d'atteinte à l'honneur ou à la considération, à toute personne mise en cause par un service de communication audiovisuelle. La loi du 4 janvier 1993 a introduit un nouvel alinéa à l'article 13 de la loi du 29 juillet 1881, pour rouvrir les délais d'exercice de ce droit. L'action en insertion forcée se prescrit désormais après un an révolu à compter du jour de la publication. Ce droit de réponse est offert à toute personne nommée ou désignée dans un journal ou écrit périodique à l'occasion de l'exercice de poursuites pénales, dans un délai de trois mois à compter du jour où la décision de non-lieu, de relaxe ou d'acquittement la mettant hors de cause est devenue définitive. Il en va de même pour les activités de communication audiovisuelle. La demande doit en principe être formée dans les huit jours qui suivent la diffusion du message contenant l'imputation qui la fonde. La loi du 4 janvier 1993 a toutefois complété l'article 6 de la loi du 29 juillet 1982. Lorsque, à l'occasion de poursuites pénales, "ont été diffusées, dans le cadre d'une activité de communication audiovisuelle, des imputations susceptibles de porter atteinte à l'honneur ou à la réputation d'une personne physique ou morale, ce délai court à nouveau à son profit pour la même durée à compter du jour où la décision de non-lieu dont elle fait l'objet est intervenue ou celle de la relaxe ou d'acquittement la mettant expressément ou non hors de cause est devenue définitive". Enfin, le juge peut ordonner, à la demande de la personne concernée, la publication d'informations, notamment sous la forme d'un communiqué, visant à réparer l'atteinte à la présomption d'innocence. Les articles 177-1 et 212-1 du Code de procédure pénale, issus de la loi du 4 janvier 1993, permettent en outre au juge d'instruction ou à la Chambre d'accusation d'ordonner, à la demande de la personne concernée, la publication intégrale ou partielle d'une décision de non-lieu ou l'insertion d'un communiqué informant le public des motifs et du dispositif de celle-ci, dans un ou plusieurs journaux, écrits périodiques ou services de communication audiovisuelle. L'article 9-1 du Code civil permet même au juge d'ordonner, avant toute décision judiciaire sur les faits en cause, l'insertion "d'un communiqué aux fins de faire cesser l'atteinte à la présomption d'innocence".

512. Le secret parvient donc à résister au développement constant de l'impératif de transparence. L'individu et nombre de ses activités demeurent protégés de la curiosité des tiers. Le secret a toutefois été fréquemment affaibli. Les dénonciations obligatoires limitent ainsi le secret professionnel, alors que le secret de l'instruction est plus théorique que réel. L'individu se trouve donc fréquemment exposé contre son gré. Il est alors d'autant plus transparent qu'il ne semble pas encore bénéficier d'un droit à l'oubli.

Section 4 : Vers un droit à l'oubli ?

513. La Cour européenne des Droits de l'homme retient une définition extensive de la vie privée et consacre un véritable "droit à l'oubli". Le principe a été posé par l'arrêt *Rotaru c./ Roumanie*, rendu le 4 mai 2000[782]. En l'espèce, le Service roumain de renseignements détenait diverses informations sur M. Rotaru. Certaines étaient fausses, car elles concernaient un homonyme. Après avoir obtenu la reconnaissance officielle de cette erreur, l'intéressé porta l'affaire devant la Cour européenne, en se plaignant d'une violation de l'article 8 de la Convention. Les données remontaient aux années 1940 et avaient trait à une participation à un mouvement fasciste. Il était également indiqué que l'intéressé n'avait pas de casier judiciaire, qu'il avait participé à la publication de revues politiques et qu'il avait été membre de la section jeunesse d'un parti politique. Ces informations ne semblaient donc pas porter sur sa vie privée, car elles avaient été obtenues à partir des déclarations de l'intéressé ou de ses activités publiques. La Cour européenne condamna cependant la Roumanie pour violation de l'article 8 de la Convention. La nature des données importait peu. Elle s'attacha essentiellement au traitement qui avait été fait des informations : "Les données de nature publique peuvent relever de la vie privée lorsqu'elles sont, de manière systématique, recueillies et mémorisées dans des fichiers tenus par les pouvoirs publics". Elle précisait que "cela vaut davantage lorsque ces données concernent le passé lointain d'une personne". Cette analyse ne semble toutefois pas totalement consacrée par le droit français. L'écoulement du temps ne replonge généralement pas l'individu dans le secret. L'oubli serait un fait et non un droit[783]. Il doit en outre être concilié tant avec le devoir de mémoire qu'avec le travail des historiens. Ni l'individu ni la société ne peuvent occulter des souvenirs douloureux. L'apaisement requiert fréquemment le rappel "des ignominies et culpabilités subies ou commises par la collectivité ou un individu et dont l'impunité entrave le deuil"[784]. Des informations personnelles communiquées au public par le passé peuvent donc être à nouveau divulguées (§ 1). Le droit à l'oubli n'est toutefois pas totalement ignoré du droit français, tant à l'égard des archives (§ 2) que des fichiers automatisés (§ 3).

---

[782] CEDH, 4 mai 2000, *Rotaru c./ Roumanie*, D.2001.Som.1988, obs. A. Lepage ; AJDA.2000.1012, obs. J.F. Flauss ; JDI.2001.203, note D.L.D. ; RTDH.2001.148, note O. de Schutter.

[783] Ph. Malaurie, *Les personnes. Les incapacités*, Defrénois, 2004, n° 319, p. 115.

[784] P. Leclercq, *La CNIL, garante de la finalité, de la loyauté et de la sécurité des données personnelles*, in *Les libertés individuelles à l'épreuve des NTIC*, Presses universitaires de Lyon, 2001, p. 111-124, spécialement p. 115.

§ 1 : La re-divulgation.

514. La jurisprudence subordonnait initialement toute reprise de faits déjà révélés à une nouvelle autorisation de l'intéressé. La Cour de cassation avait rappelé, dans un arrêt rendu le 30 mai 2000, la nécessité d'obtenir une autorisation de l'intéressé avant de re-divulguer une information, même lorsqu'il en avait pris l'initiative[785]. La tolérance ou la complaisance passée importait peu[786]. L'individu contrôlait ainsi le support de ses révélations[787]. Chaque média avait son propre public. La notion d'épuisement des droits n'était donc pas appliquée au droit au respect de la vie privée, ce qui était contestable si l'on admet que ce qui a été volontairement divulgué sort de la vie privée. Le droit au respect de la vie privée se rapprochait ainsi du droit d'auteur, car toute utilisation d'une œuvre sur un nouveau support doit également être autorisée.

515. Une évolution s'est toutefois produite. Le Tribunal de grande instance de Paris avait ainsi déjà décidé, dans un jugement rendu le 8 septembre 1999, que le droit au respect de la vie privée s'épuise par la première divulgation[788]. La personne qui a révélé des faits la concernant ne pouvait plus ensuite se prétendre victime d'un préjudice si ses propos étaient repris. Cette analyse a finalement été consacrée par la Cour de cassation, notamment dans un arrêt rendu le 3 avril 2003[789]. En l'espèce, une célèbre princesse protestait contre un article consacré à ses ruptures sentimentales. La Cour de cassation approuva alors la Cour d'appel d'avoir rejeté sa demande, parce que "l'une des informations relatées constitue un fait public et que les autres présentent un caractère anodin". La Cour affirme avec brièveté que "la rupture du couple constituait, non plus une révélation, mais la relation de faits

---

[785] Civ. 1ère, 30 mai 2000, D.2001.Som.1989, obs. L. Marino.

[786] Civ. 2ème, 14 novembre 1975, D.1976.421, note B. Edelman ; CA Paris, 27 janvier 1989, JCP.1989.II.21325, note E. Agostini ; CA Paris, 19 juin 1998, D.1998.IE.204 ; CA Versailles, 16 décembre 1999, D.2000.IR.40.

[787] Pour le droit à l'image : TGI Paris, 28 juin 2000, D.2001.Som.2077, obs. A. Lepage : La reprise d'une photographie prise dix ans auparavant dans une nouvelle campagne de publicité, sans le consentement de la personne représentée, est fautive. Elle contrevient au "droit absolu que détient la demanderesse sur son image et sur l'utilisation qui peut en être faite".

[788] TGI Paris, 8 septembre 1999, D.2000.Som.271, obs. C. Caron.

[789] Civ. 1ère, 3 avril 2002, D.2003.Som.1543, obs. C. Caron ; D.2002.3164, note C. Bigot ; JCP.20002.IV.1871 ; Com. com. élec., 2002, n° 158, obs. A. Lepage ; Légipresse, 2002, n° 195, III, p. 170, note G. Loiseau. Egalement en ce sens : CA Toulouse, 10 décembre 2002, JCP.2003.I.126, n° 3, Chron. E. Tricaire.

publics". Cette rupture avait donc, par le passé, appartenu à la vie privée du couple, mais cet événement était devenu un fait public.

516. Cette nouvelle analyse évite de réduire le droit au respect de sa vie privée à un droit purement patrimonial. La diffusion volontaire de faits relevant de la vie privée exclut toute action postérieure fondée sur l'article 9 du Code civil. L'information peut librement circuler. Le droit au respect de la vie privée est donc susceptible de s'épuiser par le premier usage que son titulaire en fait. La divulgation prive les faits de leur caractère privé. L'arrêt rendu le 3 avril 2003 semble rendre caduque la jurisprudence qui admettait un contrôle sur la redivulgation de faits relevant de la vie privée[790]. La Cour de cassation condamne toute idée de monopole d'exploitation qui serait laissée à l'appréciation de son titulaire. En ne sanctionnant plus la redivulgation, le juge entend réagir contre les excès de certaines personnalités qui font mine de s'offusquer de la divulgation d'informations qu'elles ont contribuées à diffuser.

517. La divulgation initiale doit, cependant, être volontaire et les faits qui sont repris ne doivent être ni altérés ni modifiés. Une distinction pourrait même être introduite. Les règles de la responsabilité civile pourraient être appliquées lorsque la protection de l'activité d'une personne est en jeu. La notion de parasitisme permettrait alors de sanctionner la redivulgation, lorsqu'elle constitue un détournement fautif du travail ou des investissements d'autrui. L'atteinte à la vie privée continuerait, en revanche, à être sanctionnée, si l'intéressé n'a pas contribué à la diffusion initiale des informations personnelles. La redivulgation appellerait alors des sanctions plus sévères, car la réitération rend l'atteinte à la vie privée d'autant plus intolérable.

518. Par ailleurs, la Cour de cassation a toujours refusé de consacrer un droit à l'oubli qui interdirait la reprise d'informations personnelles portées licitement à la connaissance du public par des débats judiciaires. La première Chambre civile a ainsi estimé, dans un arrêt rendu le 20 novembre 1990, que[791] :

> "Lorsque les faits relatés dans un ouvrage et touchant à la vie privée d'une personne avaient été livrés, en leur temps, à la connaissance du

---

[790] Civ. 1ère, 30 mai 2000, D.2001.Som.1989, obs. L. Marino ; RTDC.2000.801, obs. J. Hauser ; JCP.2001.II.10524, note B. Montels. .

[791] Civ. 1ère, 20 novembre 1990, Bull. civ. I, n° 256 ; D.1991.Chron.176, n° 2, A. Bénabent ; JCP.1992.II.21908, note J. Ravanas. Egalement en ce sens : CA Paris, 13 septembre 2000, D.2001.Somm.2079, obs. A. Lepage.

public par des comptes rendus de débats judiciaires parus dans la presse locale et avaient été ainsi licitement révélés, ils échappent à la vie privée de cette personne et elle ne peut se prévaloir d'un droit à l'oubli pour empêcher qu'il en soit de nouveau fait état".

519. L'arrêt rendu le 13 novembre 2003 par la première Chambre civile peut être rattaché à cette hostilité jurisprudentielle à l'égard du "droit à l'oubli"[792]. Dans le cadre d'une série d'articles sur de grandes affaires criminelles, un hebdomadaire avait publié en 1997 un article sur le meurtre d'une fillette pour lequel Christian R... fut condamné à mort. Il reproduisait une photographie prise en 1974 lors d'une reconstitution non interdite aux médias et qui montrait le père de la victime, ainsi qu'un portrait de la fillette et la photographie de pièces à conviction. Les parents et le frère de la fillette estimèrent qu'il y avait là atteinte à leur droit à la vie privée et à l'image. La Cour de cassation approuva alors la Cour d'appel de les avoir déboutés, le dossier judiciaire "appartenant désormais à l'histoire des grandes affaires criminelles". Il n'était donc "plus seulement réductible à leur vie privée"[793].

520. L'imprécision de la notion de "droit à l'oubli" justifie dans une large mesure cette jurisprudence. On peut toutefois se demander si la théorie du contrôle ne devrait pas lui être appliquée. L'écoulement du temps ne devrait logiquement pas affecter le contrôle que l'individu exerce sur la diffusion d'informations personnelles. Une information qui relève objectivement de la vie privée ne saurait devenir "publique" parce qu'elle a été, par le passé, régulièrement révélée. Elle devrait, au contraire, rester sous le contrôle des personnes concernées. Une nouvelle publication ne devrait donc être possible qu'avec une autorisation ou en raison d'un motif légitime, lié par exemple aux nécessités de l'information. Le droit à l'oubli ne peut donc interdire toute nouvelle publication, mais il ne doit pas pour autant conduire aux excès inverses. Certains juges du fond ont ainsi admis qu'un événement public, tel un procès criminel qui s'était déroulé 46 ans plus tôt, "par l'écoulement d'un temps suffisamment long, peut redevenir pour la personne qui en a été le protagoniste un fait de la vie privée, rendu au secret et à l'oubli"[794]. Cette analyse protège l'individu d'une nouvelle divulgation tardive, sans toutefois rendre impossible le travail des historiens. Les personnes décédées cessent en effet d'avoir une vie privée.

---

[792] Civ. 1ère, 13 novembre 2003, D.2004.Somm.1634, obs. A. Lepage.
[793] Civ. 1ère, 13 novembre 2003.
[794] CA Versailles, 14 septembre 1989, Gaz.Pal.1990.1.Som.123.

521. Le droit à l'oubli n'est en outre pas ignoré par la loi. L'article 35 de la loi du 29 juillet 1881 écarte ainsi l'exception de vérité pour les faits de plus de dix ans. L'amnistie efface pareillement l'infraction, la réhabilitation conduit à un oubli collectif si le condamné ne récidive pas et l'écoulement du temps prescrit l'action publique. Plus encore, la consultation des archives est soumise à un régime juridique restrictif, destiné à préserver la vie personnelle de l'individu au-delà de son décès.

§ 2 : La consultation des archives.

522. L'article 1er de la loi du 3 janvier 1979 définit les archives comme "l'ensemble des documents, quels que soient leur date, leur forme et leur support matériel, produits ou reçus par toute personne physique ou morale, et par tout service ou organisme public ou privé, dans l'exercice de leur activité". Le droit à l'information et le travail des historiens dépendent, dans une large mesure, de faits et d'événements passés. La constitution et la conservation d'archives sont essentielles pour les auteurs et les chercheurs. L'article 1er de la loi du 3 janvier 1979 reconnaît donc logiquement que la conservation des archives est organisée "dans l'intérêt public", notamment "pour la documentation historique de la recherche".

523. Les archives peuvent cependant contenir de multiples informations sur l'individu, sa famille ou ses ancêtres. Elles permettent notamment de retracer sa généalogie ou sa vie professionnelle. Les archives des médecins et des hôpitaux retracent l'évolution de son état de santé. Les registres de l'état civil nous informent sur sa situation matrimoniale, ses mariages, ses enfants... Les archives sont des documents sensibles, parce qu'elles retracent l'histoire de l'individu. Les dangers se sont multipliés avec le développement de l'informatique, car les données provenant de différentes sources peuvent aujourd'hui être aisément recoupées. L'ouverture générale des archives, qu'elles soient publiques ou privées, permettrait de réunir de multiples informations sur l'individu. Aussi, le législateur est-il intervenu pour concilier les intérêts en présence, afin de préserver les archives tout en réglementant leur conservation et les conditions pour y accéder. La loi du 3 janvier 1979 s'efforce de garantir la conservation des archives en vue de leur consultation future. Elle cherche un équilibre entre le secret et la transparence, pour protéger l'individu tout en veillant à l'intérêt futur des chercheurs et du public. Elle opère alors une distinction entre les archives publiques (A) et les archives privées (B).

A) Les archives publiques.

524. Le titre 1er de la loi du 3 janvier 1979 définit le statut des archives publiques. Il en donne la définition en prévoit la conservation et organise leur consultation. L'article 3 de la loi du 3 janvier 1979 les définit. Il s'agit :

- Des documents qui procèdent de l'activité de l'Etat, des collectivités locales, des établissements et entreprises publics.
- Des documents qui procèdent de l'activité des organismes de droit privé chargés de la gestion des services publics ou d'une mission de service public.
- Des minutes et répertoires des officiers publics et ministériels.

525. A l'expiration de leur période d'utilisation courante par les services, établissements ou organismes qui les ont produits ou reçus, ces documents font l'objet d'un tri, pour séparer ceux qui doivent être conservés de ceux qui sont dépourvus d'intérêt administratif et historique et qui seront donc détruits[795].

526. Les chercheurs, notamment les historiens, doivent ensuite être en mesure d'accéder aux archives publiques ainsi créées et conservées et de les consulter. La transparence n'est toutefois pas totale, car des délais sont imposés pour protéger l'individu et le secret. La nature des documents est alors essentielle.

527. Les documents dont la communication était libre avant leur dépôt aux archives publiques peuvent être librement consultés par toute personne qui en fait la demande, sans aucune restriction. L'article 6, alinéa 2, de la loi du 3 janvier 1979 ajoute que les documents administratifs qui pouvaient déjà être communiqués aux administrés en application de la loi du 17 juillet 1978 "demeurent communicables dans les conditions fixées dans cette loi". Est ainsi repris le principe posé par l'article 13 de la loi de 1978, selon lequel "le dépôt, aux archives publiques, des documents communicables, (...), ne fait pas obstacle au droit à communication, à tout moment, desdits documents".

---

[795] Article 4 de la loi du 3 janvier 1979. La liste des documents destinés à être détruits, ainsi que les modalités de leur destruction, est dressée par l'autorité concernée et l'administration des archives. Lorsqu'un ministère, un service, un organisme ou un établissement détenteur d'archives publiques est supprimé, celles-ci doivent être confiées à l'administration des archives, en l'absence d'une affectation différente fixée par l'acte de suppression. Des sanctions pénales sont encourues par toute personne qui, à l'expiration de ses fonctions, détourne des archives publiques dont elle était détentrice, même en l'absence d'intention frauduleuse.

La consultation des autres documents relevant des archives publiques est, en revanche, subordonnée à l'écoulement d'un délai, qui est en principe de 30 ans[796]. Des "délais spéciaux" ont toutefois été fixés en raison de la nature de certains documents.

528. La consultation est parfois retardée, parce que les informations archivées sont particulièrement sensibles, car elles touchent à l'intimité de l'individu, à sa vie privée, à son état santé. Il en va de même pour les informations qui intéressent la sûreté de l'Etat[797]. Ainsi, la consultation des archives publiques est possible passée un délai de :

- 140 ans, à compter de la date de naissance, pour les documents comportant des renseignements individuels de caractère médical.
- 120 ans, à compter de la date de naissance, pour les dossiers personnels.
- 100 ans, à compter de la date de l'acte ou de la clôture du dossier, pour les documents relatifs aux affaires portées devant les juridictions, y compris les décisions de grâce, pour les minutes et les répertoires des notaires, les registres de l'état civil et de l'enregistrement.
- 100 ans, à compter de la date du recensement ou de l'enquête, pour les documents contenant des renseignements individuels ayant trait à la vie personnelle et familiale, et d'une manière générale, aux faits et comportements d'ordre privé, collectés dans le cadre des enquêtes statistiques des services publics.
- 60 ans, à compter de la date de l'acte, pour les documents qui contiennent des informations mettant en cause la vie privée, ou intéressant la sûreté de l'Etat ou la défense nationale, et dont la liste est fixée par décret en Conseil d'Etat[798].

529. A l'inverse, l'article 8 de la loi du 3 janvier 1979 permet à l'Administration des archives d'autoriser leur consultation anticipée, sauf lorsqu'il s'agit des "documents contenant des renseignements individuels ayant trait à la vie personnelle et familiale, et d'une manière générale, aux faits et comportements d'ordre privé, collectés dans le cadre des enquêtes statistiques des services publics".

---

[796] Article 6, alinéa 3, de la loi du 3 janvier 1979.
[797] Article 7 de la loi du 3 janvier 1979.
[798] Décret du 3 décembre 1979.

B) <u>Les archives privées.</u>

530. Le titre III de la loi du 3 janvier 1979 réglemente les archives privées. La loi du 3 janvier 1979 retient une définition négative des archives privées. L'article 9 qualifie ainsi "l'ensemble des documents définis à l'article 1er", c'est-à-dire les "documents, quels que soient leur date, leur forme et leur support matériel, produits ou reçus par toute personne physique ou morale, et par tout service ou organisme public ou privé, dans l'exercice de leur activité", qui présentent un intérêt pour "la documentation historique de la recherche" et qui "n'entrent pas dans le champ d'application de l'article 3", qui définit les archives publiques. En d'autres termes, les archives privées sont celles qui ne sont pas publiques... Les documents privés qui présentent un intérêt pour "la documentation historique de la recherche" sont donc des archives privées.

531. La loi du 3 janvier 1979 distingue deux catégories d'archives privées, dont la conservation obéit à des règles différentes. D'une part, l'article 11 permet de classer les archives privées comme archives historiques lorsqu'elles présentent un intérêt public pour des raisons historiques. La décision de classement intervient alors, sur proposition de l'Administration des archives, par arrêté du ministre chargé de la Culture. A défaut de consentement de leur propriétaire, le classement peut être prononcé d'office, par décret pris sur avis conforme du Conseil d'Etat. L'Etat ne devient toutefois pas propriétaire des documents ainsi classés. Leurs propriétaires sont néanmoins soumis à des obligations particulières, pour garantir la conservation de ces archives privées. L'article 15 de la loi interdit la destruction de ces documents et l'article 16 prohibe pareillement leur altération ou leur modification. Le propriétaire qui entend aliéner des archives classées doit en outre notifier son projet à l'Administration des archives. Leur exportation est pareillement soumise à une autorisation de l'Administration, autorisation qui peut être subordonnée à la reproduction préalable de tout ou partie des archives classées. L'Administration des archives dispose également d'un droit de rétention. Les documents qualifiés d'archives, même s'ils ne sont pas classés, sont, d'autre part, soumis à des règles protectrices. L'article 20 de la loi accorde notamment à l'Etat un droit de préemption lors des ventes publiques. L'exportation de ces documents est également soumise à autorisation du ministre chargé de la Culture, qui peut alors exercer un droit de rétention.

532. L'Administration des archives peut veiller à la conservation des archives privées, mais il lui est impossible d'en imposer la communication ou le libre accès. L'article 10 de la loi prévoit même que les Administrations qui détiennent des archives privées "sont tenues de respecter les conditions (...) de communication qui peuvent être mises par les propriétaires".

533. L'individu est donc très efficacement protégé par le secret. La consultation des documents qui le concernent directement, y compris l'état civil, n'est possible qu'à l'expiration d'un délai allongé. Aucune exception ne peut, en outre, être apportée à ce secret. Les archives ne peuvent en aucun cas être consultées, y compris par exemple dans le cadre de recherches historiques. La vie personnelle de l'individu est protégée contre toute atteinte, non seulement de son vivant, mais encore, probablement, du vivant de ses premiers descendants. La loi du 3 janvier 1979 lui reconnaît un droit à l'oubli. Il en est de même à l'égard des traitements automatisés de données, dont la conservation est limitée dans le temps.

§ 3 : La durée de conservation des fichiers automatisés et le droit à l'oubli.

534. Les fichiers automatisés permettent de conserver de multiples informations et d'éviter leur disparition. La machine, contrairement à l'homme, n'oublie pas. La durée de la conservation des données nominatives est fixée par la CNIL. Elle ne saurait excéder la durée nécessaire aux finalités du traitement. Plus encore, les informations relatives aux mineurs ne peuvent être conservées que pour une durée maximale de 15 mois. Une prolongation reste toutefois possible.

535. Le droit à l'oubli est donc consacré par la loi du 3 janvier 1979, relative aux archives, et par la loi *Informatique et libertés*, du 6 janvier 1978. Il serait donc souhaitable de le généraliser, en lui appliquant la théorie du contrôle. L'individu pourrait alors contrôler la diffusion d'informations personnelles en dépit de l'écoulement du temps.

536. L'individu dispose aujourd'hui, dès son plus jeune âge, d'une vie personnelle. Il est alors en droit de ne pas se révéler, parce que le secret est encore largement présent en droit positif. L'individu peut en effet dissimuler ce qui le définit et le singularise, puisque l'identification par ses empreintes génétiques est, le plus souvent, interdite. L'individu peut ensuite lutter contre la curiosité des tiers, en leur opposant le "mur" de sa vie privée. Il contrôle en effet la diffusion des informations personnelles qui le concernent. Le principe de pertinence complète alors sa protection dans ses relations contractuelles. La consécration totale du droit à l'oubli lui permettrait enfin de replonger dans le secret grâce à l'écoulement du temps. Toutefois, l'individu est soumis aux pressions de l'impératif de transparence. Sa vie personnelle subit de nombreuses menaces, notamment lorsqu'il est tenu d'apparaître aux tiers qui lui opposent leur droit à l'information. Le groupe peut ainsi stigmatiser celui qui ne respecte pas ses règles[799]. Les moyens de porter atteinte à la vie personnelle n'ont jamais été aussi nombreux et aussi efficaces. La personnalité de l'individu devient publique, souvent contre sa volonté, parce qu'il est aujourd'hui fréquemment obligé d'être transparent.

[799] A. Bernard, *La protection de l'intimité par le droit privé. Eloge du ragot ou comment vices exposés engendrent vertu*, in *Le for intérieur*, Puf, 1995, p. 155 et s.

Chapitre 2 : L'obligation d'être transparent.

537. L'individu doit, de plus en plus souvent, montrer aux tiers ce qu'il est ou ce qu'il fait. Sa vie personnelle est alors influencée par les rôles privés que l'opinion tend à lui imposer en le rendant transparent. Le développement de l'image conduit à une confusion entre la vérité et ce qui se manifeste ostensiblement. L'individu sait que l'image peut être manipulée, mais il reste sous sa puissance. L'écrit, parce qu'il doit résister à l'image, se fait lui-même de plus en plus indiscret. L'information devient un droit absolu, mais l'intérêt du public n'est pas le moteur de sa diffusion. Elle est devenue une source de profits, une valeur marchande. La publicité donnée à la vie d'autrui fournit un modèle, que chacun reprend en partie, par un réflexe mimétique. Les médias participent en effet à la sociabilisation, d'une manière toute à la fois douce et tyrannique[800]. Ce mécanisme doit toutefois rester caché pour fonctionner. Quelques individus doivent être transparents pour que chacun puisse conserver ses secrets. L'individu subit cependant une pression sociale considérable. Sa vie personnelle subit l'influence permanente du regard d'autrui, alors surtout que le développement du droit à l'information tend à le rendre transparent. Plus encore, les médias exercent sur lui une influence pernicieuse. Alors que l'opinion publique ne pénétrait dans son domicile que par l'écrit, la télévision et la radio ont supprimé la distance qui existait entre l'individu et l'information. Ces deux médias occupent une part essentielle du temps de la vie personnelle. Le développement des nouvelles technologies ne fait que conforter cette pression. *Internet* repose sur des communications planétaires instantanées. L'individu revendique sa singularité, oblige parfois le droit à la reconnaître, mais ses choix sont, dans une large mesure, dictés par des relations d'interdépendances. L'individu semble libre, puisque de nombreuses normes qui lui étaient imposées par la religion, par la morale ou la convenance ont aujourd'hui disparu. L'individu cherche, cependant, de nouveaux repères et reproduit alors l'expérience d'autrui. Son identité résulte donc, en réalité, des nombreux messages diffusés dans son environnement, d'où le succès des émissions télévisées fondées sur des témoignages. L'introspection tend à se généraliser, mais elle conduit à des phénomènes de mimétisme. Les questions les plus intimes sont traitées sur la place publique. La télévision entraîne un phénomène de catharsis. Chacun se sait observé et devient nécessairement prudent. Rendre l'individu transparent nuit à sa liberté et conduit à une uniformisation des comportements. L'expression, parce qu'elle sera largement diffusée, s'autocensure, par crainte de provoquer un rejet. L'individu, soumis à un contrôle collectif permanent, devient le plus

---

[800] H. Grivois, *Suicide, indifférence et transgression*, in *Le suicide*, Puf, *Droit, éthique et société*, 1994, sous la direction de F. Terré, p. 184.

souvent conformiste. Les médias jouent un rôle essentiel dans ce phénomène. Au début du 20ème siècle, la presse était essentiellement consacrée à la vie publique et délaissait les questions privées. Le développement du cinéma provoqua une première évolution. Il ne se limitait pas aux œuvres de fiction, mais proposait aux spectateurs des reportages, des actualités filmées. Les progrès techniques permirent alors à la presse de reproduire à son tour des images. Ces photographies renforcèrent l'impact de l'écrit. Elles furent toutefois rapidement utilisées à d'autres fins, publicitaires notamment. Plus encore, de nouvelles formes de presse apparurent et n'hésitèrent plus à conseiller leurs lecteurs sur des questions privées. Les témoignages s'y multiplièrent. La télévision prit ensuite le relais. Elle conduit aujourd'hui à une surexposition de l'individu. Les participants des *reality show* n'hésitent pas à exposer leur vie personnelle dans ce qu'elle peut avoir de plus intime. La télévision devient lieu de délibération à part entière. L'expérience des témoins est secondaire, car elle n'est qu'un moyen de relayer un modèle ou, au contraire, de le condamner. La publicité joue un rôle comparable. Proposant par définition des nouveautés, elle s'est efforcée de modeler le quotidien des consommateurs, en insistant paradoxalement sur leur liberté de choix. Les goûts, les habitudes et plus encore les pensées se sont uniformisées, alors même que de nombreux individus sont persuadés d'être eux-mêmes en adhérant aux modèles proposés. Cette indépendance, cette liberté d'esprit, ne sont toutefois que des illusions qui masquent mal le conformisme. La *pensée unique* est fréquemment dénoncée, mais les médias relaient dans une large mesure les valeurs et les idées du moment. L'individu est persuadé de penser par lui-même, alors qu'il se contente de reproduire les modèles qui l'entourent. Ce conformisme résulte du fonctionnement de la société et n'est pas le fait d'aucune synarchie occulte. Le développement des médias et des technologies de la communication est tel que tous s'intéressent aux mêmes sujets, aux mêmes questions, au même moment. Le public se contente de recevoir passivement ces messages, faisant ainsi leur succès. Il s'agit alors d'un cercle vicieux. Les médias croient traiter des questions qui intéressent le public et le public leur accorde sa confiance. L'information doit alors être personnalisée pour susciter l'intérêt, de sorte qu'elle se distingue de moins en moins de la communication. Elle prétend "montrer la vraie vie", faire vivre l'événement, comme si le public en était l'acteur. Une fois encore, les frontières du public et privé, de la transparence et du secret, sont remises en cause. La situation de l'individu est donc fondamentalement paradoxale. Le droit protège sa vie personnelle, y compris dans ses relations contractuelles ou de travail, mais il l'oblige de plus en plus fréquemment à accepter l'intrusion des tiers, au nom notamment de la liberté d'expression et du droit à l'information. Ses activités se déroulent de plus en plus souvent au vu et su d'autrui. L'individu fait donc tout pour ne pas se faire remarquer. L'individu perd ses spécificités et accepte de se soumettre aux modèles sociaux véhiculés par la transparence. La dérive totalitaire est omniprésente et se révèle d'autant plus dangereuse qu'elle n'apparaît pas. La transparence serait un gage de démocratie et de liberté, mais elle instaure une surveillance qui fait dévier la démocratie de ses objectifs. Ses progrès sont constants et se manifestent par une recherche accrue de la vérité (section 1), par le développement du droit à l'information (section 2), par des impératifs de santé publique (section 3) ou bien encore, en matière contractuelle, par le principe de pertinence positive (section 4).

Section 1 : La recherche de la vérité.

538. La transparence est au cœur du procès. Même si le secret n'y est pas absent, mais le juge doit découvrir la vérité pour statuer en connaissance de cause. Le juge doit reconstituer une réalité qui s'est produite dans un passé plus ou moins lointain. Certes, il ne peut généralement pas aboutir à une certitude absolue, notamment parce qu'il est impossible de sonder la conscience des justiciables ou de percer tous leurs secrets. Le juge doit cependant faire son possible pour s'approcher de la vérité, même s'il peut arriver que cette vérité ne soit que vraisemblable. Plus encore, le juge sera en pratique d'autant plus convaincu que les arguments des parties reflètent la réalité. La vérité judiciaire se rapproche ainsi le plus possible de la réalité et tire sa force de sa vraisemblance, dans le procès civil (sous-section 1) et, *a fortiori*, en présence d'une infraction réelle ou supposée (sous-section 2).

Sous-section 1 : La recherche de la vérité dans le procès civil.

539. La recherche de la vérité par le juge civil rend fréquemment l'individu transparent. Le juge peut le contraindre à produire des pièces nécessaires à la manifestation de la vérité, y compris lorsqu'elles ont trait à sa vie personnelle (§ 1). Plus encore, l'individu peut être obligé de comparaître et de témoigner (§2). Le particularisme des conflits familiaux peut néanmoins limiter la transparence (§ 3).

§ 1 : La production forcée des pièces.

540. Chaque plaideur doit pouvoir accéder, lors du procès civil, aux pièces et documents que son adversaire invoque et produit à l'appui de ses prétentions. Produire une pièce consiste alors à la verser aux débats pour soutenir les moyens avancés. La partie qui détient une pièce la produit le plus souvent spontanément, parce qu'elle entend ainsi convaincre le juge du bien-fondé de sa demande. La production des pièces se distingue néanmoins de leur communication. Elle intéresse directement l'administration de la preuve, alors que la communication participe au respect des droits de la défense. Le principe du contradictoire interdit en effet de remettre au Tribunal une pièce sans l'avoir préalablement portée à la connaissance de l'adversaire. Cette communication ne soulève le plus souvent aucune difficulté. L'article 132 du nouveau Code de procédure civile précise qu'elle doit être spontanée, même si cette pièce émane de la partie à laquelle elle est opposée. A défaut, le juge peut enjoindre sous astreinte l'adversaire d'effectuer la communication. Lorsqu'une pièce n'est pas communiquée en temps utiles, le juge peut l'écarter des débats et refuser d'en tenir compte. Toutefois, les plaideurs ne collaborent pas toujours spontanément à la recherche de la vérité et sont fréquemment peu enclins à fournir à l'adversaire des preuves qui pourraient se retourner contre eux. Or, des pièces qui ne sont ni invoquées ni présentées par les parties peuvent déterminer l'issue du procès. Il est donc fréquent qu'un plaideur ait en sa possession une pièce importante pour son adversaire. L'action *ad exhibendum*, l'action en production forcée, a toutefois longtemps été envisagée avec suspicion par le droit français. Il était en effet admis que l'on ne pouvait exiger des plaideurs qu'ils participent à la manifestation de la vérité, éventuellement à l'encontre de leurs intérêts. Cette exigence ne pouvait *a fortiori* peser sur les tiers. Ces principes ont néanmoins été totalement remis en cause lors des réformes de la procédure civile, en 1971 et 1972.

541. Désormais, l'article 10 du Code civil, issu de la loi n° 72-626 du 5 juillet 1972, dispose que "chacun est tenu d'apporter son concours à la justice en vue de la manifestation de la vérité. Celui qui, sans motif légitime, se soustrait à cette obligation lorsqu'il est légalement requis, peut être contraint d'y satisfaire, au besoin à peine d'astreinte ou d'amende civile, sans préjudice de dommages et intérêts". L'article 142 du nouveau Code de procédure civile permet de demander au juge la production des pièces détenues par l'une des parties. Le juge statue ensuite sur le bien-fondé de cette demande, en s'assurant notamment qu'elle ne se heurte à aucun principe supérieur[801]. Le secret professionnel interdit, par exemple, qu'un avocat soit enjoint de produire une correspondance confidentielle[802]. Certes, le nouveau Code de procédure civile ne réserve pas expressément le cas d'un empêchement légitime. Une partie ne peut, en règle générale, avoir un "intérêt légitime" à ne pas produire des pièces utiles à la preuve de certains éléments du litige. Cette réserve figure cependant à l'article 10 du Code civil. Plus encore, le document dont la production est demandée peut contenir des éléments étrangers au litige, concernant notamment la vie privée du détenteur. L'article 139 du nouveau Code de procédure civile autorise donc une production par extrait.

542. L'obligation de produire résulte d'une décision du juge. Elle suppose que la production demandée soit utile à la solution du litige. Le juge n'est donc pas tenu d'enjoindre à une des parties de produire une pièce en présence d'une simple allégation, en l'absence d'incident de communication de pièces au sens de l'article 133 du nouveau Code de procédure civile[803]. L'injonction peut éventuellement être assortie d'une astreinte, puisque l'obligation de produire ne saurait être exécutée en nature[804]. La décision du juge est exécutoire à titre provisoire, sur minute s'il y a lieu[805]. Aucune signification préalable n'est exigée. Toutefois, si la partie refusait de produire la pièce litigieuse, l'article 11, alinéa 1er, du nouveau Code de procédure civile qui autorise le juge "à tirer toute conséquence d'une abstention ou d'un refus" lorsqu'une partie n'apporte pas son concours à une mesure d'instruction, ne semble pas pouvoir être appliqué. La production d'une pièce ne peut en effet être assimilée à une mesure d'instruction.

543. Les parties peuvent également se heurter à la résistance d'un tiers qui n'entend pas remettre de lui-même les pièces qu'il possède. Le juge peut alors, à la demande de l'une d'elles, demander l'obtention de tous documents détenus par des tiers, s'il n'existe aucun empêchement légitime,

---

[801] Son pouvoir est alors discrétionnaire : Civ. 1ère, 4 décembre 1973, Bull. civ. I, n° 336 ; Civ. 3ème, 24 février 1988, JCP.1988.IV.166.

[802] CA Lyon, 10 novembre 1993, Gaz.Pal., 22 janvier 1994, Flash, note J.J.R.

[803] Civ. 1ère, 2 mars 2004, D.2004.IR.853.

[804] Le juge qui a ordonné la production forcée est également compétent pour statuer sur les difficultés d'exécution de sa décision.

[805] Article 140 du nouveau Code de procédure civile.

conformément aux articles 11 et 141 du nouveau Code de procédure civile. Le juge civil, contrairement au juge pénal ou au juge administratif, n'a en effet pas le pouvoir, sous réserve de dispositions spéciales contraires, d'ordonner d'office la production de documents, alors que les "mesures d'instruction" peuvent être ordonnées d'office. La demande est formulée sans forme et peut donc être orale. La Cour de cassation a précisé que le pouvoir du juge n'est limité que par l'existence d'un motif légitime tenant soit au respect de la vie privée, sauf si la mesure s'avère nécessaire à la protection des droits et libertés d'autrui, soit au secret professionnel[806]. Le caractère confidentiel des documents demandés justifie, à lui seul, leur rejet des débats[807]. La personne qui justifie d'un empêchement légitime, tel le secret professionnel, est en effet le plus souvent un tiers au procès. Il peut cependant arriver que le détenteur du secret soit également partie. Si le demandeur à la production est celui qui a confié ce secret, il n'y aura pas de difficultés, car sa demande vaut levée du secret. La situation est, en revanche, plus complexe lorsque le confident est opposé à une autre personne. Deux principes entrent alors en conflit, l'obligation de concourir à la manifestation de la vérité et le droit au secret. Si la protection forcée ne sert que des intérêts privés, parce qu'elle permet d'obtenir des éléments de preuve, elle constitue également une "institution de justice"[808]. Elle participe à la résolution des litiges, comme l'exprime l'article 10 du Code civil. Or, le droit au secret présente essentiellement un caractère privé. Il est donc, le plus souvent, relatif. Ainsi, le secret des correspondances ne fait plus aujourd'hui obstacle à leur production forcée[809].

544. L'individu ne peut toutefois pas être contraint de produire des documents relatifs à des faits dont il a connaissance dans l'exercice de ses fonctions ou dans le cadre d'une relation de confiance et qui touchent à l'intimité de la vie privée des personnes[810]. Tous les éléments permettant de l'identifier sont ainsi protégés, ce qui interdit par exemple d'obliger une Administration à révéler le domicile de l'un de ses agents[811]. Le Ministre des P et T a, par exemple, été contraint de communiquer les nom et adresse du titulaire d'un abonnement téléphonique inscrit sur "liste rouge", dès lors que

---

806 Civ. 1ère, 21 juillet 1987, Gaz.Pal.1988.1.322 ; RTDC.1988.393, obs. Perrot.

807 Civ. 2ème, 17 mars 1993, D.1993.IR.89.

808 J.J. Daigre, *La production forcée dans le procès civil*, préface P. Lombois, 1979, p. 227.

809 P. Kayser, *Le principe du secret des lettres confidentielles et ses rapports avec le principe de droit public de la liberté et de l'inviolabilité de la correspondance*, in *Mélanges P. Voirin*, n° 7, p. 445 et s.

810 Civ. 2ème, 29 mars 1989, D.1990.45 et Som.356, obs. D. Amson ; JCP.1990.II.21586.

811 Civ. 1ème, 6 novembre 1990, D.1991.353.

cette communication était justifiée par les besoins de la manifestation de la vérité et par la protection des droits de l'une des parties[812]. La protection des droits des tiers peut toutefois justifier cette communication. Un créancier peut ainsi obtenir l'adresse d'un débiteur qui entend se dérober à ses obligations[813]. Le secret bancaire constitue, en revanche, un empêchement légitime, permettant à une banque de s'opposer à la demande adverse visant à obtenir copie d'un chèque[814]. Il tend à protéger l'individu concerné, car les opérations bancaires qu'il réalise relèvent de sa vie privée. La Cour de cassation a donc décidé que le secret bancaire "ne cesse pas avec la disparition de la personne qui en bénéficie et s'étend aux personne qui ont eu le pouvoir de faire fonctionner le compte"[815]. Un banquier ne pouvait être contraint de révéler à une caisse de retraite les coordonnées de la personne ayant procuration sur un compte aux fins de restitution d'un indu. Maintenir le secret bancaire après le décès est cependant surprenant, puisque le droit au respect de la vie privée ne bénéficie pas aux personnes décédées. Le secret bancaire protégeait, en revanche, le titulaire de la procuration, mais on peut se demander si le secret s'étend jusqu'à l'identité du mandataire. Le défunt avait révélé son identité pour faire verser les arrérages sur son compte. Après son décès, il est difficilement compréhensible de reconnaître à son mandataire qui avait laissé se poursuivre les versements des droits plus étendus que son mandant.

545. Ainsi, l'article 11 du nouveau Code de procédure civile accorde au juge un pouvoir modérateur, qu'il ne peut utiliser qu'au profit des tiers. La notion d'empêchement légitime n'est pas définie par les textes et relève donc de l'appréciation des juges du fond. Le juge décide en effet, *in concreto*, s'il convient d'ordonner la production forcée, compte tenu des intérêts en jeu et des circonstances propres à l'espèce. L'existence d'un droit au secret ne s'oppose donc pas à la production forcée, dès lors que ce secret n'est pas absolu. Le juge rejettera au contraire la demande si cette production risque de causer un préjudice au tiers. Le document produit sera soumis à la publicité des débats. Cette révélation d'un document confidentiel peut causer un préjudice au débiteur de la production ou même à un tiers totalement étranger à la procédure. Un conflit d'intérêts privés en résulte, entre le demandeur et le tiers. La protection du tiers doit alors logiquement prévaloir, car ses intérêts n'ont pas à être sacrifiés dans l'intérêt du demandeur. L'empêchement légitime peut concerner, en outre, non le débiteur de la production, mais un tiers étranger à la procédure, notamment lorsqu'une correspondance est en

---

[812] Civ. 1ère, 21 juillet 1987, arrêt précité.

[813] Civ. 1ère, 19 mars 1991, D.1991.568 ; RTDC/.1991.499, obs. J. Hauser ; 30 juin 1992, D.1992.421, note P. Guiho ; JCP.1993.II.22001.

[814] Com., 13 juin 1995, Bull. civ. IV, n° 172 ; D.1995.IR.166.

[815] Com., 25 février 2003, RTDC.2003.477, n° 3, obs. J. Hauser.

jeu. Le secret des correspondances s'oppose ainsi à la production d'une lettre dont un tiers serait l'auteur. La jurisprudence lui apporte, cependant, des limites importantes et admet, notamment, sa production lorsqu'elle est déclarée non confidentielle[816]. Le juge apprécie souverainement le caractère confidentiel de la correspondance litigieuse[817]. L'empêchement légitime constitue une question de fait, de sorte que le juge doit prendre en compte les intérêts propres à chaque espèce, pour concilier les intérêts en présence.

546. Plusieurs conditions doivent être réunies pour obtenir cette communication. Il doit s'agir, tout d'abord, d'un acte authentique ou d'un acte sous seing privé auquel le plaideur n'a pas été partie[818]. Chaque plaideur doit posséder un exemplaire de tous les actes auxquels il a participé. Le document détenu par le tiers ne présente toutefois pas toujours ce caractère d'acte public ou privé. L'article 5 de la loi n° 62-896 du 4 avril 1962 a donc autorisé le juge à ordonner, tant aux parties qu'à l'Administration fiscale, la communication des documents utiles à la solution du litige, lorsqu'il s'agit d'une action tendant à une condamnation pécuniaire. Cette procédure peut être notamment utilisée lors d'une action en responsabilité civile. Plus généralement, l'obligation d'apporter son concours à la justice en vue de la manifestation de la vérité s'impose tant aux personnes privées qu'aux personnes publiques[819].

547. Le juge, s'il estime la requête fondée, ordonne délivrance de la pièce ou de l'acte, en en précisant les conditions et en imposant d'éventuelles garanties de restitution. Il ne peut, en outre, ordonner la production d'actes détenus par un tiers que si ces actes sont suffisamment déterminés[820], mais il lui appartient de décider des documents devant être produits[821]. Sa décision est exécutoire par provision, parfois sur minute, et peut être assortie d'une astreinte. Elle intervient toutefois le plus souvent sans que le tiers ait été entendu par le juge ou même prévenu. Le tiers dispose donc d'un recours, notamment en présence d'un empêchement légitime, pour obtenir du juge qu'il rétracte ou modifie sa décision. Il dispose ensuite d'un délai de 10 jours pour interjeter appel contre la nouvelle décision du juge, hormis lorsque la production a été ordonnée pour les besoins d'une expertise. L'obligation faite

[816] Com., 17 mai 1965, Bull. civ. III, n° 318 ; Civ. 2ème, 25 novembre 1970, Bull. civ. II, n° 321.
[817] Civ. 2ème, 23 octobre 1969, Bull. civ. II, n° 289 ; 25 novembre 1970, arrêt précité.
[818] Article 138 du nouveau Code de procédure civile
[819] Civ. 1ère, 21 juillet 1987, Bull. civ. I, n° 248 ; Gaz.Pal.1988.1.Som.148 ; RTDC.1988.393, obs. Perrot ; 20 décembre 1993, Bull. civ. I, n° 380.
[820] Civ. 2ème, 15 mars 1979, Bull. civ. II, n° 88 ; RTDC.1979.664, obs. Perrot ; Com. 19 mars 1979, Bull. civ. IV, n° 97.
[821] Civ. 2ème, 16 juillet 1979, Bull. civ. II, n° 220.

au tiers d'apporter son concours à la justice ne lui confère toutefois pas la qualité de défendeur au sens de l'article 42, alinéa 2, du nouveau Code de procédure civile[822].Le tiers s'expose à des sanctions s'il refuse de déférer à une injonction de produire, même s'il est impossible de recourir à l'exécution forcée.

548. L'article 10 du Code civil permet de condamner le tiers à une astreinte ou à une amende civile, mais également à des dommages-intérêts. La responsabilité encourue en raison de l'inexécution d'une production est détachée de la résistance abusive. Cette inexécution, qui constitue le fait générateur, n'est assortie d'aucune autre condition. L'alinéa 2 de l'article 10 du Code civil permet de sanctionner la seule inexécution, sous réserve d'un motif légitime. Les dommages-intérêts sont alors fonction du préjudice subi. L'évaluation du dommage matériel est toutefois malaisée, car il est impossible de connaître avec certitude l'issue du procès si la pièce avait été produite. Le juge devra donc apprécier la réalité de cette perte de chance, en vérifiant si le document recherché aurait permis au demandeur d'obtenir gain de cause. Le montant des dommages-intérêts pourra donc correspondre à la somme réclamée dans le procès en responsabilité civile originaire.

§ 2 : La comparution des parties et le témoignage.

549. Si la Cour de justice des Communautés européennes considère qu'en matière pénale tout accusé a le droit de se taire et de ne pas contribuer à sa propre incrimination, il n'en va pas de même lors du procès civil[823]. L'article 184 du nouveau Code de procédure civile permet au juge obliger les parties à comparaître personnellement, en toutes matières. Cette mesure d'instruction peut être ordonnée d'office ou à la demande de l'une des parties. Elle est alors présentée par voie de conclusion et peut intervenir en tout état de cause, y compris en appel. La comparution personnelle peut être ordonnée par la formation de jugement de la juridiction saisie ou par le juge chargé de la mise en état[824], pour une seule des parties ou pour toutes[825]. Les personnes morales et les collectivités publiques peuvent également être sommées de comparaître, par l'intermédiaire de leur représentant légal. L'article 186 du nouveau Code de procédure civile précise que la comparution a lieu devant la

---

[822] Civ. 2ème, 16 juillet 1975, JCP.1976.II.18313, note J.J. Daigre.

[823] CJCE, 10 novembre 1993, D.1994.197, note J.L. Clergaire ; JCP.1994.I.3748, n° 5 ; Cont.conc.consom., décembre 1993, n° 219, n° 11, note L. Vogel : "Le droit communautaire n'impose pas le respect du droit de ne pas témoigner contre soi-même dans une procédure civile".

[824] Article 185 du nouveau Code de procédure civile.

[825] Article 197 du nouveau Code de procédure civile..

juridiction qui l'a prescrite, devant l'un des membres de la formation collégiale ou devant le juge de la mise en état, en audience publique lorsqu'elle correspond à la procédure suivie pour le procès au fond. L'article 188 permet, cependant, au juge de décider qu'elle aura lieu, s'il le préfère, en Chambre du conseil, notamment pour préserver le secret ou ne pas porter atteinte au droit au respect de la vie privée.

550. Les parties sont interrogées, lors de l'audience de comparution, en présence l'une de l'autre et peuvent être assistées par leurs défenseurs[826]. Elles peuvent même faire savoir au juge les questions qu'elles estiment devoir être posées à l'adversaire. Elles ne peuvent, en revanche, directement poser des questions. L'article 193 du nouveau Code de procédure civile réserve en effet leur initiative au juge. Les parties doivent ensuite répondre aux questions posées, en personne. Elles ne peuvent se contenter de lire un projet écrit, car les réponses doivent être spontanées. A l'issue de la comparution, il est dressé un procès-verbal qui relate les dires des parties lorsque l'affaire est susceptible d'appel. L'absence ou le refus de réponse doit y être mentionné. Le procès-verbal est ensuite lu aux parties, puis le juge leur demande si elles persistent dans leurs déclarations et si elles ont bien dit la vérité. Il est alors signé par le juge et par le secrétaire. Lorsque le jugement est rendu en premier et dernier ressort, il y est seulement mentionné la mesure de comparution, lorsque l'affaire est immédiatement jugée.

551. Le Tribunal peut tirer "toutes conséquences" du refus de comparaître ou de répondre et notamment l'analyser en un commencement de preuve par écrit. Ce refus rend donc recevable la preuve testimoniale. Toutefois, la Cour de justice des Communautés européennes a estimé, s'agissant du droit de la concurrence, que la comparution ne saurait obliger l'une des parties à admettre l'existence d'une violation des règles de concurrence[827]. *A contrario*, si une procédure nationale ne concerne pas exclusivement les rapports entre particuliers, les parties retrouvent ce droit "de non auto incrimination", la procédure pouvant alors conduire au prononcé d'une sanction par une autorité publique.

552. Les plaideurs peuvent également faire appel à des tiers, qui sont alors amenés à faire connaître, oralement ou par écrit, ce qu'ils savent des faits. La nature ou l'importance de l'affaire doit autoriser le recours à la preuve testimoniale. En pratique, les déclarations des tiers constituent, avec

---

[826] Articles 189 et 192 du nouveau Code de procédure civile.

[827] CJCE, 10 novembre 1993, D.1994.197, note J.L. Clergaire ; JCP.1994.I.3748, n° 5 ; Cont.conc.consom., décembre 1993, n° 219, n° 11, note L. Vogel.

l'expertise, des procédés de preuve essentiels. L'article 199 du nouveau Code de procédure civile autorise, en effet, le juge à recevoir des tiers les déclarations qui seraient de nature à l'éclairer sur les faits litigieux et dont ils ont une connaissance personnelle. L'article 10 du Code civil oblige en outre chacun à apporter son concours à la manifestation de la vérité.

553. L'attestation est un écrit par lequel un tiers au procès fait savoir ce qu'il sait. Elle peut être spontanément produite par l'une des parties ou rédigée à la demande du juge[828]. La déclaration révèle l'individualité du témoin, puisqu'elle doit indiquer les nom, prénoms, date et lieu de naissance, domicile et profession de l'intéressé, mais également, s'il y a lieu, l'existence d'un lien de parenté ou d'alliance, d'un lien de subordination, d'un rapport de collaboration ou d'une communauté d'intérêts avec les parties[829]. Le document doit être rédigé, daté et signé de la main de son auteur. L'article 202, alinéa 3, du nouveau Code de procédure civile, précise que l'objet de cette attestation est de fournir une "relation directe des faits auxquels son auteur a assisté ou qu'il a personnellement constatés". Sa valeur est librement appréciée par le juge, qui peut donc l'écarter des débats[830]. Le juge peut renforcer sa conviction en procédant, par voie d'enquête, à l'audition de l'auteur de l'attestation, mais il décide souverainement d'accepter ou de refuser d'entendre comme témoins ceux qui ont fourni des attestations.

554. L'enquête est une procédure au moyen de laquelle s'administre la preuve testimoniale. Elle peut être ordonnée à la demande des parties ou d'office, en tout état de cause, jusqu'à la clôture des débats. Elle peut également être ordonnée lorsque le défendeur a reconnu les faits, mais que l'ordre public est intéressé, en matière de divorce notamment. La partie qui demande une enquête doit préciser les faits dont elle entend rapporter la preuve, pour que le Tribunal ait connaissance des points qui seront abordés par le témoin. L'enquête révèle, comme l'attestation, l'individualité des témoins. La demande doit préciser les nom, prénom, domicile des personnes dont l'audition est sollicitée. La décision qui ordonne l'enquête mentionne ensuite les faits que le juge a estimés suffisamment pertinents pour être prouvés par enquête ainsi que les nom, prénoms et domicile des personnes à entendre[831]. Si le demandeur n'est pas en mesure de fournir ces indications ou si l'enquête est ordonnée d'office, le juge peut autoriser le demandeur à se présenter à l'enquête avec les témoins qu'il souhaite faire entendre ou fixer un délai pour déclarer au greffe le nom des témoins. La décision qui ordonne

---

[828] Article 200 du nouveau Code de procédure civile.
[829] Article 201 du nouveau Code de procédure civile.
[830] Civ. 2ème, 23 janvier 1985, Gaz.Pal.1985.Pan.93, obs. S. Guinchard.
[831] Article 223, alinéa 1er, du nouveau Code de procédure civile.

l'enquête ne peut faire l'objet d'un recours indépendamment du jugement sur le fond, à moins que ce jugement ne présente un caractère mixte.

555. Le juge invite les parties à se présenter avec les témoins qu'elles désirent faire entendre. A défaut, les témoins sont convoqués par le secrétaire de la juridiction, au moins huit jours avant l'enquête. Leur participation à l'enquête est obligatoire. Lorsqu'ils ne se présentent pas, le juge peut admettre, si leur audition lui paraît nécessaire, qu'ils soient à nouveau convoqués, mais à leurs frais. Le témoin qui refuse de prêter serment est assimilé au témoin défaillant et s'expose à une amende civile. Les parties sont également convoquées à l'enquête pour respecter le contradictoire. Les témoins sont entendus, soit à la barre du tribunal, soit par un juge commis, qui peut être le juge de la mise en état ou un juge spécialement désigné. La décision qui ordonne l'enquête précise les modalités de son déroulement. Les témoins peuvent être entendus devant la formation de jugement, devant l'un de ses membres ou devant tout autre magistrat de la juridiction lorsque cela est nécessaire. Les témoins sont entendus publiquement ou en Chambre du conseil, selon les règles applicables aux débats au fond.

556. Chaque témoin, avant d'être entendu, décline ses nom, prénoms, profession, date et lieu de naissance, domicile et précise, le cas échéant, s'il est parent ou allié avec les parties, ou s'il existe entre eux des rapports de subordination, d'intérêts, de collaboration ou une communauté d'intérêts. Après avoir prêté serment, les témoins sont entendus par le juge, en une ou plusieurs fois, dans l'ordre qu'il détermine. Les parties doivent être présentes, mais le juge peut décider d'entendre seul un témoin[832]. Le témoin dépose oralement, sans pouvoir lire une déposition rédigée à l'avance. Les parties peuvent demander au juge de poser certaines questions au témoin, mais ne peuvent jamais s'adresser directement à lui, sous peine d'exclusion. L'article 213 du nouveau Code de procédure civile permet au juge "d'entendre ou d'interroger les témoins sur tous les faits dont la preuve est admise par la loi, alors même que ces faits ne seraient pas indiqués dans la décision prescrivant l'enquête". Il peut également, d'office ou la demande des parties, entendre toute personne dont l'audition lui paraît utile à la manifestation de la vérité. Chaque témoin reste à la disposition du juge après avoir été entendu, à moins qu'il lui ait été permis ou enjoint de se retirer. La déposition est ensuite relue au témoin si un procès-verbal est rédigé, qu'il est alors invité à signer. Le témoin peut toutefois modifier ou compléter ses déclarations jusqu'à la clôture de l'enquête, ces modifications étant inscrites en marge ou à la suite de ses déclarations. Cette déposition, dictée au greffier par le juge, ne reproduit donc

---

[832] Article 208, alinéa 2, du nouveau Code de procédure civile.

pas exactement ce qui a été dit. Le juge peut cependant faire établir un enregistrement sonore, visuel ou audio-visuel de tout ou partie des opérations[833]. Lorsque le témoin dépose directement à la barre du Tribunal, il n'est pas rédigé de procès-verbal si l'affaire est jugée immédiatement, en premier et dernier ressort. Le nom des témoins est alors uniquement mentionné dans le jugement, ainsi que le résultat de leurs dépositions. Un procès-verbal doit, en revanche, être dressé lorsque l'affaire est susceptible d'appel, afin d'informer les juges du second degré des résultats de l'enquête. Il en va de même lorsque les témoins sont entendus par un juge commis, pour porter leurs déclarations à la connaissance du Tribunal qui sera chargé de statuer sur l'affaire. Le témoignage, dans le procès civil, oblige donc des tiers, non seulement à révéler leur identité et donc leur individualité, mais encore à porter à la connaissance du juge ce qu'ils savent. Ils participent ainsi à la manifestation de la vérité. Ils peuvent alors être amenés à révéler des informations personnelles, lorsque leur connaissance par le juge conditionne l'issue du procès. Ce phénomène doit néanmoins être adapté en présence d'un conflit familial.

§ 3 : Transparence et conflits familiaux.

557. Certaines mesures d'instruction portent atteintes à la vie privée et familiale des justiciables. Ainsi, l'enquête sociale constitue une ingérence légitime dans la vie privée, dès lors qu'elle est nécessaire à la manifestation de la vérité[834]. Certes, la création et le développement du divorce par consentement mutuel permettent aux époux de ne pas révéler les causes de leur séparation. Le divorce y gagne ainsi en dignité, car le juge n'a pas à s'immiscer dans la vie de la famille pour y découvrir ses multiples secrets. Le divorce pour faute reste néanmoins fréquent. Or, si l'adultère ne constitue plus, depuis la loi du 11 juillet 1975, une cause péremptoire de divorce, il reste cependant fautif, car il contrevient aux devoirs du mariage. La preuve d'une relation adultère permet d'obtenir le divorce, conformément à l'article 242 du Code civil. Cette preuve peut alors être rapportée par tous moyens[835]. Ne constituant plus une infraction pénale, l'adultère ne peut toutefois plus être prouvé par un constat dressé par la police. Plus encore, l'article 259-2 du Code civil oblige le juge à écarter des débats les constats dressés à la demande d'un époux, s'il y a eu violation du domicile ou atteinte à l'intimité de la vie

[833] Article 174 du nouveau Code de procédure civile.
[834] CA Versailles, 9 juin 1988, D.1990.Som.239, obs. D. Amson.
[835] Le principe est général. La faute peut être prouvée par tous les moyens de preuve (constations, aveu, témoignages, attestations écrites, serment, lettre missive...). Sur le principe de la liberté de la preuve. Civ. 2ème, 19 mars 1965, D.1965.447 ; RTDC.1965.801, obs. R. Nerson.

privée. Une solution identique doit être retenue lorsque la décision du magistrat a été surprise par fraude[836]. La liberté de la preuve n'est donc pas sans limite. La pratique du constat d'adultère, qui porte atteinte par sa nature même à la vie privée, n'est cependant pas exclue. Le juge des requêtes, le Président du Tribunal de grande instance ou son délégataire, peut commettre un huissier chargé de constater un adultère[837]. Cette procédure unilatérale trouve son fondement dans la combinaison des articles 17, 147, 812 du nouveau Code de procédure civile et 259-2 du Code civil. Il a même été jugé que le constat dressé sans autorisation du juge, à la requête d'un époux, dans un lieu dont il avait la jouissance pouvait être pris en considération par les juges du fond, car il n'y a pas alors violation de domicile[838]. En pratique, le juge doit toujours s'assurer de la réunion des conditions posées par l'article 259-2. Le constat d'adultère porte en effet nécessairement atteinte à la vie privée. Le lieu de l'adultère semble alors être pris en considération. Le constat peut ainsi être autorisé lorsque l'adultère est consommé dans la résidence de la famille ou au domicile du tiers complice.

558. L'arrêt rendu le 3 juin 2004 par la deuxième Chambre civile de la Cour de cassation doit cependant être cité, parce qu'il exige que l'intrusion dans la vie personnelle soit proportionnée au but poursuivi dans le cadre du procès[839]. Il casse pour violation de l'article 9 du Code civil un jugement qui, pour rejeter, la demande de dommages-intérêts d'une femme dont l'ancien époux avait engagé un détective privé pour rechercher les éléments de son train de vie ainsi que l'existence d'un éventuel concubinage, avait estimé que cette ingérence dans la vie privée était justifiée par la nécessité d'établir devant le juge aux affaires familiales la réalité des revenus de chacune des parties pour statuer sur une prestation compensatoire. Or, ce raisonnement est censuré par la Cour de cassation. En engageant un détective privé, sans autorisation judicaire, l'ancien époux avait utilisé un procédé disproportionné par rapport au but recherché, puisque l'ancienne épouse avait été épiée pendant plusieurs mois. Ici encore, la Cour de cassation utilise le principe de proportionnalité pour concilier les droits en présence.

---

[836] TGI Nanterre, 3 mars 1977, JCP.1977.II.18723, note R. Lindon.
[837] Civ. 1ère, 6 février 1979, JCP.1980.II.19290, note R. Lindon ; Gaz.Pal.1979.1.252, note J.V. ; CA Paris, 5 novembre 1981, D.1982.342, note J. Massip ; 5 juin 1985, Bull. civ. II, n° 111 ; CA Paris, 14 novembre 1985, D.1986.296 ; JCP.1986.II.20643, note R. Lindon ; Civ. 1ère, 18 novembre 1992, Bull. civ. I, n° 285 ; Rép. Defrénois, 1993, p. 712, obs. J. Massip ; CA Rennes, 9 mars 1998, Bull. inf. C. Cass., 1er mai 1999, n° 553 ; CA Paris, 18 novembre 1999, D.2000.IR.11.
[838] Civ. 2ème, 14 décembre 1983, Bull. civ. II, n° 200.
[839] Civ. 2ème, 3 juin 2004, p. 2069, note J. Ravanas.

559. Ainsi, la recherche de la vérité rend, dans une certaine mesure, l'individu transparent lors du procès civil. Obligé de témoigner ou de produire des pièces, sa vie personnelle n'échappe pas à la curiosité du juge. Or, cet impératif de transparence est encore plus marqué lorsqu'il s'agit de lutter contre la criminalité.

Sous-section 2 : Transparence et infraction réelle ou supposée.

560. La procédure pénale est traditionnellement inquisitoire. La procédure d'instruction est inquisitoire. Le juge mène l'information et rassemble les preuves. Ses pouvoirs sont particulièrement étendus, puisque l'article 81 du Code de procédure pénale lui permet de procéder "conformément à la loi, à tous les actes d'information qu'il juge utiles à la manifestation de la vérité". Les réformes récentes n'ont fait qu'accentuer cette tendance, tout en remettant en cause l'unité de la procédure pénale. Les droits de la défense et la protection de l'individu passent au second plan, le législateur multipliant les références à la "sécurité"[840] et à lutte contre la criminalité. La loi du 9 mars 2004, *portant adaptation de la justice aux évolutions de la criminalité* réalise ainsi une réforme importante de la procédure pénale en renforçant considérablement les pouvoirs de la police et de la justice, conformément à plusieurs textes internationaux[841]. Lors de son audition par la Commission des lois de l'Assemblée nationale, le 6 mai 2003, le Garde des Sceaux a clairement indiqué que son projet "s'intégrait dans la politique de nécessité du Gouvernement" et qu'il fallait luter contre le "développement de réseaux de type mafieux particulièrement violents et dangereux, généralement internationalisés et susceptibles de prendre en défaut l'organisation de la police et l'organisation judiciaire actuelle"[842]. Or, il n'est pas certain que cette évolution sécuritaire soit compatible avec les droits et libertés individuelles. Certes, le Conseil constitutionnel estime que "la recherche des auteurs des infractions est nécessaire à la sauvegarde de principes et droits à valeur constitutionnelle" et qu'il "appartient au législateur d'assurer la conciliation entre cet objectif à valeur constitutionnelle et l'exercice des libertés publiques constitutionnellement garanties au nombre desquelles figurent la liberté individuelle et notamment l'inviolabilité du domicile"[843]. La recherche de cet équilibre s'avère néanmoins de plus en plus hasardeuse. L'unité de la procédure pénale est, en outre, mise à malcar la loi du 9 mars 2004 crée de nouvelles procédures

[840] Loi du 15 novembre 2001, relative à la *sécurité quotidienne*, JO 16 novembre 2001, p. 18215 ; Loi n° 2003-239 du 18 mars 2003, relative *à la sécurité intérieure*, D.2003.L.870.

[841] Recommandation 2001-11 du Conseil d l'Europe du Comité des ministres aux Etats membres concernant les principes directeurs pour la lutte contre le crime organisé ; Convention des Nations Unies contre la criminalité transnationale organisée, ratifiée en France par la loi n° 2002-1040, du 6 août 2002, JO 7 août, p. 13522.

[842] Rapport J.L. Warsann, au nom de la Commission des lois de l'Assemblée nationale, 14 mai 2003.

[843] Conseil const., décision n° 96-377 DC, 16 juillet 1996, considérant 16.

particulières, destinées à lutter contre le crime organisé. Le législateur n'a toutefois pas pris la peine de définir la criminalité organisée et s'est contenté d'énumérer les infractions concernées par ces règles de procédure particulières aux articles 706-73 et 706-74 du Code de procédure pénale[844]. Il n'a procédé qu'à une énumération à droit constant, en précisant à partir des incriminations existantes, celles qui relèvent de la criminalité organisée, méthode qui a été approuvée par le Conseil constitutionnel, pour qui l'exigence légaliste s'impose "pour éviter une rigueur non nécessaire lors de la recherche des auteurs d'infractions"[845]. Le nouveau dispositif repose, dans une très large mesure, sur la définition de la "bande organisée", donnée par l'article 132-71 du Code pénal[846]. L'association de malfaiteurs, définie par l'article 450-1, répond à la même définition. La "bande organisée" constitue donc "une circonstance aggravante de l'infraction que l'association de malfaiteurs avait en vue de commettre"[847]. Le législateur n'a pas tenté de définir la spécificité du phénomène criminel qu'il entend combattre et qui pourraient fonder les règles procédurales dérogatoires. La loi du 9 mars 2004 utilise une circonstance aggravante et consacre ainsi, non une différence dans la nature des infractions, mais une différence dans leur degré. Des règles exceptionnelles, voir dangereuses, ont été adoptées sans qualification autonome. L'individualisation gagne la procédure pénale, puisqu'elle se compose désormais de procédures différentes selon la gravité des faits.

561. Conscient du caractère particulièrement dérogatoire de certaines procédures, le législateur les a réservées aux infractions les plus graves, visées à l'article 706-73 du Code de procédure pénale[848]. Les pouvoirs de la police et de la justice sont, en revanche, quelque peu limités face au crime organisé "ordinaire", visé à l'article 706-74. Les infractions ne relèvent en outre de cette seconde catégorie que "lorsque la loi le prévoit". Par exemple, l'article 706-80 relatif à la surveillance s'applique aux infractions visées par les deux

---

[844] Probablement parce que cette définition s'avère particulièrement difficile, comme le prouve les multiples définitions proposées par la doctrine. E. Verges, *La notion de criminalité organisée après la loi du 9 mars 2004*, AJ. Pénal, 5/2004, p. 181.

[845] Conseil constitutionnel, décision n° 2004-492, DC, 2 mars 2004, considérant n° 5, JCP.2004.II.10048, note J.C. Zarka.

[846] Article 132-71 du Code pénal : "Constitue une bande organisée tout groupement formé ou entente établie en vue de la préparation, caractérisée par un ou plusieurs faits matériels, d'une ou plusieurs infractions".

[847] F. Desportes et F. Le Gunehec, *Droit pénal général*, Economica, 10ème éd., 2003, n° 890.

[848] Meurtres commis en bande organisée, tortures et actes de barbaries commis en bande organisée, crimes et délits de trafic de stupéfiants...

articles 706-73 et 706-74, mais les dispositions régissant les perquisitions, lés écoutes téléphoniques ou la sonorisation ne concernent que les infractions de l'article 706-73, ces mesures étant particulièrement attentatoires à la vie privée. Cette hiérarchisation semble donc indiquer que le législateur n'a malgré tout pas totalement oublié l'existence des droits et libertés individuelles, les réponses répressives devant être adaptées à la gravité des faits considérés. Cette volonté apparaît également lorsque certains moyens d'investigation ont été soumis à l'autorisation du Procureur de la République, du juge d'instruction ou du juge des libertés et de la détention. Le dispositif mis en place reste cependant très impressionnant, parfois inquiétant, et l'on ne peut que déplorer la généralité de la réserve d'interprétation formulée par le Conseil constitutionnel. Il s'est en effet contenté de préciser que les mesures spéciales d'investigation ne pourront être utilisées que "dans le respect des prérogatives de l'autorité judicaire, gardienne de la liberté individuelle, et que les restrictions qu'elles apportent aux droits constitutionnellement garantis soient nécessaires à la manifestation de la vérité, proportionnés à la gravité et à la complexité des infractions commises et n'introduisent pas de discriminations injustifiées"[849]. On ne peut, en revanche, qu'approuver la censure d'un article de la loi selon lequel "le fait qu'à l'issue de l'enquête ou de l'information ou devant la juridiction de jugement la circonstance aggravante de bande organisée ne soit pas retenue ne constitue pas une cause de nullité des actes régulièrement accomplis en application du présent titre". Pour le Conseil constitutionnel, "si le législateur pouvait exonérer de nullité des actes d'enquêtes ou d'instruction dès lors que la circonstance aggravante de bande organisée paraissait caractérisée à la date où ils ont été autorisés, il ne pouvait exonérer, de façon générale, des actes qui auraient été autorisés en méconnaissance des exigences susmentionnées"[850]. Les détournements de procédure pourront donc être sanctionnés, de sorte que les moyens spéciaux mis à la disposition de la police et de la justice ne pourront être utilisés que s'il existe des éléments factuels semblant sérieusement justifier la qualification retenue pour les utiliser.

§ 1 : L'identification des suspects et des délinquants.

562. L'ouverture d'une information pénale limite l'exercice des droits garantis par l'article 8 de la Convention européenne des Droits de l'homme, mais ces ingérences sont alors justifiées par la nécessité de prévenir les infractions pénales et d'en identifier les auteurs. La police est donc fondée à conserver des dossiers personnels, composés de documents, photographies et

---

[849] Conseil constitutionnel, décision précitée, considérant n° 6.
[850] Conseil constitutionnel, décision précitée, considérants n° 67 à 71.

empreintes digitales sur des accusés acquittés[851] ou même sur des individus suspectés de terrorisme, mais non poursuivis[852]. Des informations peuvent également être collectées pour assurer l'efficacité des contrôles de sécurité. Cette opération ne porte pas atteinte à la vie privée, pour la Commission des Droits de l'homme, si elle ne concerne que des informations notoires[853]. La Cour européenne a toutefois écarté ce critère. La mémorisation par la police de données personnelles, leur communication à d'autres autorités publiques et le refus d'accorder aux intéressés la faculté de les réfuter constitueraient des ingérences dans la vie privée[854]. La collecte d'informations est cependant possible, dès lors qu'elle est entourée de garanties suffisantes pour l'individu. L'identification des délinquants repose, en premier lieu, sur les contrôles d'identité (A). Elle est ensuite facilitée par les fichiers automatisés de la police et de la gendarmerie (B) et par le fichier national automatisé des empreintes génétiques (C). Le casier judiciaire retrace enfin le passé pénal de l'individu (D).

A) Les contrôles d'identité.

563. La force publique intervient en réaction à un désordre. La contrainte est l'essence de l'acte de police, mais elle suppose qu'une atteinte à l'ordre public ait été préalablement constatée Or, la rapidité des opérations de police ne permet pas une analyse approfondie des circonstances de fait. La certitude du trouble à l'ordre public exige un effort de réflexion incompatible avec l'urgence. La réaction policière résulte donc de perceptions sensorielles. Les manifestations apparentes d'une infraction donnent lieu à une présomption de fait. La police en induit l'existence probable d'un comportement pénalement répréhensible ou menace pour l'ordre public. La recherche de la vérité interdit tout arbitraire dans l'élaboration de cette présomption. Or, si l'apparence conditionne les pouvoirs de la police, elle encadre également son action. Elle concilie la protection de l'ordre public et la sauvegarde des libertés individuelles. Elle ne justifie l'intervention policière que s'il existe un ensemble d'indices objectifs, accessibles aux sens, et non de simples soupçons. Le rôle révélateur de l'apparence au stade policier se manifeste particulièrement lorsque sont opérés des contrôles d'identité et des contrôles d'extranéité. La détermination de l'identité ou de la nationalité d'une personne est le préalable nécessaire à l'enquête et constitue le premier acte de la procédure.

---

[851] Req. n° 1307/61, Rec. 9, p. 53.
[852] CEDH, *Mc Veigh, O'Neill et Evans c./ Royaume-Uni*, in *Rapport de la Commission*, 18 mars 1981, P. 96-96.
[853] Req. n° 12015/86, DR 57, p. 128-130.
[854] CEDH, 26 mars 1987, *Leander*, série A, n° 116, § 48.

564. Le contrôle d'identité suit la commission d'une infraction lorsqu'il se rattache aux opérations de police judiciaire. Sa fonction est, en revanche, préventive lorsqu'il se rattache à l'action de la police administrative. Ces opérations sont toutefois sensibles. La liberté d'aller et venir entre en conflit avec les nécessités de l'ordre public. Leur conciliation est possible en encadrant strictement les contrôles d'identité et d'extranéité, ce qui explique les multiples interventions du législateur. La légalité des contrôles judiciaires d'identité n'a jamais été mise en doute. La nécessité de rechercher des auteurs d'une infraction déjà consommée justifie l'atteinte portée à la liberté d'aller et venir. Les contrôles préventifs sont plus contestés, car ils limitent la liberté d'aller et venir alors qu'aucune infraction n'a été commise ou même tentée. Ils ont donc été réformés à de nombreuses reprises.

565. Les contrôles d'identité sont désormais régis par les articles 78-1 à 78-6 du Code de procédure pénale. L'apparence n'y est pas expressément citée mais elle constitue un indice précieux, qui justifie et encadre l'atteinte portée à la liberté d'aller et venir. Elle risque toutefois de devenir dangereuse si la police porte une appréciation sur la personne elle-même. La jurisprudence s'est donc efforcée d'encadrer son action. L'identité de l'individu peut être contrôlée lors d'un contrôle de police judiciaire (a) ou de police administrative (b), mais également lors d'un relevé d'identité (c). Le refus de se soumettre à ce contrôle peut alors conduire à une vérification d'identité (d).

a) Les contrôles de police judiciaire.

566. Les contrôles d'identité de police judiciaire sont régis par l'article 78-2, alinéa 1er, du Code de procédure pénale. Les policiers sont autorisés à "inviter à justifier, par tout moyen, de son identité toute personne à l'égard de laquelle existe une "raison plausible de soupçonner" qu'elle a commis ou tenté de commettre une infraction, qu'elle se prépare à commettre un crime ou un délit, qu'elle est susceptible de fournir des renseignements utiles à l'enquête en cas de crime ou de délit ou qu'elle fait l'objet de recherches ordonnées par une autorité judiciaire".

567. La loi n° 2003-239, du 18 mars 2003, a remplacé, dans l'article 78-2, alinéa 1er, du Code de procédure pénale, le terme "d'indice" par l'expression "une ou plusieurs raisons plausibles de soupçonner", comme l'avait déjà fait la loi du 4 mars 2002 dans le texte relatif à la garde à vue. Les contrôles d'identité sont possibles à l'égard de tout individu à l'encontre duquel existent "une ou plusieurs raisons plausibles de soupçonner" qu'il a commis ou tenté de commettre une infraction. Le législateur entend ainsi faciliter les contrôles d'identité. Il clarifie une maladresse de rédaction qui exigeait plusieurs indices alors qu'il était admis qu'un indice unique suffisait. La portée de son intervention est, toutefois, plus symbolique que juridique. La protection des libertés individuelles implique, dans un Etat de droit, que les contrôles d'identité soient justifiés par des éléments objectifs, non par de simples soupçons. La jurisprudence est toutefois libérale et justifie aisément de nombreux contrôles d'identité, notamment lorsque l'individu adopte une attitude de fuite à la vue de la police[855], marque un temps d'arrêt, une gêne manifeste[856] ou cherche à se dissimuler[857].

568. L'article 78-2 du Code de procédure pénale devait mettre fin aux incertitudes et à l'imprécision des législations passées. L'ancien article 61, alinéa 2, du Code de procédure pénale, issu de la loi du 27 novembre 1943, autorisait le contrôle de l'identité de "toute personne dont il apparaît nécessaire au cours de recherches judiciaires d'établir ou de confirmer l'identité". Ce texte laissait une trop grande liberté d'appréciation à la police. Les termes généraux de "recherches judiciaires" ne protégeaient pas efficacement les libertés individuelles. Les rédacteurs de la loi du 10 juin 1983 ont donc énuméré les situations précises dans lesquelles la police peut procéder à des contrôles d'identité judiciaires.

569. L'article 78-2 du Code de procédure pénal manque toutefois de rigueur. Deux des quatre situations qu'il envisage ne peuvent se rattacher aux activités de la police judiciaire. Le législateur n'a pas respecté la distinction jurisprudentielle entre les contrôles d'identité de police judiciaire et de police administrative[858]. Leurs finalités sont toutefois profondément différentes puisque les premiers ont trait à une infraction déjà consommée alors que les seconds ont une fonction préventive. Cette confusion résulte des circonstances qui précédèrent l'adoption de la loi du 10 juin 1983. Les contrôles préventifs d'identité avaient été supprimés par le texte initial qui abrogeait la loi *Sécurité et Liberté*. Ils furent finalement maintenus, mais les dispositions les régissant ont été insérées à l'article 78-2, initialement réservé aux contrôles de police judiciaire. Le législateur oublia ensuite de réviser l'organisation du projet de

[855] CA Paris 20 novembre 1989, *Juris-data* n° 027038 ; CA Aix-en-Provence, 6 septembre 1994, Droit pénal 1995, n° 265, note A. Maron.
[856] CA Paris, 18 août 1989, *Juris-data* n° 024725.
[857] CA Paris, 14 mai 1991, *Juris-data* n° 0233300.
[858] CE, 11 mai 1951, S.1952.2.13, 1ère espèce, conclusions Delvolvé, note M. Drago ; Tb. des conflits, 7 juin 1951, S.1952.2.13, 3ème espèce ; Tb. des conflits 15 janvier 1968, D.1968.417 ; 5 décembre 1977, AJDA 1978.444, note R. Moulin ; 12 juin 1978, Rec. CE. 1978.642.

loi. Il est donc nécessaire de distinguer les véritables contrôles de police judiciaire des contrôles pour ainsi dire préventifs.

570. Les contrôles d'identité de police judiciaire suivent une infraction commise. Leur fonction est répressive. La raison plausible de soupçonner doit donc révéler que la personne dont l'identité est contrôlée est impliquée dans cette infraction ou en a été le témoin. La police raisonne ensuite par induction. Le contrôle d'identité est valable s'il apparaît raisonnablement qu'une personne est impliquée dans l'infraction ou en a été témoin. L'élément objectif, la raison plausible de soupçonner, permet à la police de présumer que la personne dont l'identité est contrôlée a commis ou tenté de commettre une infraction. Ce comportement révèle son implication dans l'infraction. Il justifie, au nom de l'ordre public, l'atteinte portée à la liberté d'aller et venir et conditionne l'intervention policière. L'article 78-1 ne présente qu'une faible utilité lorsque le crime ou le délit est flagrant, car la flagrance justifie déjà le contrôle d'identité. Il vise, cependant, toutes les infractions et permet notamment qu'un contrôle d'identité soit pratiqué à la suite d'une contravention[859]. L'article 78-2 assimile également la tentative à l'infraction consommée. Les contrôles d'identité sont en premier lieu pratiqués lors d'une enquête de flagrance. A la lettre, l'article 78-2 envisage l'hypothèse la plus fréquente. Il est indifférent que l'infraction ne soit pas déterminée ou qu'il n'existe que des présomptions. Le comportement apparent de l'intéressé révèle alors sa participation à une infraction jusqu'alors inconnue.

571. L'article 78-2 du Code de procédure pénale autorise ensuite le contrôle de l'identité de toute personne contre laquelle il existe une raison plausible de soupçonner "qu'elle est susceptible de fournir des renseignements utiles à l'enquête en cas de crime ou de délit". L'identité de tout témoin d'un crime ou d'un délit peut être contrôlée dès lors qu'un indice apparent l'individualise objectivement aux yeux de la police judiciaire, notamment lorsque sa position lors de la commission des faits permet de penser qu'il est susceptible de fournir des renseignements[860]. Cette situation est cependant plus théorique que réelle. Comment imaginer qu'un témoin puisse fournir des renseignements si son identité est inconnue de la police ? Il est en pratique difficilement concevable qu'un indice révèle qu'une personne est en mesure de fournir des renseignements qui intéressent une enquête en cours. L'article 78-2 organise par ailleurs deux contrôles d'identité qui se rapprochent des opérations de police administrative.

---

[859] CA Paris, 17ème Ch., 10 octobre 1990, JCP.1990.II.21713, note J.F. Pansier.

[860] CA Paris, 5 mai 1986, *Juris-data* n° 023111.

572. L'article 78-2 du Code de procédure pénale ne se limite pas aux contrôles de police judiciaire. Le législateur y a inséré des dispositions régissant des contrôles préventifs, qui ne se rattachent à aucune infraction pénale et tendent à maintenir l'ordre. La police doit, cependant, relever une raison plausible de soupçonner qui révèle la commission d'un acte préparatoire ou qui manifeste que la personne contrôlée fait l'objet de recherches judiciaires. Le but de ces contrôles d'identité est préventif. Le législateur n'aurait donc pas dû les faire figurer dans les dispositions consacrées aux contrôles de police judiciaire. La police peut, enfin, contrôler l'identité d'une personne contre laquelle il existe une raison plausible de soupçonner qu'elle est recherchée par la justice. L'article 78-2 du Code de procédure pénale envisage ainsi une hypothèse classique de police administrative. La force publique est utilisée pour exécuter une décision de justice. Des moyens doivent être mis à sa disposition pour percer l'anonymat des particuliers. Les rédacteurs de la loi du 10 juin 1983 ont toutefois manqué de pragmatisme. Quel indice extérieur permet en effet de présumer qu'une personne est recherchée ou fait l'objet d'un mandat d'arrêt ? La police ne dispose que du signalement ou de la photographie de la personne recherchée. Or, ces éléments ne sont pas à sa disposition lorsqu'elle procède à des interpellations. L'absence de critère objectif, qui autorise un contrôle, risque de porter atteinte à la liberté d'aller et venir.

573. L'apparence domine donc en principe la réalisation des contrôles d'identité de police judiciaire. Elle constitue leur condition et leur limite, pour concilier le maintien de l'ordre et les libertés individuelles.

b) Les contrôles de police administrative.

574. Les contrôles d'identité de police administrative ont entraîné de vives controverses, car ils portent atteinte à la liberté d'aller et venir et permettent de contrôler systématiquement l'identité des individus. Ils sont néanmoins admis puisqu'ils sont, dit-on, nécessaires à la protection de l'ordre public. La loi distingue plusieurs formes de contrôles de police administrative, les contrôles d'identité "ordinaire" (1°), les contrôles de titres (2°) et les contrôles "requis" (3°).

1°) Les contrôles administratifs d'identité "ordinaires".

575. Les contrôles d'identité de police administrative ont une fonction préventive. La conciliation de l'ordre public et des libertés individuelles est au cœur de leur organisation. Les contrôles préventifs d'identité viennent en réaction à un risque apparent pour l'ordre public. Le troisième alinéa de l'article 78-2 du Code de procédure pénale autorise le contrôle de "l'identité de toute personne, quel que soit son comportement, (...), pour prévenir une atteinte à l'ordre public, notamment à la sécurité des personnes ou des biens". Le domaine d'application de ce texte est donc particulièrement vaste. Tous les sujets de droit sont visés, indépendamment de leur comportement. La police ne peut toutefois agir arbitrairement. Le recours à la contrainte, dans un Etat démocratique, n'est justifié que par les nécessités, au moins apparentes, de l'ordre public. Si ces contrôles préventifs sont soumis à des conditions plus souples que les contrôles de police judiciaire, ils doivent être motivés par l'observation d'une situation objective qui révèle une menace apparente pour l'ordre public. Les juges du fond annulent les contrôles d'identité préventifs effectués sur la base d'indices insignifiants ou dérisoires. L'identité d'une personne ne saurait donc être contrôlée, par exemple, lorsque "l'aspect sommaire des constatations de la police qui sont subjectives et non accompagnées de la description du comportement du suspect du moment où les policiers le voient jusqu'à son interpellation, ne permet pas au Tribunal d'exercer un contrôle suffisant de la réalité des indices exigés par l'article 78-2 du Code de procédure pénale"[861], ou bien encore dans l'enceinte du métro "à un moment calme alors qu'il n'est nullement invoqué par les fonctionnaires de police l'existence d'élément permettant de considérer que la sûreté des personnes et des biens était menacée dans ce lieu"[862].

576. La police justifie, en pratique, les contrôles préventifs d'identité par le nombre important des infractions déjà commises. Ces différentes motivations ont été jugées trop générales, car elles ne se référaient à aucune circonstance matérielle tangible. La criminalité antérieure peut-elle créer un risque apparent d'atteintes futures à l'ordre public ? Un lieu peut-il être qualifié d'apparemment propice aux infractions ? La loi du 10 juin 1983 limitait les contrôles de police administrative aux seuls "lieux déterminés, là où la sûreté des personnes et des biens se trouve immédiatement menacée". Ces références spatio-temporelles ont été abandonnées, mais sont toujours implicitement présentes lors du déclenchement du contrôle administratif puisque les contrôles d'identité doivent être motivés. La police se contente d'induire la menace à venir d'une situation antérieure. Elle utilise des "cartes de criminalité", dressées à partir des troubles déjà constatés. La Chambre

[861] TGI Nanterre 12 septembre 1990, *Juris-data* n° 046707 ; Droit pénal 1992, comm. n° 50, note A. Maron.
[862] CA Paris, 11ère A. 21 février 1994, Droit pénal 1994, comm. n° 168, obs. A. Maron.

criminelle censura alors les motivations abstraites[863]. Elle estima notamment qu'un contrôle effectué “dans un lieu propice aux vols à la roulotte” n'était pas concrètement motivé et devait être annulé[864]. La jurisprudence est néanmoins fluctuante. Elle admet parfois des motifs assez généraux, s'ils recouvrent une réalité concrète. Cette position apparaît notamment dans un arrêt rendu le 23 mai 1995 par la Chambre criminelle de la Cour de cassation, qui valida le contrôle d'un individu qui, à la vue d'un véhicule de police, avait fait demi-tour et tenté de s'échapper[865]. Or, la Cour de cassation s'est ensuite montrée beaucoup plus exigeante, notamment dans un arrêt rendu le 17 décembre 1996[866]. La Chambre d'accusation de la Cour d'appel de Toulouse avait annulé un procès-verbal qui précisait que le contrôle préventif d'identité avait été réalisé à 14 heures 30 place du Capitole, à Toulouse, “où la sécurité des personnes et des biens se trouve menacée en raison de nombreuses infractions”. Le Procureur général forma un pourvoi en cassation, qui fut néanmoins rejeté par la Chambre criminelle, car “ni la référence abstraite à de nombreuses infractions, ni aucune circonstance particulière à l'espèce, n'étaient de nature à motiver un contrôle d'identité, au sens de l'article 78-2, alinéa 3, du Code de procédure pénale”. La commission antérieure d'infractions en un lieu déterminé crée un risque apparent d'atteinte à l'ordre public, mais le policier doit préciser les infractions généralement commises dans la zone concernée, leur fréquence, l'heure à laquelle ce contrôle est réalisé… La rigueur de la Cour de cassation protège efficacement la liberté d'aller et venir. Une criminalité antérieure importante ne justifie un contrôle préventif que si elle manifeste un réel danger pour l'ordre public[867]. Bien que la loi ne fasse aucune référence à l'apparence, la jurisprudence exige que le policier fasse état de circonstances concrètes et ostensibles, telle une criminalité antérieure élevée. L'atteinte à l'ordre public n'est pas encore consommée lorsque le contrôle d'identité intervient, mais des éléments de faits apparents révèlent une menace. L'apparence est donc une limite à l'action de la police, car elle interdit les contrôles d'identité arbitraires. Or, cette fonction essentielle se manifeste également lorsque la police procède à un contrôle de titres.

---

[863] Crim. 4 octobre 1984, Bull. crim. n° 287 ; D.1985.54, conclusions Dontenwille, note G. Roujou de Boubée ; 12 mai 1999, D.1999.IR.217 ; Procédures 1999, comm. n° 279, note J. Buisson.

[864] Crim. 10 novembre 1992, Bull. crim. n° 370, D.1993.36, note D. Mayer ; Droit pénal 1993, comm. n° 23, note critique de A. Maron.

[865] Crim. 23 mai 1995, Bull. crim. n° 187 ; JCP.1997.I.3998 ; Droit pénal 1995 comm. n° 207, note A. Maron ; Procédures 1995, comm. n° 274, note J. Buisson.

[866] Crim 17 décembre 1996, Bull. crim. n° 490 ; Rev.sc.crim.1997.401, obs. J.P. Dintilhac ; Procédures 1997, comm. n° 94 note J. Buisson.

[867] Crim. 14 mai 1998, Gaz.Pal.1998.2.Chron.crim.157.

2°) Les contrôles de titres.

577. L'exercice de certaines activités ou professions, la résidence sur le territoire français par des personnes de nationalité étrangère sont subordonnés à la détention d'un titre : permis de chasser, permis de conduire, autorisation de pêcher, licence et déclaration d'ouverture des débits de boissons, titres de séjour... Si certaines activités ont été organisées et réglementées par les pouvoirs publics, il est logique que des contrôles soient organisés pour veiller à leur respect. La police et la gendarmerie peuvent donc exiger la présentation des documents requis et verbaliser toute personne qui n'est pas en mesure de les produire. Comment savoir toutefois qu'un individu a l'obligation de détenir tel ou tel titre ? Il suffit parfois de constater qu'elle se livre à une activité réglementée[868]. Les contrôles d'extranéité sont, en revanche, plus délicats. Leur principe n'est pas contesté puisqu'ils assurent l'efficacité de la législation relative au séjour des étrangers[869]. Leur mise en œuvre est plus incertaine. D'une part, l'article 78-2 du Code de procédure pénale autorise le contrôle de l'identité de "toute personne", lorsqu'il existe un risque d'atteinte à l'ordre public. Mais, d'autre part, les décrets des 18 mars et 30 juin 1946, pris en application de l'ordonnance du 2 novembre 1945, précisent, dans leurs articles 1 et 2, que les étrangers "doivent être en mesure de présenter à toute réquisition des agents de l'autorité les pièces ou documents sous le couvert desquels ils sont autorisés à résider en France". Les dispositions générales du Code de procédure pénale et les règles propres à la "police des étrangers" doivent donc être conciliées. Plusieurs analyses sont alors concevables.

578. Tout d'abord, la loi du 10 juin 1983 peut avoir implicitement abrogé, par sa généralité, le décret de 1946. La volonté du législateur a toutefois été de maintenir le régime spécial applicable aux étrangers. La loi de 1983 n'ayant pas modifié le décret de 1946, les dispositions du Code de procédure pénale seraient inapplicables aux étrangers. Cette analyse est néanmoins dangereuse, car elle reconnaît une portée excessive au décret de 1946. La police pourrait invoquer une erreur sur la nationalité pour éluder les règles protectrices du Code de procédure pénale et procéder à des contrôles d'identité systématiques.

579. Les décrets des 18 mars et 30 juin 1946 peuvent, ensuite, organiser une procédure autonome, applicable aux seuls étrangers. Elle est distincte des contrôles d'identité et son objet se limite à la vérification des titres de séjour

---

[868] CA Paris, 23 septembre 1991, Droit pénal 1992, n° 24, obs. A. Maron.
[869] CJCE, 27 avril 1989, Aff.321/87, D.1990.Somm.95.

ou de résidence. La conciliation de ces textes fut nécessaire lorsque, au cours des débats parlementaires qui précédèrent la réforme de la loi "Sécurité et liberté", le Gouvernement proposa de compléter le Code de procédure pénale par un article 78-4, au terme duquel "les dispositions des articles 78-1 à 78-3 sont applicables à toute personne soumise à des règles particulières qui lui font obligation de détenir certains titres relatifs à sa situation ou à son activité et dont la violation est sanctionnée pénalement"[870]. Ce projet fut toutefois abandonné, ce qui était favorable à l'autonomie des contrôles organisés par le décret du 18 mars 1946. La Chambre criminelle de la Cour de cassation a consacré cette analyse par deux arrêts rendus le 25 avril 1985 et a précisé le critère permettant d'identifier une personne de nationalité étrangère[871]. Dans la première espèce, l'affaire *Bogdan*, le prévenu avait été interpellé à bord d'un véhicule immatriculé à l'étranger. Il fut poursuivi pour infractions à la législation sur les étrangers et violation d'un arrêté d'interdiction de séjour, mais le contrôle de son identité fut annulé, les juges de fond ne relevant aucun indice d'extranéité. Or, la Cour de cassation considère que le fait d'occuper un véhicule immatriculé à l'étranger révélait la qualité d'étranger du prévenu. Elle reprocha à la Cour d'appel de ne pas avoir recherché "si les circonstances de l'interpellation de Bogdan, passager d'un véhicule immatriculé dans un pays étranger, n'autorisaient pas les agents procédant à cette interpellation à requérir de lui qu'il présentât les documents sous le couvert desquels il était autorisé à séjourner en France". Elle exigea que "des éléments objectifs déduits de circonstances extérieures à la personne même de l'intéressé soient de nature à faire apparaître sa qualité d'étranger". Elle condamnait ainsi des contrôles qui ne seraient fondés que sur l'apparence physique des sujets de droit et évitait le "délit de faciès". Le contrôle de titre ne pouvait donc résulter d'éléments tirés de l'observation de la personne elle-même. Ainsi, dans la seconde espèce, l'affaire *Vuckovic*, la Cour de cassation a subordonné la légalité des contrôles de titres à la constatation d'indices apparents d'extranéité. Elle suivait en cela les conclusions de son Avocat général. Monsieur Dontenwille qui estimait que "multiples sont les situations où la qualité d'étranger résulte d'autres considérations que celle, trompeuse, tenant à l'apparence" : sortie d'une ambassade, d'un consulat, d'un local français où sont délivrés des documents réservés aux ressortissants étrangers, d'un local

---

[870] JO.Déb.Ass.Nat.23 juillet 1982, n° 85.

[871] Crim. 25 avril 1985, 2 arrêts précités ; L. Favoreau, *La Cour de cassation, le Conseil constitutionnel et l'article 66 de la Constitution (A propos des arrêts de la Chambre criminelle du 25 avril 1985)*, D.19886.Chron.169 ; P. Hugonet, *La vérité judiciaire*, préface de S. Rozes, éd. Litec pages 68 à 70 ; D. Thomas, *Les contrôles d'identité préventifs depuis les arrêts de la Chambre criminelle des 4 octobre 1984 et 25 avril 1985 : la nécessité d'une nouvelle réforme*, D.1985.Chron.181 ; H. Matsopoulou, *Les enquêtes de police*, n° 461.

d'enseignement pour les étrangers, apposition d'affiches rédigées en langue étrangère, distribution de tracs soutenant une cause étrangère, détention d'un journal écrit en langue étrangère, utilisation d'un véhicule immatriculé à l'étranger ou d'un navire battant pavillon étranger... L'extranéité n'était pas induite de l'apparence physique de la personne contrôlée, mais de son comportement apparent, sur des attitudes ostensiblement adoptées. Elle pouvait être révélée par une action volontaire, par l'environnement ou par l'attitude de l'intéressé. Les arrêts rendus le 25 avril 1985 ne mirent, toutefois, pas fin à toutes les difficultés. Certains juges du fond hésitèrent à admettre des contrôles limités aux titres de séjour et cherchaient à les justifier par la constatation d'une infraction. Il justifiait alors le contrôle d'extranéité par un contrôle d'identité de police judiciaire[872]. A l'inverse, certains juges du fond reprenaient l'analyse de la Cour de cassation[873]. Les dispositions protectrices de l'article 78-2 du Code de procédure pénale bénéficiaient *a priori* à tous. Les dispositions relatives à la "police des étrangers" devenaient, en revanche, subsidiaires. Cette jurisprudence fut toutefois critiquée[874] et fut condamnée par la loi du 3 septembre 1986. Le législateur ajouta un dernier alinéa à l'article 78-2 du Code de procédure pénale : "la personne de nationalité étrangère dont l'identité est contrôlée en application des dispositions du présent article doit être en mesure de présenter les pièces ou documents sous le couvert desquels elle est autorisée à séjourner en France".

580. L'interprétation de ce texte souleva des difficultés. Il signifiait, à la lettre, que les titres de séjour ne pouvaient être vérifiés qu'après un contrôle d'identité révélant l'extranéité de l'intéressé, ce qui rendait cependant caducs les décrets des 18 mars et 30 juin 1946. Cette interprétation littérale fut donc écartée par la jurisprudence et par la doctrine[875]. Les contrôles d'extranéité conservèrent leur autonomie. La volonté du législateur de 1986 avait été d'autoriser le contrôle des titres de séjour lorsque le policier était convaincu d'avoir affaire à un étranger. Cette analyse ne correspondait guère au dernier alinéa de l'article 78-2 du Code de procédure pénale, qui fut abrogé par la loi n° 93-1027 du 24 août 1993[876]. L'article 6 de cette loi compléta l'article 8 de l'ordonnance du 2 novembre 1945, relative à l'entrée et au séjour des

---

[872] CA Paris, 12ème Ch. 10 octobre 1990, JCP.1991.II.21713, note G Pansier ; Droit pénal 1992, comm. n° 50, note A. Maron ; CA Paris, 12ème Ch. 30 octobre 1990, Droit pénal 1992, comm. n° 50, note A. Maron.
[873] CA Paris, 12ème Ch. 23 janvier 1990, Droit pénal 1992, comm. n° 50, note A. Maron ; Tb.corre. Paris, 10 août 1990, JCP.1991.II.21713, note G. Pansier.
[874] J.P. Delmas Saint-Hilaire, Rev.sc.crim.1986, pages 95 à 99, qui craignait une "paralysie du contrôle de l'immigration clandestine".
[875] J. Pradel, *Procédure pénale*, n° 307.
[876] Loi n° 93-1027 du 24 août 1993, JO.29 août 1993 ; JCP.1993.III.66371.

étrangers en France. Les contrôles de titres ont ainsi été clairement distingués des contrôles d'identité. Le nouvel alinéa 2 de l'article 8 de l'ordonnance du 2 novembre 1945 constitue désormais le seul fondement au contrôle des étrangers : "En dehors de tout contrôle d'identité, les personnes de nationalité étrangère doivent être en mesure de présenter les pièces ou documents sous le couvert desquels elles sont autorisées à circuler ou à séjourner en France à toute réquisition des officiers de police judiciaire".

581. La loi du 24 août 1993 n'a pas réglé toutes les difficultés. Elle ne fournit aucun critère d'extranéité. Le Conseil constitutionnel a simplement rappelé, dans une décision du 5 août 1993, que les contrôles doivent se fonder sur des critères objectifs et exclure toute discrimination, afin d'éviter des "contrôles d'identité, (...), incompatibles avec le respect de la liberté individuelle"[877]. La jurisprudence du 25 avril 1985 conserve donc toute sa pertinence. Elle évite que des contrôles ne soient pratiqués en fonction de la seule apparence physique des sujets de droit. La Cour de cassation exige, depuis 1985, que les contrôles de titres ne soient effectués que si leur auteur a préalablement relevé des "éléments objectifs déduits de circonstances extérieures à la personne même de l'intéressé de nature à faire apparaître sa qualité d'étranger". Les termes "éléments objectifs" constituent un compromis entre deux propositions émises lors de l'affaire *Bogdan*. Le pourvoi du Procureur général près la Cour d'appel de Reims recourait à l'expression "indice objectif. L'Avocat général Dontenwille préférait des "éléments extrinsèques" à la personne. Il constatait que la notion d'indice était généralement employée par la police judiciaire et qu'elle présupposait la commission d'une infraction. La Cour de cassation adopta donc une position intermédiaire en exigeant que des "éléments objectifs" soient constatés avant la réquisition des titres de séjour. La mise en œuvre de ce critère est néanmoins délicate, car la jurisprudence n'a jamais proposé une définition précise de l'indice d'extranéité. La jurisprudence n'était donc pas homogène. Ont ainsi été retenus le fait de circuler dans un véhicule immatriculé à l'étranger[878], de se préparer à entrer dans un foyer dont le directeur avait signalé la présence de nombreux immigrés en situation irrégulière[879], de sortir d'un foyer dans lequel un huissier avait constaté la qualité de ses occupants[880]. Les éléments relatifs à l'apparence physique de la personne ne justifient, en revanche, jamais un contrôle d'extranéité. Ainsi, la Cour d'appel de Bordeaux a-t-elle jugé que le "simple fait d'avoir le type nord-africain" ne pouvait

---

877 Cons. Const., 5 août 1993, décision n° 93-323 DC, § 9.

878 Crim., 24 avril 1985, Rev.fr.adm.1986.447.

879 CA Paris, 22 mars 1988, *Juris-data* n° 024229.

880 CA Paris, 12ème Ch. B. 25 septembre 1990, *Juris-data* n° 024409 ; Droit pénal 1992, n° 50, note A. Maron.

justifier le contrôle effectué[881]. Un tel critère ne saurait être admis et serait en outre généralement inefficace, puisqu'il n'existe aucune corrélation entre la couleur de peau et la nationalité.

582. Ainsi, aucun contrôle administratif ne peut en principe être justifié par la seule apparence physique. Seuls des éléments extérieurs à l'individu peuvent révéler une menace pour l'ordre public ou l'extranéité D'intolérables discriminations raciales sont ainsi évitées. Ce critère condamne, plus généralement toute discrimination fondée sur les qualités ou les attributs de la personne. Un critère comportementaliste doit être retenu, et non un critère personnaliste. Il doit toutefois être utilisé avec vigilance, car certains actes, tel l'usage d'une langue étrangère, sont le prolongement même d'individu. Seules les attitudes délibérément adoptées, à la différence des comportements inhérents à la personne, constituent des indices apparents et objectifs d'extranéité. Cette distinction évite une nouvelle discrimination fondée, non sur la couleur de peau, mais sur le degré d'intégration sociale. La police ne peut justifier un contrôle d'identité sur un comportement involontaire, inhérent à l'individu. Toute autre analyse risquerait de créer une discrimination entre des personnes bien intégrées dans la société et des individus ayant un mode de vie plus marginal. L'apparence est donc essentielle à la mise en œuvre des contrôles d'identité ou de titres. S'ils ont été jugés nécessaires par les législateurs successifs, des limites doivent leur être assignées pour protéger la liberté individuelle L'action de la police ne peut être fondée sur la couleur de peau ou le degré de "normalité", car les différentes morphologies ne font que révéler la diversité humaine et non la criminalité potentielle. Seule l'apparence objective, tirée d'une conduite ostensiblement adoptée, justifie une atteinte à la liberté d'aller et venir. Ce principe est toutefois remis en cause par la création des "contrôles requis".

3°) Les "contrôles requis".

583. La loi du 8 janvier 1993 a créé des contrôles d'identité de police judiciaire destinés à permettre des contrôles plus systématiques, sur autorisation du Procureur de la République. Ces "contrôles requis" supposaient initialement une réquisition préalable de ce magistrat, mais ils se rattachaient aux contrôles administratifs, puisqu'ils permettaient de contrôler l'identité de tout individu[882]. La qualification d'acte de police judiciaire ne peut en effet résulter de la seule réquisition d'un magistrat. L'acte doit encore

[881] CA Bordeaux, 31 octobre 1985, *Juris-data* n° 043527 ; CA Rouen 21 novembre 1990, *Juris-data* n° 050136.

[882882] L'expression est de J. Buisson. Notamment : A. Decocq, J. Montreuil et J. Buisson, *Droit de la police*, Litec, 1998, n° 1090 et s.

consister “dans la recherche ou l’arrestation des auteurs d’une infraction déterminée, alors que la police administrative recouvre les missions de contrôle et de surveillance générale”[883]. Les contrôles requis sont donc des contrôles administratifs, faute de lien entre l’individu contrôlé et les infractions qui les fondent.

584. Ces contrôles ont ensuite été repris par la loi n° 2001-1062, du 15 novembre 2001, relative *à la sécurité quotidienne* et ont même été étendus aux “visites” des véhicules se trouvant dans des lieux publics ou accessibles au public, pour la recherche d’actes de terrorisme, d’infractions en matière d’armes et d’explosifs et de trafic de stupéfiants. Ils ont également été étendus à la fouille ou “visite” des véhicules se trouvant sur la voie publique ou dans un lieu accessible au public. Il existe donc désormais deux formes de contrôle requis.

585. Les contrôles requis sont décidés par le Procureur de la République. Le législateur les a ainsi assortis d’une “garantie judiciaire”, conformément à la jurisprudence du Conseil constitutionnel[884]. Cette garantie était en effet indispensable pour autoriser la force publique à procéder à des contrôles d’identité de grande envergure[885]. La décision du Ministère public a donc été strictement encadrée par la loi. Le Procureur de la République doit prendre une “réquisition”, pour requérir la force publique de procéder à des contrôles d’identité. Cette réquisition doit être écrite et préciser le domaine d’application du contrôle, ses lieux et temps d’exécution. Elle doit en outre être motivée et énumérer les infractions pour la recherche et la poursuite desquelles les contrôles d’identité sont effectués. Les travaux préparatoires indiquent que la logique du texte implique que le Procureur fonde la nécessité sur la recherche d’infractions souvent commises dans son ressort. La loi envisage principalement la recherche des crimes et délits, particulièrement le trafic de stupéfiants, le proxénétisme ou le recel. En pratique, ces contrôles sont généralement ordonnés en fonction d’une carte de criminalité, pour prévenir le renouvellement des infractions. Le Procureur doit donc donner à la force publique un strict cadre d’intervention, en précisant “les lieux et la période de temps” de ce contrôle. Cette détermination de l’espace est fonction des lieux dans lesquels les infractions antérieurement constatées ont été commises. Dans la zone ainsi définie, des contrôles d’identité peuvent être effectués, non seulement dans les lieux publics, mais encore dans des lieux

---

[883] Conclusions Delvolvé, sous CE, 11 mai 1951, D.1951.3.13

[884] Cons. Const., 5 août 1993, décision n° 93-323 DC, § 6.

[885] J. Buisson, *Des contrôles d’identité requis aux fouilles requises*, Procédures, 2002, Chron. 3.

privés dans lesquels la force publique peut accéder légalement. Ces contrôles sont toutefois limités dans le temps.

586. Le contrôle requis peut être dirigé contre tout individu se trouvant dans la zone géographique définie par le Procureur de la République. Il s'agit, selon les termes du Garde des Sceaux, d'une "opération d'envergure"[886]. Les contrôles d'identité ne sont plus fondés sur un critère d'ordre personnel, mais de contrôles fondés sur des circonstances extérieures à l'individu. Nul n'est donc besoin d'établir un lien entre l'individu dont l'identité est contrôlée et l'infraction recherchée.

587. L'article 78-2, alinéa 6, du Code de procédure pénale précise que "le fait que le contrôle révèle des infractions autres que celles visées dans le réquisitoire du Procureur de la République ne constitue pas une cause de nullité des procédures incidentes". Des infractions incidentes peuvent donc être découvertes grâce à un contrôle requis. L'utilité de cette précision n'est toutefois pas certaine, car la véritable question porte sur l'accès du policier à l'infraction. L'infraction doit être légalement constatée. Ainsi, un policier ou un gendarme peut découvrir que la personne contrôlée est un étranger en situation irrégulière. Or, la légalité de cette constatation est fonction de celle du contrôle d'identité. La validité de la constatation d'une infraction, autre que celles qui ont motivé le contrôle requis, dépend donc de l'examen de la légalité de l'intervention policière qui l'a autorisé.

588. L'article 23 de la loi du 15 novembre 2001 a créé une nouvelle forme de contrôle requis, qui figure à présent à l'article 78-2-2 du Code de procédure pénale. Il s'agissait de dispositions transitoires, applicables jusqu'au 31 décembre 2003, notamment pour lutter contre le terrorisme. Ce texte autorisa alors la visite des véhicules "sur réquisition du Procureur de la République aux fins de rechercher les actes de terrorisme visés par les articles 421-1 à 421-5 du Code pénal, des infractions en matière d'armes et d'explosifs visés par l'article 3 de la loi du 19 juin 1871, (...), par les articles 20, 31 et 32 du décret du 18 avril 1939, (...), ou des faits de trafic de stupéfiants visés par les articles 222-34 à 222-38 du Code pénal". Les réquisitions du Ministère public devaient préciser les conditions de temps et de lieu de ces opérations. La loi n° 2003-239, du 18 mars 2003, relative à la *Sécurité intérieure*, a donc réécrit l'article 78-2-2 du Code de procédure pénale. Sur réquisitions écrites du Procureur de la République et en vue de rechercher des actes de terrorisme ou des infractions en matière d'armes et d'explosifs, de recel, de trafics de stupéfiants, les officiers de police judiciaire,

---

[886] Déclaration du Garde des Sceaux, JOAN CR, 11 juin 1993, p.1386.

assistés par des agents de police judiciaire, peuvent dans les lieux et pour les périodes fixées, qui ne peuvent excéder 24 heures, par le Procureur, procéder à des contrôles d'identité. Ces contrôles doivent être associés à la visite de véhicules.

589. La fouille des véhicules avait, en effet, donné lieu à des incertitudes en jurisprudence. Il était généralement admis que la police pouvait effectuer une fouille, lors de l'enquête de flagrance ou sur commission rogatoire, si l'existence de l'infraction était avérée. Cette fouille ne constituait pas une perquisition et pouvait être effectuée à l'encontre de tout véhicule s'il y avait flagrance[887]. Cette jurisprudence faisait toutefois l'objet de vives critiques, car la fouille des véhicules était alors utilisée pour découvrir des suspects. Le Conseil constitutionnel avait en effet déclaré, dans une décision rendue le 12 janvier 1977, inconstitutionnel un projet de loi qui permettait de procéder à la visite de tout véhicule dès lors qu'il se trouvait sur la voie publique et que son propriétaire ou son conducteur était présent, alors même qu'aucune infraction n'avait été commise. La protection de la vie privée s'opposait en effet à de telles mesures.

590. Or, ce principe est aujourd'hui remis en cause. Une nouvelle forme de contrôle requis a été mise en place, toujours dans une logique de "contrôle systématique". Elle constitue donc un contrôle d'identité indéterminé, associé à la fouille de véhicules également indéterminée. L'article 78-2-2 du Code de procédure pénale organise ainsi la seule fouille de police administrative admise par le droit français, même si les garanties prévues encadrent en partie les pouvoirs de la police pour respecter les exigences constitutionnelles de nécessité et de proportionnalité. La loi du 18 mars 2003 renforce le dispositif de contrôle mis en place pour une durée limitée par la loi du 15 novembre 2001. La procédure a été étendue aux cas de vol et de recel. Les visites de véhicules circulant, arrêtés ou stationnant sur la voie publique ou dans des lieux accessibles au public peuvent être autorisées par le Procureur de la République, pour une durée maximum de 24 heures, éventuellement renouvelable[888]. Cette visite est nécessairement associée à un contrôle d'identité, mais elle peut être effectuée dans tout véhicule, dès lors qu'il se trouve dans la zone géographique définie par le Procureur de la République. La force publique n'a pas à justifier d'une "raison plausible de soupçonner" une infraction. Ses pouvoirs sont particulièrement étendus. Elle peut en effet procéder à la fouille de tout véhicule qui se trouve sur la voie publique, sur

---

[887] Crim. 8 novembre 1979, D.1980.IR.523, obs. M. Puech ; JCP.1980.II.19337.

[888] B. Bouloc, *La loi du 15 novembre 2001 sur la sécurité intérieure*, Rev.sc.crim.2003.591.

une voie ouverte à la circulation publique ou dans un parking public, à l'exclusion des seuls lieux privés. La visite des véhicules aménagés à usage d'habitation et effectivement utilisés comme tels est cependant assimilée à une perquisition. La visite des véhicules circulant ou arrêtés sur la voie publique ou dans des lieux accessibles au public est également possible en cas d'infraction flagrante, s'il existe une ou plusieurs raisons plausibles de soupçonner que le conducteur ou le passager a commis un crime ou un délit flagrant[889]. Cette disposition n'impose pas réellement une transparence accrue, parce que les articles 56 et suivants du Code de procédure pénale permettaient déjà d'effectuer des perquisitions "d'initiative". Plus encore, la Cour de cassation avait refusé d'assimiler, depuis un arrêt rendu le 8 novembre 1977, à une perquisition l'ouverture du coffre d'une automobile lors d'une enquête de flagrance. La pratique avait, en outre, interprété *a contrario* la décision rendue le 12 janvier 1977 par le Conseil constitutionnel qui avait jugé excessive l'étendue des pouvoirs reconnus à la police "alors même qu'aucune infraction n'aura été commise"[890], pour en déduire qu'une habilitation permanente de fouiller des véhicules dans le cadre d'une enquête de flagrance était possible. Désormais, le Procureur de la République peut autoriser, par décision motivée, la visite des véhicules circulant, arrêtés ou stationnant sur la voie publique ou dans des lieux accessibles au public. Les véhicules ne doivent être immobilisés que le "temps strictement nécessaire" à la visite. Celle-ci est effectuée en présence du conducteur. Toutefois, si le véhicule est à l'arrêt, la visite est organisée en présence du conducteur, du propriétaire ou d'un tiers requis à cette fin et qui ne relève pas de l'autorité du fonctionnaire de police. S'agissant d'un acte de police administrative, la loi ne prescrit la rédaction d'un procès verbal que dans trois hypothèses, en cas de découverte d'une infraction, à la demande du propriétaire ou du conducteur du véhicule ou en son absence. En cas de découverte d'une infraction autre que celle qui était recherchée, la procédure est régulière et ne peut être sanctionnée par la nullité. Cette solution, consacrée par le dernier alinéa de l'article 78-2-2 du Code de procédure pénale, est regrettable, parce qu'elle risque d'entraîner des détournements de procédure.

c) Les relevés d'identité

591. Les contrôles d'identité dans les lieux à usage professionnel sont régis par l'article 78-2-1 du Code de procédure pénale, issu d'une loi du 24 avril 1997. Les officiers de police judiciaire peuvent, sur réquisition du Ministère public, pénétrer dans les lieux à usage professionnel ainsi que dans

---

[889] Article 78-2 du Code de procédure pénale.
[890] Cons. Const., 12 janvier 1977.

leurs annexes, à l'exclusion toutefois des domiciles, où sont en cours des activités de production, de réparation ou de commercialisation. Ces contrôles tendent, notamment, à vérifier que les personnes présentes figurent bien sur le registre du personnel, pour lutter contre le travail clandestin. La réquisition du parquet "précise les infractions parmi celles visées aux articles L 324-9 et L 341-6 du Code du travail qu'il entend faire rechercher et poursuivre". Ces dispositions concernent le travail dissimulé et l'emploi d'un étranger non muni d'un titre de séjour l'autorisant à travailler en France. Ces contrôles permettent également de s'assurer que les professionnels sont bien immatriculés au Répertoire des métiers ou au Registre du commerce et des sociétés et qu'ils ont bien effectué les déclarations exigées auprès des organismes de sécurité sociale et de l'Administration fiscale.

592. Une loi du 15 avril 1999, relative *aux polices municipales*, a également autorisé les agents de police municipale à relever l'identité des contrevenants pour dresser les procès-verbaux de contraventions aux arrêtés de police du maire ou au Code de la route, ou des contraventions qu'ils peuvent constater[891]. En cas de refus ou d'impossibilité de justifier l'identité, l'agent en rend compte à un officier de police judiciaire territorialement compétent, qui peut ordonner la présentation immédiate du contrevenant, pour procéder à la vérification de son identité, dans les conditions prévues par l'article 78-3 du Code de procédure pénale. A défaut d'ordre, le contrevenant ne peut être retenu.

d) Les vérifications d'identité.

593. Si l'individu refuse ou est dans l'impossibilité de justifier de son identité, il peut être retenu sur place ou être conduit dans un local de police. Il doit alors être immédiatement présenté à un officier de police judiciaire qui le met en mesure de fournir, par tous moyens, les éléments permettant d'établir son identité et qui procède, le cas échéant, aux vérifications nécessaires. L'article 78-3, alinéa 3, du Code de procédure pénale précise que cette rétention ne saurait excéder quatre heures. L'intéressé doit, toutefois, être informé qu'il peut faire aviser le Procureur de la République de la mesure dirigée contre lui, ainsi que tout membre de sa famille. Le Procureur peut mettre fin à tout moment à la rétention. Les opérations de vérifications d'identité peuvent donner lieu à la prise d'empreintes digitales ou de photographies. Ces mesures, parce qu'elles portent atteintes aux libertés individuelles, doivent cependant être "l'unique moyen d'établir l'identité de

---

[891] Article 78-6 du Code de procédure pénale.

l'intéressé"[892] et doivent être autorisées par le Procureur de la République ou par un juge d'instruction. Un procès verbal, spécialement motivé, doit en outre être dressé et préciser les motifs du contrôle et de la vérification, les conditions de présentation, l'information de ses droits, les jours, dates et heures du début et de la fin de la rétention. Le refus de se soumettre à ces vérifications d'identité est toutefois pénalement sanctionné[893].

B) Les fichiers automatisés de la police et de la gendarmerie.

594. La loi n° 2003-239 du 18 mars 2003, relative *à la sécurité intérieure*, a considérablement augmenté les pouvoirs de la police et de la gendarmerie, s'agissant des traitements automatisés d'informations[894]. L'accès, l'alimentation et l'exploitation du fichier *système de traitement des infractions constatées* ou *STIC*, créé par le décret n° 2001-583 du 5 juillet 2001 pour la police, et du fichier *JUDEX* de la gendarmerie en dehors de tout texte, ont été encadrés par la loi. Ces traitements sont notamment soumis à la loi *Informatique et libertés*, du 6 janvier 1978. La loi n° 2004-801 du 6 août 2004 a toutefois simplifié la création de fichiers par la police. La CNIL donne désormais un simple avis et son accord n'est plus nécessaire à la création de ces fichiers. En outre, l'enregistrement de "données sensibles" dans les fichiers de police n'est plus soumis à un avis conforme de la CNIL.

595. Les services de la police et de la gendarmerie ont été autorisés à mettre en œuvre des applications de traitements automatisés de données à caractère personnel recueillies au cours d'enquêtes préliminaires ou de flagrance ou d'investigations ordonnées par un juge d'instruction concernant tout crime et délit, ainsi que les contraventions de cinquième classe "sanctionnant un trouble à la sécurité ou à la tranquillité publiques, ou une atteinte aux personnes, aux biens ou à l'autorité de l'Etat". L'article 21 de la loi précise que ce traitement doit être destiné à "faciliter la constatation des infractions à la loi pénale, le rassemblement des preuves de ces infractions et la recherche de leurs auteurs". Il autorise également la collecte d'informations sur les personnes, sans limitation d'âge, "à l'encontre desquelles il existe des indices graves et concordants rendant vraisemblable qu'elles aient pu participer, comme auteurs ou complices, à la commission" de ces infractions. Le Conseil constitutionnel a précisé que le décret d'application, s'agissant des mineurs, devra "déterminer la durée de conservation conciliant, d'une part, la nécessité d'identifier les auteurs d'infractions et d'autre part, celle de

---

892 Article 78-3, alinéa 4, du Code de procédure pénale.

893 Article 78-5 du Code de procédure pénale : Trois mois d'emprisonnement et 3700 € d'amende.

894 Loi n° 2003-239 du 18 mars 2003, relative *à la sécurité intérieure*, D.2003.L.870.

rechercher le relèvement éducatif et moral des mineurs délinquants"[895]. Des informations relatives aux victimes peuvent également être conservées, sous réserve d'une opposition de leur part lorsque l'auteur a été définitivement condamné.

596. Le traitement de ces informations a été placé sous le contrôle du Procureur de la République. Elles doivent être en principe effacées après une décision de relaxe ou d'acquittement devenue définitive, mais le Procureur peut en prescrire le maintien en raison de la finalité du traitement, sous réserve que la relaxe ou l'acquittement soit mentionné. Les décisions de non-lieu motivées par l'insuffisance des charges ou de classement sans suite font, en revanche, sont mentionnées, sauf si le Procureur ordonne l'effacement de ces données personnelles. Ainsi, la loi du 18 mars 2003 a autorisé la collecte et la conservation de données nominatives, qui permettent donc une identification, de personnes présumées innocentes... Seul le fichage des témoins a été interdit. L'accès à ces informations est en outre largement ouvert. Les données à caractère personnel peuvent en effet être consultées par les personnels spécialement habilités de la police et de la gendarmerie désignés à cet effet ainsi qu'aux personnels de l'Etat, spécialement habilités, et qui sont investis d'attribution de police judiciaire. Elles sont également accessibles aux magistrats du parquet, aux magistrats instructeurs pour les recherches relatives aux infractions dont ils sont saisis". La mise en œuvre de ces principes sera assurée par décrets en Conseil d'Etat, après avis de la Commission nationale informatique et libertés.

C) Le fichier national automatisé des auteurs d'infractions sexuelles.

597. La loi du 9 mars 2004 a créé un nouveau fichier automatisé, le fichier national automatisé des auteurs d'infractions sexuelles, pour prévenir le renouvellement des infractions visées à l'article 706-47 et faciliter l'identification de leurs auteurs[896]. Ce fichier automatisé est tenu par le service du casier judiciaire sous l'autorité du Ministre de la justice et le contrôle d'un magistrat. Ce traitement reçoit, conserve et communique aux personnes habilitées les informations prévues à l'article 706-53-2.

---

[895] Cons. Const., décision n° 2003-467 DC, 13 mars 2003, JO 19 mars 2003, p. 4789.

[896] Article 706-47 du Code de procédure pénale : "Les dispositions du présent titre sont applicables aux procédures concernant les infractions de meurtre ou d'assassinat d'un mineur précédé ou accompagné d'un viol, de tortures ou d'actes de barbarie ou pour les infractions d'agression ou d'atteintes sexuelles ou de recours à la prostitution d'un mineur prévues par les articles 222-23 à 222-31, 225-12-1 et 227-22 à 227-27 du code pénal"

598. Lorsqu'elles concernent une des infractions mentionnées à l'article 706-47, sont enregistrées dans le fichier les informations relatives à l'identité ainsi que l'adresse ou les adresses successives du domicile et, le cas échéant, des résidences, des personnes ayant fait l'objet d'une des condamnations énumérées par l'article 706-53-2. Il est alors significatif de relever qu'une condamnation qui n'est pas encore définitive puisse être enregistrée dans ce fichier. Les décisions concernant des délits prévus par l'article 706-47 et punis d'une peine d'emprisonnement d'une durée inférieure ou égale à cinq ans ne sont toutefois pas inscrites dans le fichier, sauf si cette inscription est ordonnée par décision expresse de la juridiction ou, dans les cas prévus par la loi.

599. L'enregistrement de ces informations a été confié au Procureur de la République ou au juge d'instruction[897]. Il doit intervenir "sans délai" et doit être effectué par "un moyen de télécommunication sécurisé". Ces informations ne sont, toutefois, accessibles qu'après vérification, lorsqu'elle est possible, de l'identité de la personne concernée, faite par le service gestionnaire du fichier au vu du répertoire national d'identification. Lorsqu'ils ont connaissance de la nouvelle adresse d'une personne dont l'identité est enregistrée dans le fichier et lorsqu'ils reçoivent la justification de l'adresse d'une telle personne, les officiers de police judiciaire enregistrent sans délai cette information dans le fichier par l'intermédiaire d'un moyen de télécommunication sécurisé.

600. L'article 706-53-4 régit l'effacement des données figurant dans ce fichier. Cet effacement doit en effet intervenir au décès de l'intéressé ou à l'expiration, à compter du jour où l'ensemble des décisions enregistrées ont cessé de produire tout effet, d'un délai de trente ans s'il s'agit d'un crime ou d'un délit puni de dix ans d'emprisonnement ou de vingt ans dans les autres cas. En revanche, l'amnistie ou la réhabilitation ainsi que les règles propres à l'effacement des condamnations figurant au casier judiciaire n'entraînent pas l'effacement de ces informations. En outre, ces informations ne peuvent, à elles seules, servir de preuve à la constatation de l'état de récidive. Enfin, les informations sont retirées du fichier en cas de décision définitive de non-lieu, de relaxe ou d'acquittement.

601. L'article 706-53-6 précise que la personne dont l'identité est enregistrée dans le fichier en est informée par l'autorité judiciaire, soit par notification à personne, soit par lettre recommandée adressée à la dernière adresse déclarée. Elle est alors informée des mesures et des obligations qui lui

---

[897] Article 706-53-3 du Code de procédure pénale.

incombent, ainsi que des peines encourues si elle ne les respecte pas. Les personnes mentionnées dans le fichier sont tenues de justifier, soit auprès du gestionnaire du fichier, par lettre recommandée avec demande d'avis de réception, soit auprès du commissariat de police ou de la gendarmerie de son domicile, par lettre recommandée avec demande d'avis de réception ou en se présentant au service, de leur adresse une fois par an. Elles doivent également déclarer leurs changements d'adresse, dans un délai de quinze jours.

602. Si la personne a été définitivement condamnée pour un crime ou pour un délit puni de dix ans d'emprisonnement, elle doit justifier de son adresse une fois tous les six mois en se présentant à cette fin auprès du groupement de gendarmerie départemental ou de la direction départementale de la sécurité publique de son domicile ou auprès de tout autre service désigné par la préfecture. Le fait de ne pas respecter ces obligations est puni de deux ans d'emprisonnement et de 30 000 euros d'amende.

603. Les informations contenues dans le fichier sont ensuite accessibles aux autorités judiciaires, aux officiers de police judiciaire, dans le cadre de procédures concernant un crime d'atteinte volontaire à la vie, d'enlèvement ou de séquestration, ou une infraction mentionnée à l'article 706-47 et pour l'exercice des diligences prévues aux articles 706-53-5 et 706-53-8 et aux préfets et aux administrations de l'Etat dont la liste est fixée par le décret prévu à l'article 706-53-12, pour l'examen des demandes d'agrément concernant des activités ou professions impliquant un contact avec des mineurs.

604. Le législateur s'est efforcé de garantir la transparence de fichier. L'article 706-53-9 permet à toute personne justifiant de son identité d'obtenir, sur demande adressée au Procureur de la République près le tribunal de grande instance dans le ressort duquel elle réside, communication de l'intégralité des informations la concernant figurant dans le fichier. Elle peut alors demander au Procureur de rectifier ou d'ordonner l'effacement des informations la concernant si elles ne sont pas exactes ou si leur conservation n'apparaît plus nécessaire compte tenu de la finalité du fichier, au regard de la nature de l'infraction, de l'âge de la personne lors de sa commission, du temps écoulé depuis lors et de la personnalité actuelle de l'intéressé. Si le Procureur de la République n'ordonne pas la rectification ou l'effacement, la personne peut saisir à cette fin le juge des libertés et de la détention, dont la décision peut être contestée devant le Président de la Chambre de l'instruction. Enfin, l'article 706-53-11 interdit tout rapprochement ou toute interconnexion de fichiers, au sens de l'article 30 de la loi n° 78-17 du 6 janvier 1978 et toutes les personnes qui y accèdent sont soumises au secret professionnel.

D) <u>Le fichier national automatisé des empreintes génétiques.</u>

605. Les empreintes génétiques permettent une identification certaine de l'individu à partir de sa carte génétique. L'article 16-11 du Code civil, issu de la loi n° 94-653, du 29 juillet 1994, n'autorise l'identification d'une personne par ses empreintes génétiques "que dans le cadre de mesures d'enquête ou d'instruction diligentées lors d'une procédure judiciaire". Son alinéa 2 précise que cette identification ne peut être recherchée en matière civile "qu'en exécution d'une mesure d'instruction ordonnée par le juge saisi d'une action tendant soit à l'établissement ou à la contestation d'un lien de filiation, soit à l'obtention ou à la suppression de subsides". Le consentement de l'intéressé doit alors être "préalablement et expressément recueilli". L'article 11 du nouveau Code de procédure civile permet, cependant, au juge de tirer toutes conséquences d'un refus. La jurisprudence avait en outre ordonné, *contra legem*, des prélèvements *post mortem* dans des affaires de recherche ou de contestation de paternité. Ainsi, la Cour d'appel de Paris a ordonné, dans l'affaire *Montand*, une empreinte génétique six ans après le décès du chanteur[898]. A partir de l'article 16-11 du Code civil qui subordonne toute identification par empreintes génétiques au consentement préalable de l'intéressé, la Cour avait estimé que le consentement du défunt "ne peut bien évidemment plus être recherché". Elle constata que ses ayants droit "ont fait connaître qu'ils ne s'opposaient pas à une analyse génétique après exhumation de leur auteur". La jurisprudence semblait alors se contenter du consentement des héritiers du défunt[899]. L'identification biologique *post mortem* a néanmoins été expressément autorisée par la loi du 6 août 2004 relative à la bioéthique, qui a modifié en ce sens l'article 16-11 du Code civil. L'intéressé doit néanmoins avoir donné son consentement exprès de son vivant, de sorte que la jurisprudence *Montant* semble condamnée.

606. Un fichier national automatisé des empreintes génétiques a été créé pour faciliter l'identification des auteurs d'infractions sexuelles. Son organisation a été remaniée par la loi du 15 novembre 2001, relative à *la sécurité quotidienne*, par la loi n° 2003-239, du 18 mars 2003, relative à la

---

[898] CA Paris, 6 novembre 1997, *affaire Yves Montant*, D.1998.122, note Ph. Malaurie ; JCP.1998.I.101, n° 3, obs. J. Rubellin-Devichy ; Gaz.Pal.1997.2.703, note T. Garé ; PA., 20 mai 1998 ; Dr. famille, 1997, Chron. 12, P. Catala ; RTDC.1998.87, obs. J. Hauser ; Rép. Defrénois, 1998.314, obs. J. Massip ; TGI Lille, réf., 19 novembre 1997, D.1998.467, note Labbé ; CA Paris, 17 décembre 1998, D.1999. 476, note B. Beignier ; TGI Orléans, ord., 18 octobre 1999, D.2000.620, note B. Beignier..

[899] Civ. 1ère, 13 juillet 2001, Bull. Civ. I, n° 203 ; RTDC.2001.863, obs. J. Hauser ; Rép. Defrénois, 2002, art. 34478, n° 4, obs. J. Massip.

sécurité intérieure et enfin par la loi *Perben II*, du 9 mars 2004, complétée par deux décrets du 25 mai 2004[900].

607. Ce fichier centralise, sous le contrôle d'un magistrat, les empreintes génétiques issues des traces biologiques ainsi que les empreintes génétiques des personnes condamnées pour l'une des infractions mentionnées à l'article 706-55 du Code de procédure pénale, pour faciliter l'identification et la recherche des auteurs de ces infractions. Ces données pourront être conservées pendant quarante ans à compter de la demande d'enregistrement ou de la condamnation définitive. En outre, les empreintes génétiques des personnes contre lesquelles existent des indices graves ou concordants rendant vraisemblable qu'elles aient commis l'une de ces infractions sont également conservées dans ce fichier sur décision du officier de police judiciaire agissant d'office ou à la demande du Procureur de la République ou du juge d'instruction. Elles doivent, cependant, être effacées, d'office ou à la demande des intéressés, lorsque leur conservation n'apparaît pas nécessaire compte tenu de la finalité du fichier. Les empreintes génétiques issues des traces génétiques recueillies lors des recherches de la cause d'un décès ou des recherches des causes d'une disparition prévues par les articles 74, 74-1 et 80-4 du Code de procédure pénale sont également conservées dans ce fichier, ainsi que les empreintes génétiques correspondant ou susceptibles de correspondre aux personnes décédées ou recherchées. Les officiers de police judiciaire agissant d'office ou à la demande du Procureur de la République ou du juge d'instruction peuvent alors faire procéder au rapprochement des empreintes de toute personne à l'encontre de laquelle existent "une ou plusieurs raisons plausibles de soupçonner qu'elle a commis un crime ou un délit", avec les données conservées dans le fichier. Cette empreinte ne peut toutefois pas être conservée.

608. Le domaine du fichier national automatisé des empreintes génétiques a été considérablement étendu par plusieurs réformes. Il centralise désormais les traces et empreintes concernant les infractions de nature sexuelle visées à l'article 706-47 du Code de procédure pénale, les crimes contre l'humanité et les crimes d'atteinte volontaire à la vie de la personne, de torture et actes de barbarie, de violences volontaires, de menaces d'atteinte aux personnes, de traite des êtres humains, de proxénétisme, d'exploitation de la mendicité, de mise en péril de mineurs, les crimes et délits de vols, d'extorsions, d'escroqueries, de destructions, de dégradations, de détériorations et de menaces d'atteintes aux biens, les atteintes aux intérêts fondamentaux de la nation, les actes de terrorisme, la fausse monnaie,

[900] Décrets 25 mai 2004, JO 2 juin 2004.

l'association de malfaiteurs, les crimes et délits prévus par l'article 2 de la loi du 24 mai 1834 sur les détenteurs d'armes ou de munitions de guerre, l'article 3 de la loi du 19 juin 1871 sur la fabrication des armes de guerre et les articles 24 à 35 du décret du 18 avril 1939 relatif au matériel de guerre, armes et munitions ainsi que les infractions de recel, de blanchiment du produit de l'une de ces infractions[901]. L'empreinte de toute personne à l'encontre de laquelle existe une raison plausible de soupçonner qu'elle a commis un crime ou un délit peut donc désormais être rapprochée des empreintes conservées dans le fichier national automatisé des empreintes génétiques. Ce rapprochement ne permet pas, cependant, de conserver l'empreinte dans le fichier.

609. La loi Perben II a modifié les conditions de récolte des éléments permettant une recherche des empreintes génétiques. L'article 706-56 du Code de procédure pénale autorise désormais, lorsqu'il est impossible de réaliser un prélèvement biologique, d'utiliser du "matériel biologique qui se serait naturellement détaché du corps de l'intéressé". Le prélèvement peut même être effectué sans l'accord de l'intéressé sur réquisitions écrites du Procureur de la République, lorsqu'il s'agit d'une personne condamnée pour un crime ou un délit puni de 10 ans d'emprisonnement. Par ailleurs, le décret n° 2004-470 du 25 mai 2004 modifie les articles R 53-10 à R 53-21 du Code de procédure pénale. La liste des conditions de prélèvement des échantillons biologiques pouvant être inscrits au fichier est dressée à l'article R 53-10. Les données enregistrées doivent être accompagnées de différentes mentions, relatives à la procédure selon laquelle les échantillons ont été obtenus, l'identification de la personne ayant réalisé l'analyse, la nature de l'affaire... Les prélèvements biologiques destinés à permettre l'analyse de l'identification des empreintes génétiques sont effectués sous le contrôle d'un officier de police judiciaire. Il doit alors requérir une personne habilitée dans les conditions fixées par l'article 16-12 du Code civil. Le refus de se soumettre à ces analyses est pénalement sanctionné[902]. Les traces et empreintes conservées dans le fichier sont réalisées à partir de fragments d'ADN non codants, à l'exception du segment correspondant au marqueur du sexe. Les zones analysées ne fournissent ainsi aucune information relative à l'état de santé ou à l'appartenance ethnique.

610. Enfin, l'article 55-1 du Code de procédure pénale autorise les officiers de police judiciaire à procéder ou à faire procéder, sur toute personne

---

[901] Article 706-55 du Code de procédure pénale.

[902] Article 706-56 du Code de procédure pénale (un an d'emprisonnement et 30 000 € d'amende).

à l'encontre de laquelle existent "une ou plusieurs raisons plausibles de soupçonner qu'elle a commis ou tenté de commettre une infraction, aux opérations de prélèvements externes nécessaires à la réalisation d'examens techniques et scientifiques de comparaison avec les traces et indices prélevés pour les nécessités de l'enquête". Ces investigations peuvent donc être menées à l'encontre d'un témoin ou d'une personne suspectée. Le refus de s'y soumettre est pénalement sanctionné. Le Conseil constitutionnel a toutefois émis une réserve aux termes de laquelle la juridiction répressive devra, lors du prononcé de la peine sanctionnant ce refus, la proportionnaliser à la peine qui pourrait être infligée pour le crime ou le délit à l'occasion duquel le prélèvement a été effectué[903]. Les empreintes génétiques des témoins ne pourront pas, toutefois, être rapprochées des empreintes conservées dans le fichier national des empreintes génétiques. Elles ne pourront être comparées qu'aux empreintes relevées sur les lieux de l'infraction.

611. Le dispositif mis en place est impressionnant. Certes, le législateur s'est donné pour objectifs d'assurer la sécurité. Ce droit fondamental conditionnerait en effet "l'exercice des libertés individuelles et collectives"[904]. La loi confère à l'Etat la primauté, en lui assignant le devoir d'assurer la sécurité en veillant, notamment, à la défense des institutions et des intérêts nationaux, au respect des lois, au maintien de la paix et de l'ordre public, à la protection des personnes et des biens. Il n'en demeure pas moins que les droits de l'individu ont été considérablement limités. Les possibilités de constituer et d'utiliser des fichiers ont été multipliées, y compris lorsqu'ils portent sur les empreintes génétiques. Il est alors particulièrement regrettable d'avoir autorisé le fichage d'individus qui ne sont qu'impliqués dans une infraction, y compris en qualité de victime. Des personnes uniquement suspectées, qui n'ont jamais été condamnées, peuvent désormais figurer dans des fichiers de la police ou de la gendarmerie. Si la sécurité est un droit fondamental, elle ne saurait cependant justifier l'utilisation de procédés qui menacent directement l'individu. Certes, l'accès à ces fichiers a été réglementé par le législateur, mais nul ne peut être certain qu'ils ne seront jamais détournés. La constitution de gisements de données est, en elle-même, une menace, parce qu'elle rend l'individu transparent. Or, ces gisements sont de plus en plus nombreux. L'individu devient une fois encore transparent, visible par tous.

---

[903] Cons. Const., 13 mars 2003, décision n° 2003-467, DC., considérant 57.
[904] Article 1er nouveau de la loi du 21 janvier 1985.

E) Le casier judiciaire.

612. Le casier judiciaire répertorie les condamnations prononcées contre un individu. Son efficacité est d'autant plus grande qu'il a été automatisé par la loi du 4 janvier 1980. Ce fichier est tenu sous l'autorité du Ministre de la Justice, qui dispose ainsi d'un monopole pour collecter et enregistrer les décisions prononçant des sanctions[905]. Ce monopole connaît toutefois quelques exceptions, qui multiplient le fichage de l'individu. Tous les services de l'Etat qui dépendent de ce Ministère ont en effet accès au casier judiciaire et peuvent surtout constituer eux-mêmes un fichier. L'Administration pénitentiaire dispose, par exemple, d'un fichier des détenus. La gestion du permis à points a également imposé la création d'un fichier spécial, le "fichier permis"[906]. Toute interconnexion et tout rapprochement entre le casier judiciaire et un autre fichier automatisé contenant des données à caractère personnel sont, en revanche, interdits[907].

613. Plus techniquement, une fiche de casier judiciaire est établie au nom de chaque individu français ou étranger qui a fait l'objet d'une condamnation énumérée à l'article 768 du Code de procédure pénale[908]. Ces fiches sont ensuite adressées au service du casier judiciaire, qui les enregistre sur supports magnétiques. Les décisions venant préciser, modifier ou supprimer une sanction doivent ensuite être mentionnées sur les fiches du casier judiciaire[909].

---

[905] Article 768 du Code de procédure pénale.

[906] Loi du 19 décembre 1990.

[907] Article 777-3, alinéa 1er, du Code de procédure pénale.

[908] Condamnations contradictoires ou par contumace ou par défaut non frappées d'opposition, prononcées pour crimes, délits ou contravention de 5ème classe ; déclarations de responsabilité assorties d'une dispense de peine, sauf si la juridiction en a décidé autrement, ou d'un ajournement du prononcé de la peine ; condamnations contradictoires ou par défaut non frappées d'opposition, prononcées pour des contraventions des quatre premières classes, lorsqu'elles comportent une interdiction, une déchéance ou une incapacité à titre principal ou complémentaire ; les mesures éducatives prononcées à l'encontre de mineurs ; les sanctions disciplinaires comportant des incapacités ; les mesures de liquidation judiciaire, faillite personnelle ou interdiction prononcées en matière de redressement judiciaire ; les arrêtés d'expulsion pris contre des étrangers ; les jugements prononçant la déchéance de l'autorité parentale et les condamnations prononcées par des juridiction étrangères qui ont fait l'objet d'un avis aux autorités françaises, en vertu d'une convention ou d'un accord, ou qui ont été exécutés en France après transfèrement.

[909] Peines ou dispenses de peine prononcées après un ajournement ; grâces, commutations et réductions de peines ; modifications des peines prononcées par des juridictions étrangères et exécutées en France ; décisions de libération conditionnelle et de révocation ; décisions de suspension de peines...

614. Si le casier judiciaire permet de retracer le passé pénal d'un individu, l'oubli n'y est toutefois pas totalement absent. Certaines condamnations peuvent en effet en être effacées, notamment au décès de son titulaire. Lorsque le décès n'est pas parvenu à la connaissance du service judiciaire, la fiche est effacée quand son titulaire atteint l'âge de 100 ans. Sont également retirées du casier judiciaire les condamnations prononcées depuis plus de 40 ans et qui n'ont pas été suivies d'une nouvelle condamnation, ainsi que les condamnations amnistiées ou effacées par réhabilitation et les condamnations assorties d'un sursis, à l'expiration des délais prévus pour la réhabilitation. Enfin, une fiche peut être retirée à l'issue d'une procédure judiciaire exercée dans ce but devant la juridiction qui a prononcé la condamnation ou devant la Chambre d'accusation s'il s'agit d'une Cour d'assises.

615. La protection de l'individu est, enfin, assurée par la structure même du casier judiciaire. Le bulletin n° 1 récapitule l'ensemble des condamnations prononcées, mais il ne peut être communiqué qu'aux autorités judiciaires ou à l'individu concerné. Le bulletin n° 2 ne reprend que certaines des condamnations prononcées et peut être délivré aux préfets et aux Administrations publiques de l'Etat, aux autorités militaires, aux Présidents des Tribunaux de commerce ainsi qu'à quelques administrations et personnes morales énumérées par l'article R 79 du Code de procédure pénale. Pour éviter que des personnes condamnées pour des infractions sexuelles ne soient en contact avec des mineurs, la loi du 9 mars 2004 a autorisé la communication du bulletin n° 2 pour toutes les administrations ou organismes chargés de contrôler une profession ou une activité impliquant l'absence de condamnation, sans qu'il soit nécessaire d'en fixer la liste par décret. Les dirigeants de personnes morales de droit public ou de droit privé s'occupant de mineurs, dont la liste sera fixée par décret, pourront en outre obtenir délivrance du bulletin n° 2 d'un futur employé, si celui-ci ne mentionne aucune condamnation. Par ailleurs, une circulaire du 14 mai 2004, “présentant les dispositions immédiatement applicables de la loi du 9 mars 2004”, précise néanmoins que la dispense d'inscription d'une condamnation au bulletin n° 2 n'est plus possible pour les condamnations relatives aux infractions sexuelles[910]. Enfin, le bulletin n° 3 ne peut être transmis qu'à l'individu concerné et ne doit en aucun cas être communiqué à des tiers.

---

[910] Circulaire du 14 mai 2004 “présentant les dispositions immédiatement applicables de la loi du 9 mars 2004”, JUS-D-04-30092C.

§ 2 : La levée du secret des correspondances.

616. La recherche de la vérité face à une infraction et la lutte contre la criminalité justifient la levée du secret des correspondances.

617. Les articles 58 et 81 du Code de procédure pénale permettent au juge d'instruction ou à un officier de police judiciaire, s'il y a flagrance, de saisir des lettres, lorsque cette mesure est nécessaire à la manifestation de la vérité. Des textes spécifiques autorisent pareillement d'ouvrir les lettres adressées au débiteur en état de cessation de paiements[911] ou à des détenus[912].

618. Les écoutes téléphoniques judiciaires, réalisées à la demande du juge d'instruction dans le cadre d'une information, ont soulevé de nombreuses difficultés. La Cour de cassation les validait sans hésitation, jusqu'en 1990, dès lors qu'elles étaient réalisées sans fraude, dans le respect des droits de la défense[913]. En l'absence de texte spécial, elle fondait leur validité sur l'article 81 du Code de procédure pénale, qui autorise le juge d'instruction à procéder "à tous les actes d'information qu'il juge utiles à la manifestation de la vérité". Ces pratiques ont, cependant, été jugées contraires à l'article 8 de la Convention européenne des droits de l'homme : "Le droit français, écrit et non écrit, n'indique pas avec assez de clarté l'étendue et les modalités d'exercice du pouvoir d'appréciation des autorités"[914]. La Cour européenne reprocha notamment aux pratiques françaises de ne pas définir la nature des infractions pouvant donner lieu à des écoutes, lesquelles n'étaient en outre pas limitées dans le temps. Elle ne condamna, toutefois, pas le principe même des écoutes, car elles constituent des instruments de défense des Etats démocratiques contre les menaces de terrorisme ou de délinquance. La Cour les a toutefois entourées de garanties précises, pour éviter tout pouvoir discrétionnaire. Les interceptions doivent donc être prévues par une loi, connue des citoyens, de sorte qu'ils puissent prévoir les conséquences de leurs actes et savoir dans quelles circonstances et à quelles conditions des écoutes pourront être organisées. Ces écoutes doivent ensuite être placées sous le contrôle objectif d'organes impartiaux et indépendants chargés de sauvegarder les droits des individus. L'utilité des écoutes téléphoniques, notamment lors d'une enquête, a donc conduit le législateur à intervenir. L'efficacité du dispositif mis en place n'est toutefois pas certaine, face au développement de techniques d'interceptions de plus en plus perfectionnées. Le réseau *Echelon*,

---

911 Article L 621-20 du Code de commerce.

912 Article 416 du Code de procédure pénale.

913 Crim., 9 octobre 1980, D.1981.332 ; 24 avril 1984, D.1986.125 ; 23 juillet 1985, Bull. crim. n° 275.

914 CEDH, 24 avril 1990, *Kruslin c./ France*, D.1990.1987, note J. Pradel.

résultant d'une alliance entre les Etats-Unis, le Royaume-Uni, l'Australie, le Canada et la Nouvelle-Zélande permettait ainsi de surveiller l'ensemble des communications mondiales, grâce à un ensemble 120 satellites. Or, il semblerait que ce dispositif, mis en place lors de la Guerre froide, a ensuite été utilisé à des fins d'espionnage industriel et économique, notamment pour avantager des entreprises américaines[915].

619. Les interceptions judiciaires interviennent, en premier lieu, dans le cadre d'une procédure d'instruction relative à des infractions punies d'une peine égale ou supérieure à deux ans d'emprisonnement[916]. Elles correspondent au droit commun et doivent être autorisées par un juge d'instruction, par une décision écrite et motivée. Cette décision doit fixer leur durée, laquelle ne saurait excéder quatre mois. Chaque opération d'interception, d'enregistrement et de transcription doit ensuite faire l'objet d'un procès-verbal, dressé par le juge d'instruction ou l'officier de police judiciaire commis par lui. Les enregistrements doivent enfin être placés sous scellés, puis détruits à l'expiration du délai de prescription de l'action publique.

620. Ensuite, alors que la loi du 10 juillet 1991 n'autorise les écoutes téléphoniques qu'au stade de l'instruction, la loi n° 2004-204, dite *Perben II*,du 9 mars 2004, *portant adaptation de la justice aux évolutions de la criminalité* autorise désormais l'utilisation des écoutes lors des enquêtes policières[917]. Le nouvel article 706-95 du Code de procédure pénale, permet d'y recourir "si les nécessités de l'enquête de flagrance ou de l'enquête préliminaire relative à l'une des infractions entrant dans le champ d'application de l'article 706-73 l'exigent". Ces écoutes ne peuvent donc pas être réalisées pour toutes les infractions, puisque la loi du 9 mars 2004 ne vise que la criminalité organisée. L'individu reste protégé, car ces écoutes ne sont fort heureusement pas totalement abandonnées à la discrétion de la police. Elles doivent être autorisées, pour une durée de 15 jours renouvelable une fois, à la requête du Procureur de la république par le juge des libertés et de la détention, qui contrôlera également le déroulement des opérations et qui devra être informé sans délai par le Procureur des actes accomplis. La loi n'exige pas que cette ordonnance soit motivée. Ces écoutes ont été admises par le Conseil constitutionnel, car elles sont soumises aux modalités et garanties des

---

[915] I. Roujou de Boubée, *Cryptographie : ses nécessités, ses dérives*, in *Les libertés individuelles à l'épreuve des NTIC*, Presses universitaires de Lyon, 2001, p. 125-140, spécialement p. 129

[916] Article 100 du Code de procédure pénale.

[917] JO 10 mars, p. 4567 ; D.2004.Lég.734.

articles 100 et suivants du Code de procédure pénale, applicables au stade de l'instruction[918].

621. Les interceptions de sécurité sont, enfin, des écoutes téléphoniques administratives. Elles interviennent à titre préventif et ont donc vocation à demeurer secrètes. Leur réalisation est subordonnée à la réunion de quatre conditions cumulatives, parce qu'elle ne peut intervenir qu'à "titre exceptionnel". Les interceptions de sécurité doivent être autorisées par une décision écrite et motivée du premier Ministre "ou de l'une des deux personnes spécialement déléguées par lui", sur proposition écrite du Ministre de la Défense, du Ministre de l'Intérieur ou du Ministre chargé des douanes. Les opérations matérielles de branchements sur écoute sont exclusivement effectuées sur ordre du Ministre chargé des Télécommunications ou "de la personne spécialement déléguée par lui". Les écoutes ne peuvent, ensuite, avoir pour objet que de "rechercher des renseignements intéressant la sécurité nationale, la sauvegarde des éléments essentiels du potentiel scientifique et économique de la France, ou la prévention du terrorisme, de la criminalité et de la délinquance organisée et de la reconstitution ou du maintien de groupements dissous en application de la loi du 10 janvier 1936 sur les groupes de combat"[919]. L'appréciation de ces motifs soulève toutefois de nombreuses difficultés. La notion de sécurité nationale doit, en premier lieu, être comprise à la lumière de l'article 410-1 du Code pénal, qui fait figurer la sécurité parmi les intérêts fondamentaux de la Nation, au même titre que l'intégrité du territoire ou les moyens de défense. Elle est donc plus large que l'ancienne notion de sûreté de l'Etat, mais des écoutes administratives ne peuvent être justifiées par toute atteinte à la sécurité des personnes ou des biens. La Commission nationale des interceptions de sécurité a donc précisé qu'il ne suffit pas d'invoquer une crainte générale de trouble à l'ordre public. Des écoutes administratives ne sont possibles qu'en présence d'une menace particulièrement grave pour la sécurité nationale. La sauvegarde des éléments essentiels du potentiel scientifique et économique de la France justifie ensuite la réalisation d'interceptions de sécurité. Les risques normaux de la compétition économique et la protection d'intérêts strictement privés ne sauraient en revanche être retenus. La prévention du terrorisme et la prévention de la reconstitution de groupements dissous ne soulèvent pas de difficultés particulières. Il n'en va pas de même de la prévention de la criminalité et de la délinquance organisée. La Commission nationale des interceptions de sécurité a notamment précisé, dans le cadre de l'affaire

---

[918] Conseil constitutionnel, décision n° 2004-492, DC, 2 mars 2004, considérant n° 57 à 61, JCP.2004.II.10048, note J.C. Zarka.
[919] Article 3 de la loi du 10 juillet 1991.

Schuller-Maréchal que des écoutes n'étaient pas justifiées par des infractions individuelles et occasionnelles[920]. Cette affaire illustre par ailleurs l'efficacité des garanties imposées par la loi du 10 juillet 1991. Des interceptions de sécurité avaient été demandées, en décembre 1994, sur les lignes téléphoniques de M. Maréchal, beau-père du juge Halphen, mais il était ensuite apparu que ces écoutes s'inscrivaient en réalité dans le cadre d'une machination destinée à écarter ce juge d'instruction d'un dossier qui impliquait le conseiller général Schuller. Or, malgré le motif mensonger avancé pour justifier la mise sur écoute du docteur Maréchal, cette écoute n'avait finalement pas pu être réalisée. En outre, cette affaire a conduit la Commission nationale à renforcer son contrôle, qui est alors devenu quotidien.

622. Le nombre maximal d'écoutes administratives susceptibles d'être pratiquées simultanément doit être fixé à l'avance[921]. La loi s'efforce également de préserver la vie privée des personnes placées sur écoutes. Tout enregistrement doit être mentionné sur un relevé établi sous l'autorité du Premier Ministre, puis détruit dans un délai de dix jours. Seuls peuvent être transcrits et conservés les renseignements qui sont en relation avec la finalité des écoutes et ces transcriptions doivent elles-mêmes être détruites dès que leur conservation cesse d'être indispensable. Enfin, les interceptions de sécurité ont été placées sous la surveillance d'une autorité administrative indépendante, la *Commission nationale des interceptions de sécurité*. Celle-ci doit être informée dans un délai de 48 heures des autorisations motivées d'interceptions. Elle contrôle alors les interceptions réalisées, de sa propre initiative ou à la demande de toute personne ayant un intérêt direct et personnel. Elle peut également adresser au premier Ministre une "recommandation" pour que des interceptions soient interrompues. La loi du 10 juillet 1991 réalise donc, dans une large mesure, un compromis entre les exigences de sécurité publique et l'inviolabilité des correspondances. Il est cependant regrettable que la *Commission nationale des interceptions de sécurité* n'ait pas un pouvoir de décision, même s'il semble difficile de lui conférer le pouvoir d'ordonner au Premier Ministre d'interrompre des interceptions. En dehors de ce cadre, les écoutes réalisées par une personne dépositaire de l'autorité publique ou chargée d'une mission de service de public agissant dans le cadre de ses fonctions tombent sous le coup de

---

[920] CNCIS, *Quatrième rapport d'activité*, 1995, *La documentation française*, 1996, p. 26-31 et 48-62.

[921] Cette limitation tend à préserver le caractère exceptionnel des écoutes téléphoniques.

l'article432-9 du Code pénal. Les preuves obtenues en violation du secret des correspondances sont donc irrecevables devant un juge[922].

623. Enfin, la protection de la confidentialité du courrier électronique n'est pas sans limite. La loi du 10 juillet 1991 autorise ainsi des interceptions justifiées par l'intérêt public. Son article 3 permet notamment au premier Ministre d'autoriser des interceptions destinées à réunir des renseignements qui intéressent la sécurité nationale, la sauvegarde des éléments essentiels du potentiel scientifique et économique ou à lutter contre le terrorisme. Plus encore, la loi du 9 mars 2004 portant adaptation de la justice aux évolutions de la criminalité a inséré un nouvel article 706-95 dans le Code de procédure pénale[923].

§ 3 : Les fouilles et les perquisitions.

624. La fouille n'est pas prévue par le Code de procédure pénale. Elle constitue tout à la fois une mesure d'instruction et une mesure de sécurité. L'article 307, alinéa 1er, du décret du 20 mai 1903 sur la gendarmerie précise en effet que certains individus peuvent être fouillés pour "assurer tant leur propre sécurité que celle des militaires de l'arme, ou pour la découverte d'objets utiles à la manifestation de la vérité". La fouille corporelle est en principe assimilée à une perquisition[924]. Elle doit donc être effectuée par un officier de police judiciaire. L'autorisation écrite et expresse de l'intéressé est nécessaire lors de l'enquête préliminaire. Les heures légales prévues pour les perquisitions ne sont toutefois pas applicables à la fouille corporelle. Les pouvoirs de la police sont alors particulièrement étendus, car l'individu peut être dévêtu. L'article 60 *bis* du Code des douanes, issu d'une loi du 31 décembre 1987 relative *à la lutte contre le trafic de stupéfiants*, autorise même les agents des douanes à soumettre à des examens médicaux l'individu contre lequel existe "des indices sérieux" qui laissent supposer qu'il transporte des produits stupéfiants dissimulés dans son organisme. Son consentement exprès est en principe exigé, mais le refus de se soumettre à ces examens est pénalement sanctionné[925].

625. Une fouille corporelle peut également être réalisée pour des raisons de sécurité, notamment pour découvrir sur l'individu des objets dangereux

---

922 CA Paris, 15 mai 1998, D.1998.IR.196.
923 Loi n° 2004-204, 9 mars 2004, JO 10 mars 2004, p. 4567.
924 Crim., 22 janvier 1953, Bull. crim. n° 24 ; D.1953.553, note C. Lapp ; JCP.1953.II.7456, rapport J. Brouchot ; 15 octobre 1984, JCP.1985.II.20410, note C. Berr.
925 Un an d'emprisonnement et 3750 € d'amende.

pour lui-même ou pour autrui. Une fouille est, en premier lieu, réalisée lorsqu'un individu est arrêté en cas de flagrance, en exécution d'un mandat ou d'un extrait de jugement portant condamnation à une peine d'emprisonnement et à l'égard des individus trouvés en état d'ivresse dans un lieu public[926]. Les agents des douanes peuvent, ensuite, procéder à une fouille corporelle "en vue de la recherche de la fraude"[927]. Enfin, les officiers de police judiciaire disposent également de ce pouvoir sur les aérodromes pour assurer préventivement la sécurité des vols[928]. Les articles 25 et 26 de la loi du 15 novembre 2001 ont en outre autorisé la visite des personnes, des bagages, du fret, des colis postaux, des aéronefs, navires ou véhicules pénétrant ou se trouvant dans des zones non accessibles au public des aéroports ou des ports[929]. Les bagages sont soumis à une inspection visuelle, mais leur fouille requiert le consentement de leur propriétaire. Les personnels doivent mettre en place, pour la visite des personnes, des dispositifs de contrôle. Les palpations de sécurité ne peuvent être réalisées qu'avec le consentement des intéressés. Les agents des douanes peuvent également procéder à la visite des bagages. Plus encore, l'article 27 de la loi du 15 novembre 2001 permet aux personnes physiques exerçant des fonctions de surveillance de procéder à l'inspection visuelle des bagages à main et même à leur fouille avec le consentement des intéressés. Elles peuvent également, après y avoir été habilitées, procéder à des palpations de sécurité, avec l'accord des personnes, si des circonstances particulières constatées par un arrêté préfectoral les justifient.

626. Plus généralement, la jurisprudence, sans même l'appui d'un texte, autorise les palpations sommaires également appelées palpations de sécurité. Il s'agit d'une recherche extérieure, à travers les vêtements, d'objets dangereux susceptibles d'être portés par l'individu contrôlé. Cette mesure de sécurité n'est pas assimilée à une perquisition et peut donc être effectuée par un simple agent de police judiciaire ou même par toute personne en cas d'infraction flagrante[930]. Les objets saisis doivent simplement être remis à un officier de police judiciaire, cette saisie étant assimilée à un simple "ramassage" d'objets sur la voie publique ou dans un véhicule[931].

---

[926] Articles 307 et 308 du décret du 20 mai 1903.
[927] Article 60 du Code des douanes.
[928] Article 282-8 du Code de l'aviation civile.
[929] Article L 282-8 du Code de l'aviation civile ; article L 323-5 du Code des ports maritimes.
[930] Crim., 27 septembre 1988, Gaz.Pal.1989.1.Som.75.
[931] Crim., 2 mars 1993, Dr. pénal, 1993, Chron. n° 59, par V. Lesclous et C. Marsat.

627. Par ailleurs, les perquisitions sont des recherches réalisées dans des lieux clos, généralement le domicile, d'objets, de documents constituant le corps du délit ou établissant des preuves. Elle implique une recherche active et approfondie, qui la distingue des simples visites domiciliaires, qui permettent uniquement de pénétrer dans un lieu pour procéder à des constations visuelles. Les perquisitions dérogent au principe de l'inviolabilité du domicile. Le domicile n'est pas seulement un lieu de refuge pour l'individu. Il constitue le prolongement de sa personne et conditionne l'existence même d'une vie personnelle Il participe ainsi à son épanouissement. Sa violation ou sa privation constitue une négation de l'individu. Les perquisitions, souvent nécessaires à la manifestation de la vérité en matière pénale, rendent donc l'individu transparent, puisque la police et la justice sont autorisées à pénétrer dans son univers quotidien. Flaubert, dans le *Dictionnaire des idées reçues*, définit ainsi le domicile, chef-lieu de la vie privée, comme un "lieu absolument inviolable. Cependant, la justice et la police y pénètrent quand elles le veulent"... Aussi, l'intrusion des pouvoirs publics a-t-elle été strictement limitée. L'article 8, § 2, de la Convention européenne des droits de l'Homme n'autorise en effet l'ingérence de l'Etat que si elle est prévue par la loi et nécessaire dans une société démocratique à la réalisation d'objectifs déterminés. Or, des investigations, prévues par la loi, ont parfois été jugées excessives. Ainsi, s'agissant du droit douanier, la Cour européenne a condamné la France pour une visite domiciliaire injustifiée[932]. Plus encore, la Cour exige que ces mesures d'instruction soient entourées par des "garanties adéquates et suffisantes" contre toute forme d'abus. Ces ingérences doivent en effet rester "étroitement proportionnées au but légitime recherché"[933]. Les perquisitions obéissent à des règles précises, destinées à protéger le justiciable. Elles peuvent être effectuées lors d'une enquête préliminaire, d'une enquête de flagrance ou d'une information, dirigée par le juge d'instruction.

628. Une perquisition ne consiste pas uniquement en la présence d'un policier ou d'un magistrat sur les lieux. Elle réalise une intrusion dans les lieux afin de rechercher des objets relatifs à l'infraction poursuivie. Une fouille inopinée en résulte pour trouver et saisir des objets dont la découverte est utile à la manifestation de la vérité. La notion d'intrusion, qui va rendre le lieu perquisitionné transparent, a été précisée par la jurisprudence. Ainsi, il n'y a pas perquisition quand des policiers se font remettre des documents

---

[932] CEDH, 25 février 1993, *Funke c./ France*, JCP.1993.II.22073, note V.R. et A. Garmon.
[933] CEDH, 25 février 1993, *Funke c./ France*.

médicaux par le secrétariat d'un hôpital sans "se livrer à aucune recherche"[934] ou lorsqu'un gendarme se présente au domicile d'une personne et y pénètre avec son accord pour l'interroger[935]. Ce libéralisme est toutefois contestable, car il prive le justiciable des garanties qui entourent la réalisation des perquisitions. Le domicile bénéficie cependant d'une protection étendue. L'article 8 de la Convention européenne des droits de l'Homme reconnaît en effet à chacun le "droit au respect de sa vie privée, de son domicile et de sa correspondance". Une distinction en résulte, entre les perquisitions domiciliaires et les perquisitions non domiciliaires.

629. La jurisprudence retient une définition assez extensive du domicile, en utilisant un critère d'habitabilité. Le domicile ne se réduit pas au lieu du principal établissement. Il désigne au contraire tout lieu "pourvu des équipements nécessaires à une habitation effective", dans lequel l'individu peut exercer une "activité permanente"[936].

630. Les perquisitions domiciliaires sont, en principe, organisées en présence de témoins instrumentaires pour éviter que l'on puisse ensuite faire état de l'apport de pièces par les enquêteurs. Lors de l'enquête, la police ne peut entrer qu'aux domiciles des personnes qui "paraissent avoir participé au crime ou détenir des pièces ou objets relatifs aux faits incriminés"[937]. Elle peut donc être organisée au domicile de la personne suspectée, mais également au domicile de personnes qui, de bonne foi, semblent être en possession d'objets qui intéressent l'enquête, alors même qu'aucune infraction ne peut leur être imputée[938]. Une simple présomption justifie donc l'organisation d'une perquisition. Lors de l'instruction, l'article 94 du Code de procédure pénale autorise cette mesure dans "tous les lieux où peuvent se trouver des objets dont la découverte serait utile à la manifestation de la vérité".

631. Une difficile conciliation doit être réalisée entre le secret professionnel, l'exigence de la manifestation de la vérité et le respect des droits de la défense. Ainsi, le secret professionnel général et absolu ne saurait interdire au juge de procéder à des perquisitions pour obtenir les éléments utiles à la manifestation de la vérité. La coercition peut donc être utilisée contre une personne soumise au secret professionnel, sans porter atteinte à la

---

[934] Crim., 20 septembre 1995, Bull. crim. n° 276 ; D.1996.296, note J. Penneau ; Dr. pénal, 1996, Chron. n° 4.
[935] Crim., 15 mars 1990, Bull. crim. n° 117.
[936] Crim., 17 octobre 1995, Bull. crim. n° 310 ; D.1996.Som.256, obs. J. Pradel ; Dr. pénal, 1996, n° 20, note A. Maron.
[937] Articles 56, alinéa 1er, et 76, alinéa 3, du Code de procédure pénale.
[938] Crim., 27 janvier 1987, Bull. crim. n° 41 ; D.1987.Som.408, obs. J. Pradel.

loyauté de la preuve. Ce principe de loyauté n'interdit que les procédés déloyaux pour réunir des preuves, d'agir par ruse ou de recourir à des stratagèmes[939]. La jurisprudence a donc autorisé des perquisitions dans un cabinet d'avocats[940], chez un médecin ou bien encore chez un notaire. Une perquisition peut pareillement être réalisée dans les bureaux d'un ecclésiastique afin d'y saisir les documents d'une procédure canonique[941]. Des exigences supplémentaires ont, cependant, été prévues lorsque la perquisition est organisée chez une personne astreinte au secret professionnel. Ainsi, l'article 56-1 du Code de procédure pénale exige qu'elle soit alors effectuée par un magistrat. Le bâtonnier ou son délégué doit être présent lors de la perquisition organisée dans le cabinet d'un avocat. Il ne participe toutefois pas aux recherches et veille uniquement au respect des droits de la défense. Les documents qui concernent les droits de la défense ne peuvent en outre jamais être saisis. Le juge doit pareillement être accompagné d'un membre du Conseil de l'Ordre au cas de perquisition chez un médecin ou dans un établissement de santé. Le secret bancaire ne fait pas obstacle, en revanche, à une perquisition[942].

632. Lors de l'enquête, la personne au domicile de laquelle la perquisition est réalisée doit toujours être présente[943]. Elle désigne, en cas d'impossibilité, le représentant de son choix. A défaut, l'officier de police judiciaire désigne deux témoins. Ces règles s'appliquent également lors de l'enquête préliminaire. Au cours de l'instruction, la perquisition obéit également à ces principes, lorsqu'elle est effectuée chez la personne mise en examen. La perquisition organisée chez un tiers doit enfin avoir lieu en sa présence ou, à défaut, en présence de deux témoins.

633. Les perquisitions ne peuvent être effectuées, en principe, qu'au cours de la journée, entre 6 et 21 heures[944]. Elles se déroulent ensuite en deux temps. L'officier de police judiciaire ou le juge d'instruction procède tout d'abord aux recherches. Il dispose alors de pouvoirs particulièrement étendus, puisque le domicile peut être intégralement fouillé (tiroir, placards, armoires, documents, ordinateurs...). A l'issue de ces recherches, un procès verbal de

---

[939] La police ne peut ainsi organiser une machination de nature à déterminer les agissements délictueux d'un prévenu : Crim., 27 février 1996, Bull. crim., n° 93.
[940] Crim., 7 mars 1994, D.1994.Som.188, ; 30 juin 1999, Bull. crim., n° 172.
[941] Crim., 17 décembre 2002, Procédures, mars 2003, p. 29, n° 74, note J. Buisson.
[942] Crim., 27 avril 1994, Bull. crim. n° 152 ; D.1994.402, note Ch. Gavalda.
[943] Article 57 du Code de procédure pénale.
[944] Ce principe reçoit toutefois des exceptions. Des perquisitions peuvent, par exemple, être organisée la nuit lors d'enquêtes relatives au terrorisme, au proxénétisme ou au trafic de stupéfiants.

perquisition doit être dressé, daté et signé par l'officier de police judiciaire ou le juge d'instruction. Il relate tous les éléments relatifs à l'affaire[945]. Les perquisitions conduisent en outre, le plus souvent, à des saisies. Après inventaire, les documents et objets saisis sont placés sous scellés et placés sous l'autorité de la justice. Les documents ainsi découverts sont protégés par le secret de l'instruction.

634. Ces diverses garanties sont écartées lors des perquisitions non domiciliaires, organisées par exemple dans un immeuble inhabité. L'opération peut être réalisée à tout moment, y compris de nuit.

635. La loi du 15 novembre 2001, relative à la *sécurité quotidienne*, a, par ailleurs, autorisé, lors d'une enquête préliminaire des visites et des saisies en matière de stupéfiants et d'infraction à la législation sur les armes, sans autorisation de la personne visitée, mais sur décision du juge des libertés et de la détention. Ce magistrat devra alors délivrer une décision écrite et motivée, précisant les éléments de fait laissant présumer l'existence d'une infraction définie, ainsi que les lieux pouvant être visités. Si ces lieux ne sont pas affectés à un usage d'habitation, le juge peut même autoriser leur visite de nuit. Enfin, la loi autorise les officiers de police judiciaire d'accéder au cours d'une perquisition, par un système informatique implanté sur les lieux où se déroule la perquisition, à des données intéressant l'enquête en cours et stockées dans ce système, dans un autre système informatique ou dans une autre partie de celui-ci, dès lors que ces données sont accessibles à partir du système initial ou disponibles pour le système initial[946]. Le législateur entend ainsi lutter contre l'utilisation d'Internet par des réseaux criminels. Ces perquisitions dans les systèmes informatisés pourront donc être effectuées dans le cadre d'une enquête de flagrance, d'une enquête préliminaire ou sur commission rogatoire.

636. La loi du 9 mars 2004 a, en outre, facilité l'organisation des perquisitions pour les infractions relevant de la criminalité organisée[947]. Ses dispositions s'ajoutent aux dispositions déjà existantes en matière de trafic de stupéfiants et de proxénétisme. En premier lieu, si les nécessités de l'enquête de flagrance l'exigent, les perquisitions, visites domiciliaires et saisies de pièces à conviction peuvent être effectuées de nuit, avant 6 heures ou après 21 heures[948]. Une autorisation doit toutefois être délivrée par le juge des libertés et de la détention, sur requête du Procureur de la République. Ces mesures ont

---

[945] Lieu, date et heure de l'opération, noms des intéressés, incidents…
[946] Articles 57-1, 76-3 et 97-1 du Code de procédure pénale.
[947] Article 706-73 du Code de procédure pénale.
[948] Article 706-89 du Code de procédure pénale.

également été autorisées lors d'une simple enquête préliminaire. Elles peuvent être réalisées de nuit sans le consentement de l'intéressé, dès lors qu'elles concernent une infraction punie d'au moins cinq ans d'emprisonnement. L'article 706-90 du Code de procédure pénale interdit toutefois de pénétrer, dans cette hypothèse, dans des locaux d'habitation. Cette limite est, par ailleurs, reprise par l'article 706-91, qui permet au juge d'instruction d'autoriser, si les nécessités de l'information l'exigent, un officier de police judiciaire agissant sur commission rogatoire à procéder à des perquisitions, visites domiciliaires et saisies de pièces à conviction de nuit. L'inviolabilité du domicile est néanmoins mise à mal dans trois situations où le juge d'instruction peut autoriser, en cas d'urgence, une intervention dans des locaux d'habitation, "1° Lorsqu'il s'agit d'un crime ou d'un délit flagrant ; 2° Lorsqu'il existe un risque immédiat de disparition des preuves ou des indices matériels ; 3° Lorsqu'il existe une ou plusieurs raisons plausibles de soupçonner qu'une ou plusieurs personnes se trouvant dans les locaux où la perquisition doit avoir lieu sont en train de commettre des crimes ou des délits entrant dans le champ d'application de l'article 706-73". Le Conseil constitutionnel a cependant formulé une réserve d'interprétation, en expliquant que "la notion de risque immédiat de disparition des preuves ou des indices matériels" doit s'entendre comme ne permettant au juge d'instruction d'autoriser une perquisition de nuit que si celle-ci ne peut être réalisée dans d'autres circonstances de temps"[949]. En outre et fort heureusement, en exigeant l'urgence, la loi a encadré ces perquisitions dans de strictes limites temporelles. L'autorisation et le contrôle exercés par le magistrat sont également d'importantes garanties pour le justiciable. Cette protection est d'autant plus efficace que cette autorisation devra toujours résulter, à peine de nullité, d'une ordonnance écrite non susceptible d'appel et dont la motivation devra justifier la nécessité des opérations et préciser la qualification de l'infraction dont la preuve est recherchée, ainsi que l'adresse exacte de ces investigations[950].

§ **4** : Le contrôle de l'individu.

637. La lutte contre la criminalité et même, en amont, la prévention des infractions, entraîne une surveillance accrue de l'individu.

---

[949] Conseil constitutionnel, décision n° 2004-492, DC, 2 mars 2004, considérant n° 56, JCP.2004.II.10048, note J.C. Zarka.
[950] Article 706-92 du Code de procédure pénale.

A) La prévention : la vidéosurveillance.

638. La vidéosurveillance rend l'individu transparent. Elle permet en effet de surveiller des lieux publics. La Cour européenne des Droits de l'homme protège alors l'intimité personnelle contre toute mesure de surveillance secrète. Elle considère que "caractéristique de l'Etat policier le pouvoir de surveiller en secret les citoyens n'est tolérable d'après la Convention que dans la stricte mesure nécessaire à la sauvegarde des institutions démocratiques[951]. Ces ingérences doivent donc reposer sur une base légale soumise à une condition renforcée de prévisibilité de ses effets[952]. Elles sont également soumises à l'exigence de stricte proportionnalité et ne sont admises que dans les cas spécifiés par la loi, en vue d'un but légitime d'après la Convention (lutte contre le crime, protection de la sécurité nationale, prévention du terrorisme...). Toute surveillance générale et préventive est interdite. Les mesures de surveillance doivent enfin être placées sous le contrôle d'un organe impartial. Le secret étant une condition de leur efficacité, la Cour européenne n'exige pas, en revanche, que les personnes ayant été surveillées en soient informées *a posteriori*[953]. La vidéosurveillance a donc été strictement encadrée par la loi *d'orientation et de programmation relative à la sécurité*, du 21 janvier 1995[954].

639. Le domaine de la loi du 21 janvier 1995 est général. Le législateur n'a pas repris la distinction qu'avait envisagée la CNIL, entre les caméras analogiques et les caméras numériques. Les modalités techniques utilisées par la vidéosurveillance sont logiquement indifférentes. La mise en place d'un système de vidéosurveillance est subordonnée à une autorisation préfectorale expresse, délivrée après avis d'une commission départementale présidée par un magistrat[955]. Le préfet peut toutefois passer outre son avis. Le Conseil constitutionnel a jugé contraire à la Constitution le système d'autorisation tacite qui avait été envisagé par le législateur, en cas de non-réponse à la demande d'autorisation dans un délai de quatre mois[956]. La loi s'est également efforcée de limiter les lieux qui peuvent faire l'objet d'un tel contrôle : voies publiques, "abords" des bâtiments et installations publics, lieux "particulièrement exposés à des risques d'agressions ou de vol". La généralité

---

[951] CEDH, 6 septembre 1978, *Klass et autres*, série A, n° 28, § 42.
[952] CEDH, 2 août 1984, *Malone*, série A, n° 82, § 70-79.
[953] CEDH, 6 septembre 1978, *Klass et autres*, arrêt précité, § 49-59.
[954] Loi n° 95-73, du 21 janvier 1995 *d'orientation et de programmation relative à la sécurité*, JO, 24 janvier 1995, p. 1248-1252.
[955] Le Conseil constitutionnel a précisé que la composition de cette commission, eu égard à son rôle, doit comporter des garanties d'indépendance.
[956] Con. Const., décision n° 94-352 DC, du 18 janvier 1995.

de cette dernière expression est contestable, parce qu'elle vise en réalité toutes les zones urbaines. La loi du 21 janvier 1995 précise, néanmoins, que les opérations de vidéosurveillance ne doivent pas visualiser "les images à l'intérieur des immeubles d'habitation ni, de façon spécifique, celles de leur entrée". Une caméra installée dans une rue peut ainsi filmer, à distance, des personnes entrant dans un immeuble, mais elle ne saurait être braquée sur l'entrée de cet immeuble.

640. La loi du 21 janvier 1995 s'est en partie inspirée de la loi *Informatique et liberté*, du 6 janvier 1978, bien qu'elle n'offre qu'une protection plus limitée. Les images enregistrées ne peuvent être conservées plus d'un mois, sauf en présence d'une enquête judiciaire. Enfin, elle accorde un droit d'accès au profit de toute personne, pour prendre connaissance des enregistrements la concernant et pour éventuellement vérifier leur destruction. L'exercice de ce droit d'accès est cependant incertain, puisqu'il peut être refusé pour protéger les droits des tiers ou pour des raisons de sécurité publique. La loi de 1995 s'écarte donc, sur ce point, de la loi *Informatique et libertés* qui garantit au minimum un droit d'accès indirect, y compris aux fichiers les plus sensibles. Un recours est toutefois possible devant la commission départementale et/ou le juge compétent, éventuellement en référé. La protection des droits des tiers ne saurait en outre systématiquement paralyser le droit d'accès. Le Conseil constitutionnel a en effet voulu éviter qu'elle ne devienne un prétexte pour rejeter la demande d'accès. Aussi, a-t-il utilisé la technique de "l'interprétation neutralisante" pour préciser que la demande d'accès ne peut être rejetée que si "la communication serait de nature à porter atteinte au secret de la vie privée"[957]. L'article 10 de la loi du 21 janvier 1995 assortit enfin le non-respect de ces dispositions de sanctions pénales.

641. Le dispositif mis en place par la loi du 21 janvier 1995 protège efficacement l'individu, mais il n'est pas à l'abri de toute critique. La spécificité des images n'a pas été suffisamment prise en compte par le législateur. L'image requiert en effet une protection plus étendue que les écrits, parce qu'elle révèle beaucoup plus l'individu. L'image est nécessairement globale et ne peut être limitée aux seules informations utiles. Elle risque en outre fréquemment de livrer des informations sensibles, qui ne bénéficient alors d'aucune protection spécifique. La loi indique simplement que le préfet doit "prescrire toutes les précautions utiles, en particulier quant à la qualité des personnes chargées de l'exploitation du système de vidéosurveillance ou visionnant les images". De nombreux risques n'ont pas

[957] Con. Const., décision n° 94-352 DC, du 18 janvier 1995.

été envisagés par le législateur. La mise en place d'un dispositif de vidéosurveillance doit poursuivre un objectif précis, mais il est impossible de ne recueillir que les informations utiles à cette finalité. Des risques de détournement ne sont donc jamais exclus, car il peut être tentant d'utiliser un enregistrement pour d'autres fins que celles qui avaient été initialement prévues. La loi du 21 janvier 1995 sanctionne pénalement le détournement de cette finalité, mais elle n'offre aucune garantie pour en assurer préventivement le respect. Plus encore, aucune précaution n'a été prise pour lutter contre les risques de falsification, alors qu'il est extrêmement facile de truquer des images. De plus, la loi de 1995, contrairement à la loi du 6 janvier 1978, ne consacre pas, outre le droit d'accès, un droit de rectification. Les dispositifs de contrôle sont enfin limités aux seules difficultés nées de l'exercice du droit d'accès et de la destruction des enregistrements au-delà du délai de conservation. Les commissions départementales ne disposent d'aucune initiative de contrôle. Leur nombre limite en outre leur efficacité et affaiblit la protection de l'individu.

B) Photographies et mesures anthropométriques.

642. La recherche de la vérité paralyse le droit à l'image. Des photographies peuvent ainsi être réalisées au cours d'une enquête, "dès lors qu'elles sont conservées par les services de police judiciaire et ne servent qu'à leurs enquêtes dans les conditions prévues par la loi"[958]. Certes, l'article 226-1 du Code pénal incrimine le fait de fixer, d'enregistrer ou de transmettre, sans son consentement, l'image d'une personne se trouvant dans un lieu privé, mais il semble difficile de l'appliquer aux photographies prises dans un commissariat ou une gendarmerie. D'une part, ces lieux ne sont guère des lieux privés et, d'autre part, l'élément moral de l'infraction fait défaut. Les photographies sont prises pour les besoins d'une enquête et non pour porter atteinte à la vie privée.

643. La jurisprudence estime pareillement que l'article 9 du Code civil n'interdit pas de prendre une photographie pour identifier l'auteur d'un excès de vitesse. Cette pratique ne constitue pas, pour la Cour de cassation, une ingérence dans la vie privée au sens de l'article 8 de la Convention européenne, dès lors que l'appareil n'est pas utilisé à d'autres fins que de "relever l'immatriculation des véhicules en infraction et de permettre, le cas

---

[958] TGI Marseille, 23 mars 1995, D.1996.40 ; 18 décembre 2003, D.2004.Somm.1635, obs. A. Lepage ; AJ Pénal, 2004, 120, obs. P. Rémillieux ; 13 janvier 2004, RTDC.2004.264, obs. J. Hauser.

échéant, l'identification des contrevenants"[959]. Plus encore, la loi n° 2003-495 du 12 juin 2003, sur *la violence routière*, apporte une nouvelle exception au droit à l'image en autorisant la mise en place de "radars automatiques". Désormais, les appareils de contrôles automatiques homologués font foi jusqu'à preuve contraire et peuvent faire l'objet d'un traitement automatisé permettant leur conservation pendant dix ans[960]. Ces constations ne donnent lieu à la rédaction d'un procès verbal qu'en cas de contestation. En pratique, les données numériques des appareils de contrôle permettent d'identifier, par l'informatique, le numéro d'immatriculation du véhicule et, par recoupement avec le fichier des cartes grises, l'identité du titulaire de la carte grise, auquel sera adressé automatiquement l'avis de contravention.

C) "Sonorisation et fixation d'images dans certains lieux ou véhicules".

644. Une fois encore, la loi du 9 mars 2004 a considérablement renforcé les pouvoirs de la police et de la justice en autorisant l'utilisation de techniques particulièrement intrusives envers l'individu. Le juge d'instruction peut désormais autoriser, pour une durée de quatre mois renouvelable, l'utilisation de procédés techniques permettant la captation, la fixation, la transmission et l'enregistrement de paroles ou d'image dans des lieux ou véhicules privés pendant l'instruction, "lorsque les nécessités de l'information concernant un crime ou un délit entrant dans le champ d'application de l'article 706-73 l'exigent". Il contrôle ensuite le déroulement de l'opération. Ce procédé, qui heurte de plein fouet l'inviolabilité du domicile et le respect de la vie personnelle, ne peut donc être utilisé que dans le cadre de l'instruction préparatoire.

645. L'opération peut même être réalisée dans un lieu d'habitation en dehors des heures habituelles de perquisition, avant 6 heures ou après 21 heures, mais avec l'autorisation du juge des libertés et de la détention, saisi par le juge d'instruction. En dehors des lieux d'habitation, le juge d'instruction est seul compétent. Son autorisation prend la forme d'une ordonnance, même si aucune nullité textuelle n'a été prévue. Elle se combine avec une commission rogatoire, qui ordonne aux enquêteurs d'installer les dispositifs techniques nécessaires. Certains lieux échappent cependant à ce dispositif : domicile, cabinet, véhicule d'un avocat, cabinet d'un médecin, d'un notaire, d'un avoué, d'un huissier, locaux des entreprises de presse ou de

---

[959] Crim., 7 mai 1996, Bull. crim., n° 189 ; D.1996.IR 182 ; 8 avril 1998, Dr. Pénal 1998, n° 146, obs. A. Maron.
[960] Article L 130-9 du Code de la route.

communication audiovisuelle, véhicule, bureau et domicile d'un député, d'un sénateur, d'un magistrat.

646. Toutes les conversations et toutes les images utiles à la manifestation de la vérité devront enfin être transcrites ou décrites dans un procès verbal versé au dossier, les enregistrements devant en outre être détruits à l'expiration du délai de prescription de l'action publique.

D) Les surveillances.

647. L'article 706-80 du Code de procédure pénale, issu de la loi du 9 mars 2004, autorise lors de l'enquête de flagrance ou de l'enquête préliminaire, une extension territoriale de compétence, à l'ensemble du territoire national, pour procéder à des surveillances pour les infractions visées tant par l'article 706-73 que par l'article 706-74. Cette disposition est mise en œuvre sur décision des officiers de police judiciaire eux-mêmes, qui doivent uniquement en informer “par tous moyens” le Procureur de la république du lieu du début de la surveillance ou celui qui aurait déjà été saisi de l'enquête. Le Procureur ne peut ensuite que s'opposer à cette surveillance. Cette procédure existait déjà pour lutter contre le trafic de stupéfiants, sous le nom de “livraison surveillée”. La loi du 9 mars 2004 la généralise à l'ensemble du territoire national et à toutes les infractions relevant de la criminalité organisée.

648. L'ensemble de ces dispositions a été validé par le Conseil constitutionnel, sous la seule réserve que “les séquences de la vie privée étrangères aux infractions en cause ne puissent en aucun cas être conservés dans le dossier de la procédure”[961]. L'intention est louable, mais on peut s'interroger sur son application concrète. Comment ne pas craindre que tous les enregistrements, même lorsqu'ils portent *a priori* sur la vie personnelle, ne soient considérés utiles à la manifestation de la vérité ?

§ 5 : Le témoignage dans le procès pénal.

649. Le témoignage constitue, en procédure pénale, l'un des moyens de preuve qui peut obliger l'individu à se révéler. Obtenu à l'issue d'une audition, il est le récit fait à un juge ou à un officier de police judiciaire de ce que le témoin a appris directement ou par ouï-dire sur les faits à prouver[962]. Ce

---

[961] Conseil constitutionnel, décision n° 2004-492, DC, 2 mars 2004, considérants n° 62 à 66, JCP.2004.II.10048, note J.C. Zarka.

[962] J. Pradel, *Procédure pénale*, Editions Cujas, 11ème éd., 2002, n° 425, p. 374.

mode de preuve est essentiel, car les témoins sont "les yeux et les oreilles de la justice"[963]. Le témoignage peut cependant se révéler dangereux, les déclarations pouvant être erronées ou mensongères. Il n'est pas rare qu'il varie au cours de l'instruction. Sa valeur est donc fonction de la valeur morale et de la psychologie du témoin.

650. L'article 6, § 3, d, de la Convention européenne des droits de l'homme reconnaît à l'accusé le droit "d'interroger ou de faire interroger des témoins à décharge dans les mêmes conditions que les témoins à charge". La notion de témoin est autonome en droit européen. Elle n'est pas fonction des qualifications nationales[964]. Les experts[965] et la partie civile[966] peuvent ainsi être qualifiés de témoins, pour respecter le principe d'égalité des armes entre le Ministère public et les parties. Une juridiction nationale peut donc disposer d'un pouvoir d'appréciation dans la convocation et l'interrogation des témoins, dès lors que l'égalité des armes est assurée[967]. La Chambre criminelle de la Cour de cassation a donc admis des restrictions au droit d'entendre un témoin, en présence par exemple de circonstances particulières qui privent le témoignage attendu de valeur probante[968]. Le refus doit cependant résulter d'une décision motivée, qui est soumise au contrôle de la Cour de cassation[969].

651. En pratique, l'article 62 du Code de procédure pénale dispose que toute personne peut être entendue lors de l'enquête. Ce principe, posé pour l'enquête de flagrance, peut être étendu à l'enquête préliminaire. Il figure également à l'article 101 pour l'instruction, mais il reçoit alors des limites. Ainsi, les articles 104 et 105 du Code de procédure pénale interdisent au juge d'instruction d'entendre en qualité de témoin les personnes déjà mises en examen, nommément visées par le réquisitoire introductif ou dans une plainte avec constitution de partie civile, mais également les personnes contre lesquelles existent des indices graves et concordants d'avoir participé aux faits. Ces personnes ne peuvent être entendues qu'en qualité de mises en

---

[963] J. Bentham, *Traité des preuves*, Tome I, n° 93.

[964] Un agent infiltré qui ne vient pas témoigner à l'audience doit donc cependant être considéré comme un témoin au sens de l'article 6, § 3, de la Convention européenne : CEDH, 15 juin 1992, *Lüdi c./ Suisse*, série A, n° 238, § 44 ; JDI.1993, 733, obs. E. Decaux et P. tavernier ; RTDH.1993.167, obs. P. Sudre.

[965] CEDH, 6 mai 1985, *Bösnich c./ Autriche*, série A, n° 92, § 32.

[966] CEDH, 27 février 2001, *Luca c./ Italie*.

[967] CEDH., 19 décembre 1989, *Kamasinski c./ Autriche*, série A, n° 168, § 91.

[968] Crim., 22 mai 1996, Procédures, octobre, 1996, n° 306, obs. Buisson.

[969] Crim., 22 mars 1989, Bull. crim. n° 144 ; 26 mars 1998, D.1998.IR.23° cahier ; 27 juin 2001, Bull. crim. n° 164.

examen ou de témoins assistés. Plus encore, le juge ne peut entendre, à quelque titre que ce soit, les enfants des conjoints dans une procédure en faux témoignage. L'article 205 du nouveau Code de procédure civile pose en effet une "règle fondamentale inspirée par un souci de décence, (...), qui ne saurait être tournée par le recours à une procédure pénale"[970]. Il s'agit en effet de préserver une certaine décence à l'intérieur de la famille.

652. Trois obligations sont mises à la charge du témoin, comparaître, prêter serment et déposer. Le parquet peut ainsi requérir la force publique pour obliger le témoin à comparaître. La protection des éléments d'identification du témoin reste alors exceptionnelle (A). Les témoins sont ensuite tenus de déposer (B).

A) Le témoignage "anonyme".

653. Après avoir comparu, le témoin doit déclarer son identité, ce qui l'oblige à révéler des éléments d'identification. Or, il est relativement fréquent, au cours d'une enquête de police, que des témoins souhaitent conserver l'anonymat. Le procès-verbal dressé par l'officier de police judiciaire précise alors que les faits ont été appris "par une personne digne de foi, mais désirant garder l'anonymat". Préserver l'anonymat conditionne fréquemment l'existence même du témoignage. En revanche, lors de l'instruction préparatoire, l'article 103 oblige le juge d'instruction à demander aux témoins leurs nom, prénom, âge, état, profession, demeure et s'ils sont parents ou alliés des parties. Cependant, certains témoins refusent aujourd'hui de révéler leur identité par peur des représailles, notamment dans les affaires de terrorisme ou de trafic de stupéfiants. La jurisprudence se montrait initialement extrêmement rigoureuse. Dans le silence de la loi, elle décidait en effet que le "procès-verbal relatant la déposition d'une personne désirant garder l'anonymat est entachée de nullité substantielle en raison de l'absence des éléments substantiels que sont l'indication des nom, prénom, (...), du témoin"[971]. Cette jurisprudence soulevait toutefois de nombreuses difficultés pratiques. Si le témoin acceptait finalement de parler, le concours qu'il prêtait à la justice risquait de l'exposer à de graves représailles. S'il préférait garder le silence, la défense pouvait être paralysée. Le législateur est donc intervenu pour consacrer le témoignage anonyme.

---

[970] Crim. 5 février 1980, Bull. crim. n° 47 ; Gaz.Pal.1980.1.286, note P. Malaval ; 4 janvier 1985, JCP.1985.II.20251, note Lindon et A. Bénabent ; 4 février 1991, JCP.1992.II.21915, note P. Chambon.

[971] Crim. 26 juin 1984, D.1984.IR.466, obs. J.M.R.

654. La loi du 15 novembre 2001 a créé dans le Code de procédure pénale un titre XXI, intitulé *De la protection des témoins*. Le témoignage anonyme y est encadré avec minutie. Il n'est possible que si deux conditions sont réunies. L'infraction poursuivie doit être punie au moins de cinq ans d'emprisonnement et l'audition du témoin doit être "susceptible de mettre gravement en danger" sa vie ou son intégrité physique ou celle d'un de ses proches[972]. Ces deux conditions ne sont cependant pas exigées "si au regard des circonstances dans lesquelles l'infraction a été commise ou de la personnalité du témoin, la connaissance de l'identité de la personne est indispensable à l'exercice des droits de la défense"[973]. La déposition du témoin qui entend conserver l'anonymat constitue alors une pièce fondamentale dans le dossier. Il est également possible que sa personnalité même présente des particularités qui intéressent le suspect ou le mis en examen.

655. L'audition du témoin anonyme est ensuite soumise à un strict formalisme. Le Procureur de la République, lors de l'enquête, ou le juge d'instruction, en cas d'information, saisit le juge des libertés et de la détention par une requête motivée. Ce magistrat rend alors une ordonnance pour accéder à cette requête ou pour la rejeter. Par son autorisation, le juge des libertés et de la détention autorise à ce que les déclarations du témoin soient recueillies sans que son identité apparaisse dans le dossier. Le témoin est alors normalement entendu par le juge d'instruction ou par un officier de police judiciaire, mais l'article 706-58, alinéa 1er, du Code de procédure pénale permet au juge des libertés et de la détention de se réserver cette tâche. Son ordonnance est, en toute hypothèse, jointe au procès-verbal d'audition. L'identité du témoin est consignée dans un procès-verbal qu'il doit signer et qui est versé dans un dossier distinct. Elle est également mentionnée sur un registre tenu au greffe du Tribunal[974]. Deux droits particuliers sont enfin reconnus à la personne mise en examen, en raison des particularités de cette audition. Elle peut, d'une part, dans un délai de 10 jours à compter de cette audition saisir le Président de la Chambre de l'instruction aux fins de contester la déposition. Le Président statue alors par une décision motivée, qui n'est susceptible d'aucun recours, pour maintenir ou annuler l'audition et même ordonner que l'identité du témoin soit révélée si celui-ci l'accepte. Le mis en examen peut, d'autre part, demander à être confronté avec le témoin anonyme. L'article 706-61 du Code de procédure pénale oblige alors l'enquêteur à mettre en œuvre un "dispositif technique permettant l'audition

[972] Article 706-58, alinéa 1er, du Code de procédure pénale.
[973] Article 706-60 du Code de procédure pénale.
[974] Article 706-58, alinéa 2r, du Code de procédure pénale.

du témoin à distance" ou son interrogatoire par un avocat. Sa voix doit, en outre, être brouillée. Ces droits ne bénéficient, en revanche, qu'à la personne mise en examen, et non au suspect au cours de l'enquête. Enfin, la révélation de l'identité du témoin constitue un délit, puni de 5 ans d'emprisonnement et de 75 000 € d'amende[975].

656. Ainsi, la loi du 15 novembre 2001 a transposé en droit français la jurisprudence de la Cour européenne des droits de l'Homme, développée dans différentes affaires néerlandaises. Ainsi, la Cour avait déjà estimé, dans un arrêt rendu le 20 novembre 1989, que la "Convention n'empêche pas de s'appuyer au stade de l'instruction préparatoire, sur des sources telles que des indications occultes, mais que l'emploi ultérieur de déclarations anonymes comme preuves suffisantes pour justifier une condamnation soulève un problème différent"[976]. Les conditions dans lesquelles pouvait être utilisé un témoignage anonyme ont ensuite été précisées. Le témoin doit, en premier lieu, justifier de motifs pertinents et suffisants expliquant son refus de révéler son identité. La défense doit ensuite avoir eu une possibilité "adéquate et suffisante"de contester le témoignage anonyme à charge. L'article 6, § 3, d, de la Convention européenne permet en effet à la personne poursuivie d'interroger les témoins à charge. Il s'agit là d'une application du contradictoire. Le témoignage anonyme ne doit, enfin, être ni la seule preuve, ni même une preuve déterminante de la culpabilité[977].

657. Par ailleurs, lorsque le témoin accepte de révéler son identité, mais refuse de donner son adresse, notamment par crainte de représailles, l'article 706-57 du Code de procédure pénale, issu de la loi du 15 novembre 2001, autorise également les personnes entendues en qualité de témoin lors d'une enquête à déclarer, avec l'accord du Procureur de la République ou du juge d'instruction, comme domicile l'adresse du commissariat ou de la gendarmerie. Chaque service de police ou de gendarmerie doit donc, pour mettre en œuvre cette règle, conserver un registre consignant l'adresse réelle du témoin. Cette élection de domicile vaut ensuite pour l'ensemble de la procédure, devant les juridictions d'instruction comme devant les juridictions de jugement. La véritable adresse du témoin ne peut alors jamais être révélée,

---

975 Article 706-59 du Code de procédure pénale.

976 CEDH, 20 novembre 1989, *Kotovski c./ Pays-Bas*, § 44, *in fine*, RDC.1990.388, obs. L.E. Pettiti.

977 CEDH, 26 mars 1996, *Doorson c./ Pays-bas*, RDPC.1997.1221, note M.A. Beernaert ; 23 avril 1997, *Van Mechelen c./ Pays-Bas*, J.F. février, *Les témoignages anonymes et la Convention européenne des droits de l'Homme*, RPDP.1998.3 ; RTDH.1998.145, note J. de Codt.

sous peine d'un emprisonnement de 5 ans et d'une amende de 75 000 €[978]. La personne mise en examen dispose toutefois d'un recours devant le Président de la Chambre de l'instruction, dans un délai de 10 jours à compter de la date à laquelle elle a été informée de cette adresse fictive[979].

658. Ainsi, un témoin qui n'entend pas révéler son individualité, notamment par crainte de représailles, peut être obligé de concourir à la manifestation de la vérité. La loi du 15 novembre 2001 a cependant organisé sa protection, en permettant de garder secrètes son identité et son adresse. Il s'agit donc d'une transparence encadrée par le droit.

B) L'obligation de déposer.

659. Les témoins sont interrogés en audience publique. Aucune condamnation ne peut être fondée sur un témoignage antérieurement obtenu et qui n'aurait pas été réitéré à l'audience[980]. La Cour européenne des Droits de l'homme admet toutefois que le tribunal prenne en compte, pour asseoir sa condamnation, des témoignages hors audience, s'ils ont été obtenus au cours d'une enquête de la police ou de l'instruction et s'il existe d'autres preuves[981]. La loi du 9 mars 2004 a, en outre, autorisé l'officier de police judiciaire à convoquer et à entendre, sans prestation de serment, toute personne susceptible de fournir des renseignements sur l'enquête[982]. Les personnes ainsi convoquées sont alors tenues de comparaître. Les possibilités de comparution forcée des témoins ont donc été généralisées. L'officier de police judiciaire peut, lors de toute enquête, obliger, avec l'autorisation du Procureur de la République, les personnes qui n'ont pas répondu à une convocation ou dont on peut craindre qu'elles ne répondent pas[983]. En flagrance, il peut obliger à comparaître les personnes visées à l'article 61 du Code de procédure pénale. Les personnes à l'encontre desquelles il n'existe aucune raison de soupçonner qu'elles ont commis ou tenté de commettre une infraction ne peuvent être retenues que "le temps strictement nécessaire à leur audition"[984]. De simples témoins ne peuvent donc pas être placés en garde à vue.

660. Après avoir prêté serment, le témoin a l'obligation de déposer. Son refus constitue une infraction pénale, sanctionnée par une amende de 3750

---

[978] Article 706-59, alinéa 2, du Code de procédure pénale.
[979] Articles 706-59, alinéa 1er, et 706-60, alinéa 2, du Code de procédure pénale.
[980] CEDH, 19 décembre 1990, *Delta c. France*, série A, n° 190, § 37.
[981] CEDH, 19 février 1991, *Isgro c./ Italie*, série A, n° 194-A.
[982] Article 62, alinéa 1er, du Code de procédure pénale.
[983] Articles 62, alinéa 2, et 78, alinéa 1er, du Code de procédure pénale.
[984] Article 62, alinéa 5, du Code de procédure pénale.

€[985]. Cette obligation se distingue, en premier lieu, du devoir général qui oblige tout citoyen à fournir spontanément à la justice les éléments dont il a connaissance. Ce devoir ne figure dans aucun texte pénal. L'article 10 du Code civil dispose uniquement que chacun doit apporter son concours à la justice en vue de la manifestation de la vérité. Quelques dispositions pénales s'y ajoutent, notamment les articles 434-1, 434-11 et 434-12 du Code pénal, mais elles ne visent que des situations particulières. Le principe même de l'obligation de déposer soulève donc des difficultés. Elle peut en effet entrer en conflit avec le secret professionnel. Or, si l'article 226-13 du Code pénal incrimine sa violation, l'article 109 du Code de procédure pénale incrimine également le refus de témoigner. Deux analyses sont alors possibles. Le secret professionnel peut, en premier lieu, être analysé en un fait justificatif du refus de témoigner. Il serait alors absolu. Cette conception, qui est apparue au milieu du 19ème siècle, sous l'influence de C. Muteau, évite toute incertitude[986]. La Chambre criminelle de la Cour de cassation avait initialement consacré cette analyse, en approuvant la condamnation d'un médecin qui avait accepté de témoigner en dépit du secret professionnel[987]. A l'inverse, l'obligation de témoigner peut l'emporter, en justifiant la violation du secret professionnel. Dans cette seconde analyse, développée à la fin du 19ème siècle, le secret professionnel est considéré comme relatif. Planiol énuméra ainsi les hypothèses dans lesquelles le secret pourrait être écarté (intérêt de la police criminelle, intérêt sanitaire...)[988]. Roux développa peu après la théorie du conflit de devoirs, en affirmant que la personne soumise au secret aurait la possibilité de parler lorsqu'elle obéit à un devoir que la loi juge supérieure[989]. Cette seconde analyse est, aujourd'hui, le plus souvent adoptée par la doctrine[990]. Le Code de procédure pénale reste muet sur cette question. La jurisprudence oblige le témoin qui entend invoquer le secret professionnel à comparaître[991], puis à prêter serment[992]. Le témoin doit en effet connaître les questions qui lui sont posées avant de pouvoir invoquer le secret. La jurisprudence procède néanmoins à une distinction. Les "confidents nécessaires", tels les médecins[993], les ministres du culte[994] ou les avocats, sont

---

[985] Article 434-15-1 du Code pénal.
[986] C. Muteau, *Du secret professionnel, de son étendue et de la responsabilité qu'il entraîne*, Maresq, 1870.
[987] Crim., 19 décembre 1885, D.1885.1.347 ; S.1886.1.176, rapport Tanon.
[988] M. Planiol, note sous Req. 1er mai 1899, S.1889.1.585.
[989] J.A. Roux, note sous Crim. 9 mai 1913, S.1914.1.169.
[990] J. Pradel, *Procédure pénale*, Editions Cujas, 11ème éd., 2002, n° 433, p. 383.
[991] C. Assises, 10 avril 1877, D.1878.442.
[992] Crim., 11 juin 1926, DH.1926.378.
[993] Crim., 8 mai 1947, D.1948.109 ; JCP.1948.II.4141, note A. Légal ; 22 décembre 1966, D.1967.127, rapport R. Combaldieu ; JCP.1967.II.15126, note R. Savatier ;

soumis à un secret absolu. Ce principe reçoit toutefois deux exceptions. Les "confidents nécessaires" peuvent en effet parler pour justifier de leur bonne foi lorsqu'ils sont inquiétés[995], mais également lorsque leur déposition est exceptionnellement autorisée par la loi[996] ou par la jurisprudence[997]. Les autres détenteurs de secret, comme les fonctionnaires[998] ou les éducateurs spécialisés[999], ne bénéficient que d'un secret relatif. Ainsi, l'obligation de déposer, en l'absence d'un secret professionnel absolu, oblige l'individu à révéler tous les faits dont il a connaissance, y compris lorsqu'ils portent sur sa vie privée ou sur celle d'autrui. L'individu est soumis à une obligation de sincérité. Il est tenu de dire la vérité, du moins ce qu'il croit avoir vu ou entendu. L'article 434-13 du Code pénal incrimine donc logiquement le faux témoignage[1000]. L'infraction est largement définie, puisqu'elle peut être commise "devant toute juridiction ou devant un officier de police judiciaire agissant en exécution d'une commission rogatoire". Elle suppose, en revanche, que le témoin ait prêté serment et qu'il ne se soit pas rétracté spontanément avant la décision rendue par la juridiction d'instruction ou de jugement[1001].

661. Le témoin décline ensuite son identité. Lors de l'enquête, il est interrogé par un officier de police judiciaire qui doit en transcrire l'essentiel. Le témoin est alors invité à relire sa déposition pour éventuellement y faire consigner des précisions complémentaires. Cette déposition est enfin signée par le témoin et par le policier. Au cours de l'instruction, le témoin est entendu en présence du juge et du greffier. L'article 102 du Code de procédure pénale précise en effet que le témoin doit être "entendu", et non interrogé. Le juge peut cependant lui poser des questions par la suite. Le magistrat dicte alors la déposition au greffier. Le procès-verbal est relu, puis signé par le déposant. Des procédures particulières assurent toutefois la

---

RCS.1967.453 ; 5 juin 1985, Bull. crim. n° 218 ; D.1988.106, note H. Fenaux ; 8 avril 1998, Bull. crim., n° 138.

[994] Crim., 5 février 1970, D.1970.249.

[995] Crim., 20 décembre 1967, D.1969.309, note E. Lepointe.

[996] L'article 226-14 du Code pénal permet ainsi aux médecins de révéler les sévices dont ils ont connaissance dans l'exercice de leurs fonctions.

[997] Les assistances sociales ont ainsi été autorisées à révéler les sévices à enfants : Crim. 14 février 1978, D.1978.249, note J. Pradel.

[998] Crim., 5 novembre 1903, D.1904.1.25, note G. Poittevin.

[999] Crim., 4 novembre 1971, Bull. crim. n° 301 ; 8 octobre 1997, Bull. crim. n° 329 ; D.1998.Somm.305 , obs. F ? Dekeuwer-Defossez ; RCS.1998.320, obs. Y Mayaud ; Dr. pénal, 1998, n° 50, note M. Véron.

[1000] Ce délit est puni de 5 ans d'emprisonnement et d'une amende de 75 000 €.

[1001] Article 434-13, alinéa 2, du Code de procédure pénale.

protection du témoin dans certaines situations. Ainsi, l'audition d'un mineur victime d'une infraction à caractère sexuel peut faire l'objet d'un enregistrement audiovisuel[1002]. L'accord du mineur est requis ou, à s'il n'est pas en état de le donner, celui de son représentant légal. L'autorisation du Procureur de la République ou du juge d'instruction est également nécessaire, leur refus ne pouvant alors résulter que d'une décision motivée. Cet enregistrement permet d'éviter au mineur de multiples auditions.

662. Ainsi, l'étude du droit positif permet de constater que de nombreux mécanismes ont été mis à la disposition de la police et de la justice pour accéder à la vérité et rendre ainsi l'individu transparent. Le secret est alors mis en échec par des impératifs tirés de l'intérêt général et de l'ordre public. On assiste cependant à une multiplication récente des dispositifs de surveillance et de contrôle, dont le développement affecte, par essence, la liberté individuelle. Celle-ci est d'autant plus menacée, que des initiatives privées rendent aujourd'hui pareillement l'individu transparent, au nom du droit à l'information du public.

[1002] Article 706-52 du Code de procédure pénale, issu de la loi du 17 juin 1998.

Section 2 : L'information du public.

663. Les droits de l'individu doivent être conciliés avec la liberté d'expression et le droit à l'information reconnu au public. La divulgation de faits relatifs à la vie personnelle de personnes dites publiques, ou même d'inconnus mêlés à un événement d'actualité, est désormais fréquente, voire quotidienne. Le développement des nouvelles technologies n'a fait qu'amplifier la liberté de s'informer, notamment parce que les sources d'informations, tant publiques que privées, se sont multipliées sur Internet. Les autoroutes de l'information sont devenues une réalité. La presse écrite, les médias audiovisuels, mais également les musées ou les bibliothèques, proposent désormais de puissants services d'information, ce qui favorise la liberté de communication. La distance n'est plus un obstacle grâce à Internet et aux téléphones portables. La liberté de communiquer ne porte plus uniquement sur l'acte même de communication, mais s'étend au contenu de cette communication. Les forums de discussion permettent ainsi aux internautes de communiquer aisément, sans contrainte d'espace ou de temps, et sans être exposés à la moindre forme de censure.

664. Le droit à l'information entre cependant en conflit avec les droits de l'individu, alors obligé de devenir transparent[1003]. Il devient en effet extrêmement difficile de préserver le secret. Nul ne conteste que les abus les plus flagrants doivent être sanctionnés, mais les difficultés sont nombreuses. Si la vie personnelle doit être protégée, il ne fait pas de doute que certaines personnalités n'hésitent plus à la mettre en avant pour servir leur carrière. De nombreuses actions ne visent donc plus à interdire l'immixtion des tiers, mais à préserver l'exclusivité reconnue à un média. Elles ne sont plus destinées à réparer un dommage, mais à protéger une activité commerciale. La vie personnelle est ainsi devenue l'un des domaines privilégiés d'achat d'informations. Sa protection n'est plus absolue. L'information du public, que l'on qualifie également de "droit à savoir"[1004], de "droit à la diffusion et à la communication pour tous"[1005] ou bien encore de "droit à la culture d'ordre

---

[1003] Ch. Bigot, *Les exigences de l'information et la protection de la vie privée*, Légipresse, 1995, n° 126, II, p. 88 ; *Protection des droits de la personnalité et liberté d'informer*, Légipresse, 1998, n° 148, II, p. 1.

[1004] X. Linant de Bellefonds, *L'information en tant qu'objet de droits en France*, RTD.Comp.1991, vol. 13, p. 43.

[1005] S. Folliot, *Essai d'analyse sur les relations juridiques en matière de propriété littéraire, artistique et industrielle*, thèse, Paris II, 1986, p. 269.

constitutionnel"[1006], devient un droit à part entière (sous-section 1). Elle justifie alors de nombreuses atteintes à la vie personnelle et au droit à l'image, qui rendent l'individu transparent (sous-section 2).

1006 A. Riou, *Le droit de la culture et le droit à la culture*, Dalloz, 1996, 2ème éd., p. 30.

Sous-section 1 : La liberté d'expression et le droit à l'information.

665. La liberté d'expression, consacrée notamment par l'article 10, § 1, de la Convention européenne des Droits de l'homme constitue l'un des fondements d'une société démocratique. Elle couvre les "informations" ou les "idées" considérées comme inoffensives, mais s'étend également à celles qui choquent, heurtent ou inquiètent. La liberté d'expression est directement liée à la liberté d'opinion, qui en constitue le fondement. L'individu ne peut en effet communiquer des idées, des pensées, que s'il peut, au préalable, développer une opinion librement choisie. Cette liberté conditionne son épanouissement et participe au progrès de la société, dans les domaines scientifiques et culturels par exemple. La liberté d'expression protège la démocratie et l'intérêt général, mais également des intérêts privés. Elle conditionne le respect des autres droits et libertés. La presse constitue cependant un quatrième pouvoir qui peut se révéler tyrannique lorsqu'elle ne se soucie plus des droits de la personnalité. La liberté d'expression peut donc entrer en conflit avec des droits ou intérêts collectifs ou individuels.

666. Le développement de l'audiovisuel a multiplié les risques d'atteintes à la vie privée. La télévision a bouleversé les frontières entre la vie privée et la vie publique. La sensation, le spectacle et l'émotion sont préférés à la réflexion, à la raison, à l'information. La société de la communication entraîne de graves dysfonctionnements, la désinformation, le spectacle, la manipulation. Or, la liberté d'expression et la protection de la personnalité ont toutes deux une valeur supra-légale. Aucune hiérarchie ne peut donc être établie entre elles. Le juge est appelé à trancher ces conflits de normes. Il utilise la méthode de la "pondération" des intérêts en présence[1007]. Chacun de ces intérêts est plus ou moins fort en fonction des circonstances. La volonté de protéger la personnalité n'a jamais été aussi forte, mais la liberté d'expression et le droit à l'information rendent l'individu de plus en plus transparent. Le développement des nouvelles technologies de l'information et de la communication amplifie ce paradoxe. Internet banalise, en effet, ces informations et fait naître de nouvelles exigences, car le public refuse de plus en plus souvent qu'un individu isolé puisse mettre en échec son droit à l'information.

667. La liberté d'expression se compose de la liberté d'opinions et de la liberté d'information (§ 1). Elle se prolonge dans le droit du public à

[1007] F. Gény, *Des droits sur les lettres missives*, Sirey, 1911, Tome I, p. 198.

l'information, car la communication n'est possible que s'il existe une relation entre celui qui émet un message et celui qui le reçoit (§ 2).

§ 1 : La liberté d'expression.

668. La liberté d'expression a une valeur supra-légale. Elle est protégée par tous les grands textes internationaux, mais tous lui apportent des limites. Ils reconnaissent pareillement le droit au respect de la vie privée. L'article 11 de la Déclaration de 1789, auquel se réfère le préambule de la Constitution du 4 octobre 1958, confère une valeur constitutionnelle à la liberté d'expression[1008]. Le Conseil constitutionnel a généralisé ce principe en l'appliquant à la presse et aux médias audiovisuels. Il a érigé la liberté de la presse en liberté fondamentale, "d'autant plus précieuse que son exercice est l'une des garanties essentielles du respect des autres droits et libertés et de la souveraineté nationale"[1009]. L'article 10 de la Convention européenne des droits de l'homme consacre également la liberté d'expression et s'efforce de réglementer avec précision les ingérences de l'Etat. La Cour européenne des droits de l'homme a donc comparé la presse à un "chien de garde" de la démocratie[1010]. L'article 10, § 2, de la Convention européenne admet logiquement que les "abus" soient sanctionnés pour sauvegarder un intérêt légitime[1011]. Les exceptions apportées à cette liberté doivent être prévues par la loi, par une norme générale accessible, prévisible et antérieure aux faits litigieux, et doivent être imposées dans un but légitime (sécurité nationale, intégrité territoriale, sûreté publique, défense de l'ordre, prévention du crime, protection de la santé ou de la morale, protection de la réputation ou des droits d'autrui, sauvegarde d'informations confidentielles, garantie de l'autorité et de l'impartialité du pouvoir judiciaire). Elles doivent en outre être nécessaires dans une société démocratique à la réalisation de ces objectifs.

669. Des principes comparables sont posés par l'article 19 de la Déclaration universelle des droits de l'homme, du 10 décembre 1948 : "Tout

---

[1008] Article 11 de la Déclaration des droits de l'homme et du citoyen : "La libre communication des pensées et des opinions est un des droits les plus précieux de l'homme ; tout citoyen peut donc parler, écrire, imprimer librement, sauf à répondre de l'abus de cette liberté dans les cas déterminés par la loi".

[1009] Décision des 10 et 11 octobre 1984 ; décision du 29 juillet 1994.

[1010] CEDH, 27 mars 1996, *Goodwin c./ Royaume-Uni*, Rec. 1996.II, p. 500 et s., § 40 ; D.1997.Som.211, obs. N. Fricero.

[1011] Ainsi, l'article 10 ne saurait s'appliquer à la "justification d'une politique pronazie", CEDH, 23 septembre 1998, *Lehideux et Isorni c./ France*, rec. 1998-VII, § 47 et 53 ; D.1998.223, note P. Rolland ; Rev. Sc. Crim. 1999.151, obs. F. Massias ; 24 juin 2003, *Garraudy c./ France*, D.2004.Somm.987, obs. J.F. Renucci.

individu a droit à la liberté d'opinion et d'expression, ce qui implique le droit de ne pas être inquiété pour ses opinions, et celui de chercher, de recevoir et de répondre, sans considération de frontière, les informations et les idées par quelque moyen d'expression que ce soit". L'article 19 du pacte international relatif aux droits civils et politiques, adopté le 16 décembre 1966, pour donner une valeur plus contraignante aux principes de la déclaration universelle reconnaît pareillement à toute personne le "droit à la liberté d'expression ; ce droit comprend la liberté de rechercher, de recevoir et de répandre des informations et des idées de toute espèce, sans considération de frontière, sous une forme orale, écrite, imprimée ou artistique, ou par tout autre moyen de son choix". Le principe est repris dans de nombreuses lois constitutives du droit français de la communication. L'article 1er de la loi du 29 juillet 1881 dispose ainsi que "l'imprimerie et la librairie sont libres". Aucune autorisation préalable n'est donc nécessaire pour publier un journal.

670. La loi du 29 juillet 1881 soumet néanmoins le domaine de la presse à un régime répressif. Elle réunissait initialement l'ensemble des incriminations applicables. La procédure de poursuite était néanmoins plus favorable qu'en droit commun. La loi de 1881 a été complétée. De nombreuses infractions de presse n'y ont pas été incluses. D'autres ne figurent plus dans la loi de 1881, mais ont été intégrées dans le Code pénal. Le système de la responsabilité en cascade n'a en revanche jamais été remis en cause. Le principal responsable des infractions de presse est le directeur de la publication ou l'éditeur, ou à défaut l'auteur, l'imprimeur, le vendeur, le distributeur ou l'afficheur de l'écrit incriminé. Ce dispositif permet de désigner un responsable et incite à la prudence les différents intervenants, lesquels peuvent également être poursuivis comme complices de l'auteur principal. Les infractions sont soumises à une prescription abrégée de 3 mois[1012].

671. L'application du droit de la responsabilité civile au domaine de la presse a provoqué une vive controverse. L'Assemblée plénière de la Cour de cassation l'a finalement refusée. Retenir une faute au sens de l'article 1382 du Code civil modifie en effet les limites de la liberté d'expression. L'existence d'un texte spécial, la loi de 1881, justifie en outre l'exclusion du droit commun. La jurisprudence a déjà utilisé le droit de la responsabilité civile dans des hypothèses exceptionnelles non envisagées par la loi de1881, notamment lorsqu'un journaliste déformait les propos tenus par l'intéressé. La Cour de cassation a ensuite généralisé l'application de l'article 1382 au

---

[1012] Article 65 de la loi du 29 juillet 1881.

domaine de la presse en estimant que rien n'excluait ce texte général[1013]. La résistance des juges du fond a toutefois conduit l'Assemblée plénière à estimer que "les abus de la liberté d'expression prévus et réprimés par la loi du 29 juillet 1881 ne peuvent être réparés sur le fondement de l'article 1382 du Code civil"[1014]. Si la faute au sens de l'article 1382 correspond à une incrimination de la loi de 1881, elle ne peut donc plus être invoquée devant le juge civil. La faute civile coïncide alors avec la faute pénale. Le droit commun ne pourra être utilisé que dans le silence de la loi pénale. La réunion des conditions d'application des dispositions de la loi de 1881, sanctionnant par exemple la diffamation, exclut toute indemnisation fondée sur la responsabilité civile délictuelle. La mise en œuvre de cette jurisprudence est néanmoins délicate, car il n'est pas aisé de distinguer ce qui relève de la loi du 29 juillet 1881 de ce qui relève de l'article 1382[1015]. Le droit spécial l'emporte sur le droit commun, car la loi du 29 juillet 1881 est un texte autonome.

672. Le développement constant de la liberté d'expression a permis de juger plusieurs dispositions de la loi du 29 juillet 1881 contraires à la Convention européenne des droits de l'Homme. La réglementation française applicable aux publications étrangères a ainsi été condamnée. L'article 14 de la loi du 29 juillet 1881, modifié par un décret-loi du 6 mars 1939, permettait au ministre de l'Intérieur de prononcer une mesure d'interdiction d'un écrit étranger. Ce texte de circonstances était considéré par la doctrine comme une survivance historique. La Cour européenne des Droits de l'homme l'a donc logiquement jugé incompatible avec les articles 10 et 14 de la Convention[1016]. En l'espèce, l'association *Ekin* avait publié un livre intitulé *Euskadi en guerre* en quatre langues, basque, français, anglais et espagnol. Il fut diffusé dans de nombreux Etats, dont la France et l'Espagne. Cet ouvrage collectif retraçait l'évolution historique, culturelle, linguistique et socioculturelle du combat des Basques. Il se terminait par un article politique rédigé par un mouvement basque de libération nationale. Immédiatement après sa diffusion, ce livre a été frappé d'un arrêté ministériel interdisant sa circulation, sa distribution et sa mise en vente, dans ses quatre versions. L'arrêté précisait que cet ouvrage "encourage le séparatisme, et justifie le recours à l'action violente qui est de

[1013] Civ. 2ème 5 mai 1993, Légipresse, 1994, n° 109, III.20.
[1014] Ass. plén., 12 juillet 2000, Bull. info. C. cass., 1er novembre 2000, p. 3, conclusions Joinet. Egalement en ce sens : Civ. 1ère, 8 mars 2001, 2 arrêts, D.2002.Somm.2767, obs. T. Massis ; Civ. 2ème, 9 octobre 2003, D.2004.590, note E. Dreyer ; 10 mars 2004, D.2004.IR.925.
[1015] D'où la résistance du Tribunal de grande instance de Paris : TGI Paris, 7 février 2000, Légipresse, 2000, n° 1, p. 61.
[1016] CEDH, 17 juillet 2001, *Association Ekin c./ France* D.2002.Som.2770, obs. T. Massis.

nature à causer des dangers pour l'ordre public". L'association forma un recours en annulation contre cet arrêté, mais il fut rejeté par le Tribunal administratif de Pau, pour qui la mesure d'interdiction était proportionnée aux objectifs poursuivis en matière d'ordre public. Sur appel de l'association, le Conseil d'Etat estima que l'article 14 de la loi de 1881 n'était pas compatible avec les articles 10 et 14 de la Convention européenne. Il annula, en revanche, le jugement et l'arrêté, estimant que le contenu de l'ouvrage ne justifiait pas une mesure d'interdiction. Devant la Cour européenne, l'association alléguait une violation de l'article 10 de la Convention, pris isolément et combiné avec l'article 14. Sa requête fut jugée recevable, bien que l'association ait obtenu gain de cause devant le Conseil d'Etat. L'article 14 de la loi du 29 juillet 1881 l'exposait en effet à une menace permanente sur son droit à la liberté d'expression garanti par l'article 10 de la Convention. La Cour européenne a rappelé sa jurisprudence traditionnelle selon laquelle la liberté d'expression est l'un des fondements essentiels d'une société démocratique. Une mesure restrictive est jugée légale et légitime, mais elle estime que cette ingérence n'est pas nécessaire dans une société démocratique. La Cour ne sanctionne toutefois pas l'article 14 sur le terrain de l'accessibilité et de la prévisibilité de la loi. La norme doit être énoncée avec suffisamment de précision pour permettre au citoyen de régler sa conduite, la notion de loi englobant également la jurisprudence[1017]. La Cour de Strasbourg critique cependant l'article 14. Le contrôle limité réalisé par le Conseil d'Etat, à l'époque des faits litigieux, rend la norme trop incertaine pour garantir une sécurité juridique suffisante. Elle ne prononce toutefois aucune condamnation sur ce point. En revanche, l'ingérence que constitue l'article 14 de la loi du 29 juillet 1881 conférant au Ministre de l'intérieur de vastes prérogatives en matière d'interdiction administrative de diffusion de publication de provenance ou rédigée en langue étrangère ne peut être considérée comme "nécessaire dans une société démocratique" de sorte qu'il y a eu, en l'espèce, violation de l'article 10 de la Convention. La Cour s'attaque donc directement à l'article 14 de la loi de 1881. Elle rappelle que les limites apportées à la liberté d'informer doivent s'inscrire dans un cadre légal strict et fixer avec précision l'étendue de l'interdiction. Les éventuels abus doivent, en outre, pouvoir être sanctionnés par un contrôle juridictionnel. Or, l'article 14 déroge au droit commun et donne compétence au Ministre de l'Intérieur pour interdire de manière générale et absolue sur l'ensemble du territoire français la circulation, la distribution ou la mise en vente de tout écrit rédigé en langue étrangère. Ces dispositions méconnaissent donc l'article 10 de la Convention, qui dispose que "les droits qui sont reconnus valent sans considération de frontière". Le régime ainsi mis en place pouvait être justifié en 1939, mais ne l'était plus.

[1017] CEDH, 24 avril 1990, *Kruslin*, D.1990.353, note J. Pradel.

Cet arrêt ne bouleverse pas l'équilibre de la loi du 29 juillet 1881, mais contribue à la mise en conformité de ce texte avec la Convention européenne.

673. La Cour européenne a pareillement jugé inconventionnel le délit d'offense envers les Chefs d'Etats étrangers, incriminé par l'article 36 de la loi du 29 juillet 1881. L'article 36 avait été adopté dans un contexte international menaçant, pour éviter toute polémique avec un Etat étranger. Cette nécessité était d'autant plus impérieuse que la France était alors l'unique République en Europe, avec la Suisse. Ce texte n'était toutefois plus justifié, car il "revient à conférer aux chefs d'Etat étranger un privilège exorbitant qui ne saurait se concilier avec la pratique et les conceptions politiques d'aujourd'hui. Quel que soit l'intérêt évident, pour tout Etat, d'entretenir des rapports amicaux et confiants avec les dirigeants des autres Etats, ce privilège dépasse ce qui est nécessaire à la réalisation de cet objectif"[1018]. Le délit d'offense envers le Président de la République était en outre tombé en désuétude et aucune raison ne justifiait la protection particulière accordée aux chefs d'Etats étrangers. Le terme d'offense était enfin imprécis. Il visait l'injure et la diffamation, mais englobait également tous les propos portant atteinte à l'honneur ou à la dignité[1019]. La presse était ainsi dans l'impossibilité d'émettre des propos critiques. Au contraire, la Cour européenne garantit la liberté d'émettre des critiques politiques, y compris lorsqu'elle touche un personnage public. La définition du délit était donc juridiquement imparfaite et, en pratique, inutile.

§ 2 : Le droit à l'information.

674. La liberté d'expression se prolonge par le droit à l'information. L'article 10 de la Convention européenne vise la liberté de "recevoir des informations". Il constitue ainsi le fondement du droit à l'information, qui est l'une des composantes de la liberté d'expression. La liberté d'émettre une information n'a de sens que si le récepteur est libre de la recevoir. La liberté de communication ne concerne donc pas uniquement la liberté de diffusion, mais prend également en considération le public qui doit recevoir une information libre et pluraliste. La Cour européenne a donc précisé qu'à "sa fonction qui consiste à en diffuser, s'ajoute le droit, pour le public, d'en recevoir"[1020]. Le droit de recevoir librement des informations et des idées est le second volet de la liberté d'information. Il signifie, notamment, le droit de

---

[1018] CEDH, 25 juin 2002, *Baka c./ France*, D.2003.715, note B. Beignier et B. De Lamy ; JCP.2003.II.10136, note L. Pech.

[1019] Crim. 21 décembre 1956, Bull. crim. n° 300.

[1020] CEDH, 8 juillet 1986, *Lingens c./ Autriche*, § 4 ; 26 novembre 1991, *Observer et Guardian c./ Royaume-Uni*, série A, n° 216, § 259.

recevoir des informations par les biais des médias, notamment des informations d'intérêt général. Ce droit limite les ingérences éventuelles de l'autorité publique, mais entraîne des obligations positives à la charge de l'Etat. L'article 9 de la *Convention européenne pour la télévision transfrontalière* prévoit ainsi que "chaque Partie examine les mesures juridiques pour éviter que le droit du public à l'information ne soit remis en cause du fait de l'exercice par un radiodiffuseur, de droits exclusifs pour la transmission ou la retransmission, (...), d'un événement d'un grand intérêt pour le public qui ait pour conséquence de priver une partie substantielle du public, dans une ou plusieurs autres parties, de la possibilité de suivre cet événement à la télévision". La portée de ce texte est particulièrement large, car "l'événement majeur" recouvre tout événement politique, social, culturel ou sportif qui présente un intérêt général. L'Etat doit donc notamment intervenir pour éviter des concentrations excessives qui réduiraient le pluralisme des médias et pour garantir la transparence, afin d'identifier les détenteurs du pouvoir d'informer.

675. Le principe du droit à l'information n'est énoncé, en droit interne, par aucun texte de valeur constitutionnelle et ne figure expressément dans aucune loi. Il demeure donc relativement vague et n'apparaît que ponctuellement dans des dispositions législatives ou dans certaines décisions jurisprudentielles. Le Préambule de la Constitution de 1946 précise que "la Nation garantit l'accès, (...), à la culture", mais ne consacre pas l'existence d'un droit à l'information. Ce droit sous-tend néanmoins certaines dispositions de la loi du 29 juillet 1881. Ainsi, l'article 35 reconnaît, à certaines conditions, l'exception de vérité. L'article 1er de la loi du 17 juillet 1978 consacre également l'existence d'un "droit des administrés à l'information", dans le domaine très particulier de la liberté d'accès aux documents administratifs. Le droit à l'information a, en revanche, été formellement consacré pour les informations sportives. Les lois du 16 juillet 1984, du 13 juillet 1992 et du 6 mars 1998 limitent la portée de l'exclusivité qu'un service de communication audiovisuelle peut avoir sur la retransmission d'une compétition sportive. Par ailleurs, les immunités accordées aux journalistes s'agissant des comptes rendus judiciaires ou parlementaires, les obligations relatives au dépôt légal ou bien encore les règles qui régissent la constitution et la conservation des archives reposent implicitement sur le droit du public à l'information. Ce droit fonde également certains devoirs mis à la charge des professionnels de la communication, notamment les règles relatives à la continuité du service public de la radiotélévision et, plus généralement, le principe même du service public. Plus encore, le Conseil constitutionnel a fait du droit à l'information un fondement essentiel du droit français de la communication.

676. Le Conseil, en se référant au "pluralisme des quotidiens d'information politique et générale", lequel constitue un "objectif de valeur constitutionnelle", consacre implicitement le droit au public à l'information. Il considère, dans sa décision des 10 et 11 octobre 1984, que "la libre communication des pensées et des opinions ne saurait être effective si le public auquel s'adressent ces quotidiens n'étaient pas à même de disposer d'un nombre suffisant de publications de tendances et de caractères différents (…) ; en définitive, l'objectif à réaliser est que les lecteurs, qui sont au nombre des destinataires essentiels de la liberté proclamée par l'article 11 de la Déclaration de 1789, soient à même d'exercer leur libre choix". Ces formules ont été reprises par les décisions rendues par le Conseil constitutionnel, le 27 juillet 1982 et le 18 septembre 1986, relatives à la communication audiovisuelle : "Le pluralisme des courants d'expression socioculturels est en lui-même un objectif de valeur constitutionnelle ; le respect de ce pluralisme est une des conditions de la démocratie ; la libre communication des pensées et des opinions, garantie par l'article 11 de la Déclaration des droits de l'homme et du citoyen de 1789, ne serait pas effective si le public auquel s'adressent les moyens de communication audiovisuelle n'était pas à même de disposer, aussi bien dans le cadre du secteur public que dans celui du secteur privé, de programmes qui garantissent l'expression de tendances de caractères différents dans le respect de l'impératif d'honnêteté de l'information". Le droit à l'information ne peut être effectif que par la recherche des moyens d'assurer, au plus grand nombre, la garantie effective des droits et libertés ainsi dégagés par le Conseil.

677. La Cour de cassation a pareillement consacré, notamment dans un arrêt rendu le 15 juin 1994 par la première Chambre civile, le droit à l'information du public en affirmant qu'"indépendamment des dispositions spéciales concernant la presse et l'édition, et eu égard au droit du public à l'information, l'auteur d'une œuvre relatant des faits historiques engage sa responsabilité à l'égard des personnes concernées lorsque la présentation des thèses soutenues, manifeste, par dénaturation, falsification ou négligence grave, un mépris flagrant de la recherche de la vérité"[1021]. Le droit à l'information est donc fréquemment invoqué pour contester des dispositions jugées trop restrictives pour la liberté d'expression. Celle-ci ne saurait en effet être limitée lorsque les nécessités de l'information ou l'attente légitime du public sont en jeu.

[1021] Civ. 1ère, 15 juin 1994, Bull. civ. I, n° 218 ; D.1994.IR.189. Egalement en ce sens : Civ. 1ère, 6 février 1996, D.1997.Somm.85.

678. Le droit à l'information et la liberté d'expression apparaissent donc comme des "contre droits"[1022] qui rendent l'individu transparent en mettant en échec d'autres droits subjectifs, tel le droit au respect de la vie privée ou le droit à l'image.

[1022] D. Cohen, *Le droit à...*, in *L'avenir du droit. Mélanges en hommages à F. Terré*, Dalloz, Puf, Ed. du Juris-classeur, 1999, 393 et s., spécialement page 400.

Sous-section 2 : L'obligation d'être transparent.

679. La protection de la vie personnelle et le secret peuvent être mis en échec par les nécessités de l'information. Le secret n'a qu'une portée relative lorsqu'il est confronté à la liberté d'expression et au droit à l'information. L'événement qui frappe l'individu présente fréquemment un caractère public, parce qu'il est partagé par des témoins, des confidents, mais aussi parce qu'il intéresse l'ensemble de la société. Certes, la liberté d'expression est en principe limitée par la protection des droits d'autrui. La loi du 29 juillet 1881 punit ainsi l'injure et la diffamation publique. La vie privée, sous réserve des dispositions de l'article 226-1 du Code pénal, est au contraire protégée par le juge civil. Elle n'appartient pas à l'espace public de libre discussion. La transparence ne saurait en effet être totale dans une société démocratique. Le droit à l'information entre donc fréquemment en conflit avec les droits de l'individu, lesquels sont parfois invoqués de mauvaise foi, à des fins lucratives. La vie privée doit être protégée contre toute intrusion des tiers, particulièrement lorsque les révélations sont motivées par le goût du scandale et du sensationnel. Les nécessités de l'information peuvent néanmoins mettre en échec sa protection. Le concept "d'événement d'actualité" confère notamment à certaines informations un caractère public. Des faits divers peuvent ainsi justifier que la vie privée de personnes anonymes soit, en partie, révélée au public. Le droit à l'information justifie donc une immixtion dans la vie personnelle (§ 1). Il obéit cependant à des règles spécifiques lorsqu'il a trait à l'actualité judiciaire ou policière (§ 2). Enfin, le droit à l'information paralyse également le droit à l'image (§ 3).

§ 1 : L'immixtion dans la vie personnelle.

680. L'immixtion dans la vie personnelle peut être légitimée par les besoins de l'information. L'atteinte au droit au respect de la vie privée ne résulte donc pas de la seule divulgation non autorisée d'une information personnelle. Toute autre solution conférerait à l'individu un droit absolu qui lui permettrait à tout moment de choisir entre transparence et secret. Le droit au respect de la vie privée justifierait alors tout et son contraire, la volonté d'apparaître au grand jour comme le désir de rester caché. Au contraire, le rapport à autrui n'est pas, en droit positif, totalement disponible. Toute immixtion dans la vie personnelle n'est toutefois pas légitime. Ainsi, la Cour de cassation a précisé que "si toute personne est en droit, notamment pour échapper aux indiscrétions ou à la malveillance, de refuser de faire connaître le lieu de son domicile ou de sa résidence, de telle sorte qu'en principe sa volonté doit être respectée par les tiers, il en va autrement lorsque cette dissimulation lui est dictée par le seul dessein illégitime de se dérober à l'exécution de ses obligations et de faire échec aux droits de ses créanciers"[1023]. La protection de la vie privée ne saurait bénéficier à un débiteur de mauvaise foi. La divulgation constitue, pour le tiers débiteur, une obligation au regard de l'article 10 du Code civil. Toute autre analyse autoriserait le banquier, au nom du secret, à couvrir une clandestinité interdite à l'intéressé lui-même[1024]. Ainsi, le droit au respect de la vie privée d'une personne qui avait indûment bénéficié des fonds ne pouvait pas interdire à la banque qui tenait le compte de communiquer son nom et son adresse à la caisse créancière[1025]. L'intéressé lui-même n'aurait pas pu se soustraire à cette obligation. Ce n'était donc pas la vie privée d'une partie au procès qui était en cause, mais celle d'un tiers. Le respect de la vie privée ne doit pas être un prétexte pour des personnes de mauvaise foi de se soustraire à leurs obligations. Nul ne peut donc refuser de communiquer son adresse pour échapper aux poursuites de ses créanciers[1026].

681. L'immixtion dans la vie personnelle doit plus généralement être pertinente (A) ou anodine (B). Elle peut également être justifiée par la notoriété de l'intéressé (C). La révélation de l'homosexualité, l'*outing*, soulève en revanche des difficultés particulières (D). Enfin, la liberté d'expression justifie certaines immixtions dans la vie personnelle réalisées par une œuvre de fiction (E).

A) Une immixtion pertinente.

682. La légitimité de la révélation n'est pas fonction de la nature de l'information, mais des circonstances qui l'entourent. Ainsi, celui qui prêche publiquement une morale familiale ou sexuelle rigoureuse s'expose au risque de voir sa propre vie intime révélée, parce que son engagement justifie l'information du public sur sa vie "réelle". Leur caractère privé n'est alors pas en cause, car l'immixtion dans la vie personnelle est justifiée par le droit à l'information du public[1027]. Ainsi, la publication de l'extrait d'imposition de l'ancien PDG d'un groupe automobile faisant apparaître une augmentation de

---

[1023] Civ. 1ère, 19 mars 1991, D.1991.568 ; RTDC/.1991.499, obs. J. Hauser ; 30 juin 1992, D.1992.421, note P. Guiho ; JCP.1993.II.22001.

[1024] CA Paris, 6 octobre 2000, D.2001.Som.2080, obs. A. Lepage.

[1025] CA Paris, 6 octobre 2000, arrêt précité.

[1026] Civ. 1ère, 19 mars 1991, D.1991.568 ; RTDC.1991.499, obs. J. Hauser ; 30 juin 1992, D.1993.421, note Guiho ; JCP.1993.II.22001, note Daverat.

[1027] F. Rigaux, *La protection de la vie privée et des autres biens de la personnalité*, Brylant-LGDJ, *Bibliothèque de la Faculté de Droit de l'Université catholique de Louvain*, 1990, n° 320, p. 384.

45% de sa rémunération alors que les rémunérations des salariés du groupe n'avaient augmenté que de 6% en moyenne ne porte pas atteinte à sa vie personnelle[1028]. Un comité d'entreprise ne saurait, en revanche, réclamer une information patrimoniale aux salariés sans intérêt pour son fonctionnement[1029]. Tout est donc fonction des circonstances d'espèce. Les frontières du droit à l'information et des droits de la personnalité se révèlent fluctuantes. Des faits relevant *a priori* de la vie personnelle, telle la naissance des enfants, peuvent alors être révélés au public lorsque la qualité de l'intéressé, princesse en l'occurrence, justifie que le public puisse en être informé[1030].

683. Ainsi, la Cour de cassation reconnaît aujourd'hui un droit à l'information y compris pour des faits relevant de la sphère privée. La première Chambre civile a déjà admis, le 3 avril 2002, que la rupture du couple formé par une princesse monégasque et son mari constituait un "fait public" qui excluait l'application de l'article 9 du Code civil. Un nouveau principe semblait posé. Les faits déjà révélés au public échappaient à la protection, ce qui est logique, spécialement lorsque l'intéressé lui-même est à l'origine de la révélation dans un autre support. Le principe de l'intangibilité du support était abandonné, car il protégeait davantage les stratégies de communication que la personne. La portée de cet arrêt restait cependant incertaine[1031]. Certains y avaient vu un arrêt de principe, d'autre une décision de pure espèce. Il n'avait pas été publié au Bulletin, ce qui n'avait pas clarifié la situation. Les juges du fond se sont alors divisés. Le Tribunal de grande instance de Nanterre, à qui est soumis la majorité du contentieux en cette matière, avait refusé de suivre la Cour de cassation. La Cour d'appel de Versailles ne semblait pas totalement insensible à la nouvelle jurisprudence[1032] et la Cour d'appel de Toulouse s'y était clairement ralliée[1033]. Cette situation méconnaissait l'exigence de sécurité juridique. Il est en effet aisé en droit de la presse de choisir sa juridiction et donc de soumettre le litige au juge qui sera le plus favorable à ses prétentions.

[1028] CEDH 21 janvier 1999, D.1999.Som.272, obs. N. Fricero.
[1029] Civ. 1ère, 29 mai 1984, Bull. civ. I, n° 176.
[1030] TGI Paris, 17 janvier 1996, inédit.
[1031] Civ. 1ère, 3 avril 2002, D.2002.3164, note C. Bigot ; D.2003.1943, obs. A. Lepage ; JCP.2003.I.126, n° 11, obs. E. Tricoire ; PA., 6 mai 2002, note E. Derieux ; Légipresse, octobre 2002, n° 195, note G. Loiseau.
[1032] CA Versailles, 27 juin 2002, Légipresse, n° 197, décembre-III-211, note S.D. Toupain. Mais *contra* : CA Versailles, 16 janvier 2003, inédit, cité par A. Toucas et E. Juillard, *Vive la vie... privée !*, Légipresse, avril 2003-II-42.
[1033] CA Toulouse, 10 décembre 2002 et 15 avril 2003, inédit.

684. La Cour de cassation a cependant confirmé sa jurisprudence, par deux arrêts rendus le 23 avril 2003, qui reconnaissent expressément qu'il peut exister une actualité légitime dans la sphère privée[1034]. Des faits relevant de la vie privée perdent leur caractère secret pour constituer des faits d'actualité qui peuvent être légitimement rapportés. La Cour de cassation précise également les conditions de révélation d'un événement d'actualité. Dans la première espèce, le litige portait sur la révélation des frasques de l'époux d'une princesse avec une strip-teaseuse. L'épouse bafouée avait demandé réparation de son préjudice moral sur le fondement de l'article 9 du Code civil. L'organe de presse lui opposait la liberté d'information. Or, la Cour de cassation rappelle la nécessité d'un “juste équilibre, (...), entre la liberté de l'information et le droit de chacun au respect de sa vie privée et familiale”[1035]. Les articles 8 et 10 de la Convention européenne sont d'égale valeur. Le divorce était un “fait d'actualité, officiel et notoire”, qui pouvait donc être rappelé. Dans le second arrêt, la condamnation de l'hebdomadaire n'est pas remise en cause, mais la Cour de cassation précise dans sa motivation que “l'incartade” de l'époux, son adultère, pouvait constituer un “événement d'actualité dont l'hebdomadaire pouvait légitimement rendre compte”. Seul le second arrêt a été publié au Bulletin, ce qui marque la volonté de poser un principe.

685. Il existe donc à présent un droit à l'information qui déborde dans la sphère de la vie privée. La Cour de cassation semble ainsi suivre les motivations adoptées depuis plusieurs années par le Tribunal de grande instance de Nanterre, pour qui “les limites de la vie privée s'apprécient moins strictement à l'égard d'un personnage public”[1036]. L'arrêt rendu le 3 avril 2002 n'était donc pas un arrêt d'espèce. De plus, certains juges du fond avaient déjà reconnu l'existence d'un droit à l'information sur certains événements de la vie privée et la Cour de cassation elle-même avait admis qu'un fait quittait la sphère de la vie privée lorsqu'il avait déjà été révélé[1037]. Deux principes peuvent être retenus. D'une part, les limites de la vie privée, pour les personnes ayant une certaine notoriété, ne sont pas les mêmes que pour les anonymes. Il en résulte un droit à l'information, qui permet de révéler des faits ayant trait à leur vie personnelle. D'autre part, un fait relevant de la vie

---

[1034] Civ. 1ère, 23 avril 2003, D.2003.Som.1539, obs. A. Lepage ; D.2003.1854, note C. Bigot.

[1035] Civ. 1ère, 23 avril 2003, arrêt précité.

[1036] C. Bigot, *La protection des droits de la personnalité et liberté de l'information*, D.1998.Chron.235.

[1037] Civ. 1ère, 10 octobre 1995, JCP.1997.II.22765, note J. Ravanas (ouvrage consacré à la vie intime de l'ancien Empereur de Chine reprenant des écrits autobiographiques).

privée, ayant un caractère notoire ou officiel, peut ne pas être protégé par l'article 9 du Code civil, qu'il ait été ou non révélé par l'intéressé.

686. Une recherche d'équilibre au cas par cas en résulte, comme le confirme l'arrêt rendu le 9 juillet 2003[1038]. La Cour de cassation refuse toute idée de hiérarchie entre le droit au respect de la vie privée et la liberté d'expression, d'identique valeur normative. Le juge doit donc comparer les intérêts en présence et "privilégier la solution la plus protectrice de l'intérêt le plus légitime"[1039]. Cette approche rappelle l'analyse du Doyen Gény, qui avait imaginé cette méthode pour régler ces conflits d'intérêts. Il invitait le juriste à "reconnaître les intérêts en présence, à évaluer leur force respective, à les peser, en quelque sorte avec la balance de la justice, en vue d'assurer la prépondérance des plus importants, d'après un *criterium* social et, finalement d'établir entre eux l'équilibre éminemment désirable"[1040]. En l'espèce, la Cour de cassation considère que l'incartade de l'époux constituait un "événement d'actualité" qui pouvait être légitimement révélé par le journal. L'alliance qui unissait l'époux à la famille princière de Monaco a probablement joué un rôle déterminant dans cette affaire, car la jurisprudence considère généralement que la révélation de difficultés conjugales porte atteinte à la vie privée des intéressés[1041]. L'appartenance à une famille régnante implique des sujétions à l'égard du public plus étendues. La Cour de cassation pose toutefois des limites au droit à l'information. Elle précise que l'article était "essentiellement consacré aux réactions et sentiments supposés de l'épouse, et illustré de onze photographies". Les titres, "Stéphanie humiliée" et "Stéphanie après l'affront, l'explication" constituaient en outre une "extrapolation non nécessaire à l'information des lecteurs et un détournement de l'objectif d'information". Il s'agissait de sensationnalisme, réalisé sous couvert d'information. Le juge se montre en effet de plus en plus vigilant à l'égard des titres et des légendes qui peuvent pervertir le contenu d'un article ou le sens d'une photographie. Ainsi, la diffusion d'une photographie devient illicite lorsqu'elle est accompagnée d'une "légende dévalorisante"[1042]. Enfin, l'organe de presse estimait que le ton de l'article n'était pas malveillant, mais la Cour de cassation écarte également cet argument. L'atteinte à la vie privée est "indépendante du mode compassionnel, bienveillant ou désobligeant sur lequel elle est opérée".

[1038] Civ. 1ère, 9 juillet 2003, JCP.2003.II.10139, note J. Ravanas ; D.2004.Somm.1635, obs. C. Caron.
[1039] Civ. 1ère, 9 juillet 2003, arrêt précité.
[1040] F. Gény, *Méthode d'interprétation en droit positif*, 2ème éd., 1932, Tome II, p. 167, n° 178.
[1041] CA Paris, 7 octobre 1981, D.1983.403, note R. Lindon.
[1042] CA Paris, 6 novembre 2002, Com. com. élec., 2003, n° 32, note A. Lepage.

B) Une immixtion anodine.

687. La divulgation de faits relevant de la vie privée peut être justifiée par leur caractère “anodin”. Le juge est en effet parfois agacé par les multiples actions exercées par des personnalités qui exploitent leur vie personnelle, tout en attaquant toutes les publications qu'elles n'ont pas autorisées, ce qui leur permet en outre de percevoir des dommages-intérêts qui ne sont pas soumis à impôt. La Cour de cassation n'hésite pas alors a relevé le “caractère anodin” de certains faits pour rejeter la demande[1043]. Elle ne conteste pas qu'ils relèvent de la vie privée, mais elle estime que leur révélation ne porte pas atteinte au droit au respect de la vie privée. Certains éléments appartenant à la vie privée peuvent donc être licitement révélés. Cette limite peut être rattachée à l'adage *minimis non curat praetor*[1044]. La théorie de l'accessoire limite déjà le droit à l'image des biens[1045] ou des personnes[1046], ainsi que le droit d'auteur[1047]. Ne pas sanctionner la révélation de faits “anodins” s'inscrit dans ce courant jurisprudentiel fort logique. Ce principe a cependant été posé dans une affaire impliquant une personnalité très médiatique, habituée des procès, une princesse monégasque dont les demandes même symboliques semblent de plus en plus vouées à l'échec[1048]. La révélation de faits minimes concernant des personnes discrètes ou inconnues pourrait donc encore être sanctionnée, le juge devant dès lors faire preuve d'un très grand pragmatisme pour mettre en œuvre ce principe.

C) L'impact de la notoriété.

688. Les droits de la personnalité des personnes publiques ou qui exercent des fonctions officielles ont été limités par la nécessité d'informer le public. Les anonymes sont généralement mieux protégés que les personnes qui s'exposent, par leur profession ou leur mode de vie, à la curiosité du public. Le Tribunal de grande instance de Nanterre n'a donc pas hésité à affirmer que “les limites de la protection de la vie privée, lorsqu'elles s'appliquent au profit d'une personne que sa naissance ou encore les fonctions

---

[1043] Civ. 1ère, 3 avril 2002, D.2003.Som.1543, obs. C. Caron ; D.2002.3164, note C. Bigot ; Com. com. élec., 2002, n° 158, obs. A. Lepage ; Légipresse, 2002, n° 195, III, p. 170, note G. Loiseau.

[1044] Le juge ne prend pas soin des choses minimes ou insignifiantes.

[1045] Civ. 1ère, 25 janvier 2000, D.2000.IR.61.

[1046] Civ. 1ère, 25 janvier 2000, D.2000.Som.270, obs. J. Hauser ; JCP.2000.II.10257, conclusions J. Saint Rose ; RTDC.2000.291, obs. J. Hauser.

[1047] Civ. 1ère, 4 juillet 1995, D.1996.4, note B. Edelman.

[1048] Cassation d'un arrêt qui lui accordait 15 centimes de dommages-intérêts.... : Civ. 2ème, 19 février 2004, D.2004.Somm.1633, obs. C. Caron.

ou la profession qu'elle a acceptées d'exercer exposent à la notoriété et donc à la curiosité du public, ne peuvent s'apprécier aussi strictement que lorsqu'il s'agit d'un citoyen anonyme éloigné des médias par son mode de vie"[1049]. D'une part, leur patrimoine a été exclu du domaine de leur vie personnelle[1050]. Le public est en droit d'être informé sur leur situation de fortune, sur leurs revenus..., car il s'agit là d'une nécessité démocratique. La Cour d'appel de Paris a ainsi expressément affirmé, dans un arrêt rendu le 20 octobre 1987, que "s'agissant de personnes ayant une situation qui les signale à l'attention du public par l'influence qu'elles exercent sur la vie économique, une *nécessaire transparence* s'instaure quant à leur patrimoine, qui devient un élément d'information"[1051]. Le droit à l'information du public reste toutefois cantonné à la situation patrimoniale de ces personnes publiques et ne s'étend pas, notamment, à leur état de santé[1052]. Le livre *Le grand secret*, qui révélait l'état de santé de l'ancien Président de la République, a donc logiquement été interdit, tant en référé[1053] que par les juges du fond[1054], même si le maintien de cette interdiction a ensuite été jugée excessive par la Cour européenne des droits de l'Homme. La notoriété de la personne réduit la protection de l'article 9 du Code civil, même si le texte précise en principe que "chacun" a droit au respect de sa vie privée.

689. Le droit à l'information est entré dans la sphère privée, mais il n'échappe toutefois pas au contrôle du juge. Il ne s'agit pas d'un droit discrétionnaire et absolu. La Cour de cassation l'enferme au contraire dans des limites qu'elle contrôle. On peut toutefois se demander si le juge ne s'aventure pas dans un domaine qui n'est pas le sien en admettant l'information et en sanctionnant l'extrapolation. Il n'est pas un rédacteur en chef et il ne doit pas autoriser ou interdire au journaliste certains modes d'expression ou de raisonnement. Le risque est alors que le juge statue en fonction du caractère moralement acceptable ou inacceptable de l'article litigieux. Le juge dispose d'un pouvoir d'appréciation très étendu. L'équité

[1049] TGI Nanterre, 13 janvier 1997, 27 mai 1997, 10 décembre 1997, inédits, cités par Ch. Bigot, *Protection des droits de la personnalité et liberté d'information*, D.1998.Chron.235, spécialement n° 16, p. 238.

[1050] Civ. 1ère, 29 mai 1991, D.1992.213, note P. Kayser ; 20 octobre 1993, D.1994.594, note Y. Picod ; RTDC.1994.77, obs. J. Hauser.

[1051] CA Paris, 20 octobre 1987, D.1988.Somm.197, obs. D. Amson.

[1052] TGI Paris, 4 juillet 1984, D.1985.IR.16, obs. R. Lindon ; CA Paris, 20 octobre 1987, arrêt précité.

[1053] TGI Paris, ord. réf., 18 janvier 1996, et CA Paris, 13 mars 1996, JCP.1996.II.22589, note E. Derieux ; Civ. 1ère, 16 juillet 1996, D.1997.452.

[1054] CA Paris, 27 mai 1997, JCP.1997.II.22894, note E. Derieux.

permet de concilier les intérêts en présence[1055]. La décision du juge doit être motivée par les nécessités de l'information ou de l'actualité. La liberté d'expression doit l'emporter pour répondre à un souci légitime d'information du public. Au-delà de la distinction entre vie publique et vie privée, le juge doit se demander si l'information satisfait un intérêt légitime, si elle présente une utilité sociale et si elle ne cause pas à la personne concernée une atteinte disproportionnée. Les principes de finalité et de proportionnalité ont été parfaitement intégrés par la jurisprudence. L'ingérence dans la vie privée doit poursuivre un but légitime, ce qui devrait probablement inciter certains journalistes à se livrer à un examen de conscience. Le principe de proportionnalité est également appliqué à la sanction, qui doit être nécessaire pour respecter les intérêts en présence. L'intervention du juge des référés, critiquée par le monde de la presse, mais admise par la Cour européenne, est conforme à ces principes. Son intervention reste exceptionnelle, car elle porte atteinte à la liberté de la presse. Les limites du droit à l'information demeurent toutefois imprécises. L'*outing* illustre parfaitement ces incertitudes et les difficultés qu'il peut y avoir à concilier protection de la vie personnelle et droit à l'information.

D) L'*outing*.

690. L'*outing* est une pratique consistant à révéler publiquement l'homosexualité d'un individu. L'association *Act Up* avait, par exemple, envisagé de révéler l'homosexualité d'un député, avant de renoncer à ce projet, par crainte des condamnations qui auraient pu en résulter et parce qu'elle était ainsi parvenue à lancer le débat qu'elle entendait provoquer. La jurisprudence condamne en effet toute révélation de l'homosexualité, en premier lieu lorsqu'elle concerne des inconnus. Ainsi, la Cour d'appel de Versailles a condamné, dans un arrêt rendu le 31 janvier 2002, un journal pour avoir publié la photographie de deux participants à une manifestation homosexuelle, près de dix mois après pour illustrer un article sur le PACS[1056]. La participation à cette manifestation n'impliquait pas la volonté de divulguer des éléments relevant de la vie personnelle. La Cour d'appel avait donc rappelé que chacun dispose d'un droit sur son image, qui peut être paralysé lors d'une manifestation publique. Elle estime cependant que ces exceptions ne sont pas absolues. L'intimité de la vie personnelle peut être en cause lors d'une manifestation publique, se déroulant dans un lieu public. Les participants devaient contrôler la diffusion d'informations personnelles

---

[1055] J. Ravanas, *Liberté d'expression et protection des droits de la personnalité*, D.2000.Chron.459.

[1056] CA Versailles, 31 janvier 2002, D.2003.Som.1533, obs. C. Caron.

relatives à leur orientation sexuelle. La Cour d'appel leur reconnaît donc un droit au secret, qui paralyse le droit à l'information du public. La condamnation du journal était d'autant plus logique que la photographie n'illustrait aucun événement d'actualité et qu'elle représentait les intéressés en gros plan. Cependant, la jurisprudence condamne également l'*outing* de personnes publiques, particulièrement lorsqu'il touche des hommes politiques. Un journaliste avait ainsi fait état de l'homosexualité d'un homme politique, estimant que sa présence parmi les candidats aux élections municipales de la ville de Paris était un signe envers l'électorat homosexuel. Certes, il est regrettable que l'intéressé n'ait pu contrôler cette révélation, mais cet élément participait à l'information du public, puisqu'il permettait de mieux comprendre les élections parisiennes. Le Tribunal de grande instance de Paris a cependant condamné solidairement le journaliste et le mandataire liquidateur de l'ancien éditeur du journal pour atteinte à la vie privée, estimant que "l'orientation sexuelle d'une personne relève, évidemment, de la sphère protégée" par l'article 9 du Code civil. La révélation de l'homosexualité ne pouvait être justifiée "par les nécessités de l'information politique". Le Tribunal condamne donc formellement l'idée que l'orientation sexuelle d'un homme politique ne relèverait pas de sa vie privée. Le montant des dommages-intérêts accordés au demandeur ont cependant été limités, parce qu'il avait ensuite révélé de nombreuses informations relatives à sa vie privée dans la presse et dans deux livres.

691. Les motivations de l'*outing* sont diverses, mais il apparaît essentiellement comme une arme politique. Il est présenté, paradoxalement, comme un moyen de défense contre les immixtions que la communauté homosexuelle subit quotidiennement dans sa vie privée (enquêtes de "mœurs" menées par la DASS pour accéder à l'adoption individuelle, malades du SIDA contraints se soumettre à des multiples démarches pour obtenir l'allocation d'adulte handicapé...). Une profonde inégalité devant le droit au secret en résulte. Ces intrusions ont incité de nombreux homosexuels à faire état, par réaction, de leur vie personnelle. L'*outing* s'inscrit donc dans cette volonté d'entrer dans un espace public souvent jugé indifférent, voire hostile. Il est envisagé comme un moyen de défendre la vie personnelle des homosexuels anonymes[1057]. L'*outing* est néanmoins un procédé totalitaire, car il rend la vie personnelle transparente, méconnaissant ainsi le droit à la tranquillité que reconnaît à chacun l'article 9 du Code civil. Sociologiquement, l'*outing* manifeste une remise en cause des espaces publics et privés, sous l'influence notamment des pratiques américaines. Les élus, aux Etats-Unis, défendent en effet prioritairement les intérêts de leur communauté. Révéler qu'un élu,

---

[1057] Ph. Mangeot, *Têtu*, avril 1999, n° 33.

opposé aux droits des homosexuels, est lui-même homosexuel permet alors de révéler une sorte de trahison. Au contraire, la vie politique française dissocie traditionnellement vie publique et vie personnelle. Les élus défendent, en principe, l'intérêt général, indépendamment de leur situation personnelle. Or, révéler la situation personnelle d'un élu revient à lui reprocher de ne pas aligner ses engagements politiques sur ses intérêts propres.

692. La jurisprudence condamne la révélation de l'homosexualité, mais elle rend obscure la définition même de la vie privée. Le juge sanctionnerait-il en effet la révélation de l'hétérosexualité ? Cet argument avait été écarté par le jugement du 10 mars 2003, rendu par le Tribunal de grande instance de Paris, estimant "improbable" l'hypothèse d'une révélation forcée de l'hétérosexualité d'un individu. Il n'en demeure pas moins que cette différence est discriminatoire. La définition de la vie privée ne saurait en effet être fonction de l'orientation sexuelle de l'intéressé. Ainsi, l'actuel maire de Paris avait pris soin de préciser que parler de son homosexualité n'engageait pas sa vie privée, mais qu'il refuserait de parler du contenu de celle-ci. Les interventions récentes du législateur ont cependant mis fin à une contradiction du droit français en créant de nouvelles incriminations. Certains actes et propos homophobes ont été érigés en infractions pénales par la loi du 18 mars 2003, relative a la Sécurité intérieure, complétée par une loi du 30 décembre 2004. Auparavant, il était impossible de dire d'une personne qu'elle est homosexuelle, mais les insultes à caractère homophobe ne sont pas pénalement sanctionnées. Ainsi, les termes de "PD au bûcher" ou de "vous êtes des animaux", notamment prononcés par certains participants à la manifestation organisée le 31 janvier 1999 contre le pacte civil de solidarité ne tombent pas sous le coup de la loi pénale, contrairement aux insultes racistes ou sexistes. Il était donc interdit de dire qu'un individu est homosexuel, mais nul ne pouvait être condamné pour avoir comparer les homosexuels à des animaux... La Cour d'appel de Colmar avait ainsi jugé irrecevable une action en diffamation intentée contre un évêque qui avait déclaré "je respecte les homosexuels comme des infirmes ; mais s'ils veulent transformer leur infirmité en santé je ne suis pas d'accord". Les plaignants furent déboutés, mais également condamnés pour procédure abusive. L'insulte n'avait pas été adressée à une "personne nommément visée ou un corps constitué"[1058]. Il était donc possible de tout dire sur les homosexuels, à l'exception de leur nom.

[1058] CA Colmar, 27 juin 1983.

E) L'œuvre de fiction.

693. Une œuvre de l'esprit, tel un roman, mêle parfois réalité et fiction, en s'inspirant d'une histoire réelle. Le jugement rendu le 9 décembre 2002 par le Tribunal de grande instance de Paris a ainsi fait primer la liberté d'expression sur le droit au respect de la vie privée, en se fondant sur l'article 10 de la Convention européenne[1059]. Il a débouté le principal protagoniste de l'affaire *Turquin*, condamné pour le meurtre de son fils disparu, qui protestait contre la publication *Mariage mixte*. Cet ouvrage mêlait fiction et réalité, mais s'inspirait directement de sa propre histoire et portait atteinte à sa vie privée. L'auteur avait toutefois pu librement reproduire les procès-verbaux de la procédure pénale. La liberté de la création artistique l'a donc emporté sur le droit au respect de la vie privée. Le Tribunal considère que seuls les délits prévus par la loi du 29 juillet 1881 peuvent limiter la liberté d'expression. Il serait en effet dangereux que le droit commun puisse faire échec aux régimes stricts, s'agissant notamment de la prescription. La Cour de cassation refuse en effet d'appliquer l'article 1382 du Code civil en matière de presse[1060]. Il n'est toutefois pas certain que ce raisonnement puisse également être appliqué l'article 9, dès lors que l'atteinte à la personnalité est distincte des délits de presse. C'est probablement pour cette raison que le Tribunal s'intéresse ensuite à la vie privée, sans pour autant admettre une atteinte. La motivation est cependant contestable. L'écrivain avait en effet eu accès aux documents par l'intermédiaire de la personne condamnée. Le Tribunal en déduit qu'il existait donc un mandat qui permettait à l'avocat, mandataire, de donner une autorisation pour son client. Toutefois, le mandat doit être spécial à l'égard des droits de la personnalité[1061]. La personne condamnée aurait donc dû donner à son avocat un mandat spécial pour que celui-ci puisse autoriser la divulgation de pièces. Le rejet de la demande apparaît donc sévère, alors surtout que le Tribunal relève que l'ouvrage "mêle l'imaginaire au réel". Le lecteur ne pouvait donc pas distinguer la fiction de la réalité, ce qui peut gravement méconnaître les droits de la personnalité. La situation aurait été différente si l'écrivain avait modifié ses personnages. L'œuvre n'aurait plus été identifiante, mais simplement "inspirée" de faits réels.

694. L'auteur qui utilise un fait divers ancien dispose, en revanche, d'une plus grande liberté. Elle n'est cependant pas absolue, comme l'illustre un arrêt de la Cour d'appel de Versailles du 14 novembre 2002[1062]. Un film de fiction

---

[1059] TGI Paris, 17ème Ch., 9 décembre 2002, D.2003.1715, note C. Caron.
[1060] Ass. plénière, 12 juillet 2000, D.2000.Som.463, obs. P. Jourdain ; Civ. 2ème, 9 octobre 2003, D.2004.590, note E. Dreyer.
[1061] CA Versailles, 21 mars 2002, D.2002.Som.2374, obs. Ch. Caron.
[1062] CA Versailles, 14 novembre 2002, D.2003.1715, note C. Caron.

reprenait, près de 30 ans après, les circonstances d'un fait divers particulièrement atroce survenu en 1969. Or, une survivante de ce drame, qui était enfant à l'époque des faits, a obtenu réparation de l'atteinte ainsi portée à sa vie privée. La Cour a pourtant relevé que le film se rapporte "à des faits largement rendus publics il y a près de trente ans". Il aurait été concevable d'admettre que ces faits étaient tombés dans le domaine public en raison de leur divulgation. Cette analyse pouvait toutefois difficilement être retenue. L'écoulement du temps peut affecter la protection accordée aux droits de la personnalité, mais il peut également faire retomber certains faits dans l'oubli. Il s'agit alors de protéger la vie privée actuelle d'un individu contre le rappel intempestif de son passé. La Cour d'appel de Versailles n'utilise pas les termes de "droit à l'oubli", mais elle précise que "constitue une immixtion dans le for intérieur de X… pour s'analyser en un rappel de faits et situations irrésistibles profondément et immédiatement traumatisants". Or, nous avons déjà relevé que la Cour de cassation est hostile au "droit à l'oubli". Elle a en effet affirmé que "les faits touchants à la vie privée d'une personne ayant été livrés en leur temps à la connaissance du public par des comptes rendus des débats judiciaires parus dans la presse locale, ils avaient ainsi été licitement révélés et partant échappaient à sa vie privée, l'intéressé ne pouvant se prévaloir d'un droit à l'oubli pour empêcher qu'il en soit de nouveau fait état"[1063]. La reprise de faits anciens peut certes être traumatisante pour la personne concernée, mais il faut également tenir compte du droit reconnu au public d'être informé et de la liberté de création. Appliquer strictement le droit à l'oubli risquerait donc de paralyser l'information et la création.

695. La jurisprudence reconnaît ainsi au public un droit à l'information de plus en plus étendu, qui s'étend à présent à certains aspects de la vie personnelle, notamment lorsqu'ils sont pertinents ou anodins. Le droit à l'information du public n'est toutefois pas illimité, puisque la jurisprudence refuse de l'étendre à l'orientation sexuelle en condamnant l'*outing*. La liberté d'expression autorise, en revanche, la création d'œuvres de fiction inspirées de faits réels. Elle obéit néanmoins à des règles particulières lorsque l'activité policière ou judiciaire est en cause.

§ 2 : L'information policière et judiciaire.

696. L'article 434-16 du Code de procédure pénale interdit "la publication, avant l'intervention de la décision juridictionnelle définitive, de commentaires tendant à exercer des pressions en vue d'influencer les déclarations des témoins ou la décision des juridictions d'instruction ou de

---

[1063] Civ. 1ère, 20 novembre 1990, JCP.1992.II.21098, note J. Ravanas.

jugement". L'atteinte à l'indépendance de la justice constitue une infraction pénale, mais la jurisprudence en donne une interprétation restrictive, pour ne pas entraver la liberté de communication. Il ne suffit pas, pour que cette infraction, soit constituée, que l'article litigieux ait réellement porté atteinte à l'indépendance de la justice, en influençant par exemple un magistrat ou un témoin. Un élément intentionnel doit encore s'y ajouter. L'auteur des propos litigieux ne peut être sanctionné que si sa volonté a été d'exercer une pression, dans des conditions susceptibles de porter atteinte à l'indépendance de la justice. Cette condition limite donc considérablement le domaine de cette infraction, qui ne sera que très rarement sanctionnée. Sous cette réserve, les débats (A), mais également la décision (B) sont publics.

A) La publicité des débats et ses limites.

697. La justice doit être transparente. Il s'agit là d'une exigence de la vie démocratique[1064], d'où l'adage anglais, *justice not only to be done, but to be seen to be done*[1065]. La justice est rendue au nom du peuple, qui doit donc en être informé. La publicité participe aux droits de la défense, car elle protège les plaideurs d'influences occultes. La justice est rendue sous le contrôle de l'opinion, qui peut ainsi s'assurer de l'indépendance et de l'impartialité du juge. La publicité des débats contribue à mettre les juridictions à l'abri des pressions. Plus encore, des abus ou des injustices peuvent être immédiatement dénoncés s'ils sont commis publiquement. La jurisprudence limite donc le moins possible la liberté de la presse.

698. Le principe de la publicité des débats est posé par l'article 10 de la Déclaration universelle des droits de l'homme. Ce texte constitue avant tout une déclaration de principe, mais il peut être complété par deux textes internationaux essentiels, le Pacte international relatif aux Droits civils et politiques et la Convention européenne des droits de l'homme. L'article 6, § 1, de celle-ci affirme que toute personne qui fait l'objet d'une contestation de ses droits ou d'une accusation en matière pénale a droit à ce que sa cause soit entendue publiquement et que le jugement soit rendu publiquement. Une double exigence en résulte, la publicité de l'audience et la publicité du prononcé du jugement. Cette publicité ne concerne toutefois que l'examen du

---

[1064] S. Guinchard, M. Brandac, M. Douchy, F. Ferrand, W. Lagarde, V. Magnier, H. Ruiz Fabri ; L. Sinopoli, J.M. Sorel, *Droit processuel. Droit commun et droit comparé du procès*, Dalloz, *Précis*, 2ème éd., 2003, n° 409, p. 630 ; P. Kayser, *Le principe de la publicité de la justice dans la procédure civile*, in *Mélanges P. Hébraud*, Dalloz, 1981, p. 515.

[1065] *La justice ne doit pas seulement être rendue, il faut aussi que chacun puisse voir qu'elle est rendue.*

“bien-fondé” de l’accusation. La publicité ne s’impose donc ni pour l’enquête ni pour l’instruction, ni même pour le contentieux relatif à l’exécution d’une sentence pénale[1066]. La Cour européenne des droits de l’homme confère néanmoins une valeur essentielle à l’exigence de publicité. L’intérêt général est en jeu, puisqu’il s’agit de protéger “les justiciables contre une justice secrète échappant au contrôle du public”[1067]. Plus encore, la publicité “préserve la confiance des justiciables dans l’institution judiciaire et participe pleinement, par cette transparence, du droit au procès équitable et de sa finalité”[1068]. Chacun peut ainsi constater que la justice a été rendue. La Cour européenne veille au respect de la règle *in concreto*, en fonction de la nature de l’instance. Elle apprécie l’ensemble du procès avant de décider si les débats ont bien été publics. La publicité à un stade de la procédure peut ainsi compenser son absence à un autre stade de cette procédure, notamment en matière disciplinaire, à condition que la juridiction supérieure exerce un contrôle de pleine juridiction. La Cour européenne fait toutefois preuve de sévérité, puisqu’elle vérifie s’il y a bien eu publicité de l’audience à un niveau pertinent du procès, à un “stade déterminant de la procédure”[1069]. La pratique judiciaire des Etats est également prise en considération. Chaque Etat détermine les modalités qu’il utilise pour rendre public un jugement. Il dispose donc d’une grande liberté d’appréciation. Le dépôt au greffe de la décision peut ainsi valoir lecture publique du jugement, chacun pouvant ainsi accéder au texte intégral de la décision[1070]. Plus encore, la publicité des débats doit uniquement être assurée à l’un des deux degrés du procès. L’absence de publicité en première instance peut donc être compensée par son respect au second, ou l’inverse[1071], ce qui est, cependant, critiqué par la doctrine[1072]. La publicité des débats au niveau de la Cour de cassation est, en revanche, insuffisante, car cette juridiction ne statue qu’en droit[1073].

[1066] Crim. 21 octobre 1997, Procédures, février 1998, n° 45, obs. Buisson.

[1067] CEDH, 24 novembre 1997, *Wermer c./ Autriche*, JCP.1998.I.107, n° 27, obs. P. Sudre ; Rev. sc. crim., 1998.393, obs. R. Koering-Joulin.

[1068] CEDH, 8 décembre 1983, *Axen c./ Allemagne*, série A, n° 72, § 25 ; 29 octobre 1991, *Helmers c./ Suède*, série A, n° 212-A, § 33-36.

[1069] CEDH, 12 juillet 2001, *Malhous c. République Tchèque*, JDI.2002, 167, note F. Darribehaude.

[1070] CEDH, 8 décembre 1983, *Pretto c./ Italie*, série A, n° 71 ; 22 février 1984, *Sutter c./ Suisse*, série A, n° 74.

[1071] CEDH, 2 septembre 1993, *kemzow c./ Autriche*, série A, n° 268 B, § 58 et 59.

[1072] J.F. Renucci, *Droits européen des droits fondamentaux*, n° 118.

[1073] CEDH, 23 juin 1981, *Le Compte et alii c. Belgique*, série A, n° 43 ; 10 février 1983, *Albert et Le Compte c./ Belgique*, série A, n° 58, § 29.

699. Les différents Codes de procédure reprennent, en droit interne, cette exigence de publicité[1074]. Si, en droit pénal, l'enquête et l'instruction en sont exclues, mais également le contentieux relatif à l'exécution d'une condamnation pénale[1075], l'examen du bien-fondé de l'accusation intervient toujours publiquement. Allant au-delà des exigences européennes, la loi n° 2000-516, du 15 juin 2000, sur la protection de la présomption d'innocence et l'amélioration des droits des victimes, a même reconnu à la personne mise en examen le droit de demander que le débat contradictoire organisé en vue de son éventuel placement en détention provisoire soit public, devant le juge des libertés et de la détention, comme devant la Chambre de contrôle de l'instruction[1076]. Le juge ou la Chambre peut rejeter cette demande, mais uniquement si la publicité est susceptible d'entraver les investigations ou de nuire à la dignité de la personne ou aux intérêts des tiers. L'examen des demandes fondées sur l'article 774 du Code de procédure pénale, tel le non-respect des obligations imposées pour un sursis avec mise à l'épreuve, peut intervenir en chambre du conseil[1077].

700. En matière civile, le principe de la publicité des débats est posé par les articles 22 et 433, alinéa 1er, du nouveau Code de procédure civile, aux termes desquels "les débats sont publics, sauf les cas où la loi exige (ou permet) qu'ils aient lieu en chambre du conseil"[1078]. La publicité conditionne la clarté et la régularité des débats et constitue une garantie pour les plaideurs. Le Conseil d'Etat y a donc vu un "principe général du droit judiciaire"[1079]. Les règles relatives à la publicité des débats doivent, au terme de l'article 446 du nouveau Code de procédure civile, être observées à peine de nullité, mais aucune nullité ne pourra être ultérieurement invoquée si elle n'a pas été soulevée avant la clôture des débats. La nullité ne peut, en outre, être relevée d'office. Ce texte n'est pas contraire à l'article 6, § 1, de la Convention européenne, alors qu'il oblige à demander la nullité fondée sur la violation de la règle de la publicité des débats avant leur clôture[1080]. L'étendue des

---

[1074] Article 22 et 433 du nouveau Code de procédure civile ; articles 306, 400 et 535 du Code de procédure pénale ; article L 6 du nouveau Code de justice administrative...

[1075] Crim., 21 octobre 1997, Procédures, février, 1998, n° 45, note J. Buisson.

[1076] Article 199 du Code de procédure pénale.

[1077] Crim., 4 avril 2001, Procédures, juillet 2001, n° 157, note J. Buisson.

[1078] P. Kayser, *Le principe de la publicité de la justice dans la procédure civile*, in *Mélanges Hébraud*, p. 501 et s.

[1079] CE, 4 octobre 1974, D.1975.369, note Auby ; JCP.1975.II.17967, note Drago ; RTDC.1974.354, obs. J. Normand.

[1080] Civ. 2ème, 17 mai 1993, D.1993.IR.145 ; 27 octobre 1998, RTD.Com.1999.204, obs. J.L. Vallens.

pouvoirs reconnus au Président de la juridiction limite la possibilité de faire sanctionner par une nullité les règles régissant la publicité des débats. L'article 437 précise en effet que "s'il apparaît ou s'il est prétendu, soit que les débats doivent avoir lieu en chambre du conseil alors qu'ils se déroulent en audience publique, soit l'inverse, le président se prononce sur-le-champ et il est passé outre l'incident. Si l'audience est poursuivie sous sa forme régulière, aucune nullité fondée sur son déroulement antérieur ne pourra être ultérieurement prononcée, même d'office".

701. Des principes comparables ont progressivement été admis pour la justice administrative, même si la jurisprudence du Conseil d'Etat a longtemps été ambiguë. La lecture publique des jugements des juridictions administratives est admise depuis un arrêt du 19 janvier 1865[1081]. Les parties et les tiers peuvent ainsi prendre connaissance de la décision rendue. Les audiences du Conseil d'Etat sont en outre publiques. En revanche, devant les autres juridictions administratives, la publicité n'était de règle "qu'à la condition qu'un texte législatif ou réglementaire impose l'observation de cette règle de procédure"[1082]. Le caractère administratif des juridictions administratives semblait alors l'emporter sur l'élément juridictionnel. Cette analyse entrait toutefois en contradiction avec leur nature réelle. Certes, de très nombreux textes imposaient la publicité des audiences, mais le principe n'était pas général[1083]. Or, si le Conseil d'Etat n'a jamais abandonné le principe de non publicité des audiences, il a toutefois opéré un double revirement, pour les juridictions administratives[1084] puis pour les instances disciplinaires[1085], sur le fondement de l'article 6, § 1, de la Convention européenne. Toutefois, le Conseil d'Etat n'impose pas la publicité des débats devant la Cour des comptes, bien qu'il s'agisse d'une juridiction[1086]. Il est, en revanche, plus exigeant envers la Cour de discipline budgétaire, dont toutes

---

1081 CE., 19 janvier 1965, *Carré*, Rec. p. 38.

1082 CE., 18 mars 1883, *Ministre de l'Instruction publique*, Rec., p. 285.

1083 Lois du 2 février 1831 (Conseil d'Etat), du 26 octobre 1848 (Tribunal des conflits), du 30 décembre 1962 (Conseils de Préfecture)....

1084 CE., 29 juillet 1994, *Département de l'Indre*, Rec. p. 363 ; RFD.adm.1995.161, conclusions J.Cl. Bonichot. La question est désormais réglée par le Code de justice administrative.

1085 CE., 14 février 1996, arrêt *Malbleu* ; 26 juillet 1996, Rec. p. 303 ; RD.san.soc.1997.265, obs. L. Dubois ; 16 octobre 1998, Delvort, RGDP.1999-3, p. 355, note O. Gohinernheim ; 3 novembre 1999, D.1999.IR.271 ; 23 février 2000, JCP.2000.II.10371, note C. Moniolle ; Procédures, juin 2000, n° 156, note S. Deygas

1086 CE., 16 novembre 1998, *SARL Deltana et Perrin*, Rec. p. 415 ; JCP.1999.IV.1749, obs. M. Ch. Rouault ; RTD.adm.1999.1022, note H. Surrel.

les procédures doivent être publiques, écartant ainsi le principe de non publicité posé par l'article 23 de la loi du 25 septembre 1948[1087].

702. L'article 6, § 1, de la Convention européenne autorise l'interdiction de la presse et du public lors des audiences dans une série de cas limitativement énumérés, dont l'interprétation est assez libérale. La publicité des débats peut être écartée dans l'intérêt de la moralité, de l'ordre public ou de la sécurité nationale dans une société démocratique. Plus encore, le secret peut être décidé pour préserver les intérêts des mineurs ou protéger la vie privée des parties. La Cour européenne a notamment été amenée à se prononcer sur la question de l'exposé public du secret professionnel des médecins devant une instance disciplinaire. Elle a décidé, dans un arrêt rendu le 26 septembre 1995, que la vie privée et le secret professionnel ne peuvent être invoqués pour justifier *a priori* un huis clos. Les magistrats peuvent en effet décider d'un huis clos partiel en cours d'audience pour préserver la vie privée des parties[1088]. Le huis clos doit être strictement nécessaire et être motivé par le juge et reposé sur des circonstances spéciales clairement identifiées. Au-delà des exceptions formellement prévues par la Convention européenne, la Cour admet des exceptions jurisprudentielles. Il suffit, en premier lieu, que la publicité des débats soit assurée à l'un des stades de la procédure. Le secret en première instance peut ainsi être compensé par la publicité des débats en appel[1089]. L'intéressé peut ensuite renoncer à la publicité des débats, dès lors qu'il agit librement, sans contrainte et de manière non équivoque[1090]. Cette renonciation peut être expresse ou tacite, mais ne doit heurter aucun intérêt public important. Enfin, des exceptions à la publicité des débats sont parfois admises en raison des spécificités de certaines procédures, par exemple pour des différends techniques qui ne mettent en jeu aucun intérêt public[1091].

703. Certaines affaires doivent ainsi être jugées avec discrétion, dans l'intérêt même des parties. Des exceptions sont donc apportées à la publicité des débats, pour assurer la sérénité de l'action de la justice et protéger les droits des individus concernés, de leur famille et de leur entourage. Les articles 248 et 298 du Code civil précisent, par exemple, que l'affaire doit être jugée en chambre du conseil, en matière de divorce et de séparation de corps.

1087 CE., 30 octobre 1998, *Lorenzi*, Rec. p. 1037 ; PA., 15 janvier 1999, note J.M. André ; Procédures, janvier 1999, n° 17, note S. Degas.

1088 CEDH, 26 septembre 1995, *Diennet c./ France*, série A, n° 325-A.

1089 CEDH, 2 septembre 1993, *Kremzow c./ Autriche*, série A, n° 268-B, § 58-59.

1090 CEDH, 28 mai 1997, *Pauger c./ Autriche*, Rec. 1997.III, n° 38, p. 881.

1091 CEDH, 24 juin 1993, *Schuller-Zgraggen c./ Suisse*, série A, n° 263 ; AJDA.1993.492.

Les tiers ne sont donc pas mêlés à l'instance. Traditionnellement, l'audience gracieuse se tient également en Chambre du conseil, car les décisions gracieuses relèvent fréquemment de la vie privée. L'absence de litige permet en outre d'écarter les craintes d'influences occultes, l'article 28 du nouveau Code de procédure civile permettant ici au juge de se prononcer "sans débat". Le décret n° 93-181, du 5 février 1993, précise désormais que la publicité est de règle, sauf si le Président en décide autrement, d'office ou à la demande expresse de l'intéressé ou de la personne à l'origine des poursuites disciplinaires, dans l'intérêt de l'ordre public ou pour faire respecter la vie privée ou le secret médical, ce qui pose la question plus générale de l'anonymisation des décisions de justice. L'article 435 du nouveau Code de procédure civile apporte en outre une exception très générale à la publicité des débats, puisqu'il autorise le Tribunal a décidé du huis clos, dans des circonstances spéciales, lorsque la publicité serait de nature à porter atteinte aux intérêts de la justice. Les journalistes ne peuvent alors pas rendre compte d'une audience qui n'a pas été publique et à laquelle nul n'a été admis à assister.

704. L'article 9-1 du Code des Tribunaux administratifs et des Cours administratives d'appel organise pareillement une procédure de clôture de l'instance, par une ordonnance, prise par un juge unique, en cas de désistement, de non-lieu à statuer ou d'irrecevabilité manifeste qui n'est pas susceptible d'être couverte en cours d'instance. Cette ordonnance n'est pas soumise au principe de publicité[1092].

705. De son côté, la Chambre criminelle juge que le contentieux de l'exécution des peines se déroule en Chambre du conseil, sans publicité, car le juge n'est pas appelé à statuer sur le bien-fondé de l'accusation[1093]. Plus encore, elle a refusé, dans un arrêt rendu le 15 juin 1999, d'annuler un arrêt rendu en Chambre du conseil, parce qu'il "n'est pas établi que, ni même allégué, que cette irrégularité ait porté atteinte aux intérêts du demandeur"[1094]. Cette motivation est néanmoins contestable. L'irrégularité dépassait en effet les simples intérêts particuliers du demandeur, tous les citoyens ayant le droit de "voir" la justice rendue. Elle portait, en elle-même, grief.

[1092] CE, 30 décembre 1998, *Association syndicale de Novon*, RFD.adm.1999.806, note L. Sermet.

[1093] Crim. 11 juin 1991, Gaz.Pal.1992.35 ; 21 octobre 1997, Bull. crim. n°344 ; D.2000.IR.244 ; Procédures, 1998, n° 45, obs. J. Buisson.

[1094] Crim., 15 juin 1999, Bull. crim., n° 136 ; D.1999.680, note D. Mayer et J.F. Chassaing ; Procédures, 1999, n° 157, note A. Maron.

B) La publicité de la décision.

706. La Convention européenne n'apporte aucune exception au principe de publicité, s'agissant du prononcé du jugement[1095]. Toute décision doit être lue publiquement, même si cette lecture peut se limiter au dispositif[1096]. La Cour a tempéré cette exigence, en tenant compte des "particularités de la procédure et de l'objet de l'article 6, § 1", dont une interprétation littérale serait trop rigide[1097]. Il peut même être suffisant de déposer au greffe la décision rendue, dès lors qu'elle est accessible au public[1098].

707. La publicité du prononcé du jugement pénal est absolue en droit européen et ne reçoit aucune exception. La position du droit français est toutefois plus nuancée, car les arrêts de la Chambre de l'instruction sont en principe rendus secrètement. Les articles 199, alinéa 1er, et 1999-1, alinéa 2, du Code de procédure pénale permettent, cependant, à la personne mise en examen de demander la publicité des débats, auquel cas le prononcé de l'arrêt est public, et à la partie civile de faire appel d'une ordonnance de non-lieu fondée sur l'état mental du mis en examen, l'arrêt étant alors rendu publiquement. La Chambre criminelle de la Cour de cassation juge également avec constance que la procédure relative à l'exécution des peines peut avoir lieu en Chambre du conseil, sans publicité. Le juge n'est pas appelé "à statuer sur le bien-fondé d'une accusation en matière pénale"[1099]. La loi du 15 juin 2000 a donc maintenu les audiences devant le juge d'application des peines en Chambre du conseil[1100], ainsi que les audiences devant les juridictions régionales et nationales de libération conditionnelle[1101].

708. Le droit de la communication renforce alors le caractère public de la décision. L'information, en matière policière et judiciaire, obéit à des règles particulières, destinées à concilier la liberté de communication, le droit à l'information, le respect des droits de l'individu, à garantir l'efficacité de l'action de la police et de la justice. La communication prématurée d'information risque, en effet, de gêner l'action des autorités et de mettre

---

[1095] CEDH, 28 juin 1984, *Campbelle et affectifs*, série A, n° 80, § 90.
[1096] Commission, avis, 8 décembre 1980, *Crociani et Alii c./ Italie*, DR., n° 22-188, req. n° 603/79.
[1097] CEDH, 22 février 1984, *Sutter c./ Suisse*, série A, n° 74.
[1098] CEDH, 8 décembre 1983, *Pretto c./ Italie*, série A, n° 71 ; 22 février 1984, *Sutter c./ Suisse*, série A, n° 74.
[1099] Crim., 11 juin 1991, Gaz.Pal.1992.1.35 ; 21 octobre 1997, Bull. crim., n° 344 ; Procédures, 1998, n° 45, note J. Buisson ; 20 juin 2000, D.2000.IR.244.
[1100] Article 722 du Code de procédure pénale.
[1101] Article 722-1, alinéas 4 et 6 du Code de procédure pénale.

gravement en cause des personnes qui n'ont pas encore été jugées. L'information garantit toutefois les droits des individus face aux éventuels abus de la police et de la justice. La pluralité des intérêts en présence, mais aussi leur caractère fluctuant, a rendu très difficile la mise en place d'une réglementation adaptée.

709. La loi du 29 juillet 1881 garantit la publicité de l'action policière et judiciaire. Son article 41 précise que "le compte rendu fidèle, fait de bonne foi, des débats judiciaires" ne donnera lieu "à aucune action en diffamation, injure ou outrage". A défaut, le journaliste commet une faute qui engage sa responsabilité[1102]. Les moyens de communications sont libres, sous cette réserve, de contribuer à la publicité de la décision. Le juge peut même, à titre de réparation, de sanction ou de peine complémentaire, ordonner la publication de la décision dans divers médias, aux frais de la personne condamnée.

710. Le droit de la presse interdisait néanmoins de publier certaines informations, pour garantir le secret et la sérénité de la procédure et des débats, mais ces textes ont été en partie jugés contraires à la Convention européenne des droits de l'homme[1103]. La jurisprudence de la Cour européenne des droits de l'homme a progressivement remis en cause l'ensemble du droit français de la presse. Ainsi, s'agissant de la protection des victimes, avant la loi n° 2000-516 du 15 juin 2000, l'article 38, alinéa 3, de la loi du 29 juillet 1881 interdisait la publication d'images représentant "tout ou partie des circonstances" de certains crimes et délits. La Chambre criminelle de la Cour de cassation, dans un arrêt rendu le 20 février 2001, a cependant jugé cette disposition incompatible avec l'article 10, § 2, de la Convention européenne[1104]. Cet article a été abrogé par la loi du 15 juin 2000 et remplacé par un article 35 *quater* qui prohibe la diffusion "de la reproduction des circonstances d'un crime ou d'un délit, lorsque cette reproduction porte gravement atteinte à la dignité d'une victime" et a été faite sans le consentement de celle-ci. La notion de dignité de la personne humaine reste très imprécise, car la dignité est, dans une large mesure, une notion subjective. Le droit à l'information tend donc à se généraliser. L'article 11, alinéa 3, du

---

[1102] Crim., 10 mai 1994, Légipresse, n° 117, III, 173.

[1103] L'article 38, alinéa 1er, interdisait ainsi de "publier les actes d'accusation et tous autres actes de procédure criminelle ou correctionnelle avant qu'ils aient été lus en audience publique". Les assignations, les procès verbaux de saisie, les rapports d'expertise, les procès verbaux d'interrogatoires et d'auditions, les dépositions étaient ainsi couverts par le secret. Aucun acte du dossier d'instruction ne peut donc être publié. Peu importe en outre qu'il ait fait l'objet d'une publication antérieure.

[1104] Crim., 20 février 2001, Bull. crim., n° 810 ; D.2001.IR.908.

Code de procédure pénale, issu de la loi du 15 juin 2000, permet ainsi au Procureur de la République de publier d'office ou à la demande des parties privées et publiques des "éléments objectifs tirés de la procédure", dès lors qu'ils ne comportent aucune appréciation sur le bien-fondé des charges retenues contre les personnes mises en cause.

711. La liberté d'expression l'emporte même de plus en plus fréquemment sur la présomption d'innocence. Certaines interdictions françaises ont donc été jugées contraires à la Convention européenne des droits de l'homme. Ainsi, l'article 2 de la loi du 2 juillet 1931, qui interdisait de publier, avant toute décision judiciaire, toute information relative à des constitutions de parties civiles a également été condamné. Cette interdiction tendait, selon les juridictions françaises, à protéger la réputation d'autrui et à garantir l'autorité du pouvoir judiciaire. Or, la Cour européenne a considéré que cette justification n'était pas suffisante, parce qu'elle ne concerne que les procédures pénales avec plainte avec constitution de partie civile, à l'exclusion de celles ouvertes sur réquisition du parquet ou sur plainte simple[1105]. Une telle différence de traitement du droit à l'information ne semblait fondée sur aucune raison objective, alors qu'elle entrave de manière totale le droit de la presse à informer le public. En outre, il existe d'autres mécanismes pour protéger la personne mise en cause, tels l'article 9-1 du Code civil ou l'article 91 du Code de procédure pénale. La France a donc été condamnée pour violation de l'article 10 de la Convention, car "la condamnation des journalistes ne représentait pas un moyen raisonnablement proportionné à la poursuite des buts légitimes visés compte tenu de l'intérêt de la société démocratique à assurer et à maintenir la liberté de la presse"[1106]. La Cour européenne reconnaît ainsi une valeur considérable à la liberté d'expression, car elle est le "fondement essentiel d'une société démocratique"[1107]. L'article 10, § 2, lui apporte des limites, mais elles ne sont appliquées. Certes, l'interdiction de publier des informations relatives à des constitutions de parties civiles poursuivait un but légitime, la protection de la réputation et des droits d'autrui ainsi que le bon fonctionnement de la justice. La Cour de Strasbourg considère qu'elle n'était pas "nécessaire dans une société démocratique". Toute restriction apportée à la liberté d'expression doit être justifiée de manière convaincante, par un "besoin social impérieux"[1108].

[1105] CEDH, 3 octobre 2000, *Du Roy et Malaurie c./ France*, D.2001.Som.1064, obs. J.F. Renucci ; D.2001.Somm.515, obs. J. Pradel ; JDI.2001.22, note A. Guedj.
[1106] CEDH, 3 octobre 2000, *Du Roy et Malaurie c./ France*, arrêt précité.
[1107] CEDH, 7 décembre 1976, *Age c./ Royaume-Uni*, A-24, § 49.
[1108] CEDH, 27 mars 1996, *Goodwin c./ Royaume-Uni*, Rec. 1996.II, p. 500 et s., § 40 ; D.1997.Som.211, obs. N. Fricero ; 29 août 1997, *Worm c./ Autriche*, Rec. 1997.V, p. 1551, § 47.

L'interdiction posée par l'article 2 de la loi du 2 juillet 1931 ne reposait sur aucune raison objective, puisqu'elle ne concernait que les plaintes avec constitution de partie civile. Aucune raison objective ne pouvait justifier cette différence de traitement de l'information. De plus, l'affaire concernait des hommes politiques, des personnes publiques, et portait sur leurs agissements intéressant la direction d'une société publique, la *Sonacotra*. Il n'y a aucune raison de réserver un traitement particulier à la plainte avec constitution de partie civile, même si la plainte simple ne met pas en mouvement l'action publique. Aucune différence profonde ne la distingue de la plainte simple. Le législateur entendait éviter tout risque de chantage ou de pression, mais ce risque est également présent avec la plainte simple. Il aurait donc dû soit interdire toute diffusion d'information soit ne poser aucune interdiction. La distinction réalisée par la loi du 2 juillet 1931 n'avait aucune raison d'être. La condamnation de la France a donc provoqué un revirement de jurisprudence, car la Chambre criminelle a, dans un arrêt rendu le 16 janvier 2001, abandonné cette distinction[1109]. En l'espèce, les prévenus avaient été condamnés pour complicité de publication, avant décision judiciaire, d'informations relatives à la constitution de partie civile. Ils avaient également été condamnés à verser des dommages-intérêts à la partie civile et à la diffusion dans des journaux télévisés de communiqués résumant la substance de l'arrêt avait été ordonnée. Or, la Chambre criminelle considère que l'article 2 de la loi du 2 juillet 1931 instaure une restriction à la liberté d'expression qui n'est pas nécessaire à la protection des intérêts légitimes énumérés par l'article 10, § 2, de la Convention européenne. Etant incompatible avec ces dispositions conventionnelles, il ne saurait servir de fondement à une condamnation pénale. La Chambre criminelle a repris l'argumentation de la Cour européenne presque mot à mot.

712. La protection de l'individu et du secret justifie, cependant, certaines exceptions à ce principe de publicité, en raison de la nature particulière de certaines affaires. L'article 39 de la loi du 29 juillet 1881 interdit ainsi de rendre compte des procès en diffamation, lorsque l'imputation à trait à la vie privée, lorsqu'elle porte sur des faits remontant à plus de 10 ans ou se réfère "à un fait constituant une infraction amnistiée ou prescrite, ou qui a donné lieu à une condamnation effacée par la réhabilitation ou la révision". Ce texte interdit également "de rendre compte des débats et de publier les pièces de procédure concernant les questions de filiation, actions à fin de subsides, procès en divorce, séparation de corps et nullités du mariage, procès en matière d'avortement". L'article 39 de la loi de 1881 garantit la publicité des décisions, en précisant que ces interdictions ne sont pas applicables "au

---

[1109] Crim., 16 janvier 2001, D.2001.Som.1067, obs. J.F. Renucci.

dispositif des décisions, qui peut toujours être publié". La jurisprudence tempère toutefois ce principe, en lui apportant des restrictions. La publication d'une décision dictée par une volonté de nuire peut ainsi constituer une diffamation[1110]. Une action en responsabilité civile peut en outre être justifiée par les formes et les conditions de la publicité de la décision. Si le commentaire de la décision est en principe libre, il ne saurait toutefois porter atteinte à l'autorité de la justice. L'article 434-25 du Code pénal incrimine "le fait de chercher à jeter le discrédit, publiquement, par actes, paroles, écrits ou images de toute nature, sur un acte ou une décision juridictionnelle, dans des conditions susceptibles de porter atteinte à l'autorité de la justice". Cette disposition limite *a priori* la liberté d'expression, alors surtout que le libre commentaire des décisions de justice garantit le respect des droits des justiciables et participe à la recherche et à l'enseignement du droit. L'alinéa 2 de l'article 434-35 précise donc que "les dispositions de l'alinéa précédent ne s'appliquent pas aux commentaires techniques ni aux actes, paroles, écrites ou images de toute nature tendant à la réformation, la cassation ou la révision d'une décision".

713. L'organisation de l'information policière et judiciaire met ainsi en lumière l'acuité du conflit entre la liberté d'expression, le droit à l'information et les droits de l'individu. L'information du public, objectif légitime et nécessaire dans une démocratie, ne saurait nuire à l'indépendance et à la sérénité de la justice, ni remettre en cause les droits fondamentaux de la personne, d'où la recherche permanente de solutions de compromis.

§ 3 : La mise en échec du droit à l'image.

714. L'image a, aujourd'hui, une valeur marchande. Sa reproduction, lorsqu'elle représente des personnes connues, est très largement utilisée par les médias pour stimuler les tirages. Les lecteurs créent un marché que les professionnels exploitent. De nombreuses personnalités laissent reproduire leur image, car elles y voient un moyen d'augmenter leur notoriété. Elles s'opposent, en revanche, à la diffusion d'images non autorisées ou qui risquent de leur nuire. L'utilisation d'une image requiert, en effet, une autorisation, qui est généralement donnée dans une convention organisant la cession à titre onéreux des droits de reproduction de la photographie. Le droit de reproduire le cliché appartient ensuite au seul cessionnaire, dans les conditions fixées par les parties.

[1110] Crim., 22 juillet 1965, Bull. crim. n° 158.

715. Le droit à l'information paralyse néanmoins le droit à l'image, pour que celui-ci ne se transforme pas en un monopole d'exploitation commerciale. L'image d'une personne, connue ou inconnue, peut être reproduite lorsqu'elle est en relation directe avec un événement d'actualité (A) ou lorsque l'individu n'occupe qu'une place accessoire sur le cliché (B).

A) L'illustration d'un événement d'actualité.

716. Les personnes publiques sont présumées renoncer à leur droit à l'image pour les clichés pris dans le cadre de leurs activités publiques ou officielles, pour répondre au besoin légitime d'information des citoyens. L'éviction du caractère privé de la situation photographiée ou filmée est radicale. Les personnes publiques sont réputées consentir tacitement à la reproduction de leur image, laquelle constitue la "contrepartie nécessaire" de leur statut[1111].

717. Plus généralement, l'image peut être reproduite lorsqu'elle est "en relation directe avec un événement" d'actualité[1112]. Cette stricte nécessité était étroitement définie par la jurisprudence. La publication d'une photographie représentant l'expulsion d'un immigré en situation irrégulière pour illustrer un article sur les conditions de reconduite à la frontière avait, par exemple, été jugée fautive[1113]. Une distinction avait été opérée entre l'intérêt de l'image, jugé insuffisant, et la nécessité de sa publication. Or, la jurisprudence récente tend au contraire à rendre l'individu de plus en plus transparent. Elle a, dans un premier temps, assoupli la notion de "nécessité de l'information". Ainsi, le Tribunal de grande instance de Paris a admis qu'un organe de presse puisse publier un cliché représentant une institutrice lors d'une fête scolaire pour illustrer la prise d'otage des élèves d'une école maternelle, alors que ce cliché avait été réalisé plusieurs semaines auparavant[1114]. Plus encore, la Cour de cassation a abandonné, en 2001, le principe d'une protection absolue de l'image, sous le visa de l'article 10 de la Convention européenne : "La liberté de communication des informations autorise la publication de personnes impliquées dans un événement sous la seule réserve du respect de la dignité

[1111] TGI Paris, 26 octobre 1994, cité par Ch. Bigot, *Protection des droits de la personnalité et liberté d'information*, D.1998.Chron.235, spécialement n° 14, p. 237.

[1112] Civ. 1ère, 20 février 2001, Bull. civ. I, n° 43 ; D.2001.1199, note Gridel ; JCP.2001.II.10553, note J. Ravanas.

[1113] TGI Paris, 5 février 1992, inédit, cité par Ch. Bigot, *Protection des droits de la personnalité et liberté d'information*, D.1998.Chron.235, spécialement n° 6, page 236.

[1114] TGI Paris, 5 janvier 1994, Juris-data, n° 040196.

de la personne humaine[1115]. La diffusion d'un tract comportant la photographie d'un policier dans l'exercice de ses fonctions, lors d'une opération d'expulsion, est donc légitime, dès lors que, diffusée quelques jours après l'événement, elle est en relation directe avec celui-ci. La Cour de cassation réduit donc de plus en plus le droit à l'image, pour garantir l'information du public. Or, le tract n'avait pas pour vocation d'informer le public et le policier avait *a priori* toutes les chances d'obtenir satisfaction. La Cour de cassation approuve la Cour d'appel de Paris d'avoir jugé cette publication légitime. La Cour de cassation limite désormais son contrôle au respect de la dignité de la personne[1116]. La diffusion d'une photographie demeure, cependant, illicite lorsqu'elle intervient dans un contexte différent de celui dans lequel le cliché a été pris. Une photographie prise sur un champ de courses ne peut donc pas être utilisée pour illustrer un article relatif au dopage dans le milieu cycliste[1117].

718. La reproduction d'une image en "illustration directe d'un événement public" n'est plus soumise à autorisation. Elle doit être admise lors de la survenance de cet événement, mais également lors du rappel qui en est fait, pour les nécessités du droit à l'information[1118]. La jurisprudence privilégie, une fois encore, le droit à l'information, mais le juge veille à ce que les commentaires qui accompagnent l'image ne modifient pas le contenu de l'image représentant les personnes concernées par cet événement"[1119]. La Cour de cassation a donc précisé les conditions de cette paralysie du droit à l'image. Un "événement" est tout d'abord nécessaire. Seule la proximité temporelle de l'événement justifie ensuite la diffusion de l'image. Il n'est pas exigé, en revanche, que la reproduction ait une finalité d'information. La distribution de tract politique n'est pas destinée, en effet, à informer le public. Cette atteinte au droit à l'image peut alors apparaître excessive, même si la société de l'information privilégie l'image. Enfin, la référence aux "nécessités de l'actualité" a été abandonnée[1120]. Il suffit désormais que le cliché illustre cet événement. Le juge ne recherche plus s'il était impossible d'éviter sa

---

[1115] Civ. 1ère, 20 février 2001, Bull. civ. I, n° 42 ; D.2001.1199, note J.P. Gridel ; D.2001.Somm.1992, obs. C. Caron ; JCP.2001.II.10533, note J. février

[1116] Civ. 1ère, 12 juillet 2001, Bull. civ. I, n° 121 ; D.2002.1380, note C. Bigot ; JCP.2002.II.10152, note J. Ravanas ; RTDC.2001.852, obs. J. Hauser.

[1117] Civ. 2ème, 30 juin 2004, D.2004.IR.2350.

[1118] TGI Nanterre, 25 avril 2000, Légipresse, 2000, n° 176, Actualités, p. 34 ; CA Paris, 27 septembre 2001, D.2002.Som.2764, obs. C. Bigot ; TGI Paris, 25 février 2002, D.2002.Som.2764, obs. T. Massis.

[1119] CA Paris, 27 septembre 2001, arrêt précité.

[1120] Civ. 1ère, 12 juillet 2001, Bull. civ. I, n° 121 ; D.2002.1380, note C. Bigot ; JCP.2002.II.10152, note J. Ravanas ; RTDC.2001.852, obs. J. Hauser.

diffusion, mais contrôle la légitimité du but poursuivi par l'auteur de la publication. Par exemple, s'agissant d'un article relatif au divorce d'une princesse, il est possible de publier des clichés illustrant "le couple, l'accablement, la solitude", car ils "ont un lien de pertinence avec le sujet d'actualité" abordé par l'article[1121]. Il suffit donc que l'image publiée soit pertinente. Le droit à l'image ne se réduit donc pas à un monopole d'exploitation commerciale, mais on peut regretter la subjectivité attachée à la notion de "pertinence". Il est toutefois intéressant de constater que ce critère tend à se généraliser, puisqu'il est déjà utilisé lors de la formation du contrat, pour identifier les informations qui peuvent être demandées au futur contractant.

719. La paralysie du droit à l'image est particulièrement forte en présence d'un événement d'actualité. Les convictions religieuses de l'individu peuvent notamment être révélées pour assurer l'information du public. Certes, une jurisprudence ancienne avait décidé que la participation à un pèlerinage religieux relevait du for intérieur[1122] ou que la photographie d'une personnalité religieuse dans un lieu de culte constituait une indiscrétion fautive[1123]. Or, ces principes sont aujourd'hui remis en cause, comme l'illustre le jugement rendu le 25 février 2002 par le Tribunal de grande instance de Paris[1124]. L'image litigieuse représentait deux jeunes femmes à genoux lors d'un chemin de croix organisé en 1997 par l'Eglise Saint-Eustache, dans le cadre des Journées mondiales de la jeunesse. Elle illustrait un article publié dans le journal *L'express*, sous le titre de *Dieu est-il misogyne ?*. Les deux jeunes femmes considéraient que le journal avait porté atteinte à leur vie privée ainsi qu'à leur droit à l'image. Le Tribunal rejeta néanmoins leur demande, estimant que la reproduction d'une image en "illustration directe d'un événement public" n'est pas soumise à autorisation.

720. Des solutions particulières ont été posées s'agissant de l'actualité judiciaire, en raison notamment du principe de la publicité des débats et de la décision. Certains médias considèrent que l'information judiciaire doit être librement accessible au public, y compris lorsqu'elle porte sur la vie personnelle des intéressés. Toutefois, la Cour européenne des droits de l'homme a estimé que "les médias ne doivent pas franchir les bornes fixées aux fins d'une bonne administration de la justice ; il leur incombe de

---

[1121] TGI Nanterre, 31 juillet 1997, inédit, cité par Ch. Bigot, *Protection des droits de la personnalité et liberté d'information*, D.1998.Chron.235, spécialement n° 20, p. 239.

[1122] Crim. 28 février 1874, S.1874.I.233, note (critique) E. Naquet.

[1123] Paris, 11 février 1987, Gaz.Pal.1987.1.138.

[1124] TGI Paris, 25 février 2002, D.2002.Som.2764, obs. T. Massis.

communiquer des idées et des informations sur les questions que connaissent les tribunaux tout comme sur celles qui concernent d'autres secteurs d'intérêt public. A leur fonction consistant à en communiquer s'ajoute le droit, pour le public, d'en recevoir"[1125]. Or, en droit interne, la Cour d'appel de Paris, a jugé, s'agissant de l'état de santé des victimes dans "l'affaire du sang contaminé", que "les dispositions de l'article 9 du Code civil relatif à la protection de la vie privée ne peuvent faire obstacle au principe de la publication des débats correctionnels"[1126]. La protection de la vie privée ne saurait donc interdire la publication des débats judiciaires, qui se sont déroulés publiquement, même lorsque les débats contiennent des éléments relatifs à la vie personnelle[1127]. La photographie des plaideurs peut donc être publiée, sans leur consentement[1128]. Il en va de même lorsque l'individu n'occupe qu'une place accessoire sur le cliché.

B) La théorie de l'accessoire.

721. La présence dans un lieu public ne vaut pas renonciation automatique au droit à l'image, mais la jurisprudence tient compte de la nature et du cadrage du cliché publié. Pour qu'il y ait atteinte au droit à l'image, il faut que la personne représentée soit reconnaissable. Le simple fait d'apparaître au milieu d'une foule sur une photographie illustrant un événement d'actualité ne saurait ainsi porter atteinte au droit à l'image. La photographie d'une personne peut donc être reproduite sans autorisation lorsque l'individu n'est représenté que de façon accessoire. Cette exception a notamment été opposée au couple qui déclarait avoir été modèle de Robert Doisneau pour *Le Baiser de l'Hôtel de Ville*[1129]. Le critère de l'accessoire est déjà utilisé dans de nombreux domaines, tels le droit d'auteur ou l'image des biens. Ce critère est aujourd'hui appliqué au droit à l'image, dès lors que l'individu représenté n'est pas le sujet principal de la photographie[1130]. Il doit être photographié de manière fortuite, dans un lieu public, au sein d'un groupe de personnes. La publication d'un cliché représentant un groupe de personnes, même reconnaissables au sein d'une manifestation publique, est donc admise.

[1125] CEDH, 26 avril 1979, *Sunday Time c./ Royaume-Uni*, Série A, n° 30, § 65.

[1126] CA Paris, 24 mai 1994, Juris-data, n° 022205.

[1127] Civ. 2ème, 20 novembre 1990, JCP.1992.II.21908, note J. Ravanas ; TGI Paris, 22 novembre 1995, Légipresse, 1996, n° 132, I, p. 74.

[1128] TGI Paris, 15 décembre 1993, Juris-data n° 048542 et 050273.

[1129] TGI Paris, 2 juin 1993, Gaz.Pal., 13-15 février 1994, p. 18, note Frémond.

[1130] CA Paris, 21 juin 1985, D.1986.IR.49, obs. R. Lindon ; CA Paris, 11 février 1987, D.1987.Som.142, obs. R. Lindon.

722. Le critère de l'accessoire a notamment été appliqué par l'arrêt rendu le 25 janvier 2000 par la première chambre civile de la Cour de cassation[1131]. En l'espèce, le journal *France soir* avait publié la photographie d'un groupe de personnes, dont certaines étaient suspectées d'activités terroristes. L'une, de confession israélite, contesta cette publication faite sans son autorisation. Les juges du fond avaient écarté sa demande, et la Cour de cassation a rejeté son pourvoi. La photographie avait été prise dans un lieu public et représentait un large groupe de personnes. Elle illustrait en outre un événement d'actualité. Cette solution semble *a priori* sévère, car un pratiquant israélite ne souhaite pas être assimilé à un terroriste islamiste. Les faits peuvent faire penser que c'est le droit à l'image qui est en cause, non le droit au respect de la vie privée. Le pourvoi du demandeur reposait sur l'article 9 du Code civil et la Cour de cassation semble admettre ce fondement, en affirmant que "la décision attaquée était légalement justifiée". Une atteinte au droit à l'image relève donc de l'article 9[1132]. Cette assimilation soulève toutefois des difficultés. Le droit à l'image peut être méconnu indépendamment de toute atteinte à la vie privée de la personne représentée. La Cour de cassation se livrerait donc à une interprétation *contra legem* de l'article 9, les termes "vie privée" n'ayant plus aucune signification. Cette difficulté pourrait alors être évitée en envisageant un "droit unique au respect de la personnalité"[1133].

723. Plus généralement, cet arrêt précise les limites du droit à l'image. En l'espèce, cette atteinte ne pouvait pas être contestée, car la photographie avait été reproduite sans l'autorisation de l'intéressé. Cette atteinte n'était pas illicite. Cette exception reste toutefois imprécise et ne peut être utilisée qu'en présence d'un faisceau d'indices. Le caractère public du lieu représenté est assez indifférent. L'atteinte au droit à l'image est moins forte, lorsque les clichés ont été pris dans un espace public, mais elle n'en demeure pas moins. L'argument tiré de la nécessité d'informer le public n'est guère plus convainquant. La personne représentée s'était trouvée par hasard au sein d'un groupe plus large. Sa représentation n'apportait aucune information au public. Le troisième critère retenu par la Cour de cassation est plus pertinent. Elle relève, en effet, que rien ne permettait d'isoler le demandeur au sein du groupe photographié. Elle se réfère ainsi, au moins implicitement, au caractère de l'accessoire. *A contrario*, la solution aurait donc été différente s'il avait été le sujet central du cliché. Le critère de l'accessoire permet de

---

[1131] Civ. 1ère, 25 janvier 2000, D.2000.Som.270, obs. C. Caron ; JCP.2000.II.I10257, conclusion J. Saint-Rose

[1132] Egalement en ce sens : Civ. 1ère, 13 janvier 1998, D.1999.541, note J.C. Saint-Pau.

[1133] L. Marino, *Responsabilité civile, activités d'informations et médias*, PUAM-Economica, 1997, n° 345.

paralyser un droit subjectif dont l'emprise pourrait être excessive. Cette analyse évite d'avoir à solliciter de nombreuses autorisations avant de diffuser l'image d'un groupe. Elle repose en outre sur l'adage *de minimis non curat praetor*, le juge n'ayant pas à se soucier d'atteintes aussi minimes au droit à l'image. Ce critère de l'accessoire constitue donc la principale justification au rejet du pourvoi. Il doit toutefois être utilisé avec prudence pour ne pas évincer la protection des droits de la personnalité.

724. Le Tribunal de grande instance de Paris a donc logiquement refusé, dans un jugement rendu le 28 juin 2000, d'appliquer le critère de l'accessoire à la reprise, pour une nouvelle campagne de publicité, d'une photographie prise dix ans auparavant. Cette reprise contrevient au "droit absolu que détient la demanderesse sur son image et sur l'utilisation qui peut en être faite"[1134]. Une autorisation donnée en 1989 pour une première campagne publicitaire ne pouvait valoir pour une nouvelle utilisation près de dix années plus tard, alors surtout que l'information du public n'était pas en cause. La reprise de l'image portait donc atteinte au monopole d'exploitation reconnu à la personne représentée.

725. Ainsi, le droit au respect de la vie privée et le droit à l'image sont aujourd'hui limités par le droit à l'information. L'information est légitime lorsqu'elle est utile à l'intérêt général ou du moins à l'intérêt du public, dès lors qu'elle est réalisée de bonne foi et sans porter atteinte à la dignité des intéressés. L'évolution de la jurisprudence permet d'éviter l'exploitation abusive des droits de la personnalité. Le contrôle du juge ne porte plus que sur le respect de la dignité de la personne. Le droit à l'image, comme le droit au respect de la vie privée, repose en effet sur l'article 9 du Code civil. Leur limite est donc logiquement commune. Cette évolution est en outre conforme à la jurisprudence de la Cour européenne, qui invite le juge à se livrer à un contrôle de proportionnalité, en comparant les intérêts en présence.

[1134] TGI Paris, 28 juin 2000, D.2001.Som.2077, obs. A. Lepage.

Sous-section 3 : Le respect de la dignité de la personne humaine.

726. L'article 16 du Code civil consacre le droit au respect de la dignité de la personne humaine. Le droit à la dignité de la personne humaine est aujourd'hui reconnu tant par les textes internationaux[1135] que par le Conseil constitutionnel, pour qui "la sauvegarde de la dignité de la personne humaine contre toute forme d'asservissement et de dégradation est un principe à valeur constitutionnelle"[1136]. Ce droit constitue alors une limite à la liberté d'expression. La Cour de cassation a posé un principe général, en affirmant, dans un arrêt rendu le 20 décembre 2000, que "la liberté de communication des informations autorise la publication d'image des personnes impliquées dans un événement, sous la seule réserve du respect de la dignité de la personne humaine"[1137].

727. Le droit à la dignité et le droit à l'information doivent donc être, à leur tour, conciliés. Même vieilli, malade, blessé, l'individu reste un être humain et doit être protégé contre les atteintes portées à son moi intime. Le juge est donc appelé à concilier, au cas par cas, ces deux principes fondamentaux. L'information du public ne justifie pas que l'on puisse rejeter hors de l'humanité un individu. L'impératif de transparence doit céder face au respect de l'humanité elle-même. Ainsi, la dignité des victimes d'infraction doit être respectée. La loi n° 2000-516 du 15 juin 2000 a, par exemple, inséré deux nouvelles infractions dans la loi du 29 juillet 1881. Tout d'abord, la reproduction des circonstances d'un crime ou d'un délit est pénalement sanctionnée lorsqu'elle est susceptible de porter "gravement" atteinte à la dignité d'une victime. Cette infraction se substitue à celle de l'ancien article 38, alinéa 3, de la loi de 1881. Cette disposition, trop imprécise, avait été jugée contraire aux articles 6, 7 et 10 de la Convention européenne des droits de l'homme[1138]. Désormais, l'article 35 *quater* de la loi de 1881 incrimine "la diffusion, par quelque moyen que ce soit et quel qu'en soit le support, de la reproduction des circonstances d'un crime ou d'un délit, lorsque cette

---

[1135] Préambule de la Déclaration universelle des droits de l'Homme, du 10 décembre 1948 ; préambule de lu Pacte international relatif aux droits civils et politiques et préambule du Pacte relatifs aux droits économiques, sociaux et culturels, du 16 décembre 1966 ; articles 3 et 14 de la Convention européenne des droits de l'Homme…

[1136] Cons. Const., 27 juillet 1994, décision n° 94-343-344 DC.

[1137] Civ. 1ère, 20 décembre 2000 et Civ. 1ère, 20 février 2001, D.2001.Som.1990, obs. A. Lepage.

[1138] TGI Paris, 10 septembre 1996, D.1997.Som.com.91, obs. Th. Hassler et V. Lapp ; Légipresse, 1997, n° 138, III, p. 7, note E. Derieux ; Crim. 20 février 2001, Légipresse 2001, n° 180, III, p. 54, note E. Derieux.

reproduction porte gravement atteinte à la dignité d'une victime et qu'elle est réalisée sans l'accord de cette dernière". Un acte de publication est donc nécessaire, mais sa nature et ses modalités importent peu. Il doit reproduire les circonstances d'un crime ou d'un délit, porter gravement atteinte à la dignité de la victime et avoir été réalisé sans son consentement. L'article 48, 8°, de la loi de 1881, issu de la loi du 15 juin 2000, précise que les poursuites ne peuvent être engagées que sur plainte de la victime ou "à la requête de la partie lésée".

728. L'imprécision de la notion de dignité de la personne est, cependant, regrettable, car elle accorde un très large pouvoir d'appréciation au juge. La Cour de cassation, dans un arrêt rendu le 20 décembre 2000, décide, par exemple, que la photographie d'un préfet assassiné était contraire à la dignité de la personne humaine. Elle n'a pas, en revanche, sanctionné, dans l'arrêt du 20 février 2001, la publication d'une photographie représentant une personne en état de choc après un attentat commis dans le RER, "dès lors que la photographie était dépourvue de la recherche du sensationnel et de toute indécence"[1139]. Un tel cliché n'était pourtant pas dépourvu d'un caractère morbide et racoleur. Inversement, il aurait été possible de considérer que la diffusion de la photographie du préfet assassiné était un moyen de dénoncer un tel crime. La sensibilité du juge est donc appelée à jouer un très grand rôle, d'où une inévitable insécurité juridique.

729. Ainsi, le droit à l'image ne disparaît pas totalement, mais tend à devenir une déontologie de l'image, qui interdit par exemple de reproduire sans autorisation une image qui serait reproduite dans un contexte étranger à celui dans lequel il a été pris. Le droit à l'image évolue vers un droit à la dignité de la personne humaine dans le cadre des clichés d'actualité, mais il demeure absolu lorsque les clichés ne sont pas utilisés pour illustrer un événement d'actualité. La limite posée à cette liberté, le respect de la personne humaine, manque cependant de précision, car elle dépend, dans une large mesure, de la subjectivité du juge. L'information du public n'est en outre pas la seule limite apportée au droit au respect de la vie privée et au droit à l'image. Des impératifs de santé publique peuvent également rendre l'individu transparent.

[1139] Civ. 1ère, 20 décembre 2000 et Civ. 1ère, 20 février 2001, arrêts précités.

Section 3 : Transparence et santé publique.

730. Le secret médical protège en principe l'individu contre toute forme d'indiscrétion des tiers. Il est toutefois purement et simplement écarté en présence de déclarations et de recherches imposées par la loi, car l'intérêt général est alors en jeu (§ 1). Il peut également être mis en échec lors d'études épidémiologiques (§ 2).

§ 1 : Les déclarations et recherches obligatoires.

731. Des mesures de police, justifiées par la santé publique, dérogent au secret médical. Le Code de la santé publique fonde le régime des maladies dont la déclaration à l'autorité sanitaire est obligatoire[1140]. Cette obligation est pénalement sanctionnée. La liste des affections concernées est fixée par un décret pris après avis de l'Académie nationale de médecine et du Conseil supérieur d'hygiène publique en France. Le décret du 10 juin 1986 distingue alors les affections relevant de mesures exceptionnelles prises au niveau national ou international[1141] des affections qui relèvent de mesures locales et d'une simple information du Ministre de la santé[1142]. Cette déclaration obligatoire doit être effectuée par le médecin, mais également par les proches du malade. Elle permet alors de déclencher des dispositifs de lutte contre les épidémies, qui peuvent aller jusqu'à l'isolement du malade ou la fermeture de tous les établissements ouverts au public.

732. D'autres régimes de déclaration obligatoire ont également été organisés pour lutter contre certains fléaux sociaux. Une ordonnance du 25 novembre 1960 oblige ainsi le médecin à déclarer à l'autorité sanitaire toutes les maladies sexuellement transmissibles dont il a connaissance[1143]. Il ne révèle toutefois le nom du patient que si celui-ci refuse de se faire soigner ou s'il fait courir un risque grave de contagion à des tiers. L'autorité sanitaire peut alors enjoindre le patient de se faire soigner et même, en cas de refus répété, le faire hospitaliser d'office. Les autres déclarations obligatoires poursuivent des objectifs différents. Les alcooliques dangereux pour autrui doivent ainsi être déclarés, pour préserver la sécurité publique. La déclaration obligatoire des personnes atteintes de troubles mentaux qui rendent nécessaire le placement sous sauvegarde de justice tend, quant à lui, à assurer leur

---

[1140] Articles L 11 et L 12 du Code de la santé publique.
[1141] Choléra, peste, fièvre jaune, rage, typhus, fièvres hémorragiques africaines.
[1142] Tuberculose, diphtérie…
[1143] Article L 256 du Code de la santé publique.

protection contre elles-mêmes[1144]. Enfin, les toxicomanes sont également placés sous la surveillance des autorités judiciaires et/ou sanitaires, mais il n'existe pas de véritable régime de déclaration obligatoire.

733. Ces mesures de police administratives soulèvent néanmoins des difficultés d'éthique. Ainsi, le Comité consultatif national d'éthique, consulté en octobre 1999, sur les textes réglementaires fixant les modalités de transmission aux autorités sanitaires de données individuelles portant sur des cas de maladies à déclaration obligatoire et dressant une liste de ces maladies, a estimé que "l'enregistrement de données à caractère nominatif a très certainement pour seul but l'élimination des doublons"[1145]. Il ajoutait néanmoins que cette exigence technique ne devait en aucun cas l'emporter sur le respect absolu de l'anonymat, notamment pour éviter la révélation d'une sérologie VIH. Le Comité consultatif national d'éthique se déclarait donc hostile à la déclaration obligatoire de cette infection par le VIH, pour éviter une détérioration de la relation médecin malade"[1146].

734. Le secret médical ne saurait être levé lorsque l'intérêt général n'est pas en jeu. Ainsi, alors que l'assureur peut être tenté de réunir des informations médicales relatives à l'état de santé de l'assuré, le médecin-conseil de l'assurance reste tenu au secret médical et ne saurait donc révéler des données médicales relatives à l'assuré, pour préserver l'intimité de celui-ci et la confidentialité des informations relatives à sa santé. Le médecin du travail est pareillement soumis au secret professionnel, envers l'employeur, les représentants du personnel et même lorsqu'une révélation pourrait servir les intérêts du salarié.

735. La loi n° 2003-239 du 18 mars 2003, relative *à la sécurité intérieure*, a néanmoins inséré un nouvel article 706-47-1 dans le Code de procédure pénale[1147]. Un officier de police judiciaire peut au cours de l'enquête ou sur commission rogatoire faire procéder contre "toute personne contre laquelle il existe des indices graves ou concordants d'avoir commis un viol, une agression sexuelle ou une atteinte sexuelle" à un examen médical et à une prise de sang pour déterminer si cette personne n'est pas atteinte d'une maladie sexuellement transmissible. Ce dépistage a été institué dans l'intérêt de la victime. Des recherches médicales peuvent néanmoins être imposées à un individu présumé innocent. Dans tous les autres cas, des investigations peuvent être imposées à la personne soupçonnée d'être l'auteur d'une

---

[1144] Déclaration du médecin au Procureur de la République.
[1145] M.H. Mouneyrat, *Ethique du secret et secret médical*, Revue Pouvoirs, 1997.
[1146] M.H. Mouneyrat, *Ethique du secret et secret médical*, Revue Pouvoirs, 1997.
[1147] Loi n° 2003-239 du 18 mars 2003, relative *à la sécurité intérieure*, D.2003.L.870.

infraction sexuelle, à la demande de la victime ou si son intérêt le justifie, sur instructions écrites du Procureur de la République ou du juge d'instruction. Plus encore, le refus de se soumettre à ce dépistage a été pénalement sanctionné[1148]. Ces dispositions n'ont pas été censurées par le Conseil constitutionnel, qui s'est contenté de préciser que l'autorité judiciaire dispose de toute latitude d'appréciation lorsque la victime demandera que ce dépistage soit effectué et qu'elle "pourra en particulier lorsque la nature de l'infraction ne comporte pas de risque pour la santé de la victime, ne pas donner suite" à sa demande[1149]. Le prélèvement externe n'impliquerait aucune intervention corporelle interne et ne comporterait donc aucun procédé douloureux, intrusif ou attentatoire à la dignité des intéressés.

§ 2 : Les études épidémiologiques.

736. Les registres épidémiologiques sont "des structures épidémiologiques qui réalisent l'enregistrement continu et exhaustif des cas d'une pathologie donnée dans une région géographique donnée, et qui à partir de cet enregistrement effectuent, seules ou en collaboration avec d'autres équipes, des études visant à améliorer les connaissances concernant cette pathologie"[1150]. Les premiers registres épidémiologiques sont apparus aux Etats-Unis dans les années 1930, puis en Europe avec la création au Danemark, en 1941, du premier registre sur le cancer. Ils sont utilisés en France depuis les années 1970, notamment pour le cancer et les maladies cardiovasculaires. Les études épidémiologiques utilisent en outre les certificats des causes de décès. Ces derniers se composent d'une partie utilisée par l'état civil et une partie anonyme sur les causes du décès, qui est transmise à la DDAS. Un médecin est alors chargé de suivre l'évolution des causes de décès dans chaque département et de les transmettre à l'INSERM. Le certificat médical ainsi transmis est en principe anonyme, mais il indique la date et le lieu du décès. Il est donc possible d'identifier indirectement la personne décédée. L'objet des études épidémiologiques est en outre de plus en plus étendu. Elles portent désormais, outre sur les maladies, sur les causes de morbidité, l'efficacité des techniques de dépistage ou les facteurs de risques. Elles utilisent donc nécessairement des données individuelles.

737. Or, ces études épidémiologiques étaient réalisées, jusqu'en 1994, en dehors de tout cadre juridique précis. Elles méconnaissaient fréquemment le secret médical et n'étaient pas soumises non plus à la loi *Informatique et*

[1148] Article 706-47-1 du Code de procédure pénale, dernier aliéna (un an d'emprisonnement et 15 000 € d'amende).
[1149] Cons. Const. ,13 mars 2003, décision n° 2003-467, DC.
[1150] Comité national des registres, Rapport sénatorial de M. Türk, n° 209, p. 10.

libertés, du 6 janvier 1978. Les personnes concernées étaient dans l'impossibilité d'exercer le droit d'information. Les patients ignoraient le plus souvent l'utilisation de données les concernant. La Commission nationale Informatique et liberté avait donc souhaité, dès 1985, une modification de la loi du 6 janvier 1978 pour concilier la protection de la santé publique et le respect de l'individu. Le législateur est alors intervenu, pour encadrer les études épidémiologiques. La loi du 1er juillet 1994 a inséré un chapitre V *bis* dans la loi *Informatique et libertés*, du 6 janvier 1978, relatif aux *traitements automatisés de données nominatives ayant pour fin la recherche dans le domaine de la santé*. Les études épidémiologiques relèvent désormais de la loi *Informatique et libertés*. Leur traitement automatisé présente toutefois diverses particularités destinées à renforcer la protection de l'individu. Le dispositif mis en place en 1994 est applicable à tous les types de traitements de données nominatives ou indirectement nominatives[1151]. Les traitements automatisés ayant une finalité thérapeutique ou médicale individuelle ont toutefois été écartés, pour ne pas alourdir le système de soins. L'automatisation d'études épidémiologiques est subordonnée à l'avis préalable d'un comité consultatif *ad hoc*, composé d'experts chargés d'apporter une expertise scientifique à la Commission nationale informatique et libertés[1152]. La CNIL autorise ensuite, au vu de cet avis, le traitement automatisé demandé. La loi du 1er juillet 1994 organise alors la protection de l'individu. Ainsi, "toute personne a le droit de s'opposer à ce que des données nominatives la concernant fassent l'objet d'un traitement automatisé"[1153]. Le nouvel article 6 de la loi de 1978, issu de la réforme d'août 2004, précise toutefois que le traitement des données à des fins de recherche scientifique "est considéré comme compatible avec les finalités initiales de la collecte des données".

738. L'article 40-7 de la loi *Informatique et libertés* met en place un système d'information collectif en milieu médical. Une obligation d'information est mise à la charge de tout établissement ou centre où s'exercent des activités de prévention, de soins ou de diagnostic donnant lieu à la transmission de données nominatives en vue d'un traitement automatisé. Les personnes auprès desquelles sont recueillies des données nominatives ou à propos desquelles ces données sont transmises sont individuellement informées, avant le début du traitement des données, de la nature des informations transmises, de la finalité du traitement automatisé, des destinataires des données, du droit d'accès et de rectification et du droit

[1151] Article 40-1 de la loi du 6 janvier 1978.
[1152] Ce comité consultatif est composé de scientifiques et a été rattaché au Ministère de la recherche.
[1153] Article 40-4 de la loi du 6 janvier 1978.

d'opposition[1154]. La loi du 6 août 2004 renforce en outre la protection de l'individu, tout en préservant l'efficacité des études épidémiologiques. Le nouvel article 8 de la loi *Informatique et liberté* interdirait, en principe, la collecte et le traitement de données "relatives à la santé". Une exception est toutefois apportée à cette interdiction pour "les traitements nécessaires aux fins de la médecine préventive, des diagnostics médicaux, de l'administration de soins ou de traitement, ou de la gestion de services de santé et mis en œuvre par un membre d'une profession de santé, ou par une autre personne à laquelle s'impose en raison de ses fonctions l'obligation de secret professionnel prévue par l'article 226-13 du Code pénal".

739. Plus encore, lorsque la recherche nécessite le recueil de prélèvements biologiques identifiants, le consentement éclairé et exprès des intéressés est exigé avant la mise en œuvre du traitement de ces données. Des exceptions ont toutefois été apportées aux principes d'information et de consentement, notamment lorsque qu'elle se heurte à la difficulté de retrouver les personnes concernées[1155]. Le législateur entend donc ne pas entraver la mise en place de recherches épidémiologiques, puisqu'il ne se réfère qu'à la "difficulté", et non à l'impossibilité de retrouver les individus concernés. Plus encore, l'article 40-3 de la loi de 1978 apporte une exception au secret professionnel, puisqu'il autorise les membres des professions de santé à transmettre les données à caractère personnel qu'ils détiennent dans le cadre d'un traitement automatisé. La confidentialité de ces informations est toutefois préservée, car leur transmission doit intervenir sous une forme codée, lorsqu'elles permettent l'identification des personnes. Ces données ne sauraient ensuite être conservées au-delà de la durée de la recherche. Les résultats des études doivent enfin respecter l'anonymat des patients. La présentation des résultats de l'étude ne doit en aucun cas permettre une identification directe ou indirecte. Cette obligation de codage est néanmoins écartée dans le cadre des études de pharmacovigilance et des protocoles de recherche réalisés lors d'études coopératives nationales ou internationales, mais également lorsqu'une particularité de la recherche l'exige[1156]. Toutes les personnes appelées à mettre en œuvre le traitement des données ou qui ont accès à ces données sont néanmoins toujours soumises au secret professionnel. L'article 228, alinéa 3, du Code pénal alourdit même les sanctions pénales en matière de traitement automatisé des données à caractère personnel de santé[1157].

[1154] Article 40-5 de la loi du 6 janvier 1978.
[1155] Article 40-5 de la loi du 6 janvier 1978.
[1156] Article 40-9 de la loi du 6 janvier 1978.
[1157] La réalisation d'un traitement automatisé est donc pénalement sanctionnée lorsque l'obligation individuelle d'information n'a pas été respectée ou bien encore lorsque le

740. Outre ces études épidémiologiques, la loi a organisé la tracabilité des produits sanguins, pour garantir leur sécurité et leur qualité[1158]. Des données particulièrement identifiantes peuvent alors être enregistrées et conservées au nom de la santé publique. Les établissements de transfusion sanguine et les établissements de santé réunissent et conservent de multiples informations pour chaque unité de produit sanguin préparé et/ou distribué. Des fiches d'incidents transfusionnels permettent en outre de signaler, dans de très brefs délais, tout effet inattendu ou indésirable de ces produits au correspondant de l'hémovigilance de l'établissement dans lequel ils ont été administrés. Ces données portent plus précisément sur l'identification du patient et sur l'incident transfusionnel. L'Agence française du sang doit ensuite les conserver, sur support informatique, pendant 40 ans, pour assurer le suivi de ces incidents et étudier l'évolution des pathologies à long terme, compte tenu notamment de leurs durées d'incubation. La commission Informatique et liberté a toutefois précisé, dans une délibération du 12 mars 1996, que le traitement de ces informations devait être parfaitement sécurisé et n'être accessible qu'aux seuls professionnels de santé concernés[1159]. Elle a en outre demandé à l'Agence française du sang de diffuser auprès des établissements de transfusion sanguine un texte rappelant l'obligation de respecter les garanties offertes par la loi du 6 janvier 1978, pour informer les patients de l'existence et des finalités de ce traitement automatisé.

741. La réalisation d'études épidémiologiques et la protection de la santé publique rendent ainsi l'individu transparent. Cette transparence est alors justifiée par l'intérêt général et le législateur s'est efforcé de l'encadrer strictement. Il n'en va pas de même lorsque la transparence est imposée pour défendre des intérêts privés, lors de la conclusion d'un contrat.

---

consentement exprès et éclairé des intéressés n'a pas été obtenu avant de recueillir des prélèvements biologiques identifiants.

[1158] *Le traçage électronique*, in *Nouvelles technologies de l'information et libertés individuelles*, Problèmes politiques et sociaux, n° 805, La Documentation française, p. 27-28.

[1159] CNIL, délibération n° 96-014, du 12 mars 1996, *17ème rapport d'activité*, 1996, p. 110-112.

Section 4 : La pertinence positive.

742. L'information est doublement liée au pouvoir. Le pouvoir donne l'information et l'information donne le pouvoir[1160]. Elle est donc essentielle lors de la conclusion d'un contrat. Le principe de pertinence positive oblige à révéler à son futur cocontractant tous faits "pertinents"[1161]. Est ainsi qualifiée l'information dont la connaissance conditionne le consentement. L'énoncé du principe (§ 1) et ses sanctions (§ 2) seront successivement étudiés.

§ 1 : Enoncé du principe.

743. Traditionnellement, nul n'était tenu, en l'absence d'obligation légale précise, de renseigner son cocontractant, d'où l'adage *Emptor debet essse curiosus*[1162]. L'homme libre et responsable devait s'informer lui-même. Ainsi, la curiosité de l'acheteur était initialement de rigueur. La sympathie du législateur allait surtout au vendeur, son cocontractant étant seul responsable de sa naïveté. Chacun veillait à la défense de ses propres intérêts et la négligence paralysait les protections légales. L'acheteur ne pouvait alors reprocher au vendeur la réticence alors qu'il devait le faire sortir de son silence. Il ne pouvait pareillement qualifier de vices cachés les défauts de la chose qui auraient pu être découverts par un individu d'une diligence moyenne par une vérification élémentaire. La garantie contre l'éviction était enfin écartée si l'acheteur n'avait pas su découvrir la menace qui affectait son droit. Chacun contractant pouvait donc maintenir le secret.

744. L'inégalité de l'information peut cependant nuire à l'équilibre du contrat, au même titre que l'inégalité économique. Le devoir de se renseigner a donc été complété, au 20ème siècle, par une obligation d'information, pour assurer la "transparence des relations contractuelles"[1163]. La jurisprudence a, dans ce but, utilisé l'obligation de bonne foi. Si l'article 1134 du Code civil, alinéa 3, ne vise que l'exécution du contrat, la bonne foi irrigue également sa

---

[1160] Ph. Malaurie et L. Aynès, *Cours de droit civil*, Tome VI, *Les obligations*, Cujas, 10ème éd., 1999-2000, n° 634 et s., p. 371-376.
[1161] M. Fabre-Magnan, *De l'obligation d'information dans les contrats*, thèse Paris I, 1992, n° 169, p. 132 et s. ; Ph. Malaurie et L. Aynès, *Cours de droit civil*, Tome VI, *Les obligations*, Cujas, 10ème éd., 1999-2000, n° 634 et s., p. 371-376 ; F. Terré, Ph. Simler et Y. Lequette, *Droit civil. Les obligations*, Dalloz, *Précis*, 7ème éd., 1999, n° 251.
[1162] *L'acheteur doit être curieux*, H. Roland et L. Boyer, *Adages du droit français*, Litec, 4ème éd., Litec, 1999, n° 110, p. 199-201.
[1163] Civ. 1ère, 4 juillet 1989, RTDC.1990.737, obs. J. Mestre.

formation. La jurisprudence rattache donc généralement l'obligation d'information aux effets que la loi ajoute aux contrats, en application de l'article 1135 du Code civil. Les tribunaux ont déjà consacré une obligation d'information, lorsque le déséquilibre économique devait être compensé par une information de la partie faible. Cette jurisprudence a ensuite été étendue à l'ensemble des professionnels, mais également aux dangers de la chose. Plus encore, la jurisprudence a finalement imposé à certains professionnels, tels les notaires, une véritable obligation de conseil destinée à informer le cocontractant sur les avantages des différentes solutions proposées pour le mettre en mesure de choisir la plus avantageuse.

745. L'obligation d'information présente différentes formes et intervient à plusieurs stades de l'opération contractuelle. Elle est qualifiée d'obligation d'information lorsqu'elle porte sur des faits objectifs, mais devient un devoir de conseil lorsque son débiteur est tenu d'éclairer son partenaire sur l'opportunité du contrat. Qualifiée d'obligation précontractuelle d'information lorsqu'elle précède la conclusion du contrat pour faciliter l'émission d'un consentement éclairé, elle devient une obligation contractuelle d'information lorsqu'elle est un effet du contrat. Le juge entend ainsi introduire davantage de justice dans le contrat, bien qu'une certaine déresponsabilisation des parties en résulte. L'obligation précontractuelle de renseignement a toutefois été consacrée par la loi du 18 janvier 1992. L'article L 121-1 du Code de la consommation oblige désormais tout professionnel vendeur de biens ou prestataire de services, avant la conclusion du contrat, à mettre le consommateur "en mesure de connaître les caractéristiques essentielles du bien ou du service". L'article L 113-3 le soumet à une obligation d'étiquetage ou de marquage. Il s'agit d'une information publique, destinée à assurer la transparence du marché et le développement de la concurrence.

746. Plus généralement, celui qui détient une information susceptible de déterminer le consentement de son partenaire est obligé de la lui communiquer. *Qui cum alio contrahit non debet esse ignarus conditionis ejus*[1164]. L'obligation d'informations ne porte toutefois que sur des faits "pertinents"[1165]. Est ainsi qualifiée l'information dont la connaissance conditionne le consentement. Connue, l'information pertinente conduirait à ne pas contracter ou, du moins, à contracter dans des conditions différentes. Les

---

[1164] *Qui contracte ne doit pas ignorer la situation de son partenaire*, D. 50, 17, 19.

[1165] M. Fabre-Magnan, *De l'obligation d'information dans les contrats*, thèse Paris I, 1992, n° 169, p. 132 et s. ; Ph. Malaurie et L. Aynès, *Cours de droit civil*, Tome VI, *Les obligations*, Cujas, 10ème éd., 1999-2000, n° 634 et s., p. 371-376 ; F. Terré, Ph. Simler et Y. Lequette, *Droit civil. Les obligations*, Dalloz, *Précis*, 7ème éd., 1999, n° 251.

informations collectées sur l'individu doivent donc être utiles au but poursuivi par les parties, ce qui interdit réciproquement de réunir des informations sans lien avec le contrat.

747. Le principe de pertinence a été formulé pour la première fois par la loi *Informatique et libertés*, du 6 janvier 1978. Les informations collectées doivent être pertinentes, compte tenu de la finalité du traitement automatisé. Le contrat de travail est cependant devenu le terrain d'élection de la pertinence positive. Ce contrat touche, en effet, au droit des personnes. Le recrutement d'un salarié conduit l'employeur à réunir de multiples informations sur le candidat, car le salarié apporte dans l'entreprise des éléments de sa personnalité. La jurisprudence, dans le silence initial de la loi, a été amenée à préciser quelles informations pouvaient être réunies lors du recrutement[1166]. Ainsi, la Cour de cassation a estimé que "les renseignements demandés lors de l'embauche ont pour but de permettre d'apprécier les qualités du salarié (...) pour l'emploi sollicité par lui ,et ne peuvent concerner des domaines sans lien direct avec cette activité professionnelle"[1167]. Le salarié n'a donc pas l'obligation de révéler ses antécédents judiciaires lors d'une candidature à un poste de surveillant de nuit[1168]. L'article L 122-25 du Code du travail interdit pareillement à l'employeur de rechercher lors de l'embauche des informations relatives à la grossesse. Le principe de pertinence a même été formellement consacré par l'article L 121-6 du Code du travail, issu de la loi n° 92-1446, du 31 décembre 1992. Ce texte dispose désormais que "les informations demandées, sous quelque forme que ce soit, au candidat à un emploi (...) ne peuvent avoir comme finalité que d'apprécier sa capacité à occuper l'emploi proposé ou ses aptitudes professionnelles. Ces informations doivent présenter un lien direct et nécessaire avec l'emploi proposé ou avec l'évaluation des aptitudes professionnelles"[1169].

748. La loi du 31 décembre 1992 a limité les informations pouvant figurer dans un questionnaire d'embauche aux seules informations permettant d'apprécier la capacité à occuper un emploi donné ou les aptitudes professionnelles. L'intéressé doit y répondre de bonne foi. L'employeur doit en outre informer le candidat des méthodes et techniques de recrutement utilisées. Le "lien direct et nécessaire" qui doit exister entre les informations

[1166] Ph. Lafarge, *Transparence et relations sociales*, in *La transparence*, Colloque de Deauville, 19 et 20 juin 19993, RJCom.1993, n° spécial.
[1167] Soc. 17 octobre 1973, JCP.1974.II.17698 ; Dr. ouvrier, 1974, 290, note J. Savatier.
[1168] Soc. 25 avril 1990, Bull. civ. V, n° 186 ; D.1991.507, note C. Mouly.
[1169] Ph. Lafarge, *Transparence et relations sociales*, in *La transparence*, Colloque de Deauville, 19 et 20 juin 19993, RJCom.1993, n° spécial.

demandées et l'emploi reste cependant flou. Plus généralement, la méthode devant être utilisée pour établir le rapport de pertinence est incertaine. Subjectivement, il faut analyser l'attente des parties pour déterminer si une qualité est pertinente pour le contrat en cause. Objectivement, les circonstances et l'ordre public doivent corriger cette approche subjective. Il peut toutefois être difficile d'identifier les qualités requises pour exécuter un contrat. Certaines fonctions, d'encadrement notamment, requièrent des qualités humaines très diverses qui étendent considérablement la sphère de la pertinence. Les méthodes d'appréciation de la pertinence posent donc fréquemment problème, mais des limites ont été posées par la loi. L'article 16-1 du Code civil interdit par exemple de rechercher le patrimoine génétique d'un candidat, car cette étude ne peut être pratiquée qu'à des "fins médicales ou de recherche scientifique". L'application du principe de pertinence est donc délicate, car elle repose sur l'appréciation du potentiel d'un individu, lequel ne peut être réduit ni à ses agissements passés ni à ses déterminations socio- psychologiques.

749. L'*intuitus personae* de certains contrats rend la situation encore plus complexe. La personne du contractant devient alors essentielle. Dans une acceptation large, tous les contrats comportant une forte dimension personnelle sont conclus *intuitus personae*. La personnalité même de l'individu intervient dans la décision de contracter. L'*intuitus* est alors envisagé dans une approche quantitative, mais une grande confusion risque toutefois d'en résulter. Aussi, le contrat conclu *intuitus personae* doit-il être défini comme celui où les qualités "passives" du contractant, celles qui ne sont pas en rapport direct avec la prestation attendue, sont prises en compte. La personnalité importe pour des motifs autres que ceux tenant à l'objet du contrat. L'employeur recourt, par exemple, à des critères subjectifs pour sélectionner des candidats qui présentent objectivement les mêmes qualités pour un emploi. L'*intuitus personae* n'est toutefois admis que dans des situations marginales. Il est un critère résiduel permettant de choisir un contractant entre des candidats qui présentent les mêmes qualités pertinentes. La notion présente en outre un intérêt certain lorsque le droit entend protéger certaines catégories de contractants, qui ne présentent pas les qualités qui seraient en principe pertinentes pour conclure le contrat. L'*intuitus personae* permet alors de limiter les effets néfastes du principe de pertinence.

750. La transparence risque cependant d'augmenter la pression juridique. Elle rejaillit sur les contractants. Il n'est pas certain, en pratique, que celui qui doit recevoir l'information en profite réellement. La transparence a été conçue dans son intérêt, mais bien souvent le message ne passe pas. Cet échec a de multiples causes, qui se retrouvent dans tous les phénomènes de communication. L'effet de saturation joue un rôle majeur. Ainsi, si l'on multiplie les panneaux de signalisation, les automobilistes ne les voient plus. Chacun a tendance à opérer une sélection parmi les informations surabondantes, ce qui peut aller jusqu'au rejet total. La complexité de certaines informations peut également les rendre difficilement compréhensibles. Les conditions générales des polices d'assurance sont très souvent incompréhensibles pour les assurés. La posologie doit, de la même façon, être obligatoirement indiquée sur les boîtes de médicaments, mais on peut se demander à qui cette information est réellement utile. De plus, une cause structurelle tend à priver d'effet le message. La structure, le contrat, la relation d'affaires habituelles, unit l'émetteur et le récepteur de l'information. L'informé peut se méfier de celui qui détient l'information, même s'ils sont en relations d'affaires. La transparence n'y changera rien. La méfiance continuera. L'information est perçue comme un supplément de publicité, perçu avec défiance. Si le récepteur de l'information a confiance en l'émetteur, la transparence n'ajoutera rien. Le récepteur se dispensera de l'information et n'y prêtera pas attention. L'exigence de transparence s'est insensiblement déplacée, du contenu de l'information vers la personne de l'informateur. La transparence s'est personnalisée.

§ 2 : La sanction d'une connaissance insuffisante.

751. La violation de l'obligation d'information n'a pas de sanction autonome. Génératrice d'un vice du consentement, elle conduit à l'annulation du contrat. Constitutive d'une faute délictuelle, elle ouvre droit à une indemnisation. A l'origine d'une éviction ou d'un vice caché, elle met en jeu la garantie contre l'éviction ou contre les vices cachés. La nullité pour vice du consentement sanctionne la connaissance insuffisante de la personne du cocontractant (A). Le vice de la volonté n'est cependant sanctionné que s'il résulte d'un vice de la connaissance (B).

A) L'annulation du contrat.

752. Il y a erreur lorsqu'une personne se représente inexactement la réalité, soit qu'elle considère comme vrai ce qui est faux, soit qu'elle considère comme faux ce qui est vrai. L'erreur consiste dans l'idée fausse que se fait un contractant de tel ou tel élément du contrat. L'autonomie de la volonté devrait justifier l'annulation de tout contrat entaché d'une erreur, mais une telle conception ruinerait toute sécurité des transactions. Une solution de compromis doit donc être recherchée, pour ne donner effet qu'à un engagement contractuel librement consenti, tout en protégeant le cocontractant d'une nullité qu'il ne pouvait prévoir.

753. Le contrat peut être annulé pour erreur lorsque l'information retenue porte sur une qualité substantielle de l'une des prestations. Lorsque l'information a été retenue pour obtenir le consentement, elle s'apparente à la réticence dolosive. L'une des parties garde alors le silence sur une information qu'elle connaît et qu'elle devait communiquer. Comme à Rome, la jurisprudence a longtemps refusé d'y voir un vice du consentement. Le silence était une habilité admise[1170]. Aujourd'hui, la réticence constitue un dol lorsqu'elle tend à obtenir le consentement[1171], ce qui suppose que le contractant silencieux soit tenu d'une obligation d'information. Cette obligation peut résulter de la nature du contrat ou de la qualité du contractant.

754. L'article 1110 du Code civil envisage deux causes d'erreur, l'erreur sur la substance et l'erreur sur la personne. L'erreur vice du consentement ne justifie donc pas toujours l'annulation du contrat. L'article 1110, alinéa 2, du Code civil dispose que l'erreur "n'est point une cause de nullité, lorsqu'elle ne tombe que sur la personne avec laquelle on a l'intention de contracter, à moins que la considération de cette personne ne soit la cause principale de la convention". L'erreur n'est retenue que si elle a déterminé le consentement. L'erreur sur la substance peut affecter toutes les conventions, mais l'erreur sur la personne n'est concevable que si la considération de celle-ci a joué un rôle déterminant, si le contrat a été conclu *intuitus personae*. L'erreur sur la personne ne constitue donc pas en principe une cause de nullité. Le contrat est cependant marqué d'*intuitus personae* lorsque sa formation et son exécution dépendent de la personne du contractant[1172]. La considération de la personne constitue la cause de l'engagement, au sens anglais de *consideration*. L'offre n'est acceptée que si le pollicitant a donné son agrément à la personnalité de l'acceptant. L'erreur sur la personne est alors une cause de nullité.

755. La nullité du contrat repose sur la subjectivité de l'*errans*. L'erreur sur la personne reproduit en cela le mécanisme de l'erreur sur la substance, prévue à l'article 1110, alinéa 1er, du Code civil. La substance est la qualité que les parties ont eue principalement en vue. Elle n'est pas définie abstraitement, mais elle est appréciée *in concreto* par le juge. Elle présente donc un caractère subjectif. La nature du contrat est cependant prise en considération, pour ne pas ruiner la sécurité juridique en abandonnant le contrat aux fantaisies des parties. L'erreur n'est sanctionnée que lorsqu'elle porte sur une qualité convenue, connue du cocontractant, notamment sur un

---

[1170] Civ. 30 mai 1927, DH.1927.I .416 ; S.1928.1.105, note A. Breton.
[1171] Civ. 1ère, 12 novembre 1987, Bull. civ. I, n° 293 ; RTDC.1988.339, obs. J. Mestre.
[1172] Ph. Malaurie et L. Aynès, *Cours de droit civil*, Tome VI, *Les obligations*, Cujas, 10ème éd., 1999-2000, n° 323, p. 197-198.

élément connu de la personnalité du contractant. Elle peut porter sur l'identité civile du contractant, par exemple lorsque l'auteur d'un accident commet une confusion entre plusieurs dossiers et transige avec une autre victime[1173]. On a alors parlé d'erreur obstacle[1174]. L'erreur peut ensuite porter sur l'identité civile de la personne, sur sa nationalité, son nom, son âge…., ou sur certaines de ses qualités, telles sa solvabilité et son honorabilité. Le caractère déterminant de cette qualité est apprécié en fonction de la nature du contrat et de la psychologie de l'*errans*. Certains contrats relatifs à la vie des affaires peuvent ainsi être annulés en raison d'une erreur sur l'expérience professionnelle[1175].

756. Le mariage illustre la dissociation entre l'attente légitime compte tenu de la nature du contrat et l'attente subjective[1176]. Prendre en compte les multiples motivations possibles des époux entraînerait une multiplication des actions en nullité. L'erreur sur l'identité physique est peu plausible, car la loi impose la comparution personnelle des époux. Il faudrait imaginer une substitution de personne. L'erreur sur l'identité civile est plus concevable. La jurisprudence exige qu'elle soit déterminante du consentement. Ainsi, une erreur sur la situation de famille du célibataire ou du divorcé peut, selon les conceptions de l'intéressé, paraître ou non déterminante[1177]. L'erreur sur la filiation[1178], sur le nom, la nationalité[1179] ou sur l'âge[1180] est indifférente.

757. L'erreur sur les qualités substantielles du conjoint avait initialement été écartée, par la Cour de cassation dans l'arrêt *Berton* rendu le 24 avril 1862[1181]. Certains juges du fond ont cependant refusé d'admettre cette

---

1173 CA Rouen, 4 mars 1969, JCP.1969.II.15911 ; RTDC.1969.762, obs. Y. Loussouarn.
1174 Y. Loussouarn, précité.
1175 Nullité pour erreur sur la personne d'un contrat ayant pour objet la création d'un magazine, parce que le cocontractant était non "une agence commerciale d'expérience", mais une "personne physique" : CA Saint-Denis de la Réunion, 6 octobre 1989, RTDC.1990.769, obs. Y. Loussouarn. Embauche en qualité de directeur d'une personne dont on ignorait qu'elle avait été PDG d'une société mise en liquidation ; Soc. 3 juillet 1990, Bull. civ. V, n° 329 ; RTDC.1991.316, obs. J. Mestre.
1176 A. Bénabent, *La famille*, Litec, n° 84, p. 78-79.
1177 Prononçant la nullité en raison des convictions du conjoint : Tb. civ. Bordeaux, 9 juin 1924, Gaz.Pal.1924.2.201 ; TGI Basse-Terre, 26 octobre 1973, D.1974.Som.44. Rejetant au contraire la demande : CA Bordeaux, 21 décembre 1954, D.1955.242, note P. Esmein.
1178 Conjoint enfant naturel et non légitime : Paris, 12 juin 1957, D.1957.571.
1179 CA Lyon, 9 janvier 1979, D.1981.241.
1180 CA Lyon, 10 avril 1856, DP.1857.2.54.
1181 Civ., 24 avril 1862, D.1862.1.153.

conception restrictive de l'erreur[1182]. Cette jurisprudence libérale a été consacrée par la loi du 11 juillet 1975, qui a introduit dans l'alinéa 2 de l'article 180 du Code civil l'erreur sur les qualités essentielles. Celles-ci doivent être comprises comme celles qui, tant d'un point de vue individuel que du point de vue sociologique, sont liées à la conception du mariage. L'état dépressif d'un époux n'a donc pas été jugé suffisant[1183], à la différence d'une curatelle[1184]. En outre, si l'époux connaissait son état et l'a dissimulé, le conjoint peut également agir par la voie du divorce. La jurisprudence a imposé aux époux un devoir de loyauté. La dissimulation de faits antérieurs au mariage peut constituer une faute, alors même que cette dissimulation est antérieure au mariage et peut difficilement apparaître comme un manquement à des obligations qui n'étaient pas encore nées. La jurisprudence considère cependant que le maintien de cette dissimulation après le mariage constitue une déloyauté. Ont ainsi été retenues comme cause de divorce la dissimulation d'une toxicomanie[1185], d'une maladie grave[1186], d'une attitude politique ou religieuse[1187], d'une affection mentale[1188], d'une condamnation pénale.

758. Le droit civil limite donc les nullités du mariage, en écartant les motifs exclusivement subjectifs. Le caractère déterminant de l'erreur est apprécié selon un critère sociologique. Le juge se demande si un individu placé dans la même situation aurait estimé que l'objet de l'erreur était essentiel. La spécificité du mariage permet alors de définir le domaine de l'erreur. Seules doivent être sanctionnées par la nullité les erreurs portant sur des qualités qui déterminent le consentement du demandeur et qui, pour l'opinion commune et conformément à l'ordre public, conditionnement la vie conjugale. Le juge recherche la légitimité de l'attente de l'époux demandeur dans les circonstances de l'espèce et dans la nature particulière du mariage. L'importance de l'ordre public n'est pas spécifique au mariage, car le législateur a multiplié les interventions dans le contrat. De plus, il ne fait qu'introduire une différence de degrés dans l'objectivité avec laquelle le contrat est étudié.

[1182] Tb. civ. Bressuire, 27 juillet 1944, D.1945.94 ; Etat mental du conjoint : TGI Rennes, 9 novembre 1976, D.1976.539 ; TGI Tarascon, 8 juillet 1981, Rép. Defrénois, 1982, p. 1240, note J. Massip. Erreur sur l'aptitude sexuelle : Tb. civ. Grenoble, 20 novembre 1958, D.1959.495 ; CA Paris 26 mars 1982, Gaz.Pal.1982.519, note J.M.

[1183] CA Paris, 1er décembre 1988, D.1989.IR.6.

[1184] TGI Vesoul, 28 novembre 1989, D.1990.591, note C. Philippe.

[1185] CA Pau, 30 mars 1993, JCP.1993.IV.1763.

[1186] Civ. 2ème 12 mai 1960, Bull. civ. II, n° 309.

[1187] Tb. civ. Seine (état de prêtre) 19 mai 1888, Gaz.Pal.1888.1.817.

[1188] Civ. 2ème, 12 décembre 1979, D.1981.IR.76.

759. Quel que soit le contrat, le domaine de l'erreur sur la personne couvre donc l'ensemble des informations relatives à la personne, dont l'*errans* pouvait croire lors de la conclusion du contrat, compte tenu de la nature de celui-ci, qu'elles conditionnaient sa bonne exécution. Les informations qu'il est légitime de connaître avant de conclure le contrat sont celles dont l'ignorance est sanctionnée par la nullité. Cette symétrie est dictée par le principe de pertinence précontractuelle. Ainsi, l'erreur sur la nationalité de l'acquéreur d'un cheval de course ne justifie pas l'annulation de la vente si le vendeur n'établit pas que la considération de cette nationalité a été déterminante[1189]. Plus encore, l'erreur sur la solvabilité n'est pas, en règle générale, une cause de nullité, car elle s'apparente à une erreur sur la valeur, qui est indifférente. Il en va différemment si l'erreur sur la valeur est la conséquence d'une erreur sur l'identité ou sur les qualités de la personne[1190]. L'erreur sur la solvabilité du débiteur principal n'est pas, en principe, une cause d'annulation du cautionnement, "sauf si la caution avait fait de cette circonstance la condition de son engagement"[1191].

760. Le dol permet, par ailleurs, d'obtenir la nullité dans des situations où le demandeur ne pourrait pas obtenir la nullité pour erreur. Le dol sur la personne pourrait alors sanctionner une erreur provoquée sur les qualités non substantielles de la personne. Ce principe n'est toutefois pas admis en droit positif. Le dol n'est pas une cause de nullité du mariage. Il n'existe aucune obligation de transparence absolue entre les futurs époux et il s'avère impossible de distinguer l'art de la séduction des manœuvres frauduleuses. Loysel exprima cette idée par l'adage *En mariage, trompe qui peut*[1192]. La nullité risquerait d'être très fréquemment invoquée, lorsque l'un des époux s'est composé *ad nuptia* une personnalité plus apparente que réelle. La séduction implique un certain artifice et la perte des illusions est toujours à craindre. Plus juridiquement, le consentement au mariage est propre à ce contrat. Il exprime plus un sentiment qu'un état d'esprit et ne peut donc se voir appliquer le droit commun des nullités. Ensuite, dans la théorie des vices du consentement, le dol est un délit. L'annulation qui en résulte a un fondement indemnitaire. Or, l'annulation du mariage, en raison de ses graves conséquences, ne saurait être offerte à la victime du dol à titre de réparation. Le droit français présente cependant ici une originalité certaine. Le droit allemand permet à un époux, induit en erreur sur les qualités personnelles de

---

1189 Civ. 1ère, 4 janvier 1980, J. Cl. Fasc. 1110, fiche jaune, n° 10.
1190 Civ. 1ère, 20 mars 1963, D.1963.403 ; JCP.1963.II.13 228, note P. Esmein.
1191 Civ. 1ère, 19 mars 1985, Bull. civ. I, n° 98 ; 20 mars 1989, Bull. civ. I, n° 127.
1192 H. Roland et L. Boyer, *Adages du droit français*, Litec, 4ème éd., Litec, 1999, n° 117, p. 214-216.

son conjoint, d'agir en nullité du mariage lorsque les qualités indûment "projetées" ont été si décisives dans son esprit qu'il eut été détourné de se marier s'il avait connu la réalité[1193]. De plus, le refus de retenir le dol s'explique par la dimension sociale des qualités essentielles dans le mariage. On ne peut accepter que la situation de fortune et la profession deviennent des qualités essentielles du mariage, même si l'un des futurs époux a menti à ce sujet. Le mariage est un acte subjectif, mais également un acte d'adhésion à un modèle social. Plus le domaine de l'erreur est fixé à partir de considérations tenant à la nature du contrat, plus son origine est indifférente et plus le dol tend à ne devenir qu'un moyen de prouver l'erreur. Le dol sur la personne, dans les contrats qui intéressent l'ordre public, perd son autonomie. Enfin, la portée de l'adage *En mariage, trompe qui peut* n'a pas une portée absolue en droit positif[1194]. L'allégation du dol facilite tout d'abord la preuve de l'erreur. Le demandeur, pour obtenir l'annulation du mariage pour erreur sur les qualités substantielles, doit établir que ce qui est dans l'essence du mariage dans l'opinion commune a été ressenti par lui comme tel. La qualité espérée a joué un rôle impulsif et déterminant dans sa décision de se marier. La preuve de manœuvres dolosives est donc amenée à jouer un rôle décisif. Le conjoint, en dissimulant sa personnalité réelle, était persuadé que cette considération était déterminante. La tromperie permet également de sanctionner certaines erreurs qui n'auraient pas été admises par ailleurs. Une conception objective du mariage doit alors être retenue, si rien ne peut être reproché au conjoint. La fortune, la virginité, l'intelligence, le caractère... ne sont pas pris en compte. En revanche, la tromperie de l'un des futurs époux justifie une recherche subjective. Une qualité qu'on aurait délaissée dans la plupart des cas pourra ainsi être prise en considération. La tromperie conduit à un élargissement du domaine de l'erreur sur les qualités essentielles.

761. Même dans les contrats qui n'intéressent que peu l'ordre public, les qualités essentielles se confondent avec les qualités déterminantes, ce qui marque un retour au domaine de l'erreur. Le domaine du dol sur la personne n'est jamais plus étendu que celui de l'erreur sur la personne. Les sanctions tendent alors à se rapprocher. L'annulation du contrat pour dol justifie toujours l'octroi de dommages-intérêts, mais cette sanction peut également accompagner une erreur.

[1193] H. Roland et L. Boyer, *Adages du droit français*, précité.
[1194] H. Roland et L. Boyer, *Adages du droit français*, précité.

B) Le rejet de l'erreur inexcusable.

762. Celui qui a commis une erreur inexcusable ne peut pas obtenir l'annulation du contrat. Il a commis une erreur grossière et a manqué à son obligation de prudence ou au devoir de se renseigner. La question est alors de définir cette erreur inexcusable. Chacune des parties doit, en effet, agir avec prudence avant de s'engager. Toutefois, si l'obligation d'information porte toujours sur des faits pertinents, on ne peut en déduire que tous les faits pertinents donnent lieu à une obligation d'information, *a fortiori* s'ils portent sur la personne. Ainsi, les futurs époux n'ont pas l'obligation de se révéler l'ensemble de leur passé. Le salarié dispose pareillement d'un large droit de retenir des informations lors de son embauche. Des comportements qui semblent heurter la bonne foi contractuelle ne sont pas sanctionnés, notamment lorsque le salarié a menti sur son expérience professionnelle[1195]. Le contrat de travail tolère donc, comme le mariage, le *dolus bonus*. Les mensonges du salarié peuvent uniquement entraîner son licenciement, s'il n'a pas les compétences nécessaires pour exercer ses fonctions. Il importe donc uniquement que le salarié soit en mesure d'effectuer son travail, même s'il a menti pour être recruté. Le candidat à l'embauche doit simplement répondre de bonne foi aux questions qui lui sont posées, comme l'exige l'article L 121-6 du Code du travail. La réunion d'informations incombe uniquement à l'employeur et, plus généralement, sur le contractant qui entend mieux connaître l'autre.

763. L'obligation d'information ne bénéficie donc en principe qu'à celui qui n'est pas en mesure de se renseigner par lui-même. Lorsqu'une des parties peut obtenir des informations, aucune information ne lui est spontanément due. Il serait toutefois excessif de fermer l'action en nullité lorsque l'une des parties n'a pas été suffisamment diligente dans sa recherche d'informations. Toute autre solution favoriserait l'indiscrétion lors de la conclusion du contrat.

764. Une appréciation stricte du caractère excusable de l'erreur doit être écartée, car elle risquerait de remettre en cause le principe selon lequel l'ignorance d'une qualité essentielle constitue un vice du consentement. L'ignorance inexcusable ne peut être retenue que dans des cas extrêmes. D'autres techniques permettent de juger la personne sur ses actes, non sur son attitude lors de la période précontractuelle. Ainsi, les délais d'actions peuvent

---

[1195] Soc. 16 février 1999, Dr. social, 1999.396 ; RTDC.1999.420, obs. P.Y. Gautier ; 30 mars 1999, RJS, 5/1999, n° 397.

être utiles. L'article 81 du Code civil interdit, par exemple, de demander la nullité du mariage lorsqu'il y a eut cohabitation continuée pendant six mois à compter de la découverte de l'erreur. L'action en nullité est éteinte, car la vie commune n'était pas impossible en dépit de l'erreur. Le principe pourrait être généralisé à tous les contrats. Il suffirait de déclarer l'action en nullité irrecevable, lorsque le contrat a été exécuté pendant un certain délai après la découverte de l'erreur. Le contrat pourrait toujours être annulé en raison d'un vice du consentement, mais l'erreur ne serait plus sanctionnée si elle n'a aucune conséquence. La nullité permettrait de ne sanctionner que les procédés déloyaux utilisés pour obtenir la conclusion du contrat. La loyauté réciproque serait ainsi préservée. Chaque partie pourrait cependant se révéler dans l'acte. Cette limite est d'autant plus importante que le droit ne peut jamais envisager l'individu dans son intégralité. Si le principe de pertinence protège l'individu contre les excès de curiosité, il permet également de sanctionner certains secrets.

Conclusion

765. La société contemporaine est une société individualiste. Après l'avoir longtemps ignoré au profit du sujet abstrait, le droit reconnaît aujourd'hui l'individu dans sa singularité. Confronté à l'impératif de transparence et aux progrès de la liberté, le sujet de droit n'est plus seulement un être abstrait juridiquement capable. Il revendique son unicité et affirme sa liberté de choix. Le monde moderne repose en cela sur l'affirmation de soi. Le développement de l'impératif de transparence est alors favorable à cet individu unique. L'individu, être unique, doit se connaître lui-même pour s'affirmer et s'inscrire, par exemple, dans une histoire familiale. Ses revendications sont aujourd'hui, dans une large mesure, accueillies par le droit positif. Des limites subsistent cependant, car les conflits d'intérêts sont nombreux. Ainsi, si le droit de la filiation a été considérablement libéralisé, il n'est pas encore totalement transparent. En revanche, l'accès aux informations personnelles, détenues par l'Administration par exemple, est très largement admis. Le droit de se connaître est donc en plein essor. L'impératif de transparence gagne progressivement l'ensemble des branches du droit et permet à l'individu d'accéder aux informations qui le concernent et qui sont en possession de tiers. L'administration, les médecins, les hôpitaux, mais également de nombreuses entreprises collectent et conservent des données à caractère personnel que le législateur s'est efforcé de rendre accessibles et donc, transparentes.

766. Toutefois, l'affirmation de l'individualité ne repose pas uniquement sur la connaissance de soi. Les ambitions de l'individu sont plus vastes. Il entend à présent se définir lui-même, s'auto- instituer. En effet, le droit ne lui impose plus systématiquement une norme de référence qui définit et structure son identité dans l'espace social. L'individu peut alors, dans une large mesure, se faire reconnaître et se définir lui-même en échappant aux contraintes juridiques et/ou sociales. Il peut ainsi devenir son propre maître et sa toute-puissance n'est limitée que par le respect de l'autre. L'individu entend faire reconnaître par le droit ce qu'il considère être sa personnalité réelle, en imposant une modification de son état. Le recul du principe de l'indisponibilité de l'état des personnes, qui ne constituait qu'une fiction, ne permet plus au droit de figer la situation juridique des sujets de droit. La modification de l'acte de naissance du transsexuel en est l'exemple le plus significatif. L'état des personnes devient ainsi un instrument de communication. Chacun revendique sa personnalité et son unicité, y compris lorsqu'il remplit un rôle social.

767. Les contradictions sont toutefois nombreuses, car l'individu peut non seulement se révéler et se faire reconnaître, mais est en droit inversement de ne pas se révéler. Sa vie personnelle est protégée par le droit. Nul ne peut en principe s'y immiscer, révéler son état de santé, sa situation familiale ou bien encore son mode de vie… L'apparition de la notion de "vie personnelle" coïncide avec la montée de l'individualisme. Des lieux et des moments de vie privée ont été reconnus à l'ensemble de la population, et non plus uniquement aux classes les plus aisées. Parallèlement, la vie personnelle ne s'est plus limitée à l'espace domestique, mais a gagné des lieux publics. Or, cette vie personnelle est menacée par une tendance "naturelle" de l'homme, le commérage, la curiosité. Les moyens de porter atteinte à la vie personnelle n'ont jamais été aussi nombreux et aussi efficaces. La presse s'est transformée en même temps que son lectorat. De nombreux journalistes s'intéressent à présent à la vie des artistes, des sportifs, des hommes politiques… L'individu est révélé alors qu'il voudrait rester caché. Sa personnalité devient publique, souvent contre sa volonté. Le droit a donc organisé sa protection, en préservant sa vie personnelle. L'individu est donc fréquemment en droit de ne pas se révéler, parce que le secret est encore largement présent. L'individu lutte, par exemple, contre la curiosité des tiers, en leur opposant le "mur" de sa vie privée et contrôle la diffusion des informations personnelles qui le concernent. Le principe de pertinence complète sa protection dans ses relations contractuelles, en limitant l'obligation d'information aux seules informations pertinentes.

768. L'étude du droit positif révèle la complexité et l'ambiguïté de la notion de vie personnelle. Le secret couvre, par exemple, des événements qui sont connus d'un très grand nombre de personnes, y compris lorsqu'ils se déroulent dans un lieu public. Une intrusion de la vie privée dans le débat public peut être inversement observée. La vie privée n'est donc délimitée par aucune frontière précise. Les frontières entre le public et le privé sont de plus en plus floues. Le travail a quitté la sphère privée du domicile pour s'organiser dans les lieux publics, mais l'individu jouit aujourd'hui d'une vie privée sur son lieu de travail. Par ailleurs, chacun des membres de la famille dispose lui-même d'une vie personnelle autonome. L'espace social n'est donc pas organisé en deux sphères autonomes. La vie personnelle n'a que faire des circonstances d'espace ou de temps. Elle s'étend à l'espace public, mais le colonise également, parce qu'elle devient par exemple un argument électoral.

769. L'individu subit néanmoins les pressions de l'impératif de transparence. Sa vie personnelle subit de nombreuses menaces, notamment lorsqu'il est tenu d'apparaître aux tiers qui lui opposent leur droit à l'information. Le groupe peut ainsi stigmatiser celui qui ne respecte pas ses règles. La personnalité de l'individu devient publique, souvent contre sa volonté, parce qu'il est aujourd'hui fréquemment obligé d'être transparent. L'individu doit, de plus en plus souvent, montrer aux tiers ce qu'il est ou ce qu'il fait. Sa vie personnelle est alors influencée par les rôles privés que l'opinion tend à lui imposer en le rendant transparent. La situation de l'individu est donc paradoxale. Le droit protège sa vie personnelle, y compris dans ses relations contractuelles ou de travail, mais il l'oblige fréquemment à accepter l'intrusion des tiers, au nom notamment de la liberté d'expression et du droit à l'information. Ses activités se déroulent alors au vu et su d'autrui. L'individu fait tout pour ne pas se faire remarquer, parce qu'il est obligé de montrer aux tiers ce qu'il est ou ce qu'il fait. Il perd cependant ses spécificités et accepte de se soumettre aux modèles sociaux véhiculés par la transparence, car sa vie personnelle est influencée par les rôles privés que l'opinion tend à lui imposer en le rendant transparent. L'information, envisagée comme un droit absolu, devient une source de profits, une valeur marchande. La publicité donnée à la vie d'autrui fournit ensuite un modèle, que chacun reprend en partie, par un réflexe mimétique. Ce mécanisme doit toutefois rester caché pour fonctionner. La dérive totalitaire est donc omniprésente. La transparence instaure une surveillance permanente.

770. Les contradictions sont donc multiples. L'individu revendique sa personnalité et son unicité, y compris lorsqu'il remplit un rôle social, mais sa vie personnelle est influencée par les rôles privés que l'opinion tend à lui imposer en le rendant transparent. Le développement des nouvelles technologies ne fait que conforter cette pression. *Internet* repose sur des communications planétaires instantanées. L'individu revendique sa singularité, oblige parfois le droit à la reconnaître, mais ses choix sont, dans une large mesure, dictés par des relations d'interdépendance. L'individu semble libre, puisque de nombreuses normes qui lui étaient imposées par la religion, par la morale ou la convenance ont aujourd'hui disparu. L'individu cherche cependant de nouveaux repères et imite alors l'expérience d'autrui. Son identité résulte donc, en réalité, des nombreux messages diffusés dans son environnement. L'introspection tend à se généraliser, mais elle conduit à des phénomènes de mimétisme. Les questions les plus intimes sont traitées sur la place publique. Chacun se sait observer et devient nécessairement prudent. Rendre l'individu transparent, faire reculer le secret, nuit donc à sa liberté et conduit à une uniformisation des comportements. L'expression, parce qu'elle sera largement diffusée, s'autocensure, par crainte de provoquer un rejet. L'individu transparent, soumis à un contrôle collectif permanent, devient le plus souvent conformiste, alors même que les progrès de l'individualité devraient lui permettre d'affirmer sa singularité.

Bibliographie

Articles

Agostini E., *La protection du nom patronymique et la nature du droit au nom*, D.1973.Chron.313.

Alt-Maes F., *Un exemple de dépénalisation : la liberté de conscience accordée aux personnes tenues au secret professionnel*, Rev. sc. crim. 1998, p. 301 et s.

Audier J., *Vie privée et actes d'état civil*, in *Etudes offertes à Pierre Kayser*, Tome 1, PUAM, 1979.

Badinter R., *Le droit au respect de la vie privée*, JCP.1968.I.2136.

Beignier B.,

- *Vie privée et vie publique*, in *Le public et le privé*, Archives de la philosophie du droit, Tome 41, 1997, p. 163-180 ;
- *La protection de la vie privée*, in *Droits et libertés fondamentaux*, sous la direction de R. Cabrillac, M.A. Frison-Roche et Rh Revet, Dalloz, 7ème éd., 2001, p. 163-197 ;

Bensaïd N., *Dire la mort*, in *La vérité*, Revue *Le genre humain*, n° 7/8, éd. Complexe.

Bernard A., *La protection de l'intimité par le droit privé. Eloge du ragot ou comment vices exposés engendrent vertu*, in *Le for intérieur*, Puf, 1995, p. 155 et s.

Bigot C.,

- *La protection des droits de la personnalité et liberté de l'information*, D.1998.Chron.235 ;
- *Les exigences de l'information et la protection de la vie privée*, Légipresse, 1995, n° 126, II, p. 88 ;
- *Protection des droits de la personnalité et liberté d'informer*, Légipresse, 1998, n° 148, II, p. 1.

Bouloc B., *La loi du 15 novembre 2001 sur la sécurité intérieure*, Rev.sc.crim.2003.591.

Bourdieu P., *Le cercle des croyances*, ARSS, n° 13, p. 6.

Boutard-Labarde M.C., *Réflexions sur la contestation de paternité légitime*, RTDC.1983.458.

Bredin J.D.,

- *Remarques sur la transparence*, Colloque de Deauville, 19 et 20 juin 1993, RJCom.1993, n° spécial, *La transparence*, p. 178 ;
- *Secret, transparence et démocratie*, Revue Pouvoirs, 1997.

Buisson J., *Des contrôles d'identité requis aux fouilles requises*, Procédures, 2002, Chron. 3.

Carbonnier J., *La transparence*, Association droit et commerce, Colloque de Deauville, 19 et 20 juin 1993, *Propos introductifs*, RJCom. n° spécial, *La transparence*.
Cartier M.E., *Le secret religieux*, Rev. sc. crim., 2003, p. 485-500.
Cohen D., *Le droit à...*, in *L'avenir du droit. Mélanges en hommages à F. Terré*, Dalloz, Puf, Ed. du Juris-classeur, 1999.
Contamine-Raynaud M., *Le secret de la vie privée*, in *L'information en droit privé*, sous la direction de Y. Loussouarn et P. Lagarde, Travaux de la conférence d'agrégation, LGDJ, 1978.
Cornu G.,
- *La filiation*, in *Les réformes du droit de la famille*, Archives de la philosophie du droit 1975, Tome XX, pages 29 et s. ;
- *La preuve en droit de la famille* in *Entretien de Nanterre des 17 et 18 mars 1995*, Rapport général de A. Bénabent, JCP.éd.E, supplément 4/1995, p. 3.

Debouzy O. et Samman T., *Cryptographie, la transition française*, in *Expertises*, juin 1999, p. 179.
Dekeuwer-Defossez F.,
- *Modèles et normes en droit contemporain de la famille*, in *Mélanges C. Mouly*, droits, 1998, Tome I ;
- *Réflexion sur les mythes fondateurs du droit contemporain de la famille*, RTDC.1995.249.

Delvolvé P. , *La transparence administrative*, Colloque de Deauville, 19 et 20 juin 1993, RJCom. 1993, n° spécial, *La transparence*, p. 23 et s.
Dreifuss-Netter F., *L'accouchement sous X*, in *Mélanges à la mémoire de D. Huet-Weiller*, PUS-LGDJ, 1994.
Ducasset P., *La protection de la vie privée. Un fragile équilibre*, in *Après-demain*, n° 376-377, septembre octobre 1995, p. 4.
Dupont M., *L'accès du patient aux documents médicaux personnels. Ses aspects pratiques à l'hôpital*, Gaz.Pal.2002.2.1717.
Edelman B., *Sujet de droit et techno-sciences*, in APD, *Le sujet de droit*, p. 165-179.
Francillon J., *Le secret professionnel des journalistes*, in *Mélanges en l'honneur du Professeur Jean Larguier*, Presses universitaires de Grenoble, 1993, p. 127-147.
Frayssinet J., *Les bases de données comportementales sur les consommations face au Conseil d'Etat et à la CNIL*, JCP.1997.II.22950 ; *Nouvelles technologies de l'information et de la communication et la protection des libertés des consommateurs*, in *Les libertés individuelles à l'épreuve des NTIC*, Presses universitaires de Lyon, 2001, p. 31-59.
Geninet B., *L'identification entre la filiation à établir et la vérité biologique*, PA. 11 avril 2001, n° 72, p. 4.

Gobert M.,

- *Le transsexualisme ou la difficulté d'exister*, JCP.1990.I.3475 ;
- *Le nom ou la redécouverte d'un masque*, JCP.1980.I.2966.

Gounin Y. et Laluquen L., *La réforme du droit d'accès aux documents administratifs*, AJ.2000.486.

Granet F., *Le triptyque de l'article 322 du Code civil*, JCP.1985.I.3219 ; *Transsexualisme, état civil, vie privée et familiale dans les Etats membres de la CIEC*, Droit de la famille, décembre 1998, page 4.

Grimaldi M.,

- *Le suicide en droit privé*, in *Le suicide*, Puf, *Droit, éthique et société*, 1994, sous la direction de F. Terré, p. 13 ;
- *Patronyme et famille : l'attribution du nom*, Rép. Defrénois, 1987, p. 1425 et s.

Grivois H., *Suicide, indifférence et transgression*, in *Le suicide*, Puf, *Droit, éthique et société*, 1994, sous la direction de F. Terré, p. 184.

Gross H., *Privacy and Autonomy*, Nomos, XIII, "Privacy", 1971, p. 169.

Grzegorczyk Ch., *Le sujet de droit : trois hypotases*, APD, *Le sujet de droit*, p. 9-24.

Hahn A., *Contribution à la sociologie de la confession et autres formes institutionnalisées d'aveu : autothématisation et processus de civilisation*, ARSS, n° 62-63, 56.

Henry M., *Quatre questions de phénoménologie*, in *Revue de métaphysique et de morale*, 1991, n° 1, p. 3-4.

Huet-Weiller D., *Requiem pour une présomption moribonde*, D.1985.Chron.123.

Jegouzo Y., *Le droit à la transparence administrative*, Etudes et documents du Conseil d'Etat, n° 43, 1991-1992, p. 199.

Kayser P.,

- *Le principe du secret des lettres confidentielles et ses rapports avec le principe de droit public de la liberté et de l'inviolabilité de la correspondance*, in *Mélanges P. Voirin* ;
- *Le principe de la publicité de la justice dans la procédure civile*, in *Mélanges P. Hébraud*, Dalloz, 1981, p. 515.

Labrusse-Riou C., Bellevier F. et Brunet L., *La filiation, la génétique et le juge, où est passée la loi ?*, RTDC.1999.529.

Labrusse-Riou C., *L'enjeu des qualifications : la survie juridique de la personne*, Droits, 1991.

Lafarge Ph., *Transparence et relations sociales*, in *La transparence*, Colloque de Deauville, 19 et 20 juin 19993, RJCom.1993, n° spécial.

Lamy de Bertrand, *La loi n° 2004-204 du 9 mars 2004 portant adaptation de la justice aux évolutions de la criminalité*, D.2004.Chron.1910 et 1982.

Laroche-Gisserot F., *Nom de la femme mariée : le désordre notable*, D.2003.633.
Lebaude A., *Salariés étroitement surveillés*, in *Le Monde. Supplément. Le Monde des initiatives*, 10 juillet 1996, reproduit in *Nouvelles technologies de l'information et libertés individuelles.*
Leenhardt M., *La propriété et la personne dans les sociétés archaïques*, in *Journal de psychologie*, juillet septembre, 1952, p. 278.
Lefevre-Teillard A., *Nomen, tractatus, fama, variation sous un même terme*, in *Etudes d'histoire du droit médiéval en souvenir de Josette Metman*, Editions universitaires de Dijon, 1988.
Lemasurier J., *Vers une démocratie administrative : du refus d'informer au droit d'être informé*, RDP.1980.1239.
Lévy A., *Evaluation étymologique et sémantique du mot "secret"*, Nouvelle revue de psychanalyse, 1976, n° 14, p. 93 et s.
Linant de Bellefonds X., *L'information en tant qu'objet de droits en France*, RTD.Comp.1991, vol. 13, p. 43.
Lindon, *La presse et la vie privée*, JCP.1965.I.1887.
Lombois C., *La position française sur le transsexualisme devant la Cour européenne des droits de l'Homme*, D.1992.Chron.323.
Malaurie Ph., *Laïcité, voile islamique et réforme législative. Loi n° 2004-228 du 15 mars 2004*, JCP.2004.I.124.
Mallet-Poujol B., *Le double langage du droit à l'information*, D.2002.Chron.2420.
Mallet-Poujol N., *Problèmes politiques et sociaux*, n° 805, La Documentation française, p. 9.
Mangeot Ph., *Têtu*, avril 1999, n° 33.
Massip J,

- *Le transsexualisme. Etat de la question*, Rép. Defrénois 1992, article 35332, page 323 ;
- *La contestation de la filiation légitime depuis la loi du 3 janvier 1972*, D.1977, Chron.237 ;
- *La réforme de la filiation et ses conséquences sur la pratique de l'état civil*, n° 35 *bis*, 49 et 65 ;
- *Suggestions pour une modification des règles du Code civil relatives au nom et au prénom*, Rép. Defrénois, 2002, article 37588.

Marie C., *Les nouvelles enquêtes*, AJ Pénal, juin 2004, p. 22.
Mazeaud H., *Une dénaturation de la loi par la Cour de cassation*, JCP.1977.I.2859.
Mehl D., *Confessions sur petit écran*, Sciences humaines, juillet 2003, p. 32-35.

Meulders-Klein M.T., *Vie privée, vie familiale et droit de l'homme*, RDI.Comp.1992.767.
Mirabail S., *Les obstacles juridiques à la recherche de la vérité biologique en matière de filiation : discordances et anachronismes*, D.2000.Chron.146.
Molin François, *Criminalité organisée : une justice adaptée ?*, AJ Pénal, 5/2004, 178.
Monéger F., *La contestation de la paternité légitime, l'avenir de l'article 334-9 du Code civil*, Rev.dr.sanit.soc.1980.181.
Moret-Bailly J, *Affirmation d'un droit subjectif et abandon de la régulation déontologique en matière d'information médicale : les conséquences de la loi du 4 mars 2002*, Gestions hospitalières, 2003.
Mouneyrat M.H, *Ethique du secret et secret médical*, Revue Pouvoirs, 1997.
Nerson R., *La protection de l'intimité*, Journal (belge) des Tribunaux, 1959, 713.
Pradel J., *Vers un « aggiornamento » des réponses de la procédure pénale à la criminalité. Apports de la loi n° 2004-204 du 9 mars 2004 dite Perben II*, JCP.2004.I.132 et 134.
Pérochon F., *Madame ou Mademoiselle ? Indiscrétion et discrimination*, in *Mélanges offerts à André Colomer*, droits, 1993, p. 351 et s.
Perreau E.H., *Des droits de la personnalité*, RETC.1909.505.
Ravanas, *Protection de la vie privée : la preuve illicite d'une relation « défectueuse » de travail*, D.2003.Doct.1305.
Ray J.E., *Les astreintes, un temps du troisième type*, Dr. social, 1999, 250.
Raynaud P.,

- *L'inégalité des filiations légitime et naturelle quant à leur mode d'établissement*, D.1980 Chron.1 et s. ;
- *La présomption de paternité légitime devant la jurisprudence depuis la loi du 3 janvier 1972*, in *Mélanges offerts à P. Kayser*, Tome II, p.355 ;
- *Le démantèlement de la présomption de paternité légitime*, D.1985.Chron.205.

Pépy D., *Les changements de nom dans le droit français*, EDCE.1977.1978, 31 et s.
Renucci J.F., *Les témoignages anonymes et la Convention européenne des droits de l'Homme*, RPDP.1998.3.
Ricœur P., *Individu et identité personnelle*, in *Sur l'individu*, Actes du Colloque de Royaumon, octobre 1985, éd. Seuil, 1987, p. 54 et s.
Rigaux F., *La vie privée. Une liberté parmi d'autres ?*, Travaux de l'Université d'Uppsala, reprise à Paris, 15 mai 1970, Tome 17, Bruxelles, Larcier.

Roujou de Boubée I. , *Cryptographie : ses nécessités, ses dérives*, in *Les libertés individuelles à l'épreuve des NTIC*, Presses universitaires de Lyon, 2001.
Royer-Collard, *Intervention du 27 avril 1819*, in *Archives parlementaires de 1787 à 1860*, 2ème série, Librairie administrative Paul Dupont, Paris, Tome 24, 1873.
Ruffié J., *La médecine prédictive*, MURS, n° 4, 1985-1986.
Saleilles R., *Le droit au nom individuel dans le nouveau Code civil allemand*, Rev. Crit. de législation et de jurisprudence, 1900.94.
Salmon D., *La preuve scientifique de la paternité : Etat de la science et déontologie*, in *Droit de la filiation et progrès scientifiques*, 1982.
Salvage-Gerest P., *Le domaine de la présomption pater is est devant la jurisprudence depuis la loi du 3 janvier 1972*, RTDC.1976.233, n° 19.
Samuel D. Warren et Louis D. Brandeis, *The Right of privacy*, Harward L.R., 1890-4, 1993-220.
Schwendener M.,
- *Les principaux fichiers de la police*, AJ Pénal, octobre 2003, p. 21.
- *Une police aux pouvoirs d'enquête renforcés*, AJ Pénal, juin 2004, p. 228.

Théry I., *Le droit et les mœurs, un enjeu politique. La refonte du Code civil et le paradoxe de la situation française*, in *L'année sociologique*, 1993, n° 43.
Thomas D., *Les contrôles d'identité préventifs depuis les arrêts de la Chambre criminelle des 4 octobre 1984 et 25 avril 1985 : la nécessité d'une nouvelle réforme*, D.1985.Chron.181.
Vidal P., *La place de la vérité biologique dans le droit de la filiation*, Mélanges offerts à G. Marty, 1978, p.1113, n° 22 ; *Observations sur le rôle et la notion de possession d'état dans le droit de la filiation*, in *Mélanges offerts à P. Hébraud*, 1979, p.887, n° 28.
Vidonne P., *Pour une vraie liberté de crypter*, in *Le Monde*, 15 mai 1996.
Waquet P., *Vie personnelle et vie professionnelle du salarié*, Cah. Soc. Du Barreau de Paris, 1989.289.

Ouvrages juridiques

Aubry C. et Rau C., *Cours de droit civil français*, Tome X, Marchal et Billard.
Batteur A., *Droit des personnes et de la famille*, LGDJ, 1998.
Baudry-Lacantinerie G. et Wahl A., *Traité théorique et pratique de droit civil*, Tome III.
Beignier B., *Lettes missives*, J. Cl. Civil, annexes, fasc. 10.
Bénabent A., *La famille*, Litec.
Bourrat A., *Droit de la famille*, Dalloz Action.

Capitant H., par Terré F. et Lequette Y, *Les grands arrêts de la jurisprudence civile*, Dalloz, 11ème éd., 2000, 2 Tomes.
Carbonnier J., *Droit civil, Les personnes*, Puf, Collection *Thémis*.
Chaput R., *Droit administratif général*, Tome 1, 14ème éd., *Domat*, Montchrestien.
Chassaing J.F., *L'Internet et le droit pénal*, éd. Dalloz, 1996.
Cohen-Jonathan G., *Commentaire de l'article 10 de la Convention européenne*, in *La Convention européenne des droits de l'Homme*, sous la direction de L.E. Pettiti, E. Decaux et P.H. Imbert, éd. Economica, 1995.
Cornu G.,
- *Droit civil. Introduction. Personnes. Biens*, Montchrestien, *Précis Domat ; Droit de la famille*, 20ème éd., 1999 ;
- *Droit civil. La famille*, 7ème éd. Montchrestien, *Précis Domat*, 7ème éd.

Courbe P., *Droit de la famille*, A. Colin, 2001, 2ème éd.
Daigre J.J., *La production forcée dans le procès civil*, préface P. Lombois, 1979.
Danet, *Le respect de la présomption d'innocence et le secret de l'enquête et de l'instruction*, Rapport du Sénat, 1993-1994, 44.
Debord F., *Nouvelles technologies de l'information et protection des libertés des salariés*, in *Les libertés individuelles à l'épreuve des NTIC*, Presses universitaires de Lyon, 2001.
Decocq A., Montreuil J. et Buisson J., *Droit de la police*, Litec, 1998.
Demolombe C., *Cours de Code Napoléon*, tome V, Durand Hachette.
Fenouillet D., *Droit de la famille*, *Cours*, éd. Dalloz.
Fried C., *Privacy, The Yale Law Journal*, volume 77, 1968, p. 475 et s.
Gény F., *Des droits sur les lettres missives*, Sirey, 1911, tome I ; *Méthode d'interprétation en droit positif*, 2ème éd., 1932, Tome II.
Guinchard S., Brandac M., Douchy M., Ferrand F., Lagarde W., Magnier V., Ruiz Fabri H., Sinopoli L., Sorel J.M., *Droit processuel. Droit commun et droit comparé du procès*, Dalloz, *Précis*, 2ème éd., 2003.
Guinchard S., *Procédure civile*, Dalloz, *Précis*, 24ème éd.
Hauser J. et Huet-Weiller D., *Traité de droit civil*, sous la direction de J. Ghestin, *Fondation et vie de la famille*, LDDJ.
Hondiux F., *La liberté d'expression et d'information en droit européen*, Conseil de l'Europe, 1984.
Hugonet P., *La vérité judiciaire*, préface de S. Rozes, éd. Litec.
Iteanu O., *Internet et le droit*, Ed. Eyrolles, 1996.
Kaiser P. , *La protection de la vie privée*, éd. Puam-Economica, 2ème éd., 2000.
La politique de cryptographie : les lignes directrices et les questions actuelles, Paris, 25 mars 1997, OCDE/GD (97), 204.

Lasserre B., Lenoir N. et Stirn B., *La transparence administrative*, 1987.
Le traçage électronique, in *Nouvelles technologies de l'information et libertés individuelles*, Problèmes politiques et sociaux, n° 805, La Documentation française, p. 27.
Leclercq P., *La CNIL, garante de la finalité, de la loyauté et de la sécurité des données personnelles*, in *Les libertés individuelles à l'épreuve des NTIC*, Presses universitaires de Lyon, 2001, p. 111-124.
Lécuyer H., Dr. famille, 1997.
Lepage A., *Libertés et droits fondamentaux à l'épreuve de l'Internet*, éd. Litec, 2002.
Letteron R., *Droit de la procréation*, 1ère éd., 1997, *Que sais-je ?*.
Lévy J. Ph. et Castaldo A., *Histoire du droit civil*, Dalloz, 2003.
Lindon R., *Dictionnaire juridique. Les droits de la personnalité* v° *Nom patronymique (nature du droit)*, n° 3, p. 191-192, Dalloz, 1983.
Locré, *Esprit du Code Napoléon tiré de la discussion*, Tome V, Imprimerie impériale, 1807.
Malaurie Ph. et Aynès L., *Cours de droit civil*, Cujas
- *La famille*, par Ph. Malaurie ;
- *Les obligations*.

Malaurie Ph., *Les personnes. Les incapacités*, Defrénois, 2004.
Marino L., *Responsabilité civile, activités d'informations et médias*, PUAM-Economica, 1997.
Martin R., *Déontologie de l'avocat*, Litec, 7ème éd., 2002.
Massip J., Morin G. et Aubert J.C., *La réforme de la filiation*.
Mazeaud (H. L. et J.), *Leçons de droit* civil, *Les personnes*, par F. Laroche-Gisserot, Montchrestien, 8ème éd., 1997.
Méjan M., *Recueil des causes célèbres*, Tome XV, Paris, 1812.
Miller A., *The Assault of Privacy*, Ann Arbor, The University of Michigan Press, 1971.
Monéger J. et Demeester M.L., *Profession avocat*, Dalloz, 2001.
Muteau C., *Du secret professionnel, de son étendue et de la responsabilité qu'il entraîne*, Maresq, 1870.
Parker R., *A definition of Privacy*, Rutgers Law Review, volume 27, 1974, p. 281.
Peltier V., *Le secret des correspondances*, PUAM, 1999.
Perreau E.H., *Le droit au nom en matière civile*, 1910.
Piatti M.C., *Avant propos. Les libertés individuelles à l'épreuve des NTIC*, Presses universitaires de Lyon, 2001.
Planiol M. et Ripert G., *Traité de droit civil français*, Tome II, *La famille*, par A. Rouast, LGDJ.
Planiol M., *Traité élémentaire de droit civil*, Tome I, 7ème éd., 1915.

Pradel J. et Danti-Juan M., *Droit pénal*, Tome 3, *Droit pénal spécial*, éd. Cujas, 1996.
Pradel, *Procédure pénale*, Editions Cujas, 11ème éd., 2002.
Ravanas J., *Jouissance des droits civils. Protection de la vie privée. Délimitation de la protection*, J. Cl. Civil, *article 9*, fasc. 1, 1989, n° 13.
Rigaux F., *La protection de la vie privée et des autres biens de la personnalité*, Brylant-LGDJ, *Bibliothèque de la Faculté de Droit de l'Université catholique de Louvain*, 1990.
Riou A., *Le droit de la culture et le droit à la culture*, Dalloz, 1996, 2ème éd.
Rivero J., *Les libertés publiques*, Tome 1, *Les droits de l'homme*, Puf, 6ème éd., 1991.
Rivero J., *Les libertés publiques*, Tome 2, *Le régime des principales libertés*, Puf, *Thémis*, 1989.
Roland H. et Boyer L., *Adages du droit français*, Litec, 4ème éd., Litec, 1999.
Sabat-Baroux F., *Les lois de bioéthique*, Dalloz, service, 1998.
Terré F. et Fenouillet D., *Droit civil. Les personnes. La famille. Les incapacités*, Dalloz, *Précis*, 6ème éd., 1996.
Terré F., Simler Ph. et Lequette L., *Droit civil. Les obligations*, Dalloz, *Précis*, 7ème éd., 1999.

Ouvrages divers

Angot C., *Quitter la ville*, Ed. Le Livre de poche, 2000.
Atias C., *Philosophie du droit*, Puf, Collection *Quadrige*.
Auroux S. (sous la direction de), *Les notions philosophiques. Dictionnaire*, I, v° *Identité*, Puf, 1990.
Bergel J.L., *Théorie générale du droit*, 3ème éd., Dalloz, 1999, Collection *Méthodes du droit*.
Berger, *L'enfant et la souffrance de la séparation*, éd. Dunod, 1997.
Bergson H., *Essai sur les données immédiates de la conscience*, Alcan, 1888, Tome 1.
Blondel Ch., *La personnalité*, in *Le nouveau traité de Dumas*, Puf, 1949, tome VII, 1949.
Bonet C., *Les enfants du secret*, éd. O. Jacob, 1992.
CADA, *Rapport d'activité 1999-2000*, La Documentation française, 2001.
Carbonnier J *Flexible droit*, 9ème éd., LGDJ, 1998.
CNCIS, *Quatrième rapport d'activité*, 1995, *La documentation française*, 1996.
CNIL, 14ème rapport d'activité, 1993, La documentation française, 1994.
CNIL, *15ème rapport d'activité*, La Documentation française.
CNIL, *17ème rapport d'activité*, 1996, La Documentation française.

CNIL, *Voix, images et protection des données personnelles*, La Documentation française, 1996, p. 48-49.
Descartes, *Méditations philosophiques*, in *Œuvres philosophiques*, éd. F. Alquié, Garnier, 1967, Tome 2.
Dolto F., *Tout est langage*, éd. Livre de poche, 1987.
Dr. Mathis, *L'enfant privé de famille. Sauvegarde de l'enfance*, 1967.
Dufrenne M., *La personnalité de base*, Puf, 1953.
Duhamel A., *La politique imaginaire*, Flammarion, 1995.
Durkheim E., *Leçons de sociologie*.
Dworkin R., *Prendre le droit au sérieux*, Puf, *Léviathan*, 1990.
Elias N., *La civilisation des mœurs*.
Encyclopédie *Encarta*, Microsoft, 2002, v° *Individu*.
Ferret S., *Le philosophe et son scalpel. Le problème de l'identité personnelle*, Editions de Minuit, 1997, p. 17.
Finkielkraut A., *La défaite de la pensée*, 1987.
Foucault M., *Surveiller et punir. Naissance d'une prison*, Gallimard, 1981.
Freud S.,
- *Introduction à la psychanalyse*, 1916, Payot, 1965 ;
- *Malaise de la civilisation.*

Giard L. et Mayol P., *Habiter. Cuisiner*, Union générale d'éditions, 1980.
Gobert M., *Génétique, procréation et droit. Rapport introductif*, 1985, éd. Actes Sud.
Goffman E.,
- *Les cadres de l'expérience*, Editions de Minuit, 1989 ;
- *Stigmates. Les usages sociaux des handicaps*, tard. A. Kihm, Editions de Minuit, Collection *Le sens commun*, 1975 ;
- *La mise en scène de la vie quotidienne. Les relations en public*, éd. Minuit, collection *Sens commun*, trad. A. Kihm, 1973.

Gonsalvez F., *La réalité du mensonge*, 1998, éd. Presses universitaires d'Aix Marseille.
Habermas J., *L'espace public. Archéologie de la publicité comme dimension constitutive de la société bourgeoise*, 1962, trad. Payot, 1978.
Hauriou M., *Leçons sur le mouvement social*, Librairie de la société du recueil général des lois et des arrêts, 1899, p. 148-149.
Hegel,
- *La dialectique du maître et de l'esclave* ;
- *Principes de la philosophie du droit*, préface R. Derathé, Ed. Vrin, 1982.

Heidegger M.,
- *De l'essence de la vérité*, in *Question I*, Gallimard, 1968 ;
- *L'être et le temps*, 1927 ;

Hume D., *Traité de la nature humaine. Essai pour introduire la méthode expérimentale dans les sujets moraux*, par A. Leroy, Aubier, 1973, Tome 1.
Husserl E.,
- *Idées directrices pour une phénoménologie*, traduction Paul Ricœur, Gallimard, Collection *Tell*, 1950 ;
- *La crise des sciences européennes et la phénoménologie transcendantale*, trad. G. Granel, Gallimard, Collection *Tel*, 1976 ;
- *Les Méditations cartésiennes et les conférences de Paris*, trad. M. de Launay, Puf, éd. *Epiméthée*, 1994.

Lacan J., *Les quatre concepts fondamentaux de la psychanalyse*.
Légeron P., *Le stress au travail*, éd. O. Jacob Poches, 2003.
Leibniz, *Discours de la métaphysique*, 1686.
Lévi-Strauss C., *Les structures élémentaires de la parenté*, Puf, 1949.
Locke J., *Essai philosophique concernant l'entendement humain*, trad. P. Coste, Vrin, 1972.
Lyotard J.F., *La phénoménologie*, Puf.
Mac Kinnon C., *Reflections on sex equality under law*, The Yale Journal Press, Cambridge, 1991, vol. 100, p. 1281 et s.
Marx, *Contribution à la critique de l'économie politique*, 1857 ; *L'idéologie allemande*, Introduction générale, 1857.
Mason L., *Les enfants sauvages*, 1974.
Merleau-Ponty M.,
- *Phénoménologie de la perception*, 2ème partie, IV, Gallimard, 1945 ;
- *Le cinéma et la nouvelle psychologie*, 1945, in *Sens et non-sens*, Nagel, 1948.

Muxel A., *L'individu et la mémoire familiale*, Nathan, 2ème éd., 2002.
Nagel T.,
- *Egalité et parité*, Puf, Collection *Philosophie morale*, 1994 ;
- *Questions mortelles*, Puf, 1983.

Oppetit B., *Philosophie du droit*, Dalloz, Collection *Précis*, 1999.
Pagnol M., *Fanny*, Acte III, scène 10.
Prost A.,
- *Frontières et espace du privé*, in P. Ariès et G. Duby, *Histoire de la vie privée*, Tome V, éd. Seuil, Collection *Univers historique*, 1987, p. 15 ;
- *La famille et l'individu*, in P. Ariès et G. Duby, *Histoire de la vie privée*, Tome V, éd. Seuil, Collection *Univers historique*, 1987, p. 62.

Renaut, A., *L'ère de l'individu*, Gallimard, NRF, Bibliothèque des idées, 1989.

Revel J.F., *Histoire de la philosophie occidentale*, Pocket, Collection *Agora*, 2001.
Ricœur P., *Soi-même comme un autre*, Seuil, Collection *L'ordre philosophique*, 1990 ; *Temps et récits*, Tome 3, Seuil, Collection *L'ordre philosophique*, 1985.
Rosanvallon P., *Le capitalisme utopique. Critique de l'idéologie économique*, Tome II, Seuil, 1979.
Sartre J.P.,
- *L'être et le néant*, Gallimard, 1943 ;
- *L'existentialisme est un humaniste*, Nagel, 1946.

Scheler M., *Nature et forme de la sympathie*, Payot, trad. H. Lefebvre, 1928, p. 367.
Sennett R, *La tyrannie des intimités*, Seuil, 1979, traduction de *Fall of the public man*, 1974.
Stuart Mill J., *De la* liberté, 1859, trad. F. Pataut, Presses Pocket, *Agora*, 1990, p. 39-40.
Tarde G., *Les lois de l'imitation*, 1890.
Todd E., *La troisième planète. Structures familiales et systèmes idéologiques*, Le Seuil, 1983.
Verdier P. et Delaisi de Perceval G., *Enfant de personne*, Odile Jacob, 1994.
Vico G., *Origine de la poésie et du droit. De constantia jurisdentis*, 1721, traduction C. Henri et A. Henry, 1983, Café Clima éditeur.
Villey M., *Les origines de la notion de droit subjectif*, in *Leçons d'histoire de la philosophie du droit*, Dalloz, 1962.
Vincent G., *Une histoire du secret*, in P. Ariès et G. Duby, *Histoire de la vie privée*, Tome V, éd. Seuil.
Westin A., *Privacy and Freedom*, Atheneum, New-York, 1967.
Young A., *Voyages en France de 1787, 1788 et 1789*, trad. SEE, 1931, Tome 1, p. 199.

Thèses

Alby, *Contribution à l'étude du transsexualisme*, Thèse de médecine, Paris, 1956.
Branlard, *Le sexe et l'état des personnes*, thèse, LGDJ, 1993, *Bibliothèque de droit privé*, Tome 222.
Fabre-Magnan M., *De l'obligation d'information dans les contrats*, thèse Paris I, 1992.
Ferrier M., *La protection de la vie privée*, thèse Toulouse, 1973.
Folliot S., *Essai d'analyse sur les relations juridiques en matière de propriété littéraire, artistique et industrielle*, thèse, Paris II, 1986, p. 269.

Folliot S., *Essai d'analyse sur les relations juridiques en matière de propriété littéraire, artistique et industrielle*, thèse, Paris II, 1986, p. 269.
Gutmann D., *Le sentiment d'identité*, préf. F. Terré, LGDJ, *Bibliothèque de droit privé*, Tome 327, 2000.

Sommaire

Droit à l'Harmattan

PROPRIÉTÉ INTELLECTUELLE
Principes et dimension internationale
ILARDI Alfredo
Les questions liées à la protection de la propriété intellectuelle et leurs implications d'ordre théorique et pratique sont, dans l'économie globale d'aujourd'hui, d'un intérêt stratégique capital. Ce livre propose une approche didactique des mécanismes complexes de protection de la propriété intellectuelle (industrielle, littéraire et artistique), en examinant trois volets de cette protection : les principes généraux, tels qu'on les retrouve dans la plupart des législations nationales ; l'origine et l'évolution des lois nationales ; la dimension internationale des dispositions nationales correspondantes.
(Coll. L'esprit économique, série Cours Principaux, 18,50 €, 210 p.)
ISBN 2-7475-7793-7

LA COMPOSITION PÉNALE
Une première évaluation
DANET Jean, GRUNVALD Sylvie
De nouveaux modes de traitement des délits sont apparus depuis 1999. Parmi eux, la composition pénale est à la fois un mode d'évitement du procès correctionnel, un traitement en amont des poursuites et une procédure conduisant à l'exécution d'une sanction. Elle permet une meilleure gestion des flux judiciaires, tout en recherchant l'adhésion de l'auteur de l'infraction à la sanction. Cette étude révèle une grande diversité de modèles pratiques. Mais elle rencontre un incontestable succès auprès des parquets qui y recourent, comme auprès des justiciables à qui elle est proposée.
(Coll. Bibliothèques de droit, 17,50 €, 202 p.) *ISBN 2-7475-7881-X*

LES PROCÈS-VERBAUX D'INTERROGATOIRE
Rédaction et exploitation
ROUSSEL Gildas
L'interrogatoire d'un témoin ou d'un suspect constitue une étape essentielle du procès pénal. Il va influer considérablement sur l'issue de la procédure avec en filigrane l'éternelle question de l'aveu. De ce fait, les paroles de l'interrogé sont reproduites sur procès-verbal. Alors qu'auparavant seules les réponses de l'interrogé étaient retranscrites, la loi du juin 2000 modifie la nature de ces écrits en obligeant la mention des questions posées. Apparaît désormais l'influence des enquêteurs. Le monologue fait place au dialogue. Cet ouvrage étudie les mécanismes des interrogatoires au travers des procès-verbaux.
(Coll. Bibliothèque de droit, 20,50 €, 232 p.) *ISBN 2-7475-7903-4*

L'ORDRE PUBLIC EN DROIT INTERNATIONAL DE LA FAMILLE. Etude comparée France/Espagne
POILLOT PERUZZETTO Sylvaine, CADET Fabien
L'accélération mondiale des flux migratoires impose désormais au juge international de traiter de véritables "conflits de civilisations" en matière familiale. Les tribunaux se trouvent confrontés à des institutions étrangères relevant d'une conception du droit de la famille radicalement opposée à celle qui prévaut en Europe, comme par exemple la polygamie et la répudiation. Comment alors concilier deux impératifs contradictoires, le respect du droit étranger et celui des droits fondamentaux ?
(Coll. Logiques Juridiques, 31 euros, 378 p.) *ISBN 2-7475-8053-9*

LES PRISONS EN EUROPE
SNACKEN Sonja, DUNKEL Frieder
La prison en Europe se trouve à la fois dans une phase de changement et en crise. Les taux de détention ont fortement augmenté dans la plupart des pays, en particulier au cours de la dernière décennie. La surpopulation et savoir comment la réduire sont devenues un thème central de la politique pénale. La question d'une incarcération et d'un traitement respectueux de la dignité humaine demeure d'un intérêt primordial. Le présent ouvrage met en évidence les différences et les similitudes qui existent dans les pays européens, et il traite de domaines précis touchant à des groupes de détenus comme les mineurs, les femmes, les toxicomanes.
(Coll. La Justice au quotidien, 10,50 euros, 74 p.) *ISBN 2-7475-8088-1*

LA SÉCURITÉ DES SPECTACLES. Comment faire face aux risques en tant qu'organisateur de spectacles ?
Sous la direction de Bertrand PAUVERT
Promouvoir une collectivité à travers l'organisation d'un festival, d'un spectacle, n'est plus chose aisée, le souvenir de catastrophes passées ou d'accidents restant vivace dans l'esprit des organisateurs potentiels. De nombreuses questions se posent alors: qui est responsable et sur quel fondement ? Comment s'organise l'indemnisation des victimes de la manifestation ? Quelles étaient les autorités compétentes pour assurer le respect de la sécurité ? Ont-elles bien rempli leur mission ?
(Coll. Droit de la sécurité et de la défense, 17,50 euros, 200 p.)
ISBN 2-7475-8136-5

PROCÉDURES DE CONTRÔLE FISCAL. La voie de l'équilibre
LAMBERT Thierry, DRIE Jean-Claude
L'administration fiscale est traditionnellement accusée de tous les maux dans l'exercice du contrôle fiscal. Et si la réalité juridique était tout autre ? Si le droit révélait des procédures différentes évoluant dans la voie de l'équilibre entre les pouvoirs dévolus à l'administration et les garanties accordées au contribuable ? La lecture approfondie de la doctrine administrative nous livre une administration qui prône, malgré sa mission de contrôle, toujours plus de garanties en faveur du contribuable. Etonnant renversement d'une situation de pouvoir !
(Coll. Finances Publiques, 31 euros, 384 p.) *ISBN 2-7475-8087-3*

SIX ANS D'ADMINISTRATION PÉNITENTIAIRE
BOULANGER Henri
L'administration pénitentiaire est généralement peu connue en profondeur. Pour l'avoir servie pendant plus de six ans en qualité de sous-directeur l'auteur en connaît bien les difficultés et les contraintes, juridiques et matérielles. Après une vue d'ensemble de l'institution et la présentation de ses acteurs, personnels et détenus, quelques aspects de la vie pénitentiaire parmi les plus marquants nous sont exposés. Les multiples problèmes posés par les prisons, les solutions mises en oeuvre pour tenter de les résoudre sont évoqués tels que l'auteur les a vécus.
(13,20 euros, 148 p.) *ISBN 2-7475-6941-1*

LE CARACTÈRE ÉQUITABLE DE LA REPRÉSENTATION POLITIQUE
ROBBE François, DEBARD Thierry
Le choix du mode de scrutin, la fixation des conditions d'exercice du suffrage et la détermination des conditions d'accès aux mandats effectifs soulèvent des questions juridiques. En procédant à une analyse critique de la législation électorale française, cet ouvrage collectif s'efforce de mesurer la place revenant à chacun dans la préparation et le déroulement des scrutins. La question étant de savoir si tous les acteurs actuels ou potentiels du processus électif - population, électeurs, candidats - reçoivent un traitement équitable.
(Coll. Questions contemporaines, 29,50 euros, 344 p.) ISBN 2-7475-7778-3

LES SAISIES MOBILIÈRES
SOUSTELLE Philippe
La loi du 9 juillet 1991 relative aux procédures civiles d'exécution a donné de nouveaux moyens de contrainte aux titulaires d'une décision de justice inexécutée ainsi qu'aux créanciers entendant se prémunir contre un risque d'impayé. Relativement simples à engager lorsqu'on dispose d'un titre exécutoire, les saisies mobilières assurent l'effectivité des droits justiciables. Cet ouvrage présente de manière synthétique les textes et la jurisprudence applicable aux principales saisies mobilières. A cet égard, il est à jour du décret du 11 septembre 2002.
(Coll. La Justice au quotidien, 11,50 euros, 106 p.) *ISBN 2-7475-7591-8*

LES SANCTIONS EN DROIT DES ASSURANCES
PONGE Jean-Claude
Cet ouvrage a pour objet de réunir dans un même cadre des notions et des règles disparates dont le point commun est leur caractère "répressif". Généralement peu ou mal connues du plus grand nombre des assurés, elles sont difficiles à retrouver, car éparpillées parmi les manuels ou traités. En outre, leur application par les cours, spécialement par la Cour de Cassation, donne lieu à des nuances qu'il est indispensable de connaître. Cet ouvrage, illustré de nombreux exemples tirés de la jurisprudence, devrait permettre aux assurés de mieux cerner leurs obligations et, ainsi, de mieux se défendre.
(Coll. La Justice au quotidien, 11 euros, 100 p.) *ISBN 2-7475-7735-X*

L'UNITÉ DE GISEMENT

Hydrocarbures et autres matières minérales

BOUVET Jean-Pierre

Le sujet de l'unité de gisement regarde en droit international la question des gisements de substances minérales qui sont traversés par des frontières internationales. Cet ouvrage présente une analyse des cas apparus sur les cinq continents dans les territoires terrestres et dans les différentes zones maritimes. Particulièrement consacré aux hydrocarbures, il tente d'être complet pour ce qui concerne les traités internationaux sur les ressources minérales et les décisions des tribunaux internationaux, les concessions octroyées par les Etats et les accords passés entre les entreprises privées.

(Coll. Logiques Juridiques, 39 euros, 508 p.) *ISBN 2-7475-7435-0*

LE RÉGIME DES INVESTISSEMENTS DIRECTS DANS LES ZONES FRANCHES D'EXPORTATION

STERN Brigitte, RAVALOSON Johary Hasina

Un régime de zones franches d'exportation est souverainement adopté par l'Etat selon ses priorités afin d'aménager l'attractivité de son territoire au sein d'un marché mondialisé des investissements. Ce faisant, l'emprunt de la logique marchande et l'ouverture au domaine particulier du commerce international affectent l'Etat et son droit. En définitive, ce régime s'avère être un mode de soustraction des rapports d'investissements à l'ordre juridique national. Il agit de surcroît à l'intérieur des systèmes juridiques nationaux comme le cheval de Troie du libéralisme mondialisé.

(Coll. Logiques Juridiques, 27 euros, 304 p.) *ISBN 2-7475-7842-9*

LE TEMPS DANS L'INVESTIGATION PÉNALE

FOURNIER Georges, ETRILLARD Claire

Cet ouvrage souligne le rôle ambivalent que le temps joue au cours de l'investigation pénale, c'est-à-dire au cours de la recherche effectuée par les agents institutionnels pour établir la réalité dune infraction et pour en déterminer l'auteur. La prise en compte quotidienne du temps qui s'écoule par les agents d'investigations, de même que le choix politique délicat des multiples délais de procédure qui rythment la marche de l'investigation, témoignent de la difficulté à trouver un équilibre satisfaisant entre des finalités diverses et souvent contraires.

(Coll. Logiques Juridiques, 31,50 euros, 392 p.) *ISBN 2-7475-7743-0*

LA PROTECTION DU DÉBITEUR DANS LES PROCÉDURES INDIVIDUELLES D'EXÉCUTION

KUATE TAMEGHE Sylvain Sorel

Préface de Jean-Francis OVERSTAKE

Depuis quelques décennies, le réflexe s'est développé de se soucier du sort de la partie faible dans les relations qui se nouent et se dénouent entre les membres du corps social. Le sort du débiteur à l'encontre duquel ont été engagées des procédures forcées de recouvrement n'a que rarement retenu l'attention. Dans son œuvre d'harmonisation du droit des affaires, le législateur communautaire africain prend position et concilie les intérêts du créancier et du débiteur.

(Coll. Logiques juridiques, 38 euros, 460 p.) *ISBN 2-7475-7677-9*

www.ingramcontent.com/pod-product-compliance
Lightning Source LLC
LaVergne TN
LVHW050052061026
849532LV00001BA/87
* 9 7 8 2 7 4 7 5 9 2 3 4 5 *